U0107769

国家社科基金"历史唯物主义的道德维度及
其当代观照研究"（12CZX006）项目资助

历史唯物主义的
道德沉思

余京华　唐　莉　著

中央编译出版社
Central Compilation & Translation Press

图书在版编目（CIP）数据

历史唯物主义的道德沉思／余京华，唐莉著. —北京：
中央编译出版社，2022.12

ISBN　978-7-5117-4264-3

Ⅰ. ①历…　Ⅱ. ①余…　②唐…　Ⅲ. ①历史唯物主义
–研究　Ⅳ. ①B03

中国版本图书馆 CIP 数据核字（2022）第 206244 号

历史唯物主义的道德沉思

责任编辑：李媛媛　　彭永强

责任印制：刘　慧

出版发行：中央编译出版社

地　　址：北京市海淀区北四环西路 69 号（100080）

电　　话：（010）55627391（总编室）　　　（010）55627307（编辑室）
　　　　　　（010）55627320（发行部）　　　（010）55627377（新技术部）

经　　销：全国新华书店

印　　刷：北京汇林印务有限公司

开　　本：710 毫米×1000 毫米　1/16

字　　数：448 千字

印　　张：35.75

版　　次：2022 年 12 月第 1 版

印　　次：2022 年 12 月第 1 次印刷

定　　价：108.00 元

网　　址：www.cctphome.com　　　**邮　　箱：**cctp@cctphome.com

新浪微博：@中央编译出版社　　　**微　　信：**中央编译出版社（ID：cctphome）

淘宝店铺：中央编译出版社直销店（http：//shop108367160.taobao.com）

　　　　　　　　　　　　　　　　　　　　　　　　　　　　（010）55626985

本社常年法律顾问：北京市吴栾赵阎律师事务所律师　　闫军　梁勤

凡有印装质量问题，本社负责调换。电话：（010）55626985

序　言

　　历史唯物主义是关于人类社会发展一般规律的理论，是辩证唯物主义在社会历史领域的运用。历史唯物主义作为一种科学的历史观和哲学学说，是否内蕴道德维度？在历史唯物主义研究中，我们应对此问题作深刻的道德沉思。迄今，马克思主义研究领域虽已取得丰硕理论成果，却少有研究者立足于历史唯物主义并以此为理论切入点，在历史唯物主义理论视阈中深入探赜并系统解读历史唯物主义本身所内蕴的深厚而深刻的道德维度。这既是历史唯物主义研究视阈的不足，亦是马克思主义研究领域的缺憾。基于此，本书提出"历史唯物主义的道德维度"这一学术概念，并力求对此问题进行一定的探讨和研究。

　　我们潜心回归马克思（Karl Heinrich Marx）早期文本和《德意志意识形态》《共产党宣言》和《资本论》等历史唯物主义经典文本的本源理论语境及马克思主义创始人的原创话语体系，系统梳理历史唯物主义创立前后马克思和恩格斯（Friedrich Von Engels）的道德运思理路，深刻剖析历史唯物主义之创立使命和价值旨归，即能深刻感悟到：历史唯物主义既是揭示历史发展规律的"合规律性"的"真"之理论，亦是诉求无产阶级解放、人类解放及人的自由全面发展的"合道德性"的"善"之理论；既是一种"显性"的历史发展规律体系和社会发展理论，亦是一种"隐性"的道德哲学和精神科学。其内蕴深厚而深刻的道德维度：具有辩证性、科学性与革命性的道德批判范式，超越道德乌托邦的道德实践精神，具有"合道德性"与"科学性"的终极关怀诉求，"唯物"亦"辩证"的历史唯物主义道德观。基于此，历史唯物主义本质上是"至真"与"至善"之生成性统一的历史观和历史哲学。科学维度与道德维度之生成性统一是历史唯物主义的本真理论精神。如果说《资本论》是"大写"的逻辑学，历史唯物主义则是"大写"的伦理学。道德维度自历史唯物主义创立之际即"理性出场"，并在历史唯物主义发展过程中"始终在场"。其既是与历史唯物主义的科学维度内在统一的基本维度，亦是映现于历史唯物主义的科学理论之中的价值底蕴，应成为历史唯物主义研究的重要视阈。然而，较之于历史唯物主义的科学维度研究之现状和成果而言，其道德维度研究却依然处于被遮蔽的视界。

苏联学界关于历史唯物主义研究存在着一种共识，即普遍认为马克思和恩格斯为无产阶级提供了科学的革命理论和方法论——历史唯物主义，却未提供道德理论；历史唯物主义作为科学的历史发展规律体系，突显出深邃的科学性，并不包含道德价值。苏联学界一直注重研究和解读历史唯物主义之"真"的维度，习惯于将其定位为"历史发展规律体系""实践哲学"或"阶级斗争学说"，而甚少有著述研究历史唯物主义的道德内涵和道德价值。这种研究倾向和解读模式对国内学界的历史唯物主义研究产生了深刻而深远的影响。

国内学界长期以来沿袭苏联的历史唯物主义解读模式，或将历史唯物主义定位为"科学揭示人类社会发展规律的历史观"，或将其解读为"道德中立"的哲学学说，或将其界定为"价值无涉"的历史科学。迄今，学界多是基于哲学、经济学、法学或史学的视角研究历史唯物主义，抑或基于认识论、本体论、方法论或实践论的视角解读之，注重历史唯物主义的科学维度而忽视其道德维度。时至今日，与"历史唯物主义的道德维度"相关或相近的研究——历史唯物主义的生态道德观、正义观等研究取得了一定成果，但直接关涉本书的系统研究和独立论著依然付诸厥如。

在西方学界，从19世纪马克思主义的各种论敌到考茨基（Karl Kautsky）和伯恩施坦（Eduard Bernstein），再到"两个马克思论"者和存在主义哲学家萨特（Jean-Paul Sartre）等人，直至当代西方学界"马克思主义反道德论"者，皆漠视或否认历史唯物主义的内容体系和基本精神包含道德理论和道德价值。在当代西方学界，以艾伦·伍德（Allen W. Wood）等为代表的"马克思主义反道德论"者明确指出，历史唯物主义及以其为哲学基石的马克思主义在伦理学立场上是"道德相对主义"或"反道德主义"；历史唯物主义与道德互不相容，道德在历史唯物主义理论视阈中没有立足之地。他们对历史唯物主义与道德作二元分立，断言马克思创立历史唯物主义后即抛弃了早期的道德信仰和人道主义信念，而成为"唯物"的经济学家和历史学家。以凯·尼尔森（Kai Nielsen）、胡萨米（Ziyad I. Husami）等为代表的"马克思主义道德论"者虽然基于不同视角，在不同程度上探讨了马克思主义与道德的内在关系，但除凯·尼尔森外，他们多是规避历史唯物主义而抽象化解读马克思主义道德理论，其解读模式实质上是一种"非马克思主义"的解读模式。在当代西方学界，较为客观地探讨历史唯物主义与道德之内在关系的文献可见尼尔森专著——《马克思主义与道德观念——道德、意识形态与历史唯物主义》。然而，尼尔森的理论研究也只是为研究历史唯物主义与道德的本真关系提供了一种可资借鉴的研究方向、路径和方法，具体研究还有待进一步拓展和深化。

综上论，从总体研究倾向和研究成果来看，"历史唯物主义的道德维度"研究依然处于被遮蔽的视界，或曰异常薄弱的状态，须进一步拓展和深化。

历史唯物主义的道德维度研究具有重要理论意义和深远现实意义。就理论意义而言，其无论对于拓展历史唯物主义研究还是深化马克思主义研究，皆有必要性和重要性。

第一，弥补历史唯物主义传统解读模式的理论缺憾，拓展和深化历史唯物主义研究视阈。国内外学界的历史唯物主义传统解读模式多聚焦历史唯物主义所揭示的历史发展规律及其理论视阈中的基本原理、基本立场和基本方法等"唯物"的内容进行解读，注重历史唯物主义的科学维度研究而忽视其道德维度研究。此种解读模式不利于我们完整而准确地把握历史唯物主义。当下，基于道德视角和伦理学意义客观地解读历史唯物主义的道德维度——道德批判范式、道德实践精神、终极关怀诉求和历史唯物主义道德观，探讨其"真"的理论所内蕴的"善"的内涵和价值，是我们须自觉秉持的一种新解读模式。立足于道德立场解读历史唯物主义，不是要否认传统解读模式已有的理论成果和学术价值，也绝非要把历史唯物主义及以其为哲学根基的马克思主义理论视为一种纯粹的道德价值体系或抽象的人道主义加以解读，而是旨在弥补传统解读模式的理论缺憾，对其进行有益的"补课"，以期更新历史唯物主义的传统研究视角，拓展历史唯物主义的传统研究视阈，丰富历史唯物主义的已有研究成果，深化历史唯物主义的理论研究深度，促使我们在理论层面上更为立体化、系统化地把握历史唯物主义。

第二，深刻领悟历史唯物主义的本真理论精神，理性回归历史唯物主义的本真理论样态。从考茨基为代表的第二国际正统派理论家直至当代学界，普遍强调历史唯物主义的科学维度而忽视甚至否认其道德维度。某些西方学者甚至将历史唯物主义的科学维度与道德维度一并抛弃。长期以来，历史唯物主义或被误读为缺乏人性内容的历史发展规律体系，或被误读为"道德中立"或"价值无涉"的历史哲学、实践哲学或阶级斗争理论，由此，其本真理论样态"被模糊"甚至"被遮蔽"。历史唯物主义的道德维度研究要求我们潜心回归历史唯物主义经典文本的本源理论语境，系统梳理马克思主义创始人在历史唯物主义创立前后的道德运思理路，深入研读历史唯物主义的道德内涵及其道德价值。该研究能促使我们理性认知历史唯物主义既是"真"的理论体系亦是"善"的价值学说，具有合道德性与合规律性之内在统一、道德合理性与历史必然性之自觉契合的理论特质；能引导我们深刻领悟历史唯物主义深邃的本真理论精神——科学维度与道德维度之生成性统一，理性回归历史唯物主义的本真理论样态。

第三，为"解悖"马克思主义道德悖论提供科学的理论论证。自马克思主义诞生以降，国内外学界特别是西方学界在马克思主义理论研究中，对"马克思本人是否秉持道德立场""马克思主义是否包含道德理论"等问题，一直莫衷一是。马克思主义究竟是否内蕴道德理论，具有道德价值？如何理解马克思主义理论中科学维度与道德维度的本真关系？上述问题贯穿于马克思主义理论研究整体过程。对此，学界在研究过程中基本形成了两种相反的观点：一种观点是否认马克思主义包含道德理论，如从19世纪马克思主义的各种论敌到考茨基和伯恩施坦等，再到当代西方学界"科学主义的马克思主义"和"马克思主义反道德论"，皆秉持此种观点；另一种观点是肯定马克思主义包含道德理论，如"马克思主义人道化""马克思主义伦理化""马克思主义宗教化""马克思主义乌托邦化"等社会思潮及当代西方学界"马克思主义反道德论"，均持有此种观点。马克思主义道德悖论何以衍生？又何以"解悖"？追根溯源，上述问题实质上与我们对历史唯物主义与道德之内在关系的理解密切相关。历史唯物主义是马克思主义的理论基石和重要内容。当历史唯物主义被解读为一种科学揭示历史发展规律的真理体系、被视为一种马克思抛弃早期人道主义信念后的理论建构时，其就易被误读为与道德"绝缘"的"道德中立"或"价值无涉"的哲学学说，"马克思主义反道德论"即由此衍生。当我们无视马克思主义道德理论的历史根基和理论基础——历史唯物主义、游离历史唯物主义本体或摒弃历史唯物主义的科学性而抽象化解读马克思主义道德理论时，"马克思主义道德论"即顺势而生。基于此，认真探寻历史唯物主义与道德的本真关系，合理论证历史唯物主义的科学维度与道德维度之内在统一，可为合理解释马克思主义的科学维度与道德维度之内在统一提供科学的理论论证。这也正是合理"解悖"马克思主义道德悖论之症结所在。

第四，拓展和深化马克思主义道德理论研究的广度和深度，丰富马克思主义道德理论研究成果。历史唯物主义是马克思主义的理论基石，马克思主义的理论精华集中于历史唯物主义，马克思主义道德理论的精髓也映现于历史唯物主义。正是因为历史唯物主义的创立，马克思主义才完成了人类道德领域的革命性变革。历史唯物主义不仅正确揭示了道德的起源、发展及其本质等问题，为道德研究提供了科学的方法论，而且其本身内蕴深厚的道德维度。历史唯物主义的道德维度是马克思主义道德理论的重要组成部分和题中应有之义。基于此，在历史唯物主义之科学维度的研究基础上，深度开掘迄今依然处于被遮蔽状态的历史唯物主义之道德维度，深刻揭示历史唯物主义的道德内涵与道德价值，既能丰富和完善历史唯物主研究中以科学理论研究为主旨的传统研究成果，亦能拓展和深化马克思主义道德理论研究的广度和深度，丰富马克思主义道德理论研究成果。

在新时代中国马克思主义研究领域，历史唯物主义的道德维度研究具有深远的现实意义，即当代观照意义。

其一，强化人民群众对马克思主义理论的"道德信仰"和对马克思主义中国化理论的"理论自信"，为马克思主义"始终在场"夯实道德基础。"真"的理论令人信服，使人产生理论认同和思想共鸣；"善"的理论令人鼓舞，使人产生道德认同和情感共鸣。深入研究历史唯物主义的道德维度，能够强化人民群众对历史唯物主义和以其为基石的马克思主义理论的"道德信仰"。概言之，历史唯物主义的道德维度研究有助于强化人民群众对马克思主义理论和马克思主义中国化理论的理论自信，坚定人民群众将"信其真"与"信其善"相统一的理论自觉和实践自觉，为 20 世纪 20 年代左右在中国"理性出场"的马克思主义"始终在场"夯实道德基础。

其二，为推动新时代中国特色社会主义道德文明建设提供根本性道德资源。改革开放 40 多年来，由于利益格局的深刻调整、人们思想观念的深刻变化及西方价值观、道德观的不断涌入，整个社会呈现出价值观念繁杂纷呈、道德评判多元化的道德现状，致使人们在道德选择和价值抉择上陷入困惑与迷茫，社会道德建设正面临严重挑战。在现实的道德国情下，我们既要逐步解决历史遗留的道德难题，亦要及时解决新近衍生的道德问题，致力构建一种符合新时代中国经济发展要求和现实道德国情的中国特色社会主义主流道德观体系，营造一种必要的"伦理化的社会环境"，以期引领社会道德走向，推动新时代中国特色社会主义道德文明建设不断发展，提升道德文化软实力。基于此，我们立足于道德视角来审视作为社会主义主流意识形态之理论基石和哲学根基的历史唯物主义，深入发掘其内蕴的丰富而深厚的道德维度，并将理论研究成果运用于对中国特色社会主义道德文明建设之反思和观照，有助于开启历史唯物主义与道德文明建设的有效"对话"，充分发挥历史唯物主义的道德功能和价值，为重塑符合新时代中国发展要求的道德观念和伦理精神提供根本性道德资源，从而拓展历史唯物主义的道德意义空间。在现实的道德国情下，我们若忽视甚至否认历史唯物主义的道德维度，将使历史唯物主义在现实的道德呼唤面前形成"无语"甚至"失语"状态，萎缩其本原的道德旨趣。这无论对于历史唯物主义研究抑或新时代中国特色社会主义道德文明建设实践，皆不可取。

其三，为实现高校马克思主义理论之真理教育与道德教育的辩证统一提供重要的道德启示。长期以来，我国高校的马克思主义理论教科书注重把马克思主义理论常识化、规范化和科学化，而传统的马克思主义理论教育模式也片面强调真理教育，即注重引导学生把握马克思主义理论的科学性而忽视对学生解读历史唯物主义及以其为哲学根基的马克思主义理论的道德内涵与道德价值，割裂了真理教育与道德教育之辩证关系。由此，马克思主义理论教育易因其"价值无根性"或"道德缺失性"而走向"低迷"，无法充分发挥其道德教育功能。这既是马克思主义理论教育模式的一个缺憾，亦是影响其教育实效性的重要原因。在经济全球化和信息全球化日益加剧、西方各种文化思潮和道德观念不断涌入、多元化的价值观和道德观良莠并存的新时代中国，缺乏马克思主义道德价值观念根底的高校青年学生，易陷入道德观念模糊、理想信念迷茫的困境，难以做出理性的道德选择和价值抉择。鉴于此，高校马克思主义理论教育不能淡化或放弃其道德教育功能。深入发掘并深刻阐释历史唯物主义的道德维度，且将其作为重要的道德教育资源，引导青年学生深刻领悟历史唯物主义和马克思主义的本真理论精神——科学维度与道德维度之生成性统一，有助于改变高校传统的马克思主义理论教育注重真理教育而漠视道德教育的片面性、构建马克思主义理论之真理教育与道德教育辩证统一的教学模式，提升教育实效性。该研究对于马克思主义理论研究者和教育工作者在"后教科书"时代基于科学与道德之双重维度全面解读历史唯物主义和马克思主义理论，亦具有重要的道德启示意义。

最后，为重建公正和谐的国际新秩序、构建全球伦理奠定重要的伦理道德基础，提升马克思主义在当代世界的"道德话语权"。在当代世界，不公正、不合理的国际旧秩序依然存在，需要我们重建公正和谐的国际新秩序。而全球性道德危机也呼唤全球伦理的构建。无论重建国际新秩序抑或构建全球伦理，皆需介入一种强有力的道德话语体系和道德力量，皆需依据一种根本性道德资源为其提供道德支撑。这一时代背景使马克思主义的道德精神更加突显出其旺盛生命力和蓬勃创新力，为历史唯物主义研究视角的历史性转换提供了新的时代契机、拓展了现实空间，由此昭示出：历史唯物主义的道德维度研究是时代发展的现实呼唤。基于道德视角重新审视历史唯物主义，深入开掘其内蕴的道德内涵和道德价值并以此为根本性道德资源，可为重建国际新秩序、构建全球伦理奠定重要的伦理道德基础。在当代世界，批判马克思主义道德正当性的理论流派试图以各种途径和手段摧毁历史唯物主义的科学性，从而消解马克思主义道德正当性的历史依据和哲学根基。马克思主义道德正当性若得不到充分论证，马克思主义的道德感召力就难以提升，马克思主义的指导意义也会受到质疑。鉴于此，马克思主义研究者更应该在坚持历史唯物主义的科学维度的基础上，深入研究其道德维度，并结合时代背景和实践需要加以发展和创新。历史唯物主义是马克思主义的理论基石和重要组成，基于历史唯物主义的道德维度研究着力论证历史唯物主义的道德合理性，可为论证马克思主义的道德正当性提供必要的理论依据，从而驳斥上述理论流派对于马克思主义的诘难，提升马克思主义在当代世界的道德感召力，使其拥有更多"道德话语权"。

基于"历史唯物主义的道德维度"研究之重要的理论意义和深远的现实意义，我们展开研究处于被遮蔽状态的"历史唯物主义的道德维度"，既是历史唯物主义研究和马克思主义研究的需要，亦是时代的需要和实践的需要。

本书聚焦"历史唯物主义的道德沉思"，以"历史唯物主义"为理论切入点，以"历史唯物主义的道德维度"为理论研究主旨，潜心回归历史唯物主义经典文本的本源理论语境和马克思主义创始人的原创话语体系，悉心秉持"问题意识"与"解决问题的意识"之内在契合的"视界融合法"，倾心对历史唯物主义内蕴的道德维度进行系统研究与深度开掘。然而，囿于笔者的理论水平，本书如有不足之处，敬请诸位读者予以宽宥并拨冗雅正！

本书旨在为历史唯物主义研究提供一些可资借鉴的研究思路、视角和方法。笔者期待本书能够抛砖引玉，引发学界对"历史唯物主义的道德维度"作更为广泛而持久、深入而透彻的理论探赜与实践探讨。

目　录

第一章　道德维度：历史唯物主义客观存在的基本维度

　　历史唯物主义是关于人类社会发展一般规律的理论，是辩证唯物主义在社会历史领域的运用。其作为一种科学的历史观和历史哲学，科学性是其基本特征。迄今，在国内外学界，相对于"历史唯物主义的科学维度"研究之广度和深度而言，"历史唯物主义的道德维度"研究却处于被遮蔽的视界。

　　客观而论，科学维度与道德维度是历史唯物主义理论视阈中客观存在的两个基本维度。然而，时至今日，马克思主义研究领域虽已取得丰硕成果，却少有研究者以历史唯物主义为理论切入点、以"历史唯物主义的道德维度"为理论研究主旨进行研究。而关涉历史唯物主义的本真理论精神——科学维度与道德维度之生成性统一的研究和解读，更是付诸阙如。此种研究现状使我们在理论层面上无法精准把握历史唯物主义的深层道德内涵与本真理论精神，在实践层面上无法充分开启历史唯物主义在当代社会的道德功能与道德价值，由此局限了历史唯物主义的理论研究空间和现实意义空间。

道德维度是历史唯物主义的一个重要理论维度。笔者认为，当代的历史唯物主义研究应潜心回归马克思早期文本和历史唯物主义经典文本的本源理论语境与马克思主义创始人的原创话语体系，深刻剖析马克思早期道德思想在历史唯物主义创立前后历史性赓续与实质性嬗变的整体性进程，深入探赜历史唯物主义的道德维度被遮蔽的深刻根源，深度开掘历史唯物主义的道德维度之深层内涵——道德批判范式、道德实践精神、终极关怀诉求与历史唯物主义道德观，以期从历史唯物主义显性的"真"的科学理论体系之中探赜其隐性的"善"的道德价值体系，打开历史唯物主义研究被遮蔽的视界——道德维度，回归历史唯物主义的本真理论形象。

第一节　道德维度：历史唯物主义研究被遮蔽的视界

历史唯物主义走向人类历史的深处，科学揭示历史发展规律，着力建构社会发展理论。这是否意味着历史唯物主义只是"唯物"的"历史学科"？是否表明历史唯物主义只包含科学维度而消解了道德维度？笔者认真研读《德意志意识形态》（以下简称《形态》）、《共产党宣言》（以下简称《宣言》）和《资本论》等历史唯物主义经典文本，发现历史唯物主义之创立并未消解道德维度，道德维度是与历史唯物主义的科学维度"共生共在"的基本维度；科学维度与道德维度之生成性统一是历史唯物主义的本真理论精神。然而，自历史唯物主义诞生以降，对历史唯物主义与道德作二元分立，强调"历史唯物主义拒斥道德"的观点始终不绝于耳。

一、19 世纪马克思主义论敌和考茨基对历史唯物主义的道德维度之漠视

漠视或否认历史唯物主义的道德维度之传统研究倾向，可溯至19 世纪。当时，马克思主义的各种论敌不断诟病历史唯物主义，热衷于将历史唯物主义的历史决定论曲解为"重规律轻人"的历史宿命论，将历史唯物主义的经济必然性理论误读为"只见经济不见人"的经济唯物主义和经济唯一论。他们既没有准确把握历史唯物主义对历史主体——"人"之生存与发展问题的道德关切，亦未能深刻领悟历史唯物主义对无产阶级的阶级关怀、对全人类的终极关怀及对共产主义的道德诉求。如德国资产阶级哲学家、社会学家保尔·巴尔特（Ernst Emile Paul Barth）就指出，历史唯物主义只承认经济因素的决定性作用、经济必然性及其生发的历史必然性，并把人归结为经济过程的工具和傀儡，把全部历史变成了"人学空场"的经济史。德国社会民主党内左翼的"青年派"领袖保尔·恩斯特在《马克思主义的危险》一文中也宣称："在马克思那里历史是完全自动地形成的，丝毫没有（正是创造历史的）人的参与"[1]，"经济关系（但是它们本身就是人创造的！）就像玩弄棋子一样地玩弄这些人"[2]。他们基于不同视角，在不同程度上否认历史唯物主义中"客观存在"且"始终在场"的人性关切、人道意蕴和道德维度。[3]

历史唯物主义在创立后的半个多世纪中，也遭到包括新康德主义、修正主义在内的各种流派的批判与诘难。新康德主义产生于19 世纪的德国，其在哲学上打着"回到康德去"的旗号，继承和发展

---

[1]　《马克思恩格斯全集》（第 22 卷），北京：人民出版社 1965 年版，第 97—98 页。

[2]　《马克思恩格斯全集》（第 22 卷），北京：人民出版社 1965 年版，第 97—98 页。

[3]　参见余京华：《马克思唯物史观的道德维度及其当代观照》，安徽大学博士论文，2010 年。

了康德唯心主义哲学中的先验论和不可知论；在伦理学上则强调道德原则是推动历史发展的真正原则，历史的进步主要呈现为道德观念的进步。康德（Immanuel Kant）及其信徒断言，人类进步的源泉必然源自道德上的"绝对命令"，而历史唯物主义是与道德互不相容的理论；社会主义终究是一项道德的事业，但其真正创始人不是唯物主义者马克思和恩格斯，而应是唯心主义者康德。① 新康德主义的信奉者反对马克思的唯物史观、实践哲学、政治经济学和阶级斗争学说，认为历史唯物主义只强调社会的经济关系和经济发展过程，而忽视了社会的伦理关系和道德发展过程，需要用以康德伦理学为基础的"伦理社会主义"予以补充。修正主义者伯恩施坦正是诉诸新康德主义对历史唯物主义作出批判和修正的典型代表。伯恩施坦依据新康德主义对历史唯物主义和道德作教条化的二元分割，否认历史唯物主义包含伦理道德因素，将其曲解为"经济唯物主义"和"社会宿命论"，宣扬要对历史唯物主义的"道德空场"进行伦理上的修正。他指责马克思起草《宣言》时对道德意识在无产阶级暴力革命中的历史作用"抱完全否定的态度"，提出"甚至在马克思和恩格斯的后期著作中也直截了当地避免了直接诉诸道德动机"②。他还批评了考茨基"版本"的马克思主义仅仅根据客观的历史必然性来论证社会主义的想法，指出：当社会主义的经济前提还不存在时，它就需要寻求别的动力，这种动力就是"康德式的道德要求"。伯恩施坦断言，"在马克思的理论中，没有一个地方是倚仗（作为基础力量的）伦理的。恰恰相反。三番五次地提及伦理，其目的只是为了

---

① 参见孙伯鍨：《唯物主义和实事求是——为纪念恩格斯逝世 100 周年而作》，载《江苏社会科学》，1995 年第 4 期，第 84 页。

② 〔德〕爱德华·伯恩施坦：《社会主义的历史和理论》，马元德译，北京：东方出版社 1989 年版，第 238 页。

去证明它的不足。"① 伯恩施坦竭力割裂科学社会主义与经济学说、哲学学说的内在联系，无视历史决定论和经济必然性，否认社会主义社会是经济发展的必然结果，认为社会主义理想只是从人性冲动中产生的理论要求。他公开宣称："给社会主义提供纯粹唯物主义的论证，既是不可能的，也是不必要的"②，提出"社会民主党必需有一个康德"。总之，在伯恩施坦看来，社会主义理论的基础——历史唯物主义是与道德二元分立的，须用新康德主义伦理学加以补充；历史唯物主义只有经过伦理道德因素的改写，才能充分发挥其指导无产阶级革命实践的历史作用和改造客观世界的社会价值。

考茨基作为德国社会民主党和第二国际的领导人之一、正统马克思主义理论权威，曾在《伦理与唯物史观》一书中系统批判了康德伦理学、新康德主义和伯恩施坦修正主义曲解马克思主义思想体系和历史唯物主义的相关观点，强调社会主义产生于社会物质条件和物质生产方式而非道德理想，指出新康德主义的"伦理社会主义"试图用康德伦理学取代唯物史观作为社会主义理论基础的错误做法。考茨基还运用历史唯物主义方法研究了史前历史，探讨了婚姻、家庭和宗教的起源等问题，较为系统地阐述了马克思主义伦理学。但是，考茨基在该书中又试图将唯物史观与社会达尔文主义相结合来考察道德的起源和发展，在一定程度上歪曲了马克思主义伦理学。以考茨基为代表的第二国际"正统派"理论家们还恪守片面的经济决定论和社会达尔文主义思潮，将历史唯物主义解读为"道德中立"或"价值无涉"的纯粹的历史科学，强调历史唯物主义的科学性而忽视或否认其道德维度。考茨基的《伦理与唯物史观》旨在通过批

① 〔德〕爱德华·伯恩施坦：《社会主义的历史和理论》，马元德译，北京：东方出版社 1989 年版，第 238 页。

② 〔德〕爱德华·伯恩施坦：《社会主义的前提和社会民主党的任务》，殷叙彝译，北京：生活·读书·新知三联书店 1973 年版，第 255 页。

判康德哲学，填补他所认为的历史唯物主义文本中存在的"伦理学的缺憾"。他指出："甚至连作为无产阶级组织的社会民主党在其阶级斗争中也不能没有反对剥削和阶级统治的道德理想和道德义愤。但是，这种理想在科学的社会主义中是找不到的，而科学的社会主义是为了认识无产阶级斗争的必然趋势和目标而对社会有机体的发展和运动的规律所作的科学考察。"[1] 他虽然肯定历史唯物主义是科学社会主义的理论基础，却忽视了历史唯物主义本身所内蕴的道德理论和道德价值。在考茨基的思想场域中，历史唯物主义是阐释历史决定论和经济必然性的科学理论，只关注"唯物"的经济目的，仅仅是马克思和恩格斯的"历史研究和经济研究的'总的结果'"[2]，却并不关注道德情感或道德理想，"唯物的历史观，先完全夺取道德理想为社会进化的指挥者的地位，又指示我们依物质的基础之智识，而推论社会的欲求。"[3] 他由此断言："马克思和恩格斯的经济的、历史的观点在极其特定的情况下，同新康德主义是可以并行不悖的。"[4] 在考茨基看来，道德在历史唯物主义理论视阈中始终处于"空场"状态，马克思主义早年所诉求的道德目标已转化为历史唯物主义所指向的纯粹经济目标。考茨基只强调历史唯物主义的科学性而忽视其道德内涵和价值旨趣，其对历史唯物主义的解读实质上是一维化的解读，具有非全面性、非彻底性等理论局限和

---

① 〔加〕本·阿格尔：《西方马克思主义概论》，慎之等译，北京：中国人民大学出版社 1991 年版，第 139—140 页。

② 〔德〕考茨基：《唯物主义历史观》（第 1 分册），《哲学研究》编辑部编，上海：上海人民出版社 1964 年版，第 21 页。

③ 〔德〕考茨基：《伦理与唯物史观》，董亦湘译，北京：教育研究社 1927 年版，第 152 页。

④ 〔俄〕普列汉诺夫：《普列汉诺夫哲学著作选集》（第 5 卷），莫斯科：国家政治书籍出版局 1933 年版，第 264 页。

历史局限。

无论考茨基抑或伯恩施坦，皆在历史唯物主义与道德之间人为地制造了一条不可逾越的"鸿沟"，对两者作出"激进的割裂"。他们的差异只是在于采取何种方式对待历史唯物主义中所谓的道德缺失问题：考茨基是在强调历史唯物主义具有独立的科学性的理论前提下，忽视了其内蕴的道德维度；而伯恩施坦则是在全面攻击马克思主义整个思想体系、否认辩证唯物主义和历史唯物主义的理论前提下，希冀以新康德主义伦理学"修葺"历史唯物主义中所谓的道德"飞地"。

二、20 世纪以降西方学界对历史唯物主义的道德维度之无视

20 世纪以降，西方学界多数学者都普遍无视甚至拒斥历史唯物主义内蕴道德维度这一客观存在的文本事实、理论事实与价值事实。他们认为，青年马克思以理性主义道德为思想武器，猛烈抨击封建专制主义"蔑视道德""败坏道德"的恶劣行径，《1844 年经济学哲学手稿》（以下简称《手稿》）更是闪耀着人道主义的光辉，之后，马克思的研究主旨发生实质性转向，即不再具体地研究道德，而是走向人类历史的深处，深刻剖析社会经济结构、深入研究历史发展规律。在历史唯物主义创立之际，马克思的批判话语、批判逻辑与批判范式则实现了从早年立足于人道的和道德的立场到后来立足于历史的和唯物的立场之深刻嬗变，最终"抛弃了道德方面的东西"[1]。如"分析的马克思主义"学派代表人物诺曼·杰拉斯（Norman Geras）认为，马克思"对于有关规范问题的理论反映不耐

---

[1] 〔美〕杜威：《自由与文化》，林以亮、娄贤哲译，台北：台湾学生书局 1976 年版，第 60—61 页。

烦和轻视，他很少屈尊研究它们"①。彼得·科斯洛夫斯基（Peter Koslowski）在引述德国社会学家桑巴特（Werner Sombart）的观点时指出："在马克思主义中没有一点儿伦理学，而只有经济的规律性。"② 沃伦德尔强调，马克思主义作为一种社会历史理论必然排斥伦理立场，有必要为社会主义的基础补充这一立场，因为无论是从社会主义观念的形成史还是社会主义的实践来看，伦理的立场都是不可或缺的一个因素。③ 意大利哲学家克罗齐（Benedetto Croce）则断言，马克思和恩格斯"从来都不是道德哲学家，而他们的伟大智力花费在这一问题上的也不多……事实上，按照马克思的见解来写认识论是完全可能的，按照马克思的见解来写伦理学的原则，依我看总是一件绝对没有希望的事。"④ W·苏巴特（Sombart）亦指认："马克思理论以其反伦理倾向而区别于其他任何社会理论，马克思理论自始至终没有任何伦理言论、伦理命题和伦理预设。"⑤ 卡尔·波普尔（Karl Popper）和林特曼等学者也指出，历史唯物主义就是经济决定论，其在经济决定论的基础上展示了整个历史的发展进程，却完全没有考虑到人性变化的可能性。还有学者指责，"马克思在青年时期的著作中曾援引过道德方面的论据，而当他一旦变为共

---

① 〔英〕N. 杰拉斯：《关于马克思和正义的争论》，姜海波译，载《马克思主义与现实》，2009 年第 6 期，第 11 页。

② 〔德〕彼得·科斯洛夫斯基：《伦理经济学原理》，孙瑜译，北京：中国社会科学出版社 1997 年版，第 13 页。

③ Steven Lukes, *Marxism and Morality*, Claren-don Press, 1985, p.15. 转引自任帅军：《马克思道德观意蕴及其启示》，载《伦理学研究》，2014 年第 1 期，第 28 页。

④ 转引自〔德〕爱德华·伯恩施坦：《社会主义的历史和理论》，马元德等译，北京：东方出版社 1989 年版，第 242 页。

⑤ R.Tucker, *Philosophy and Myth in Karl Marx*, England：Cambridge University Press, 1961, p.12.

产主义者时，他就从自己学说中排除了一切道德方面的论据"①。
美国《道德百科全书》指出，道德理论在历史唯物主义那里只是
"作为偶然的意见和愤怒的评注散布在马克思卷帙浩繁的著作中"，
"仅仅包含一些开始走向一个道德理论的暗示。"② 该书还提出，马
克思和恩格斯在《宣言》和《形态》等历史唯物主义经典文本中
也仅仅阐释了经济决定道德和道德的阶级性等问题，而其他关涉
道德的基本理论和范畴都未曾提及。当代美国学者麦金太尔
（Alasdair MacIntyre）则认为，历史唯物主义存在两大道德"空场"：
一是没有阐明道德在无产阶级革命中的重要作用，二是没有阐释社
会主义、共产主义与道德的关系。③

　　在西方学界，历史唯物主义的道德维度被遮蔽还有一个重要理
论呈现，即在历史唯物主义与人道主义之间制造一条不可逾越的
"鸿沟"，将两者绝对对立。20 世纪 30 年代初，马克思的《手稿》
于苏联全文发表，这成为部分学者对历史唯物主义与人道主义作二
元分立的重要文本依据。《手稿》发表后，历史唯物主义与人道主义
的"对立论"甚嚣尘上。"两个马克思"论者朗兹胡特、迈耶尔等
人大肆宣扬《手稿》的人道主义思想而贬低马克思"成熟时期"的
历史唯物主义，提出"回到青年马克思去"的口号，要求人们用
《手稿》中"人道主义"的马克思主义反对"唯物"的马克思主义
特别是历史唯物主义，并提出要彻底抛弃历史唯物主义的剩余价值
和阶级斗争理论，恢复青年马克思的人道主义思想之丰富内涵。他

---

① 转引自顾智明：《论伦理本体——对马克思伦理视角的一种解读》，载《社会科
　　学》，2003 年第 3 期，第 83 页。

② 〔美〕弗古利亚斯·弗姆：《道德百科全书》，戴扬毅、姚新中等译，长沙：湖
　　南人民出版社 1988 年版，第 272 页。

③ 参见〔美〕阿拉斯代尔·麦金太尔：《伦理学简史》，龚群译，北京：商务印书
　　馆 2003 年版，第 282 页。

们认为，马克思创立历史唯物主义后即背离了原来的人道主义信念而成为"唯物"的"经济学家"，是"对青年时代理想的背叛"，并断言"科学共产主义的哲学——'人本学基础'随着《共产党宣言》的问世而中断了"①。按照这种观点，似乎青年马克思"作了解决人的存在问题的极大尝试"②，而在创立历史唯物主义后则放弃了这一难以胜任的任务，将研究仅仅局限于严肃的经济领域和严谨的历史领域。"两个马克思"论者试图用人学辩证法取代历史辩证法，用人本主义历史观替代唯物主义历史观。卡曼卡（Eugene Kamenka）作为"二十世纪二十年代斯大林掌权之后第一个系统地从马克思主义的视角进行伦理研究的学者"③，对于历史唯物主义是否内蕴人道主义这一问题也给予了否定回答，指出："马克思的成熟作品明显地回避对道德和哲学问题的思考；而在他的早期作品和一些手稿中，我们才可以找到答案，以解答什么是马克思的伦理观点及其在马克思的成熟思想中的位置。"④ 在卡曼卡看来，历史唯物主义的创立导致了马克思道德思想发展进程的"激进的断裂"，即马克思从对人道主义的诉求转向对永恒人性的反对。⑤ "结构主义的马克思主义"奠基人阿尔都塞（Louis Pierre Althusser）作为历史唯物主义与人道主义"对立论"的重要代表，也强调两者之绝对对立。但是，他与

① 参见陈先达：《马克思和马克思主义》，北京：中国人民大学出版社 2006 年版，第 174 页。

② 参见陈先达：《马克思和马克思主义》，北京：中国人民大学出版社 2006 年版，第 174 页。

③ Andy Blunden, *Marxist Humanism and the New Left*, from Marxist Internet Archive, http://www.marxists.org/subject/humanism/index.htm.

④ Eugene Kamenka, *The Ethical Foundations of Marxism*, London：Routledge and Kegan Paul, 1962, Preface.

⑤ Eugene Kamenka, *The Ethical Foundations of Marxism*, London：Routledge and Kegan Paul, 1962, p.30.

"两个马克思"论者和卡曼卡的不同之处在于：他在强调历史唯物主义的科学性的基础上否认其具有人道主义思想。阿尔都塞认为，马克思的《手稿》关注"人"和"人的异化"，蕴含着人道主义思想，因而早期的马克思是"人本"的马克思；而历史唯物主义创立后的马克思则是"唯物"的马克思，两个马克思之间在人道主义观念形态上存在着"认识论的断裂"。他指出，历史唯物主义是注重历史发展规律研究和社会发展理论建构的"唯物"的科学体系，并宣称，马克思主义实际上是"理论上的反人道主义"①。无论是"两个马克思"论者、卡曼卡抑或阿尔都塞，他们的理论主旨皆是强调历史唯物主义与人道主义之绝对对立。所不同的是，他们在"对立论"上采取的方式不同：在"两个马克思"论者或卡曼卡看来，人道主义才是马克思主义的真正本质，而历史唯物主义与马克思早期的人道主义信念根本对立，应该用人道主义取代"非人道主义"的历史唯物主义；阿尔都塞则宣称"认识论的断裂"，认为历史唯物主义与马克思早期的人道主义思想有着实质区别，并将前者视为马克思主义的内在本质，其最终目的是要捍卫历史唯物主义的科学性。

上述西方学者关于历史唯物主义与人道主义的"对立论"，以马克思创立历史唯物主义时对人道主义秉持批判态度为出发点，以历史唯物主义转向历史研究为理论依据，认为历史唯物主义没有给作为历史主体的"人"留有一席之地，是对人道主义的否定。这是对历史唯物主义的一种误读。事实上，历史唯物主义与人道主义并非截然对立，与历史唯物主义对立的是历史唯心主义，而与人道主义对立的则是反人道主义。人道主义实际上具有双重内涵，即作为历史观的人道主义和作为道德价值的人道主义。历史唯物主义对历史

---

① 李宜青：《阿尔都塞与"结构主义马克思主义"》，沈阳：辽宁人民出版社 1986年版，第 151 页。

上的人道主义并非抛弃而是扬弃，是辩证性批判和改造而非全盘否定，即它对人道主义进行了历史观上的摒弃和价值观上的秉承，将人道主义建立于科学的唯物主义历史观的基础之上，从而赋予了人道主义以科学的理论基础，使其成为人类历史上迄今最为科学的人道主义。对此，马尔科维奇指出："那种把青年马克思的价值承载的人道主义乌托邦和成熟马克思的价值无涉的科学结构主义截然区分开来的做法，是一种对他的著作的肤浅研究的灾难性错误。"① 陈先达也指出："唯物主义历史观是在摒弃'抽象的人'转而研究现实的人，即研究他们的活动和物质生活条件的过程中逐步确立起来的。……因此，不能说，唯物主义历史观不包括人，不关心人，不研究人，恰恰相反，正是随着唯物主义历史观的形成，才把人的研究置于科学的基础之上，为人类的解放指明了真正的出路"②，"把马克思后来的严格分析，说成是抛弃了早期的道德理想，丧失了对人的热情，这当然是一种污蔑"③。孙伯鍨认为，历史唯物主义内蕴真正彻底的人道主义和真正科学的人道主义，从马克思主义的观点来看，把人道主义、社会主义和唯物主义彼此分割和对立起来，是完全不可思议的。④ 西方学者关于历史唯物主义与人道主义的"对立论"，实质上是一种割裂青年马克思和成熟马克思之间思想传承关系的思辨形而上学，消弭了历史唯物主义所蕴含的人道主义思想，既是历

① 〔南〕马尔科维奇：《当代的马克思：论人道主义共产主义》，曲跃厚译，哈尔滨：黑龙江大学出版社 2011 年版，第 14 页。

② 陈先达：《马克思和马克思主义》，北京：中国人民大学出版社 2006 年版，第 170 页。

③ 陈先达：《马克思和马克思主义》，北京：中国人民大学出版社 2006 年版，第 268 页。

④ 参见孙伯鍨：《唯物主义和实事求是——为纪念恩格斯逝世 100 周年而作》，载《江苏社会科学》，1995 年第 4 期，第 85 页。

史唯物主义的道德维度被遮蔽的重要呈现，亦是历史唯物主义的道德维度被遮蔽的深刻因由。

如何看待历史唯物主义与《手稿》中人道主义思想的内在关系？此问题一直是马克思主义理论研究的热点问题，并衍生出"人道主义的马克思主义"与"科学主义的马克思主义"两种截然对立的观点。"人道主义的马克思主义"认为，《手稿》所蕴含的"真正的人道主义思想"是马克思被称为道德哲学家的思想根据，亦是马克思哲学和马克思主义的理论基础和内在本质，而历史唯物主义虽然揭示了历史发展规律，却抛弃了对人的命运、生存和发展之关注，表征出马克思早期人道主义信念的衰退，消解了道德。"科学主义的马克思主义"作为一种马克思主义研究流派，反对20世纪以来西方盛行的马克思主义人本化思潮。其基于科学视角对马克思的历史观进行审慎的分析与反思，将历史唯物主义推向了唯客观结构、客观关系的极致。① 其在纯粹的客观性、客体性的视阈中思考马克思哲学，认为，历史唯物主义的科学性即在于它是理论上的"反人道主义"和"反历史主义"②；《手稿》只是马克思思想发展中不成熟的作品，不能代表马克思思想的真实本质；马克思主义的理论基础应是反人道主义的科学的历史唯物主义。在其理论视阈中，以历史唯物主义为哲学基石的马克思主义被解读为"道德中立"的纯粹的科学体系。"人道主义的马克思主义"与"科学主义的马克思主义"争论的实质即在于：在马克思早期的人道主义与科学的历史唯物主义之中，哪一个更能代表马克思主义的内在本质。但是，两者最终殊途同归，皆认为历史唯物主义与人道主义互不相容、二元分立。

---

① 参见郑忆石：《唯科学的西方马克思主义历史观评析》，载《厦门大学学报》（哲学社会科学版），2003年第4期，第93页。

② 〔法〕路易·阿尔都塞：《保卫马克思》，顾良译，北京：商务印书馆1984年版，第199页。

西方人本主义思潮和存在主义哲学的重要人物萨特也表示，要用具有人道主义特征的存在主义去补充马克思主义。从开创存在主义哲学形式的海德格尔到雅思贝尔斯，再到萨特，都特别重视存在主义的社会价值。萨特更是强调，存在主义就是人道主义。他在《辩证理性批判》中明确指出，马克思主义"见物不见人"，存在着"人学的空场"，要用具有人道主义特征的存在主义及其理论视阈中的"人学辩证法"去"医治"马克思主义哲学的"贫血症"，恢复"人"的主体地位，建立一种以"人的实践"为基础的历史人学，以此突显人类面向未来选择的"绝对自由"。在萨特看来，马克思本人并不忽视人，但马克思主义特别是历史唯物主义用社会历史来解释人，虽然具有把握社会历史宏观结构的优越性，却在历史研究方法上隐含着"非人主义"的巨大危险。因为，马克思的历史研究方法易将人们引向一个极端，即不再把社会历史宏观结构看作人的产物，而是将其视为凌驾于或先定于"人的存在"的"客观结构"，这就最终淹没了人本身，消解了人的历史主体性。① 萨特还指出，马克思对于人类历史的"生产关系""社会关系""社会结构"及"客观规律""客观必然性"的探寻，实质上是用历史发展的必然性、社会运行的总体性和抽象的普遍性来淡化甚至消解人本身的一种"非人化"做法，因而，马克思主义本质上是一种缺乏人性观照的社会历史理论。

在当代西方学界，以艾伦·伍德为代表的"马克思主义反道德论"者认为，历史唯物主义是追求"客观事实"的社会历史学说，平等、正义等道德范畴在历史唯物主义那里是受到批判的、具有阶级局限性的范畴，是"消极地受物质生产方式的决定"的"虚假的

---

① 参见张文喜：《马克思论大写的人》，北京：社会科学文献出版社 2004 年版，第140 页。

意识形态"或"社会的保守力量"①，而非马克思分析和批判资本主义的理论依据。他们还指出，历史唯物主义强调经济关系和阶级斗争决定道德，即使历史唯物主义所提及的需要、欲望、利益和快乐等规范性要素，也不能称之为道德范畴，而仅仅是一种非道德的善。② 伍德据此断言，马克思是一位"非道德主义者"，"在他的著作中找不到任何清楚地阐述积极的权利或正义思想的真正努力"③。在"马克思主义反道德论"者看来，历史唯物主义主要依据具有"综合理论"特征的历史科学，而非基于道德立场来批判资本主义，并在排除了道德因素的前提下预见到共产主义的历史必然性。他们由此得出结论：历史唯物主义是"道德中立"或"价值无涉"的历史观和社会发展理论，道德在其中没有立足之地。另有部分学者指认，历史唯物主义试图以阶级道德淡化甚至消解普世道德和普世价值；其在批判资产阶级道德时始终只是零散地提及阶级情感和阶级道德，而这些零散的道德论述最终被湮灭于具有浓厚历史意蕴和鲜明经济色彩的历史发展规律体系之中；道德在历史唯物主义那里被严谨的规律体系和革命实践所"窒息"，历史唯物主义在本质上是与道德"绝缘"的纯粹的历史科学。在上述学者的研究视阈下，马克思早期文本批判资产阶级伪善道德、异化劳动和无产阶级畸形化发展等道德问题，特别关注无产阶级的生存和发展境遇，而中后期的

① 参见张霄、胡启勇：《马克思主义在伦理学上的"反道德论"问题——当代英美马克思主义伦理学研究中的一个主要问题》，载《南京社会科学》，2008 年第 6 期，第 43 页。

② 参见张霄、胡启勇：《马克思主义在伦理学上的"反道德论"问题——当代英美马克思主义伦理学研究中的一个主要问题》，载《南京社会科学》，2008 年第 6 期，第 43 页。

③ Allen. Wood, "Marxian Critique of Justice", in *Karl Marx's Social and Political Thought: Critical Assessments*, Vol.1, Jessop, Bob(eds), London: New York: Routledge, 1993, p.390.

历史唯物主义文本则"聚焦"于历史发展规律研究和社会发展理论建构，不仅摒弃了马克思早期的道德理想和人道主义信念，亦抛弃了道德研究本身，由此造成马克思哲学思想发展中道德基因的"激进的断裂"。①

综上论，西方学界在历史唯物主义研究中存在一个严重倾向，即对历史唯物主义与道德作二元分立，强调马克思创立历史唯物主义后即抛弃了早期的道德信仰、道德研究和人道主义信念而成为"唯物"的历史学家和"纯粹"的经济学家，仅仅"执着"于揭示历史发展规律和建构社会发展理论，不再具体、深入地研究道德。他们甚至断言，历史唯物主义及以其为哲学基石的整个马克思主义理论在道德立场上都是"道德中立"或"价值无涉"的，由此遮蔽了历史唯物主义原初的"道德光辉"，并把马克思主义界定为"道德相对主义"甚至"反道德主义"。迄今，西方学界较为客观地探讨历史唯物主义与道德之内在关系的文献主要见于加拿大著名马克思主义哲学家凯·尼尔森的专著——《马克思主义与道德观念——道德、意识形态与历史唯物主义》。然而，尼尔森也只是为该研究提供了一种可资借鉴的研究方向和方法，具体研究还有待继续拓展和深化。

三、20 世纪以降苏联和国内学界对历史唯物主义的道德维度之忽视

在苏联学界，历史唯物主义研究中存在一个普遍性观点，即认为马克思和恩格斯虽然为无产阶级提供了科学革命理论——历史唯

---

① 参见余京华：《马克思唯物史观的道德维度及其当代观照》，安徽大学博士论文，2010 年。

物主义与科学方法论——辩证法，却没有提供道德理论，道德和道德研究在历史唯物主义理论视阈中处于缺失状态。一直以来，苏联学界注重研究历史唯物主义之"真"的维度即科学维度，重视对历史唯物主义的规律体系、基本范畴和无产阶级专政理论等进行解读，习惯于将历史唯物主义定位为科学的"历史发展规律体系""实践哲学"或"阶级斗争学说"，而忽视了历史唯物主义之"善"的维度即道德维度研究。如布哈林（Николай Иванович Бухарин）在《历史唯物主义理论》（1921 年）中曾明确指出："历史唯物主义理论处于怎样的地位呢？它不是政治经济学，也不是历史。它是关于社会及其发展规律的一般学说。"① 谢姆科夫斯基在《历史唯物主义讲演提纲》（1923 年）中指出，历史唯物主义是"关于人类社会及其发展规律的一般学说"②。拉祖莫夫斯基在《历史唯物主义理论教程》（1924 年）中则提出，历史唯物主义是"关于社会生活最一般的规律"③。恰金（Чайкин，Б.А.）等苏联专家总结道："十月革命后最初十年，大多数历史唯物主义著作家都把马克思主义社会学确定为关于社会结构及其发展规律的一般科学。"④ 阿列费耶娃在《作为一门科学的历史唯物主义》（1982 年）中又强调："历史唯物主义是关

① 〔苏〕布哈林：《历史唯物主义理论》，何国贤等译，北京：东方出版社 1988 年版，第 7 页。

② 转引自贾明建：《苏联哲学界对"历史唯物主义对象"的研究介评——兼议我国哲学界"历史唯物主义对象"之定义》，载《中共山西省委党校学报》，1988年第 4 期，第 8 页。

③ 转引自贾明建：《苏联哲学界对"历史唯物主义对象"的研究介评——兼议我国哲学界"历史唯物主义对象"之定义》，载《中共山西省委党校学报》，1988年第 4 期，第 8 页。

④ 〔苏〕恰金等：《苏联二十年代确立历史唯物主义的斗争》，林英等译，北京：中共中央党校科研办公室 1986 年版，第 197 页。

于社会存在和社会意识辩证关系相互作用的科学，这种相互作用反映在整个社会生活及其发展的一般规律与动力中。"① 在苏联，只有极少数学者为适应当时经济社会发展的需要，曾建议将"人道主义"概念引入历史唯物主义研究。斯大林（Иосиф Виссарионович Сталин）更注重在阶级斗争和无产阶级革命理论的层面上继承和发展历史唯物主义。列宁（Владимир Ильич Ульянов，Ленин）在评价德国社会学家桑巴特的观点时甚至也指出："不能不承认桑巴特的断言是正确的，他说：'马克思主义本身从头至尾没有丝毫伦理学的气味'，因为在理论方面，它使'伦理学的观点'从属于因果性的原则；在实践方面，它把伦理学的观点归结为阶级斗争。"② 列宁的《唯物主义和经验批判主义》、斯大林的《论辩证唯物主义和历史唯物主义》及苏联学者的历史唯物主义研究成果多是聚焦科学维度，将历史唯物主义作为一种科学理论体系进行解读，强调其科学性，而忽视了其道德维度研究。这种历史唯物主义解读模式对国内学界产生了深刻而深远的影响。

迄今，国内学界仍有不少研究者沿袭苏联的历史唯物主义解读模式，习惯于将历史唯物主义定位为"科学揭示人类社会发展规律的哲学学说"，或解读为"道德中立"的实践哲学、"价值无涉"的阶级斗争学说。国内哲学教科书和相关论著在界定历史唯物主义的基本内涵时，也通常称之为"关于社会（历史）发展一般规律的科学"；在阐述历史唯物主义的主要内容时，更多强调其"唯物"的内容，如"两个必然"理论、社会基本矛盾理论、群众史观及历史

① 转引自贾明建：《苏联哲学界对"历史唯物主义对象"的研究介评——兼议我国哲学界"历史唯物主义对象"之定义》，载《中共山西省委党校学报》，1988年第4期，第9页。

② 《列宁全集》（第1卷），北京：人民出版社1972年版，第382页。

发展规律等①，而没能基于科学与道德之双重维度全面解读之，忽视了历史唯物主义理论视阈中与科学维度相辅相成的另一基本维度——道德维度，没有深入探赜历史唯物主义显性的"真"的理论中所蕴含的隐性的"善"的价值底蕴。国内多数研究者习惯于从哲学、经济学、法学或史学的角度研究历史唯物主义，抑或从认识论、本体论、方法论或实践论的视角解读之，其共同的理论指向就是强调历史唯物主义的科学维度，而忽视其内蕴的道德维度。一直以来，国内少有学者以历史唯物主义为理论切入点，深度开掘并剖析历史唯物主义的道德维度。一些研究者甚至将历史唯物主义解读为只注重经济分析而缺失人道关怀和道德情感的严肃而严谨的历史科学或冷冰冰的"经济决定论"。有研究者指出，历史唯物主义以生产力、生产关系、社会基本矛盾和物质生产实践等"唯物"的内容湮没了作为历史主体的"人"，用"阶级"和"阶级性"取代了"人"和"人性"，把人的地位降到很低的位置。还有研究者指出，历史唯物主义只讲"物"不讲"人"，不包含"道德理论"，只是构建了一个"见物不见人"的、"道德中立"的历史发展规律体系，其在社会主义建设时期已不适应，须用人道主义补充并完善之。

　　国内外学界相关理论研究拓展并深化了马克思主义研究成果，具有重要的学术价值和现实意义。然而，迄今，这些研究甚少以历史唯物主义为理论切入点来研究马克思主义道德理论，而直接关涉"历史唯物主义的道德维度"系统性研究及其成果更是付诸阙如。目前，已有的相关或相近的研究也依然存在一些理论缺憾：第一，注重对历史唯物主义的道德维度之某一层面如道德批判、道德实践、道德运思理路或道德观作微观的、局部的研究和解读，而没有对其

---

① 参见陈新夏：《唯物史观价值维度的当代建构》，载《马克思主义研究》，2005年第 3 期，第 66 页。

作出整体性解读，有失宏观性和系统性；第二，未能对历史唯物主义的道德维度与科学维度之生成性统一问题作深入的探赜和研究；第三，相对于历史唯物主义内蕴的深刻道德内涵和深厚道德价值而言，已有研究成果尚待进一步拓展和深化。

早在 20 世纪 60 年代初，法国学者塞伏就曾指出，在马克思主义哲学研究中，马克思主义道德理论研究一直处于落后状态，"这种落后与活的马克思主义在伦理方面所积累和创造的格外丰富的材料的显著进展比较起来，更显得是脱节了"①。在当代学界，尽管马克思主义道德理论研究领域取得了一定成果，但是，从总体研究倾向和已有研究成果来看，"历史唯物主义的道德维度"研究依然处于被遮蔽的视界，或曰异常薄弱的状态。鉴于此，笔者认为我们需要进一步拓展和深化这一研究，以期强化该研究的道德价值旨趣，开拓该研究的道德意义空间。

第二节　科学维度与道德维度之生成性统一：历史唯物主义的本真理论精神

历史唯物主义的道德维度不是与其科学维度彼此"绝缘"的、独立自在的一个维度，而是"映现于科学维度的道德维度"。在历史唯物主义理论视阈中，科学维度是道德维度之理论基础，而道德维度则是科学维度之价值底蕴。历史唯物主义正是基于科学与道德之双重维度构建而成的历史哲学和历史科学，科学维度与道德维度之生成性统一是历史唯物主义的本真理论精神。

---

① 商务印书馆编辑部：《人道主义、人性论研究资料》（第 3 辑），丁象恭等译，北京：商务印书馆 1963 年版，第 111—112 页。

一、科学维度与道德维度：历史唯物主义客观存在的基本维度

马克思和恩格斯不是"道德决定论"者或"道德至上主义"者，他们所创立的历史唯物主义首先是一个科学理论体系。但是，历史唯物主义从未拒斥道德、道德研究、道德理想和道德实践。科学维度与道德维度皆是历史唯物主义客观存在的基本维度，两种维度在历史唯物主义创立和发展过程中"理性出场"并"始终在场"。

（一）历史唯物主义的科学维度

恩格斯于《在马克思墓前的讲话》中明确指出，马克思一生有两大发现，历史唯物主义是马克思的"第一个伟大发现"，"马克思发现了人类历史的发展规律"。① 恩格斯后来在谈到他和马克思面临的历史任务时，写道："我们两人已经深深地卷入了政治运动……我们有责任科学地论证我们的观点，但同时我们必须使欧洲无产阶级首先使德国无产阶级确信我们的观点的正确。"② 列宁把历史唯物主义称为"科学思想中的最大成果"③，并指出，历史唯物主义的创立实现了人类思想史上最伟大的革命，"自《资本论》问世以来，唯物主义历史观已经不是假设，而是科学地证明了的原理"④，"……唯物主义历史观始终是社会科学的别名"⑤。苏联学者巴加图利亚（Г.А.Багатурия）在《马克思的第一个伟大发现》中也指出："唯物

---

① 《马克思恩格斯选集》（第3卷），北京：人民出版社1995年版，第776页。
② 《马克思恩格斯文选》（中文版第2卷），莫斯科：外国文书籍出版局1965年版，第342页。
③ 《列宁选集》（第2卷），北京：人民出版社1995年版，第311页。
④ 《列宁选集》（第1卷），北京：人民出版社1995年版，第10页。
⑤ 《列宁选集》（第1卷），北京：人民出版社1995年版，第10页。

主义历史观是马克思创立的关于人类社会发展的普遍规律的科学"①。以批判"庸俗马克思主义"著称的西方马克思主义创始人卢卡奇（György Lukács）认为，历史唯物主义无疑"是按其真正的本质理解过去事件的一种科学方法"②，"历史唯物主义最重要的任务是，对资本主义社会制度做出准确的判断，揭露资本主义社会制度的本质"③。"结构主义的马克思主义"奠基人阿尔都塞也特别强调历史唯物主义的科学性，指出："对于一种既作为历史科学，同时又作为哲学的辩证理论，这是必然的事情。马克思主义是在理论上敢于迎接这个考验的唯一哲学"④，"为了确切一些，我说过马克思为科学知识'开启了'一个新'大陆'，即历史的大陆——就像泰勒士为科学知识开启了数学的'大陆'，伽利略为科学知识开启了物理学的'大陆'一样"⑤。南斯拉夫"实践派"著名哲学家马尔科维奇则强调"回到真实的马克思"以重新解释历史唯物主义，并指出，在马克思那里，"理论的基本创新，即它既是客观的又是批判的这样一个事实"使"马克思创造了一种既是科学的又是批判的理论"。⑥陈先达先生在其著述《马克思和马克思主义》中也指出："马克思

---

① 〔苏〕巴加图利亚：《马克思的第一个伟大发现——唯物史观的形成和发展》，北京：中国人民大学出版社1981年版，第1—2页。

② 〔匈〕卢卡奇：《历史与阶级意识》，杜章智等译，北京：商务印书馆1992年版，第306页。

③ 〔匈〕卢卡奇：《历史与阶级意识》，杜章智等译，北京：商务印书馆1992年版，第307页。

④ 〔法〕路易·阿尔都塞：《保卫马克思》，顾良译，北京：商务印书馆2006年版，第19—20页。

⑤ 〔法〕路易·阿尔都塞：《保卫马克思》，顾良译，北京：商务印书馆2006年版，第252页。

⑥ 〔南〕马尔科维奇：《从富裕到实践——哲学与社会批判》，曲跃厚译，哈尔滨：黑龙江大学出版社2012年版，第43页。

主义不是单纯的伦理价值体系，而首先是科学体系……马克思主义对资本主义私有制的揭露、抨击和评价，对资本主义必然为社会主义所代替的论断，不是建立在人道、公平、正义、平等、博爱等抽象道德原则基础上，而是以对社会发展规律和资本主义内在矛盾分析为依据。"①

　　客观而论，肯定历史唯物主义的科学维度相对于那些诘难或否认历史唯物主义和马克思主义理论之科学性的观点而言，无疑具有进步意义，能为历史唯物主义正本清源。自历史唯物主义创立以降，不乏否认其科学性的论调。如卡尔·波普尔就把柏拉图（Plato）、黑格尔（Georg Wilhelm Friedrich Hegel）和马克思的理论都看作是一种乌托邦主义。他指出，我们无法准确预见社会发展的未来趋势，因而"历史决定论"决不能成立，马克思主义就是建立于"历史决定论"基础上的乌托邦主义。胡克（Sidney Hook）也提出："把马克思主义说成是一种'客观的科学'，乃是阉割它的阶级性质"②，"马克思主义既不是科学，也不是神话，而是一种实在主义的社会行动方法"③。弗朗西斯·福山（Francis Fukuyama）的"历史终结论"则认为，马克思主义作为一种"乌托邦观念"在现代社会已经死亡，人类历史正在"现代性"道德的凯旋中走向"终结"。马尔库塞（Herbert Marcuse）在西柏林发表的《乌托邦的终结》演讲中，直接把社会主义归结为乌托邦，指出："我们必须面对这样的可能性，即

---

① 陈先达：《马克思和马克思主义》，北京：中国人民大学出版社2006年版，第104—105页。

② 〔美〕胡克：《对卡尔·马克思的理解》，徐崇温译，重庆：重庆出版社1989年版，第12页。

③ 〔美〕胡克：《对卡尔·马克思的理解》，徐崇温译，重庆：重庆出版社1989年版，第96页。

通过社会主义的道路只能从科学转向乌托邦，并非是从乌托邦到科学。"① 在当代西方学界，"西方主流意识形态则不厌其烦地声称，马克思主义只是披着'科学'外衣的意识形态，因为建立在严格决定论基础上的历史必然性，并不是能够经受检验的科学预见，而只是一种历史预言"②，"它并不教导建立社会主义制度的方法与途径"③。苏联解体、东欧剧变后，诸多西方学者对社会主义的科学性产生质疑，进而武断地推论：马克思解放全人类的理论是一种"现代乌托邦"。

上述观点漠视甚至无视历史唯物主义和马克思主义理论的科学维度，是对历史唯物主义和马克思主义理论的曲解和误读，既具有理论上的非合理性，亦具有实践上的危害性。

历史唯物主义是关于人类社会发展一般规律的理论，是辩证唯物主义在社会历史领域的运用。其既是科学的历史观和历史哲学，亦是历史科学、经济科学和实证科学三位一体的哲学学说，彰显出深邃的科学性。其科学维度主要呈现于三个方面。

1. 历史唯物主义之立论基础的科学性

历史唯物主义之立论基础是唯物主义历史观。马克思和恩格斯在历史唯物主义经典文本《形态》中，从"社会存在决定社会意识"这一唯物主义历史观出发，构建起科学的历史唯物主义理论体系。他们指出："物质生活的生产方式制约着整个社会生活、政治生

---

① 〔美〕赫伯特·马尔库塞：《乌托邦的终结》，见上海社会科学院哲学研究所外国哲学研究室编：《法兰克福学派论著选辑》（上卷），北京：商务印书馆1998年版，第595页。

② 侯惠勤：《试论马克思主义理论的科学性》，载《思想理论教育导刊》，2020年第1期，第19页。

③ 〔英〕卡尔·波普尔：《开放社会及其敌人》，庄文端、李英明译，台北：台北桂冠图书公司1986年版，第724页。

活和精神生活的过程。不是人们的意识决定人们的存在，相反，是人们的社会存在决定人们的意识。"① 这一论断科学概述了唯物主义历史观的基本思想，是马克思和恩格斯考察人类历史及其发展规律的重要理论依据。他们在《形态》中谈到人类历史发展的前提时，明确指出："第一个历史活动就是生产满足这些需要的资料，即生产物质生活本身。"② 在他们的理论视野中，历史唯物主义与历史唯心主义之本质区别即在于，"它不是在每个时代中寻找某种范畴，而是始终站在现实历史的基础上，不是从观念出发来解释实践，而是从物质实践出发来解释各种观念形态"③，深刻表征出作为历史唯物主义之立论基础的历史观之本质——"唯物性"。这种历史观不是"沉湎"于各种主观意识或客观精神的唯心主义历史观，而是建立于"现实历史"的基础之上、从"物质实践"出发的唯物主义历史观。恩格斯后来在谈到历史唯物主义与历史唯心主义的区别时又指出："唯心主义从它的最后的避难所即历史观中被驱逐出去了，一种唯物主义的历史观被提出来了，用人们的存在说明他们的意识，而不是像以往那样用人们的意识说明他们的存在这样一条道路已经找到了。"④

唯心主义历史观从"社会意识决定社会存在"这一唯心主义历史观出发解释历史发展，至多考察了人的活动的思想动机，而没有进一步探赜思想动机背后的物质动因和经济根源，从而陷入了唯心的思辨历史观的理论桎梏。马克思和恩格斯在《形态》中揭露了这种思辨历史观的思想本质："过去的一切历史观不是完全忽视了历史的这一现实基础，就是把它仅仅看成与历史过程没有任何联系的附

① 《马克思恩格斯选集》（第2卷），北京：人民出版社2012年版，第2页。
② 《马克思恩格斯全集》（第3卷），北京：人民出版社1960年版，第31页。
③ 《马克思恩格斯选集》（第1卷），北京：人民出版社2012年版，第172页。
④ 《马克思恩格斯文集》（第3卷），北京：人民出版社2009年版，第545页。

带因素。根据这种观点，历史总是遵照在它之外的某种尺度来编写的；现实的生活生产被描述成某种史前的东西，而史前的东西则被说成某种脱离日常生活的东西，某种处于世界之外和超乎世界之上的东西。"① 欧洲中世纪的基督教神学和诸种纷繁复杂的唯心主义哲学流派，秉持的历史观都是唯心主义历史观。其从"非历史"的、"超历史"的力量出发探寻历史发展动力，没有把握到历史发展客观规律，无视人民群众在历史发展中的决定作用，而是将历史发展的基础和动力或归置于伟大人物、英雄人物的意志和言行，或归结于凌驾于人类主观意志之上的神秘客观力量，将社会历史看成英雄发展史或精神发展史，由此陷入了思辨历史观的理论窠臼。马克思和恩格斯在《形态》中深刻批判了德国的唯心主义历史观，指出："德国人却在'纯粹精神'的领域中兜圈子，把宗教幻想推崇为历史的动力"②，"黑格尔的历史哲学是整个德国历史编纂学的最终的、达到自己'最纯粹的表现'的产物。在德国历史编纂学看来，问题完全不在于现实的利益，甚至不在于政治的利益，而在于纯粹的思想"③，"圣麦克斯·施蒂纳更加彻底，他对现实的历史一窍不通，他认为历史过程只不过是'骑士'、盗贼和怪影的历史，他当然只有借助于'不信神'才能摆脱这种历史的幻觉而得救"④。在马克思主义创始人看来，人类要真正从"神的王国"进入"人的王国"，就必须"证明这种王国是从现实的尘世关系中产生的"⑤，"其实全部问题只在于从现存的实际关系出发来说明这些理论词句"⑥，即必须

---

① 《马克思恩格斯全集》（第 3 卷），北京：人民出版社 1960 年版，第 44 页。
② 《马克思恩格斯全集》（第 3 卷），北京：人民出版社 1960 年版，第 44 页。
③ 《马克思恩格斯全集》（第 3 卷），北京：人民出版社 1960 年版，第 44—45 页。
④ 《马克思恩格斯全集》（第 3 卷），北京：人民出版社 1960 年版，第 45 页。
⑤ 《马克思恩格斯全集》（第 3 卷），北京：人民出版社 1960 年版，第 45 页。
⑥ 《马克思恩格斯全集》（第 3 卷），北京：人民出版社 1960 年版，第 45 页。

在历史观上从唯心主义历史观发展为唯物主义历史观。他们还批判了费尔巴哈（Ludwig Andreas Feuerbach）的半截子唯物主义在历史观上的唯心主义性质，指出，费尔巴哈在自然观上是唯物主义的，而在历史观上却陷入唯心主义历史观的理论桎梏：将现实的、历史的人变成具有所有时代特征的抽象的人，将人类历史发展过程看成是人的自我异化过程，将"爱的宗教"视为救赎人类的根本动力，"在他那里，唯物主义和历史是彼此完全脱离的"①。

马克思和恩格斯创立的历史唯物主义，以科学的历史观——唯物主义历史观为立论基础，自觉摒弃了唯心主义历史观。马克思在《〈政治经济批判〉序言》中曾对历史唯物主义基本原理作出了最完整最简明的概括。恩格斯在为《政治经济学批判》第一分册所写的书评中指出："这种德国的经济学本质上是建立在唯物主义历史观的基础上的，后者的要点，在本书的序言中已经作了扼要的阐述。"② 马克思后来对这篇序言也作出了评价："在那里我说明了我的方法的唯物主义基础。"③ 历史唯物主义不是从抽象的观念或神秘的客观精神出发解释历史发展，而是始终秉持唯物主义历史观，以"现实的个人"和"现实的世界"为立论的切入点，以实践观为立论的首要观点，基于"唯物"的"现实历史"和"物质实践"溯源历史发展动力问题，基于生产力与生产关系、经济基础与上层建筑的矛盾运动揭示历史发展规律、阐明社会形态更替、建构社会发展理论，突显出其立论基础之深邃的科学性（唯物性）。正如陈先达先生所言："同以人为出发点的唯心主义历史观相对立"，马克思主义"转向分析人类的物质资料生产活动，揭示了历史发展的客观规律……没有

① 《马克思恩格斯文集》（第1卷），北京：人民出版社2009年版，第530页。
② 《马克思恩格斯文集》（第2卷），北京：人民出版社2009年版，第597页。
③ 《马克思恩格斯文集》（第5卷），北京：人民出版社2009年版，第20页。

这种出发点的转移，就不可能有科学的马克思主义"。①

2. 历史唯物主义之立论内容的科学性

历史唯物主义的基本原理、基本观点、基本立场、基本价值取向、理论精髓及其历史发展规律体系等立论内容，具有深邃的科学性。

"社会存在决定社会意识"是历史唯物主义的核心立论内容，彰显出深邃的科学性。马克思对社会存在与社会意识在人类社会发展中何为第一性的问题作出了明确回答："不是人们的意识决定人们的存在，相反，是人们的社会存在决定人们的意识。"② 恩格斯也指出："人们的意识取决于人们的存在而不是相反，这个原理看来很简单，但是仔细考察一下也会立即发现，这个原理的最初结论就给一切唯心主义，甚至给最隐蔽的唯心主义当头一棒。关于一切历史的东西的全部传统的习惯的观点都被这个原理否定了。"③ 这就把历史唯心主义关于社会意识决定社会存在的关系颠倒过来，澄清了历史主体与历史客体的内在关系，还原了历史发展的本真面貌。为了说明社会存在对社会意识的决定性，马克思和恩格斯在《形态》中强调作为社会存在的物质生产本身的重要性："我们首先应当确定一切人类生存的第一个前提，也就是一切历史的第一个前提，这个前提是：人们为了能够'创造历史'，必须能够生活。但是为了生活，首先就需要衣、食、住以及其他东西。因此第一个历史活动就是生产满足这些需要的资料，即生产物质生活本身。"④ 他们还运用生产力与生产关系及经济基础与上层建筑的矛盾运动作出科学论证："社会

① 陈先达：《马克思和马克思主义》，北京：中国人民大学出版社 2006 年版，第 245 页。

② 《马克思恩格斯选集》（第 2 卷），北京：人民出版社 2012 年版，第 2 页。

③ 《马克思恩格斯文集》（第 2 卷），北京：人民出版社 2009 年版，第 598 页。

④ 《马克思恩格斯全集》（第 3 卷），北京：人民出版社 1960 年版，第 31 页。

的物质生产力发展到一定阶段，便同它们一直在其中运动的现存生产关系或财产关系（这只是生产关系的法律用语）发生矛盾。于是这些关系便由生产力的发展形式变成生产力的理论桎梏。那时社会革命的时代就到来了。随着经济基础的变更，全部庞大的上层建筑也或慢或快地发生变革。"① 历史唯物主义在对历史发展进行整体性把握的基础上，对社会存在与社会意识的关系作出科学回答，正确揭示出历史主体、历史客体、历史发展基础、历史发展动力、历史发展过程及历史发展趋势，要求人们从现实的社会存在（物质生产实践、物质生产方式、生产力、经济生活和社会生活等）出发去理解一切社会意识（上层建筑、社会科学、思维科学等）产生和发展的客观根源、终极原因及其历史作用，具有深邃的"唯物性"和科学性。基于此，恩格斯指出，社会存在决定社会意识的原理"对于一切历史科学（凡不是自然科学的科学都是历史科学）都是一个具有革命意义的发现"②。

历史发展规律体系是历史唯物主义的根本立论内容。马克思在宏观历史背景中进行宏大历史叙事和历史发展规律研究，从纷繁复杂的人类历史中发现了客观规律，科学揭示出历史发展规律。他依据生产力和生产关系、经济基础和上层建筑等"唯物"概念及其矛盾运动，把握到社会有机体构成要素及其相关关系，建构起历史唯物主义的根本立论内容——以"社会基本矛盾运动及其发展规律"为核心内容，包括社会意识与社会存在的辩证关系及其发展规律、生产力与生产关系的矛盾运动及其发展规律、经济基础与上层建筑的矛盾运动及其发展规律、阶级斗争规律、资本主义经济运行规律等在内的科学的历史发展规律体系。恩格斯于《在马克思墓前的讲

① 《马克思恩格斯选集》（第2卷），北京：人民出版社2012年版，第3页。
② 《马克思恩格斯文集》（第2卷），北京：人民出版社2009年版，第597页。

话》中指出："正像达尔文发现有机界的发展规律一样，马克思发现了人类历史的发展规律，即历来为纷繁芜杂的意识形态所掩盖着的一个简单事实：人们首先必须吃、喝、住、穿，然后才能从事政治、科学、艺术、宗教等等；所以，直接的物质的生产资料的生产，从而一个民族或一个时代的一定的经济发展阶段，便构成基础，人们的国家制度、法的观点、艺术以至宗教观念，就是从这个基础上发展起来的，因而也必须由这个基础来解释，而不是像过去那样做得相反。"① 恩格斯强调，自然界发展要遵循自然规律，而历史发展也要遵循"同一运动规律"，指出："历史是这样创造的：最终的结果总是从许多单个的意志的相互冲突中产生出来的，而其中每一个意志，又是由于许多特殊的生活条件，才成为它所成为的那样。这样就有无数互相交错的力量，有无数个力的平行四边形，由此就产生出一个合力，即历史结果；而这个结果又可以看作是一个作为整体的、不自觉地和不自主地起着作用的力量的产物。……所以到目前为止的历史总是像一种自然过程一样地进行，而且实质上也是服从于同一运动规律的。"② 在历史唯物主义理论视阈中，尽管社会发展史与自然发展史有别，即在自然界中"都没有任何事情作为预期的自觉的目的发生的"，而在历史领域"任何事情的发生都不是没有自觉的意图，没有预期的目的的"，但是，"它丝毫不能改变这样一个事实：历史进程是受内在的一般规律支配的"。③ 历史发展是有规律可循的。历史发展规律就是"人们自己的社会行动的规律"④，具有恒定性、客观性和正确性，是指导人们认识世界和改造世界的思想武器。对于历史唯物主义所揭示的历史发展规律之科学性，有学者

① 《马克思恩格斯选集》（第3卷），北京：人民出版社1995年版，第776页。
② 《马克思恩格斯选集》（第4卷），北京：人民出版社1995年版，第697页。
③ 《马克思恩格斯选集》（第4卷），北京：人民出版社1995年版，第247页。
④ 《马克思恩格斯全集》（第19卷），北京：人民出版社1963年版，第245页。

指出："马克思经过长期的经济学研究，构造出理想的'价值''抽象劳动''社会必要劳动时间'等概念 并在此基础上概括出劳动价值论、价值规律、剩余价值论等经济学规律。《资本论》第一卷集中阐述了这些理想状态下的规律，第三卷则是这些理想规律在现实经济活动中的具体表现。由于第一卷所阐述的经济规律在引入现实的约束条件下可以很完美地解释资本主义的现实，因而表明这些规律是科学的，也说明马克思构造的理论模型是成功的。"① 陈先达先生在《做坚定的马克思主义理论工作者》一文中也给予了积极评价："马克思主义是科学学说，它是以事实为依据，以规律为对象，以实践为检验标准的学说。……马克思主义基本原理，包括哲学原理、政治经济学原理、科学社会主义原理，都是以事实为依据，以规律为对象，经过实践检验和仍然经得起实践检验的具有规律性的认识"②，"马克思主义所揭示的规律，对所有的人都适用。……马克思主义揭示的基本规律也不以人们的意志为转移，个人好恶取舍无碍于它的存在"③。

在历史唯物主义理论视阈中，社会存在与社会意识的辩证关系原理、生产力与生产关系及经济基础与上层建筑的矛盾运动原理、实践观、群众史观、阶级斗争学说、"两个必然"理论、"两个决不会"理论及社会形态发展学说等基本原理和观点，都是在遵循历史唯物论和历史辩证法的基础上形成和发展起来的科学理论。历史唯物主义的基本立场——人民立场、基本价值取向——自我价值和社

---

① 鲁克俭：《马克思实证辩证法初探》，载《学术研究》1999 年第 10 期，第59 页。

② 陈先达：《做坚定的马克思主义理论工作者》，载《光明日报》2016 年 3 月 2日，第 1 版。

③ 陈先达：《做坚定的马克思主义理论工作者》，载《光明日报》2016 年 3 月 2日，第 1 版。

会价值之辩证统一、理论精髓——实事求是及历史发展规律体系，皆建立于科学的唯物主义历史观的基础上。

3. 历史唯物主义之立论方法的科学性

历史唯物主义考察和分析人类历史发展特别是资本主义社会发展的立论方法，不是抽象的、思辨的方法论，而是建立于唯物主义历史观基础之上的现实的、唯物的方法论。恩格斯曾说："马克思的整个世界观不是教义，而是方法，它提供的不是现成的教条，而是进一步研究的出发点和供这种研究使用的方法。"① 历史唯物主义作为历史科学、经济科学和实证科学三位一体的哲学学说，不是教义，而是方法。其立论方法不是基于纯粹的思辨演绎或逻辑推论，而是以唯物主义历史观为基础，构建起以唯物主义的历史辩证法为核心，以历史分析法、经济分析法和实证分析法为主体的方法论，从现实的历史过程、经济结构、阶级关系和具体事实出发，深入研究人类社会特别是资本主义社会，揭示出人类历史发展规律及其发展趋势，彰显出深邃的科学性。

其一，历史唯物主义的核心立论方法——唯物主义的历史辩证法之科学性。

唯物主义的历史辩证法是历史唯物主义的核心立论方法。在哲学发展史上，历史辩证法有唯心主义的历史辩证法和唯物主义的历史辩证法两种形态。黑格尔哲学的辩证法是唯心主义的历史辩证法之典型代表。黑格尔虽然运用历史辩证法为我们描绘出一幅世界历史图景，"第一个全面地有意识地叙述了辩证法的一般运动形式"②，然而，他的"世界历史"是"绝对精神"发展的历史。其哲学视阈中的历史辩证法建立于唯心主义历史观的基础之上，裹挟于以"绝

① 《马克思恩格斯全集》（第39卷上），北京：人民出版社1974年版，第406页。
② 《马克思恩格斯全集》（第44卷），北京：人民出版社2001年版，第22页。

对精神"为中心而构建起的客观唯心体系之中。马克思早在《黑格尔法哲学批判》和《1844 年经济学哲学手稿》中就对黑格尔的辩证法进行了批判，正如他在《资本论》第二版跋中写道："将近 30 年以前，当黑格尔辩证法还很流行的时候，我就批判过黑格尔辩证法的神秘方面。"① 马克思批判道："辩证法在黑格尔手中神秘化了"，"在他那里，辩证法是倒立着的。必须把它倒过来，以便发现神秘外壳中的神秘方面"。②

　　马克思对辩证法有着自己的理解。他指出："我的辩证方法，从根本上来说，不仅和黑格尔的辩证方法不同，而且和它截然相反。在黑格尔看来，思维过程，即甚至被他在观念这一名称下转化为独立主体的思维过程，是现实事物的创造主，而现实事物只是思维过程的外部表现。我的看法则相反，观念的东西不外是移入人的头脑并在人的头脑中改造过的物质的东西而已"③，"辩证法对每一种既成的形式都是从不断的运动中，因而也是从它的暂时性方面去理解；辩证法不崇拜任何东西，按其本质来说，它是批判的和革命的"④。马克思和恩格斯创立的历史唯物主义，对黑格尔哲学中建立于唯心主义历史观基础之上的历史辩证法进行了理论的批判和"唯物"的救赎，将其"倒立着"的辩证法颠倒过来，置于唯物主义历史观的基础之上，构建起唯物主义的历史辩证法。恩格斯曾说："马克思和我，可以说是从德国唯心主义哲学中拯救了自觉的辩证法并且把它转为唯物主义的自然观和历史观的唯一的人。"⑤ 唯物主义的历史辩证法不同于黑格尔《历史哲学》和《逻辑学》所运用的历史辩证

---

① 《马克思恩格斯全集》（第 44 卷），北京：人民出版社 2001 年版，第 22 页。
② 《马克思恩格斯全集》（第 44 卷），北京：人民出版社 2001 年版，第 22 页。
③ 《马克思恩格斯全集》（第 44 卷），北京：人民出版社 2001 年版，第 22 页。
④ 《马克思恩格斯全集》（第 44 卷），北京：人民出版社 2001 年版，第 22 页。
⑤ 《马克思恩格斯全集》（第 20 卷），北京：人民出版社 1971 年版，第 13 页。

法，也不同于其他唯心主义哲学的思辨方法，而是实现了历史唯物论与历史辩证法之创造性整合，被赋予鲜明的唯物性，凸显出深邃的科学性。对此，恩格斯指出："马克思过去和现在都是唯一能够担当起这样一件工作的人，这就是从黑格尔逻辑学中把包含着黑格尔在这方面的真正发现的内核剥出来，使辩证方法摆脱它的唯心主义的外壳并把辩证方法在使它成为唯一正确的思想发展方式的简单形式上建立起来。"① 对于历史唯物主义视阈下的辩证法之科学性，有学者指出："历史唯物主义是历史科学的理论纲要、是对研究对象的大致说明，历史唯物主义主要是为经验研究提供唯物主义基础和辩证方法"②，"把思维规律还原为客观的社会历史规律，是马克思成功实现对黑格尔辩证法的唯物主义颠倒，为社会历史领域的研究成为科学奠定了基础"③。

历史唯物主义运用唯物主义的历史辩证法，辩证考察社会存在与社会意识、生产力与生产关系、经济基础与上层建筑、人类社会与自然界、物质与实践、历史主体与历史客体之间的辩证关系及其辩证发展过程，深入研究人类历史发展过程及其发展趋势，揭示出历史发展规律。马克思和恩格斯还运用这种方法，辩证考察人类社会发展具体形态——资本主义社会中生产力与生产关系、物的尺度与人的尺度、生产与流通、效率与公平、事实与价值、异化劳动与工人阶级绝对贫困、资产阶级与无产阶级、资本主义社会与共产主义社会等问题；科学分析资本主义经济现象与经济本质的辩证关系，

---

① 《马克思恩格斯文集》（第 2 卷），北京：人民出版社 2009 年版，第 602—603 页。

② 郑永扣、潘中伟：《历史唯物主义的科学性质》，载《中国社会科学》，2012 年第 3 期，第 57 页。

③ 侯惠勤：《试论马克思主义理论的科学性》，载《思想理论教育导刊》，2020 年第 1 期，第 20 页。

通过"彻底地剖析"资本主义经济现象，由现象上升至本质，揭示出资本主义剥削的秘密及其经济运行规律；深刻把握资本主义批判方式问题，对资本主义社会不再局限于纯粹的道义谴责，而是确立起道德批判与历史评价（对资本主义社会的历史批判和"历史辩护"）之内在统一的辩证批判立场，对其作出客观评价。

其二，历史唯物主义的根本立论方法——历史分析法之科学性。

历史分析法是历史唯物主义的根本立论方法。马克思和恩格斯在《形态》中指明："我们仅仅知道一门唯一的科学，即历史科学。"[①] 在两位革命导师的理论视阈中，历史科学是一门唯一的科学。他们始终立足于历史高度，自觉秉持历史视角来研究人类社会发展，从而创立了真正的历史科学——历史唯物主义。卢卡奇在《历史与阶级意识》中回答"什么是正统的马克思主义"时明确指出："对于马克思主义来说，归根到底……只有一门唯一的、统一的——历史的和辩证的——关于社会（作为总体）发展的科学。"[②] 他在《关于社会存在的本体论》中又强调，"马克思只承认一种科学——即历史科学"[③]。在此，卢卡奇所言的这种科学正是指历史唯物主义。阿尔都塞也指出："按照马克思主义经典作家常坚持的传统，我们可以断定，马克思建立了一种新的科学：'社会构成'的历史科学。"[④]

历史唯物主义作为一门真正的历史科学，催生出了科学的历史

---

① 《马克思恩格斯全集》（第 3 卷），北京：人民出版社 1960 年版，第 20 页。

② 〔匈〕卢卡奇：《历史与阶级意识》，杜章智等译，北京：商务印书馆 1999 年版，第 7 页。

③ 〔匈〕卢卡奇：《关于社会存在的本体论》（上卷），白锡堃等译，重庆：重庆出版社 1993 年版，第 64 页。

④ 〔法〕路易·阿尔都塞：《保卫马克思》，顾良译，北京：商务印书馆 2006 年版，第 252 页。

分析法。这种历史分析法既不同于那种"非历史"的、"超历史"的唯心主义思辨方法或形而上学方法，亦有别于那种只拘泥于历史事实和历史经验而不了解各种历史事实之间的辩证关系及其历史源流的纯粹历史主义。马克思和恩格斯在《形态》中坚决反对游离于历史批判的"普遍主义"道德原则。马克思在《资本论》中明确指出："我决不用玫瑰色描绘资本家和地主的面貌……我的观点是：社会经济形态的发展是一种自然历史过程。"① 历史唯物主义对人类社会的研究方法不是"站在历史之外"，而是立足于历史高度，走向人类历史的深处，将物质生产方式、生产力、生产关系、社会关系、阶级关系等皆置于宏观的历史背景和既定的历史条件下予以考察和分析，并在此基础上系统阐释特定的历史发展阶段、历史发展过程、历史发展条件和历史发展趋势，科学揭示历史发展规律。

正是运用历史分析法，历史唯物主义立足于"历史评价优先"立场对资本主义社会发出道德批判的同时，亦基于历史视角客观分析其产生的历史必然性和历史进步性、存在的历史过渡性及转向共产主义社会的历史必然性，科学揭示出历史发展规律。历史分析法凸显出鲜明的科学性，正如有学者所指出的，"历史唯物论，不啻是我们解剖人类社会的唯一武器，是唯一正确的历史学方法论。"②

其三，历史唯物主义的基本立论方法——经济分析法之科学性。

历史唯物主义作为一门"大写"的经济科学，始终秉持严肃的经济分析法研究人类历史发展特别是资本主义社会发展。马克思在《资本论》等著述中通过分析大量的经济事实，揭露资本主义反人道性得以衍生的经济根源，揭示资本主义经济运行规律。他指出："我们应当同原因而不是同结果作斗争，同经济基础而不是同它的法律

---

① 《马克思恩格斯全集》（第 23 卷），北京：人民出版社 1972 年版，第 12 页。
② 转引自汪书路、郑泽月、吕振羽：《历史唯物论是唯一正确的史学方法论》，载中国社会科学网《中国社会科学报》，2021 年 7 月 20 日。

的上层建筑作斗争。……因此我们的伟大目标应当是消灭那些使某些人生前具有攫取许多人的劳动果实的经济权力的制度。"①

以亚当·斯密（Adam Smith）为代表的资产阶级古典经济学家的经济学研究方法归根结底是建立于肯定"资本主义生产方式的永恒性"的基础之上，没有把握到资本主义生产方式的经济非合法性和道德非合理性，漠视人性问题和无产阶级绝对贫困问题。资产阶级国民经济学的经济学研究方法也无视无产阶级的生存与发展问题，"人性在国民经济学之外，非人性在国民经济学之中"②。鉴于此，马克思对上述两种经济学研究方法都作出了深刻批判。而空想社会主义、传统人本主义哲学、传统伦理学和永恒道德论则立足于"道德评价优先"立场，固守着思辨研究方法，对资本主义社会的批判仅仅拘泥于道德批判，没有认识到经济研究、经济分析和经济批判的可能性、必要性和重要性，没有把握到工人阶级生活赤贫和资本主义道德沦丧的经济根源。针对空想社会主义所构想的新的社会制度，恩格斯批判道，如果解决社会问题的办法还隐藏在不发达的经济关系中，如果只从头脑中空想办法，那么，"这种新的社会制度是一开始就注定要成为空想的，它愈是制定得详细周密，就愈是要陷入纯粹的幻想"③。在恩格斯看来，"诉诸道德和法的做法，在科学上丝毫不能把我们推向前进；道义上的愤怒，无论多么入情入理，经济科学总不能把它看做证据，而只能看做象征"④，要想使社会主义从空想变为科学，根本方法在于深入到资本主义生产方式内部进行分析和研究，揭露资本主义生产方式内在矛盾，"一方面说明资本

---

① 《马克思恩格斯文集》（第3卷），北京：人民出版社2009年版，第88页。
② 〔德〕马克思：《巴黎笔记选译》，王福民译，载《马克思主义研究参考资料》，1980年第34期，第40页。
③ 《马克思恩格斯选集》（第3卷），北京：人民出版社1995年版，第724页。
④ 《马克思恩格斯全集》（第20卷），北京：人民出版社1971年版，第163页。

主义生产方式的历史联系和它对一定历史时期的必然性，从而说明它灭亡的必然性，另一方面揭露这种生产方式内部的一直还隐蔽着的性质。"①

马克思和恩格斯创立的历史唯物主义始终秉持严肃的经济分析法，走向资本主义社会的经济结构、生产方式、生产力和生产关系的深层，从具体的经济事实出发，从资本主义经济现象和经济生活中探寻资本主义反人道性的客观根源和经济动因，把对资本主义社会的道德批判建立于对其经济制度、经济结构和生产方式的经济分析和经济批判的基础之上，由此实现了道德批判与经济批判之自觉统一，科学揭示出人类社会发展的经济必然性和资本主义经济运行规律。历史唯物主义的经济分析法既扬弃了资产阶级古典经济学和资产阶级国民经济学的经济学研究方法之理论局限和阶级局限，亦超越了空想社会主义等思想流派漠视经济研究和经济规律的思辨研究方法之浪漫性、人文性和空想性，具有深邃的经济本性和科学特质。

其四，历史唯物主义的重要立论方法——实证分析法之科学性。

历史唯物主义还注重诉诸实证分析法研究人类历史发展、剖析资本主义社会客观存在的宏观或微观的社会现实、具体的经验现象和事实。马克思和恩格斯在《形态》中批判了黑格尔的实证唯心主义，指出："黑格尔完成了实证唯心主义。他不仅把整个物质世界变成了思想世界，而且把整个历史也变成了思想的历史。"② 两位革命导师在历史唯物主义理论视阈中确立了一种回归现实的、"唯物"的"实证科学"。

马克思和恩格斯明确指出："思辨终止的地方，即在现实生活面

---

① 《马克思恩格斯全集》（第 19 卷），北京：人民出版社 1963 年版，第 226 页。
② 《马克思恩格斯全集》（第 3 卷），北京：人民出版社 1960 年版，第 16 页。

前，正是描述人们的实践活动和实际发展过程的真正实证的科学开始的地方。关于意识的空话将销声匿迹，它们一定为真正的知识所代替。"① 历史唯物主义不是"思辨的哲学"，而是在"思辨哲学终止的地方"和"现实生活面前"开启了"真正的实证科学"。恩格斯在《路德维希·费尔巴哈和德国古典哲学的终结》中声称：我们只能"沿着实证科学和利用辩证思维对这些科学成果进行概括的途径去追求可以达到的相对真理"②。历史唯物主义作为一门"唯物"的实证科学，开启了一种有别于传统实证方法的实证分析法。传统实证方法局限于人的感觉经验和个别的经验事实，忽视各种经验事实之间的联系和区别，也漠视人的生存和发展问题，既游离于辩证法，亦缺失了人文价值和道德情怀。而历史唯物主义的实证分析法回归现实的个人、现实的生活世界和现实的生产活动，力求深刻把握各种经验事实之间的辩证关系及其衍生的现实根基，克服了传统实证方法仅"从赤裸裸的事实出发"并"满足于对它们作简单的归纳概括"的理论局限，真正确立起"一种哲学远见和对所有先前相关的特殊知识的一种彻底的批判研究"③ 的实证方法，并注重诉求人的生存价值、发展需求等深层问题。其以辩证法为基础，并内蕴"现实的人道主义"。

马克思非常注重实证材料的收集和分析。他强调："在形式上，叙述方法必须与研究方法不同。研究必须充分地占有材料。"④ 在写作《资本论》的漫长岁月中，马克思不仅密切关注世界经济形势，还通过各种渠道收集了大量第一手实证资料，包括工人阶级和资本

---

① 《马克思恩格斯全集》（第 3 卷），北京：人民出版社 1960 年版，第 30—31 页。

② 《马克思恩格斯全集》（第 21 卷），北京：人民出版社 1965 年版，第 311 页。

③ 〔南〕马尔科维奇：《当代的马克思——论人道主义的马克思主义》，曲跃厚译，哈尔滨：黑龙江大学出版社 2011 年版，第 7 页。

④ 《马克思恩格斯全集》（第 23 卷），北京：人民出版社 1972 年版，第 23 页。

家的生活资料、生产和流通领域的相关数据等。他在伦敦大英博物馆期间，研读了馆藏的几乎所有的政治经济学文献资料，研究了以亚当·斯密为代表的经济学家的理论成果，阅读了各种报刊杂志，并做了很多笔记和摘录。马克思反对单纯的经验观察和无条件地肯定经验现象，认为真正的实证方法既要汇集事实和经验现象，亦要探寻各种事实的内在关系、发生的原因及其本质，因为事物的表现形式和事物的本质不会直接合而为一，"只要描绘出这个能动的生活过程，历史就不再像那些本身还是抽象的经验论者那样，是一些僵死的事实的汇集"①。他批判了那种"只是诉诸实际经验""而理由和原因仍然是秘密"②的"庸俗的经验主义"和被他称为"腐朽的实证主义"的孔德实证主义。马克思运用"唯物"的实证分析法，深入研究资本主义社会诸多的经济事实、经济现象、经济行为及其相互关系，从中把握其历史发展脉络，探寻其经济运行规律。

马克思还深刻批判了黑格尔哲学、青年黑格尔派和蒲鲁东主义无视现实内容和历史环境、热衷于从个别走向一般（抽象）的思辨逻辑方法，指出"这种方法是得不到内容特别丰富的规定的"③。他强调，科学研究应从个别到一般，再从一般到个别，即从一般的、抽象的东西上升至现实的、具体的东西。恩格斯也强调："即使只是在一个单独的历史事例上发展唯物主义的观点，也是一项要求多年冷静钻研的科学工作，因为很明显，在这里只说空话是无济于事的，只有靠大量的、批判地审查过的、充分地掌握了的历史资料，才能解决这样的任务。"④ 他们在《形态》《资本论》等历史唯物主义经典文本中，自觉摒弃"纯粹的经验事实"和

---

① 《马克思恩格斯选集》（第 1 卷），北京：人民出版社 1995 年版，第 73 页。
② 《马克思恩格斯全集》（第 23 卷），北京：人民出版社 1972 年版，第 256 页。
③ 《马克思恩格斯全集》（第 2 卷），北京：人民出版社 1957 年版，第 106 页。
④ 《马克思恩格斯选集》（第 2 卷），北京：人民出版社 2012 年版，第 9 页。

"经验直观"等提法并对其作深刻批判，注重运用科学的实证分析法考察资本主义社会，既从微观上认识到资本主义具体经济现象之产生和发展过程，亦从宏观上把握到资本主义经济运行规律、历史生成过程及其发展趋势。

综上述，历史唯物主义并未对人类历史发展规律及其发展趋势作思辨的理论演绎或抽象的理论构建，而是基于历史唯物论和历史辩证法，正确运用历史分析法、经济分析法和实证分析法研究资本主义社会发展趋势乃至人类历史发展规律，突显出其立论方法的科学性。正如列宁所指出的，达尔文的"种变说所企求的完全不是说明'全部'物种形成史，而只是把这种说明的方法提到科学的高度，同样，历史唯物主义也从没有企求说明一切，而只企求指出'唯一科学的'的说明历史的方法"①。

历史唯物主义在立论基础、立论内容和立论方法上皆彰显出深邃的科学性，其创立实现了人类思想史上的革命性变革。历史唯物主义的科学维度研究不仅有助于拓展和深化历史唯物主义研究的广度和深度，而且对于那些漠视、质疑甚至诘难其科学维度的观点而言无疑是一个有力回击。其研究具有重要的理论意义与深远的现实意义。然而，只强调历史唯物主义的科学维度而忽视、漠视甚至无视其道德维度的传统解读模式，却是一种需要摒弃的片面性解读模式。此种解读模式遮蔽了历史唯物主义内在的道德底蕴和原初的"道德光辉"，不仅使我们无法深刻领悟历史唯物主义的深层理论内涵与本真理论精神，亦使历史唯物主义在现实的道德呼唤面前处于"失语"甚至"无语"状态，无法充分发挥其推动道德进步的功能和价值。

---

① 《列宁选集》（第 1 卷），北京：人民出版社 1995 年版，第 13—14 页。

二、历史唯物主义的道德维度

如前述，长期以来，国内外学界习惯于将历史唯物主义定位为科学的"历史发展规律体系""实践哲学"或"阶级斗争学说"，强调历史唯物主义之"真"，却忽视了历史唯物主义之"善"，缺失了对其道德维度的探赜与研究。而关于历史唯物主义的科学维度与道德维度之生成性统一的理论研究更是付诸阙如。这是历史唯物主义研究的缺憾，既"窄化"了其研究的理论广度和理论深度，亦"萎缩"了其研究的视阈空间和意义空间。

客观而论，历史唯物主义确实未能建构起严格学术规范意义上的形式化伦理学体系和纯粹理论意义上的伦理道德体系。事实上，那种基于"形式化方法"和"伦理中心主义"立场而建构的规范化、教条化的近代西方学院伦理学，恰是马克思主义创始人生前所坚决反对和摒弃的。但在此，问题的关键不在于历史唯物主义是否建构起严整的道德体系，而在于其是否内蕴道德维度。"道德体系"与"道德维度"是内涵和外延皆有区别、不可等同的两个概念，前者是指一种以道德视阈中的基本概念、基本范畴和基本内容为核心而建构的道德规范系统和道德理论体系，而后者则是指一种理论所包含的道德立场、道德内涵、道德精神或道德价值。历史唯物主义虽未建构起纯粹理论意义上的伦理道德体系，却并不意味着其道德维度的必然缺失，相反，道德维度是历史唯物主义"与生俱来"且"始终在场"的基本维度。历史唯物主义并非像诸多学者所断言的那样，是"道德中立"或"价值无涉"的"纯粹"的科学理论。我们深入反思历史唯物主义之创立使命和价值旨归，深刻剖析其基本原理、基本观点、基本立场、基本方法及其理论精髓的深层内涵，不难理解：历史唯物主义既是科学揭示历史发展规律的"真"的理论，包含深邃的科学维度；亦是批判资本主义、诉求人类解放和人的自由全面发展的"善"的学说，内蕴深厚的道德维度。

历史唯物主义的道德维度主要呈现于四个层面：深刻的道德批判范式、深厚的道德实践精神、深切的终极关怀诉求与深邃的历史唯物主义道德观。马克思在创立历史唯物主义后，不再抽象地从事道德研究或思辨地谈论道德理想，而是立足于科学的历史观来培育自己的道德思维模式，并据此考察自由、平等和公正等道德问题、诉求道德理想。此时，马克思对人类的道德关怀不再以直观感性的方式呈现，而是以间接隐性的方式内化于对历史发展规律和社会现实的科学研究之中，内化于人类实践之中。西方一些学者拘泥于抽象的道德思维模式和道德理想主义，指责历史唯物主义摒弃了道德研究，断言马克思早期的道德思想在历史唯物主义创立后即被历史发展规律研究和社会理论建构所替代，这实际上是对历史唯物主义的误读和曲解。我们潜心回归历史唯物主义经典文本的本源理论语境和马克思主义创始人的原创话语体系，系统研读历史唯物主义的理论体系及其发展脉络，深入考察马克思的道德运思理路，即能深刻感悟到：历史唯物主义创立前后，马克思从早期带有浓厚启蒙色彩的道德观念阐发到后来对无产阶级的生存境遇和现实利益之深切关注；从早期诉诸抽象的道德原则来批判资本主义到后来将道德批判置于科学的历史批判和经济批判的基础之上；从早期诉诸异化劳动之消除和诉求自然的、人道的共产主义之实现到后来将人类解放和人的自由全面发展确立为终极关怀诉求，并找寻到终极关怀诉求的现实化路径——无产阶级革命实践，马克思的道德运思理路、道德研究和道德信念在他的哲学发展历程中从未发生"激进的断裂"，而是至历史唯物主义创立之际实现了从抽象到具体、从唯心到唯物之深刻嬗变。

历史唯物主义在其创立、发展和完善的过程中，始终以道德维度为其科学维度的价值底蕴。有学者指出："马克思主义绝不是反道德的或反人道的。他只是反对普遍的道德形式、抽象的道德语言和骗人的道德说教；反对空洞无物的伦理道德研究；反对空想的社会主义和现存的嗜血成性的国家政治。……马克思才真正是一位彻底的人道主义者，不仅其著作中包含着丰富的道德内涵，具有巨大的道德价值，其一生也都在进行着道德批判和道德实践。"① 还有学者指出："马克思的历史唯物主义是一个'艺术整体'，其伦理思想则是这个'艺术整体'的重要内容。要理解马克思伦理思想的特质及其在伦理思想史上所产生的变革意义，就必须在历史唯物主义的视域中进行反思和观照。"② 即使到了晚年，马克思撰写的《人类学笔记》和《历史学笔记》，依然表达出对人类未来命运和历史发展前景的道德关切。马克思在《人类学笔记》中深情地指出："社会的瓦解，即将成为以财富为唯一的最终目的的那个历程的终结……这（即更高级的社会制度）将是古代氏族的自由、平等和博爱的复活，但却是在更高级形式上的复活。"③ 这是马克思为实现人类真正意义上的自由、平等和博爱而发出的深切的道德诉求。马克思晚年提出的"跳跃卡夫丁峡谷"设想也不是源于一时的情感冲动，而是对人类社会如何规避资本主义苦难作深入的理性反思后所提出的道德设想。在马克思的理论视阈中，人类社会应开辟通往共产主义的多样化道路，如前资本主义国家在特殊的历史条件下应通过创造各种有

---

① 张之沧：《马克思的道德观解析》，载《马克思主义研究》，2010 年第 9 期，第 52 页。

② 李培超、苏玲：《历史唯物主义视域下的伦理突破——论马克思伦理思想的特质》，载《湖南师范大学社会科学学报》，2008 年第 6 期，第 32 页。

③ 《马克思恩格斯全集》（第 45 卷），北京：人民出版社 1985 年版，第 397—398 页。

利条件，跳跃资本主义形态而直接进入社会主义社会，尽可能避免资本主义给人类制造贫困与苦难。马克思所设想的"跳跃卡夫丁峡谷"道路本质上就是一条历史选择与道义抉择之内在统一的道路，其是马克思晚年道德思想的又一次理论升华，深刻彰显出马克思伟大的人类道德情怀。马克思从青年时代的道德研究到成熟时期以《资本论》为标志的经济学研究，再到晚年的人类学研究，始终秉持历史发展规律研究与人类道德价值关怀之内在统一，自觉坚守道德研究与历史研究、经济研究之辩证统一。客观而论，历史唯物主义既是一种显性的"历史科学"和"历史哲学"，亦是一种隐性的"精神科学"和"道德哲学"。正如德国马克思主义史学家和政论家梅林（Franz Erdmann Mehring）所言，历史唯物主义不仅不否认道德力量，甚至还是最先使人能够解释道德力量的。①

道德维度是历史唯物主义创立与发展过程中"理性出场"且"始终在场"的基本维度。断言历史唯物主义不存在道德维度，是对它的一种曲解和误读。事实上，对历史发展规律之科学揭示与对人类社会之道德关怀是历史唯物主义的一体两面，前者为后者提供理论依据，后者则是前者的道德旨归。历史唯物主义不是游离于历史发展规律的抽象的道德价值悬设，亦不是"道德中立"或"价值无涉"的冷冰冰的哲学学说，而是既具有科学理性亦洋溢道德关怀、既包含历史观亦内蕴道德观的哲学学说。历史唯物主义在指导无产阶级革命实践的过程中，能自觉转化为激励被压迫者为争取人类解放和人的自由全面发展而奋起抗争的巨大道义力量。透过历史唯物主义，我们既能准确把握人类历史发展规律，亦能正确认识人类道德发展规律，更能深刻感悟到一个个"大写"的人。

---

① 参见王初根：《论马克思和恩格斯的经济伦理思想》，载《山西师范大学学报》（哲学社会科学版），2001 年第 4 期，第 36 页。

我们反对把以历史唯物主义为哲学基石的马克思主义伦理化、人道化或宗教化，反对把马克思主义变成一种人道主义、劝世箴言或宗教教义，但并不否认其具有重要的道德价值。那种断言历史唯物主义存在"见物不见人"的"人学空场"丧失了对人的关注与热情，抛弃了马克思早期的道德理想及需要用新康德主义伦理学加以补充的观点，实属误读。历史唯物主义作为一种揭示历史发展规律的真理体系，从未排斥道德、道德研究和道德理想本身，而是在科学理论中彰显出深刻的道德批判精神、道德实践精神、终极关怀诉求和道德观。由于历史的原因，马克思没有撰写出系统化的伦理学专著，但他和恩格斯创立的历史唯物主义却为后人建构伦理道德体系提供了基本理论框架，奠定了科学理论基础。如果说，《资本论》是"大写"的逻辑学，历史唯物主义则是"大写"的伦理学。

综上论，道德维度作为历史唯物主义"与生俱来"的基本维度，不仅始终与科学维度自觉统一，而且在历史唯物主义创立和发展过程中以价值底蕴的方式"理性出场"并"始终在场"。

三、历史唯物主义的科学维度与道德维度之生成性统一

马克思主义创始人特别重视科学理论的道德价值。马克思曾说："科学绝不是一种自私自利的享乐。有幸能致力于科学研究的人，首先应该拿自己的学识为人类服务。"[1] 恩格斯亦强调："科学越是毫无顾忌和大公无私，它就越符合工人的利益和愿望。"[2] 马克思和恩

---

[1] 中央编译局：《摩尔和将军——回忆马克思恩格斯》，北京：人民出版社1973年版，第88页。

[2] 《马克思恩格斯选集》（第4卷），北京：人民出版1995年版，第254页。

格斯毕生的理论创造之历史使命和价值旨归即在于：为无产阶级和全人类谋求利益和幸福。他们所创立的历史唯物主义，既是一种"至真"的理论，亦是一种"至善"的理论；既是一种严谨的历史观、科学的哲学学说，亦是一种诉求人类解放和每个人的自由全面发展的道德价值体系。

纵观历史唯物主义的理论酝酿、理论雏形、理论创立与理论发展的整个过程，深入反思马克思哲学思想发展过程中的道德运思理路，我们不难发现：马克思创立和发展历史唯物主义的过程，正是他对哲学思想中的科学与道德之双重维度进行批判性把握和创造性整合的过程。在此过程中，马克思哲学思想中的科学维度与道德维度不断地交织融合，历经了一个逐步得以历史性统一的发展历程：历史唯物主义理论酝酿期（从《莱茵报》到《〈黑格尔法哲学批判〉导言》）——"统摄于道德维度的科学维度之沉默与突显"、历史唯物主义理论雏形期（从《手稿》到《关于费尔巴哈的提纲》）——"科学维度与道德维度之初步契合"、历史唯物主义理论创立期（从《形态》到《宣言》）——"科学维度与道德维度之生成性统一"、历史唯物主义理论发展期（从《资本论》到《人类学笔记》）——"科学维度与道德维度之更为自觉的融合和统一"。从一定意义而言，历史唯物主义的动态形成与发展过程本质上就是马克思主义创始人哲学思想中的科学维度与道德维度之生成性统一的历史过程。

认真研读历史唯物主义经典文本，深入考察马克思的道德运思理路，我们即能深刻感悟到：历史唯物主义不仅没有摒弃道德和道德研究本身，而且始终代表人类道德进步的方向。历史唯物主义并非像考茨基、萨特或现当代多数西方学者所指认的那样，是存在"人学空场"的"道德中立"或"价值无涉"的科学理论，而是内蕴深厚而深刻的道德维度：具有辩证性、科学性和革命性的道德批判范式、超越道德乌托邦的道德实践精神、具有"合道德性"与"科学性"的终极关怀诉求、"唯物"而"辩证"的历史唯物主义道德观，由此形成了科学理论与道德诉求、历史尺度与道德尺度、经济本性与道德价值之辩证统一的理论风范。道德维度是历史唯物主义理论视阈中与科学维度自觉契合的一个基本维度。科学维度与道德维度之生成性统一是历史唯物主义的本真理论精神，主要呈现于四个层面。其一，历史唯物主义内蕴的道德批判范式既具有深厚的道义性，亦具有深刻的辩证性、科学性和革命性。历史唯物主义之创立标志着马克思批判理论的视角转化，即从先前基于"道德评价优先"的视角转向基于"历史评价优先"的视角。但是，在此种转化过程中，历史唯物主义并未消解对资本主义社会的道德批判，亦未停留于道德批判层面、为批判而批判，而是始终秉持道德批判与历史评价之辩证统一、道德批判与经济批判之内在统一、道德批判与道德重构之自觉统一，从而彰显出其道德批判范式的辩证性、科学性和革命性，使马克思早期的道德批判范式完成了从抽象到科学、从唯心到唯物之历史性嬗变。其二，历史唯物主义实现了道德诉求与实践本性之自觉统一，内蕴超越道德乌托邦的道德实践精神。历史唯物主义没有诉诸抽象的道德批判、空洞的道德说教或虚幻的道德理想主义来诉求"彼岸世界"和"来世天堂"，而是在人类物质生产实践中诉求人类现实需要之合理满足，在无产阶级生存实践中探求人类理想化生存状态构建之道德必然，在无产阶级革命实践中谋求共产主义道德理想之必然实现，始终诉诸人类实践以创建"此岸世界"和"现世天堂"，为激励被压迫者争取自身解放和发展提供了科学的理论指南和强大的道义力量。其既是科学的历史观，亦是超越道德乌托邦的道德实践哲学，内蕴深邃的道德实践精神。其三，历史唯物主义实现了终极关怀与历史关怀、现实关怀和阶级关怀之四位一体的统一，内蕴"合道德性"与"科学性"之内在统一的终极关怀诉求。历史唯物主义客观梳理并深入分析人类历史发展脉络，科学揭示人类历史发展规律，但揭示人类历史发展规律只是历史唯物主义的理论研究主旨而非道德价值旨归。历史唯物主义的道德价值旨归即在于：实现人的自由全面发展，创立"以各个人自由发展为一切人自由发展的条件"①的理想社会——共产主义，这是历史唯物主义对人类社会所秉持的深切的终极关怀诉求。历史唯物主义的终极关怀诉求既具有深厚的"合道德性"，即提出过程的道德必然性和基本内涵的道德合理性；亦具有深邃的"科学性"，即实现了终极关怀与历史关怀、现实关怀、阶级关怀的内在统一，由此成为人类道德发展史上迄今最为科学的终极关怀，突显出"超时空"的、"大写"的人类道德精神。其四，历史唯物主义基于科学的唯物主义历史观建构起"唯物"而"辩证"的道德观——历史唯物主义道德观，实现了唯物主义道德观与唯物主义历史观之历史性统一。马克思主义创始人在《形态》《宣言》和《资本论》等历史唯物主义经典文本中，关涉道德的论述不是片面的、零散的，而是全面的、系统的。历史唯物主义基于科学的历史观，正确揭示出作为社会意识形态的道德之起源、本质、作用、特征及其发展规律，建构起"唯物"而"辩证"的历史唯物主义道德观。历史唯物主义道德观具有立论基础的唯物性、立论方法的辩证性和立论原则的科学性，实现了科学的道德观与科学的历史观之历史性统一，不仅实现了人类道德领域的革命性变革，亦为后人深化道德研究、建构科学的伦理道德体系奠定了科学的道德基础，提供了科学的方法论。

历史唯物主义是"真"与"善"之辩证统一的历史观和历史哲学。道德维度作为一种价值底蕴，不仅映现于历史唯物主义的科学

---

① 《马克思恩格斯全集》（第4卷），北京：人民出版社1958年版，第491页。

理论，亦贯穿于历史唯物主义创立和发展过程的始终。历史唯物主义之创立，标志着马克思的理论研究主旨从早期的抽象人本主义伦理学研究转向历史发展规律研究和社会发展理论建构。然而，这并不意味着马克思摒弃了道德、道德理想和道德研究，而是表明他不再将道德、道德理想和道德研究建立于哲学理想主义或抽象道德原则的基础之上，而是将其建立于科学的唯物主义历史观的基础之上，从而合理解决了以往哲学所无法解决的历史事实与道德价值、科学理论与道德理想之二元分立，理性弥合了以往哲学视阈中合规律性与合道德性、"实然"与"应然"之理论鸿沟，使道德、道德理想和道德研究实现了从唯心到唯物、从抽象到科学之深刻嬗变。在历史唯物主义理论视阈中，历史逻辑、生产逻辑、资本逻辑和实践逻辑等唯物主义逻辑并未消解道德逻辑和价值逻辑，合规律性并未消解合道德性，历史研究亦未消解道德研究。历史唯物主义由真理原则引出道德原则，由经济规律生发道德规律，由科学的历史观导出科学的道德观。基于此，其创立不仅表征出人类思想史上历史领域的革命性变革，亦标志着人类思想史上道德领域的历史性嬗变。

陈先达先生指出："在人类历史上，曾经出现过各种思想学派和理论体系，但像马克思恩格斯这样代表全世界劳动人民的根本利益，同群众实践密切结合、把严格的科学性与坚定的革命性紧密高度结合的学说是从来没有的。"[①] 历史唯物主义反对形式化的伦理学和抽象的道德说教，而是把崇高的道德理想、价值诉求隐含于对"现实的个人"和"现实的世界"之理性思考之中，隐含于对历史发展规律之科学揭示之中，隐含于对人类物质生产实践、无产阶

---

① 陈先达：《马克思和马克思主义》，北京：中国人民大学出版社 2006 年版，第 15 页。

级生存实践和无产阶级革命实践之实践诉诸之中。基于此，历史唯物主义的道德诉求不再是抽象的道德价值悬设，而是一种科学的、真实的道德诉求。其不仅自觉摒弃了求助神意以企盼"彼岸世界"实现的宗教道德理想之虚幻性和缥缈性、高姿态扬弃了求助绝对精神或自我意识以实现尘世幸福的传统唯心主义哲学道德理想之思辨性和形而上学性，而且历史性超越了依据资产阶级良心发现或社会贤达资助以消除现实社会苦难的空想社会主义道德理想之浪漫性、人文性和空想性，成为一种"至真"亦"至善"的科学理论体系和道德价值体系。

综上论，科学维度与道德维度之生成性统一是历史唯物主义的本真理论精神。马克思和恩格斯为我们描绘出一幅科学与道德交相辉映的历史唯物主义理论图景。

第三节　历史唯物主义的道德维度何以被遮蔽？

历史唯物主义不是"道德中立"或"价值无涉"的纯粹的科学理论，而是"真"的科学理论体系与"善"的道德价值体系之自觉统一。其弥合了历史事实与道德价值之二元分立，彰显出合规律性与合道德性之自觉统一，是"可信"亦"可爱"的历史观和历史哲学。道德维度既是历史唯物主义"与生俱来"的基本维度，亦是贯穿于其创立和发展整体性过程的"始终在场"的价值底蕴。

在历史唯物主义研究中，历史唯物主义的道德维度为何长期处于被遮蔽的视界，"隐性化"而未"明朗化"？追根溯源，此问题之衍生有其深刻根源。

一、历史唯物主义文本中形式化伦理学体系之客观缺失

客观而论，国内外学界注重历史唯物主义的科学维度研究而忽视其道德维度研究，并非空穴来风。此种研究倾向肇始于一个客观存在的"文本现象"，即历史唯物主义理论视阈中确实不存在严格学术规范意义上的伦理学理论。① 马克思生前拒斥任何抽象道德原则和形式化伦理学，明确反对西方近代学院伦理学的"形式化方法"和"伦理中心主义"观点。基于此，马克思未像亚里士多德（Aristotle）和康德那样撰写出体系完整的伦理道德专著，亦非像尼采（Friedrich Wilhelm Nietzsche）那样成为道德立法者，他对建构形式化的伦理道德体系毫无兴趣。历史唯物主义是揭示历史发展规律的科学理论，纵观历史唯物主义发展脉络及其基本原理、基本观点和基本立场，没有一个是基于抽象道德原则或形式化伦理规范而形成的。客观而言，历史唯物主义的确未像西方学院派哲学那样建构起纯粹学术规范意义上的形式化伦理学体系。历史唯物主义文本中形式化伦理学体系之客观缺失，确是历史唯物主义无法规避的、客观存在的"文本事实"和"理论事实"。正如有学者所言，在当代哲学的新格局中，"马克思学说中并没有一个严格学术规范意义上的伦理学理论。至今我们仍面临一个看似矛盾的事实：一方面，马克思哲学就其对资本主义的批判和对人类解放的承诺来说，具有无可比拟的道义感和道德批判力量，因此断言马克思哲学根本没有伦理学的向度，是不可能成立的；另一方面，又不能否认马克思确实没有一个西方学院派哲学中那种纯粹形式上的伦理学文本"②。

---

① 参见张盾：《马克思哲学革命中的伦理学问题》，载《哲学研究》，2004年第5期，第3页。

② 张盾：《马克思哲学革命中的伦理学问题》，载《哲学研究》，2004年第5期，第3页。

　　然而，历史唯物主义文本中严格学术规范意义上的形式化伦理学体系之客观缺失绝非偶然，也并非意味着历史唯物主义的道德维度之必然消融。这种缺失实际上是马克思基于对资产阶级虚伪道德观之彻底否定和对西方近代形式化伦理学之彻底批判的立场而做出的一种学术选择。① 在马克思和恩格斯的理论视阈中，道德是在特定的社会历史条件下衍生的社会意识形态，空洞的道德说教无益于现实之批判与改造。两位革命导师在创立和发展历史唯物主义的过程中，既深刻揭露资产阶级道德观的阶级局限性和道德伪善性，将其斥为"虚假的意识形态""无聊的说辞"或"空洞的废话"②，亦极为蔑视西方学院伦理学所运用的形式化方法。依他们之见，西方学院伦理学虽对具体的道德概念和伦理学规范作出了分析和阐释，构建了严格学术规范意义上的形式化伦理学体系，却拘泥于狭隘的伦理视域和形式化方法，以道德论道德，始终在主观的道德世界中"坐而论道"，由此陷入了形而上的哲学思辨和形式主义的理论苑囿。形式化伦理学一旦在现实生活中遭遇非道德甚至反道德的现象，就会"不知所措"，其结果即为：意欲"拥抱"道德而实则"消解"了道德的权威性，将道德研究变成抽象的伦理阐释或空乏的道德说教，凸显出抽象性和思辨性，终是落入道德至上主义甚至道德虚无主义的理论窠臼，不满于现实却又无补于现实。马克思指出，每一时代的主流道德都是该时代的统治阶级道德，法律、道德和宗教"全都是掩蔽资产阶级利益的资产阶级的偏见"③。他认为，抽象谈论道德观念或建构伦理学规范的做法毫无实质性意义；要完成资产阶级伪善道德之解构和无产阶级实质道德之重构，首要任务即在于

---

① 参见张盾：《马克思哲学革命中的伦理学问题》，载《哲学研究》，2004 年第 5 期，第 3 页。
② 《马克思恩格斯全集》（第 3 卷），北京：人民出版社 1960 年版，第 460 页。
③ 《马克思恩格斯全集》（第 4 卷），北京：人民出版社 1958 年版，第 477 页。

深入剖析资本主义反人道性产生的深刻经济根源，对资本主义制度进行科学的经济批判与客观的历史批判，而不能仅仅诉诸道义尺度和价值理性。恩格斯对于那种伪善道德和形式化伦理学的做法也同样持有强烈的批判态度。基于此，马克思主义创始人在不同时期的历史唯物主义文本中，消弭了资产阶级道德的伪善性和西方学院伦理学的思辨性，对资本主义政治辩论中道德主义的干预也始终秉持强烈的批判态度。他们强调以无产阶级革命实践摧毁资产阶级道德滋生和蔓延的土壤——资本主义经济关系，创立共产主义经济关系，并在此基础上解构具有伪善性、欺骗性和阶级性的资产阶级旧道德体系，重构适合人性生长和每个人的自由全面发展的共产主义新道德体系。

历史唯物主义是指导无产阶级争取自身解放和人类解放的哲学武器，这一本质决定了其不可能热衷于建构严格学术规范意义上的形式化伦理学体系。马克思和恩格斯既是伟大的哲学家，亦是伟大的实践家，他们毕生致力于"使现存世界革命化"① 的历史使命，始终强调诉诸无产阶级革命实践以创造"现世的天堂"和"真实的幸福"。这一历史使命也决定了他们的道德运思理路不可能是纯粹的道德思辨范式的，而是超越道德乌托邦的革命实践范式的。两位革命导师在《形态》中与施蒂纳（Max Stirner）辩论时强调："对我们这位圣者来说，共产主义简直是不能理解的……共产主义者不向人们提出道德上的要求，例如你们应该彼此互爱呀，不要做利己主义者呀等等……"② 恩格斯在驳斥"永恒道德论"时也指出："这种诉诸道德和法的做法，在科学上丝毫不能把我们推向前进；道义上的愤怒，无论多么入情入理，经济科学总不能把它看做证据，而只能

---

① 《马克思恩格斯全集》（第3卷），北京：人民出版社1960年版，第48页。
② 《马克思恩格斯全集》（第3卷），北京：人民出版社1960年版，第275页。

看做象征。"① 很多学者据此认为，马克思和恩格斯总是在对理论对手的"道德中心主义"观点的批判中以辩论方式论及道德问题，他们对于伦理道德的否定性说法占据主导地位，即对于不道德事物或不合理现象之否定和批判是他们谈论道德的主要方式。历史唯物主义文本的确很少直接使用明确的道德术语，而仅凭其中"异化""剥削""盗窃"和"自由"等少数概念，难以建构起严格学术规范意义上的伦理道德体系。② 即使在标志"唯物主义历史观已经不是假设，而是科学地证明了的原理"③ 的《资本论》中，严格学术规范意义上的伦理学概念或道德范畴也是屈指可数。对此，比利时学者亨·德曼指出，历史唯物主义创立后，马克思越来越少作伦理分析和道德判断，而主要采取科学的历史分析与经济分析，这在很大程度上与他对形式化伦理学本身的反感有关，这是他"对其唯心主义和空想主义对手的道德上的伪善辞令所作的愤怒反应"④。

　　然而，马克思和恩格斯蔑视并批判形式化伦理学并不意味着他们拒斥道德、道德研究或道德诉求本身。事实上，以《宣言》和《资本论》为代表的诸多历史唯物主义经典文本虽甚少述及明确的道德概念、道德判断或道德论述，却饱含着对无产阶级命运的道德关切和对资本主义制度的道德批判，内蕴深厚的道德维度——道德批判范式、道德实践精神、终极关怀诉求和历史唯物主义道德观。追根溯源，这是因为马克思和恩格斯肩负着指导无产阶级解放和人类解放的历史任务。基于此，他们不屑于抽象化伦理规范

---

① 《马克思恩格斯全集》（第 20 卷），北京：人民出版社 1971 年版，第 163 页。
② 参见张文喜：《马克思与伦理学——兼论伯恩施坦、海德格尔对马克思的解读》，载《广西社会科学》，2001 年第 4 期，第 21 页。
③ 《列宁选集》（第 1 卷），北京：人民出版社 1995 年版，第 10 页。
④ 中央编译局马恩室：《〈1844 年经济学哲学手稿〉研究》，长沙：湖南人民出版社 1983 年版，第 370 页。

之研究或严格学术规范意义上的形式化伦理学体系之建构，既不会以形式化伦理学作为批判资本主义之思想武器，亦不会以抽象化伦理规范作为论证共产主义优越性之理论依据，而是始终立足于历史高度，诉诸科学的经济批判、辩证的历史批判与现实的实践批判来批判资本主义之反人道性、诉求共产主义道德理想，致力于使自己创立的历史唯物主义成为批判的、革命的世界观和方法论，成为指导无产阶级革命实践的科学理论武器。那种直接诉诸抽象道德原则的道德批判理论，或以抽象人性论、永恒正义观为道德基础的伪共产主义理论，是历史唯物主义所坚决摒弃的。马克思和恩格斯对确立形式化伦理学立场毫无兴趣，而是自觉将道德研究置于唯物主义历史观的基础之上，旨在确立实质性伦理学立场——无产阶级道德实践立场。

综上论，严格学术规范意义上的形式化伦理学体系之客观缺失，确是历史唯物主义客观存在的"文本事实"和"理论事实"。这也是历史唯物主义长期以来被误读为"道德中立"或"价值无涉"的科学理论，或被诘难为道德基础缺失的政治犬儒主义甚至反道德主义的一个深刻因由。鉴于此，历史唯物主义极易被解读为一维（科学维度）的历史观、哲学学说或社会发展理论，其内蕴的道德维度被弱化、遮蔽直至消解。

二、历史唯物主义创立前后马克思文本研究方法之深刻嬗变

历史唯物主义创立前后，马克思文本研究方法发生了深刻嬗变，即从历史唯物主义创立前早期文本的人本主义伦理学研究方法转向历史唯物主义文本的社会历史研究方法。这是历史唯物主义的道德维度被遮蔽的又一深刻根源。

　　马克思早期文本基于"道德评价优先"视角，秉持鲜明的人本主义伦理学研究方法。马克思在博士论文《德谟克利特的自然哲学和伊壁鸠鲁的自然哲学的差别》中基于伦理激情，大力推崇伊壁鸠鲁，高扬人的"自由"精神和自我意识，表达出浓厚的人本主义道德情结。在《关于林木盗窃法的辩论》等早期文本中，马克思猛烈抨击普鲁士国家及其法律制度，公开申明为"政治上和社会上备受压迫的贫苦群众的利益"[①] 作道德辩护。马克思还以人的自由精神为批判武器，愤然疾呼："自由是人所固有的东西"，是"人类精神的特权"，"世界上没有一种动物尤其是有理性的生物是带着镣铐出生的"。[②] 此时，他总体上是以抽象的人本主义伦理观念为思想武器，批判现实社会之道德非合理性，以道德情感统摄科学理性，其人本主义伦理学研究方法已具雏形。而此种研究方法在《手稿》中则得到更为鲜明而深刻的呈现。《手稿》的道德立场及其研究方法深受费尔巴哈人本主义的影响，从抽象的、理想化的"人的本质"和异化劳动理论出发，将历史过程理解为抽象的"人的本质"之自我实现过程，将共产主义理解为"人的本质的复归"，即"共产主义是私有财产即人的自我异化的积极的扬弃，因而是通过人并且为了人而对人的本质的真正占有"[③]，其研究方法是典型的人本主义伦理学研究方法。对此，陈先达先生指出，在《手稿》中，"马克思以人自身、人的本性为尺度，从而陷入了'应有'与'现有'的对立"[④]。孙伯鍨先生指出："马克思异化劳动理论的基本特征就在于：

---

① 《马克思恩格斯全集》（第 1 卷），北京：人民出版社 1956 年版，第 141—142 页。

② 《马克思恩格斯全集》（第 1 卷），北京：人民出版社 1956 年版，第 63 页。

③ 《马克思恩格斯全集》（第 42 卷），北京：人民出版社 1979 年版，第 120 页。

④ 陈先达：《马克思和马克思主义》，北京：中国人民大学出版社 2006 年版，第 101 页。

用真正的人的类本质来和现实的人的存在相对立，用作为人的本质力量之表现的劳动来和异化劳动相对立。"① 张一兵教授也指出，《手稿》的主导性逻辑是以"应有"批判"现有"的抽象的人本主义"思辨逻辑"，"相对于古典经济学现实的客观思路，马克思的这种人本主义逻辑——理想化的悬设的劳动类本质恰恰是隐性唯心史观的。"②

《手稿》及其后《形态》《资本论》等历史唯物主义经典文本在研究主旨、核心范式和研究方法上都有很大的异质性，是我们判断马克思的研究方法发生嬗变的重要标志性文本。③《手稿》以抽象的道德规范和人性、人道主义为研究主旨，以"异化劳动"的积极扬弃和"人的本质的复归"为核心范式，以抽象的人本主义"思辨逻辑"为主导逻辑，具有浓厚的费尔巴哈人本主义色彩。而这种基于"道德评价优先"视角、诉诸抽象的人性论和道德原则的人本主义伦理学研究方法，后来被马克思视为纯粹思辨的方法进行了历史性涤荡，扫入了历史的尘埃。马克思中后期的历史唯物主义文本则以人类社会的发展阶段、发展目标及其发展规律为研究主旨，以揭示历史发展规律和构建社会发展理论为核心范式，以社会历史研究为主导逻辑，在文本研究方法上实现了从人本主义伦理学向社会历史研究之深刻嬗变，亦由此实现了从抽象到科学、从唯心到唯物之重大转向。不可否认，历史唯物主义旨在研究社会历史，当其运用生产力、生产关系、经济基础和上层建筑等"唯物"的历史范畴来描述

---

① 孙伯鍨：《探索者道路的探索：青年马克思恩格斯哲学思想研究》，南京：南京大学出版社 2002 年版，第 165 页。

② 张一兵：《〈1844 年经济学—哲学手稿〉中的多重话语结构》，载《南京大学学报》，1998 年第 1 期，第 17 页。

③ 参见姜迎春：《断裂与延续：论马克思哲学思想变革中的道德因素及其价值》，载《江海学刊》，2007 年第 4 期，第 35—40 页。

社会有机体及其发展规律时，似乎是以历史必然性"吞噬"了历史主体性，以客观规律消解了人性和道德。某些学者据此断言，历史唯物主义是漠视甚至无视人性的、与道德"绝缘"的纯粹的历史理论，而历史唯物主义创立前后马克思哲学思想发展中道德因素的"断裂说"也由此产生。"断裂说"认为，历史唯物主义创立后，马克思满足业已形成的哲学研究方法——社会历史研究方法，仅仅聚焦于社会发展规律、生产力、生产关系及社会结构等"唯物"的理论研究，而不再深入、具体地研究人性、人道主义和道德等问题，否认道德因素在马克思哲学思想发展中的传承性与发展性、断裂性与延续性。① 这其实是对历史唯物主义的严重误读，是在历史唯物主义与道德之间人为地制造不可逾越的"鸿沟"，消弭了历史唯物主义"与生俱来"的道德真韵。

客观而论，思想成熟时期的马克思走向人类历史的深处，致力于政治经济学研究并着力揭示人类社会发展规律，而不再像早年那样关注纯粹的道德研究，这只是表明马克思研究主旨的转向，并不意味着马克思抛弃了早年的道德研究。从基于"道德评价优先"视角的人本主义伦理学研究方法到基于"历史评价优先"视角的社会历史研究方法之深刻嬗变的过程中，马克思反对的只是那种通过抽象地设定人的本质、空洞地谈论道德而形成的抽象人性论和缺乏历史根基的人本主义伦理学研究方法，而从未拒斥人本主义伦理学所蕴含的关注人性和道德这一价值指向。我们对人本主义伦理学研究方法应秉持科学的理论定位，既要看到其思辨性，亦要看到其在马克思的道德运思理路中所具有的重要价值。历史唯物主义创立后，马克思只是摒弃了人本主义伦理学的抽象研究方法，不再拘泥于纯

---

① 参见姜迎春：《断裂与延续：论马克思哲学思想变革中的道德因素及其价值》，载《江海学刊》，2007 年第 4 期，第 35—40 页。

粹思辨的道德研究，也不再以"超历史的人"为出发点并对人抱有苍白的抽象之爱，但并未摒弃人本主义伦理学的基本价值取向。历史唯物主义走向人类历史的深处，注重社会历史研究，这并非走向"理论上的反道德"，并非消解道德、道德理想和道德研究本身，只是走出了抽象道德研究的理论桎梏，不再把对资本主义制度的道德批判与对共产主义的道德诉求建立于自由、平等和博爱等抽象的人本主义原则之上，而是将道德研究自觉建立于"实践的、历史的唯物主义"基础之上，理性置于历史发展的客观规律性与历史主体的道德价值性之自觉统一的基础之上，使其获得了深厚的历史根基，从而消弭了道德研究与历史研究、合道德性与合规律性之抽象对立，弥合了道德主义与反道德主义之二元分裂。正是在历史唯物主义创立后，马克思早期文本的道德思想、道德运思理路和道德研究方法实现了从抽象到科学、从唯心到唯物、从"道德评价优先"到"历史评价优先"之深刻嬗变。

道德研究在历史唯物主义创立和发展过程中从未"退场"，而是以某种隐性的方式"始终在场"。批判资本主义的反人道性、诉求无产阶级解放和人类解放及人的自由全面发展的道德立场，是历史唯物主义文本始终秉持的基本道德立场。历史唯物主义之创立，既表征出马克思文本研究方法呈现出历史研究与道德研究之生成性统一的立体化图景，突显出马克思的道德研究方法从抽象向科学的发展，亦标志着道德研究领域的革命性变革。对此，陈先达先生指出："同以人为出发点的唯心主义历史观相对立"，马克思主义"转向分析人类的物质资料生产活动，揭示了历史发展的客观规律……没有这种出发点的转移，就不可能有科学的马克思主义"①。马克思的道德运

---

① 陈先达：《马克思和马克思主义》，北京：中国人民大学出版社 2006 年版，第 245 页。

思理路并非多数西方学者所误读的那样，在转向社会历史研究后即发生"激进的断裂"，而是呈现出从抽象到科学之不断嬗变的、连续性的发展流程。马克思前后期文本的道德"断裂说"之产生，"就在于没能将马克思的思想视为一个完整的理论体系进行研究，而是执著于马克思各个不同时期的理论本身和马克思阐述自己理论所运用的不同的话语体系"①，就在于根据历史唯物主义创立前后马克思文本研究方法之深刻嬗变，武断地对历史唯物文本的科学维度与道德维度作僵硬的二元分割，断言马克思早期文本的人本主义伦理学研究方法内蕴深厚的道德思想，而历史唯物主义文本的社会历史研究方法则用科学维度消解了道德维度。"断裂说"漠视甚至无视马克思前后期文本的道德运思理路之间的逻辑连续性和整体发展性，进而将历史唯物主义关注社会历史研究等同于其摒弃道德研究，其本质是否认马克思早期道德思想在历史唯物主义创立后有重大转折和实质发展的庸俗进化论。在此种误读下，历史唯物主义被拆解为系列"道德中立"或"价值无涉"的科学概念、哲学范畴、实践观点或阶级斗争学说，其道德维度被最大程度地遮蔽直至消解。

三、历史唯物主义传统解读模式之理论误区

在历史唯物主义研究视阈和研究过程中，形成了"规律论""工具论"和"实践论"三种传统解读模式。上述解读模式各执一端，或将历史唯物主义解读为"道德中立"的历史发展规律体系，或将其理解为纯粹的阶级斗争工具，或将其简单还原为只具有单纯的生产实践意义的实践论。在上述解读模式中，历史唯物主义的规

---

① 郭艳君：《历史与人的生成》，北京：社会科学文献出版社 2005 年版，第 4—5 页。

律性、工具性和实践性等科学维度被无限拔高，而其内蕴的道德维度却被遮蔽直至走向"窒息"。

（一）"规律论"解读模式

"规律论"解读模式强调，历史唯物主义是揭示历史发展规律的科学理论。客观而论，1845 年以后，马克思的研究主旨确实发生了重大转向，即从早期的人道主义研究转向社会历史研究和历史发展规律研究。自考茨基为代表的第二国际正统派理论家关于历史唯物主义是"经济决定论""全部社会历史的发展是一个自然过程"等理论解读传播之后，经苏联学界的理论诠释，历史唯物主义是"人类历史发展普遍规律的科学"之说盛行，"规律论"解读模式由此形成并影响至今。苏联学界的历史唯物主义解读模式有一个普遍特征，就是将历史唯物主义视为关于社会发展一般规律的科学。如布哈林（Николай Иванович Бухарин）在《历史唯物主义理论》（1921 年）中曾明确指出："历史唯物主义理论处于怎样的地位呢？它不是政治经济学，也不是历史。它是关于社会及其发展规律的一般学说。"[1] 恰金（Чайкин，Б. А.）等苏联专家总结道："十月革命后最初十年，大多数历史唯物主义著作家都把马克思主义社会学确定为关于社会结构及其发展规律的一般科学。"[2] 舍普图林等学者在《历史唯物主义》（1974 年）中进一步指出："历史唯物主义研究社会意识与社会存在的关系、社会发展的最一般规律和动力。"[3] 阿列

---

[1] 〔苏〕布哈林：《历史唯物主义理论》，何国贤等译，北京：东方出版社 1988 年版，第 7 页。

[2] 〔苏〕恰金等：《苏联二十年代确立历史唯物主义的斗争》，林英等译，北京：中共中央党校科研办公室 1986 年版，第 197 页。

[3] 〔苏〕巴鲁林：《当代历史唯物主义的发展趋势》，李树柏等译，北京：社会科学文献出版社 1987 年版，第 57 页。

费耶娃在《作为一门科学的历史唯物主义》（1982 年）中又强调：
"历史唯物主义是关于社会存在和社会意识辩证关系相互作用的科
学，这种相互作用反映在整个社会生活及其发展的一般规律与动力
中。"① 在苏联，只有极少数学者为适应当时经济社会发展的需要，
曾建议将"人道主义"概念引入历史唯物主义研究。斯大林更注重
在阶级斗争和无产阶级革命理论的层面上继承和发展历史唯物主义。
这种解读模式将历史唯物主义绝对地"科学化"，将其视为纯粹的历
史发展规律体系或社会发展理论，对其作出直线论和单一论的形而
上学处理。受其影响，国内诸多哲学著作和教科书在界定历史唯物
主义时，有意或无意地、自觉或不自觉地称之为"人类历史发展普
遍规律的科学"，过度强调历史唯物主义内含的历史发展规律体系。
对此，有学者指出："在传统马克思主义哲学理解体系中，历史唯物
主义是以自然主义为逻辑基始建构起来的，这导致历史唯物主义只
强调历史规律的基础性意义。"② "规律论"解读模式忽视历史唯物
主义内蕴的道德、平等和正义等道德范畴，漠视其蕴含的批判资本
主义、关注人的生存和发展、诉求无产阶级解放和人类解放等道德
价值立场，亦无视其内含的人性关怀、阶级关怀、群众史观和终极
关怀诉求等"现实的人道主义"。基于此，历史唯物主义"与生俱
来"的道德维度：道德批判范式、道德实践精神、终极关怀诉求和
历史唯物主义道德观，在很大程度上即被遮蔽了。

在客观规律所蕴涵的历史必然性和经济必然性面前，人类社会
中唯一起决定作用的力量就是客观规律。当历史唯物主义仅被界定
为一种"客观"的历史发展规律体系时，历史发展过程就沦为一种
凌驾于人类之上的、只具有自然意义而缺失人类意义的"超历史"

① 〔苏〕阿列费耶娃：《作为一门科学的历史唯物主义》，1982 年。
② 李佃来：《论历史唯物主义与政治哲学的内在会通》，载《中国人民大学学报》，
2015 年第 1 期，第 28 页。

的自然发展过程，人类在历史发展进程中就失去了历史主体的地位和价值主体的尊严，失去了自由选择的权利，也不必为自己的行为负责。这就从根本上取消了人类活动及其道德意义，特别是取消了人类争取自由和解放、追求平等和公正的主观性活动的必要性①，由此也取消了社会领域伦理道德存在的价值和意义，那么，在这个意义上谈论历史唯物主义的道德维度就是一个伪问题。基于此，当历史唯物主义被解读为"规律论"时，人们就会倾向于对其科学维度与道德维度作二元分立，并以前者否定后者，其内蕴的道德内涵、道德立场和道德意义在很大程度上被遮蔽直至消解了。马克思本人因此被判定为一位"非道德主义者"甚至"反道德主义者"，马克思主义在伦理学上的"反道德论"亦由此衍生。

（二）"工具论"解读模式

"工具论"解读模式强调，历史唯物主义是指导无产阶级争取自身解放和人类解放的阶级斗争理论。此种解读模式自觉或不自觉地否认历史唯物主义内蕴的道德维度和人文关怀维度，将历史唯物主义丰富的理论内涵简单归结为纯粹的阶级斗争理论。一些学者干脆把历史唯物主义理解为纯粹的阶级斗争工具或手段，并使之与道德关怀和人道主义尖锐地对立起来，以至于谁要谈论道德（人道），谁就是在曲解或非难唯物史观②，谁就是在拒斥历史唯物主义乃至马克思主义理论的革命指导作用及其在社会主义社会中的指导思想地位和主流意识形态功能。如此，历史唯物主义的价值仅被解读为一维的工具价值——阶级斗争工具，其阶级斗争属性和革命指导作用被

---

① 参见俞吾金：《人文关怀：马克思哲学的另一个维度》，载《光明日报》（学术版），2001年2月6日第B4版。

② 参见俞吾金：《人文关怀：马克思哲学的另一个维度》，载《光明日报》（学术版），2001年2月6日第B4版。

无限放大。在苏联，这种"工具论"解读模式尤为突出，对国内学界产生了深远影响。如斯大林就曾教条化地对待历史唯物主义。斯大林主义本身就具有道德虚无主义和漠视人的历史主体作用等理论特征，这使斯大林对经济基础与上层建筑、生产力与生产关系及辩证法等历史唯物主义基本原理和方法作出了僵硬的、形而上学的解读。为适应当时政治经济斗争的需要，斯大林在《论辩证唯物主义和历史唯物主义》一文中注重将历史唯物主义作为行政手段和阶级斗争工具进行解读。"工具论"解读模式从苏联一直延续至今，致使我们对历史唯物主义的解读日益走向僵硬化、教条化，似乎历史唯物主义只有阶级斗争和暴力革命的内容，只有作为革命手段的功能和属性，存在严重的"人学空场"和"道德空场"。由此，其深刻的道德内涵与深远的道德价值被弱化甚至消弭了。在这种解读模式中，历史唯物主义的革命性、阶级性和斗争性等工具意义被无限拔高，而其人文意蕴和道德意义则被最大化遮蔽。此种遮蔽如此严重，以至于一些东方国家进入社会主义建设阶段后，仍强调"以阶级斗争为纲"，而完全不谈马克思哲学的人文关怀的维度。①

事实上，历史唯物主义旨在通过无产阶级革命实践来实现人道化的理想社会形态——共产主义社会，因而，其不仅具有一般的工具意义，更具有深厚的道德意义。而"工具论"解读模式却无视历史唯物主义的道德意义，"窄化"并"萎缩"了历史唯物主义本真的意义空间。此种解读模式在理论层面上无法精准把握历史唯物主义的深层理论内涵和本真理论精神，在实践层面上无法充分发挥历史唯物主义的道德功能和道德价值，是致使历史唯物主义的道德维度被遮蔽的深刻原因。

①　参见俞吾金：《人文关怀：马克思哲学的另一个维度》，载《光明日报》（学术版），2001 年 2 月 6 日第 B4 版。

（三）"实践论"解读模式

"实践论"解读模式强调，历史唯物主义是实践哲学。马克思和恩格斯曾把自己的哲学称为"实践的唯物主义"，以表明其与旧唯物主义的实质区别。实践观是历史唯物主义之首要观点，亦是其科学维度之重要呈现。自 20 世纪 80 年代以降，我国哲学界无论是关于历史唯物主义的"实践观"研究，还是关于历史唯物主义的"实践论"解读，多囿于传统实践观的理论桎梏。这种解读模式认为，马克思创立历史唯物主义、实现哲学革命的意义就在于破除了西方传统的"形而上学"，强调通过实践来变革现存事物，而不关注形而上的"存在论"或伦理道德问题。① 然而，"实践论"解读模式却未能深刻把握历史唯物主义实践观与传统生产实践观之实质区别。其把历史唯物主义理论视阈中的实践简单还原为人类改造自然界以获取物质生存资料的纯粹的物质生产实践，认为历史唯物主义只关注物质生产实践而不关注道德价值诉求，不谈论具有明显主体性特征的人生意义、人的生存和发展问题等，且蔑视一切道德研究和道德实践。这其实是对历史唯物主义实践观的一种曲解。

"实践论"解读模式虽然肯定实践观点在历史唯物主义理论体系中的基础地位和理论价值，甚至主张以实践唯物主义取代历史唯物主义，但是，其片面强调实践的感性形式、感性过程和直接结果，而未能探究实践之内在的道德内涵和道德价值。究其原因，这种解读模式与学界对马克思主义创始人曾批判过唯心史观和费尔巴哈实践观这一客观事实存在着误读直接相关。马克思和恩格斯在《形态》中谈到唯物史观与唯心史观之本质区别时指出："这种历史观和唯心

---

① 参见何良安：《论道德理论在马克思思想体系中的地位》，载《伦理学研究》，2007 年第 1 期，第 80 页。

主义历史观不同，它不是在每个时代中寻找某种范畴，而是始终站在现实历史的基础上，不是从观念出发来解释实践，而是从物质实践出发来解释观念的东西……"① 在此，他们为了区别于唯心史观，明确将"实践"概念指向"唯物"的物质实践。然而，这并不意味着物质生产实践是历史唯物主义实践观视阈中唯一的实践形式，也并不表明马克思主义创始人只关注物质生产实践而排斥道德实践等其他实践形式。马克思也确实批判过费尔巴哈实践观，但是，这种批判主要是针对费尔巴哈对生活实践只从生物学意义和感性形式进行理解而忽视其道德意义的狭隘性，并不意味着他们批判实践本身。"实践论"解读模式却片面理解马克思的实践批判，认为马克思反对生活实践和道德实践，进而将马克思的"实践"概念仅仅看作经验意义上的、物本层面上的生产实践，并将"实践"归结为生产发展和社会变革这类宏观性的、客观性的实践。这就使历史唯物主义理论视阈中的"实践"与人的精神追求和道德诉求等主观性的、人本性的道德实践渐行渐远，由此消解了历史唯物主义实践观的道德维度。

马克思和恩格斯具有伟大的道德情怀。他们所创立的历史唯物主义实践观，在人类物质生产实践中诉求人类现实需要之合理满足、在无产阶级生存实践中探赜人类理想化生存状态构建之道德必然性、在无产阶级革命实践中谋求共产主义道德理想之必然实现，由此获致了实践本性与道德理想之内在统一的精神特质。这种精神特质既是对那种漠视物质生产实践、将实践仅仅归结为道德实践的思辨道德哲学和道德乌托邦的历史性扬弃，亦是对那种将实践简单还原为纯粹的物质生产实践、不了解实践之超越本性和道德价值的旧唯物主义实践观和传统生产实践观的历史性超越。历史唯物主义实践观

---

① 《马克思恩格斯全集》（第 3 卷），北京：人民出版社 1960 年版，第 43 页。

以实践为首要观点，以人的自由全面发展为道德皈依，本质上是一种人类的生产实践、生存实践与道德实践之三位一体的"总体性"实践观。这种"总体性"实践观既不能被主观臆断为那种游离于道德实践而只具有纯粹生产实践意义的传统生产实践观，亦不能被简单还原为那种只重视道德践履而无视生产实践意义的传统道德实践观。其弥合了传统生产实践观与传统道德实践观之二元分立，既实现了生产实践与道德实践、感性实践与理性实践之内在统一，亦实现了实践的本体论意义与伦理学意义、实践本性与道德理想之自觉统一。我们只有对历史唯物主义实践观秉持这种"总体性"实践观的解读模式，才能使历史唯物主义实践观的道德维度得以清晰呈现。

然而，"实践论"解读模式将历史唯物主义实践观解读为一种游离于道德实践的纯粹本体论意义上的生产实践观，对其作出了片面化、庸俗化的解读。这种解读模式将马克思的第一个伟大发现——"人们首先必须吃喝住穿，然后才能从事政治、科学、艺术、宗教等活动"这一"简单事实"视为唯一事实，将生产实践视为唯一实践，不仅片面强调历史唯物主义注重生产实践而漠视道德实践，而且消解了历史唯物主义理论视阈中的生产实践所内蕴的道德内涵与道德价值。由此，历史唯物主义实践观的道德维度被遮蔽了。这种遮蔽致使我们在现实生活中只看到历史唯物主义实践观的"物本性"而未把握其"善意义"，只看到生产实践的社会本体论意义而未认识其社会价值论意义，进而将"生产—经济最终决定论"绝对化为"生产—经济唯一论"，无限拔高生产实践的经济本性而无视其"为人"的道德价值，由此不仅易诱发商品拜物教、货币拜物教和资本拜物教的衍生和盛行，也易引发物质至上主义和庸俗享乐主义的滋生和蔓延。

此外，历史唯物主义的批判理论、批判范式与批判逻辑中客观存在的"非道德化"的批判话语体系和批判话语方式，也是历史唯物主义的道德维度被遮蔽的重要原因。历史唯物主义对资本主义现实的深刻批判多是基于哲学、经济学或史学层面而展开，很少直接述及道德概念、道德判断或道德命题等明确的道德批判话语体系。例如，马克思和恩格斯在历史唯物主义文本中不会直接提及"资本家不道德"或"资本主义是反人道的"等道德判断，而是注重运用"资本""剥削""异化劳动""剩余价值"等经济学术语和"剩余价值是资本家剥削工人的秘密""资本的无限增值"等客观事实陈述性的批判话语来揭露资本主义之反人道性，使道德判断映现于事实判断，使道德批判映现于经济批判、历史批判和实践批判。这就使我们习惯于将历史唯物主义定位为科学的历史观或社会发展理论，而难以发现其蕴含的道德内涵和"善"的价值。然而，认真剖析历史唯物主义基本原理、基本立场和基本观点，我们不难发现：历史唯物主义既科学揭示出历史发展规律特别是资本主义经济运行规律，亦蕴涵着对资本主义现实的道德批判；既是马克思主义创始人深入资本主义经济结构的深层而作出的一种经济分析和事实判断，亦是他们基于审慎的道德考量而得出的一种道德判断，内蕴着深厚的道德精神。

以"生产关系一定要适合生产力的发展"这一历史唯物主义基本原理为例。其既是陈述历史发展规律的真理判断，亦蕴涵着对资本主义生产关系和生产力的道德批判。马克思和恩格斯指出，在资本主义社会，资产阶级发展生产力的根本目的不是为民谋利，而是攫取最大化利润，凸显出"资本至上"法则。虽然"资产阶级在它的不到一百年的阶级统治中所创造的生产力，比过去一切世代创造的全部生产力还要多，还要大"[1]，但是，如此高度发达的生产力不是为无产阶级和劳苦大众谋求利益和幸福，而是为资产阶级攫取最

---

① 《马克思恩格斯文集》，第2卷，北京：人民出版社2009年版，第36页。

大化剩余价值服务，具有强烈的反人道性。为什么资本主义生产力愈是发展，从事生产的工人反而越加贫困？两位革命导师对此问题进行了深刻剖析：资本主义私有制及其衍生的剥削与被剥削的资本主义生产关系是资本主义生产力的反人道性得以滋生并蔓延的经济根源，亦是工人劳动沦为"异化劳动"的深刻根源，致使"劳动生产了宫殿，但是给工人生产了棚舍"①。在他们的思想场域中，资本主义生产关系积弊丛生，不仅日益阻碍生产力的发展，亦将无产阶级置于极端贫困化状态，具有道德非合理性与经济非合法性。他们由此指出，无产阶级必须通过暴力革命彻底摧毁反人道的资本主义生产关系，重建一种有利于生产力发展、有利于无产阶级解放、人类解放及每个人的自由全面发展的人性化生产关系——共产主义生产关系，使人实现向"全面的人""真正的人""本质的人"之复归，使生产力实现经济本性与道德价值之辩证统一。可见，"生产关系一定要适合生产力的发展"这一真理判断既具有真理维度，亦传递出一种饱含阶级关怀的道德情感和人本情怀。

再以"群众史观"为例。群众史观建立于科学的唯物主义历史观基础之上，既肯定人民群众在人类历史发展中的决定性作用，亦强调无产阶级政党的历史使命旨在为人民大众谋利益。因而，其既具有合历史性与合规律性，亦内蕴合道德性：尊重人民群众的历史主体地位、实践主体地位和价值主体地位，倡导人民群众共建共享历史发展成果，将群众立场视为无产阶级应秉持的根本政治立场和根本道德立场，具有深厚的"为民"道德旨趣。群众史观不是凌驾于群众的"不食人间烟火"的玄学，而是呈现出科学的历史观与至善的道德观之辩证统一，其本质是一种内蕴深厚道德情怀的"亲民"历史观。

---

① 《马克思恩格斯文集》，第 1 卷，北京：人民出版社 2009 年版，第 158 页。

"两个必然"理论同样是真理判断与道德判断之内在统一的理论。马克思和恩格斯在《宣言》中宣称："资产阶级的灭亡和无产阶级的胜利同样是不可避免的。"① "两个必然"理论看似只是对人类历史发展趋势的一种科学预设，但深入分析之，我们不难理解：其既是一种科学判断，亦是一种道德判断，内蕴鲜明的道德批判精神。资产阶级为何必然灭亡？因为：资产阶级对无产阶级的残酷剥削导致了无产阶级的极端贫困化，资产阶级生产管理具有极端反人道性，资产阶级在生产过程中因无限追逐剩余价值而不断逾越无产阶级的生理和心理极限，等等。依马克思主义创始人之见，这个以反人道方式存在的资产阶级必然灭亡。"必然灭亡"，饱含着两位革命导师对资产阶级强烈的道德义愤。那么，资产阶级和无产阶级何以产生这种雇佣与剥削关系？资产阶级为何能无偿占有无产阶级创造的剩余价值？两位革命导师认为，追根溯源，这源于反人道的资本主义私有制。资本主义私有制下的雇佣劳动制度和非合理性生产方式，不仅为资产阶级雇佣和剥削无产阶级提供了合法性与合理性的制度依据，而且在制度层面、法律层面和实践层面上都把无产阶级视为财富增值和发展生产的工具。在这种私有制下，"物的世界的增值同人的世界的贬值成正比"②。依据对反人道的资本主义私有制之道德考量与经济批判，《宣言》指出："共产主义的特征，并不是要废除一般的所有制，而是要废除资产阶级的所有制"③，"从这个意义上说，共产党人可以把自己的理论用一句话表示出来：消灭私有制。"④ 马克思主义创始人设想，无产阶级在消灭资产阶级、废除资本主义私有制后所创建的共产主义社会，必然是一个物质财富与

① 《马克思恩格斯全集》（第4卷），北京：人民出版社1958年版，第479页。
② 《马克思恩格斯全集》（第42卷），北京：人民出版社1979年版，第90页。
③ 《马克思恩格斯全集》（第4卷），北京：人民出版社1958年版，第480页。
④ 《马克思恩格斯全集》（第4卷），北京：人民出版社1958年版，第480页。

精神财富极大丰富，全体社会成员拥有经济民主、政治民主、社会民主和管理民主，实现了劳动者与生产资料之内在统一，实现了人的自由全面发展的人性化社会，这标志着"无产阶级的胜利"。他们在《宣言》最后更是发出了洋溢着浓厚的阶级关怀和道德关怀的深情呼唤："无产者在这个革命中失去的只是自己头上的锁链。而他们所能获得的却是整个世界。"① 在历史唯物主义理论视阈中，只有在"资产阶级的必然灭亡"和资本主义私有制走向终结之际，一切腐朽、落后和反人道的社会现象才会最终消失，"真正人的道德"才能真正实现，无产阶级解放和人类解放这一历史使命才能真正完成，人的自由全面发展这一终极关怀才能真正实现。基于此，"两个必然"不是马克思和恩格斯通过单纯的理论研究和逻辑推论而衍生的主观臆断，而是他们在批判反人道的资产阶级和资本主义私有制的基础上得出的真理判断与道德判断之辩证统一的历史结论。

综上述，历史唯物主义的道德维度之所以长期被遮蔽，有其深刻而复杂的根源。在历史唯物主义理论视阈中，道德批判不是独立自在的，而是映现于历史批判、经济批判和实践批判。其道德维度不是以明确的"道德化"的批判话语体系和批判话语方式而存在，而是以"非道德化"的批判话语体系和批判话语方式予以呈现；不是以显性的形式而存在，而是以隐性的价值底蕴的形式渗透并映现于其科学理论。然而，从直观的语言表述方式来看，"生产关系一定要适合生产力的发展""群众史观"和"两个必然"等历史唯物主义基本原理的确不是道德概念、道德判断或道德评价。这种理论表述特征使历史唯物主义易被解读为关于经济事实、历史事实、历史发展规律和历史发展趋势的纯粹的科学判断，易被误读为"道德中立"的历史发展规律体系或"价值无涉"的社会发展理论，而其道

---

① 《马克思恩格斯全集》（第 4 卷），北京：人民出版社 1958 年版，第 504 页。

德内涵和道德意义由此被忽视，其道德维度亦由此被遮蔽。我们只有潜心回归历史唯物主义经典文本的本源理论语境，深刻反思历史唯物主义创立前后马克思的道德运思理路和道德研究方法发生深刻嬗变的整体性进程，并基于道德视角对历史唯物主义的传统解读模式等作适度修正，对历史唯物主义的批判理论、批判范式和批判逻辑作深入剖析，才能正确回答"历史唯物主义的道德维度何以被遮蔽"这一问题，并在此基础上进一步深入研究和解读历史唯物主义的道德维度之深层理论内涵，深刻领悟历史唯物主义的本真理论精神——道德维度与科学维度之生成性统一。①

---

① 参见余京华：《马克思唯物史观的道德维度及其当代观照》，安徽大学博士论文，2010年。

第二章　历史唯物主义的道德批判范式：
辩证性、科学性与革命性

近代资产阶级革命胜利后，新兴资本主义国家对于无产阶级而言并非像启蒙思想家所憧憬的那样，是一个自由、平等和博爱的"理性和永恒正义的王国"，相反，"同启蒙学者的华美诺言比起来，由'理性的胜利'建立起来的社会制度和政治制度竟是一幅令人极度失望的讽刺画"①。英国思想家卡莱尔在《过去和现在》一书中指出，资产阶级所宣扬的自由是以"除了现款和账本就毫无共同点为代价的自由，对千百万劳动者来说，归根到底就是饿死的自由，对成千上万游手好闲的懒汉来说就是堕落的自由"②。英国左派学者 G. A.柯亨在其著述《卡尔·马克思的历史理论：一种辩护》中也认为，资本主义是一种有害的经济制度，因为"它排斥解放，它把社会带到富裕的入口处又锁上了大门。"③ 在资本主义社会中，大生产的可怕奴役、人的片面化和畸形化发展、议会沦为资产阶级俱乐部和工

---

① 《马克思恩格斯文集》（第 3 卷），北京：人民出版社 2009 年版，第 527 页。
② 《马克思恩格斯全集》（第 1 卷），北京：人民出版社 1956 年版，第 640 页。
③ 〔英〕G.A.柯亨：《卡尔·马克思的历史理论——一个辩护》，岳长龄译，重庆：重庆出版社 1989 年版，第 323 页。

人的极端贫困化等反人道现象不断涌现，由此导致一系列新的批判性意识形态的出现，马克思主义就是其中之一。

马克思和恩格斯诞生于资本主义奴役与剥削的时代。在他们所生活的时代，野蛮罪恶和道德堕落充斥着整个社会，"一切事物皆需受批判"[1]。早在青年时代，马克思就宣布"新思潮的优点就恰恰在于我们不想教条式地预料未来，而只是希望在批判旧世界中发现新世界"[2]，并公开申明"要对现存的一切进行无情的批判"[3]。人类解放和人的自由全面发展作为马克思主义创始人的价值承诺和道德旨归，正是他们在深刻批判反人道的资本主义制度的过程中提出的。德里达曾指出，马克思最可贵的精神就是批判精神，时代需要马克思，就需要马克思的批判精神。有学者指出，马克思主义学说具有一种"原教旨"，"这个原教旨不是别的，而是对资本及其造成的物化永不妥协的批判精神"，这一观点颇有见地。[4] 认真研读历史唯物主义经典文本，我们不难发现：马克思的全部理论都是在批判中展开的，如对德国古典哲学的批判、对宗教的批判、对资本主义社会中物化和异化的批判、对资本主义经济制度的批判，等等。马克思的一些论著及其与恩格斯的部分合著，其标题或副标题皆带有"批判"一词，如《黑格尔法哲学批判》《神圣家族，或对批判的批判所做的批判》《德意志意识形态：对费尔巴哈、布·鲍威尔和施蒂纳所代表的现代德国哲学以及各式各样先知所代表的德国社会主义的批判》和《资本论——政治经济学批判》等。马克思和恩格斯的理

---

① 〔德〕康德：《纯粹理性批判》，蓝公武译，北京：生活·读书·新知三联书店1957年版，第3页。

② 《马克思恩格斯全集》（第1卷），北京：人民出版社1956年版，第416页。

③ 《马克思恩格斯全集》（第1卷），北京：人民出版社1956年版，第416页。

④ 胡大平：《新马克思主义的话语逻辑及其效应》，载《浙江学刊》，2004年第3期，第57页。

论著作无论是否以"批判"作为标题，都贯穿着强烈的批判精神。这种批判精神主要呈现为：对资本主义制度的非合理性和反人道性进行深刻批判，反对一切为旧制度而辩护的学说。批判精神植根于马克思主义创始人对资本主义现实的深刻反思，是贯通于历史唯物主义创立和发展过程的基本精神，"马克思已经超越了纯粹的哲学并创立了一种全面的批判社会理论"①。美国"当代马克思主义者"罗伯特·海尔布隆纳（Robert L. Heilbroner）指出，凡是探讨社会发展动力的人，凡是从事社会批判研究的人，都必须向马克思学习。② 马克思毕生的批判理论、批判精神和批判实践都在践诺着他早年立誓的历史使命——"要对现存的一切进行无情的批判"③。在当代社会，我们无论是"回到马克思"抑或"重读马克思"，皆须重新审视马克思对现实世界的深刻批判精神、深入反思马克思和恩格斯创立的历史唯物主义所内蕴的深邃批判理论。

认真研读历史唯物主义经典文本，深入研究历史唯物主义基本原理、基本立场及其基本精神，我们即能深刻感悟到：马克思主义创始人对于社会批判有着独特的理解。马克思主义以批判资本主义的面貌出现，批判的主要武器就是历史唯物主义。马克思曾把自己的哲学称为"最先是真正批判的世界观"④。历史唯物主义作为马克思主义的哲学基石，既是科学的历史观和历史哲学，亦是科学的批判理论。批判精神是历史唯物主义"内在的"的基本精神，而道德批判精神则是历史唯物主义的批判精神之深刻内涵。

---

① 〔南〕马尔科维奇、彼德洛维奇：《南斯拉夫"实践派"的历史与理论》，郑一明、曲跃厚译，重庆：重庆出版社 1994 年版，第 12 页。

② 参见陈先达等：《马克思恩格斯哲学研究总揽》，天津：天津教育出版社 1989 年版，第 157—158 页。

③ 《马克思恩格斯全集》（第 1 卷），北京：人民出版社 1956 年版，第 416 页。

④ 《马克思恩格斯全集》（第 3 卷），北京：人民出版社 1960 年版，第 261 页。

历史唯物主义创立前，以欧文（Robert Owen）、傅立叶（Charles Fourier）和圣西门（Claude-Henri de Rouvroy，Comte de Saint-Simon）为代表的 19 世纪英法空想社会主义、在无产阶级队伍中形成的具有一定影响力的青年黑格尔派、"德国的或真正的社会主义"和费尔巴哈人本主义哲学等理论派别，都对资本主义社会进行了淋漓尽致的道德批判，试图回应时代提出的"历史向何处去"这一根本性问题。然而，他们虽然对资本主义制度的罪恶发出了强烈的道德批判，提出了颠覆资本主义制度的道德设想，却不是从无产阶级的生存条件和社会现实出发，而是从观念出发来虚构历史，漠视对资本主义社会的历史评价；不是深入到资本主义经济结构的内部进行经济分析和经济批判，而是诉诸纯粹的道义谴责；不是在批判道德中重构道德，而仅仅停留于道德批判的层面。基于此，他们的批判只是一种纯粹的道德批判，既缺失了经济批判、历史批判和实践批判的视角，亦缺失了道德重构这一革命性。其不满于现实却又无补于现实，终如流星一般，消失于历史地平线。

马克思主义创始人在《形态》《宣言》和《资本论》等历史唯物主义经典文本中，对资本主义摧残人、奴役人的反人道性发出辛辣而深刻的道德批判，并由此探询人类历史发展的现实化路径及其道德价值目标。他们的批判既肇始于道德批判，亦包含道德批判。在此，问题的关键不在于他们的批判内蕴着道德批判，而在于他们如何进行道德批判。马克思和恩格斯站在人类历史的高度，立足于历史唯物主义，始终秉持历史关切、经济关切和现实关切的视角对资产阶级旧世界发出深刻的道德批判。他们的道德批判有着不同于传统道德批判的理论特质：没有简单停留于抽象的道德批判，不再诉诸悲天悯人的道德控诉和无谓的道德呐喊，而是将道德批判建立于客观的历史评价与科学的经济批判的基础之上，统摄道德与历史之双重维度，秉持道德与经济之二重尺度，坚持批判与重构之二位一体，由此确立起辩证性（道德批判与历史评价之辩证统一）、科学性（道德批判与经济批判之内在统一）、革命性（道德批判与道德重构之自觉统一）的"历史唯物主义的道德批判范式"。

历史唯物主义的道德批判范式立足于"历史评价优先"视角和资本主义经济现实，实现了从唯心主义向唯物主义之历史性嬗变，由此亦实现了对传统道德批判范式之人文性、浪漫性和空想性的高姿态扬弃和历史性超越。在历史唯物主义理论视阈中，道德批判是"客观存在"且"始终在场"的一个基本维度。深入探赜历史唯物主义的道德批判范式及其理论特质——辩证性、科学性与革命性，不仅具有重要的理论意义，亦具有深远的当代观照意义。

第一节 从"道德评价优先"到"历史评价优先"：历史唯物主义是否消解了道德批判？

马克思早年的批判思想深受欧洲人本主义文化传统特别是费尔巴哈人本主义哲学的影响，具有浓厚的"道德评价优先"色彩。道德批判在马克思早年的批判思想中居于主导地位。然而，至历史唯物主义创立之际，马克思的批判视角实现了从"道德评价优先"到"历史评价优先"之深刻嬗变。届时，基于"历史评价优先"视角的历史评价（历史批判与"历史辩护"）在历史唯物主义理论视阈中居于主导地位。这种转变是否意味着历史唯物主义消解了道德批判？历史唯物主义若未消解道德批判，那么，其理论视阈中的道德批判与"历史评价优先"原则是否冲突？道德批判与历史评价在历史唯物主义批判范式中如何实现辩证统一？

本节力求回归历史唯物主义经典文本的本真理论语境和马克思主义创始人的原创话语体系，对历史唯物主义创立前后马克思的道德运思理路和马克思批判视角的转化进行系统的梳理与剖析，对历史唯物主义批判范式中道德批判与历史评价的生成性统一进行深入的研读与省思，以期对上述问题作出较为客观的回答，为迄今依然处于遮蔽状态的"历史唯物主义的道德维度"研究提供一定的理论咨鉴，亦为新时代中国如何建构科学的道德批判范式提供一定的当代启示。

一、从"道德评价优先"到"历史评价优先"：历史唯物主义的创立和马克思批判视角的转化

历史唯物主义创立前，19世纪英法空想社会主义、以费尔巴哈为代表的人本主义哲学及传统伦理学，皆忽视资本主义存在的历史必然性与历史进步性。他们基于"道德评价优先"视角，诉诸抽象的人性论原则或纯粹的道德理性，以"超历史"语境的道德尺度对资本主义经济现实、道德状况和政治制度进行淋漓尽致的道义谴责。其批判学说虽然为启发工人阶级觉悟提供了极为宝贵的材料，却终因缺失科学的历史根基而充满道德救赎的意蕴，不满于现实却又无补于现实，具有浓厚的人文性、浪漫性和空想性。

马克思早年的批判思想深受19世纪英法空想社会主义和费尔巴哈人本主义哲学的影响，具有鲜明的主观性、抽象性和思辨性。他对普鲁士封建专制和新兴资本主义的批判曾历经了一个基于"道德评价优先"视角的抽象的道德批判阶段。博士论文阶段和《莱茵报》时期，马克思以自我意识、理性和自由为批判武器，为贫苦农民的现实利益作道义辩护，对现实的人之不自由状态作激情批判。此时，马克思的批判主要基于"道德评价优先"视角，具有浓厚的主观唯心主义道德观的色彩。经过《德法年鉴》时期的理论传承，至《手稿》创作之际，马克思进一步从"道德评价优先"视角出

发，深刻揭露了资本主义社会的道德堕落和无产阶级的"非人化"处境。

《手稿》从异化劳动出发，对资本主义社会物的增值和人的贬值之批判，对货币至上主义、拜金主义和利己主义之抨击，对资产阶级国民经济学将生产界定为单纯财富生产的观点之控诉，对资本主义生产漠视甚至无视人的合理需求、使人"工具化"并蜕变为"畸形人"和"劳动的异化物"之谴责，无不饱含着强烈的道德激愤。马克思愤然批判："工人创造的商品越多，他就越变成廉价的商品。物的世界的增值同人的世界的贬值成正比"①，"劳动创造了宫殿，但是给工人创造了贫民窟。劳动创造了美，但是使工人变成畸形。"②《手稿》本质上是以理想化的人之本质来批判现实的人之异化，以理想化的劳动即人的"自由的自觉的活动"③ 来批判现实的异化劳动，而此处理想化的人和理想化的劳动本质上都是具有伦理学意义的道德价值悬设。《手稿》的"异化"概念虽具一定的经济属性，却不是主要运用于剖析资本主义反人道的经济根源，而是一个从道义上批判资产阶级剥削本性、无产阶级绝对贫困状态和资本主义道德堕落的"被道德化"的概念。马克思运用"异化"概念，试图通过人的自我异化之积极扬弃来实现人道主义与自然主义内在统一的共产主义，因而，"异化"的道德属性和道德价值超越了其经济属性和经济价值。对此，胡克在评论《手稿》时指出："马克思在第二次降世的时候，不是以《资本论》的作者、风尘仆仆的经济学家的姿态出现，也不是以革命的无裤党、具有鼓舞力量的《共产党宣言》的作者出现的。他穿着哲学家和道德家的外衣走出来，宣

① 《马克思恩格斯全集》（第 42 卷），北京：人民出版社 1979 年版，第 90 页。
② 《马克思恩格斯全集》（第 42 卷），北京：人民出版社 1979 年版，第 93 页。
③ 《马克思恩格斯全集》（第 42 卷），北京：人民出版社 1979 年版，第 96 页。

告关于超越阶级、政党或派别的狭隘界限的、人类自由的消息。"①
《手稿》对资本主义社会的批判主要聚焦于道德批判，而对它的历史
批判尚处于"隐性"状态。尽管《手稿》对资本主义社会也作出一
定的历史批判和经济批判，但这两种批判相对于道德批判而言，尚
处于"蛰伏"和"沉默"状态，始终只具有边缘性、从属性的意
义，而道德批判则处于"优先"和"突显"状态，具有主导性意
义。②《手稿》的批判思想主要还是立足于道德主义立场，基于"道
德评价优先"的视角。此时的道德批判尚未摆脱费尔巴哈人本主义
道德批判的狭隘视域，具有浓厚的人本主义色彩和道德预设特征。

　　总体而论，历史唯物主义创立前，马克思对资本主义社会的批
判本质上是基于"道德评价优先"视角的道义否定，而未能对其历
史必然性、历史进步性、历史局限性及其历史过渡性作出总体性历
史分析和客观性历史评价，尚未确立科学的"历史评价优先"视角。
俞吾金先生指出，从"道德评价优先"到"历史评价优先"，昭显
出马克思异化理论发展中批判视角的转换③，这一观点颇有见地。事
实上，马克思的批判视角从"道德评价优先"到"历史评价优先"
之深刻嬗变，既呈现于他的异化理论发展过程，亦贯穿于马克思哲
学的历史性变革，即历史唯物主义创立和发展的整体性过程。

　　如前述，历史唯物主义创立前，马克思的批判思想主要基于
"道德评价优先"视角。然而，早在《莱茵报》时期，马克思在现
实的接触中也遇到了"令人苦恼的疑问"，即理性的法和物质利益之

---

① 〔美〕E. 弗洛姆：《西方学者论〈1844 年经济学哲学手稿〉》，复旦大学哲学
　 系现代西方哲学研究室编译，上海：复旦大学出版社 1983 年版，第 5 页。

② 俞吾金：《从"道德评价优先"到"历史评价优先"——马克思异化理论发展
　 中的视角转化》，载《中国社会科学》，2003 年第 2 期，第 99 页。

③ 俞吾金：《从"道德评价优先"到"历史评价优先"——马克思异化理论发展
　 中的视角转化》，载《中国社会科学》，2003 年第 2 期，第 95 页。

冲突、道德理想和社会现实之矛盾。为寻求"历史之谜"的解答，马克思于 1844 年着手研究政治经济学后，开始摒弃早年抽象的道德批判和对共产主义的人本主义论证，逐步走向人类历史的深处，不断拓展和深化自己的理论探讨，进而发现：道德批判不能被简单还原为"超历史"的、"超现实"的价值评判，而是须以历史事实和经济事实为根基。如果说，在《手稿》创作前及《手稿》中，马克思还是以充满道德感伤主义的笔调批判资本主义，那么，在历史唯物主义形成的前夜——《神圣家族》及其后的历史唯物主义经典文本中，马克思已不再拘泥于狭隘的道德批判视域，而是站在人类历史发展的高度批判现实社会的反人道性、诉诸道德理想的实现。他在《神圣家族》中批判道："自满自足、自圆其说和自成一家的批判当然不会承认历史的真实的发展"[1]，而真正的人道主义者必须承认，"历史活动是群众的事业，随着历史活动的深入，必将是群众队伍的扩大"[2]。马克思还强调，人的解放不是禁锢于大脑中的封闭的自我意识运动，而是改变人之现实处境的历史实践活动，人应该从现实世界及其历史发展中探寻道德形成和发展的基础，其历史评价视角清晰可见。历史唯物主义的理论雏形、被恩格斯称为"包含着新世界观的天才萌芽的第一个文件"[3] 的《关于费尔巴哈的提纲》（以下简称《提纲》），批判了费尔巴哈"撇开历史的进程，孤立地观察宗教感情"[4] 的错误做法，指出："自从在世俗家庭中发现了神圣家族的秘密之后，世俗家庭本身就应当在理论上和实践中被消灭。"[5] 在此，马克思已开始把对宗教道德的批判建立于对现实世界

---

[1] 《马克思恩格斯全集》（第 2 卷），北京：人民出版社 1957 年版，第 13 页。

[2] 《马克思恩格斯全集》（第 2 卷），北京：人民出版社 1957 年版，第 104 页。

[3] 《马克思恩格斯全集》（第 3 卷），北京：人民出版社 1960 年版，第 VIII 页。

[4] 《马克思恩格斯全集》（第 3 卷），北京：人民出版社 1960 年版，第 5 页。

[5] 《马克思恩格斯全集》（第 3 卷），北京：人民出版社 1960 年版，第 7 页。

的"世俗基础"的批判之上，对宗教道德的形成和发展予以了历史考量，并指明了宗教道德改革的现实化路径——革命实践。《提纲》已"孕育"出历史唯物主义基本观点、基本立场，进一步发展了"历史评价优先"视角，成为马克思超越费尔巴哈走向历史唯物主义的标志性文本。

经过《神圣家族》与《提纲》的理论传承，至《形态》写作完成之际，马克思更是彻底摒弃了先前"道德评价优先"的批判视角而转向人类历史研究，充分认识到资本主义本身是历史性产物，真正的批判应诉诸现实的历史理性而非抽象的道德理性，由此真正确立起"历史评价优先"的批判视角。正如有学者所言："在接下来的《德意志意识形态》中，马克思对资本主义的批判已经超过单纯的道德批判，而采取一种'历史科学'的观点，把生产力的发展看成社会发展的真正原因，把人类解放的理想表征为共产主义学说，把无产阶级确定为实现新的社会理想的物质力量，等等。"[①] 马克思反对形式化伦理学，对他那个时代的道德伪善主义及其政治争论中的道德犬儒主义始终秉持批判态度。正如他和恩格斯在《形态》中所批判的，"共产主义者根本不进行任何道德说教，施蒂纳却大量地进行道德的说教。"[②]《形态》立足于"历史科学"，拒绝诉诸任何伪善的道德说教和抽象的道德原则，注重对资本主义现实作科学的历史分析，将理论建构完全建立于客观的历史事实的基础之上，完成了哲学与经济学的系列历史逻辑转换，进而构建起科学的历史评价体系。这种历史逻辑转换具体呈现为：在哲学上，《形态》摆脱了费尔巴哈人本主义道德批判的抽象人性论桎梏，不仅给予资本主义以深刻的道德批判，亦从历史的辩证运动中生发出现实的批判张力，

①　参见张盾：《马克思哲学革命中的伦理学问题》，载《哲学研究》，2004年第5期，第6页。

②　《马克思恩格斯全集》（第3卷），北京：人民出版社1960年版，第275页。

注重从历史发展规律层面来论证资本主义产生的历史必然性、存在的历史过渡性及共产主义实现的历史必然性和现实化路径，由此构建起道德批判与历史评价之自觉契合的、辩证的现代性批判范式；在经济学上，《形态》批判了资产阶级古典经济学和庸俗经济学将资本主义生产方式视为永恒生产方式的非历史性思维方式和非道德化思维方式，注重将生产力发展视为历史发展的真正动因，不仅肯定了资本主义生产方式较之于封建主义生产方式的经济合理性："资产阶级争得自己的阶级统治地位还不到一百年，它所造成的生产力却比过去世世代代总共造成的生产力还要大"[1]，亦批判了资本主义生产方式的历史局限性和道德非正当性所导致的客观后果："结果，资本主义生产向一切人（除了因自身利益而瞎了眼的人）表明了它的纯粹的暂时性"[2]。《形态》在上述历史逻辑转换的基础上探寻人类历史的发展路向和道德目标。《形态》还将道德批判建立于对"物质生产方式""现实的个人"和"世界性历史"进行历史分析的基础上，在真正的意义上超越了狭隘的道德批判视阈。在标志"唯物主义历史观已经不是假设而是科学地证明了的原理"[3] 的《资本论》中，马克思提出"自然历史过程"这一概念，从历史发展规律的视角阐明资本主义阶级关系、雇佣关系、生产关系和经济关系产生的历史可能性和历史必然性，而不是从抽象人性论和主观动机出发去追究资本家个人主观的道德动机和道德责任，进一步强化了"历史评价优先"原则。

概言之，至《形态》完成、历史唯物主义创立后，马克思对反人道的资本主义社会之道德批判不再基于"超历史"的道德思维模式，而是将道德批判置于资本主义社会客观的历史运动过程之中作

---

① 《马克思恩格斯全集》（第 3 卷），北京：人民出版社 1960 年版，第 471 页。

② 《马克思恩格斯全集》（第 19 卷），北京：人民出版社 1963 年版，第 443 页。

③ 《列宁选集》（第 1 卷），北京：人民出版社 1995 年版，第 10 页。

经济分析和历史评价。届时，马克思的批判视角实现了从"道德评价优先"向"历史评价优先"之历史性转化，马克思先前基于"道德评价优先"的道德批判亦升华为基于"历史评价优先"的科学的历史唯物主义批判，由此完成了从抽象到科学、从思辨到现实、从唯心到唯物之深刻嬗变。①

二、基于"历史评价优先"的历史唯物主义没有消解道德批判

历史唯物主义是基于"历史评价优先"的社会批判理论。西方诸多学者或研究者据此断言，历史唯物主义创立后，马克思就远离了道德批判、道德研究和人道主义研究，历史唯物主义由此成为"道德中立"或"价值无涉"的历史科学，道德批判和伦理诉求在历史唯物主义那里根本无立足之地。如"马克思主义反道德论"者艾伦·伍德就指出，历史唯物主义创立后，马克思不再倾向于对资本主义作道德批判，例如，他从未说过资本主义是不公平的或资本主义侵犯了工人权利。伍德由此推断，历史唯物主义是在不关涉道德价值的那些事物的基础上谴责资本主义，由此追求自我实现、安全、舒适和自由等"非道德的善"，"马克思对资本主义的谴责通常是因为资本主义无法向人们提供以上所列举的非道德的善……"②传统的历史唯物主义研究认为，历史唯物主义是从生产力和生产关系矛盾运动的角度批判资本主义，因而，这种批判不是道德批判，而只是一种事实描述或历史评价。正如有学者所指出的，"在资本主义社会中，生产力和生产关系的矛盾必然导致资本主义的灭亡，这

---

① 参见余京华：《马克思唯物史观的道德维度及其当代观照》，安徽大学博士论文，2010 年。

② Allen. Wood. *Karl Marx*, Boston：Routledge & Kegan Paul，1981，pp.126–128.

是历史的规律。马克思对资本主义生产方式的批判就是被置于这种历史规律中来进行的，传统的历史唯物主义研究大多这样来理解资本主义制度。按照这种历史观，既然资本主义制度是生产力和生产方式的矛盾的必然结果，那么这种制度就不应该受到道德上的谴责。资本主义制度没有道德上的正当与否的问题，历史唯物主义对资本主义制度的产生和灭亡的这种解释没有为道德的批判留下空间。"①

历史唯物主义是否如上所言，淡化甚至消解了道德批判？历史唯物主义从历史视角和经济视角审视和批判资本主义社会之际，究竟还有没有从道德维度上批判之？这是历史唯物主义的道德维度研究不可规避的一个问题。事实上，如果我们认真研读历史唯物主义经典文本，潜心回归其原初理论语境，不难发现：历史唯物主义的批判精神肇始于对资本主义社会的道德批判；道德批判既是历史唯物主义"与生俱来"的基本维度，亦是贯穿于历史唯物主义创立和发展过程始终的"始终在场"的价值底蕴。

马克思是伟大的历史唯物主义者，亦是真正的道德批判家。伦理激情是激励他毕生理论探讨的动力之源。伊斯坎达尔·阿萨杜拉耶夫在《马克思的道德贡献》中指出："源于马克思的马克思主义，首先是一个无法容忍其周遭生活中所有丑陋现象的人的最高道德"，"马克思最高道德的产生是因为工人的非人生活无法接受，残酷的资本主义雇佣制度迫使工人 1 天工作 14 个多小时。……马克思主义产生于人类、首先是欧洲人普遍贫困。"② 对于马克思而言，对资本主义社会之道德关注和道德批判激发了他对政治经济学和资本主义历史发展规律的研究，从而成就了两大发现——唯物史观和剩余价值

---

① 王晓升：《马克思有没有从道德上批判资本主义？》，载《武汉科技大学学报》（社会科学版），2012 年第 6 期，第 252 页。

② 〔塔〕伊·阿萨杜拉耶夫：《马克思的道德贡献》，柳丰华摘译，载《国外理论动态》，2005 年第 6 期，第 9—11 页。

学说。两大发现表明马克思的批判理论更为自觉地转化至历史评价和经济批判的视角之上，却并不意味着道德批判维度的必然缺失或消弭。我们回归历史唯物主义经典文本的原初语境，对历史唯物主义批判范式作深入的反思与剖析，不难发现：历史唯物主义之创立并未消解道德批判本身，只是摒弃了马克思早年基于"道德评价优先"的批判视角，真正构建起道德批判与历史评价内在契合的科学的历史唯物主义批判范式。有学者指出："正如《资本论》是马克思的大写的逻辑学，社会批判理论正是马克思的大写的伦理学，马克思对资本主义社会的批判间接地映现着他的伦理思想和道德追求，马克思伦理思想的理论样态是伦理批判与伦理追求的统一。"① 道德批判不是从别处借用的，而是在历史唯物主义创立之初即"理性出场"，并在其发展过程中"始终在场"的价值诉求。

道德批判是历史唯物主义批判旧世界的理论切入点，亦是历史唯物主义批判范式的基本内涵。尽管历史唯物主义文本很少直接谈及道德概念、道德判断或道德命题，但这并不意味着马克思不再关注道德研究。事实上，理论成熟时期的马克思始终秉持着人道主义的伟大情怀。深入研读历史唯物主义经典文本，我们能深刻感悟到：其字里行间无不传递出对资本主义"非正当性""非合理性""反人道性"的道德批判和对人道化共产主义的道德憧憬。标志"历史唯物主义的诞生"的《形态》，批判了施蒂纳的禁欲道德和功利论、康德的"善良意志论"和自律论伦理观及资产阶级的享乐主义和利己主义，揭露了无产阶级道德与资产阶级道德之根本对立的经济根源，从道义上强烈谴责资产阶级道德的虚伪性和欺骗性及资产阶级利用伪善道德来统治和麻痹无产阶级、为统治阶级统治的合法性提

---

① 王天民：《映现于批判中的伦理——马克思伦理思想的理论样态》，载《理论探讨》，2005 年第 5 期，第 42 页。

供道德辩护的惯用伎俩，指出："把它们（作者注：包括资产阶级伪善道德在内的统治阶级意识形态）提出来作为生活准则，一则是作为对自己统治的粉饰或意识，一则是作为这种统治的道德手段"①，"一旦资产阶级把意识形态阶层看作自己的亲骨肉，到处按照自己的本性把他们改造成为自己的伙计。"②《形态》还指出，道德观念应建立于现实的生存条件和历史条件的基础之上，否则，"这就对任何一种道德，无论是禁欲主义道德或者享乐道德，宣判死刑。"③"科学共产主义的第一个纲领性的文献"、标志历史唯物主义走向成熟的《宣言》，在对资本主义的历史必然性、历史进步性进行肯定性历史评价的同时，亦从道义上强烈批判资本主义内在矛盾，痛斥资产阶级"用公开的、无耻的、直接的、冷酷的剥削代替了由宗教幻想和政治幻想掩蔽着的剥削"④，猛烈抨击资产阶级金钱道德的罪恶本质，谴责资产阶级"使人和人之间除了赤裸裸的利害关系即冷酷无情的'现金交易'之外，再也找不到任何别的联系了"⑤，揭露"资产阶级撕破了笼罩在家庭关系上面的温情脉脉的纱幕，把这种关系变成了单纯的金钱关系"⑥，进而抨击资本主义社会毁灭了人类既有的道德情感，使人类陷入一场赤裸裸的金钱与物欲的战争，其内蕴的道德批判意蕴鲜明可见。在标志"唯物主义历史观已经不是假设，而是科学地证明了的原理"⑦的《资本论》中，马克思虽然基于"历史评价优先"视角强调社会经济形态发展是"自然历史过程"，

---

① 《马克思恩格斯全集》（第3卷），北京：人民出版社1960年版，第493页。

② 《马克思恩格斯全集》（第26卷上），北京：人民出版社1972年版，第315页。

③ 《马克思恩格斯全集》（第3卷），北京：人民出版社1960年版，第490页。

④ 《马克思恩格斯全集》（第4卷），北京：人民出版社1958年版，第468页。

⑤ 《马克思恩格斯全集》（第4卷），北京：人民出版社1958年版，第468页。

⑥ 《马克思恩格斯全集》（第4卷），北京：人民出版社1958年版，第469页。

⑦ 《列宁选集》（第1卷），北京：人民出版社1995年版，第10页。

但在阐释资本原始积累的罪恶时又痛斥："资本来到世间，从头到脚，每个毛孔都滴着血和肮脏的东西"①，"它侵占人体成长、发育和维持健康所需要的时间……对待工人就像对待单纯的生产资料那样，给他饭吃，就如同给锅炉加煤、给机器上油一样。"② 马克思用大量的历史事实和经济事实谴责资本家的财富源于"对他人劳动时间的盗窃"和对剩余价值的掠夺，揭露资本主义流行的道德标准本质就是包含"盗窃""掠夺"在内的剥削"道德"。《资本论》中"异化""剥削"和"雇佣"等概念既是经济学概念，亦是饱含着深厚的道德批判意蕴的伦理学概念。《资本论》对资本主义戕害人性的罪恶、资本无限扩张的本性及资产阶级剥削工人剩余价值的义愤，内蕴强烈的道德批判精神。客观而论，对资本主义社会的道德审视、道德批判、道德解构和道德重构，无疑是历史唯物主义理论场域下的重要使命。从一定意义而言，《资本论》既是一部显性的经济学著作，亦是一部隐性的伦理学著作。即使到了晚年，马克思仍没有放弃道德批判。他在阐释亚细亚生产方式时指出："古代的观点和现代世界相比，就显得崇高得多……在现代世界，生产表现为人的目的，而财富则表现为生产的目的"③，从道义上深刻批判了资本主义生产凌驾于人之上的道德异化性及其将人仅仅视为生产工具和财富增殖手段的反人道性。但是，马克思并未从纯粹的道德批判维度来审视资本主义社会，而是主张运用经济批判、历史批判和无产阶级革命实践等非道德手段来解决道德问题、经济问题和其他诸种矛盾，凸显出马克思对"现代世界"——资本主义世界的道义谴责。

客观而论，历史唯物主义并非像诸多学者所误读的那样，只是科学揭示历史发展规律和资本主义经济运行规律的"冷冰冰"的历

---

① 《马克思恩格斯全集》（第23卷），北京：人民出版社1972年版，第829页。

② 《马克思恩格斯全集》（第23卷），北京：人民出版社1972年版，第295页。

③ 《马克思恩格斯全集》（第46卷上），北京：人民出版社1979年版，第486页。

史观，而是饱含着对无产阶级"非人化"境遇之深情关切和对资本主义反人道性之强烈义愤。西方一些哲学家和马克思主义研究者对马克思的道德批判精神给予了肯定。如卡尔·波普尔曾评述道："马克思对资本主义的谴责根本就是一种道德谴责。这一制度受到谴责……是因为它通过迫使剥削者奴役被剥削者，而将这两种人的自由都被剥夺了……他憎恶资本主义不是因为它积累财富，而是由于它寡头垄断的特征……马克思憎恶这一制度是因为它与奴隶制度类似。"[1] 宾克莱在《理想的冲突》中对马克思的道德批判精神给予充分肯定："浏览一下马克思著作也可以使人们认识到，他也反对他那个时代的工业社会做法，这个社会曾经把一项重视物的价值远胜于重视人的价值的道德准则强加在工人头上……马克思对小资产阶级道德的谴责便是对一种不人道的具体的道德准则的谴责。"[2] 马克思的道德批判精神虽然不是宾克莱所言的只是"对一种不人道的具体道德准则的谴责"，而是呈现为对整个资本主义制度的道德批判，但宾克莱对马克思的道德批判精神之肯定有其合理之处。"分析的马克思主义"学派代表人物凯·尼尔森对历史唯物主义的道德批判精神也给予充分肯定。他指出，马克思在《哥达纲领批判》中提出的"奴隶""社会祸害"等概念所传达的愤慨情绪，表明"马克思进行了一系列既具经验事实性又带有明显的道德力量的论述"[3]，"马克思作为一切时代的伟大批判者，尽管强调资本主义的巨大生产力，却对资本主义非人化及这一残酷制度剥削、压迫人类的本性亦进行

---

① 〔美〕R.G.佩弗:《马克思主义、道德与社会正义》，吕梁山、李旸、周洪军译，北京：高等教育出版社 2010 年版，第 177 页。

② 〔美〕L.J.宾克莱:《理想的冲突——西方社会中变化着的价值观念》，马元德译，北京：商务印书馆 1983 年版，第 100 页。

③ Kai Nielsen, *Marxism and The Moral Point of View*: *Morality*, *Ideology*, *and Historical Materialism*, Colorado: Westview Press, 1989, p.62.

了谴责。"① 国内一些学者对历史唯物主义的道德批判精神也予以高度评价。如有学者指出："那些把早期马克思和后期马克思对立起来，用成熟马克思否定早期马克思的人在一定程度上就是要否定后期马克思对于资本主义的道德批判。这种做法实际上就是要把历史唯物主义纯化为一种实证科学，剔除其中的价值判断的要素。阿尔都塞所谓的马克思是理论上的反人道主义的观点实际上就是这样一种理论企图。"②

历史唯物主义展开对资本主义社会的深刻批判，其目的就是要颠覆反人道的资本主义制度，创立没有剥削和压迫、实现每个人的自由全面发展的共产主义社会，其批判范式和批判理论所蕴含的道德精神鲜明可见。马克思在创立历史唯物主义的过程中，对于道德批判之必要性、可能性与重要性有着深刻认识。因为：其一，19世纪英法空想社会主义诉诸道义理性痛斥资本主义反动与罪恶本质的批判理论，对马克思深刻认识道德批判之价值旨趣和现实意义具有重要启发。他批判性地汲取了空想社会主义的道德批判精神，并对其裹挟的人文性、浪漫性和空想性进行了历史性扬弃。其二，马克思早年的批判思想深受费尔巴哈人本主义道德批判的影响。马克思对费尔巴哈人本主义道德批判的道德合理性与价值正当性有着积极肯定，指出："只是从费尔巴哈才开始了实证的人道主义的和自然主义的批判。"③ 在马克思看来，人本主义道德批判的失误不在于其批判本身，而在于其批判的哲学基础——抽象人性论与其批判的方式——游离于现实的人的革命实践而诉诸纯粹的道义理性，故而，

---

① Kai Nielsen, *Marxism and The Moral Point of View*: *Morality*, *Ideology*, *and Historical Materialism*, Colorado: Westview Press, 1989, p.275.

② 王晓升：《马克思有没有从道德上批判资本主义?》，载《武汉科技大学学报》（社会科学版），2012年第6期，第253页。

③ 《马克思恩格斯全集》（第42卷），北京：人民出版社1979年版，第46页。

其无法找寻到超越既定社会存在的现实化路径。基于此，马克思在创立历史唯物主义的过程中，对人本主义道德批判始终秉持扬弃而非摒弃的态度，内在地秉承了人本主义道德批判所内蕴的人类一般道义精神。其三，马克思深知道德批判的现实性力量。马克思经过长期的理论探赜和实践探讨，深刻认识到：道德批判对于变革现实社会虽然不具有决定性作用，却并非可有可无，其能促使人们追问现存社会的道德非合理性问题，并促使人们意识到改变不公正社会现实的必要性、可能性与重要性。陈先达先生指出，在马克思看来，对资本主义制度和一切剥削制度的义愤无疑是一种高尚的道德情操，没有激情的批判和道义的批判，就没有现实的批判和革命的批判；从人类历史的发展来看，道义上的谴责往往是把人们引向从科学上把握社会现实的先导。从人类历史发展来看，道义批判在一定意义上是将群众引向从科学上认识现存社会并超越既定现实的思想先导。马克思认为，即使抽象的道德批判，对于那种维护反人道社会现实的反动做法而言，仍是推动社会进步不可忽视的巨大道义力量。基于此，马克思在创立历史唯物主义的过程中虽然摈弃了"道德评价优先"的批判视角，却从未摈弃自己早年的人道主义精神，从未消解道德批判本身，而是始终关注无产阶级之生存和发展境遇，痛斥资本主义社会之反人道性，并把对资本主义社会的历史评价与道德批判内在统一，赋予历史评价以深厚的道德批判意蕴。

综上述，历史唯物主义不是"道德中立"或"价值无涉"的社会批判理论，而是内蕴科学的道德批判理论和道德批判范式，饱含鲜明的道德批判精神。马克思青年时期的"道德评价优先"立场历经了肯定、否定、否定之否定的逻辑进路，表征出马克思青年时期的道德运思理路在历史唯物主义创立和发展过程中日臻成熟。历史唯物主义之创立没有消解道德批判，而是将马克思早年抽象的道德批判建立于科学的唯物主义历史观的基础之上，使其从抽象走向科学、从唯心走向唯物。历史唯物主义的历史使命是实现无产阶级解放和人类解放，其终极关怀则是实现人的自由全面发展。为此，历史唯物主义运用道义尺度，集中全部"火力"对资本主义之反人道性作出深刻的道德批判，为无产阶级诉诸暴力革命推翻资本主义、创立共产主义提供了强有力的"道德合理性"论证。道德批判是历史唯物主义理论视阈中客观存在且"始终在场"的基本维度。

第二节　历史唯物主义的道德批判范式之辩证性

历史唯物主义并未停留于纯粹的道德批判层面，而是立足于历史高度，纵观历史经纬，始终秉持"历史评价优先"视角对资本主义作客观的历史评价，并将道德批判建立于历史评价的基础之上，赋予道德批判以深厚的历史根基，由此实现了道德批判与历史评价之辩证统一，彰显出其道德批判范式的辩证性。此处的"历史评价"，包含对资本主义社会的"历史批判"与"历史辩护"两个层面。历史唯物主义始终立足于"历史评价优先"视角，从历史尺度出发，"把一切社会制度和社会现象都放在一定的历史范围中，从社会制度和社会现象的具体的历史条件出发，辩证地分析、研究、评价"[1]，并以"历史评价优先"视角为理论前提对资本主义社会作深刻的道德批判。道德批判与历史评价之辩证统一，缔造出历史唯物主义的道德批判范式之独特的理论特质，赋予其道德批判范式以深厚的历史性与深邃的辩证性，由此实现了对基于"道德评价优先"视角的传统道德批判范式之历史性超越。

---

[1] 赵家祥：《马克思历史进步评价尺度理论的历史考察》，载《贵州师范大学学报》，2010 年第 6 期，第 16 页。

一、"历史评价优先"视角：历史唯物主义的道德批判范式之理论前提

历史唯物主义对资本主义社会的批判，既非出于"超历史"的、形而上学的道义立场，亦非基于"道德中立"的、"非批判"的实证主义或"历史主义"的立场，而是秉持道德批判与历史评价（历史批判与"历史辩护"）之辩证统一的辩证批判立场。在历史唯物主义的道德批判范式中，道德批判始终是以"历史评价优先"视角为理论前提。

马克思主义创始人运用历史唯物主义，对资本主义社会进行了深刻的道德批判，却没有停留于道德批判层面，而是将道德批判升华至历史批判的高度，基于"历史评价优先"视角探寻资本主义反人道现象之深刻的历史根源。马克思和恩格斯具有强烈的历史意识，他们在《形态》中明确反对游离于历史批判的"普遍主义"道德原则，并揭露了思辨历史观的思想本质，指出："过去的一切历史观不是完全忽视了历史的这一现实基础，就是把它仅仅看成与历史过程没有任何联系的附带因素。根据这种观点，历史总是遵照在它之外的某种尺度来编写的；现实的生活生产被描述成某种史前的东西，而史前的东西则被说成某种脱离日常生活的东西，某种处于世界之外和超乎世界之上的东西。"① 在《宣言》中，他们没有简单地就道德论道德，而是基于"历史评价优先"视角，将资本主义道德沦丧归结为整个资本主义制度之历史局限性，谴责资本主义制度从根本上腐蚀人的道德精神，"使人不做一点正事，使他们心甘情愿地丢掉人的本性"②。在成熟时期的历史唯物主义文本中，马克思通过"奴隶""抢劫"和"剥削"等概念所传达的义愤情绪，表明"马克思

---

① 《马克思恩格斯全集》（第 3 卷），北京：人民出版社 1960 年版，第 44 页。
② 《马克思恩格斯全集》（第 1 卷），北京：人民出版社 1956 年版，第 636 页。

做出了系列既合乎历史事实又内蕴明显的道德力量的批判"①，实现了道德批判与历史批判之内在契合。《资本论》则立足于自觉的历史批判的立场，通过"自然历史过程"这一概念，将资本主义"道德罪恶"归结为整个资产阶级和资本主义制度之历史局限性，而非归结为资本家个人的"道德罪恶"。马克思明确指出："我决不用玫瑰色描绘资本家和地主的面貌……我的观点是：社会经济形态的发展是一种自然历史过程。不管个人在主观上怎样超脱各种关系，他在社会意义上总是这些关系的产物。同其他任何观点比起来，我的观点是更不能要个人对这些关系负责的。"② 在此，马克思没有从超历史语境的"道德评价优先"视角出发去追究资本家个人的道德责任，而是从历史批判的立场出发，认为资本主义反人道性并非资本家个人的道德"恶"所致，而是资本主义制度之历史局限性即制度"恶"所致，因为，资本家个人"只是在做并非他所造成的势态下他有权做的事"③。在马克思的历史视野中，空想社会主义和传统人本主义将资本主义的罪恶归结为个别资本家的罪恶，将无产阶级的苦难具体化为个别无产者的苦难，此种缺失历史批判立场的纯粹道义谴责，虽具道德合理性，却不具历史合法性，无益于现实之革命性改造。《资本论》立足于"历史评价优先"视角，把对资本家"个人罪恶"之道义谴责和无产者"个人苦难"之道德关注转向对对资本主义"制度罪恶"和资产阶级"阶级罪恶"之历史批判及无产阶级"阶级苦难"之现实关注。其进而把资本家剥削工人的"道德罪恶"自觉转化为对资本家个人的"道德原谅"，把对"道德罪

---

① Kai Nielsen, *Marxism and The Moral Point of View: Morality, Ideology, and Historical Materialism*, Colorado: Westview Press, 1989, p.62.

② 《马克思恩格斯全集》（第 23 卷），北京：人民出版社 1972 年版，第 12 页。

③ 〔德〕爱德华·伯恩施坦：《社会主义的历史和理论》，马元德等译，北京：东方出版社 1989 年版，第 240 页。

恶"的个体主体——资本家个人的道德批判建立于对整个资产阶级和资本主义制度的历史批判基础之上,① 并指明消除"制度罪恶"和"阶级苦难"之现实化路径——革命性地变革资本主义制度,深刻彰显出成熟时期的历史唯物主义批判范式已更为自觉地秉持"历史评价优先"视角,实现了道德批判与历史批判之自觉统一。这种自觉统一还表现为:马克思虽然对反人道的资本主义异化现实发出强烈的道德批判,却并未将其归责于资本家个人,而是归结为"历史的必然性"和"生产力发展的必然性",正如马克思所言:"这种扭曲和颠倒是真实的,而不是单纯想象的,不是单纯地存在于公然和资本家的观念中的……这种颠倒的过程不过是历史的必然性,不过是从一定的历史出发点或基础出发的生产力发展的必然性。"② 综上论,在历史唯物主义理论视阈中,道德批判与历史批判是内在统一的。历史唯物主义既对资本主义社会进行了深刻的道德批判和历史批判,亦对资本主义制度、资产阶级、资本及资本主义殖民统治做出一定程度的"历史辩护",从而突显出道德批判与"历史辩护"之辩证统一的辩证批判立场。③

历史唯物主义的道德批判范式始终秉持"历史评价优先"的批判视角,其视阈中的道德批判同浪漫主义的道德批判有着实质区别。马克思在《道德化的批评和批评化的道德》中指出,道德问题"不能归结为类似的简单的良心问题和关于公平的词句"④。马克思鄙视那种从狭隘的道德立场出发去批判现实的"批评化的道德家和道德

① 参见刘福森、史兰:《制度伦理:马克思伦理思想的性质和特征》,载《内蒙古民族大学学报》,2007 第 1 期,第 51 页。

② 《马克思恩格斯全集》(第 31 卷),北京:人民出版社 1998 年版,第 244 页。

③ 参见余京华:《从"道德评价优先"到"历史评价优先":历史唯物主义之创立是否消解了道德批判》,载《伦理学研究》,2014 年第 1 期,第 17—22 页。

④ 《马克思恩格斯全集》(第 4 卷),北京:人民出版社 1958 年版,第 334 页。

化的批评家"，将其称为浪漫的"田园诗人"①。他还批判了卡尔·海因岑"从历史的领域逃到道德的领域"②的做法，认为这是"硬要一切阶级在'人性'这个炽热的思想面前消失"③。在马克思看来，主观的道德批判不能消融客观的历史评价，游离于历史视角而仅仅诉诸道义理性或感伤主义来批判资本主义，虽具一定的伦理道德价值，却并不符合历史实际，无益于现实的改造。历史发展规律、历史背景和历史事实是所有时代评价某种社会制度之道德合理性与否时皆无法漠视的历史考量因素。从这个意义而言，马克思和恩格斯创立的历史唯物主义反对以道德尺度作为社会评价的主要尺度。对此，梅林在《保卫马克思》中指出："历史研究者的课题根本就不是研究道德标准。他只须根据客观的科学研究，告诉我们事物的实在情况。至于他按照自己的主观道德见解对于那些事实作何想法，那是我们不想知道的"，"历史唯物主义在这个意义上是否认一切道德标准的，但是也仅以这个意义为限制。它把道德标准从整个历史研究范围中排斥出去，就因为道德标准使任何科学的历史研究成为不可能。"④ 梅林的观点说明，历史研究不能把道德作为社会评价的主要尺度，而是首先坚持历史尺度。历史唯物主义作为一种科学的历史观和方法论，始终秉持"历史评价优先"的批判视角来审视和评价资本主义之历史合法性与道德正当性，其正是梅林所言的"科学的历史研究"。孙伯鍨先生明确指出，在历史唯物主义理论视阈中，"马克思的批判则主要是建立于科学分析的基础之上的科学批判。科学批判不是说不应当得出价值结论，而是说它用来作为理论

① 《马克思恩格斯全集》（第4卷），北京：人民出版社1958年版，第329页。
② 《马克思恩格斯全集》（第4卷），北京：人民出版社1958年版，第338—339页。
③ 《马克思恩格斯全集》（第4卷），北京：人民出版社1958年版，第344页。
④ 转引自陈先达：《漫步遐思》，北京：中国人民大学出版社2006年版，第240页。

的出发点和评价尺度的必须是历史的事实和客观的逻辑，而不是抽象的伦理观念。"① 丰子义教授也指出，"在两种评价尺度发生冲突的情况下，历史评价始终是首要的，价值评价则是第二位的。"② 还有研究者指出："历史唯物主义作为一种历史性思维总是从'过去'和'未来'两个向度考察和理解人之生存和发展问题。……因此，它不再作为传统意义上的解释世界的哲学或哲学诠释学存在，而是作为一种历史批判哲学而存在。"③ 在历史唯物主义理论视阈中，包括资本主义制度在内的一切社会制度都是以生产方式为基础的历史必然现象，人们对既定社会制度既要通过道德考量对其作道德批判，亦要从其历史必然性和历史流逝性层面对其作历史评价，以期实现对既定制度的历史性超越，推动历史进步。以道德批判凌驾于客观的历史评价，易导致对历史事实的悖离，这也是历史唯物主所坚决摒弃的。

然而，西方"分析的马克思主义"学派代表人物柯亨和格拉斯等人却认为，马克思使用一种"超历史的""普遍的"正义原则来批判资本主义的非正义性。这一观点消解了马克思批判理论中正义原则形成和发展的唯物主义历史观基础及其内蕴的历史价值。事实上，一方面，我们不能否认历史唯物主义包含深刻的道德批判理论；另一方面，我们又不能把马克思仅仅理解为一位道德哲学家，或将他的批判理论仅仅理解为一种纯粹的道义谴责。对此，凯·尼尔森较为客观地指出，马克思的道德批判以客观的经验论述为基础，并

① 孙伯鍨：《卢卡奇与马克思》，南京：南京大学出版社 1999 年版，第 6 页。

② 转引自王广：《哲学与史学的对话——"唯物史观与历史评价"全国学术研讨会述评》，载《中国社会科学》，2008 年第 1 期，第 64 页。

③ 王天民：《实践诠释与历史批判——从哲学使命的变革看马克思哲学的历史唯物主义本性》，载《内蒙古民族大学学报》（社会科学版），2004 年第 4 期，第 53 页。

与其辩证唯物主义和历史唯物主义相一致，而不是空洞的道义谴责或说教。① 马克思不是基于纯粹的道德主义立场而发出对资本主义社会的道德批判，而是立足于"历史评价优先"立场，对资本主义社会既作道德批判，亦作历史评价。

历史唯物主义的道德批判范式将具有价值理性的道德判断融入具有工具理性的历史事实判断，将对资本主义社会的道德批判融入对它的历史评价，强调从既定的历史条件和历史背景中找寻道德批判的历史根基，不仅摒弃了马克思早年的道德批判之抽象性和思辨性，亦涤荡了空想社会主义和费尔巴哈人本主义哲学视域下道德批判的人文性、浪漫性和空想性。马克思和恩格斯在《宣言》中对空想社会主义游离于历史发展过程和现实经济基础，仅从抽象的伦理道德和理性原则出发而构想社会主义的做法进行了深刻批判，指出："批判的空想的社会主义和共产主义的意义，是与历史的发展进程成反比例的。"② 他们还谴责"批判的空想的社会主义和共产主义"的信徒"无视无产阶级在历史上继续向前发展的事实"③，企图削弱阶级斗争，调和阶级对立。对于费尔巴哈人本主义哲学的"道德评价优先"立场，恩格斯批判道："费尔巴哈的道德论是和它的一切前驱者一样的。它适用于一切时代、一切民族、一切情况；正因为如此，它在任何时候和任何地方都是不适用的，而在现实世界面前，是和康德的绝对命令一样软弱无力的。"④ 费尔巴哈的伤感的、空想的哲学，最终成为一种站在历史之外的暧昧的伦理学，成为一种适用于一切时代的普遍幸福和爱的宗教，陷入了主观唯心主义历史观的思

---

① 参见傅强：《平等、正义和历史唯物主义——凯·尼尔森对马克思正义观的阐释》，载《理论探讨》，2008 年第 6 期，第 49—52 页。

② 《马克思恩格斯全集》（第 4 卷），北京：人民出版社 1958 年版，第 501 页。

③ 《马克思恩格斯全集》（第 4 卷），北京：人民出版社 1958 年版，第 501 页。

④ 《马克思恩格斯全集》（第 21 卷），北京：人民出版社 1965 年版，第 333 页。

想场域。马克思认为，"科学的"历史学说是客观存在的，按照这种历史科学，道德价值——包括他自己主张的道德价值——都是社会和历史的产物。① 正如有学者所言："马克思决不是把一种外在于历史的尺度从历史之外强加给历史。"② 马克思和恩格斯创立的历史唯物主义真正走向人类历史的深处，对资本主义社会的产生、发展及其必然灭亡的历史趋势进行深入研究，揭示资本主义反人道的经济根源——资本主义私有制，从而找寻到摆脱现实苦难的现实化路径——无产阶级革命。相对于之前基于"道德评价优先"视角的传统道德批判范式而言，历史唯物主义的道德批判范式不是基于普遍的道德原则来批判社会现实，而是强调从现存的社会历史条件中找寻道德批判的现实根基；不是将对资本主义社会的道德批判建立于自由、平等、博爱等抽象的道德范畴基础之上，而是以严格的历史事实和客观的历史发展规律为理论基础，对资本主义社会进行科学的历史分析和历史评价；不是从"超历史"的、纯粹的道德主义立场出发对社会现实发出悲愤却苍白的"呻吟"，而是从资本主义社会的历史局限性及其生产力与生产关系、经济基础与上层建筑两对基本矛盾的历史运动出发，论证资本主义必然灭亡的历史趋势；不是悲天悯人地感伤无产者的"非人化"处境，也不是对"来世的天堂"作无谓的价值诉求，而是诉诸无产阶级革命实践谋求"今世的天堂"——人类解放和人的自由全面发展的共产主义之历史实现，从而在哲学发展史和伦理学发展史上第一次实现了道德批判与历史评价之辩证统一。

综上论，从"道德评价优先"到"历史评价优先"的深刻嬗变

---

① 参见〔德〕肖恩·塞耶斯：《马克思主义与道德》，贺来、刘富胜译，载《哲学研究》，2007 年第 9 期，第 8 页。

② 何中华：《人的存在的现象学之历史叙事——马克思哲学语境中的〈共产党宣言〉》，载《文史哲》，2008 年第 2 期，第 22 页。

中，历史唯物主义既没有以道德批判凌驾历史评价而陷入历史虚无主义或道德至上主义的理论窠臼，亦没有以历史评价淡化甚至消解道德批判而沦为道德相对主义甚至道德虚无主义的理论桎梏，而是始终对资本主义社会秉持道德批判与历史评价之辩证统一的、科学的现代性批判范式。在历史唯物主义的道德批判范式中，道德批判不是依据"超历史"的道义价值而发出的"超历史"的批判，而是消弭了以空想社会主义为代表的传统道德批判范式基于"道德评价优先"立场进行道德批判的感伤主义与浪漫主义，深刻彰显出人类伦理思想史上迄今最为科学的道德批判精神。①

二、历史唯物主义的辩证批判立场及其何以可能？

历史唯物主义对资本主义社会的批判既非基于纯粹的道德立场，亦非基于"道德中立"的、"非批判"的实证主义立场，而是统摄道德与历史之双重维度，始终秉持道德批判与"历史辩护"之内在统一的辩证批判立场，对资本主义社会进行客观分析和辩证批判。历史唯物主义的辩证批判立场何以可能？追根溯源，这有其深刻的方法论、认识论与存在论的根源。

（一）历史唯物主义的辩证批判立场：道德批判与"历史辩护"之辩证统一

马克思曾把自己的哲学称为"最先是真正批判的世界观"②。批判精神是历史唯物主义"与生俱来"的基本精神。而对资本主义社会的道德批判，则是历史唯物主义的道德维度之重要内涵。然而，

---

① 参见余京华：《从"道德评价优先"到"历史评价优先"：历史唯物主义之创立是否消解了道德批判》，载《伦理学研究》，2014 年第 1 期，第 17—22 页。
② 《马克思恩格斯全集》（第 3 卷），北京：人民出版社 1960 年版，第 261 页。

历史唯物主义却没有简单停留于狭隘的道德批判视域，而是对资本主义社会作出道德批判与"历史辩护"，即历史肯定与道义否定之辩证统一的辩证批判，由此实现了对局限于纯粹的道德批判视阈的传统批判学说之历史性超越。

历史唯物主义创立前，以传统的、旧的封建关系为价值标准的反动的封建社会主义，表面上也对资本主义社会发出强烈的道义谴责，揭露其丑陋和罪恶的一面，但其无视资本主义的历史必然性、历史进步性及其历史过渡性，根本目的在于论证封建社会的美好，并幻想回到诗情画意的封建"田园"社会，本质上是一种具有浪漫主义色彩的、阻碍社会发展和人类进步的倒退的历史观。依马克思的历史格局，这种充满浪漫主义和反动色彩的"社会主义"言论之真正目的却是恢复"美好"的旧日和"浪漫的封建主义"，"这个目的自然是不可能实现的，甚至是可笑的，这是对整个历史发展的嘲笑"①。19 世纪英法空想社会主义和费尔巴哈人本主义对资本主义社会也进行了淋漓尽致的道德批判，却始终没有触及资本主义反人道性得以产生的深刻经济根源——资本主义生产方式，亦没有理性认识资本主义社会产生的历史必然性。当他们发现"现有"的缺陷与"应有"的理想呈现二元分裂时，就用理想化的"应有"不加分析地批判一切现实性的"现有"，只看到资本主义之"恶"而彻底否定其产生的历史必然性。他们的批判是一种"超历史"的、狭隘的唯心主义道德批判，最终或是陷入道德至上主义的理论范囿，或是陷入历史虚无主义的理论桎梏，充满了道德救赎的意蕴，具有浓厚的人文性、浪漫性和空想性。无论反动的封建社会主义抑或空想社会主义和费尔巴哈人本主义，皆由于缺乏科学的历史视角而不能正确认识人类历史发展规律，亦不能实事求是地评价资本主义社会的

---

① 《马克思恩格斯全集》（第 2 卷），北京：人民出版社 1957 年版，第 583 页。

历史必然性和历史合法性。其批判学说沉湎纯粹的道德价值诉求，不满现实却又无益于现实的改造。

历史唯物主义始终依据道义尺度和历史尺度，超越了纯粹道德批判的狭隘视域，自觉秉持道德批判与"历史辩护"之辩证统一的辩证批判立场，对资本主义社会作客观的价值评判，其批判精神的辩证性与现实张力鲜明可见。一方面，历史唯物主义秉持鲜明的道德批判精神，深入考察并剖析资本主义社会的"现实性"，集中全部火力对资本主义的反人道性进行深刻的道义谴责；另一方面，历史唯物主义并未纯粹批判性地反思资本主义的道德退步，并由此全盘否定之，而是立足于"历史评价优先"立场，秉持科学的历史辩证法，将资本主义社会置于宏观的历史语境中，深入考察并剖析资本主义社会的"历史性"，对其产生的历史必然性及其在历史发展进程中的历史进步性作出客观的历史透视，有意识地建构起对资本主义现代性的"历史辩护"。《形态》《宣言》和《资本论》等历史唯物主义经典文本，对资本主义制度和资产阶级、资本及资本主义殖民统治进行了道德批判与"历史辩护"、道义否定与历史肯定之辩证统一的客观评价，使我们能够准确把握历史唯物主义理论视阈中的批判话语、批判理论和批判精神所具有的深刻的辩证性，深刻感悟历史唯物主义所秉持的辩证批判立场。

1. 历史唯物主义对资本主义制度和资产阶级秉持道德批判与"历史辩护"之辩证统一的辩证批判

一方面，历史唯物主义对资本主义制度和资产阶级总体上秉持道义否定的价值立场，基于道义尺度对其进行了深刻的道德批判。马克思批判道："这种专制制度是公开地把盈利宣布为自己的最终目的，它就越是可鄙、可恨和可恶。"① 在这样一个"崇尚道德"的

① 《马克思恩格斯选集》（第 1 卷），北京：人民出版社 1995 年版，第 279 页。

"文明"国度中，"雇佣劳动制度是奴隶制度，而且劳动的社会生产力愈发展，这种奴隶制度就愈残酷，不管工人得到的报酬较好还是较坏。"① 资本主义制度不仅诱发了各种见利忘义、践踏道义和逾越法律的行为，而且从根本上腐蚀了人的精神、思想和心灵，它"使人不做一点正事……它把丑恶的物质享受提到了至高无上的地位，毁掉了一切精神内容。"② 面对资本主义制度下最丑陋的表现形式，如穷人法或救贫院——工人的巴士底狱，马克思愤慨抨击："野蛮状态重现了……这是一种麻疯病式的野蛮状态，是文明的麻疯病式的野蛮状态。"③ 马克思通过系列考察与分析，强烈谴责资本主义制度下雇佣劳动制度的剥削实质及其造成的社会道德全面沦丧和人性严重泯灭，深刻揭露生产无政府状态、经济危机、工人绝对贫困化等现状都是资本主义制度"与生俱来"的伴侣，激情痛斥"在产生财富的那些关系中也产生贫困"④。恩格斯谴责资本主义制度"表面上承认理性"，却"使非理性真正达到了顶点"，它实际上"变得更不合乎人性"⑤。恩格斯还引用傅立叶的话，痛斥在资本主义制度下"同最响亮的词句相对应的到处都是最可怜的现实"⑥。在历史唯物主义理论视阈中，资本主义制度将人推向道德深渊，引发了人的道德冷漠，使人陷入赤裸裸的物欲之争，是有史以来最为罪恶的社会制度，因此，"共产党人到处都支持一切旨在反对现存社会政治制度的革命运动"⑦，无产阶级历史使命就是以革命实践摧毁这种制度，

---

① 《马克思恩格斯选集》（第3卷），北京：人民出版社1995年版，第17页。
② 《马克思恩格斯全集》（第1卷），北京：人民出版社1956年版，第636页。
③ 《马克思恩格斯全集》（第3卷），北京：人民出版社1995年版，第206页。
④ 《马克思恩格斯全集》（第4卷），北京：人民出版社1958年版，第155页。
⑤ 《马克思恩格斯选集》（第1卷），北京：人民出版社1995年版，第24页。
⑥ 《马克思恩格斯全集》（第19卷），北京：人民出版社1963年版，第213页。
⑦ 《马克思恩格斯全集》（第4卷），北京：人民出版社1958年版，第504页。

以获得自身和全人类的解放和自由。对于资产阶级的反动性，马克思责问道："你们什么时候讲过道德，什么时候不图谋私利，不在心底隐藏一些不道德的自私自利的邪念呢?"① 马克思和恩格斯在《宣言》中强烈斥责资产阶级"用公开的、无耻的、直接的、冷酷的剥削代替了由宗教幻想和政治幻想掩蔽着的剥削"，"使人和人之间除了赤裸裸的利害关系即冷酷无情的'现金交易'之外，再也找不到任何别的联系了"②，抨击资产阶级毁灭了人类既有的温情，消解了宗法、家庭和职业等各领域的道德，"把高尚激昂的宗教虔诚、义侠的血性、庸人的温情，一概淹没在利己主义打算的冷水之中"③，"抹去了一切素被尊崇景仰的职业的庄严光彩"④。

另一方面，历史唯物主义在相对于封建宗法社会的立场上肯定了资本主义制度产生的历史必然性和历史进步性。马克思揭露，在欧洲中世纪，由于封建专制统治和宗教神学的禁锢，"整个中世纪——体现了非理性的时代"⑤，"专制制度唯一的原则就是轻视人类，使人不成其为人"⑥，而资本主义制度"无情地斩断了把人们束缚于天然尊长的形形色色的封建羁绊"⑦，用"自由、平等、博爱"的道德口号瓦解了"使人不成其为人"⑧ 的专制主义封建道统，使"一切传统的血缘关系、宗法从属关系、家庭关系都解体了"⑨，"把

---

① 《马克思恩格斯全集》（第 1 卷），北京：人民出版社 1956 年版，第 602 页。
② 《马克思恩格斯全集》（第 4 卷），北京：人民出版社 1958 年版，第 468 页。
③ 《马克思恩格斯全集》（第 4 卷），北京：人民出版社 1958 年版，第 468 页。
④ 《马克思恩格斯全集》（第 4 卷），北京：人民出版社 1958 年版，第 468 页。
⑤ 《马克思恩格斯全集》（第 40 卷），北京：人民出版社 1982 年版，第 188 页。
⑥ 《马克思恩格斯全集》（第 1 卷），北京：人民出版社 1956 年版，第 411 页。
⑦ 《马克思恩格斯全集》（第 4 卷），北京：人民出版社 1958 年版，第 28 页。
⑧ 《马克思恩格斯全集》（第 1 卷），北京：人民出版社 1956 年版，第 411 页。
⑨ 《马克思恩格斯选集》（第 3 卷），北京：人民出版社 1995 年版，第 611 页。

一切民族甚至最野蛮的都卷入文明的漩涡里了"①。而且，"它首次证明了，人类的活动能够取得怎样的成就。它创造了同埃及金字塔、罗马水道、哥德式教堂根本不同的艺术奇迹；它举行了同民族大迁移和十字军东征完全异趣的远征。"② 资本主义制度还创造了强大的生产力，也培养出新的革命阶级——无产阶级，其肩负着为无产阶级解放和共产主义创造物质基础的历史使命。马克思在《〈政治经济学批判〉导言》中指出："资产阶级社会是历史上最发达的和最复杂的生产组织"③。没有资本主义制度，"就不会创造出生产资料——解放无产阶级和建立新社会的物质资料，无产阶级本身也就不会团结和发展到真正有能力在旧社会中实行革命并使它自身革命化的程度"④。在《资本论》中，马克思还对资本主义制度下生产方式的革命性也给予了历史肯定："现代工业从来不把某一生产过程的现存形式看成和当作最后的形式。因此，现代工业的技术基础是革命的，而所有以往的生产方式的技术基础本质上是保守的。"⑤ 在历史唯物主义理论视阈中，资本主义制度所造成的直接性、革命性的历史结果就是：创造了超越愚昧状态的"人类文明"，开辟了"世界历史"。基于此，尽管"任何人都没有我们这样不喜欢资产阶级统治"⑥，但"宁肯在现代资产阶级社会里受苦，也不要回到已经过时了的旧社会中去！因为现代资产阶级社会以自己的工业为建立一种使你们都能获得解放的新社会创造物质资料，而旧社会则以拯救你

---

① 《马克思恩格斯全集》（第 4 卷），北京：人民出版社 1958 年版，第 470 页。
② 《马克思恩格斯全集》（第 4 卷），北京：人民出版社 1958 年版，第 469 页。
③ 《马克思恩格斯全集》（第 46 卷上），北京：人民出版社 1979 年版，第 43 页。
④ 《马克思恩格斯全集》（第 6 卷），北京：人民出版社 1961 年版，第 659 页。
⑤ 《马克思恩格斯全集》（第 23 卷），北京：人民出版社 1972 年版，第 533 页。
⑥ 《马克思恩格斯全集》（第 6 卷），北京：人民出版社 1961 年版，第 230 页。

们的阶级为借口把整个民族抛回到中世纪的野蛮状态中去！"① 不同于封建贵族和空想社会主义者对资产阶级的道德谴责和谩骂，马克思和恩格斯对资产阶级的历史作用也给予了历史肯定。他们在《宣言》中客观评价："资产阶级在历史上曾经起过非常革命的作用"②，"资产阶级争得自己的阶级统治地位还不到一百年，它所造成的生产力却比过去世世代代总共造成的生产力还要大，还要多。"③ 马克思还指出："只有工业资产阶级的统治才能除掉封建社会的物质根蒂，并且为无产阶级革命铺平它唯一能借以实现的地基。"④ 对于资产阶级产生的历史必然性，马克思明确指出，伴随着大工业的发展，现代资产阶级取代了历史上其他一切剥削阶级，其出现"本身是一个长期发展过程的产物，是生产和交换方式多次变革的产物"⑤。他还客观评价了资产阶级的历史使命："历史中的资产阶级时期负有为新世界创造物质基础的使命……资产阶级的工业和商业正为新世界创造这些物质条件，正像地质变革为地球创造了表层一样。"⑥ 可见，马克思和恩格斯运用历史唯物主义，虽然从道义上谴责资本主义制度和资产阶级，却并未全盘否定资本主义制度所创造的人类文明和资产阶级曾经的历史作用。

2. 历史唯物主义对资本秉持道德批判与"历史辩护"之辩证统一的辩证批判

一方面，历史唯物主义以道德逻辑统摄资本逻辑，痛斥资本的血腥与罪恶。在历史唯物主义理论视阈中，资本对国内人民制造了

---

① 《马克思恩格斯全集》（第6卷），北京：人民出版社1961年版，第230页。
② 《马克思恩格斯全集》（第4卷），北京：人民出版社1958年版，第468页。
③ 《马克思恩格斯全集》（第4卷），北京：人民出版社1958年版，第471页。
④ 《马克思恩格斯全集》（第7卷），北京：人民出版社1959年版，第21页。
⑤ 《马克思恩格斯全集》（第4卷），北京：人民出版社1958年版，第467页。
⑥ 《马克思恩格斯全集》（第9卷），北京：人民出版社1961年版，第252页。

残酷的剥削和奴役，对其他民族则制造了侵略和征服；资本在无限增殖的同时，也在不断地扰乱社会生产正常运行，并制造了贫困、愚昧和暴力。马克思在《资本论》中痛斥资本原始积累的罪恶本性，揭露资本的剥削本性与扩张本性，谴责资本的"野蛮生长"、现实功用及其带来的后果渗透着骇人听闻的反人道性。他悲愤地批判道："资本来到世间，从头到脚，每个毛孔都滴着血和肮脏的东西"①，"一旦有适当的利润，资本就胆大起来……它就敢犯任何罪行，甚至冒绞首的危险。"② 马克思批判资本的无限扩张使整个社会呈现"两极化"积累，"在一极是财富的积累，同时在另一极，……是贫穷、劳动折磨、受奴役、无知粗野和道德堕落的积累。"③ 资本无限追逐剩余价值的本性，"不仅突破了工作日的道德极限，而且突破了工作日的纯粹身体极限"④；不仅使工人变成资本增殖的工具，失去"人之为人"的人格和尊严，而且使工人的身心处于片面化、畸形化发展状态，使工人和劳动产品、劳动过程、人的类本质之间皆处于异化状态。在"资本至上"逻辑的支配下，"资本不仅像亚当·斯密所说的那样，是对劳动的支配权。按其本质来说，它是对无酬劳动的支配权"⑤，攫取剩余价值的资本活动获得了政治合法性与道德正当性，整个社会生产聚焦"资本增殖"而展开，工人沦为资本的附庸和资本扩张的工具，资本拜物教盛行。资本的疯狂扩张导致贫富分化日趋严重，1%的有产者占据着社会99%的社会财富，阶级矛盾不断激化。在《哥达纲领批判》中，马克思又批判道，资本在创造

① 《马克思恩格斯全集》（第23卷），北京：人民出版社1972年版，第829页。

② 《马克思恩格斯全集》（第23卷），北京：人民出版社1972年版，第829页。

③ 《马克思恩格斯全集》（第23卷），北京：人民出版社1972年版，第708页。

④ 《马克思恩格斯全集》（第23卷），北京：人民出版社1972年版，第294—295页。

⑤ 《马克思恩格斯全集》（第23卷），北京：人民出版社1972年版，第584页。

巨大的物质财富和现代文明的同时，最终会走向自己的反面，因为，
"由于资本的无止境的致富欲望及其唯一能实现这种欲望的条件不断
地驱使劳动生产力向前发展，而达到这样的程度，以致一方面整个
社会只需要用较少的劳动时间就能占有并保持普遍财富，另一方面
劳动的社会将科学地对待自己的不断发展的再生产过程，对待自己
的越来越丰富的再生产过程，从而，人不再从事那种可以让物来替
人从事的劳动，——一旦到了那样的时候，资本的历史使命就完成
了。"[1]　在此，马克思运用辩证法揭示了资本逻辑的"自反性"——
资本无限扩张的本性最终导致资本逻辑的瓦解，使资本走向"自我
终结"的不归路。

　　另一方面，历史唯物主义又以历史逻辑融合资本逻辑，肯定了
"资本的伟大的文明作用"[2]。马克思指出，资本具有服务于社会生
产与社会生活的价值意义，"只有资本才创造出社会成员对自然界和
社会联系本身的普遍占有。由此产生了资本的伟大的文明作用"[3]，
资本在人类历史上开创了一个新时代。在马克思的历史视野和资本
理论中，人类社会只是在资本出现之后才第一次产生了全体社会成
员共同参与精神交往的可能性，在此意义上，资本不仅具有文明作
用，也具有一定的道义性——提升了人的精神生活质量。作为一种
生产关系，"资本是生产的，也就是说，是发展生产力的重要关
系"[4]，"资本的文明面之一是，它榨取这种剩余劳动的方式和条件，
同以前的奴隶制、农奴制等形式相比，都更有利于生产力的发展，
有利于社会关系的发展，有利于更高级的新形态的各种要素的创造。
因此，资本一方面会导致这样一个阶段，在这个阶段上，社会上的

---

① 《马克思恩格斯全集》（第 30 卷），北京：人民出版社 1995 年版，第 286 页。
② 《马克思恩格斯全集》（第 46 卷上），北京：人民出版社 1979 年版，第 393 页。
③ 《马克思恩格斯全集》（第 46 卷上），北京：人民出版社 1979 年版，第 393 页。
④ 《马克思恩格斯全集》（第 46 卷上），北京：人民出版社 1979 年版，第 267 页。

一部分人靠牺牲另一部分人来强制和垄断社会发展（包括这种发展的物质方面和精神方面的利益）的现象将会消灭；另一方面，这个阶段又会为这样一些关系创造出物质手段和萌芽，这些关系在一个更高级的社会形态内，使这种剩余劳动能够同一般物质劳动所占用的时间的较显著的缩短结合在一起。"① 马克思虽然对资本发出强烈的道义谴责，却并未全盘否定之，而是理性认知到资本的经济伦理二重性，并以此为出发点，对资本"有利于生产力的发展，有利于社会关系的发展"②、具有"不同于以往一切生产阶段的全面趋势"③等历史作用给予历史肯定；从资本带来生产力的发展、文明的来临和世界市场的开拓等历史事实出发，对资本之历史必然性与历史合法性又给予了一定程度的"历史辩护"。④

综上述，马克思运用历史唯物主义特别是历史辩证法，既对资本"野蛮生长""资本至上"逻辑及资本带来的道德"恶"等历史事实发出激情的道德批判，亦对"资本的伟大的文明作用"⑤ 作出适度的"历史辩护"。这种道义否定与历史肯定二位一体的资本评价方式，深刻表征出历史唯物主义理论视阈中资本批判的辩证性。

3. 历史唯物主义对资本主义殖民统治秉持道德批判与"历史辩护"之辩证统一的辩证批判

马克思在《不列颠在印度的统治》和《资本论》等历史唯物主义文本中运用道义尺度和历史尺度，客观分析了殖民统治与东方社

---

① 《马克思恩格斯全集》（第 25 卷下），北京：人民出版社 1974 年版，第 925—926 页。

② 《马克思恩格斯全集》（第 25 卷下），北京：人民出版社 1974 年版，第 926 页。

③ 《马克思恩格斯全集》（第 46 卷下），北京：人民出版社 1980 年版，第 34 页。

④ 参见余京华：《历史唯物主义之辩证批判立场及其当代启示》，载《马克思主义研究》，2012 年第 9 期，第 94—95 页。

⑤ 《马克思恩格斯全集》（第 46 卷上），北京：人民出版社 1979 年版，第 393 页。

会的关系。马克思首先立足于道德批判的立场，强烈谴责殖民统治的暴行，痛斥殖民统治是"海盗式的侵略"，揭露英国人在印度的破坏远远大于建设，对殖民地国家的人民所遭受的奴役表现出无限同情。他在《不列颠在印度的统治》一文中批判道："英国则破坏了印度社会的整个结构，而且至今还没有任何重新改建印度社会的意思。印度失掉了他的旧世界而没有获得一个新世界，这就使它的居民现在所遭受的灾难具有了一种特殊的悲惨的色彩。"① 在《不列颠在印度统治的未来结果》中，马克思又指出，资产阶级的文明无法掩盖对殖民地人民残酷掠夺的阶级本性，"当我们把自己的目光从资产阶级文明的故乡转向殖民地的时候，资产阶级文明的极端伪善和它的野蛮本性就赤裸裸地呈现在我们面前，因为它在故乡还装出一副很有体面的样子，而一到殖民地它就丝毫不加掩饰了。"② 在《资本论》论述资本原始积累的章节中，马克思批判了殖民主义的血腥罪恶，谴责欧洲资本主义是建立在殖民地人民的白骨和血汗之上，"美洲金银产地的发现，土著居民的被剿灭，被奴隶化，被埋于矿坑，正在开始的东印度的征服与劫掠。这些牧歌式的过程，是原始积累的主要因素。"③ 按照马克思引述 M.W.霍维特的说法，这种"令人毛骨悚然的野蛮状况和罪行，在历史上的任何时期，在任何其他种族中都未曾有过，野蛮的、残暴的、冷酷的并且是无耻的。"④ 而晚年的马克思对于自己曾提出的"英国不管是干出了多大的罪行，它在造成这个革命的时候毕竟是充当了历史的不自觉的工具"⑤ 这一观点，也基于道德价值的视角进行了修正，指出：印度"那里的

① 《马克思恩格斯全集》（第9卷），北京：人民出版社1961年版，第145页。
② 《马克思恩格斯全集》（第9卷），北京：人民出版社1961年版，第251页。
③ 《马克思恩格斯全集》（第23卷），北京：人民出版社1972年版，第819页。
④ 〔德〕马克思：《资本论》（第2卷），北京：人民出版社2004年版，第256页。
⑤ 《马克思恩格斯全集》（第9卷），北京：人民出版社1961年版，第149页。

土地公社所有制是由于英国的野蛮行为才消灭的，这种行为不是使当地人民前进，而是使他们后退。"① 概言之，马克思立足于道义尺度，将殖民统治斥之为"恶行"，对其发出了强烈的道德愤慨和深刻的道德批判。

然而，历史唯物主义却并未简单停滞于对资本主义殖民统治的道德批判，而是基于历史评价的视角，对其历史作用也给予了一定程度的历史肯定。马克思指出，从某种意义而言，资本主义殖民统治推动了殖民地发展，打破了东方专制制度，无意识地"充当了历史的不自觉的工具"②。资本主义殖民统治给东方人民带来了巨大灾难，同时也带来了资本主义因素，为变革落后的社会结构提供了发展契机。马克思客观地评价："的确，英国在印度斯坦造成社会革命完全是被极卑鄙的利益驱使的，在谋取这些利益的方式上也很愚钝。但是问题不在这里。问题在于，如果亚洲的社会状况没有一个根本的革命，人类能不能完成自己的使命。如果不能，那末，英国不管是干出了多大的罪行，它在造成这个革命的时候毕竟是充当了历史的不自觉的工具。"③ 在此，马克思充分肯定殖民统治对于打破东方专制制度及其经济基础所起的革命作用。依马克思之见，对处于愚昧农村公社的印度老百姓现状听之任之，决不是对他们作为人的价值之尊重，真正的尊重应是让他们拥有已经发展了的生产力；只要是朝着这个目标前进的事物，都可视为是对印度老百姓的价值之尊重。

潜心透视《宣言》和《资本论》等历史唯物主义经典文本的道德批判理论和道德批判范式，我们能深刻感悟到：历史唯物主义对资本主义社会的批判没有陷入"超历史"的、纯粹的道德批判，而

---

① 《马克思恩格斯全集》（第 19 卷），北京：人民出版社 1963 年版，第 448 页。
② 《马克思恩格斯全集》（第 9 卷），北京：人民出版社 1961 年版，第 149 页。
③ 《马克思恩格斯全集》（第 9 卷），北京：人民出版社 1961 年版，第 149 页。

是始终立足于道德批判与"历史辩护"之辩证统一的辩证批判立场。历史唯物主义包含着一种立足于"历史评价优先"的批判理论，其对资本主义作出了激情的道义谴责，却没有全盘否定之而陷入历史虚无主义的理论窠臼。然而，一些学者总是以二元对立的分裂性思维模式来阐释历史唯物主义的批判理论，由此，其批判理论或被阐释为基于"历史评价优先"立场的、"道德中立"的非批判的历史科学，或被阐释为根源于伦理主义的道德乌托邦，这就从两个极端遮蔽了其批判理论的辩证性光辉。① 如英国学者 N.杰拉斯指出，马克思的批判理论存在一个根深蒂固的悖论：一方面，马克思承认剩余价值生产是"正义的"，因为它符合资本主义生产方式的正义标准；另一方面，马克思又对剩余价值生产发出强烈的道义谴责，将其称之为"赃物"，并将资产阶级榨取剩余价值的过程斥责为"盗窃""侵占"、从工人那里"榨取掠夺物"②。事实上，历史唯物主义理论视阈中客观存在的道德批判与"历史辩护"之内在矛盾，看似一种悖论，实则消解了简单肯定与简单否定之抽象对立，实现了道义否定与历史肯定之自觉统一。我们需要基于辩证批判立场对其予以客观性解读。

综上述，历史唯物主义将主观的道德批判置于客观的"历史辩护"的基础之上，真正确立起科学的辩证批判立场，既超越了"实然"与"应然"之僵硬对立，亦弥合了绝对肯定与绝对否定之二元分裂，由此开创了辩证的现代性批判范式——历史唯物主义批判范式，彰显出其理论视阈中的批判理论和批判精神之深刻的辩证性。历史唯物主义既未以道德批判凌驾于"历史辩护"之上而陷入于历

① 参见罗骞：《辩证历史的辩证批判——论马克思的现代性批判范式及其辩证立场》，载《马克思主义与现实》，2005 年第 4 期，第 64 页。
② 参见 L.王尔德、王鹏：《重新思考马克思与正义：希腊的维度》，载《世界哲学》，2005 年第 5 期，第 5 页。

史虚无主义或泛道德化的理论桎梏，亦未以"历史辩护"消解道德批判而落入道德相对主义或道德虚无主义的理论桎梏，而是对资本主义社会秉持道德批判和"历史辩护"之自觉统一的辩证批判立场，既赋予道德批判以现实的历史根基，亦赋予"历史辩护"以深厚的道德真蕴。其是对那种"非批判"的实证主义、自由主义和"纯粹批判"的"保守的浪漫主义"之高姿态扬弃与历史性超越。

（二）历史唯物主义的辩证批判立场何以可能？

如前述，历史唯物主义对资本主义社会的批判深刻彰显出道德批判与"历史辩护"之辩证统一。马克思主义创始人为何对资本主义社会秉持这样一种道义否定与历史肯定的辩证批判立场？历史唯物主义的辩证批判立场何以可能？究其缘由，这有其深刻的方法论、认识论与存在论的根源。深入剖析其根源，有助于我们深刻把握历史唯物主义的辩证批判立场得以确立的客观必然性。

1. 马克思的辩证法：历史唯物主义的辩证批判立场之科学的方法论根源

辩证法的性质和特征决定着社会批判理论的性质和特征。马克思的辩证法作为对资本主义社会的经济结构、内在矛盾及其发展趋势进行考察和分析的科学方法论，是在资本主义社会现实土壤中不断生长并日臻完善的，其生命活力与资本主义现实存在息息相关。马克思反对否定一切的形而上学方法，强调任何事物都包含肯定与否定两个方面，这两个方面并非二元对立而是辩证统一。马克思在《哲学的贫困》中曾批判了经济学家蒲鲁东无视辩证法的谬误，"如果把辩证运动的全部过程归结为简单地对比善和恶，归结为提出任务来消除恶并且把一个范畴用作另一个范畴的消毒剂，那末范畴就失去自己的独立运动；观念就'不再发生作用'；它就没有内在的生命。它既不能把自己安置为范畴，也不能把自己分解为范畴。范畴的顺序成了一种脚手架。辩证法已不是绝对理性的运动了。辩证法没有了，代替它的至多不过是最纯粹的道德而已。"① 在黑格尔的辩证法视阈中，任何现存事物都包含着自我否定的趋势。马克思批判性继承了黑格尔的辩证法，并对其裹挟的神秘的"绝对精神"展开全面而深刻的批判，对其"倒立着的"思辨的辩证法进行了"唯物"性的颠倒，并指出，在黑格尔那里，"辩证法是倒立着的。必须把它倒过来，以便发现神秘外壳中的合理内核"②。马克思在《资本论》中对辩证法作出如下界定："辩证法，在其合理形态上，引起资产阶级及其夸夸其谈的代言人的恼怒和恐怖，因为辩证法在对现存事物的肯定的理解中同时包含对现存事物的否定的理解，即对现存事物的必然灭亡的理解；辩证法对每一种既成的形式都是从不断的运动中，因而也是从它的暂时性方面去理解；辩证法不崇拜任何东西，按其本质来说，它是批判和革命的。"③ 恩格斯也指出，在辩证哲学面前，"不存在任何最终的东西、绝对的东西、神圣的东西；它指出所有一切事物的暂时性"④。马克思和恩格斯的辩证法思想注重辩证的否定观。在他们看来，否定并非绝对的否定，否定之中包含肯定；肯定亦非简单的肯定，在对现存事物的肯定的理解中包含着对现存事物的否定的理解，即对现存事物必然灭亡的理解；绝对的否定只是从外在概念形式上蔑视和否定了对方，而实质上非但不能否定和消灭对方，反而会陷入非此即彼的绝对主义的泥潭而不可自拔，容易遭遇历史事实和客观逻辑的无情报复。

马克思基于辩证法，对资本主义社会既非形而上学地全盘肯定，亦非形而上学地绝对否定，而是始终秉持着在否定中包含肯定的辩

① 《马克思恩格斯全集》（第4卷），北京：人民出版社1958年版，第147页。
② 《马克思恩格斯全集》（第23卷），北京：人民出版社1972年版，第24页。
③ 《马克思恩格斯全集》（第23卷），北京：人民出版社1972年版，第24页。
④ 《马克思恩格斯选集》（第4卷），北京：人民出版社2012年版，第223页。

证否定观，对资本主义经济结构、内在矛盾及其发展趋势进行客观分析，运用道德与历史之双重尺度对资本主义世界进行辩证的批判。这种批判是在深刻揭示辩证法之批判性和革命性的基础上展开的，克服了以往那些简单肯定资本主义的一极而绝对否定其另一极的批判学说之形而上学性质，本质上是道义否定与历史肯定内在统一的辩证的哲学批判。游离于辩证法，就只能看到资本主义的一极而否认另一极，对它的批判与评价也会极为主观而肤浅，就像马克思当年所批判的各种"反动的社会主义"的做法那样。特里·伊格尔顿指出，马克思正是依据辩证法对资本主义做出了客观评价："马克思主义在赞美现代的巨大成就方面超过了未来主义，同时以它对这一时代的无情谴责超过了反资本主义的浪漫派。它既是启蒙主义的后裔又是它的内在批判者，不能用当前西方文化争论中时髦的赞成或反对现代主义的现成用语对它做出轻易的界定。"[1] 马克思的辩证法植根于资本主义野蛮与文明并存的现代性悖论存在。只要这种悖论性存在没有消失，马克思对资本主义社会进行辩证批判所依据的辩证法就有其存在的现实土壤。"辩证法使马克思主义成为可能"[2]，这种辩证法正是历史唯物主义的辩证批判立场得以确立的科学的方法论根源。正因为秉持辩证法这一根本的方法论，马克思对资本主义社会的批判超越了简单肯定与简单否定之二元分立，弥合了工具理性与价值理性之内在分裂，实现了对传统批判学说在肯定与否定之间各执一端的形而上学性质的历史性涤荡。

---

[1] 〔英〕特里·伊格尔顿：《历史中的政治、哲学、爱欲》，马海良译，北京：中国社会科学出版社 1999 年版，第 108 页。

[2] 〔德〕E. 布洛赫：《体系的时代终结了——与 A. 赖夫的谈话》，载《世界哲学》，2007 年第 4 期，第 6 页。

2. 马克思对历史必然性与道德合理性之二律背反的深刻揭示：历史唯物主义的辩证批判立场之深刻的认识论根源

长期以来，伦理学界形成了一种关于道德评价的片面性观点，即：只要是顺应历史必然性、推动历史发展的事物或行为，就具有"道德合理性"，是"真正的善"，反之则是"真正的恶"；在道德评价上是"恶"的行为，在历史评价上也会失去其历史必然性与历史正当性。按照这一评价逻辑，当历史进程中的某些行为损害了人民群众的根本利益时，却因为推动了社会发展而不仅具有历史进步性，亦具有道德合理性。这种评价标准固守历史尺度与道义尺度的内在一致性，与历史唯物主义的辩证批判立场相悖。依据这种评价标准所得出的结论，很容易造成历史事实与道德价值的冲突。因为，"如果我们一味地强调历史事件的历史合理性，以合乎历史规律性的标准来取代评价善恶的道德标准，而无视其所产生的道德问题，那就要陷入道德虚无主义，道德评价就会出现严重滞后现象，从而失去匡正时弊的积极作用。"①

历史必然性与道德合理性是否具有必然的一致性？马克思对此作出否定性回答，并对两者的二律背反作出深刻揭示：就历史发展的总体趋势而言，历史必然性和道德必然性具有一致性；而就历史发展的特定阶段和特定问题而论，两者又可能处于二律背反的关系，即从历史尺度衡量是进步的事物，从道德尺度衡量可能具有非正当性，其在道德评价上可能是"恶"的。对此，有学者指出："历史发展的动力既然可能以恶为表现形式，那么也可能以善为表现形式。马克思在《资本论》中就高度科学地概括了历史发展的两条道路，

---

① 龚群：《历史合理性与道德合理性：背反与统一》，载《中国人民大学学报》，1998 年第 4 期，第 47 页。

一是采取较残酷的形式，一是采取较人道的形式。"① 这种二律背反根源于"恶"在历史发展中的动力作用。恩格斯指出："在黑格尔那里，恶是历史发展的动力借以表现出来的形式。"② 黑格尔充分肯定"恶"的历史作用，却没有意识到其道义上的非合理性并对其作出深刻的道德批判。而马克思和恩格斯一方面充分肯定"恶"在历史上的动力作用，指出"在真正的历史上，征服、奴役、劫掠、杀戮，总之，暴力起着巨大的作用"③，"自从阶级对立产生以来，正是人的恶劣的情欲——贪欲和权势欲成了历史发展的杠杆"④；另一方面对"恶"在道义上的"非善"发出强烈的谴责，强调"恶"时常以逆人类道德情感和道德发展方向的方式去推动历史进程，故而具有道德上的非正当性甚至反动性，"恶"终究是"恶"，不可能成为道德评价上的"善"。

依马克思之见，历史事实与道德价值、历史主义与伦理主义在人类历史发展中本应实现辩证统一，但两者在特定阶段并非总是亦步亦趋，而是呈现出二律背反的态势，由此使历史进程呈现出一种"悲剧性对抗"。马克思指出，当剥削阶级以自身实践推动经济发展和历史进步时，无疑代表了先进生产力的发展方向，因而，从历史尺度来看，他们的行为是顺应历史必然性的"善"；然而，从道义尺度来看，他们以逆人类道德进步的恶行去发展经济，损害了广大人民的根本利益，无疑又是最大的"恶"。恩格斯也指出，从道德感来说，我们不希望有剥削和掠夺，然而在私有制条件下，经济发展经常伴随着剥削和不公等丑陋的道德现象，使"这些经济事实同我们

---

① 熊元义：《道德批判的搁置与回归》，载《马克思主义美学研究》，2006 年第 00 期，第 173 页。

② 《马克思恩格斯全集》（第 21 卷），北京：人民出版社 1965 年版，第 330 页。

③ 《马克思恩格斯全集》（第 23 卷），北京：人民出版社 1972 年版，第 782 页。

④ 《马克思恩格斯全集》（第 21 卷），北京：人民出版社 1965 年版，第 330 页。

的道德感有矛盾"①。李泽厚先生曾概括了历史与感情的二律背反，并肯定了马克思的观点，指出："历史的前进体现了二律背反。例如一方面，历史上的战争死了很多很多人；另一方面，战争也推动了历史的前进。……马克思也讲过，资本主义的发展有多么残忍。我不赞成以人道主义代替马克思主义，那是肤浅和错误的。……因为历史有时候并不是那么人道的。……历史本身就是这样。所以说是二律背反。"② 刘再复先生指出："本来在道德范围内的恶——贪欲和权势欲，在历史动力的范围里则表现为善——进步作用。正视这种历史评价和道德评价的矛盾，正视历史主义和伦理主义的矛盾，正是历史唯物主义彻底性的一种表现。"③ 丰子义教授也指出，从马克思的基本观点来看，就历史发展总趋势而言，历史尺度和价值尺度（亦即道义尺度）是一致的；另一方面，就历史发展的特定阶段和特定问题来说，两种尺度又可能存在着某种不一致，从历史尺度看可能是合理的，从价值尺度看可能是不合理的，反之亦然。④ 基于对历史必然性与道德合理性之二律背反的深刻揭示，马克思和恩格斯所创立的历史唯物主义，对资本主义社会的批判摆脱了纯粹道德批判的狭隘视域，既没有一味"纠缠"和批判其反人道性而淡化甚至消解其历史必然性和历史进步性，亦没有"执着"于其文明进步作用而漠视、宽宥直至抹煞其道德上的反动性与倒退性，而是对资本主义制度和资产阶级、资本及资本主义殖民统治的道德非合理性发出强烈的道德义愤的同时，又对其历史合理性给予历史肯定。

---

① 《马克思恩格斯全集》（第 21 卷），北京：人民出版社 1965 年版，第 209 页。

② 李泽厚：《李泽厚哲学美学文选》，长沙：湖南人民出版社 1985 年版，第 421 页。

③ 刘再复：《性格组合论》，合肥：安徽文艺出版社 1999 年版，第 452 页。

④ 转引自王广：《哲学与史学的对话——"唯物史观与历史评价"全国学术研讨会述评》，载《中国社会科学》，2008 年第 1 期，第 64 页。

概言之，马克思对于这种二律背反的深刻揭示，成为历史唯物主义的辩证批判立场得以确立的深刻的认识论根源，使历史唯物主义的批判立场既摆脱了历史虚无主义的理论桎梏，亦走出了道德虚无主义的理论苑囿，获得深厚的辩证性。

3. 资本主义的现代悖论性存在：历史唯物主义的辩证批判立场之客观的存在论根源

资本主义社会是人类历史发展的必经阶段，其客观上促进了社会生产力的巨大发展，创造出比过去一切世代都多得多的物质财富，并"把一切民族甚至最野蛮的民族都卷到文明中来了"[①]。但是，其又用侵略、剥削和奴役写下人类发展史上最血腥的一页，导致人性的毁灭、道德的沦丧，把整个社会推向了不公正、反人道的深渊，这种反人道性又决定了其存在的历史暂时性和历史过渡性。文明与野蛮、进步与落后、自由与奴役的交织，使资本主义社会以一种合历史性与反人道性之二元分立的现代悖论性存在呈现于人们的视野之中。基于此，要对资本主义社会作出客观评判，就不能固守狭隘的道德批判立场。然而，"保守的浪漫主义"无视资本主义的文明进步作用，一味对其作道义的否定。马克思指出，它"留恋那种原始的丰富，是可笑的"[②]，它试图恢复旧日的美好"以及它的光辉方面和浪漫的封建主义"，"这是对整个历史发展的嘲笑"[③]。而作为现代性意识形态的自由主义却陷入另一极端，即无批判地肯定甚至褒扬资本主义文明成果而漠视其道德上的反动性。无论"保守的浪漫主义"抑或"奔放的自由主义"，皆没有深刻领悟资本主义文明与野蛮共生共存这一客观的悖论性存在及其矛盾运动和现实张力，故而只能在其文明与野蛮之两极踌躇徘徊、顾此失彼，最终简单地肯

[①] 《马克思恩格斯选集》（第1卷），北京：人民出版社1995年版，第276页。

[②] 《马克思恩格斯全集》（第46卷上），北京：人民出版社1979年版，第109页。

[③] 《马克思恩格斯全集》（第2卷），北京：人民出版社1957年版，第583页。

定一极而否定另一极，无法对资本主义做出客观而全面的评判。

马克思一刻也没忘记：资本主义世界是一个文明与野蛮共生、发展与停滞相伴的悖论性世界。他全面审视并客观揭示资本主义本身的现代悖论性存在，指出："在我们这个时代，每一种事物好像都包含有自己的反面……现代工业、科学与现代贫困、衰颓之间的这种对抗，我们时代的生产力与社会关系之间的这种对抗，是显而易见的、不可避免的和无庸争辩的事实。"[①] 依马克思之见，对资本主义的简单肯定是一种"非批判"的实证主义或自由主义，极易陷入道德虚无主义的理论苑囿，而对其全盘否定又是一种"保守的浪漫主义"或"感伤主义"，极易陷入历史虚无主义的理论桎梏，两者都无视资本主义既定的现代悖论性存在，是对资本主义的粗浅的表象性理解。然而，一些学者总是以非此即彼的分裂性思维模式阐释马克思的批判思想，致使马克思的批判思想不是与他对资本主义的现代悖论性存在及其辩证运动的科学揭示联系起来，而是被人为地放置于两个极端："一极"是被阐释为基于"历史评价优先"视角的、"道德中立"的历史科学或立足于"经济决定论"立场的非批判的绝对客观主义，"另一极"则被阐释为根源于伦理立场的道德乌托邦。[②] 此种误读遮蔽了马克思批判思想内在的辩证性。

事实上，马克思对资本主义的道德批判与"历史辩护"根源于对资本主义悖论性存在的深刻揭示，两者并不对立，而是内在统一于历史唯物主义批判范式。马克思对资本主义社会的现代悖论性存在作出辩证分析，并从中引出辩证性批判：一方面，资本主义是人类历史发展的必然阶段，亦是一种现代文明，"'现代社会'就是存

---

① 《马克思恩格斯全集》（第 12 卷），北京：人民出版社 1962 年版，第 4 页。

② 参见罗骞：《辩证历史的辩证批判——论马克思的现代性批判范式及其辩证立场》，载《马克思主义与现实》，2005 年第 4 期，第 64 页。

在于一切文明国度中的资本主义社会"①，且未来的共产主义建立于对资本主义的超越之上，故而，对资本主义悖论性存在的一极——文明进步作用应给予合理性的"历史辩护"；另一方面，资本主义社会在发展、繁荣的同时，亦存在着人的"非人化"、社会的道德沦丧和精神危机等诸多足以将人类推向道德深渊的道德诟病，由此决定了其具有历史暂时性与历史过渡性，必须从扬弃和超越的层面对其悖论性存在的另一极——道德非正当性进行深刻的道德批判。这种辩证批判视域使历史唯物主义批判范式既超越了"应然"与"实然"之绝对对立，亦弥合了绝对肯定与绝对否定之二元分裂，成为辩证的现代性批判范式。对此，有学者指出："资本主义由于自身不可克服的矛盾，其发展既是促进现代文明进步的积极力量，同时又是阻碍现代文明健康发展的消极力量。正是这样一种矛盾性，使得马克思对于现代性常常既持肯定的态度又持否定的态度。"②

综上论，资本主义的现代悖论性存在成为历史唯物主义的辩证批判立场得以确立的客观的存在论根源。马克思将主观的道德批判建立于客观的历史评价的基础之上，通过对资本主义的文明与野蛮的悖论性存在及其矛盾运动之深刻揭示，对资本主义做出道义否定与历史肯定的二重批判。这种二重批判并非自相矛盾，而是消解了简单肯定与简单否定之抽象对立，彰显出深刻的辩证性，由此实现了对那种"非批判"的实证主义、自由主义和"纯粹批判"的"保守的浪漫主义"之历史性超越。③ 在深化改革开放、发展社会主义市场经济的新时代国情下，我们应秉承历史唯物主义的辩证批判立

---

① 《马克思恩格斯全集》（第 19 卷），北京：人民出版社 1963 年版，第 30 页。

② 丰子义：《马克思现代性思想的当代解读》，载《中国社会科学》，2005 年第 4 期，第 58 页。

③ 参见余京华：《历史唯物主义之辩证批判立场及其当代启示》，载《马克思主义研究》，2012 年第 9 期，第 95—97 页。

场，对改革开放和社会主义市场经济进行辩证批判和科学定位，致力于实现两者的历史必然性与道德合理性之历史性交融。

第三节　历史唯物主义的道德批判范式之科学性

历史唯物主义创立前，空想社会主义站在资本主义的对立面，对资本主义社会的原始积累、自由竞争、异化劳动，资产阶级的剥削压迫和无产阶级的绝对贫困等资本原罪和反人道社会现实进行了激情批判，具有一定的价值合理性。然而，空想社会主义的批判范式本质上是一种严重缺失经济批判内容的纯粹的道德批判范式，虽然激发了人们道义上的共鸣与情感上的共情，却道德价值有余而科学性不足，只是停留于人文性、浪漫性和空想性的层面，不满于现实却又无补于现实。而资产阶级古典经济学家则立足于资产阶级立场，运用纯实证主义方法研究资本主义经济事实。他们顺应资本主义生产方式的发展要求，潜心研究资本主义生产关系和资本主义经济运行规律，虽然提出了一些合理见解，但是，其阶级立场和阶级本性决定了他们终究是为资本主义经济制度辩护，为经济科学而牺牲人。他们将资本主义生产方式视为人类社会永恒正义的生产方式，而漠视甚至无视资本主义经济制度下社会的道德堕落和无产阶级的"非人化"境遇，由此也迷失了对资本主义社会的道德批判。空想社会主义所缺失的，是对资本主义社会的经济批判；而资产阶级古典经济学所迷失的，是对资本主义社会的道德批判。两种理论派别的批判范式和批判逻辑都无法直剖资本主义"心脏"，无法对资本主义社会作出客观而全面的社会批判。

历史唯物主义的道德批判范式是马克思主义创始人反思并追问资本主义"道德正当性"的科学的批判范式。马克思对资本主义社会的批判也肇始于道德批判。然而，至历史唯物主义创立之际，马克思开始自觉秉持道德与经济之双重维度，他的道德批判范式、道德批判精神和道德批判实践已突破"道德评价优先"视角，走出了纯粹的道德批判视域，确立起道德批判与经济批判之内在统一的道德批判范式，由此实现了对以空想社会主义和资产阶级古典经济学为代表的传统批判范式的革命性变革。历史唯物主义的道德批判范式始终秉持道德考量与经济分析之自觉统一的"视界融合法"，把对资本主义社会的道德批判置于科学的经济批判的现实根基之上，既赋予道德批判以深邃的经济本性，亦在经济批判中追问资本主义道德困境和文明弊端得以产生的经济根源，赋予经济批判以深厚的道德旨趣。道德批判与经济批判之内在统一，突破了经济学与伦理学之二元分立的思维模式，突显出经济学与伦理学之理性交融，彰显出历史唯物主义的道德批判范式之深邃的科学性。

一、历史唯物主义创立前：马克思的道德批判与经济批判从二元分立到初步契合

批判精神是历史唯物主义"与生俱来"的基本精神。道德批判与经济批判是历史唯物主义追问与反思"资本主义合理性"问题的两个基本维度，两者在历史唯物主义创立之际实现了自觉统一。两者的统一不是源于马克思主义创始人的情感冲动或理论顿悟，而是有其深刻的历史根源和现实背景。两者的统一也不是一蹴而就的过程，而是历经了从二元分立到初步契合，再到内在统一的历史性发展历程。历史唯物主义创立前，马克思对资本主义社会的经济批判从"静默"向"凸显"渐行发展，至《手稿》之际与道德批判实现了初步契合。

历史唯物主义创立前，马克思对旧世界的哲学批判是从道德批

判入手的。正如莫里斯·迈斯纳（Maurice Meisner）所言："马克思最初反对资本主义的理论本质上是一种社会的伦理的批判，而非经济的批判。"① 伊斯坎达尔·阿萨杜拉耶夫在《马克思的道德贡献》中也指出："源于马克思的马克思主义，首先是一个无法容忍其周遭生活中所有丑陋现象的人的最高道德。"② 从柏林大学时期到1844年着手研究政治经济学之前，马克思主要依据"应然"与"实然"的冲突来展开对资本主义社会的道德批判。此时，马克思对资本主义私有制、经济结构和生产方式等方面的经济批判处于"沉默"状态，道德批判与经济批判在马克思的批判理论和批判实践中是二元分立的。道德批判居于"显性"而"活跃"的状态和强势地位，而经济批判则处于"隐性"而"沉默"的状态和弱势地位。

早在柏林大学时期，马克思就深受康德和费希特哲学的影响，以其哲学理想主义中的"应然"之说为批判武器，从"应有"的理想出发批判"实然"的缺陷，试图建立一个庞大的法哲学体系，而对于当时被封为普鲁士国家哲学的黑格尔哲学，则反感其抽象晦涩。这一阶段，马克思把对贫苦农民的关怀与对未来社会的憧憬诉诸道德理想主义情结，尚未找到理想实现的现实化路径，道德理想主义统摄着他对现实的态度。然而，此时，马克思的道德理想主义与客观现实的矛盾也日益暴露，他感到现实生活中处处呈现出"应有"和"现有"的对立、理想和现实的分裂。这促使他开始反思康德和费希特哲学的理论缺陷与现实弊端，他批判道："康德和费希特在太空飞翔，对未知世界在黑暗中探索；而我只求深入全面地领悟在地

① 转引自俞可平：《全球化时代的"马克思主义"》，北京：中央编译出版社1998年版，第202页。

② 〔塔〕伊·阿萨杜拉耶夫：《马克思的道德贡献》，柳丰华摘译，载《国外理论动态》，2005年第6期，第9页。

面上遇到的日常事物。"① 于是，1837 年下半年，马克思开始"从理想主义——转而向现实本身去寻求思想"②。

《莱茵报》时期，马克思受到黑格尔哲学和青年黑格尔派的影响，以人的理性、自由等主观精神为思想武器，对"现实"的人之非自由状态和"现实"的国家之非理性状态进行激情的道义谴责。此时，由于看不到客观的经济关系在历史发展中的决定作用，没有认识到资本主义反人道性滋生和蔓延的经济根源，马克思的批判理论和批判实践本质上是一种具有主观唯心主义色彩的道德批判，具有浓厚的抽象性与思辨性，而经济批判在其批判思想中则处于"沉默"状态，与道德批判二元分立。但是，也就在这一时期，马克思在与现实经济的接触中，逐渐意识到抽象的道德批判在现实面前显得苍白无力。这种认识推动马克思后来转向政治经济学研究，并将道德批判与经济批判从二元分立发展为初步契合，最终使两种批判在历史唯物主义创立之际实现了生成性统一，由此也确立起科学的历史唯物主义的道德批判范式。

《莱茵报》时期的社会实践留给马克思"令人苦恼的疑问"，即理性的法和物质利益之剧烈冲突和矛盾。这使马克思"第一次遇到要对所谓物质利益发表意见的难事"③，认识到仅立足于道义立场的外在批判在现实面前犹如隔靴搔痒，尤其是对物质利益发表意见时，这种外在的道德批判更是捉襟见肘。为了解决"令人苦恼的疑问"，马克思对道德、法与物质利益等诸种关系进行了初步思考，这成为推动他"去研究经济问题的最初动因"④。马克思在之后批判黑格尔

---

① 《马克思恩格斯全集》（第 40 卷），北京：人民出版社 1982 年版，第 651—652 页。

② 《马克思恩格斯全集》（第 40 卷），北京：人民出版社 1982 年版，第 15 页。

③ 《马克思恩格斯全集》（第 13 卷），北京：人民出版社 1962 年版，第 7 页。

④ 《马克思恩格斯全集》（第 13 卷），北京：人民出版社 1962 年版，第 7—8 页。

哲学的实践活动中得出如下结论："法的关系正像国家的形式一样，既不能从它们本身来理解，也不能从所谓人类精神的一般发展来理解，相反，它们根源于物质的生活关系，这种物质的生活关系的总和，黑格尔按照十八世纪的英国人和法国人的先例，称之为'市民社会'，而对市民社会的解剖应该到政治经济学中去寻求。"① 这一最初的经济学观点正是马克思后来在《〈政治经济学批判〉序言》中所提到的"指导我的研究工作的总的结果"②。《莱茵报》时期的经历对马克思从道德研究走向经济研究具有重要意义，正如马克思自己所言，正是对林木盗窃法和摩泽尔河地区农民处境的研究，推动他由纯政治研究转向研究经济学研究，逐步走向唯物主义。

历经《德法年鉴》时期的理论传承，马克思逐步转向政治经济学研究，最终确立了市民社会决定国家和法的唯物主义认识路线，更为理性地认识到道德批判的理论局限与实践危害。此时，马克思逐步意识到：要在道德批判领域贯彻唯物主义，就必须从抽象的道德研究转向现实的经济研究，对社会现实做出有力的经济批判。与此相应，他的批判思维也历经了从道德批判到宗教批判、哲学批判，再到经济批判的系列转换。在一定程度上说，费尔巴哈完成了对思辨哲学与基督教神学的批判任务。接下来，需要进一步完成的迫切的哲学任务正是马克思在《〈黑格尔法哲学批判〉导言》中所指出的："真理的彼岸世界消逝以后，历史的任务就是确立此岸世界的真理……于是，对天国的批判变成对尘世的批判，对宗教的批判变成对法的批判，对神学的批判变成对政治的批判。"③ 依马克思之见，对尘世的批判仅拘泥于抽象的道德批判是不够的，而是必须深入到市民社会内部去揭示"物"背后隐藏着的深层经济关系。这种经济

① 《马克思恩格斯全集》（第13卷），北京：人民出版社1962年版，第8页。
② 《马克思恩格斯全集》（第13卷），北京：人民出版社1962年版，第8页。
③ 《马克思恩格斯选集》（第1卷），北京：人民出版社1995年版，第2页。

学认识促使马克思开始把对道德、哲学、宗教和法等"副本"的批判推进到对不合理的生产活动和经济活动等"原本"的批判，转向经济学研究，对马克思后来的理论研究主旨、批判话语体系和批判话语方式之重大转向产生了深刻影响。经过《莱茵报》和《德法年鉴》时期的理论传承，通过对理想与现实之矛盾的深入思考，马克思逐渐意识到：改变不合理的社会现实不仅是一个道德问题，更是一个现实问题；不仅需要理想、激情和道义精神，更需要科学精神。他由此得出结论：游离于经济现实的抽象的道德批判，其理论局限性在于介入经济现实的批判张力之严重缺失，不满于现实却又无补于现实；社会批判不能仅仅诉诸道义精神，更须介入经济批判的现实张力；要在道德领域贯彻唯物主义，就须将道德批判置于现实的经济分析和经济批判的基础之上，并实现两者之内在统一。鉴于此，马克思开始基于道德与经济之双重维度，对前人和自己早期的批判理论进行批判性改造和创造性转化。《手稿》正是这种改造和转化的重要理论成果。

《手稿》是标志马克思的批判话语体系和批判话语方式处于历史性转折期的一部重要的探索性著作，表征出马克思对资本主义社会的道德批判和经济批判实现了初步契合。霍泽利茨在评论《手稿》时指出："这一手稿看来是马克思的第一部研究经济学问题的著作，它是经济关系尚未定型为独立领域，而同哲学、政治和社会心理学问题直接联系起来加以考察的著作。"[①] 在《手稿》中，马克思总体上立足于费尔巴哈人本主义伦理学的立场，诉诸道义价值来批判资本主义"病态"体制，痛斥其贬低人的价值和尊严，抨击其将生产仅视为"财富的生产"而非"人的生产"，谴责无产者在异化劳动

---

① 转引自〔苏〕阿·伊·马雷什：《马克思主义政治经济学的形成》，成都：四川人民出版社1981年版，第96页。

中被"工具化"和"手段化"，其批判方式总体上仍属于抽象的人本主义道德批判。然而，与思辨哲学的抽象批判方法不同，马克思此时已经发现了经济批判的现实张力，开始对资本主义私有制和异化劳动等经济事实进行尝试性研究和分析，着手从诉诸道德理性转向诉诸政治经济学来批判资本主义社会的反人道性，在一定程度上突破了纯粹的道德批判视阈，迈开了转向经济批判的关键一步。

在《手稿》中，马克思强调分析问题要以经济事实为根据，并声明："我用不着向熟悉国民经济学的读者保证，我的结论是通过完全经验的以对国民经济学进行认真的批判研究为基础的分析得出的。"① 马克思把自己对资本主义经济制度和国民经济学的批判称为"实证的批判"，强烈谴责了国民经济学忽视人甚至排斥人的阶级局限和理论缺憾，并指出："国民经济学关心的完全不是国家利益，不是人，而仅仅是纯收入、利润、地租……人的生活本身没有什么价值"②，"人性在国民经济学之外，非人性在国民经济学之中。"③ 此时，马克思试图突破费尔巴哈抽象人性论的理论窠臼，不再把人与人的关系看成纯粹的道德关系或"爱的宗教"关系，而是强调"所有者和劳动者之间的关系必然归结为剥削者和被剥削者的经济关系"④，强调经济利益根本对立是资本主义阶级分化的深刻根源。马克思不仅对无产阶级"非人化"处境和资本主义道德堕落发出强烈的道德义愤，亦特别关注"当前的经济事实"⑤。他从经济事实和经

① 《马克思恩格斯全集》（第 42 卷），北京：人民出版社 1979 年版，第 45 页。

② 〔德〕马克思：《巴黎笔记选译》，见王福民译：《马克思主义研究参考资料》，1980 年第 34 期，第 39 页。

③ 〔德〕马克思：《巴黎笔记选译》，见王福民译：《马克思主义研究参考资料》，1980 年第 34 期，第 40 页。

④ 《马克思恩格斯全集》（第 42 卷），北京：人民出版社 1979 年版，第 84 页。

⑤ 《马克思恩格斯全集》（第 42 卷），北京：人民出版社 1979 年版，第 90 页。

济规律出发，客观分析了资本主义社会中经济与道德的二元分立现象，即"工人生产得越多，他能够消费的越少；他创造价值越多，他自己越没有价值、越低贱……"① 在马克思看来，要真正克服这种二元分立，就必须深入到私有财产的主体本质（劳动）和客体本质（资本）及其经济运行之中，深入到资本主义经济结构的内部矛盾之中找寻答案。在《手稿》中，马克思明确反对"伦理的社会主义"，对共产主义实现之必然性进行了一定程度的经济学论证，并指出，实现共产主义的"整个革命运动必然在私有财产的运动中，即在经济中，为自己既找到经验的基础，也找到理论的基础"②。"异化劳动"是《手稿》批判资本主义的经济学术语，亦是其核心概念。《手稿》之突出成就，就是不再拘泥于运用道义尺度抨击资本主义，而是从"当前的经济事实出发"③ 出发，运用"异化劳动"这一经济学概念，对资本主义生产、利润、分工、货币和雇佣关系等现实的生产活动和异化的经济关系进行初步分析，对资本主义生产关系、经济发展过程及其经济发展后果进行批判，由此探寻资本主义道德问题及诸种反人道现象产生的经济根源。基于此，《手稿》的批判理论和批判逻辑由之前诉诸单纯的道义理性而转向诉诸现实的政治经济学。至《手稿》创立之际，马克思使道德批判与经济批判实现了初步契合，马克思的批判话语体系和批判话语方式相对于先前基于"道德评价优先"视角而确立的纯粹的道德批判而言，是一种扬弃和超越。

然而，《手稿》对资本主义社会的批判本质上仍是一种抽象的人本主义道德批判，道德批判在其中处于强势地位或"凸显"状态，

① 《马克思恩格斯全集》（第42卷），北京：人民出版社1979年版，第92—93页。
② 《马克思恩格斯全集》（第42卷），北京：人民出版社1979年版，第120—121页。
③ 《马克思恩格斯全集》（第42卷），北京：人民出版社1979年版，第90页。

而经济批判则处于弱势地位或"静默"状态。道德批判与经济批判在《手稿》中的契合只是一种初步契合，而非自觉统一。首先，《手稿》存在着以经济事实为依据和以人的本质为依据并存的矛盾。这种矛盾具体表现为科学判断和道德判断之矛盾：在科学判断中，马克思以经济事实为依据，通过经验的、实证的方法，力求科学揭示资本主义生产方式的内在矛盾和资本主义经济发展规律；而在道德判断中，马克思受到费尔巴哈人本主义的影响，以人的本质为评价尺度，以理想的人批判现实中异化的人，以人的类本质即"自由的自觉的活动"[1] 批判现有的异化劳动，以理想化的社会即"自然主义与人道主义的统一"的共产主义批判现实社会，不可避免陷入"应然"与"实然"之二元对立，其经济批判思想带有鲜明的人本主义道德色彩和思辨哲学特征。对此，陈先达先生指出，《手稿》虽然揭示了经济发展的必然性，却是"以人的本质为评价尺度，不可避免地带有道德评价的色彩"[2]，"以人性为尺度，只能是主观的、任意的，唯心主义的历史观。"[3] 弗兰尼茨基在《马克思主义史》中也指出："在分析《经济学哲学手稿》中看到，马克思的观点包含着一个'矛盾'：一方面是人的原则，人是自由的实体，具有创造者的个性；另一方面自然的发展和自然历史的发展具有决定性。"[4] 在《手稿》中，马克思在研究资本主义经济事实和国民经济学之前，就已经预设了人的本质，其对资本主义经济现实的分析和批判在总体

---

① 《马克思恩格斯全集》（第 42 卷），北京：人民出版社 1979 年版，第 96 页。

② 陈先达：《马克思和马克思主义》，北京：中国人民大学出版社 2006 年版，第 99 页。

③ 陈先达：《马克思和马克思主义》，北京：中国人民大学出版社 2006 年版，第 142 页。

④ 〔南〕普勒德拉格·弗兰尼茨基：《马克思主义史》（第 1 卷），北京：人民出版社 1986 年版，第 258 页。

逻辑上依然是基于费尔巴哈人本主义伦理学的视阈。对此，孙伯鍨先生指出，在《手稿》中，"马克思是以资产阶级政治经济学确立的经济'事实'和'规律'为依据，以费尔巴哈人道主义的原则和方法为武器，对资本主义经济制度进行全面系统的哲学人本学的分析和批判的。"① 这种批判虽然揭示了现实社会的诸多反道德现象和问题，却无法准确把握其产生的深刻经济根源，这不是真正意义上的科学的经济批判。其次，《手稿》的批判思想依然是一种抽象的道德价值悬设。《手稿》虽然在一定程度上批判了异化劳动这一反人道的经济现象，但是，其主要还是以理想化的"应然"批判反人道的"实然"，即以人本主义伦理学的思维模式批判资本主义现实。基于此，其批判思想虽有一定的道德价值，却是非科学的，具有出发点的抽象性、方法论上的思辨性和理论上的人本性，本质上仍是一种抽象的道德价值悬设。对此，张一兵教授指出："相对于古典经济学现实的客观思路，马克思的这种人本主义逻辑——理想化的悬设的劳动类本质恰恰是隐性唯心史观的。马克思不得不为了革命结论而伦理地批判现实。"② 王小锡教授也认为，马克思的《手稿》始终坚持以道德及其道德分析方法的视角研究资本主义社会中的经济问题，并在道德批判中力图寻求人类经济活动与道德精神的结合点。③ 再次，《手稿》对异化劳动和私有制的理解依然处于"朦胧"状态。《手稿》把对无产阶级"非人化"处境的同情和对资本主义反人道的批判建立于对异化劳动和私有制的经济分析和经济批判的基础之

① 孙伯鍨：《探索者道路的探索：青年马克思恩格斯哲学思想研究》，合肥：安徽人民出版社 1985 年版，第 155 页。

② 张一兵：《〈1844 年经济学—哲学手稿〉中的多重话语结构》，载《南京大学学报》，1998 年第 1 期，第 17 页。

③ 王小锡，陈继红：《〈1844 年经济学哲学手稿〉的经济道德解读》，载《伦理学研究》，2006 年第 5 期，第 13 页。

上，并以异化劳动和私有制为出发点，初步探寻资本主义反人道得以产生的经济根源。马克思指出："私有制使我们如此愚蠢而片面……因此，私有财产的扬弃，是人的一切感觉和特性的彻底解放。"① 这表明，马克思开始尝试将道德批判建立于私有制批判等经济批判的基础之上。但是，马克思并没有阐明两者之中哪一个对于反人道现象的产生具有根本性地位和决定性作用，没有正确揭示异化劳动和私有制之间的相互作用，也没有明确两者之间谁决定谁的问题，而是将两者放置于同等地位加以理解。而且，他此时的批判思想只是局限于对资本主义表层经济现象之分析和批判，尚未触及到资本主义经济制度和经济结构之内在矛盾和本质规律；只是从宏观上认识到私有制的反人道性，并没有从经济学视角具体阐明私有制如何导致反人道现象的产生。基于此，马克思对异化劳动和私有制的理解处于依然"朦胧"状态。

综上论，《手稿》的经济理论和经济批判思想尚未达至理论成熟。《手稿》虽然存在着两种批判方式——道德批判与经济批判，但其批判思想、批判逻辑和批判话语总体上仍属于抽象的人本主义道德批判，而非成熟的经济批判。基于此，道德批判与经济批判在《手稿》中的初步契合只是一种自为契合，而非自觉统一。

二、历史唯物主义视阈下道德批判与经济批判之内在统一

马克思和恩格斯既是伟大的革命家和经济学家，亦是伟大的哲学家和伦理学家。道德合理性与经济合法性是历史唯物主义追问和反思"资本主义合理性"问题的两个基本维度。与此相应，他们对

① 《马克思恩格斯全集》（第 42 卷），北京：人民出版社 1979 年版，第 124 页。

资本主义社会的批判既秉持了经济学所必备的经济尺度和经济事实依据，亦秉持了伦理学所必备的道义尺度和道德价值依据。由《手稿》所萌发的道德批判与经济批判之初步契合的理论特质，至历史唯物主义创立之际达至成熟。两种批判方式在历史唯物主义理论视阈中实现了生成性统一，并随着历史唯物主义的日臻成熟而更为自觉地融合，由此形成了科学的"历史唯物主义的道德批判范式"。在历史唯物主义的道德批判范式中，经济批判从"沉默"走向"凸现"，得以"明朗化"，并成为道德批判的现实根基，而道德批判则是映现于经济批判的深厚的价值底蕴。

（一）经济批判：历史唯物主义的道德批判之现实根基

在人类历史上，从来不乏对现实社会的道德控诉和道德批判。历史唯物主义创立前，空想社会主义站在资本主义社会的对立面，对其反人道性进行深刻的道德批判。然而，此种批判本质上只是诉诸道义尺度和价值理性的抽象的道德批判，其没有深入资本主义经济制度的深层去探寻资本主义反人道性得以产生的深刻经济根源，亦没有正确揭示资本主义经济运行规律，终是陷入浓厚的浪漫性、人文性和空想性。空想社会主义的批判范式、批判逻辑和批判实践虽具一定的道德合理性，却是非科学的。在马克思和恩格斯看来，精神的批判不能代替物质的批判，空想社会主义的批判本质上只是一种道德义愤，对于改造社会现实是苍白无力的。恩格斯也指出，三大空想社会主义者就像夏日夜空闪烁的流星一样，在引起思想界的注意后，很快就从历史的地平线上消失了。无独有偶，西方资产阶级人道主义也看到了资本主义社会的文明弊端、价值困境和道德危机，并对其进行了不遗余力的道德批判。但是，他们仅仅诉诸价值理性进行批判，无视资本主义经济现实，反对阶级斗争和暴力革命，因而也无力找寻到资本主义反人道性得以滋生的深层原因。上述批判理论和批判范式只是发出道德层面的抗议和呐喊，缺失了经济批判的视角，不可能从根本上触动资本主义制度。

依马克思和恩格斯之见，道德批判虽然对改变不合理现存具有一定的积极意义，却需要建立于经济批判的现实根基之上，才能赋予自身以科学性。单纯的道德呐喊和外在的道德批判，其历史作用有限且难以恒久，极易陷入道德理想主义或道德至上主义的理论桎梏，无益于既定现实之变革与超越。鉴于此，他们虽然肯定道德批判的现实性力量，却从未无限拔高道德的历史作用，坚决反对停滞于理论化的道德批判层面，而是深入到资本主义经济制度、经济结构、经济关系及其生产方式的内部进行考察和分析，从而找寻到了资本主义反人道性得以衍生的经济根源——资本主义私有制，并将道德批判——诸如对资产者道德沦丧和无产者现实苦难的批判性道德反思，更加自觉地建立于对资本主义生产方式、异化劳动、货币增值和资本原始积累等经济事实和经济现象进行经济批判的基础之上，由此赋予道德批判以科学的经济本性和深厚的现实根基。

马克思曾明确把自己的资本主义经济研究称为"政治经济学批判"。他强调，要改变不合理的社会现实，真正消弭道德与经济之二元分立，就需从现存的经济事实出发，"把对资产阶级社会经济结构的科学研究作为唯一牢靠的理论基础"[1]，深入到资本主义经济制度的内部去探寻资本主义反人道性和诸种道德问题滋生并蔓延的深刻经济根源。在马克思看来，道德批判若不从现实的经济事实和经济关系出发，不置于经济批判的现实根基之上，就无法摆脱抽象性和虚幻性，极易陷入唯心主义泥沼和浪漫主义窠臼，其科学性和价值性都将被严重弱化直至消解。马克思在《道德化的批评和批评化的

---

[1]　《马克思恩格斯全集》（第 14 卷上），北京：人民出版社 1964 年版，第 465 页。

道德》中曾强烈批判卡尔·海因岑妄图用道德上的正义词句来改变资本主义经济规律的荒谬做法，并指出："海因岑先生就是用类似的既简单而又冠冕堂皇的办法解决了全部经济矛盾。他在合乎道德高尚的大丈夫的正义感的合理基础上对财产进行了调整。"① 马克思认为，主观的道德批判对于揭示现实社会的非合理性和反人道性固然具有必要性和重要性，却不能替代或消融现实的经济批判；游离于经济维度对资本主义所作的纯粹的批判性道德反思，虽具一定的伦理道德价值，却是非科学的。基于此，马克思自1844年着手研究政治经济学之后，即摒弃了早年抽象的道德批判，把对道德、政治和法等"副本"的批判与对经济现实等"原本"的批判相对照、相统一，日益自觉地深入到资本主义经济制度、经济结构、经济关系及其生产方式的内部，对资本主义社会从道德到经济、从现象到本质进行由表及里的剥离与鞭辟入里的剖析，在宏观的经济学视域中揭露并批判了不合理的资本主义经济体制及其异化的经济关系，并在经济批判的基础上对资本主义反人道性进行批判性反思，对资本主义私有制进行历史性道德解构，并对未来社会伦理制度进行实质性道德重构，从而找寻到了资本主义反人道性的深刻经济根源及其必然被超越的现实根据，将道德批判自觉建立于经济批判的基础之上，最终确立起道德批判与经济批判之生成性统一的"历史唯物主义的道德批判范式"。对此，列宁指出："请注意，马克思在这里说的是唯物主义的批判，只有这种批判才是科学的批判，这种批判就是把政治、法律、社会和习俗等等方面的事实拿来同经济、生产关系体系，以及在一切对抗性社会关系基础上所必须形成的各个阶级的利益加以对照。"② 恩格斯在驳斥"永恒道德论"时也明确指出："这

① 《马克思恩格斯全集》（第4卷），北京：人民出版社1958年版，第351页。
② 《列宁选集》（第1卷），北京：人民出版社1995年版，第82页。

种诉诸道德和法的做法，在科学上丝毫不能把我们推向前进；道义上的愤怒，无论多么入情入理，经济科学总不能把它看做证据，而只能看做象征。"①

　　历史唯物主义创立前，无论是资产阶级古典经济学抑或空想社会主义，都对道德批判与经济批判作二元分立。资产阶级古典经济学固守纯实证主义方法和经验主义方法，把资本主义生产方式当作合乎人之本性的永恒的生产方式。马克思批判道，资产阶级古典经济学"不顾一切地维护资产阶级生产，因为这种生产意味着尽可能无限制地扩大社会生产力，同时他不考虑生产承担者的命运，不管生产承担者是资本家还是工人。他承认这个发展阶段的历史的合理性和必然性"②，故而，其对资本主义生产方式的研究既无视经济批判亦漠视道德批判。而空想社会主义虽然对资本主义生产方式作出激情的道义批判，但正如恩格斯所言："以往的社会主义固然批判过现存的资本主义生产方式及其后果，但是它不能说明这个生产方式，因而也就不能对付这个生产方式；它只能简单地把它当做坏东西抛弃掉。它愈是义愤填膺地反对这种生产方式必然产生的对工人阶级的剥削，就愈是不能明白指出这种剥削在哪里和怎样发生"③，"以往的批判与其说是针对着事态发展本身，不如说是针对着所产生的恶果"④，从根本上说，空想社会主义"不成熟的理论，是和不成熟的资本主义生产状况、不成熟的阶级状况相适应的。"⑤ 针对费尔巴哈的人本主义道德批判，恩格斯也指出其经济批判的缺失："它以美

---

① 《马克思恩格斯全集》（第20卷），北京：人民出版社1971年版，第163页。

② 〔德〕马克思：《剩余价值理论》（第3册），北京：人民出版社1975年版，第50页。

③ 《马克思恩格斯全集》（第19卷），北京：人民出版社1963年版，第226页。

④ 《马克思恩格斯全集》（第20卷），北京：人民出版社1971年版，第30页。

⑤ 《马克思恩格斯全集》（第20卷），北京：人民出版社1971年版，第283页。

文学的词句代替了科学的认识，主张靠'爱'来实现人类的解放，而不主张用经济上改革生产的办法来实现无产阶级的解放，一句话，它沉溺在令人厌恶的美文学和泛爱的空谈中了。"①

历史唯物主义的道德批判范式既是对缺失经济批判视角的空想社会主义的道德批判范式之抽象性和空想性的历史性超越，亦是对缺失道德批判视角的资产阶级古典经济学的经济批判范式之纯粹的经验实证性的历史性超越；既包含了合道德发展规律与合道德现状的道德批判，亦包含了合经济发展规律与经济现状的经济批判。其把道德批判建立于对资本主义经济现实特别是对资本主义生产方式的经济分析和经济批判的基础之上，赋予道德批判以科学的经济内涵和现实的经济基础，由此实现了道德批判与经济批判之自觉统一。以历史唯物主义对资本主义生产方式的经济批判和道德批判为例。马克思强调，要"把对资产阶级社会经济结构的科学研究作为唯一牢靠的理论基础"②，这种认识推动他深入到资本主义生产方式的内部进行经济剖析与经济批判，并在生产方式批判的基础上反思资本主义作为现代性存在的"合理性与道义性"问题。马克思之所以痛斥资本主义生产方式，并非因为其没有"解放生产力"，而是由于其没有"解放生产者"，严重违背了人类道义精神。相对于封建主义生产方式而言，资本主义用新的更不人道的生产方式奴役工人：不仅剥夺工人的劳动成果，亦剥夺工人在生产过程中的幸福体验。马克思批判道："资本主义生产一方面神奇地发展了社会的生产力，但是另一方面，也表现出它同自己所产生的社会生产力本身是不相容的。它的历史今后只是对抗、危机、冲突和灾难的历史。"③ 他在《资本论》中进一步谴责："资本主义生产方式按照它的矛盾的、对立的性

---

① 《马克思恩格斯文集》（第4卷），北京：人民出版社2009年版，第276页。

② 《马克思恩格斯全集》（第14卷上），北京：人民出版社1964年版，第465页。

③ 《马克思恩格斯全集》（第19卷），北京：人民出版社1963年版，第443页。

质，还把浪费工人的生命和健康，压低工人的生存条件本身，看作不变资本使用上的节约，从而看作提高利润率的手段"①，"工场手工业使工人畸形发展，变成局部工人。"② 可见，马克思在对资本主义生产方式进行经济批判的基础上，揭示出无产阶级必须彻底变革不合理生产方式的历史必然性及其道德依据：只有消灭资本主义生产方式才能消除现存的诸种弊端和一切腐朽落后的反人道现象，实现每个人的自由全面发展的共产主义。这就把对资本主义反人道性的道德批判建立于对其生产方式的经济批判的基础之上。马克思和恩格斯创立的历史唯物主义没有单纯从道义上批判资本主义生产方式并"简单地把它当作坏东西抛弃掉"③，而是深入到资本主义生产方式的内部，从现象到本质进行层层剥离与剖析，揭露了资本主义生产方式中生产力与生产关系的根深蒂固的矛盾，描述了资本统治活劳动和异化劳动等经济事实，揭示了资本主义经济运行规律，从而在生产方式批判和经济发展规律的层面上找寻到资本主义反人道性得以产生的深刻经济根源，昭示出既定的社会现存必然被超越的经济根据，由此使经济批判成为道德批判的现实根基。

　　1844 年前后，马克思注重对资本主义异化现实进行道德批判，其批判逻辑是以抽象人性论为出发点，以伦理道德为评价尺度的思辨逻辑。至历史唯物主义创立之际，马克思不再以道德标准来衡量资本主义经济现实，而是以唯物主义的历史辩证法为思想武器，以生产力和生产关系的矛盾运动为内在尺度，科学揭示出资本主义经济运行规律和资本主义反人道性的经济根源。与此相应，历史唯物主义的批评逻辑也发展为一种基于经济事实批判资本主义道德非合理性的"科学逻辑"。在历史唯物主义经典文本中，马克思把对资本

---

① 《马克思恩格斯全集》（第 25 卷），北京：人民出版社 1974 年版，第 102 页。
② 《马克思恩格斯全集》（第 23 卷），北京：人民出版社 1972 年版，第 400 页。
③ 《马克思恩格斯全集》（第 19 卷），北京：人民出版社 1963 年版，第 226 页。

主义社会的道德批判更加自觉地置于对资本主义经济本质进行经济批判的基础之上，使道德批判真正具备了科学的经济基础。《哲学的贫困》奠定了马克思主义政治经济学的基础。在后来的《政治经济学批判》各部手稿和《资本论》中，马克思对政治经济学这门科学进行了系统研究，驳斥了资产阶级经济学家关于资本主义经济规律是永恒规律的形而上学观点。在《资本论》中，马克思运用唯物主义辩证法对大量的资本主义经济事实进行了客观分析，并把对资本主义社会的道德批判自觉建立于对它的经济分析和经济批判的基础之上，既批判了资本主义社会的商品拜物教、货币拜物教和资本拜物教，亦揭露了资本主义经济迅速发展的"秘密"——剥削工人创造的剩余价值；既痛斥了资产阶级剥削工人的罪恶本性，亦剖析了无产阶级绝对贫困化的经济根源，在此基础上科学揭示了资本主义经济制度的历史过渡性和历史暂时性。在马克思看来，只有对包括资本主义经济制度在内的诸种经济现实作深刻的经济批判，才能为多数人谋取经济利益和其他利益。他指出："我们应当同原因而不是同结果作斗争，同经济基础而不是同它的法律的上层建筑作斗争。……因此我们的伟大目标应当是消灭那些使某些人生前具有攫取许多人的劳动果实的经济权力的制度。"[1] 对于马克思经济批判理论的科学性，恩格斯曾给予高度评价："马克思从来不把他的共产主义要求建立在这样的基础上，而是建立在资本主义生产方式的必然的、我们眼见一天甚于一天的崩溃上；"[2] 恩格斯在《反杜林论》中也指出："对现存社会制度的不合理和不公平、对'理性化为无稽，幸福变成苦痛'的日益清醒的认识，只是一种征象……用来消除已经发现的弊病的手段，……不应当从头脑中发明出来，而应当通过

---

① 《马克思恩格斯文集》（第3卷），北京：人民出版社2009年版，第88页。
② 《马克思恩格斯全集》（第21卷），北京：人民出版社1965年版，第209页。

头脑从生产的现成物质事实中发现出来"①，进一步指明了"消除已经发现的弊病的手段"和消除反人道社会现实的手段——批判"生产的现成物质事实"，即进行经济批判。在《社会主义从空想到科学的发展》中，恩格斯还指出，科学社会主义的任务"不再是构想出一个尽可能完善的社会制度，而是研究必然产生这两个阶级及其相互斗争的那种历史的经济的过程；并在由此造成的经济状况中找出解决冲突的手段。"② 在马克思和恩格斯的经济理论视阈中，对资本主义的道德批判只有建立于对其经济分析和经济批判的现实根基之上，才是深刻的、科学的，才能充分发挥道德批判的现实力量；资本主义反人道性之消除与共产主义道德理想之实现，只有诉诸现实的经济变革特别是生产方式变革，方可成为可能。

　　在历史唯物主义的道德批判范式之理论语境和理论视阈中，经济批判是一个须臾不可或缺的基本维度。历史唯物主义强调，在道德层面上对资本主义的批判和超越若不建立于对资本主义经济现实的理性分析和经济批判的基础之上，就会误入空想社会主义和费尔巴哈人本主义批判的理论桎梏；要达到对资本主义反人道性的深刻认识，就必须走向现存的经济现实，去研究那些被以往哲学家和伦理学家所忽视的生产方式和经济活动。正如有研究者所言："当马克思创立唯物史观以后，就很少专门就伦理道德问题进行研究，而是把它放到经济现实当中来分析，揭示其社会本质，在把握资本主义社会现实矛盾和未来发展趋势的同时，寻找解决经济和伦理道德问题的正确途径。所以，对经济学和伦理道德的批判与超越，如果不是建立在对经济和政治现实及其理论的正确认识基础上，那就只能

---

① 《马克思恩格斯全集》（第20卷），北京：人民出版社1971年版，第292页。
② 《马克思恩格斯选集》（第3卷），北京：人民出版社1995年版，第740页。

是空中楼阁。"① 较之于空想社会主义和传统伦理学的道德批判范式而言，历史唯物主义的道德批判范式既是对资本主义反人道性进行道德批判的必然性理论产物，亦是对资本主义经济制度和经济现象特别是生产方式进行经济剖析和经济批判的必然性逻辑结论。历史唯物主义的批判范式、批判逻辑和批判理论既不依赖于"超经济"的、抽象的道德观念，亦不取决于"超历史"的、思辨的价值理性，而是基于"历史评价优先"视角，立足于资本主义经济现实，以历史发展规律和经济发展规律为理论依据，以经济批判特别是资本主义生产方式批判为现实根基，在宏观的经济学视域中探寻资本主义反人道性之深刻的经济根源及其必然被超越的现实依据，其本质是道义价值、历史视角与经济本性之三位一体的科学的批判范式、批判逻辑和批判理论。

历史唯物主义的道德批判范式之理论格局与理论深意即在于：立足于资本主义经济批判，在宏大的经济发展空间中展开道德批判、研究道德问题，由此摆脱了空想社会主义和传统伦理学"以道德论道德"的理论局限和实践危害，赋予道德批判以现实根基——经济批判，突显出道德批判的经济本性。依马克思和恩格斯之见，包括道德批判在内的伦理学问题只有被置于经济学的范畴和视阈中予以理性反思，才能获得科学的理论定位。历史唯物主义的道德批判范式之价值主题即在于：在对资本主义的生产前提（劳动力商品交易）、生产过程（异化劳动）及其生产后果（无产者极端贫困化）进行经济批判的基础上，批判性反思"资本主义的合理性与人道性"问题，实现了"早期马克思"的人道主义思想与"成熟马克思"的经济批判理论之自觉统一。正如孙伯鍨先生所言："在马克思看来，

---

① 吴兵:《经济与伦理的整合——马克思主义经济伦理思想逻辑的形成及意义》，载《中州学刊》，2002 年第 6 期，第 169 页。

价值目标的提出和实现是建立在现实发展的客观规律的基础上的，如果不从现实出发，不研究和发现现实运动的规律，不根据这些规律并改变它们起作用的条件，价值目标或者就提不出来，或者提出了也不能实现。"①

综上论，在历史唯物主义理论视阈中，道德批判理论、道德批判逻辑和道德批判话语所构成的道德批判范式之科学性即在于：不再将道德批判置于公正、平等、博爱和人道等抽象的道德范畴和对无产者苦难的怜悯之上，而是置于资本主义经济现实之客观分析与批判之上；不再消极、悲观地感伤无产者之悲惨境遇，而是以资本主义生产方式为切入点来论证资本主义经济制度与经济结构之道德非合理性，将道德批判自觉置于经济批判特别是生产方式批判的基础之上，在经济批判中确立起道德批判之深厚的现实根基，由此彰显出深邃的科学性。历史唯物主义的道德批判范式不是立足于"应然"的道德立场，而是立足于"实然"的经济立场，对资本主义现实进行深刻的道德批判，从而实现了对以往一切游离于经济批判的思辨性道德批判范式之历史性超越。

（二）道德批判：历史唯物主义的经济批判之价值底蕴

在西方社会，经济伦理思想的形成和发展历史悠久。早在古希腊时期，亚里士多德就曾对如何对待财富、如何获得财富等经济伦理问题有过集中论述。在欧洲中世纪，一些经院哲学家和伦理学家曾对交易中的商业欺骗等经济行为做过道德评价。近代以来，亚当·斯密在《国民财富论》和《道德情操论》中提出了经济行为中的利己主义与伦理道德标准应内在统一等诸多经济伦理思想。长期以来，经济学和伦理学在关于经济学研究是否应关涉伦理道德的问题

---

① 孙伯鍨：《卢卡奇与马克思》，南京：南京大学出版社 1999 年版，第 6 页。

上有着不同观点：经济学把经济学研究和经济发展视为天然的"善"，忽视了对经济领域应遵循的"道德之善"的伦理学论证；而伦理学又基于纯粹的道义立场审视、评价或批判经济学研究中的"道德无涉"问题。为解决两者之矛盾和对立，"划界论"主张"分而治之"的划界方案，即经济学研究应遵循经济尺度，以经济事实说话，道德无须介入；而伦理学研究须遵循道德标准，以道德价值立论，经济不应干预。上述观点都对经济学和伦理学作出了僵硬的二元分立。

就经济学研究领域而言，其对经济学与伦理学的关系之理解也历经了一个重大变化。西方经济学的庞大体系建立之后，关于经济学研究是否应关涉伦理道德的问题，即对于经济学研究与伦理学研究之内在关系如何定位的问题，成为经济学研究领域争论的焦点问题，由此也形成了主流经济学和异端经济学两大经济学派别。主流经济学强调，经济学不是伦理学的"奴婢"或附庸，经济学家应注重研究经济发展规律而无需关涉人性问题和道德研究，人们对经济学的评判应注重"是非标准"而非"道德标准"。而异端经济学则抨击主流经济学关于"经济人"的核心假设及对道德的"冷漠"和"遗忘"，强调"没有伦理考虑的方法就必定使经济学失效"，认为经济学研究不能游离伦理原则或规避道德价值判断，而是应理性认知经济伦理研究的必要性。然而，在现当代学界，随着经济学对经济发展中伦理道德问题认识的逐步深入，纯粹的经济学研究已日益被经济伦理研究所替代。英国著名经济学家琼·罗宾逊夫人就指出："经济学决不可能是一门'纯粹'的科学，不掺杂人的价值标准，对经济问题进行观察的道德和政治观念，往往同提出的问题甚至所使用的分析方法那么不可分割地纠缠在一起。"[1] 德国学者彼得·科

---

[1] 〔英〕琼·罗宾逊：《现代经济学导论》，北京：商务印书馆 1982 年版，第 5 页。

斯洛夫斯基也强调："经济不仅仅是由经济规则来控制的，而是由人来决定的，……经济上的期望、社会规范、文化的调节和道德上的善良表象的总和一直在起作用"，"对经济理论和道德理论之间的界限根本不能做严格的界定，因为一般的行为与这两种理论必定都有联系。"①

马克思如何看待经济学研究与伦理道德研究之间的关系？客观而论，马克思明确反对那些形形色色的、断言道德发展决定经济发展的历史唯心主义观点，确立了经济基础决定上层建筑的观点。但是，这一观点不能被篡改为"经济决定论"或"经济唯一论"。马克思既是伟大的历史唯物主义者，亦是伟大的伦理学家。他非常重视道德对经济的反作用和意识形态的独立性，亦特别关注经济学研究中的伦理道德问题。马克思的经济学著作"包含着大量的经济伦理范畴的演绎，对经济主体伦理命运的关怀，对资本主义伦理关系的分析、批判，以及对未来社会经济伦理制度和经济伦理关系的描述"②，在经济批判中始终秉持公正的道义尺度，彰显出鲜明的道德批判精神。马克思认为，经济学研究不能规避道德价值判断或游离伦理道德问题；伦理道德相对于经济而言是内生的，即经济发展不仅是道德产生和发展的决定性因素，而且经济发展应内含道德关怀。恩格斯晚年也批评了那种"见物不见人"、缺失道义精神的经济唯物主义。两位革命导师运用历史唯物主义详尽阐释了经济学理论，不仅对资本主义制度进行了深刻的经济批判，而且在经济批判的基础上进行道德批判，赋予经济批判以深刻的道德内涵和价值底蕴，从而根本解决了经济与道德之二元分立的问题，合理消弭了反人道的资本主义经济现实与共产主义道德理想的矛盾，使历史唯物主义的

---

① 〔德〕彼得·科斯洛夫斯基：《伦理经济学原理》，孙瑜译，北京：中国社会科学出版社1997年版，第259—260页。

② 余达淮：《马克思经济伦理思想研究》，南京：南京师范大学，2002年。

批判理论和批判范式具有浓厚的经济伦理学色彩。

历史唯物主义对资本主义生产方式、经济结构和经济制度所作的经济批判直击资本主义要害。但是，这种经济批判却不是冷冰冰的、"道德无涉"的社会批判，而是在经济事实判断中融入道德价值判断，在经济分析和经济批判中融入道德批判，实现了对忽视、漠视甚至无视道德批判的资产阶级古典经济学的纯经济学分析和纯实证主义批判之历史局限、理论局限和阶级局限的历史性扬弃。正如梅林所言：唯物史观不但不否认道德力量，甚至还是最先使人能够解释道德力量的。① 在马克思看来，离开了道德批判和价值目标，经济批判就会沦为"纯科学"的"客观主义"描述，无益于社会现实之实质性改造。马克思进行经济批判的价值前提即在于：资本主义社会的反人道性特别是无产阶级的"非人化"处境和"畸形化"发展已严重违背了道德发展规律和人类道德情感。基于此，马克思无论是对资本主义经济制度、生产方式和生产管理的经济批判，还是对无产阶级绝对贫困化的经济批判，皆倾注了强烈的道德义愤，饱含着人性关怀和道德诉求。对此，陈先达先生指出，假如马克思没有道德和人文精神的话，他就不会对资本主义进行批判，也不会用强烈的反抗姿态来批判人在资本和技术关系下的处境问题和异化问题。

道德批判是马克思早期批判资本主义的价值切入点，庄严拉开了马克思认识资本主义的帷幕，亦为后来历史唯物主义之创立提供了价值前提。西方有学者指出："在马克思主义中没有一点儿伦理学，而只有经济的规律性"②，此种观点实际上是对历史唯物主义及

① 参见王初根：《论马克思和恩格斯的经济伦理思想》，载《山西师范大学学报》（哲学社会科学版），2001 年第 4 期，第 36 页。

② 〔德〕彼得·科斯洛夫斯基：《伦理经济学原理》，孙瑜译，北京：中国社会科学出版社 1997 年版，第 13 页。

以其为理论基石的马克思主义理论的严重误读。历史唯物主义创立后，马克思虽然从"道德评价优先"转向"历史评价优先"，走向人类历史的深处，着力以历史发展规律和政治经济学为研究主旨，但是，他反对和摒弃的只是抽象的道德批判，而从未弱化或消解道德批判本身。在历史唯物主义的道德批判范式中，经济批判不是对资本主义经济现实作纯客观描述和纯实证研究的"道德无涉"或"价值中立"的纯粹的经济学批判，而是始终秉持道德批判的必要性、可能性和重要性，内蕴深厚的道德批判底蕴；而其道德批判也不是与经济事实彼此"绝缘"的纯粹的道义谴责，而是"映现于经济批判的道德批判"。

马克思对资本主义社会的经济批判之道德旨归即在于：使人恢复到"人之为人"的尊严和价值，获得自由和解放。这是一种真实而彻底的人道主义。历史唯物主义理论视阈中的经济学研究与经济批判不仅没有排斥伦理原则和道德批判，而且将其作为题中应有之义。历史唯物主义在经济批判中彰显出强烈的道义精神，其道德批判作为一种深厚的价值底蕴映现于其经济批判。这既可从马克思对资产阶级古典经济学的批判加以说明，亦可从《形态》《政治经济学批判》各部手稿和《资本论》等历史唯物主义经典文本所阐释的经济伦理思想加以理解。

历史唯物主义创立前，资产阶级古典经济学家运用纯实证主义方法和经验主义方法研究资本主义经济事实。他们虽然提出了一些合理见解，然而，其阶级立场和阶级本性决定了他们终究是为了资本主义经济制度而辩护，为了经济科学而牺牲人。他们漠视甚至无视资本主义经济制度根深蒂固的内在矛盾及其反人道性，其经济学研究是一种严重缺失道德批判的纯实证主义研究，消解了道义精神。马克思精辟地指出，资产阶级古典经济学对"各种经济关系的异化的表现形式"① 丧失了批判能力，主要是因为：它是"资产阶级的"，就不可能是道德的，"人性存在于政治经济学之外，非人性则奠基于它之内"②。依马克思之见，不深入探究作为道德主体的人之生存和发展境遇的纯粹的经济学研究游离了道德批判和价值关怀，其不可能跳出历史哲学的一般思维模式，必然走向庸俗化和实证化，无益于非合理性现实之变革，由此无限萎缩了其存在的道德旨趣和价值合理性。资产阶级古典经济学之理论局限主要表现为其对资本主义经济在理论上的无批判性和实践上的辩护性，即资产阶级古典经济学固守经验主义命题和实证主义研究，对经济事实和经验事实作纯客观的描述和总结，把资本主义社会特有的经济现象看成"超历史"、永恒的现象，把资本主义生产方式当作合乎自然、合乎人性的合理性生产形式。鉴于此，其不可能科学揭示资本主义生产方式内在矛盾，亦不可能正确预示资本主义存在的历史过渡性及其灭亡的历史必然性。马克思通过对资产阶级古典经济学的深刻批判，更为自觉地把深厚的道德批判精神融入经济批判之中，把资产阶级古典经济学的契约交换和劳动正义改造为无产阶级的劳动权利和正义欲求，并进一步诉求无产阶级的其他权利，在资本主义"非人化"的历史发展趋势中探寻必然的人道化趋势，从而克服了资产阶级古典经济学排斥人、漠视道德的阶级局限和理论缺憾，为进一步将其从纯粹的实证主义理论和单纯的发财致富学说批判性改造成一种为无产阶级经济利益服务的科学的经济伦理学说提供了可能。

资产阶级国民经济学作为资本主义经济的代言人，也极力为资本主义生产关系和经济制度作辩护，而无视资本主义经济制度本身所内蕴的道德非合理性甚至反人道性。他们立足于资产阶级立场，

---

① 〔德〕马克思：《资本论》（第3卷），北京：人民出版社1975年版，第923页。

② 沈真：《马克思恩格斯早期哲学思想研究》，北京：中国社会科学出版社1982年版，第51页。

运用纯客观主义的实证方法，将经验主义的方法运用于对资本主义现实的经济学研究，诉诸经济尺度对资本主义经济事实进行分析，并把资本主义经济规律看作适用于一切社会的永恒规律，而忽视对经验事实作辩证性思考，更缺失了对反人道的资本主义现实之道德批判。马克思在《手稿》中批判道："国民经济学把工人只当作劳动的动物，当作仅仅有最必要的肉体需要的牲畜。"① 资产阶级国民经济学把资本主义生产视为永恒的正义生产，而无视其"把人当作精神上和肉体上非人化的存在物生产出来"② 这一反人道本性。他指出："每一个领域都用不同的甚至相反的尺度来衡量我：道德用一种尺度，而国民经济学又用另一种尺度。"③ 在这里，"另一种尺度"指经济尺度。这种经济尺度和道德尺度的对立，说明资产阶级国民经济学是为资本主义经济制度做辩护，而缺失了道德批判的视角，因而不可能真正揭示出资本主义产生、发展和灭亡的趋势和规律，不可能真正关注无产者的真实地位和道德要求，最终也不可能对资本主义做出真正合乎科学的经济学研究。基于此，马克思批判道："以劳动为原则的国民经济学，在承认人的假象下，毋宁说不过是彻底实现对人的否定而已。"④ 在马克思看来，资产阶级国民经济学只是对资本主义经济关系进行实证研究并予以简单肯定，而完全漠视资本主义经济制度的剥削本性及由此导致的无产者"非人化"生存境遇，具有极大的伪善性，其消解了一切关于无产者有可能在资本主义经济制度下按照"人"的方式来生存和发展的道德幻想。

---

① 《马克思恩格斯全集》（第 40 卷），北京：人民出版社 1982 年版，第 57 页。
② 《马克思恩格斯全集》（第 40 卷），北京：人民出版社 1982 年版，第 105 页。
③ 《马克思恩格斯全集》（第 42 卷），北京：人民出版社 1979 年版，第 137 页。
④ 《马克思恩格斯全集》（第 42 卷），北京：人民出版社 1979 年版，第 113 页。

马克思和恩格斯在历史唯物主义文本中运用详尽的资本主义经济事实，系统分析了资本主义经济发展史，科学揭示了资本主义经济发展规律，揭穿了资本主义经济迅速发展的"秘密"。他们对资本主义的经济研究和经济批判不是"道德无涉"的、纯客观的实证主义的研究和批判，而是内蕴深厚的道德批判底蕴，在经济批判中彰显出强烈的道德义愤。如马克思和恩格斯在《形态》中，就曾基于生产方式批判的经济视角对"人的"和"非人的"概念进行了界定："'人的'这一正面说法是同某一生产发展的阶段上占统治地位的一定关系以及由这种关系所决定的满足需要的方式相适应的。同样，'非人的'这一反面说法是同那些想在现存生产方式内部把这种统治关系以及在这种关系中占统治地位的满足需要的方式加以否定的意图相适应的，而这种意图每天都由这一生产发展的阶段不断地产生着。"① 这一界定既是一种经济学界定，亦是一种伦理学界定。其表明：历史唯物主义对资本主义生产方式的经济批判蕴含着对合乎人性的生产方式之道德诉求和对违背人性的生产方式之道义谴责，彰显出深厚的道义性。在《资本论》中，马克思从经济与道德之双重维度揭示了资本家大力提高生产力之深刻原因，指出："在资本主义生产中，发展劳动生产力的目的，是为了缩短工人必须为自己劳动的工作日部分，以此来延长工人能够无偿地为资本家劳动的工作日的另一部分。"② 这一论述不仅是对资本主义的经济批判，亦饱含对无产者非人化境遇之深切关切和对资产者贪婪本性之道德义愤。马克思认为，提高劳动生产力本应具有的减轻工人劳动负荷、提升工人经济收入之道德意义和价值理性，却被资本家最大化攫取剩余价值之经济本性完全消解了。客观而论，历史唯物主义在经济批判

---

① 《马克思恩格斯全集》（第3卷），北京：人民出版社1960年版，第508页。
② 《马克思恩格斯全集》（第23卷），北京：人民出版社1972年版，第357页。

特别是生产方式批判中痛斥资本主义经济制度和经济关系之道德非合理性与反人伦性，其经济批判内蕴深厚的道德批判意蕴。

马克思的《1857—1858 年经济学手稿》《1861—1863 年经济学手稿》《哥达纲领批判》和《资本论》等历史唯物主义经典文本，既是政治经济学著作，亦是经济伦理学著作。以《资本论》为例。这部被誉为"工人阶级的圣经"，并"标志唯物主义历史观已经不是假设，而是科学地证明了的原理"[①] 的经典之作，其蕴含的经济伦理思想使我们深刻领悟到历史唯物主义的经济批判理论所内蕴的深厚的价值底蕴——道德批判精神。马克思生前没有伦理学专著问世，《资本论》作为一部魅力永恒的马克思主义经济学著作，在一定意义上也是一部隐性的马克思主义伦理学著作。《资本论》的具有深厚的经济伦理意义。其经济学意义在于：它把历史唯物主义作为新世界观和方法论应用于一种社会形态——资本主义社会的研究；应用于一门具体科学——政治经济学的研究。在《资本论》初版序言中，马克思明确昭告读者："我要在本书研究的，是资本主义生产方式及与其相应的生产关系和交换关系"，"本书的最终目的就是揭示现代社会的经济运动规律。"[②] 其伦理学意义在于：其在经济学研究的基础上融汇了深厚的道德批判精神。《资本论》虽然甚少述及明确的道德概念、道德命题或道德批判话语，却并不意味着其缺失了伦理思想或道德批判的维度。认真研读《资本论》并回归其真实语境，我们能够认识到：《资本论》运用大量的经济学术语和经济学论述，基于道德视角批判了资本主义经济制度和经济结构之道德非合理性，展望了未来社会的生产伦理和制度伦理，在经济研究和经济批判中蕴含着丰富而深邃的道德批判精神。对此，有研究者指出："中国学

---

① 《列宁选集》（第 1 卷），北京：人民出版社 1995 年版，第 10 页。
② 《马克思恩格斯全集》（第 23 卷），北京：人民出版社 1972 年版，第 11 页。

者多从科学的角度来研究《资本论》，认为它是研究资本主义发展规律的著作，从而将其道德批判的一面置之不理，有的学者甚至认为它根本就没有研究伦理学的问题，因为我们不能从中找到任何伦理学的概念，更找不到伦理学的命题和判断。应该说，这两种看法都是片面的。《资本论》既是研究资本主义发展规律的科学著作，又是道德批判的经典，以道德批判来否定其科学性，或以科学性来否定其道德批判，都是不对的。"①《资本论》中的"异化""剥削"和"雇佣"等概念不仅是经济批判术语，亦饱含鲜明的道德批判意蕴。其中，"异化"既是批判资本主义不合理经济关系的经济学概念，亦是批判资本主义"非人化"劳动状态的道德价值概念；"剥削"作为经济学基本概念，既是对资本主义市场中劳动力买卖和使用这一经济过程的概念表达，亦是对资产阶级剥削无产阶级、侵占其劳动成果的道德控诉；而"雇佣"关系，既是对一无所有的无产者与资产者进行劳动力商品交易的经济过程的事实性描述，亦表达出对资本家奴役和控制工人的反人道行径之强烈的道德义愤。《资本论》还大量使用"强盗""骗子""盗窃"和"掠夺"等概念来谴责资本家在生产过程中对工人的劳动时间和劳动产品的控制和掠夺，饱含着鲜明的道德批判精神。《资本论》中的劳动力商品学说、资本原始积累学说、剩余价值学说和所有权学说等，不仅是系统而严谨的经济学说，亦是彻底揭露劳动力商品交易、资本原始积累和无产者剩余劳动等经济过程之反人伦性的经济伦理学说，饱含深厚的道德批判意蕴。

在《资本论》中，马克思还从经济与道德之双重维度揭示了资本家大力提高生产力的深刻根源，指出："在资本主义生产中，发展

---

① 胡贤鑫：《〈资本论〉伦理思想研究》，武汉：湖北人民出版社2006年版，第7页。

劳动生产力的目的，是为了缩短工人必须为自己劳动的工作日部分，以此来延长工人能够无偿地为资本家劳动的工作日的另一部分。"①这一论述不仅是对资本主义的经济批判，亦饱含对无产者非人化境遇的深切关切和对资产者贪婪本性的道德义愤。马克思认为，提高劳动生产力本应具有的减轻工人劳动负荷、提升工人经济收入的道德意义和价值理性，却被资本家最大化攫取剩余价值的贪婪本性和"资本至上"的经济逻辑完全消解了。历史唯物主义在经济批判特别是生产方式批判中痛斥资本主义经济制度和经济关系的道德非合理性与反人伦性，其经济批判内蕴深厚的道德批判意蕴。在《资本论》中，马克思对劳动力买卖的经济批判，也蕴含着深厚的道德批判精神。马克思在分析劳动力买卖的经济过程后揭示出其实质："这个领域确实是天赋人权的真正乐园。那里占统治地位的只是自由、平等、所有权和边沁。"② 在这里，马克思把劳动视为道德价值的秘密源泉，把本身只具有经济本性而不具备道德属性的劳动力买卖作为批判资本主义的道德依据。他指出，劳动力的卖者只是获得形式的自由和平等，而事实上这种所谓的劳动力"自由"买卖是以无产者自身无法获得任何生产资料为前提的，这决定了无产者出卖劳动力的结果只能是：自己生产的一切劳动产品归资本家所有，生活状况日益贫困化。在这里，马克思把对劳动力买卖的经济学本质的批判与对其造成的无产阶级极端贫困化的批判结合起来，通过对劳动力买卖的经济批判传递出强烈的道德义愤。马克思一针见血地指出："这种假象，就是雇佣劳动和历史上其他形态的劳动的不同之处"，交易结束，"我们的剧中人的面貌已经起了某些变化。原来的货币占有者作为资本家，昂首前行；劳动力占有者作为他的工人，尾随于后。

---

① 《马克思恩格斯全集》（第 23 卷），北京：人民出版社 1972 年版，第 357 页。
② 《马克思恩格斯全集》（第 23 卷），北京：人民出版社 1972 年版，第 199 页。

一个笑容满面，雄心勃勃；一个战战兢兢，畏缩不前，像在市场上出卖了自己的皮一样，只有一个前途——让人家来鞣。"① 概言之，《资本论》并非某些学者所评价的那样，只是一部经济学著作，其也是一部人性化的伦理学著作，其批评理论内蕴着经济批判与道德批判之自觉统一的科学逻辑。对此，胡贤鑫教授评价道："根据《资本论》的特点，本书的写作只能定位于'经济批判中的道德批判'。"② 加拿大哲学家凯·尼尔森也指出："任何没有发现马克思道德承诺的《资本论》解读方式都是盲目的。"③

社会批判如若停留于单纯的道德批判层面和人道主义研究，漠视甚至无视经济批判，其科学维度必然被遮蔽甚至消解，终会沦为无谓的道德控诉或理想主义的道德预设，可爱而不可信。社会批判如若囿于纯粹的经济批判和实证主义研究，而不去关注和批判现实社会的非道德甚至反道德现象，其必然失去本真的道德旨趣，终会流于"道德无涉"的、纯粹的经济主义或实证主义，可信而不可爱。在历史唯物主义的道德批判范式理论语境中，对资本主义的道德批判是最为外显的部分，是其批判理论的价值切入点；而对资本主义的经济批判则是最为深刻的内容，是其批判理论的科学内涵。这使历史唯物主义与空想社会主义的道德批判范式有着实质性区别：前者自觉秉承道义与经济之双重维度，将道德批判建立于经济批判的基础之上，赋予道德批判以科学的经济本性，其道德批判范式既具科学性亦具道义性，"可信亦可爱"；而后者仅仅诉诸道义尺度和价

① 《马克思恩格斯选集》（第 2 卷），北京：人民出版社 1995 年版，第 176 页。
② 胡贤鑫：《〈资本论〉伦理思想研究》，武汉：湖北人民出版社 2006 年版，第 12 页。
③ 〔加〕凯·尼尔森：《马克思主义与道德观念——道德、意识形态与历史唯物主义》，李义天译，北京：人民出版社 2014 年版，第 166 页。

值理性对资本主义进行批判，其批判现实却又无益于对现实的破坏、变革和超越，其道德批判范式虽具道德合理性，却是非科学的，"可爱却不可信"。

综上论，历史唯物主义的道德批判范式内在地秉持着道义与经济之双重维度，既在经济批判中洋溢着道德情感，亦将道德批判建立于经济批判的基础上，由此实现了道德批判与经济批判之内在统一，深刻彰显出其批判精神的理论特质：道德价值与经济本性之二位一体、道义性与科学性之自觉统一。其不仅实现了对空想社会主义的道德批判范式之人文性、浪漫性和空想性的高姿态扬弃，亦实现了对资产阶级古典经济学的纯实证主义研究之道德虚无主义的历史性超越。

第四节　历史唯物主义的道德批判范式之革命性

历史唯物主义既对资本主义私有制和资本主义生产方式发出深刻的道德批判，亦在道德批判的基础上对未来社会的制度伦理和生产伦理进行了理性的道德重构，由此实现了资本主义私有制的道德批判与共产主义制度伦理的道德重构之自觉统一、资本主义生产方式的道德批判与共产主义生产伦理的道德重构之自觉统一。在历史唯物主义理论视阈中，道德批判与道德重构之自觉统一，实质上即为对资本主义私有制和资本主义生产方式之反人道性的道德解构与对共产主义制度伦理和共产主义生产伦理的道德重构之自觉统一的伦理样态。这一伦理样态深刻表征出历史唯物主义的道德批判范式之"破中有立"的革命性。

一、资本主义私有制的道德批判与共产主义制度伦理的道德重构之自觉统一

（一）历史唯物主义对资本主义私有制的道德批判

历史唯物主义正确揭示了资本主义私有制产生的根源及其存在的历史暂时性和历史过渡性，并对其反人道性进行了深刻的道德批判。它对资本主义私有制的道德批判不是零散的、感性的，而是系统化的、理论化的，并在批判基础上预见到资本主义私有制必然灭亡的历史发展趋势。

马克思和恩格斯指出，资本主义私有制的产生不是偶然的，而是有其历史必然性，即社会生产力发展的必然结果。他们对资本主义私有制的历史作用作出了辩证评价。一方面，他们认为，资本主义私有制在产生初期曾对社会生产和经济发展起到了积极的推动作用，创造了比过去一切世代都巨大的生产力。他们指出，资本主义制度同奴隶制、封建制相比，"都更有利于生产力的发展，有利于社会关系的发展，有利于更高级的新形态的各种要素的创造"①，它"无情地斩断了把人们束缚于天然尊长的形形色色的封建羁绊"②，用"自由、平等、博爱"的道德口号瓦解了"使人不成其为人"③的专制主义封建道统，使"一切传统的血缘关系、宗法从属关系、家庭关系都解体了"④，"把一切民族甚至最野蛮的都卷入文明的漩涡里了"⑤。另一方面，他们又批判道，资本主义私有制虽然保持着

---

① 《马克思恩格斯全集》（第 25 卷下），北京：人民出版社 1974 年版，第 926 页。
② 《马克思恩格斯全集》（第 4 卷），北京：人民出版社 1958 年版，第 28 页。
③ 《马克思恩格斯全集》（第 1 卷），北京：人民出版社 1956 年版，第 411 页。
④ 《马克思恩格斯选集》（第 3 卷），北京：人民出版社 1995 年版，第 611 页。
⑤ 《马克思恩格斯全集》（第 4 卷），北京：人民出版社 1958 年版，第 470 页。

所谓的政治合法性，但随着人类社会的历史演进，其道德非合理性甚至反人道性在现实社会中日益明显地暴露出来，成为资本主义社会一切罪恶的根源，这就决定了其存在只具有历史暂时性和历史过渡性。

马克思和恩格斯认为，资本主义私有制的存在是一个既定历史事实，并对其反人道性进行了深刻的道德批判。他们批判资本主义私有制"把每一个人孤立在他自己的粗鄙的独特状态中，……在这种共同的利害关系的敌对状态中，人类目前状况的不道德，达到了登峰造极的地步"[1]，"在现代制度下，如果弯腰驼背，四肢畸形，某些肌肉的片面发展和加强等，使你更有生产能力（更有劳动能力），那么你的弯腰驼背，你的四肢畸形，你的片面的肌肉运动，就是一种生产力。如果你精神空虚比你充沛的精神活动更富有生产能力，那么你的精神空虚就是一种生产力，等等，等等。如果一种职业的单调使你更有能力从事这项职业，那么单调就是一种生产力。"[2] 对于这种反人道的社会制度，马克思不像费尔巴哈那样主张用"爱的宗教"予以救赎，因为这种人本主义哲学人文性有余而科学性不足。他主张消除"恶性买卖与其先决条件"以恢复人的真正本质。在《〈黑格尔法哲学批判〉导言》中，马克思把这种"先决条件"定性为罪恶的"私有制"。在《手稿》中，马克思进一步指出，在资本主义私有制下，"人变成了对自己来说是对象性的，同时，确切地说，变成异己的和非人的对象；……因此，一切肉体的和精神的感觉都被这一切感觉的单纯异化即拥有的感觉所代替"[3]。《手稿》对资本主义私有制下物的世界之增值和人的世界之贬值之揭示，对资本主义生产方式把人当作财富增值的"工具人"之控诉，都饱含着

---

[1]　《马克思恩格斯全集》（第1卷），北京：人民出版社1956年版，第612页。

[2]　《马克思恩格斯全集》（第42卷），北京：人民出版社1979年版，第261页。

[3]　《马克思恩格斯全集》（第42卷），北京：人民出版社1979年版，第124页。

对资本主义私有制的强烈道义谴责。《手稿》指明："私有财产的扬弃，是人的一切感觉和特性的彻底解放"①，只有消灭私有制，扬弃私有财产，才能最终实现自然主义与人道主义内在统一的共产主义。

马克思痛斥资本主义私有制是一种反人道的社会制度，指出："在资产阶级社会里，资本拥有独立性和个性，而劳动的个体却被剥夺了独立性和个性"，"在现今资产阶级生产关系的范围内，所谓自由只不过意味着贸易的自由，买卖的自由。"② 这种反人道的社会制度已日益失去其存在的历史必然性和道德合理性，最终必然被无阶级剥削和阶级压迫的、人人自由平等的先进社会制度所替代和超越，由此完成社会形态的历史更迭。马克思在《詹姆斯·穆勒〈政治经济学原理〉一书摘要》中痛斥："虚伪制度内的一切进步和不一贯全都是最大的倒退和始终一贯的卑鄙"③，揭露资本主义私有制是人类发展和社会进步的严重阻碍。在《资本论》中，马克思进一步从道义上批判："私有制是集体所有制的对立物，它只存在于劳动工具和劳动的其他外在条件属于私人的地方"④，私有制"对直接生产者的剥夺，是在最无耻的动机，最卑鄙而又可憎的下流的贪欲驱使下使用最残酷无情的野蛮手段完成的"⑤。列宁也指出，资本主义私有制"实际上是对工人实行的雇佣奴隶制，是资本独裁，是资本压迫劳动"⑥。埃尔斯特（Jon Elster）在《理解马克思》中认为，马克思对待资本主义的态度就是：资本主义是一种非人的、不公的和浪费的制度。依马克思和恩格斯之见，资本主义私有制就是现代奴隶制，

---

① 《马克思恩格斯全集》（第 42 卷），北京：人民出版社 1979 年版，第 124 页。
② 《马克思恩格斯全集》（第 4 卷），北京：人民出版社 1958 年版，第 482 页。
③ 《马克思恩格斯全集》（第 42 卷），北京：人民出版社 1979 年版，第 23 页。
④ 《马克思恩格斯全集》（第 49 卷），北京：人民出版社 1982 年版，第 244 页。
⑤ 《马克思恩格斯全集》（第 49 卷），北京：人民出版社 1982 年版，第 245 页。
⑥ 《列宁全集》（第 29 卷），北京：人民出版社 1956 年版，第 343 页。

其凸显的"资本至上"、拜金主义和极端反人道性并不亚于古代奴隶制；只有诉诸无产阶级革命实践彻底消灭资本主义私有制，彻底变革不合理的资本主义生产方式，才能消除一切腐朽、落后的反人道现象，最终创立起实现人类解放和每个人的自由全面发展的共产主义。

在马克思主义创始人的理论视阈中，资产阶级古典经济学唯一值得肯定的进步就是探讨了资本主义私有制的各种规律，却并未质疑私有制的合理性问题，反而把私有制的存在作为不言而喻的前提进行论证，把私有制基础上呈现的人的属性当作永恒不变的本质进行论证。① 古典经济学并不关心现存的资本主义私有制如何生成、是否合理，而庸俗经济学则更进一步，把经验主义变成了"无批判的实证主义"。马克思指出，古典经济学之所以把私有制的存在视为一个既定历史事实，而根本不去对其合理性问题进行证实或证伪，一方面是其代表资产阶级利益的阶级立场使然，另一方面则是其经验主义的实证方法使然，即古典经济学认为资本主义私有制下的经济事实是一种合理性存在，无所谓道德或非道德问题。马克思基于哲学视角揭示了古典经济学的内在矛盾，并着力对资本主义私有制的道德合理性问题进行深入的道德考量与理性追问。马克思和恩格斯认识到反人道的资本主义现实根源于资本主义私有制，因而对资本主义存在的基础——私有制发出了一系列道德追问：资本主义私有制如何产生和发展？资本主义反人道性产生的根源是什么？资本主义私有制能否在道德合理性与经济合法性的基础上被超越？他们在《形态》《宣言》和《资本论》等历史唯物主义经典文本中，对资本主义私有制下的雇佣劳动制度、异化劳动、商品拜物教、剩余价值

---

① 参见吕世荣、周宏：《唯物史观的返本开新》，北京：人民出版社2006年版，第8—9页。

生产和资本主义市场经济的利益驱动机制等经济制度和经济现象及其造成的反人道事实进行了鞭辟入里的道德批判，从而对上述问题予以明确回答，即资本主义私有制的产生是社会生产力发展的必然结果；资本主义反人道性的根源在于私有制；资本主义私有制对于无产阶级和劳苦大众而言，具有道德非合理性与经济非合法性，其在人类历史发展进程中必然要被超越，也必然能被超越。

（二）历史唯物主义在道德批判中重构共产主义制度伦理

历史唯物主义对资本主义私有制进行了深刻的道德批判，却未简单停留于道德批判层面，而是在道德批判的基础上对未来社会——共产主义制度伦理进行了自觉的道德重构，实现了道德批判与道德重构之辩证统一。对此，理查德·诺曼指出："马克思主义的内在吸引力在于它表现了对现存社会制度的批判和对未来更美好社会的向往，这种批判和向往来自于深刻的思考而不是简单的对阶级利益的反映，他是有理性基础的。"① 历史唯物主义在对现存制度"实然"状态的道德批判中，完成了对未来制度"应然"状态的道德预设。这种道德预设既包含对合乎人性的制度伦理之基本形式——"自由人联合体"的道德构想，亦包含对合乎道德的制度伦理之价值皈依——"人的自由全面发展"的道德诉求。其旨在寻求道德合理性与政治合法性之内在统一的制度设计、制度安排和制度建设，内蕴鲜明的制度伦理精神。

1. 历史唯物主义理论视阈中共产主义制度伦理之道德重构

历史唯物主义对共产主义制度伦理的道德重构不是一蹴而就的，而是历经了制度伦理思想的理论萌芽、理论雏形、理论生成和理论

---

① 〔加〕罗伯特·韦尔、凯·尼尔森：《分析马克思主义新论》，鲁克俭等译，北京：中国人民大学出版社 2002 年版，第 51 页。

成熟的历史性发展进程。

《莱茵报》时期至《手稿》写作之前，是历史唯物主义的制度伦理思想之理论萌芽期。这一时期，马克思以人的自由精神为思想武器，为《莱茵报》撰写了《评普鲁士最近的书报检查令》《关于林木盗窃法的辩论》等战斗檄文，激情痛斥普鲁士政府制造了不合理的社会现实和非正义的法律制度，谴责其遏制人民基本自由的恶劣行径。此时，马克思不仅初步认识到现存制度遏制出版自由、给农民带来现实苦难等道德非合理性问题，而且逐步认识到：国家制度是维护统治阶级利益的工具，物质利益往往会干扰自由精神和社会正义的实现。这就是马克思所遭遇的"《莱茵报》时期的苦恼"，其也成为马克思后来把制度伦理的研究视角从自由精神转向物质利益的原动力。在《论犹太人问题》中，马克思批判道："虽然在观念上，政治权力凌驾于金钱势力之上，其实前者却是后者的奴隶。"① 此时，马克思进一步了解到，对政治权力起决定作用的是金钱势力等物质利益而非其他，这为他后来理性认知制度伦理建设的物质利益基础积淀了思想经验。在《黑格尔法哲学批判》中，马克思指出："民主制是君主制的真理，君主制却不是民主制的真理。"② 他强调，政治民主是"善"的制度需要具备的条件，国家和法律制度都应由人民创造，为维护人民利益而变革，"正如同不是宗教创造人，而是人创造宗教一样，不是国家制度创造人民，而是人民创造国家制度"③，因此，"必须使国家制度的实际承担者——人民成为国家制度的原则"④。此时，马克思已初步认识到民主制度的重要性和人民在创造国家制度中的主体作用，表征他的哲学思想已萌发出

---

① 《马克思恩格斯全集》（第 1 卷），北京：人民出版社 1956 年版，第 448 页。

② 《马克思恩格斯全集》（第 1 卷），北京：人民出版社 1956 年版，第 280 页。

③ 《马克思恩格斯全集》（第 3 卷），北京：人民出版社 2002 年版，第 40 页。

④ 《马克思恩格斯全集》（第 3 卷），北京：人民出版社 2002 年版，第 72 页。

制度伦理思想的理论萌芽。

《手稿》时期是历史唯物主义的制度伦理思想之理论雏形期。此时，马克思对制度伦理作出进一步的理论反思，深入探讨了制度伦理的合理性建构问题。制度伦理何以必要？又何以可能？马克思对此问题作出明确回答，即建立人道主义与自然主义之内在统一的共产主义。《手稿》主要立足于人本主义道德价值立场，阐释共产主义是"私有财产的扬弃"①。此处的"共产主义"虽已具备马克思所憧憬的制度伦理精神，但在内涵界定上深受费尔巴哈人本主义思想的影响，被马克思抽象界定为"自然主义与人道主义相统一"的、"人向自身、向社会的（即人的）人的复归"②的一种社会制度，其仍是一种立足于人本主义道德价值立场的制度伦理雏形。

在《形态》至《宣言》时期，历史唯物主义的制度伦理思想得以历史性地理论生成。马克思主义创始人在《形态》中虽然尚未正式提出制度伦理的基本形式——"自由人联合"概念，但已提出"自由人联合体"的概念雏形——"集体"，并把制度伦理的基本形式定位为"集体"，即后来《宣言》所提出的"联合体"和《资本论》所提出的"自由人联合体"。他们指出："在真实的集体的条件下，各个个人在自己的联合中并通过这种联合获得自由。"③ 这里的"集体"正是指向共产主义。"集体"已具备了马克思后来提出的"自由人联合体"的理论内涵，但对于制度安排方面的解说尚不明确，更多停留于抽象的哲学思考和理论层面的逻辑演绎。④ 恩格斯在《共产主义原理》中则以"共同联合体"概念表达出对制度伦理的

① 《马克思恩格斯全集》（第42卷），北京：人民出版社1979年版，第131页。
② 《马克思恩格斯全集》（第42卷），北京：人民出版社1979年版，第120页。
③ 《马克思恩格斯全集》（第3卷），北京：人民出版社1960年版，第84页。
④ 参见张盾：《马克思哲学革命中的伦理学问题》，载《哲学研究》，2004年第5期，第8页。

道德设想，指出："由社会全体成员组成的共同联合体来共同而有计划地尽量利用生产力；把生产发展到能够满足全体成员需要的规模……使社会全体成员的才能能得到全面的发展；——这一切都将是废除私有制的最主要的结果。"① 在《宣言》中，马克思主义创始人更是明确将消灭私有制作为共产主义的制度安排和制度设计之必要前提，指出："共产主义的特征，并不是要废除一般的所有制，而是要废除资产阶级的所有制。"② 《宣言》把制度伦理的基本形式由之前的"集体"发展至"联合体"，指明："代替那存在着各种阶级以及阶级对立的资产阶级旧社会的，将是一个以各个人自由发展为一切人自由发展的条件的联合体。"③ 这种"联合体"是作为一种制度安排、制度设计和制度伦理精神而存在的，其价值皈依指向人的自由全面发展。至此，马克思主义创始人比较清晰、完整地表达出他们的制度伦理思想——创立一个废除私有制、实现人的自由全面发展的"联合体"，历史唯物主义的制度伦理思想完成了其理论生成。

在《宣言》之后的历史唯物主义文本中，历史唯物主义的制度伦理思想日臻成熟。马克思在《政治经济学批判（1857—1858 草稿）》中以人类社会发展"三形态说"为理论基础，认为建立在个人全面发展基础上的"自由个性"阶段是社会发展的第三阶段，也是真正意义上的"联合体"。这种"自由个性"阶段是制度伦理在人的发展层面上的一种现实呈现。在此，马克思从之前运用生产方式划分社会形态转向运用人自身的发展程度划分社会发展阶段。这正是他对制度伦理进行科学的价值思考、理性的价值判断和正确的价值抉择的必然结果。在《资本论》中，马克思最终确定了制度伦

① 《马克思恩格斯全集》（第 4 卷），北京：人民出版社 1958 年版，第 371 页。

② 《马克思恩格斯全集》（第 4 卷），北京：人民出版社 1958 年版，第 480 页。

③ 《马克思恩格斯全集》（第 4 卷），北京：人民出版社 1958 年版，第 491 页。

理的基本形式——"自由人联合体",指出:"设想有一个自由人联合体,他们用公共的生产资料进行劳动,并且自觉地把他们许多个人劳动力当作一个社会劳动力来使用。"① 马克思设想,在这种"自由人联合体"中,人们过的是一种集体的生活,"集体的活动和集体的享受,亦即直接通过同其他人的实际聚合来表现自己和确证自己的那种活动和享受,……是到处存在的。"② 至此,历史唯物主义的制度伦理思想达至成熟。恩格斯在1884年《论未来的联合体》中进一步表达了理想化的制度伦理之基本形式——"未来的联合体"设想,指明:"未来的联合体将把后者的清醒同古代联合体对共同的社会福利的关心结合起来,并且这样来达到自己的目的。"③ 晚年的恩格斯也进一步思考了公正的社会制度对于人的自由全面发展之必要的制度保障作用,指出:"现今的制度使寄生虫安逸和奢侈,让工人劳动和贫困,并且使所有的人退化;这种制度按其实质来说是不公正的,是应该被消灭的"④,"我们的目的是要建立社会主义制度,这种制度将给所有的人提供健康而有益的工作,给所有的人提供充裕的物质生活和闲暇时间,给所有的人提供真正的充分的自由。"⑤ 马克思主义创始人认为,在制度伦理的视阈中,各种社会资源能在全社会范围内公平分配,每个人能平等地享有经济权利、政治自由、文化教育、资源分配和各种发展机会,从而能够自由全面地发展。

历史唯物主义创立前,无论是德国古典哲学、英国古典政治经济学,抑或资产阶级功利主义,皆以承认资本主义私有制为前提,

① 《马克思恩格斯全集》(第23卷),北京:人民出版社1972年版,第95页。
② 〔德〕马克思:《1844年经济学—哲学手稿》,刘丕坤译,北京:人民出版社1979年版,第75页。
③ 《马克思恩格斯全集》(第21卷),北京:人民出版社1965年版,第447页。
④ 《马克思恩格斯全集》(第21卷),北京:人民出版社1965年版,第570页。
⑤ 《马克思恩格斯全集》(第21卷),北京:人民出版社1965年版,第570页。

对资本主义私有制及其生产方式进行了合理性预设与合法性论证。然而，历史唯物主义的制度伦理思想关注的根本问题却是制度安排的正当性问题。马克思和恩格斯的制度安排完全是实质性的：推翻资本主义私有制，在一种全新社会制度安排的基础上实现人类解放和人的自由全面发展。这样一种以人的解放和自由全面发展为价值旨归的制度伦理精神从根本上颠覆了形式化伦理学的基础。① 历史唯物主义理论视阈中人的自由全面发展诉求与康德"人是目的"的命题有着实质区别。康德试图通过普遍的道德立法、纯粹的道德自律和抽象的自由意志即"先验主体的自由意志为自身普遍立法"② 等手段来实现"人是目的"这一终极价值目标。马克思认为，"作为目的本身的人类能力的发展"③，不能通过纯粹的善良意志来实现，而须通过善良制度，即务实的制度安排和务实的制度伦理建设方可实现；制度正义优先于"个体善"，只有构建起自由、公正和平等的制度伦理，才能使每个人获得普遍的自由精神和全面发展的条件。在历史唯物主义理论视阈中，人是制度伦理的建构主体、实践主体和价值主体，而制度伦理则是渗透于社会制度之中引导人以正确方式进行生存和发展的道德理念、伦理精神和价值抉择。历史唯物主义的制度伦理旨在构建一种自由、平等、公正和法治的社会制度——共产主义制度，为人的自由全面发展提供坚实的制度保障和正确的道德引领，而人的自由全面发展则是历史唯物主义的制度伦理之道德旨归和价值皈依，能推动全体社会成员培育并践行构建制度伦理的道德自觉与历史自觉、理论自觉与实践自觉。

---

① 参见张盾：《马克思哲学革命中的伦理学问题》，载《哲学研究》，2004 年第 5 期，第 9 页。

② 〔德〕康德：《道德形而上学原理》，上海：上海人民出版社 1986 年版，第 93 页。

③ 《马克思恩格斯全集》（第 25 卷下），北京：人民出版社 1974：927 页。

在历史唯物主义理论视阈中，制度伦理思想是否包含"自由人联合体"设想？国内多数学者对此予以肯定，并进行了较为系统的研究。他们认为，马克思和恩格斯的历史观具有道德价值精神，即普遍的自由精神，其在自由人联合体理想中得到集中体现。如果说黑格尔那里有作为终极价值的"绝对精神"，那么，马克思这里也有作为"绝对精神"的终极价值，这就是"自由"及"自由人联合体"。① 然而，西方学者对于马克思的"自由人联合体"设想有诸多误读。一些西方学者认为，马克思的制度伦理思想并不包含"自由人联合体"设想。还有一些西方学者虽然肯定马克思有"自由人联合体"设想，却对此设想进行了"非马克思主义"的解读，误读了"自由人联合体"在制度安排上所具有的道德合理性与政治合法性，消解了其伦理精神。如麦金太尔在谈及马克思"自由人联合体"命题时认为，马克思没有告诉我们个人与他人在什么基础上实现自由联合，这一命题具有抽象性。由于麦金太尔把"制度的精神"等同于"制度的实务"，结果使他既不能理解马克思命题的"存在论—伦理学"性质，又不能理解此命题的革命实践意义。② 事实上，马克思的"自由人联合体"并非麦金太尔所误读的那样是抽象、空洞的，而是务实、具体的。马克思的"自由人联合体"究竟是基于何种基础上的联合？我们回归历史唯物主义经典文本的本源理论语境，不难发现，马克思对于此问题的观点是明确的：如果不考虑制度安排的道德合理性问题，而是形而上地、抽象地探讨"个人善"的道德原则，只会落入道德至上主义的理论苑囿；"自由人联合体"是在消灭私有制、发展生产力和创立共产主义的基

---

① 高兆明：《历史视野中的道德：马恩道德哲学思想解读——从〈共产党宣言〉的一段话谈起》，载《马克思主义研究》，2015 年第 10 期，第 97—102 页。

② 参见张盾：《马克思哲学革命中的伦理学问题》，载《哲学研究》，2004 年第 5 期，第 9 页。

础上实现个人与他人、自然、社会的全面联合。"自由人联合体"既是历史唯物主义的制度伦理之基本形式，亦表征出"人人自由、联合发展"的制度伦理精神。在历史唯物主义理论视阈中，在消灭了私有制和阶级差别、生产力高度发达的基础上最终确立的"自由人联合体"——共产主义，作为制度伦理的成熟形式，其建立于唯物主义历史观的基础之上，从空想走向了科学，必然会促进每个人的自由全面发展，使个人与他人、自然、社会之间及自然与社会之间处于立体化联合与全面和谐之中，并由此彰显出人类社会发展史上最高境界的制度伦理精神。

2. 历史唯物主义理论视阈中共产主义制度伦理重构何以可能？

在历史唯物主义理论视阈中，共产主义制度伦理重构之所以可能，源于制度保障、经济基础和政治保证。

第一，在所有制层面上，消灭资本主义私有制、建立生产资料公有制——共产主义制度伦理之制度保障。

在历史唯物主义理论视阈中，资本主义私有制是一种非伦理化的社会制度，其不仅制造了无产阶级的极端贫困化，亦制造了整个社会的商品拜物教、货币拜物教、人的异化和劳动的异化等诸多经济问题和道德问题，成为资本主义诸种反人道现象滋生和蔓延的制度根源。基于此，马克思主义创始人在制度伦理的道德重构上特别重视未来社会制度安排中的所有制问题。纵观《形态》《宣言》和《资本论》等历史唯物主义经典文本，两位世界无产阶级精神领袖曾提出"共有制""社会所有制"和"无产阶级的占有制"等不同概念，表达出他们要求消灭反人道的资本主义私有制、建立生产资料公有制的道德愿景。

马克思和恩格斯在《形态》中阐释了私有制必然要被消灭的深刻根源，指出："现代的个人必须去消灭私有制，因为生产力和交往形式已经发展到这样的程度，以致它们在私有制的统治下竟成了破坏力量，同时还因为阶级对立达到了极点。"① 恩格斯也痛斥道："贫穷是天生有独占性的私有制的后果之一"②，因而，"私有制也要和资产阶级一道被消灭，工人阶级的胜利将使一切阶级统治和等级统治一去不复返。"③ 马克思和恩格斯还阐明，共产主义和私有制的对立实质上就是拥有财产和没有财产的对立，指出："如果把共产主义和私有制世界的对立想像为一种最粗暴的对立，即想像为其中消除了一切实在条件的最抽象的对立，那末结果就会得出拥有财产和没有财产之间的对立"④，"共产主义所建立的制度，正是这样的一种现实基础，它排除一切不依赖于个人而存在的东西，因为现存制度只不过是个人之间迄今所存在的交往的产物。"⑤ 在《形态》中，马克思和恩格斯在构想制度伦理时认为，"联合起来的个人对全部生产力总和的占有，消灭着私有制"⑥，消灭私有制、构建制度伦理与实现人的自由全面发展是三位一体的统一；只有消灭私有制，使"虚幻的共同体"变成"真正的共同体"即"集体"，建立起人性化、道德化的社会制度，才能实现人的自由全面发展。在他们看来，制度伦理建设的首要任务就是消灭私有制、建立一种全新制度——共产主义，共产主义是"个人的独创的和自由的发展不再是一句空话的唯一的社会"⑦，能为人的自由全面发展提供现实基础和制度保障。

马克思主义创始人在《宣言》中更是庄严宣告："从这个意义

---

① 《马克思恩格斯全集》（第 3 卷），北京：人民出版社 1960 年版，第 516 页。
② 《马克思恩格斯全集》（第 3 卷），北京：人民出版社 1960 年版，第 654 页。
③ 《马克思恩格斯全集》（第 4 卷），北京：人民出版社 1958 年版，第 69 页。
④ 《马克思恩格斯全集》（第 3 卷），北京：人民出版社 1960 年版，第 553 页。
⑤ 《马克思恩格斯全集》（第 3 卷），北京：人民出版社 1960 年版，第 79 页。
⑥ 《马克思恩格斯全集》（第 3 卷），北京：人民出版社 1960 年版，第 77 页。
⑦ 《马克思恩格斯全集》（第 3 卷），北京：人民出版社 1960 年版，第 516 页。

上说，共产党人可以把自己的理论用一句话表示出来：消灭私有制"①，"共产主义的特征，并不是要废除一般的所有制，而是要废除资产阶级的所有制"②，"共产党人到处都支持一切旨在反对现存社会政治制度的革命运动。在所有这些运动中，他们最为注重的是所有制问题，把它作为运动的基本问题，不管这个问题当时的发展程度怎样。"③ 依他们之见，只有消灭私有制，建立全体社会成员共同占有和享用生产资料、公平分配生产成果的经济平等新制度，才能充分发挥制度对人的生存和发展之保障作用和价值引领作用，突显新制度的伦理意义。在《中央委员会告共产主义者同盟书》中，两位革命导师也表达出要求消灭私有制、建立新社会的思想："对我们说来，问题不在于改变私有制，而在于消灭私有制，不在于掩盖阶级矛盾，而在于消灭阶级，不在于改良现存社会，而在于建立新社会。"④ 马克思在《资本论》中进一步指明："资本主义私有制的丧钟就要响了。剥夺者就要被剥夺了"⑤，并指出，无产阶级对于资本主义私有制予以否定，"这种否定不是重新建立私有制，而是在资本主义时代的成就的基础上，也就是说，在协作和对土地及靠劳动本身生产的生产资料的共同占有的基础上，重新建立个人所有制。"⑥ 这里的"个人所有制"实质上就是每一个体都有权占有、支配和享用社会财产的生产资料公有制，其是制度伦理的制度载体和制度保障。

---

① 《马克思恩格斯全集》（第4卷），北京：人民出版社1958年版，第480页。

② 《马克思恩格斯全集》（第4卷），北京：人民出版社1958年版，第480页。

③ 《马克思恩格斯全集》（第4卷），北京：人民出版社1958年版，第504页。

④ 《马克思恩格斯全集》（第7卷），北京：人民出版社1959年版，第292页。

⑤ 《马克思恩格斯全集》（第23卷），北京：人民出版社1972年版，第831—832页。

⑥ 《马克思恩格斯全集》（第23卷），北京：人民出版社1972年版，第832页。

总之，在马克思主义创始人看来，只有消灭资本主义私有制，建立生产资料公有制，实现社会成员经济平等，才能彻底消除私有制下的社会分裂、阶级对立及一切反人道现象。这是历史唯物主义理论视阈中制度伦理建设的首要任务，可为构建并完善制度伦理提供必要的制度保障。

第二，在经济层面上，推动生产力高度发展——共产主义制度伦理之经济基础。

马克思主义创始人依据生产力发展的历史性与现实性之双重维度，基于生产力发展的经济本性与道德价值之双重意义，认为推动生产力高度发展对于共产主义制度伦理建设具有重要的经济基础作用和伦理道德价值。他们既强调高度发达的生产力对于建立共产主义制度伦理的基本形式——"自由人联合体"之必要性，亦强调高度发达的生产力对于实现共产主义制度伦理的道德旨归和价值皈依——人的自由全面发展之必然性。

马克思和恩格斯认为，一方面，一种社会制度能否推动生产力的高度发展、能否为社会进步和人的发展创造丰富的物质财富和优越的物质条件，是其是否具有道德合理性、是否内蕴制度伦理精神的重要评价依据；另一方面，推动生产力的高度发展能为制度伦理建设奠定坚实的经济基础。因为，一个生产力落后、物质匮乏的社会难以造福广大人民群众，长此以往，其社会制度得以存在的道德必然性与道德合理性就会被淡化直至消解，其制度伦理建设也必然会因失去必要的物质动因和"为民"的道德旨趣而难以成功。马克思和恩格斯在《形态》中指出，如果没有生产力的发展，"那就只会有贫穷的普遍化；而在极端贫困的情况下，就必须重新开始争取必需品的斗争，也就是说，全部陈腐的东西又要死灰复燃。"① 在他

---

① 《马克思恩格斯全集》（第 3 卷），北京：人民出版社 1960 年版，第 39 页。

们看来，一种社会制度由于生产力落后而无法满足人们的物质需要和精神文化需要，其就不能成为"为人"的制度和伦理化的制度，制度伦理精神也必然处于"缺席"状态，制度伦理建设就是一种奢谈。恩格斯在《共产主义原理》中曾指出："大工业及其所引起的生产无限扩大的可能性，使人们能够建立这样一种社会制度，在这种社会制度下，一切生活必需品都将生产得很多，使每一个社会成员都能够完全自由地发展和发挥他的全部力量和才能"①，阐明了生产力发展和大工业发展对于建立一个使社会成员自由发展的人性化社会制度之重要意义。总之，生产力的高度发展能为社会的道德教育、道德进步和精神文明发展提供坚实的物力和财力，能为人的自由全面发展奠定雄厚的物质基础，是重构共产主义制度伦理的重要路径。

正是理性认知到生产力的高度发展对于共产主义制度伦理建设之必要性，马克思曾对试图在不发达的生产力基础上诉诸平均分配来实现社会平等、建立共产主义制度的"粗陋的共产主义"进行了深刻批判。基于生产力发展与制度伦理建设的必然联系，马克思主义创始人所设想的共产主义作为一种制度伦理的理想模式，必然建立于高度发达的生产力基础之上。他们指出，共产主义"是个人的这样一种联合（自然是以当时已经发达的生产力为基础的）"②，这种"联合"是他们所预设的制度伦理的基本形式，其不是一般意义上的"联合"，而是一种建立于发达生产力基础之上的"联合"。在他们看来，"共产主义只有作为占统治地位的各民族'立即'同时发生的行动才可能是经验的，而这是以生产力的普遍发展和与此有关的世界交往的普遍发展为前提的。"③

---

① 《马克思恩格斯全集》（第 4 卷），北京：人民出版社 1958 年版，第 364 页。
② 《马克思恩格斯全集》（第 3 卷），北京：人民出版社 1960 年版，第 85 页。
③ 《马克思恩格斯全集》（第 3 卷），北京：人民出版社 1960 年版，第 39 页。

在历史唯物主义理论视阈中，高度发达的生产力能为建立"自由人联合体"提供充裕的物质条件，能为重塑共产主义制度伦理奠定坚实的经济基础，从而实现了经济本性与道德意义之自觉融合，彰显出"生产力"本真精神的"历史回归"；共产主义制度必然要以高度发达的生产力为经济基础，方能使"极端贫困"和"全部陈腐"的东西①彻底消失，从而为建设每个人的自由全面发展的"善"的社会制度提供制度保障，其制度伦理思想和制度伦理精神鲜明可见。

第三，在政治层面上，建设非奴役性的无产阶级政治民主——共产主义制度伦理之政治保证。

在历史唯物主义理论视阈中，建设非奴役性的无产阶级政治民主既是共产主义制度伦理之政治保证，亦是共产主义制度伦理所指向的基本任务和所涵盖的基本精神。马克思主义创始人以辩证唯物主义和历史唯物主义为理论指导，在总结无产阶级革命实践经验的基础上，深刻批判了对无产阶级和广大人民具有奴役性的资产阶级政治民主所裹挟的理论局限、阶级局限和历史局限。在此基础上，他们辩证汲取了以往政治民主学说的合理成分，提出了建设非奴役性的无产阶级政治民主的历史任务。

马克思和恩格斯认为，资产阶级所宣扬的民主口号——自由、平等、博爱，本质上只是依附于资本主义政治制度、维护资产阶级统治利益的政治口号，其对于无产阶级而言只是一种无法涉足的彼岸世界，只会瓦解无产阶级革命意志。马克思主义创始人所诉求的共产主义则是在政治上消除奴役、人人平等的"政治文明"的社会制度。当时，针对黑格尔推崇君主立宪制，否定人民主权及为君主制之政治合法性与道德合理性进行辩护的做法，马克思在 1843 年写

---

① 《马克思恩格斯全集》（第 3 卷），北京：人民出版社 1960 年版，第 39 页。

作的《黑格尔法哲学批判》中反驳道，在现实社会中，只存在"两个完全对立的主权概念，一个是能在君主身上实现的主权，另一个是只能在人民身上实现的主权。"① 马克思还指出："民主制是君主制的真理，君主制却不是民主制的真理。……民主制是作为类概念的国家制度。君主制则只是国家制度的一种，并且是不好的一种。民主制是内容和形式，君主制似乎只是形式，而实际上它在伪造内容。"② 恩格斯在《共产主义者和卡尔海因岑》中说道："在所有的文明国家，民主主义的必然结果都是无产阶级的政治统治，而无产阶级的政治统治又是实行一切共产主义措施的首要前提。"③ 在《共产主义原理》中，恩格斯对于"这个革命的进程将是怎样的呢?"这一问题的回答是："首先无产阶级革命将建立民主制度，从而直接或间接地建立无产阶级的政治统治"④，并进一步说明："假如无产阶级不能立即利用民主来实行直接侵犯私有制和保证无产阶级生存的各种措施，那末，这种民主对于无产阶级就会毫无用处。"⑤。在此，恩格斯指明了无产阶级建设非奴役性的政治民主之现实化路径——通过无产阶级革命建立无产阶级政治统治。恩格斯在《家庭、私有制和国家的起源》中还指出，民主不是永恒的概念，而是随着社会的发展而不断改变其内容和形式，并最终走向消亡。马克思和恩格斯都曾强调，当国家消亡时，无产阶级政治民主也会走向消亡，取而代之的将是无阶级的"自由人联合体"。

马克思和恩格斯通过批判资产阶级政治民主的阶级本质、比较君主制与民主制的区别、揭示无产阶级政治民主建设的现实化路径，

---

① 《马克思恩格斯全集》（第 1 卷），北京：人民出版社 1956 年版，第 279 页。
② 《马克思恩格斯全集》（第 1 卷），北京：人民出版社 1956 年版，第 280 页。
③ 《马克思恩格斯文集》（第 1 卷），北京：人民出版社 2009 年版，第 666 页。
④ 《马克思恩格斯全集》（第 4 卷），北京：人民出版社 1958 年版，第 367 页。
⑤ 《马克思恩格斯全集》（第 4 卷），北京：人民出版社 1958 年版，第 367 页。

创建无产阶级政治民主的具体形式——实行人民主权、人民自治、普选制、党内民主集中制、正确处理民主与专政的关系，等等，逐渐形成了以建设非奴役的无产阶级政治民主为核心内容的马克思主义政治民主理论。后来，列宁对政治民主又进一步做出详细界定："民主是国家形式，是国家形态的一种。因此，它同任何国家一样，也是有组织有系统地对人们使用暴力，这是一方面。但另一方面，民主意味着在形式上承认公民一律平等，承认大家都有决定国家制度和管理国家的平等权力。"① 列宁认为，资本主义政治民主旨在维护资产阶级的政治民主权利，对于无产阶级而言具有虚伪性，犹如海市蜃楼，"只要土地和生产资料的私有制继续存在，资产阶级制度和资产阶级民主中的自由和平等就只是一种形式。"② 基于此，要真正实现无产阶级政治民主，就需消灭资本主义私有制、建立生产资料公有制，以期为无产阶级政治民主建设夯实经济基础。马克思和恩格斯还强调，当国家消亡时，无产阶级政治民主也会走向消亡，取而代之的将是"无阶级"的"自由人联合体"——共产主义。

二、资本主义生产方式的道德批判与共产主义生产伦理的道德重构之自觉统一

历史唯物主义在方法论上基于历史辩证法，一方面客观评价了资本主义生产力的巨大进步及其创造的巨大物质财富，肯定了资本主义生产方式对于推动资本主义经济发展所具有的历史必然性与历史进步性；另一方面深入到资本主义生产方式的深层，精准把握到资本主义生产方式内部矛盾及其反人道性，既对资本主义生产方式的现实运行过程及其后果进行了深邃的经济批判，亦对其导致的无

---

① 《列宁选集》（第 3 卷），北京：人民出版社 1995 年版，第 201 页。
② 《列宁全集》（第 29 卷），北京：人民出版社 1956 年版，第 343 页。

产阶级身心发展的全面异化和无产阶级生活的极端贫困化等反人道现实进行了深刻的道德批判，揭露资本主义生产方式把无产阶级仅仅作为创造物质财富、实现价值增值的"工具人"。在经济批判和道德批判的基础上，历史唯物主义完成了资本主义生产方式的道德批判与共产主义生产伦理的道德重构之共时性的、自觉性的统一，表征出其道德批判范式之"破中有立"的革命性。

（一）历史唯物主义对资本主义生产方式的道德批判

前资本主义经济危机多是由外在原因造成，如天灾人祸导致社会生产力遭遇破坏、人民生活贫困等。而资本主义经济危机则源于资本主义生产方式内部矛盾，即生产的社会化与生产资料的资本主义私人占有制之间的矛盾。这种矛盾随着资本主义社会的发展而日益激化，导致生产相对过剩和无产阶级绝对贫困化等诸多反人道现象，促使马克思主义创始人开始反思资本主义生产方式之合理性与道义性问题。认真研读《宣言》和《资本论》等历史唯物主义经典文本，我们能深切感悟到历史唯物主义对资本主义生产方式所生发的深刻道德批判。马克思和恩格斯在《宣言》中批判道："整个社会日益分裂为两大敌对的阵营，分裂为两大相互直接对立的阶级：资产阶级和无产阶级"[①]。造成这种阶级对立的深刻根源不在于生产力本身的高度发展，而在于资本主义生产方式内部矛盾及其反人道性。他们在《宣言》中痛斥，在资本主义生产方式中，生产关系已成为生产力发展的严重障碍，"现代的资产阶级社会，连同它的资产阶级的生产和交换关系，连同它的资产阶级的所有制关系，曾经象魔术一样造成了极其庞大的生产和交换资料，现在它却象一个魔术

---

① 《共产党宣言》，北京：中央编译出版社 2005 年版，第 27 页。

士那样不能再对付他自己用符咒呼唤出来的魔鬼了。"① 马克思还批判道:"资本主义生产一方面神奇地发展了社会的生产力,但是另一方面,也表现出它同自己所产生的社会生产力本身是不相容的。它的历史今后只是对抗、危机、冲突和灾难的历史。"② 恩格斯对资本主义生产方式无视生态道德所导致的生态恶化现象也进行了尖锐批判,指出:要调节人与自然的关系,"单是依靠认识是不够的。这还需要对我们现有的生产方式,以及和这种生产方式连在一起的我们今天的整个社会制度实行完全的变革"③。两位革命导师对资本主义生产方式的反人道性进行了深刻的道德批判,对资本主义生产方式中的人性、人道主义和功利主义等伦理道德问题作出了科学分析,揭露出资本主义生产方式在本体论意义与伦理学意义上的二元分立,并强调彻底变革资本主义生产方式的必要性和重要性。

历史唯物主义对资本主义生产方式的道德批判,突出表现为对异化劳动的批判。在历史唯物主义理论视阈中,强制性的、反人道的异化劳动使工人与劳动过程、劳动产品、资产阶级、人的类本质之间皆处于全面异化状态。第一,异化劳动使工人与劳动过程相异化。马克思指出:"工人只有在劳动之外才感到自在,而在劳动中则感到不自在……他的劳动不是自愿的劳动,而是被迫的强制性劳动……这种活动是他自身的丧失"④,"生产过程的资本主义转化同时表现为生产者的殉难历史,劳动资料同时表现为奴役工人、剥削工人和使工人贫困的手段,劳动过程的社会结合同时表现为对工人

---

① 《马克思恩格斯全集》(第4卷),北京:人民出版社1958年版,第471页。

② 《马克思恩格斯全集》(第19卷),北京:人民出版社1963年版,第443页。

③ 《马克思恩格斯全集》(第20卷),北京:人民出版社1971年版,第521页。

④ 马克思:《1844年经济学—哲学手稿》(单行本),北京:人民出版社2000年版,第54—55页。

个人的活力、自由和独立的有组织的压制。"① 依马克思之见，工人的劳动过程就是为资产阶级服务并受资产阶级支配和压制的异化的活动。第二，异化劳动使工人与劳动产品相异化。在异化劳动状态下，劳动产品对于工人而言，不仅作为异己的存在物同工人及其劳动过程相对立，而且成为支配、奴役工人的异己性力量。对此，马克思批判道："工人生产的财富越多，他的产品的力量和数量越大，他就越贫穷。工人创造的商品越多，他就越变成廉价的商品。物的世界的增值同人的世界的贬值成正比"②，"他支配物的权力表现为物支配他的权力，而他本身，即他的创造物的主人，则表现为这个创造物的奴隶"③。第三，异化劳动使工人与资本家相异化。马克思指出："人同自己的劳动产品、自己的生命活动、自己的类本质相异化的直接结果就是人同人相异化"④，"如果劳动产品不是属于工人，而是作为一种异己的力量同工人相对立，那么这只能是由于产品属于工人之外的他人……如果人对自己劳动产品的关系、对对象化劳动的关系，就是对一个异己的、敌对的、强有力的、不依赖于他的对象的关系，那么他对这一对象所以发生这种关系就在于有另一个异己的、敌对的、强有力的、不依赖于他的人是这一对象的主宰。"⑤ 在此，"另一个异己的、敌对的、强有力的、不依赖于他的人"，即是资本家。在异化劳动中，工人与资本家处于根本对立的、异化的状态。工人的生产劳动给资本家"带来享受和生活乐趣"，而资本家则主宰工人的劳动过程、决定工人的劳动方式、支配工人的

---

① 《马克思恩格斯全集》（第 23 卷），北京：人民出版社 1972 年版，第 352 页。

② 《马克思恩格斯全集》（第 42 卷），北京：人民出版社 1979 年版，第 90 页。

③ 《马克思恩格斯全集》（第 42 卷），北京：人民出版社 1979 年版，第 25 页。

④ 《马克思恩格斯文集》（第 1 卷），北京：人民出版社 2009 年版，第 163—164 页。

⑤ 《马克思恩格斯文集》（第 1 卷），北京：人民出版社 2009 年版，第 155 页。

劳动时间并侵占工人的劳动产品，将工人视为财富增值的手段和工具。第四，异化劳动使工人与人的类本质相异化。马克思认为，人只有回归自己的类本质，即人的劳动成为一种"自由的自觉的活动"① 时，人才能在劳动中感受"真实的幸福"，而非"虚假的幸福"。而异化劳动使工人在生产劳动中处于被奴役和被剥削的境遇，没有任何"自由"和"自觉"可言。马克思批判道："劳动者在劳动中不是肯定自己，而是否定自己，不是感到幸福，而是感到不幸，不是自由地发挥自己的体力和智力，而是使自己的肉体受折磨，精神遭摧残"②，"他的生命表现为他的生命的牺牲，他的本质的现实化表现为他的生命失去现实性，他的生产表现为他的非存在的生产"③。总之，资本主义异化劳动使工人与人的类本质严重异化，使工人蒙受了巨大痛苦，没有任何物质幸福或精神幸福可言。

基于资本主义生产方式的反人道性，马克思和恩格斯在《形态》中以生产方式为基础对"人的"和"非人的"概念进行了界定："'人的'这一正面说法是同某一生产发展的阶段上占统治地位的一定关系以及由这种关系所决定的满足需要的方式相适应的。同样，'非人的'这一反面说法是同那些想在现存生产方式内部把这种统治关系以及在这种关系中占统治地位的满足需要的方式加以否定的意图相适应的，而这种意图每天都由这一生产发展的阶段不断地产生着。"④ 资本主义生产方式正是一种"非人的"生产方式。在《资本论》中，马克思更是对整个资本主义生产方式进行了系统而科学的分析，痛斥人的本性在这种生产方式中受到普遍的压抑和摧残。面对惨无人道的生产现实，马克思悲愤地写道："资本主义生产对已经

---

① 《马克思恩格斯全集》（第 42 卷），北京：人民出版社 1979 年版，第 96 页。

② 《马克思恩格斯全集》（第 42 卷），北京：人民出版社 1979 年版，第 93 页。

③ 《马克思恩格斯全集》（第 42 卷），北京：人民出版社 1979 年版，第 25 页。

④ 《马克思恩格斯全集》（第 3 卷），北京：人民出版社 1960 年版，第 508 页。

实现的、物化在商品中的劳动，是异常节约的。相反地，它对人，对活劳动的浪费，却大大超过任何别的生产方式，它不仅浪费血和肉，而且也浪费神经和大脑。"① "资本主义生产——实质上就是剩余价值的生产，就是剩余劳动的吸取——通过延长工作日，不仅使人的劳动力由于被夺去了道德上和身体上的正常发展和活动的条件而处于萎缩状态，而且使劳动力本身未老先衰和死亡。"② 在资本主义生产方式中，"资产者把无产者不是看作人，而是看作创造财富的力量。资产者还可以把这种力量同其他的生产力——牲畜、机器——进行比较。"③ 马克思还批判了资本主义生产方式中大机器应用所制造的"排挤人、奴役人"的反人伦乱象："因为机器本身是人对自然力的胜利，而它的资本主义应用使人受自然力奴役；因为机器本身增加生产者的财富，而它的资本主义应用使生产者变成需要救济的贫民，如此等等"④，"机器消灭了工作日的一切道德界限和自然界限"⑤。以大机器为代表的科学技术是否真如海德格尔所言，具有一种排挤人的"原罪"？对此，马克思精辟地指出："机器本身对于把工人从生活资料中'游离'出来是没有责任的。"⑥ 在资本主义社会中，以机器、技术为代表的科学理性之所以屈从于资本逻辑而背离人性逻辑，沦为纯粹的工具理性而丧失了价值理性，不是因为机器本身具有反人道性，而是源于资本主义生产方式的反人道性，这种生产方式消解了大机器原初应有的"解放工人"的价值理性。

---

① 《马克思恩格斯全集》（第 25 卷上），北京：人民出版社 1974 年版，第 105 页。

② 《马克思恩格斯全集》（第 23 卷），北京：人民出版社 1972 年版，第 295 页。

③ 《马克思恩格斯全集》（第 42 卷），北京：人民出版社 1979 年版，第 262 页。

④ 《马克思恩格斯全集》（第 23 卷），北京：人民出版社 1972 年版，第 383 页。

⑤ 《马克思恩格斯全集》（第 23 卷），北京：人民出版社 1972 年版，第 447 页。

⑥ 《马克思恩格斯选集》（第 1 卷），北京：人民出版社 1995 年版，第 483 页。

马克思还运用历史唯物主义特别分析和批判了资本主义生产方式之构成要素——"生产力"的道德二重性。在马克思的辩证思维格局中，一方面，从资本主义生产力发展的终极价值而言，生产力具有道德"善"的意义。因为，资本主义生产力发展客观上可为社会发展创造巨大的物质文明，为旧社会向新社会的历史过渡奠定雄厚的物质基础。而且，"生产力的这种发展（随着这种发展，人们的世界历史性的而不是地域性的存在已经是经验的存在了）之所以是绝对必需的实际前提，还因为如果没有这种发展，那就只会有贫穷的普遍化；而在极端贫困的情况下，就必须重新开始争取必需品的斗争，也就是说，全部陈腐的东西又要死灰复燃"，如果没有生产力的普遍发展，"共产主义就只能作为某种地域性的东西而存在"①。也即，从终极价值而言，包括资本主义生产力在内的一切社会形态的生产力只有不断地提升发展水平，才能为彻底消除贫困和"陈腐的东西"奠定必要的经济基础。基于此，资本主义生产力具有道德"善"的意义。另一方面，从资本主义生产力发展的工具理性来看，其又具有道德"恶"的本性。因为，资本主义生产力发展是以资产阶级最大化攫取工人创造的剩余价值为目的，其生产力发展过程始终伴随着人的价值贬值、无产阶级的"非人化"境遇和绝对贫困化等反人道社会后果。马克思还深刻揭露了资产阶级极力提高生产力的主要动机，即"在资本主义生产中，发展劳动生产力的目的，是为了缩短工人必须为自己劳动的工作日部分，以此来延长工人能够无偿为资本家劳动的工作日的另一部分"②。此外，马克思还批判了资产阶级以牺牲无产阶级身心发展的方式来推动生产力发展的恶劣行径，痛斥道："在资本主义体系内部，一切提高社会劳动生产力的

---

① 《马克思恩格斯全集》（第 3 卷），北京：人民出版社 1960 年版，第 39 页。
② 《马克思恩格斯全集》（第 23 卷），北京：人民出版社 1972 年版，第 357 页。

方法都是靠牺牲工人个人来实现的；一切发展生产的手段都变成统治和剥削生产者的手段，都使工人畸形发展……"①　在马克思看来，资本主义生产力发展的客观性（推动经济发展的经济本性）与主体性（促进人的发展的道德价值）即本体论意义与价值论意义是二元分立的。

　　提高生产力、发展科学技术这类对人的发展具有重大道德意义的行为，在"资本至上"逻辑的支配下和"资本增殖"本性的笼罩下，其道德意义却被完全消解甚至走向反面：生产力发展不仅要以劳动者丧失劳动资料、劳动自由和生活自由为条件，还要以人的片面化、畸形化发展和全面异化为手段，即要以"人"的"非人化"为基本前提。由此，提高生产力本应具有的消除贫困、改善工人生活的道德意义和道德价值，被生产力的工具理性完全消解了。马克思在《资本论》中深刻揭示：在资本主义社会中，发展生产力的反道德性更为明显地暴露出来。②　资本主义生产力发展是一切道德"恶"的深刻根源，且这种"恶"是人类历史上任何一种"恶"都无法比拟的。马克思指出，资本主义生产力越是高度发展，劳动者越是大规模地走向绝对贫困化，"机器具有减少人类劳动和使劳动更有成效的神奇力量，然而却引起了饥饿和过度的疲劳……技术的胜利，似乎是以道德败坏为代价换来的"③。而且，资本主义生产力发展还是一种巨大的破坏性力量。对此，马克思和恩格斯在《形态》中指出："在私有制的统治下，这些生产力只获得了片面的发展，对大多数人来说成了破坏的力量，而许多这样的生产力在私有制下根

---

① 《马克思恩格斯全集》（第23卷），北京：人民出版社1972年版，第708页。

② 参见胡贤鑫：《〈资本论〉伦理思想研究》，武汉：湖北人民出版社2006年版，第109页。

③ 《马克思恩格斯全集》（12卷），北京：人民出版社1962年版，第4页。

本得不到利用"①。两位革命导师在《宣言》中深刻批判道："社会所拥有的生产力已经不能再促进资产阶级的所有制关系的发展；相反，生产力已经增长到这种关系所不能容纳的地步，资产阶级的关系已经阻碍生产力的发展……"② 恩格斯在揭示现代国家的本质时也痛斥："它愈是把更多的生产力据为己有，就愈是成为真正的总资本家，愈是剥削更多的公民。"③ 在历史唯物主义理论视阈中，资本主义生产力发展非但没有给工人带来自由与幸福，反而制造了更多的贫困与苦难，给世人展现的是贫者越贫、富者越富的讽刺画，无产阶级为此付出了极端贫困甚至家园沦丧的巨大代价。

在历史唯物主义理论视阈中，资本主义生产方式具有根深蒂固的内在矛盾，其在发展生产力、创造巨大物质财富和征服自然的同时，又造成人的全面异化。因而，其内含不可超越的狭隘性和封闭性，只能作为人类社会的一种历史过渡性生产方式而存在，最终要被更加适合社会发展和人类进步的人性化共产主义生产方式所替代。正如马克思所言："一种历史生产形式的矛盾发展，是这种形式瓦解和新形式形成的惟一的历史道路。"④ 恩格斯也指出："这些经济事实同我们的道德感有矛盾。马克思从来不把他的共产主义要求建立在这样的基础上，而是建立在资本主义生产方式的必然的、我们眼见一天甚于一天的崩溃上。"⑤ 马克思主义创始人对人类社会生产方式始终秉持着深厚的道德关切。他们强烈要求通过无产阶级革命实践彻底废除资本主义生产方式，建立一种能够消除贫困和异化现象，并为无产阶级创造自由和幸福的人道主义生产方式——共产主义生

①《马克思恩格斯全集》（第 3 卷），北京：人民出版社 1960 年版，第 68 页。

②《马克思恩格斯全集》（第 4 卷），北京：人民出版社 1958 年版，第 472 页。

③《马克思恩格斯全集》（第 19 卷），北京：人民出版社 1963 年版，第 240 页。

④《马克思恩格斯全集》（第 44 卷），北京：人民出版社 2001 年版，第 562 页。

⑤《马克思恩格斯全集》（第 21 卷），北京：人民出版社 1965 年版，第 209 页。

产方式。

（二）历史唯物主义在道德批判中重构共产主义生产伦理

马克思和恩格斯对资本主义生产方式下工人阶级的悲惨境遇进行了激情痛斥，对资本主义生产方式之反人道性进行了深刻批判，却并未停留于表象的道德批判层面，而是在道德批判的基础上对未来社会生产伦理——共产主义生产伦理进行了理性而科学的道德重构。

马克思立足于宏观视野和历史高度，对人类生产劳动的概念及其深远意义作出了科学界定和理性评价，指出：劳动“只是指人借以实现人和自然之间的物质变换的人类一般的生产活动，它不仅已经脱掉一切社会形式和性质规定，而且甚至在它的单纯的自然存在上，不以社会为转移，超越一切社会之上，并且作为生命的表现和证实，是尚属非社会的人和已经有某种社会规定的人所共同具有的”①，“任何一个民族，如果停止劳动，不用说一年，就是几个星期，也要灭亡”，“整个所谓世界历史不外是人通过人的劳动而诞生的过程，是自然界对人说来的生成过程，所以，关于他通过自身而诞生、关于他的产生过程，他有直观的、无可辩驳的证明。”② 在此基础上，马克思以他对生产伦理的理性认知与道德诉求为基本前提，运用历史唯物主义对真正合乎人性的共产主义生产伦理进行了道德重构。在历史唯物主义理论视阈中，未来的共产主义生产伦理是生产过程伦理、生产关系伦理、生产本质伦理与生产目的伦理之四位一体的生成性统一，为我们描绘出一幅人性化、理想化的生产劳动愿景。

---

① 《马克思恩格斯文集》（第 7 卷），北京：人民出版社 2009 年版，第 923 页。
② 《马克思恩格斯全集》（第 42 卷），北京：人民出版社 1979 年版，第 131 页。

首先，在生产过程伦理层面，共产主义生产方式能体现劳动者与劳动过程之和谐统一。

在历史唯物主义理论视阈中，劳动是人类生存和发展的主要依据，亦是"人之为人"的重要确证，劳动过程则是创造和呈现劳动者本质的过程。在马克思看来，劳动作为"人的自为的生成"，不可能仅仅是一个客观事实规定，而是一个包含深刻道德批判意识的价值规定，是对一种真正合乎人性的人类生存方式的指认。① 真正合乎人性、合乎道德的生产方式应给予劳动者以充分主动权，使其能自由支配自己的劳动过程，包括自由支配劳动资料、劳动时间和劳动计划，及自由选择劳动方式等。马克思和恩格斯在《形态》中对这种人性化生产方式进行了道德设想："这种生产方式不仅应当从它是个人肉体存在的再生产这方面来加以考察。它在更大程度上是这些个人的一定的活动方式、表现他们生活的一定形式、他们的一定的生活方式。个人怎样表现自己的生活，他们自己也就怎样。因此，他们是什么样的，这同他们的生产是一致的——既和他们生产什么一致，又和他们怎样生产一致。"② 而在资本主义生产方式下，资本家控制工人的劳动过程，包括决定其劳动时间和劳动方式等，使工人与劳动过程严重异化。对此，马克思痛斥道："在私有制的前提下，它是生命的外化，因为我劳动是为了生存，为了得到生活资料。我的劳动不是我的生命"③，"一切发展生产的手段都变成统治和剥削生产者的手段，都使工人畸形发展，成为局部的人，……并且随着科学作为独立的力量被并入劳动过程而使劳动过程的智力与工人相异化；这些手段使工人的劳动条件变得恶劣，使工人在劳动过程

---

① 参见张盾：《马克思哲学革命中的伦理学问题》，载《哲学研究》，2004 年第 5 期，第 5 页。

② 《马克思恩格斯全集》（第 3 卷），北京：人民出版社 1960 年版，第 24 页。

③ 《马克思恩格斯全集》（第 42 卷），北京：人民出版社 1979 年版，第 38 页。

中屈服于最卑鄙的可恶的专制。"① 在资本主义生产方式中，劳动过程为资产阶级创造了财富，却为工人制造了赤贫；劳动过程的经济本性与道德价值、本体论意义与价值论意义呈现出二元分立。

在共产主义生产方式中，无产阶级作为真正意义上的劳动者与劳动过程是和谐统一的，而劳动过程就是无产阶级力量的呈现方式。马克思指出："在过去的一切占有制下，许多个人屈从于某种唯一的生产工具；在无产阶级的占有制下，许多生产工具应当受每一个个人支配，而财产则受所有的个人支配。"② 也即，共产主义社会中的劳动者共同占有社会财产和生产工具等劳动资料，自主地管理劳动过程，成为劳动过程真正的实践主体和价值主体，由此扬弃了资本与活劳动之根本对立。此时，作为劳动者的工人能利用社会公共生产资料为自己的劳动不断增值，"工人自己的合作工厂，是在旧形式内对旧形式打开的第一个缺口，……资本和劳动之间的对立在这种工厂内已经被扬弃，虽然起初只是在下述形式上被扬弃，即工人作为联合体是他们自己的资本家，也就是说，他们利用生产资料来使他们自己的劳动增殖。"③ 工人成为他们自己的资本家，他们赋予自身以强烈的劳动热情和创造动力，他们的劳动过程彻底摆脱了资本家的控制和资本的奴役，由此真正实现了他们自身与劳动过程之和谐统一。正如马克思在《形态》中所言："随着对生产实行共产主义的调节（这种调节消灭人们对于自己产品的异化关系），供求关系的统治也将消失，人们将使交换、生产及其相互关系的方式重新受自己的支配。"④ 历史唯物主义所重构的劳动者与劳动过程之和谐统

---

① 《马克思恩格斯全集》（第 23 卷），北京：人民出版社 1972 年版，第 708 页。

② 《马克思恩格斯全集》（第 3 卷），北京：人民出版社 1960 年版，第 76 页。

③ 《马克思恩格斯全集》（第 25 卷上），北京：人民出版社 1974 年版，第 497—498 页。

④ 《马克思恩格斯全集》（第 3 卷），北京：人民出版社 1960 年版，第 40 页。

一的生产过程伦理，彰显出共产主义生产过程的道德内涵和伦理意义。马克思在《哥达纲领批判》中提出的一个观点最能生动而深刻地说明这种生产过程伦理，即"劳动已经不仅仅是谋生的手段，而且本身成了生活的第一需要"①。共产主义劳动过程不再是劳动者的重负，而是其精神上的需要和享受，其真正实现了劳动过程的经济本性与道德价值、本体论意义与价值论意义之辩证统一。

其次，在生产关系伦理层面，共产主义生产方式能实现劳动者与生产力、劳动者与生产资料、劳动者与劳动者之和谐统一。

马克思指出，在资本主义生产方式中，劳动者与生产力是二元分立的，"第一，生产力表现为一种完全不依赖于各个个人并与他们分离的东西，它是与各个个人同时存在的特殊世界……另一方面是和这些生产力相对立的大多数个人，这些生产力是和他们分离的，因此这些个人丧失了一切现实生活内容，成了抽象的个人"②。这必然造成"工人生产的财富越多，他的产品的力量和数量就越大，他就越贫穷"这一反人道后果。而在共产主义生产方式中，劳动者与生产力是和谐统一的，"联合起来的个人对全部生产力总和的占有，消灭着私有制"③，劳动者真正成为发展生产力的本质力量。劳动者与生产力的和谐统一能极大促进生产力发展，为全体社会成员创造丰富的物质文化财富，提升所有人的生活质量，从而赋予生产力发展以深厚的道德情愫。在资本主义生产方式中，劳动者与劳动者、劳动者与资本家也处于根本对立状态。对此，马克思指出："在市场上，他作为'劳动力'这种商品的占有者与其他商品的占有者相对立，即作为商品占有者与商品占有者相对立。他把自己的劳动力卖给资本家时所缔结的契约，可以说是白纸黑字一样表明了他可以自

---

① 《马克思恩格斯文集》（第19卷），北京：人民出版社1963年版，第23页。

② 《马克思恩格斯全集》（第3卷），北京：人民出版社1960年版，第75页。

③ 《马克思恩格斯全集》（第3卷），北京：人民出版社1960年版，第77页。

由支配自己。在成交以后却发现，他不是'自由的当事人'，他自由出卖自己劳动力的时间，是他被迫出卖劳动力的时间；实际上，他'只要还有一块肉、一根筋、一滴血可供榨取'，吸血鬼就决不罢休。"① 这种对立使工人在生产中感到痛苦，在精神上感到崩溃，在生活中极端贫困，最大化地肢解直至消解了资本主义生产关系的人伦属性。此外，劳动者与资本、劳动者与生产资料也处于根本对立状态，"劳动同它自身的分离等于工人同资本家的分离，等于劳动同资本——它的最初形式分为地产和动产——的分离……"②，"资本主义生产不仅是商品的生产，它实质上是剩余价值的生产。工人不是为自己生产，而是为资本生产。"③ 这种对立使工人一无所有，只能"为资本生产"，并与他们在生产过程中使用的生产资料处于分离的、异化的状态。而资本家则全面占有生产资料，无偿剥削工人创造的剩余价值。

马克思主义创始人设想，在共产主义生产方式下，劳动者与劳动者是和谐统一的，他们在生产领域有着共同利益、共同计划和共同目的。正如恩格斯所言："所有这些生产部门由整个社会来经营，就是说，为了共同的利益、按照共同的计划、在社会全体成员的参加下来经营。"④ 共产主义实行的是生产资料公有制，劳动者与生产资料也是和谐统一的，生产资料占有关系彻底摆脱了私有制束缚，无产阶级既是劳动者又是生产资料的共同占有者。恩格斯在《反杜林论》中指出，在消灭了私有制之后，"一旦社会占有了生产资料，商品生产将被消除，而产品对生产者的统治也将随之消除。社会生

①　《马克思恩格斯文集》（第5卷），北京：人民出版社2009年版，第349页。
②　《马克思恩格斯全集》（第42卷），北京：人民出版社1979年版，第30页。
③　《马克思恩格斯文集》（第5卷），北京：人民出版社2009年版，第582页。
④　《马克思恩格斯选集》（第1卷），北京：人民出版社1995年版，第237页。

产内部的无政府状态将为有计划的自觉的组织所代替。"① 马克思在《资本论》中论及未来社会"自由人联合体"时，对生产资料由劳动者共建共享的崭新劳动模式进行了生动描绘："设想有一个自由人联合体，他们用公共的生产资料进行劳动，并且自觉地把他们许多个人劳动力当作一个社会劳动力来使用。"② 在历史唯物主义理论视阈中，共产主义生产方式能实现劳动者与生产力、劳动者与生产资料、劳动者与劳动者之三位一体的和谐统一，因而在最深层的现实意义上呈现出一种立体化、全方位的生产关系伦理。

再次，在生产本质伦理层面，共产主义生产方式能使劳动者真正回归人的类本质，即"自由的自觉的活动"③，从而获得自由和幸福。

马克思认为，"一个种的全部特性、种的类特性就在于生命活动的性质，而人的类特性恰恰就是自由的自觉的活动"④，"自由的自觉的活动"也是人道化的生产劳动之本质。而在资本主义生产方式下，人的"实然"的劳动状态与"应然"的类本质之间是对立的，"劳动对工人说来是外在的东西，也就是说，不属于他的本质的东西；因此，他在自己的劳动中不是肯定自己，而是否定自己"⑤，"异化劳动把自主活动、自由活动贬低为手段，也就把人的类生活变成维持人的肉体生存的手段"⑥。私有制所造成的非自愿分工也使"人本身的活动对人说来就成为一种异己的、与他对立的力量，这种

---

① 《马克思恩格斯全集》（第 20 卷），北京：人民出版社 1971 年版，第 307—308 页。

② 《马克思恩格斯全集》（第 23 卷），北京：人民出版社 1972 年版，第 95 页。

③ 《马克思恩格斯全集》（第 42 卷），北京：人民出版社 1979 年版，第 96 页。

④ 《马克思恩格斯全集》（第 42 卷），北京：人民出版社 1979 年版，第 96 页。

⑤ 《马克思恩格斯全集》（第 42 卷），北京：人民出版社 1979 年版，第 93 页。

⑥ 《马克思恩格斯全集》（第 42 卷），北京：人民出版社 1979 年版，第 97 页。

力量驱使着人，而不是人驾驭着这种力量。"① 对此，有学者指出："资本主义的生产方式只是使人保持了人的肉体生命和自然属性，人的精神生命和社会属性却丧失了，全部生命活动只在于维持孤立、片面的动物性生存，人的本质蜕变成了孤立固定的物性本质。"② 在马克思看来，"在私有制的前提下，我的个性同我自己疏远到这种程度，以致这种活动为我所痛恨，它对我来说是一种痛苦，更正确地说，只是活动的假象"③。异化劳动更是意味着人的类本质之全面丧失，"异化劳动把这种关系颠倒过来，以至人正因为是有意识的存在物，才把自己的生命活动，自己的本质变成仅仅维持自己生存的手段"④。

马克思从生产实践的角度出发，以"自由的自觉的活动"⑤ 这一类本质为批判标尺，深刻批判资本主义生产方式下劳动产品、劳动过程、劳动资料及人与人的关系都是对人的类本质的背离。他指明，劳动者只有在"自由的自觉的活动"中才能超越人的自然本能，才能"按照任何一个种的尺度来进行生产，并且懂得处处把内在的尺度运用于对象；因此，人也按照美的规律来建造"⑥，由此回归"我的劳动是自由的生命表现，因此是生活的乐趣"⑦ 这一人性化生产本质。这一生产本质能使人在劳动中获得生存和发展，收获乐趣和自由，其正是"人之为人"的重要确证。有学者提出："对马克

① 《马克思恩格斯全集》（第 3 卷），北京：人民出版社 1960 年版，第 37 页。
② 王天民：《映现于批判中的伦理——马克思伦理思想的理论样态》，载《理论探讨》，2005 年第 5 期，第 44 页。
③ 《马克思恩格斯全集》（第 42 卷），北京：人民出版社 1979 年版，第 38 页。
④ 《马克思恩格斯全集》（第 42 卷），北京：人民出版社 1979 年版，第 96 页。
⑤ 《马克思恩格斯全集》（第 42 卷），北京：人民出版社 1979 年版，第 96 页。
⑥ 《马克思恩格斯全集》（第 42 卷），北京：人民出版社 1979 年版，第 97 页。
⑦ 《马克思恩格斯全集》（第 42 卷），北京：人民出版社 1979 年版，第 38 页。

思来说，劳动（生产本质）不只是一个关于事实的知识问题，更是一个关于人类存在价值的伦理学问题。他直接进入批判的语境：劳动要么是合乎人性的，因而是道德的和幸福的；要么是违反人性的，因而是异化的和充满罪恶的。"① 在马克思的生产视阈中，合乎道德且为人制造幸福的生产本质，不应是动物性的本能活动或纯粹谋生性的生产活动，而应从超越谋生动机的"外在的、偶然的需要"②的自然概念上升至表现生命的"内在的必然的需要"③ 的自由范畴。《形态》指出，在共产主义生产方式中，"劳动转化为自主活动，同过去的被迫交往转化为所有个人作为真正个人参加的交往，也是相互适应的。"④ 此时，劳动对于人类不再是一种痛苦和折磨，而是"恢复它的本来面目，成为一种享受"⑤，"给每一个人提供全面发展和表现自己全部的即体力和脑力的机会"，从此，"生产劳动就不再是奴役人的手段，而成了解放人的手段，因此，生产劳动就从一种负担变成一种快乐。"⑥ 总之，在历史唯物主义理论视阈中，合乎道德的人性化生产本质，就是创造和丰富人的本质的"自由的自觉的活动"⑦，这种活动的过程和结果都能自由地展示、丰富和完善人的本质，使人按照美的规律创造生活，并向完整的、自由的人发展，从而获致自由和幸福。由此，赋予人类生产本质以特定的道德内涵与伦理意义。

---

① 参见张盾：《马克思哲学革命中的伦理学问题》，载《哲学研究》，2004 年第 5 期，第 5 页。

② 《马克思恩格斯全集》（第 42 卷），北京：人民出版社 1979 年版，第 38 页。

③ 《马克思恩格斯全集》（第 42 卷），北京：人民出版社 1979 年版，第 38 页。

④ 《马克思恩格斯全集》（第 3 卷），北京：人民出版社 1960 年版，第 77 页。

⑤ 《马克思恩格斯全集》（第 1 卷），北京：人民出版社 1956 年版，第 578 页。

⑥ 《马克思恩格斯文集》（第 9 卷），北京：人民出版社 2009 年版，第 30—31 页。

⑦ 《马克思恩格斯全集》（第 42 卷），北京：人民出版社 1979 年版，第 96 页。

最后，在生产目的伦理层面，共产主义生产方式能实现劳动者与劳动产品相统一、社会生产与人的自由全面发展相契合的伦理化生产目的，呈现出一幅"自由人联合体"联合劳动、共建共享的伦理化生产愿景。

一方面，共产主义生产的主要目的是实现劳动者与劳动产品之内在统一，使劳动者成为生产过程中真正意义上的实践主体和价值主体，充分享用自己的劳动成果，最大化满足自身的物质文化生活需求。马克思在《手稿》、《政治经济学批判》各部手稿和《资本论》中列举了大量事实，雄辩地揭露出资本主义生产方式特别是异化劳动中工人与劳动产品之间所呈现的扭曲、颠倒的关系。他指出：在资本主义生产方式下，"劳动所生产的对象，即劳动的产品，作为一种异己的存在物，作为不依赖于生产者的力量，同劳动相对立"，"对对象的占有竟如此表现为异化，以致工人生产的对象越多，他能够占有的对象就越少，而且越受他的产品即资本的统治"①，"这一切后果包含在这样一个规定中：工人同自己的劳动产品的关系就是同一个异己的对象的关系"②。工人与劳动产品的异化关系使"人同他的劳动产品即对象化劳动的关系"就是"同一个异己的、敌对的、强有力的、不依赖于他的对象的关系"③，"劳动资料不断地夺走工人手中的生活资料，工人自己的产品变成奴役工人的工具"④。事实上，自资本主义私有制产生以来，工人阶级争取劳动产品的斗争就此起彼伏，从未停歇。马克思在谈到巴黎六月革命时曾指出："目前的斗争只是二月革命的继续。它是争取较合理地分配每年劳动产品

① 《马克思恩格斯全集》(第42卷)，北京：人民出版社1979年版，第91页。
② 《马克思恩格斯全集》(第42卷)，北京：人民出版社1979年版，第91页。
③ 《马克思恩格斯全集》(第42卷)，北京：人民出版社1979年版，第99页。
④ 《马克思恩格斯全集》(第19卷)，北京：人民出版社1963年版，第235—236页。

的席卷全欧洲的斗争的继续……不管这个斗争会被怎样顺利地镇压下去，它还会接连不断地爆发，直到政府实行较合理地分配每年的劳动产品。"① 资产阶级社会与共产主义社会在劳动产品的占有和支配上有着实质区别："在资产阶级社会里，活的劳动只是增值已经积累起来的劳动的一种手段"，而"在共产主义社会里，已经积累起来的劳动只是扩大、丰富和提高工人生活的一种手段"②，"在一个集体的、以共同占有生产资料为基础的社会里"③，"这个联合体的总产品是社会的产品……在那里，人们同他们的劳动和劳动产品的社会关系，无论在生产上还是在分配上，都是简单明了的"④。在共产主义生产方式下，物质产品和精神产品极大丰富，全体社会成员共同占有劳动产品，"共产主义并不剥夺任何人占有社会产品的权利，它只剥夺利用这种占有去奴役他人劳动的权利"⑤。

　　另一方面，共产主义生产终极目标旨在为每个人的自由全面发展创造真实而丰富的物质财富，实现社会生产与人的自由全面发展之内在契合。马克思主义创始人"在'德意志意识形态'中，描绘了未来共产主义社会的某些基本轮廓。马克思和恩格斯认为这个社会的特点是：在共产主义制度下人们将自觉地利用客观经济规律，从而有能力支配生产，支配交换，支配自己的社会关系。只有在共产主义制度下，每一个人的才能和天资才会得到充分的和全面的发展。"⑥ 马克思和恩格斯在《宣言》中设想，在"自由人联合体"社会里，已经成为自由人的劳动者必然会废除资本剥削制度，整个社

① 《马克思恩格斯全集》（第5卷），北京：人民出版社1958年版，第159页。
② 《马克思恩格斯文集》（第2卷），北京：人民出版社2009年版，第46页。
③ 《马克思恩格斯选集》（第3卷），北京：人民出版社1995年版，第303页。
④ 《马克思恩格斯全集》（第23卷），北京：人民出版社1972年版，第95—96页。
⑤ 《马克思恩格斯文集》（第2卷），北京：人民出版社2009年版，第47页。
⑥ 《马克思恩格斯全集》（第3卷），北京：人民出版社1960年版，第XII页。

会生产呈现出一幅劳动者联合劳动、共建共享的理想化图景，"代替那存在着各种阶级以及阶级对立的资产阶级旧社会的，将是一个以各个人自由发展为一切人自由发展的条件的联合体。"[①] 恩格斯后来在《社会主义从空想到科学的发展》中又指出："通过社会生产，不仅可能保证一切社会成员有富足的和一天比一天充裕的物质生活，而且还可能保证他们的体力和智力获得充分的自由的发展和运用。"[②] 在历史唯物主义理论视阈中，符合人类生产发展规律和道德发展规律的共产主义社会生产，无论是物质生产抑或精神生产，都不能只关注单纯的物质财富集聚，而是须关注"生产力以及它们未来的自由发展方面"[③]，须关注生产发展的客观性与主体性之内在统一，旨在促进人的自由全面发展。历史唯物主义在为谁生产、生产什么及如何生产的问题上始终秉持群众史观，重构起"一切为了人、为了一切人、为了人一切"的共产主义生产伦理。为每个人的自由全面发展创造真实而丰富的物质财富，这本身就是社会生产发展的价值旨归与道德皈依，深刻表征出历史唯物主义对共产主义生产目的伦理的价值诉求与道德重构。

马克思和恩格斯是立足于时代高度的道德批判者与道德重构者，总是以批判旧道德、重构新道德的方式阐发自己的道德观念和道德理想。正如马克思在《德法年鉴》时期写给卢格的信中所说的："只是希望在批判旧世界中发现新世界"[④]。他们创立的历史唯物主义，完成了人类思想史上史无前例的道德解构与道德重构之思想壮举。其对资本主义社会的批判没有停留于纯粹的道德批判层面，没有为批判而批判，而是在道德批判中始终秉持"破中有立"的"超

① 《马克思恩格斯全集》（第 4 卷），北京：人民出版社 1958 年版，第 491 页。
② 《马克思恩格斯全集》（第 19 卷），北京：人民出版社 1963 年版，第 244 页。
③ 〔德〕马克思：《资本论》（第 2 卷），北京：人民出版社 2004 年版，第 357 页。
④ 《马克思恩格斯全集》（第 1 卷），北京：人民出版社 1956 年版，第 416 页。

越性"维度，旨在为道德重构而批判，最终完成了对未来社会的道德重构。其理论视阈中的批判理论和批判精神深刻彰显出道德批判与道德重构之内在统一：既对资本主义社会的道德非合理性和反人道性作出深刻的道义否定与道德批判；又以超越现实的道德精神对违背人性的资产阶级旧道德进行彻底解构，并通过积极建设以引导被批判对象与整个社会走向真、善、美，进而完成重构符合人性发展要求的新道德体系之历史使命。

历史唯物主义不仅强调对资本主义旧世界的揭露与批判，更强调对共产主义新世界的启示与引领。其理论视阈中的批判理论和批判精神之道德运思理路，是在对旧世界的道德批判和对新世界的道德重构中逐步展开的。其道德批判范式之价值旨归不是粗暴式摧毁或简单化解构资本主义旧道德，而是批判性改造和革命性重构之，旨在重构一种符合人性发展要求、内蕴"现实的人道主义"和现代性伦理精神的新道德体系。正如有研究者所言："马克思主义的历史形成总是围绕着对资本主义旧世界的道德批判和对新世界的道德重构展开的。"① 历史唯物主义在对资本主义私有制和生产方式的道德批判中探寻未来社会制度和生产方式的伦理路向，力求重构一种符合人性发展要求的制度伦理和生产伦理：其对资本主义私有制的道德批判映现出马克思主义创始人对共产主义制度伦理的道德诉求，即推翻反人道的资本主义私有制，重构以人的自由全面发展为道德皈依的"自由人联合体"制度伦理；其对资本主义生产方式的道德批判映现出马克思主义创始人对共产主义生产伦理的道德憧憬，即《资本论》所提出的"真正自由的劳动"的实现。基于此，历史唯物主义对资本主义社会的道德批判并未简单停留于批判层面，而是

---

① 宛小平：《道德批判与重构是贯串于马克思主义理论体系的一条红线》，载《安徽大学学报》，1997 年第 5 期，第 113 页。

既指向道德批判，更指向道德重构，实现了形式化的道德批判与实质性的道德重构之自觉统一，在道德批判中凸显出对未来社会的制度伦理和生产伦理之理性反思与道德观照。

综上述，历史唯物主义理论视阈中的道德批判范式不仅是一种否定性批判，更是一种建设性批判和实践性批判，是要"在批判旧世界中发现新世界"①，具有鲜明的革命性，真正实现了"破中有立"。也正是基于此，历史唯物主义创立者——马克思和恩格斯成为自康德至费尔巴哈以来，德国批判精神的典型代表者和伟大批判者。

---

① 《马克思恩格斯全集》（第 1 卷），北京：人民出版社 1956 年版，第 416 页。

第三章　历史唯物主义的道德实践精神：
道德乌托邦的历史性超越

"问渠哪得清如许，为有源头活水来。"实践是历史唯物主义的源头活水，亦是其永葆生命力的不竭动力。历史唯物主义源自实践，又指导实践。马克思和恩格斯曾宣称自己的哲学为"实践的唯物主义"，以表明其与旧唯物主义之实质区别。实践观作为历史唯物主义的首要观点和深刻内涵，历来为学界所重视。自 20 世纪 80 年代以来，在探索和建构历史唯物主义当代形态的理论研究中，学界基于认识论、方法论、本体论和工具论的视角对历史唯物主义实践观进行了系统研究，并对历史唯物主义理论视阈中的人学实践论、生存实践论和交往实践论进行了多维的理论阐释。然而，迄今，学界甚少基于伦理学意义和道德价值的视角来研究历史唯物主义实践观。这不仅遮蔽了历史唯物主义"与生俱来"的一个重要的道德维度——道德实践精神，亦难以充分发挥历史唯物主义在引导人民群众践行社会主义道德理想和人民道德诉求中的道德功能和价值。

纵观历史唯物主义经典文本，马克思主义创始人虽未明确提出"道德实践"或"道德实践精神"等概念，但我们潜心回归历史唯物主义经典文本的本真语境，即能深刻感悟到：历史唯物主义不仅强调实践对于推动历史发展的决定性作用，而且致力于诉诸实践来追寻并践行深切的道德诉求；不仅关注实践的认识论意义、本体论意义和方法论意义，而且关注实践的人学意义、生存论意义、发展论意义等伦理学意义，强调实践具有改造现实世界、实现人类道德诉求的道德价值。马克思和恩格斯既不是游离于道德理想和人道主义的"道德中立"的实践哲学家，亦不是沉湎空洞的道德说教、远离实践斗争的思辨的道德哲学家或乌托邦主义者。他们既是胸怀道德情怀和道德理想的"唯物"的实践哲学家，亦是毕生投入无产阶级革命实践的"实践"的道德哲学家。基于此，他们创立的历史唯物主义将道德批判升华至实践批判，将道德理想升华至道德实践，在道德诉求与人类实践之内在关系问题上与以往哲学有着实质区别：历史唯物主义没有使道德诉求游离于人类实践而沦为抽象的道德说教或思辨的道德幻想，亦没有以人类实践凌驾或消解道德诉求，而是将道德诉求置于实践基础予以追寻并践行，由此赋予实践以深刻的道德内涵与深厚的道德价值，实现了道德诉求与实践本性之生成性统一，彰显出深邃的道德实践精神；而以往哲学对道德诉求与人类实践作二元分立，拘泥于认识论或本体论的视角理解实践，抑或游离于实践作抽象的道德理想建构，由此陷入传统生产实践观的理论桎梏或道德乌托邦的理论苑囿。

历史唯物主义之创立既标志着人类实践观之革命性变革，亦实现了对漠视实践而沉湎道德幻想的道德乌托邦之历史性超越。道德实践精神是历史唯物主义"与生俱来"且"始终在场"的精神特质。深度开掘并系统研究历史唯物主义的道德实践精神，在理论上有助于推动学界进一步研究历史唯物主义的道德维度之深刻内涵；在实践上有助于引导我们以历史唯物主义为指导，自觉秉持道德实践精神，倾力践行中国特色社会主义道德理想，倾心实现人民道德诉求。

第一节　历史唯物主义在人类实践中彰显道德诉求

实践观是历史唯物主义的首要观点和深刻内涵。马克思在《提纲》中指出："全部社会生活在本质上是实践的。凡是把理论引到神秘主义方面去的神秘东西，都能在人的实践中以及对这个实践的理解中得到合理的解决。"① 马克思和恩格斯创立的历史唯物主义，不是闭门造车、进行纯粹理论演绎的产物，亦不是源于他们一时的情感冲动或理论猎奇，而是两位革命导师基于对人类物质生产实践、无产阶级生存实践和无产阶级革命实践之深刻反思而创立的理论成果。

历史唯物主义不屑于虚幻的道德诉求或空洞的道德说教，亦没有简单停留于本体论、认识论或方法论的意义上理解人类实践，而是在肯定人类实践之上述意义的基础上，在实践领域彰显深切的道德诉求：在人类物质生产实践中诉求人类现实需要之合理满足、在无产阶级生存实践中探赜人类理想化生存状态构建之道德必然性、在无产阶级革命实践中谋求共产主义道德理想之必然实现。历史唯物主义实践观因内蕴深切的道德诉求而具有深厚的道德价值，而历史唯物主义的道德诉求又因以实践为现实根基而得以科学化。基于此，历史唯物主义以"改变世界"的实践逻辑消融了"解释世界"的理论逻辑，实现了人类实践与道德价值、实践本性与道德诉求之生成性统一，由此完成了其理论视阈中的道德实践精神之理论生成和实践自觉，赋予人类实践以深切的道德意义。

---

① 《马克思恩格斯全集》（第 3 卷），北京：人民出版社 1960 年版，第 8 页。

一、在物质生产实践中诉求人类现实需要之合理满足

始终关注并诉求人类现实需要之合理满足，是历史唯物主义的一个重要道德诉求。但是，与以往哲学不同，历史唯物主义不再诉诸"可以适用于各个历史时代的药方或公式"①，不再发出苍白的道德呐喊，而是将这种道德诉求建立于物质生产实践的基础之上，强调在物质生产实践中诉求人类现实需要之合理满足。这是历史唯物主义的道德实践精神之重要呈现。

传统生产实践观囿于"实践本体论"的思维模式，困于"解释世界"的理论桎梏，基于单向度的实践诠释，把实践归结为纯粹的生产实践。如此，其理论视阈中的生产实践之全部旨趣即在于：只是纯粹的认识论或本体论意义上的生产实践，只具有工具价值，而并不关涉人的现实需要、生存和发展、道德理想等道德诉求。历史唯物主义实践观与传统生产实践观对物质生产实践的内涵与外延之理解有着实质区别：前者强调物质生产实践是人类最基本的实践形式，其在本真意义上是能满足人的现实需要，并能为人的发展提供各种物质资源和精神文化资源的实践活动，既具有本体论意义，亦具有价值论意义；而后者则将物质生产实践简单还原为只具有工具价值（推动生产发展和经济增长）的纯粹的生产实践，无视其能满足人的现实需要的功能和价值，使其在价值论意义上陷入"道德中立"或"价值无涉"的境遇。历史唯物主义在人类物质生产实践中诉求人类现实需要之合理满足，赋予了物质生产实践以深刻的道德内涵与深厚的道德旨趣，并由此实现了对传统生产实践观之理论缺憾和伦理局限的历史性超越。

---

① 《马克思恩格斯全集》（第 3 卷），北京：人民出版社 1960 年版，第 31 页。

在历史唯物主义理论视阈中，包括人的生存和发展需要在内的诸种现实需要，只有在物质生产实践中才能得以产生、发展并合理满足。马克思和恩格斯在《形态》中曾明确把历史唯物主义表述为："这种历史观就在于：从直接生活的物质生产出发来考察现实的生产过程。"① 他们从物质生产实践出发，第一次真正揭示出：人类现实需要作为历史唯物主义"与生俱来"的"内在规定性"，不仅是人类本性之具体体现，而且只有在物质生产实践中才能予以合理满足，由此克服了西方学院伦理学和人本主义哲学孤立地看待人类需要问题的形而上思维模式之理论缺憾。历史唯物主义不仅使哲学的研究对象从抽象的、一般意义上的人类需要真正转向现实的物质生产实践，而且诉诸物质生产实践以谋求人类现实需要之合理满足，其理论语境中的生产实践观实现了实践的本体论意义与价值论意义的自觉统一，彰显出实践之维与道德之维的辩证统一。

在历史唯物主义理论视阈中，人类现实需要不是凭空产生的，亦不是人们通过纯粹的理论演绎或逻辑推论而形成的，而是在现实的物质生产实践中逐步产生和发展的。弗洛伊德曾把人的需要归结为人的生物学本能，特别是性本能，认为一切社会现象和人类行为都是由这一本能的冲动所激发的，人的需要永远同社会发展处于对抗状态。马克思则认为，包括食欲、爱欲在内的人的生物学本能仅是激发人类现实需要的自然前提，物质生产实践才是激发和衍生人类现实需要的深刻根源。马克思指出："需要也如同产品和各种劳动技能一样，是生产出来的"，"没有生产，也就没有消费。"② 在历史唯物主义理论视阈中，人的需要从直观层面而言直接表现为人的肉体组织的需要，但人的肉体组织本身无法满足人的需要；不仅人的

---

① 《马克思恩格斯全集》（第 3 卷），北京：人民出版社 1960 年版，第 42 页。

② 《马克思恩格斯全集》（第 46 卷上），北京：人民出版社 1979 年版，第 28 页。

需要的内容、形式、种类和层次皆根源于物质生产实践的既定现状及其发展趋势，而且物质生产实践是满足人类现实需要的根本路径。

历史唯物主义强调，包括人的生存和发展需要在内的诸种现实需要，不仅只有在物质生产实践中才能产生和发展，而且只有在物质生产实践中才能予以合理满足。马克思和恩格斯在《形态》中阐释历史唯物主义基本原理时曾明确指出："第一个历史活动就是生产满足这些需要的资料，即生产物质生活本身。"① 他们反对遏制人类需要的禁欲主义，关注人类现实需要及其利益需求，指出："'思想'一旦离开'利益'，就一定会使自己出丑。"② 他们也反对那种对待生产实践的道德虚无主义态度，而是关注生产实践的道德内涵和道德价值，强调生产实践对于满足人类现实需要之根本意义。马克思在《资本论》中指出："劳动过程，就我们在上面把它描绘成它的简单要素来说，是创造使用价值的有目的的活动，是为了人类的需要而占有自然物"，是"以与一定的需要相应的方式占有自然物质的活动"③。在《评阿·瓦格纳的"政治经济学教科书"》中，马克思又指出："人们决不是首先'处在这种外界物的理论关系中'。正如任何动物一样，他们首先是要吃、喝等等，也就是说，并不'处在'某一种关系中，而是积极地活动，通过活动来取得一定的外界物，从而满足自己的需要。"④ 在他看来，这种"占有自然物质"和满足人们吃喝等现实需要的活动就是物质生产实践。马克思还把"具体劳动"称为"有用劳动"，旨在说明生产实践具有满足人类现实需要的道德价值。他认为，物质生产实践创造出人类现实需要的对象，而不同时期的生产实践又创造出不同产品，由此产生了不同

① 《马克思恩格斯全集》（第 3 卷），北京：人民出版社 1960 年版，第 31 页。
② 《马克思恩格斯全集》（第 2 卷），北京：人民出版社 1957 年版，第 103 页。
③ 《马克思恩格斯全集》（第 23 卷），北京：人民出版社 1972 年版，第 208 页。
④ 《马克思恩格斯全集》（第 19 卷），北京：人民出版社 1963 年版，第 405 页。

的需要满足方式，"饥饿总是饥饿，但是用刀叉吃熟肉来解除的饥饿不同于用手、指甲和牙齿啃生肉来解除的饥饿"①。总之，在历史唯物主义理论视阈中，人类只有诉诸物质生产实践以创造出丰富的物质产品和精神产品，才能满足自身多样化物质需要及其他诸种现实需要；人类现实需要的产生和发展，人类现实需要的指向对象、满足方式、实现过程和实现结果，皆由物质生产实践的发展现状和发展水平所决定。

马克思主义创始人认为，人类现实需要之合理满足是幸福实现的重要呈现。人类现实需要若得不到合理满足，幸福就难以实现，甚至会沦为抽象的道德臆想。马克思指出，无视人的现实需要会导致人的"异化的本质"的"积累"和对人的"生命和人性"的剥夺②，这也意味着对人的自由全面发展条件的剥夺，从而也是对人类幸福的剥夺。因为，人类现实需要之合理满足是幸福实现的重要呈现，而人的自由全面发展则是幸福评价历史圭臬。英国空想社会主义者格雷指出："幸福——人类一切企求的最终目的——在我们的自然需要没有得到满足以前，是无法达到的。"③ 在历史唯物主义理论视阈中，真正意义上的物质生产实践是在满足人类现实需要和幸福实现的过程中不断推进自身历史发展进程的。然而，资本主义生产实践却是一种异化了的生产实践。这种生产实践不仅造成工人需要的非人化和全面异化，而且根本无法满足工人的现实需要，严重违背了人类道德情感。马克思指出，对于住在地下室的工人来说，"光、空气等等，甚至动物的最简单的爱清洁习性，都不再成为人的需要了。肮脏，人的这种腐化堕落，文明的阴沟（就这个词的本意而言），成了工人的生活要素"，"人不仅失去了人的需要，甚至失

---

① 《马克思恩格斯全集》（第 46 卷上），北京：人民出版社 1979 年版，第 29 页。
② 《马克思恩格斯全集》（第 42 卷），北京：人民出版社 1979 年版，第 135 页。
③ 〔英〕格雷：《人类幸福论》，北京：商务印书馆 1983 年版，第 13 页。

去了动物的需要。爱尔兰人只知道一种需要，就是吃的需要，而且只知道吃马铃薯，而且是破烂马铃薯，最坏的马铃薯。"① 在资本主义生产实践中，工人创造的社会财富被无偿攫取，工人的现实需要被无情遏制并发生异化，工人丧失了"人之为人"的基本需要，其幸福感也由此被最大化消解。

资本主义生产实践特别是其中的异化劳动，不仅造成工人的需要之全面异化甚至沦丧，而且使资产阶级和无产阶级产生迥然不同的需要，"一方面所发生的需要和满足需要的资料的精致化，在另一方面产生着需要的牲畜般的野蛮化和最彻底的、粗糙的、抽象的简单化"②。资产阶级为了满足自己的纵欲和腐化的畸形消费需要，在生产实践中不断强化对无产阶级的经济剥削，"资本主义方式的生产所生产出来的生存资料和发展资料远比资本主义社会所能消费的多得多，那是因为资本主义方式的生产人为地使广大真正的生产者同生存资料和发展资料隔绝起来"③。针对资产阶级国民经济学漠视工人现实需要，并无情地将工人视为"劳动动物"、将生产实践归结为"创造财富的生产"之谬论，马克思谴责道："国民经济学家把工人变成没有感觉和没有需要的存在物，正像他把工人的活动变成抽去一切活动的纯粹抽象一样"④，"它推崇节约是为了生产出财富即奢侈。它忘记了'考究的需要'，忘了没有消费就不会有生产。"⑤ 马克思强烈批判资本主义生产实践的反人道性——压制和摧残工人现实需要、制造赤贫并由此剥夺工人的幸福，谴责其不仅是创造财富

---

① 《马克思恩格斯全集》（第42卷），北京：人民出版社1979年版，第133—134页。

② 《马克思恩格斯全集》（第42卷），北京：人民出版社1979年版，第133页。

③ 《马克思恩格斯全集》（第34卷），北京：人民出版社1972年版，第163页。

④ 《马克思恩格斯全集》（第42卷），北京：人民出版社1979年版，第134页。

⑤ 《马克思恩格斯全集》（第42卷），北京：人民出版社1979年版，第136页。

的生产，更是制造赤贫的生产，"劳动为富人生产了奇迹般的东西，但是为工人生产了赤贫。劳动生产了宫殿，但是给工人生产了棚舍。"① 在这种生产实践中，工人的现实需要发生全面异化，没有任何幸福可言，"劳动者在劳动中不是肯定自己，而是否定自己，不是感到幸福，而是感到不幸"②。

针对资本主义生产实践无视工人现实需要的反人道性，马克思和恩格斯指出，真正意义上的物质生产实践，特别是创造性劳动实践是满足人类现实需要，实现人类幸福的人性化、合道德性的生产实践，"这种生产，是以满足社会以及每一成员的需要为目的。"③ 他们认为，"在社会主义的前提下，人的需要的丰富性，从而某种新的生产方式和某种新的生产对象具有何等的意义：人的本质力量的新的证明和人的本质的新的充实。在私有制范围内，这一切却具有相反的意义。每个人都千方百计在别人身上唤起某种新的需要，以便迫使他作出新的牺牲"④，无产阶级在取得生存权之后，应通过发展生产以提升自身的生活质量，用新的生产方式——大工业生产来满足自身的物质需要和精神需要，因为，"大工业及其所引起的生产无限扩大的可能性，使人们能够建立这样一种社会制度，在这种社会制度下，一切生活必需品都将生产得很多，使每一个社会成员都能够完全自由地发展和发挥他的全部力量和才能。"⑤ 列宁也强调，生产是为了人，而不是相反。在马克思和恩格斯看来，真正意义上的物质生产实践能够为人类现实需要之合理满足提供充裕的物质条件，"通过社会生产，不仅可能保证一切社会成员有富足的和一天比

---

① 《马克思恩格斯全集》（第 42 卷），北京：人民出版社 1979 年版，第 93 页。

② 《马克思恩格斯全集》（第 42 卷），北京：人民出版社 1979 年版，第 93 页。

③ 《马克思恩格斯选集》（第 3 卷），北京：人民出版社 1995 年版，第 322 页。

④ 《马克思恩格斯全集》（第 42 卷），北京：人民出版社 1979 年版，第 132 页。

⑤ 《马克思恩格斯全集》（第 4 卷），北京：人民出版社 1958 年版，第 364 页。

一天充裕的物质生活，而且还可能保证他们的体力和智力获得充分的自由的发展和运用"①。在共产主义社会中，物质生产实践旨在最大化满足全体社会成员的物质需要和精神文化需要，劳动不再是人们谋生的手段而是一种享受，不再是生活的重负，而是生活的第一需要。此时的物质生产实践，是本体论意义上的生产实践和伦理学意义上的生产实践之内在统一。

在历史唯物主义理论视阈中，作为历史主体和道德主体的"人"在资本主义社会中连最起码的生存需要都难以满足，遑论其他需要之满足。资产阶级伦理学家从抽象人性论出发，避而不谈资本主义社会中人的现实需要之异化状态，只是抽象谈论人的需要与幸福的理想化状态，陷入了历史唯心主义的理论窠臼。而历史唯物主义始终关注人类现实需要，尤其是无产阶级现实需要之合理满足。胡克指出，马克思的"出发点"是人的需要、进化和活动。历史唯物主义认为，人类现实需要之合理满足不是抽象的道德诉求，而是建立于现实的物质生产实践基础之上的、具有实践本性和可实现性的道德诉求。历史唯物主义不仅实现了对漠视人的现实需要、具有"道德中立"立场的传统实践观之辩证性扬弃，亦实现了对游离于生产实践而空谈人的需要满足和幸福实现的传统伦理学和传统需求理论之历史性超越。

在此需指出，某些研究者对历史唯物主义实践观，特别是其中的生产实践论存在着功利化的理解，"窄化"了其原本丰富的理论内涵，以至于将"生产—经济最终决定论"演变为"生产—经济唯一论"。这种观点只看到生产实践的物本价值，而无视其道德价值，不仅在理论上没有精准把握历史唯物主义生存实践论的深刻内涵，而且在实践中容易诱发物质至上主义和庸俗享乐主义的滋生，产生了

---

① 《马克思恩格斯全集》（第19卷），北京：人民出版社1963年版，第244页。

消极的社会影响。对此，有学者批判道："由于把马克思的实践概念功利化、庸俗化，并认为马克思没有道德理想和价值关怀，不谈论诸如人生意义之类的问题，导致了在现实实践中，把马克思的第一个伟大发现——人们首先必须吃喝住穿，然后才能从事政治、科学、艺术、宗教等等活动——的'简单事实'视为唯一实事，唯物主义变成了敌视人的唯'物'主义，生产——经济决定论演化为经济唯一论，结果物化的短期性行为，与同样物化的短浅意识相互印证、相互支持，使社会越来越呈现为物欲横流的局面。"① 在此，需要澄明：历史唯物主义不仅强调物质生产实践对于满足人类物质生活需要的重大意义，亦强调其对于满足人类精神文化需要的重要价值。马克思指出，人类在"自由自觉"的生产实践中，能够"按照任何一个种的尺度来进行生产，并且懂得处处把内在的尺度运用于对象；因此，人也按照美的规律来建造"②，指明了物质生产实践具有提升人类审美情趣的意义。恩格斯也指出："人类的生产在一定的阶段上会达到这样的高度：能够不仅生产生活必需品，而且生产奢侈品，……这样，生存斗争……就变成为享受而斗争，不再是单纯为生存资料斗争，而是也为发展资料，为社会地生产发展资料而斗争"③，指明了物质生产实践既能满足人类低层次生存需求，亦能满足人类高层次发展需要。

概言之，历史唯物主义在对待物质生产实践与人类现实需要之关系的问题上，与那种立足于抽象人性论谈论人的抽象需要之满足的西方传统哲学，试图从上帝那里寻求人类精神需要之满足的宗教，及诉诸道德的完善或人性的完美以满足人类追求道德至上主义或理

① 何良安：《论道德理论在马克思思想体系中的地位》，载《伦理学研究》，2007年第 1 期，第 80 页。
② 《马克思恩格斯全集》（第 42 卷），北京：人民出版社 1979 年版，第 97 页。
③ 《马克思恩格斯全集》（第 34 卷），北京：人民出版社 1972 年版，第 163 页。

想人格构建之需要的西方近代伦理学，皆有着本质区别。其不是诉诸纯粹的道义谴责或空洞的道德说教而抽象谈论道德诉求——人类现实需要之合理满足，而是在现实的物质生产实践中追寻并践行道德诉求。这表征出其理论视阈中的道德诉求，实现了深邃的实践本性与深厚的道德价值之自觉统一，彰显出鲜明的道德实践精神。

二、在无产阶级生存实践中探求理想化生存状态构建之道德必然

历史唯物主义是"实践的唯物主义"，"实践"是历史唯物主义的首要观点。马克思指出："全部社会生活在本质上是实践的"①。历史唯物主义实践观既包含深刻的生产实践观，亦内蕴深切的生存实践论，强调哲学需扎根于人的现实世界，关注人类生存实践。马克思和恩格斯在《形态》中曾基于人类生存实践的视角如此评价"历史"："我们首先应当确定一切人类生存的第一个前提，也就是一切历史的第一个前提，这个前提是：人们为了能够'创造历史'，必须能够生活。"② 他们看来，与其他所有问题相比，人类生存实践的问题是一个最原始、最基本的问题。正是以人类合理性生存实践为理论思考的出发点，马克思主义创始人对人类生存实践展开了深入的理论研究和毕生的实践探求。历史唯物主义的深层本质就是一种以物质生产实践为基础，始终关注人类生存实践并据此探寻人类理想化生存状态的生存实践哲学，彰显出深切的人类道德情怀。

历史唯物主义作为一种生存实践哲学，自诞生之日起就基于人类生存实践的视角反思人类的生存状态和发展境遇，深刻揭示人类生存实践所面临的生存危机和发展困境，理性认知人类生存实践的

---

① 《马克思恩格斯全集》（第3卷），北京：人民出版社1960年版，第8页。
② 《马克思恩格斯全集》（第3卷），北京：人民出版社1960年版，第31页。

动态性发展历程，批判性改造人类生存实践的既定状态和模式，致力于在无产阶级生存实践中探求理想化生存状态构建之道德必然。历史唯物主义之创立实现了对西方传统哲学的主题转换，构建起一种以"现实世界"为中心、以"人类实践"为根基的实践哲学理论，而生存实践论则是其实践哲学理论的基本内涵。在哲学发展史上，马克思是第一位把改造人类生存实践的任务提上历史议事日程的哲学家。马克思认为，人的问题之根本就是人的合理性生存与发展问题；生存论的本质不是理论性问题，而是"实践问题与历史问题"①。依马克思之见，人类与世界正是在"实践"领域中共生共在且共同发展的，"实践"既是世界的建构方式，亦是人的生存方式，蕴含着世界观和生存论之双重意蕴。海德格尔曾评价道：整个西方哲学就是柏拉图形而上学哲学的展开，马克思完成了对传统"形而上学"的颠倒，至此，哲学进入了"终结阶段"②。如海氏所言，马克思完成了颠覆传统形而上学的历史任务，使哲学从遗忘了人的"存在"的形而上学转向反思人的生存实践的"存在之思"。但是，海氏把马克思哲学简单归结为生存实践论，而忽视了其内蕴的历史发展规律体系、物质生产实践论、无产阶级革命实践论及科学的世界观和方法论，这又是一种误读，"窄化"并"矮化"了马克思哲学的基本内涵。

历史唯物主义与费尔巴哈人本主义哲学、西方资产阶级人道主义和西方学院伦理学等理论派别的生存实践论有着实质区别。前者的生存实践论既关注人类生存实践之本体论维度，亦关注其价值论维度，致力于在人类生存实践特别是无产阶级生存实践中探求理想化生存状态构建之道德必然，突显出鲜明的道德实践精神。而后者

---

① 邹诗鹏：《生存论研究》，上海：上海人民出版社 2005 年版，第 17 页。
② 〔德〕海德格尔：《面向思的事情》，北京：商务印书馆 1996 年版，第 59—60 页。

的生存实践论或仅仅关注人类生存实践之本体论维度，而漠视人类生存实践的道德价值；或游离于人类生存实践，基于主观的道德观念、抽象的人性论或内心的道德体验来探寻构建人类理想化生存状态的可能性与必然性，由此消解了道德诉求的实践本性，使道德诉求沦为纯粹的"应然"企盼。

历史唯物主义创立前，西方传统哲学、青年黑格尔派和19世纪英法空想社会主义皆基于不同视角和不同目的，对人类未来应创建何种生存实践模式这一问题给予了不同程度的关注和反思。然而，他们不是从人的生存实践和现实生活出发，而是从观念、意识形态出发，或以主观消解客观，或以超验、先验消融经验，或以人文性遮蔽现实性，把对人的理想化生存状态之探讨延伸至意识形态领域的道德革命，与历史唯物主义对此问题的思考有着根本区别。他们的道德诉求弥漫着浓郁的道德说教或道德救赎的意蕴。费尔巴哈人本主义哲学虽然反对上述理论派别在思考人类未来生存状态问题上的理性主义特征，转向了现实的人和现实的生活，并开始关注实践问题，但是，正如马克思所言，费尔巴哈"对于实践则只是从它的卑污的犹太人活动的表现形式去理解和确定"①，他不了解实践的真正意义，"他从来没有看到真实存在着的、活动的人，而是停留在抽象的'人'上"②。费尔巴哈所理解的"实践"具有鲜明的感性特征和生物学色彩，他所理解的"人"也只是抽象的人。费尔巴哈远离人类生存实践，特别是无产阶级生存实践，试图诉诸"爱的宗教"来探寻变革旧世界、救赎人类社会的道德合理性依据和现实化路径，这就注定了其构建理想化生存状态的道德诉求具有浓厚的思辨性和历史唯心主义特质，无益于现实社会之实质性改造。

---

① 《马克思恩格斯全集》（第3卷），北京：人民出版社1960年版，第3页。
② 《马克思恩格斯全集》（第3卷），北京：人民出版社1960年版，第50页。

西方资产阶级人道主义作为封建宗法和宗教神学的对立面而出场。其虽然肯定人的价值和尊严，以人性对抗神性、以世俗消融理性，在反对封建专制、蒙昧主义和宗教神学等方面发挥了积极的历史作用，但是，其立足于抽象人性论和伪善道德观，而非立足于无产阶级生存实践，极力宣扬"超历史"的"自由、平等、博爱"口号，确立起抽象的、永恒的"公平""正义"和"平等"等人道原则。他们既未从道义层面批判无产阶级生存实践的非人化状态，亦未从实践层面深入到无产阶级生存实践去探寻构建理想化生存状态的伦理道德根据，在为何及如何建立理想社会这一问题的思考上既缺失了现实的、真正的道德立场，亦缺失了实践立场。鉴于此，西方资产阶级人道主义所宣扬的理想社会只是资产阶级及其代言人试图弱化无产阶级反抗情绪、消解阶级对抗的美丽说教而已。

西方学院伦理学则基于传统哲学的本体论或认识论视角，在思想逻辑而非实践逻辑的层面上，基于一般意义而非具体意义，反思普遍性的人类生存实践对于构建理想化生存状态之必要性、可能性与重要性。其虽然也关注人的生存状态和生存实践，却将这一关怀在理论上予以抽象化和伦理学化，即只探究作为历史主体和实践主体的"人"之内心体验是否道德或幸福，而根本不考虑"现实的个人"在特定历史时期、特定历史条件下的生存实践是否幸福；只在伦理学意义上基于主观的伦理观念或道德范畴反思人的生存之理想化状态，即人的生存幸福之概念化状态。其根本不考虑现实的人在特定生存实践中所遭遇的种种异化、贫困、苦难及其蒙受的不幸和痛苦。① 西方学院伦理学发端于对人的本性之形而上思考，摒弃了对人的生存之形而下考察，把没有任何社会规定性、适用于各个历史

---

① 参见张盾：《马克思哲学革命中的伦理学问题》，载《哲学研究》，2004 年第 5 期，第 4 页。

时代的抽象人性作为伦理学关怀的对象，把人的内心体验是否道德或幸福作为构建理想化生存状态的伦理道德根据，却从未真正深入到现实的人类生存实践去探寻这种生存实践的反人道性及其必然被超越、理想化生存状态必然被构建的道德必然，亦未找寻到构建理想化生存状态的阶级力量和实践路径。基于此，其预设的道德诉求——创建能够突显人的内心幸福体验的生存实践模式，缺失了现实根基和实践本性，陷入了思辨性和历史唯心主义的理论桎梏。

综上述，费尔巴哈人本主义哲学、西方资产阶级人道主义抑或西方学院伦理学，或基于"爱的宗教"，或基于抽象人性论，或基于人的内心幸福体验，以此探寻人类理想化生存状态构建之伦理道德根据，而没有对人类生存实践特别是无产阶级生存实践予以客观而全面的考察。鉴于此，他们预设的人类理想化生存状态终是沦为与道德乌托邦无异的"头脑的美好"和"思想的完美"。在此须强调，当代西方哲学正在发生整体性、历史性的生存论转型。此种转型既反映出当代西方哲学对于人类生存实践和生存困境的理论反思，亦反映出其对于历史唯物主义开启的生存实践论进行了思想传承和当代阐释。然而，当代西方哲学无论是对人类生存实践的理论反思，抑或对历史唯物主义生存实践论的当代诠释，皆具有主观性和片面性，即局限于对人类生存实践之本体论意义的解读，而忽视了对其伦理学意义的关注。

与上述理论派别不同，历史唯物主义基于本体论意义与伦理学意义之内在统一、实践本性与道德价值之自觉契合的视角来考察人类生存实践，特别是无产阶级生存实践，并致力于在无产阶级生存实践中探求理想化生存状态构建之道德必然。马克思和恩格斯深入考察并深刻批判无产阶级生存实践，痛斥无产阶级生存实践的非人化状态：无产阶级生活于异化劳动所制造的赤贫状态，自身的现实需要被深度遏制，处于全面的异化和身心的片面化、畸形化发展困境。在此基础上，他们运用历史唯物主义深刻揭示出无产阶级生存实践得以生成和存在的历史必然性及其未来必然被超越、代之以人类理想化生存状态的道德必然。这种道德必然即：无产阶级生存实践处于赤贫状态和苦难境遇，表征出反人道的资本主义社会已失去其存在的历史必然性与道德合理性，鉴于此，无产阶级必然要超越既定的生存实践并构建一种适合人性生长和人的自由全面发展的理想化生存状态。非人化的无产阶级生存实践既是历史唯物主义批判资本主义反人道性的现实依据，亦是历史唯物主义探赜既定的无产阶级生存实践必然被超越、人类理想化生存状态必然被构建的实践基点。

历史唯物主义反思现实世界的理论前提"是一些现实的个人，是他们的活动和他们的物质生活条件"[1]，其扎根于"现实的个人"和现实的生活，重视既作为人性生长土壤又作为人性现实内容的现实世界，重视人在既定生存实践中的"活法"。历史唯物主义所理解的人类理想化生存状态，绝不是先验主体关于道德原则的某种"想法"或纯粹的内心道德体验，而是人的现实生活状态和生存实践的道德和幸福指向。[2] 在历史唯物主义理论视阈中，构建人类理想化生存状态的道德诉求不是外在于人类生存实践的道德说教，而是深深扎根于特定时期的现实人类生存实践。历史唯物主义自诞生之日起，就对资本主义社会中占人口绝大多数的弱势群体——无产阶级抱有深切同情，对造成无产阶级生存实践恶化的深刻根源及由此带来的人性的扭曲、人的本质的异化，不断进行讨伐和批判。[3] 马克思拒斥

---

① 《马克思恩格斯全集》（第3卷），北京：人民出版社1960年版，第23页。

② 参见张盾：《马克思哲学革命中的伦理学问题》，载《哲学研究》，2004年第5期，第3—10页。

③ 参见郑忆石：《马克思的哲学轨迹》，上海：华东师范大学出版社2007年版，第3页。

西方近代伦理学的抽象人性论和超验道德立场，把对伦理道德的思考引向对人类生存实践的反思，从特定时期人类特定的生存实践境遇出发来探赜构建人类理想化生存状态之道德必然，实现了对西方近代伦理学的革命性变革。这一变革不仅为当代伦理学的发展提供了重要的理论视阈，也为制度伦理评价确立了客观标准。马克思认为，评价一种社会制度是否具有合理性与合道德性，不应依据人的内心道德体验或道德的完善等主观内容，而要依据"现实的个人"在现实生活中的生存条件和生存实践状态之优劣。马克思关于"自由人联合体"的道德构想，正是基于对非人化的无产阶级生存实践之深刻的道德批判而建构起来的一种人类理想化生存状态的制度伦理设想。在他看来，"公平""正义"等道德原则及人类幸福的实现程度，都需要基于人类生存实践予以具体的、历史的理解。正如有学者所评价："马克思在此是第一位从人的生存的客观社会模式出发，而不是从先验主体的自我立法出发，来探究人性和人的幸福之道德基础的哲学家。"①

马克思和恩格斯毕生的理论研究和实践探求都立足于改造人类生存实践这一历史使命。他们创立的历史唯物主义与传统哲学和其他理论派别有着实质区别，即不再游离于实践本性，而是立足于人类生存实践来探赜人类理想化生存状态构建之道德必然。因而，其理论视阈中的道德诉求不再片面、抽象，而是达至具体、现实。有人把历史唯物主义的生存实践论简单等同于抽象讨论人的生存意义或生存体验的学说，或简单还原为抽象的人道主义，这既是无视历史唯物主义从无产阶级生存实践出发来预设人类理想化生存状态这一客观事实的形而上学思维方式，亦是试图消解历史唯物主义的道

---

① 参见张盾：《马克思哲学革命中的伦理学问题》，载《哲学研究》，2004 年第 5 期，第 3—10 页。

德诉求之实践根基而得出的必然性逻辑结论。历史唯物主义深刻批判了无产阶级生存实践的非合理性和反人道性，并力求通过制度伦理重构和生产方式变革来超越既定的无产阶级生存实践状态，培育适合新道德形成和发展的现实土壤，确立科学的生存实践评价标准，由此创建一种真正合乎人性生长和人的自由全面发展的人类理想化生存状态。

历史唯物主义的生存实践论之革命性意义即在于：不仅通过分析和批判无产阶级生存实践以探赜理想化生存状态构建的道德合理性与道德必然性，将构建理想化生存状态的道德诉求置于人类生存实践的基础之上，而且诉诸无产阶级生存斗争来变革现有的生存实践模式，完善人类既定的生存实践状态，从而在无产阶级生存实践中彰显出深切的道德实践精神，为引导无产阶级和人民大众批判性地改造并超越既定的生存实践状态提供了科学的理论指南。

三、在无产阶级革命实践中谋求共产主义道德理想之必然实现

马克思和恩格斯毕生都在戮力践行变革资产阶级旧世界、创立共产主义新世界的历史使命。马克思在《提纲》中明确指出："哲学家们只是用不同的方式解释世界，而问题在于改变世界。"[①] 如何改变世界？马克思和恩格斯毕生的历史使命即：反对抽象的道义谴责，摒弃虚幻的道德诉求，把以往思想家所热衷的纯粹的道德批判转化为对不合理社会现实的历史批判、经济批判和实践批判，在此基础上确立起旨在实现无产阶级解放、人类解放及人的自由全面发展的共产主义道德理想，科学揭示出共产主义道德理想的现实化路

---

① 《马克思恩格斯全集》（第 3 卷），北京：人民出版社 1960 年版，第 6 页。

径——无产阶级革命实践，并为此奋斗终生。两位革命导师创立的历史唯物主义，既不是游离革命实践的道德说教，亦不是"道德中立"的实践哲学，而是旨在通过无产阶级革命实践来变革反人道的资本主义现实、实现共产主义道德理想科学的历史学说和道德实践哲学。共产主义道德理想与无产阶级革命实践在历史唯物主义理论视阈中实现了内在契合与自觉统一。

历史唯物主义创立前，以19世纪英法空想社会主义和德国思辨哲学为代表的社会理论或哲学理论，都基于不同立场和不同视角提出了自己的道德憧憬。但是，这些憧憬因游离于革命实践这一现实根基，终是沦为虚幻的道德乌托邦或纯粹的意识形态幻想。马克思和恩格斯通过对上述理论的深刻批判，通过自身的理论研究和实践探索，形成了无产阶级革命实践观。从这种实践观出发，他们所构想的共产主义道德理想既具有道德合理性与道德必然性，亦找寻到了通往理想的科学手段和现实化路径。历史唯物主义理论视阈中的共产主义道德理想不再是远离实践的道德乌托邦，而是在实践领域实现了对道德乌托邦的历史性超越。

16—17世纪的空想社会主义作为超越资本主义社会的最初理论形式，对资本主义现实进行了淋漓尽致的道德批判。19世纪英法空想社会主义作为空想社会主义理论发展的巅峰时期，对资本主义社会的道德批判更为尖锐与深刻。但是，他们轻视群众力量，惧怕群众革命，热衷于诉诸统治者的良心发现或资产阶级贤达的经济资助来实现自己心目中的社会主义理想。如：圣西门认为，只有依靠资产阶级的道德情感才能实现社会主义。他指出："这些变革靠道德情感的力量来实现，而这个力量将以这样的信仰作为自己的主要动力，这就是一切政治原则都应当从上帝给人们的普遍原则引申出来。这个力量将由慈善家指导，他们在这种场合也如在基督教形成时期一样，将成为'永恒者'的直接代理人。"① 傅立叶一生都在等待资产阶级贤达出资帮助他建立"法郎吉"社会，却未能如愿。英国社会主义者查理·霍尔在其著作《文明对人民群众的影响》中，从道义上强烈谴责资本主义贫富悬殊，并试图通过富人的良心发现来消灭此种不合理现象，强调"由富人来帮助穷人，可能会好一些"②。空想社会主义始终没有认识到：群众实践特别是无产阶级革命实践是变革资本主义反人道现实的阶级力量和实践主体。对此，马克思和恩格斯在《宣言》中批判道："他们拒绝一切政治行动，特别是拒绝一切革命行动；他们想用和平手段达到自己的目的，并且企图通过一些细小的、当然不会成功的试验，用实例的力量来为新的社会福音开拓道路。"③ 空想社会主义脱离人民群众，没有正确认识到无产阶级是资本主义社会的掘墓人，没有理性把握到无产阶级革命实践是实现共产主义道德理想的根本路径。其对于未来社会的道德诉求虽然美丽，却犹如昙花一现，尚未见到黎明的曙光，便在历史的地平线上悄然逝去，陷入道德乌托邦的理论苑囿。

无独有偶。在对待实践的问题上，德国思辨哲学也具有脱离实践的理论特质。在德国古典哲学的开创者康德和后继者费希特（Johann Gottlieb Fichte）、谢林（Friedrich Wilhelm Joseph Schelling）的哲学体系中，主体与客体、理想与现实从未获得真正统一，而是重蹈了历史上唯心主义哲学"思""存"背离的覆辙。康德将"现象世界"与"本体世界"二元对立。在如何化解现实与理想的矛盾这一问题上，谢林认为，这需要依据一个超越现实与理想之上的最高

---

① 〔俄〕普列汉诺夫：《论空想社会主义》（上卷），中国人民大学编译室等译，北京：商务印书馆1980年版，第45页。

② 〔俄〕普列汉诺夫：《论空想社会主义》（上卷），中国人民大学编译室等译，北京：商务印书馆1980年版，第84页。

③ 《马克思恩格斯全集》（第4卷），北京：人民出版社1958年版，第501页。

理论原则——"绝对的同一性"，这种"绝对的统一性"不是实践，而是远离实践的抽象原则。他们都在脱离"现有"和实践的"应有"中徘徊，始终无法实现其心目中的"应有"。马克思意识到上述哲学脱离现实和实践的理论缺憾，指出："康德和费希特在太空飞翔，对未知世界在黑暗中探索；而我只求深入全面地领悟在地面上遇到的日常事物"[①]。黑格尔作为德国古典哲学集大成者，也游离现实世界和人类实践而构建起严密而封闭的理论体系。他用"绝对精神"的自我运动来消融现实运动，把从抽象上升到具体的思维运动视为现实世界的创造过程，其哲学也不可规避地陷入思辨理性的理论窠臼。马克思在《手稿》中批判黑格尔哲学是一种"虚假的实证主义"和"徒有其表的批判主义"[②]，其根源就在于黑格尔哲学局限于理论批判而远离实践批判。马克思和恩格斯在《形态》中彻底清算了黑格尔哲学和青年黑格尔派的思辨性理论。

青年黑格尔派继承了黑格尔思辨哲学的传统，对现实的批判仅仅局限于概念或观念的批判。他们基于思维主体来把握自然和社会，不是诉诸无产阶级革命实践，而是诉诸"自我意识"和"词句的革命"以寻求解脱现实苦难，试图通过"头脑革命"和"观念运动"以实现其预设的"应然"理想状态，未能找寻到通往理想状态的现实化路径。其批判学说弥漫着浓郁的道德说教与道德救赎的色彩，陷入了乌托邦式的道德幻想。布·鲍威尔（Bruno Bauer）等人求助于思想的批判和大脑的活动，诉诸精神上的自我救赎来展望工人解放的前景，认为工人只需从思想上铲除"资本"这个范畴，就可以消除真正的资本盘剥，摆脱现实的苦难，实现他们提出的所谓"批

[①]　《马克思恩格斯全集》（第 40 卷），北京：人民出版社 1982 年版，第 651—652 页。

[②]　《马克思恩格斯全集》（第 42 卷），北京：人民出版社 1979 年版，第 171 页。

判的社会主义"和"绝对的社会主义"。马克思和恩格斯批判青年
黑格尔派"仅仅是为反对'词句'而斗争"① 而不去反对现存世界
的唯心主义做法，指出：青年黑格尔派虽以批判著称，但实质上是
非批判的，因为他们只是囿于主观世界的"抽象精神"，对纯粹的谴
责和思辨的声讨进行批判，"批判的批判虽然认为自己是多么地超出
群众，但它仍然万分怜悯群众"②，特别害怕群众，这样，他们的批
判不得不以"自我欺骗""自我满足"而告终。以赫斯、马特伊和
格律恩为代表的"德国的或真正的社会主义"依然秉承德国思辨哲
学的传统，在工人队伍中大肆宣扬"爱和人道的宗教"，提出只有人
道主义世界观才可能开辟通往人类未来生活的道路，其"不是把社
会主义理解为以一定国家里的一定阶级的物质生活条件为基础的现
实运动，而是把它看作纯思想的运动"③。马克思和恩格斯在《形
态》中批判"德国的或真正的社会主义"时指出："它所关心的既
然已经不是现实的人而是'人'，所以它就丧失了一切革命热情，它
就不是宣扬革命热情，而是宣扬普遍的人类之爱了。"④ 恩格斯后来
又指出："我们不应当忘记，从 1844 年起在德国的'有教养的'人
们中间像瘟疫一样传播开来的'真正的社会主义'，正是同费尔巴哈
的这两个弱点紧密相连的。它以美文学的词句代替了科学的认识，
主张靠'爱'来实现人类的解放，而不主张用以经济上改革生产的
办法来实现无产阶级的解放，一句话，它沉溺在令人厌恶的美文学
和泛爱的空谈中了。"⑤ 费尔巴哈作为德国古典哲学的终结者，其沉

① 《马克思恩格斯全集》（第 3 卷），北京：人民出版社 1960 年版，第 22—23 页。

② 《马克思恩格斯全集》（第 2 卷），北京：人民出版社 1957 年版，第 9 页。

③ 孙伯鍨：《探索者道路的探索：青年马克思恩格斯哲学思想研究》，南京：南京
　　大学出版社 2002 年版，第 257 页。

④ 《马克思恩格斯全集》（第 3 卷），北京：人民出版社 1960 年版，第 537 页。

⑤ 《马克思恩格斯文集》（第 4 卷），北京：人民出版社 2009 年版，第 276 页。

涵"爱的宗教"所带来的心灵慰藉，试图通过虚幻的"爱的宗教"创建一个具有普遍之"爱"的社会，其结果只能导致对革命意志的消解和革命实践的取缔，使无产阶级囿于异化的苦难现实而无法自拔。针对费尔巴哈轻视实践的思想和做法，马克思在《提纲》中指明："环境的改变和人的活动的或自我改变的一致，只能被看作是并合理地理解为革命的实践。"① 在《形态》中，两位革命导师针对费尔巴哈宣称自己是共产主义者以及他推论"人们是互相需要的"②的做法，批判道："他希望加强对这一事实的理解，也就是说，和其他的理论家一样，只是希望达到对现存事实的正确理解，然而一个真正的共产主义者的任务却在于推翻这种现存的东西"，③ "当他看到的是大批患瘰疬病、积劳成疾和患肺病的贫民而不是健康人的时候，便不得不诉诸'最高的直观'和理想的'类的平等化'。"④ 在此，两位革命导师对费尔巴哈游离实践来诉求平等的"意识的空话"进行了深刻批判。

马克思在《第179号"科伦日报"社论》一文中，曾批判了德国思辨哲学"喜欢幽静孤寂、闭关自守并醉心于淡漠的自我直观"⑤的理论特质。后来，马克思和恩格斯在《形态》中对这一理论特质进行了总结："德国哲学是从意识开始，因此，就不得不以道德哲学告终，于是各色英雄好汉都在道德哲学中为了真正的道德而各显神通。费尔巴哈为了人而爱人，圣布鲁诺爱人，因为人'值得'爱。"⑥ 在马克思和恩格斯的理论视阈中，德国思辨哲学的乌托邦

---

① 《马克思恩格斯全集》（第3卷），北京：人民出版社1960年版，第7页。
② 《马克思恩格斯全集》（第3卷），北京：人民出版社1960年版，第47页。
③ 《马克思恩格斯全集》（第3卷），北京：人民出版社1960年版，第47页。
④ 《马克思恩格斯全集》（第3卷），北京：人民出版社1960年版，第50页。
⑤ 《马克思恩格斯全集》（第1卷），北京：人民出版社1956年版，第120页。
⑥ 《马克思恩格斯全集》（第3卷），北京：人民出版社1960年版，第424页。

口号虽然甚为动听，却改变不了工人的实际命运；哲学要实现变革世界、造福人类的道德诉求和历史使命，就必然要从纯粹的思辨王国回归现实的尘世生活，必然要根植于无产阶级和人民大众的革命实践。资产阶级人道主义则诉诸抽象人性论、纯粹道义或价值理性，希冀在不触动资本主义制度的前提下，由资产阶级统治者实行社会改良，对无产阶级施行某些"博爱"政策。其旨在缓和无产阶级的反抗情绪，削弱无产阶级争取自身自由和解放的革命意志。马克思认为，资产阶级人道主义的非革命性与非人民性使他们不可能真正实现自己所宣扬的人道主义。这种人道主义或成为麻痹无产阶级革命意志的意识形态工具，或成为他们心灵上的抚慰剂。

可见，历史唯物主义创立前，无论是空想社会主义、德国思辨哲学抑或资产阶级人道主义，其对资本主义的道德批判只是一种抽象的道义谴责，不满于现实却又无补于现实；其对人类社会的道德关怀充其量是一种苍白无力的抽象之爱或美丽的虚幻允诺；其没有对无产阶级的现实境遇及其未来出路进行深入考察和理性思考，不敢发动群众，害怕无产阶级，抵触革命实践。因而，他们皆无法寻到颠覆现存社会制度、实现美好道德憧憬的现实化路径。

与以往社会理论或哲学理论漠视甚至无视实践的思想和做法不同，马克思和恩格斯特别重视实践的力量，反对思辨的道德批判和抽象的道德诉求，不仅找寻到了实现共产主义道德理想的阶级力量——无产阶级，亦找寻到了实现这一道德理想的现实化路径——无产阶级革命实践。早在《莱茵报》时期，马克思就开始从虚幻回到现实，不再诉诸思辨方法来解决社会问题，而是潜心关注社会现实，立足于"这个把普通劳动者变成魔鬼，剥夺其一切自由权利的政治制度的对立面"的正义立场疾呼："无论何时我都不会停留在平静和安谧之中，我将要不断地怒吼"，"公开地向广大的世界挑战"，尤其"应该向德国制度开火"①。他指出："这种制度虽然低于历史水平，低于任何批判，但依然是批判的对象，正像一个低于做人的水平的罪犯，依然是刽子手的对象一样。"② 从此，他不再是书斋里的学者，而是和恩格斯一起，成为终生为追寻人类解放和每个人的自由全面发展而奋战的道德实践家。无论哪里爆发群众革命斗争，马克思都给予热情支持。他支持过波兰主张土地革命的政党和德国极端革命民主派，对于1870年法国革命也是由衷地感到欣慰。每一次革命斗争结束后，马克思都会认真总结革命的经验和教训，并使其成为自己理论创造的重要来源。

马克思与德国古典哲学决裂之后，主张要清算从前的一切哲学信仰，用科学根据戳穿资产阶级哲学的浮华及为资本主义制度辩护的反动性，提出"批判的武器不能代替武器的批判"③，强调通过无产阶级革命实践颠覆反人道的资本主义制度。在《手稿》中，马克思把共产主义称为"实践的人道主义"，并将其与"理论的人道主义"对立起来。马克思和恩格斯在第一部合著《神圣家族》中指出："费尔巴哈在理论方面体现了和人道主义相吻合的唯物主义，而法国和英国的社会主义和共产主义则在实践方面体现了这种唯物主义。"④ 他们还特别强调，他们所追求的共产主义是"现实的人道主义""真正的人道主义"和"实践的人道主义"。在《形态》中，两位革命导师在批判施蒂纳时指出："共产主义者根本不进行任何道德说教，施蒂纳却大量地进行道德的说教。"⑤ 在此，两位革命导师否定和批判的并非道德本身，而是那种试图依据空洞的道德说教来实

---

① 《马克思恩格斯全集》（第1卷），北京：人民出版社1956年版，第455页。
② 《马克思恩格斯全集》（第1卷），北京：人民出版社1956年版，第455页。
③ 《马克思恩格斯全集》（第1卷），北京：人民出版社1956年版，第460页。
④ 《马克思恩格斯全集》（第2卷），北京：人民出版社1957年版，第160页。
⑤ 《马克思恩格斯全集》（第3卷），北京：人民出版社1960年版，第275页。

现社会变革的道德幻想。他们强调，"实践精神"是共产主义者把握现实世界的根本方式，共产主义之实现不能诉诸空洞的道德说教，而是需诉诸无产阶级革命实践。

"共产主义"作为历史唯物主义理论视阈中的道德理想，是马克思和恩格斯在深入考察并深刻批判资本主义社会反人道现实的基础上提出、形成和发展起来的，其提出过程和实现过程具有深刻的道德合理性与深邃的道德必然性。正如有学者所指出："只有社会主义和共产主义才会给整个人类带来更好的生活、更多的自由和平等，才会更人道、更公正；在那里，人的自我实现的程度才会大大提高。所以从道德上说，共产主义作为人类社会的一种更高级的形态才是最值得追求的事物，才真正代表人类社会客观发展的总趋势和历史发展的大目标"①。"共产主义"作为一种根植于当下又瞻仰未来的道德理想，不是脱离实践的道德乌托邦，"马克思不仅把共产主义看作一种理想，更重要的是，他要寻找实现这一理想的现实机制"②。"共产主义"既是一种实现了人的自由全面发展的人性化社会制度，亦是人类社会发展的道德皈依，更是一种诉诸无产阶级革命实践以颠覆旧制度、创造新世界的"现实的运动"。马克思和恩格斯指出："共产主义对我们来说不是应当确立的状况，不是现实应当与之相适应的理想，我们所称为共产主义的是那种消灭现存状况的现实的运动"③，"实际上对实践的唯物主义者，即共产主义者说来，全部问题都在于使现存世界革命化，实际地反对和改变事物的现状"④，

---

① 参见张之沧：《论马克思的道德实践》，载《道德与文明》，2007 年第 3 期，第 10 页。

② 〔加〕罗伯特·韦尔，凯·尼尔森：《分析马克思主义新论》，鲁克俭等译，北京：中国人民大学出版社 2002 年版，第 396 页。

③ 《马克思恩格斯全集》（第 4 卷），北京：人民出版社 1958 年版，第 40 页。

④ 《马克思恩格斯全集》（第 3 卷），北京：人民出版社 1960 年版，第 48 页。

"无论为了使共产主义意识普遍地产生还是为了实现事业本身，使人们普遍地发生变化是必需的，这种变化只有在实际运动中，在革命中才有可能实现……只有在革命中才能抛掉自己身上的一切陈旧的肮脏东西，才能成为社会的新基础。"① 为了与那些只在头脑中设计美好社会蓝图的学说相区别，恩格斯也强调："共产主义不是学说，而是运动。"② 在历史唯物主义理论视阈中，共产主义不再是"从寻找'本质'开始的"③，也不再是游离于实践的纯粹"应然"的道德理想，而是"用实际手段来追求实际目的的最实际的运动"④，这就否定了仅凭道德观念试图实现社会变革的幻想，结束了一切"想靠自由、平等、博爱的符咒来翻转世界"⑤ 的神话。从"现实"出发合乎规律地引出革命实践，还是从纯粹理性的理想出发要求现实与之相适应，这是唯物主义和唯心主义、马克思主义和康德主义在思想路线上的根本区别。历史唯物主义不像空想社会主义那样把道德憧憬建立于抽象的道义谴责的基础之上，不像德国思辨哲学那样诉诸"观念运动"来寻求道德理想的实现，亦不像资产阶级人道主义那样把人道诉求置于自由、平等和博爱等抽象的道德范畴之上，而是把共产主义道德理想建立于无产阶级革命实践的基础之上，强调诉诸无产阶级革命实践以颠覆反人道的资本主义制度，消灭资本主义社会中人的异化、物的异化和劳动的异化，创造出"每个人的自由发展成为一切人自由发展的条件"⑥ 的"大写"的人类新社会——共产主义，从而使共产主义从"彼岸世界"

---

① 《马克思恩格斯全集》（第 3 卷），北京：人民出版社 1960 年版，第 78 页。
② 《马克思恩格斯全集》（第 4 卷），北京：人民出版社 1958 年版，第 311 页。
③ 《马克思恩格斯全集》（第 3 卷），北京：人民出版社 1960 年版，第 236 页。
④ 《马克思恩格斯全集》（第 3 卷），北京：人民出版社 1960 年版，第 236 页。
⑤ 《马克思恩格斯选集》（第 2 卷），北京：人民出版社 2012 年版，第 9 页。
⑥ 《马克思恩格斯选集》（第 1 卷），北京：人民出版社 2012 年版，第 7 页。

回归"此岸世界"。

科学理论不仅要"求真",即阐明真理,更要"行善",即充分发挥自身的道德引领和道德实践功能,指导群众通过实践维护并实现切身利益,引领群众在实践中践行道德理想。历史唯物主义作为一种科学理论,注重科学地解释世界,反对抽象的道德理想。其始终秉持道德理想的现实性、人民性和实践性原则,注重在无产阶级革命实践中找寻思维的此岸性,即思维的真理性,主张把道德批判、道德理想转化为现实的无产阶级革命实践,强调诉诸无产阶级革命实践以根除一切反人道现象得以衍生的社会历史基础,彻底变革资产阶级旧世界。历史唯物主义"不满足于一般的道义批判,它主张将道义批判化为现实行动,在创造新生活世界的积极行动过程中使人自身获得自由解放"①,这不是对道德的否定,而是对道德的扬弃,是从道德说教向道德实践的转化,从形式化道德向实质性道德的飞跃。我们可以得出结论:绝不是唯物主义者缺乏崇高的道德精神和轻视理想力量的作用,而是只有他们才是最严肃最科学地对待自己的理想,他们一旦把科学社会主义确立为自己的理想,就义无反顾地为它的实现而奋斗终身。② 在历史唯物主义理论视阈中,共产主义道德理想不是抽象空洞的道德说教、义愤填膺的道德陈词或悲天悯人的人道呐喊,而是一种立足于无产阶级革命实践,具有现实可操作性与可实现性的科学的道德构想;无产阶级革命实践亦不是游离于道德价值而局限于工具价值的纯粹阶级斗争,而是共产主义道德理想得以实现的科学手段和现实化路径,是人类有史以来最为崇高的道德实践方式,具有工具价值与道德价值之双重意义。正如

① 高兆明:《马克思的唯物史观与道德观三问》,载《道德与文明》,2007年第3期,第11页。

② 参见孙伯鍨:《唯物主义和实事求是——为纪念恩格斯逝世100周年而作》,载《江苏社会科学》,1995年第4期,第84页。

陈先达先生所言："在人类历史上为穷人说话表示哀怜的思想家并不少，惟有马克思不是用怜悯，不是用眼泪，不是用抽象人道主义原则表示同情和抚慰，而是真正用科学理论揭示他们的处境和获得自身解放的途径。"[1] 这一"科学理论"正是以历史唯物主义为哲学根基的马克思主义理论，这一"解放的途径"正是无产阶级革命实践。

历史唯物主义在关于道德理想与革命实践之关系的理解上，既超越了费尔巴哈以"爱的宗教"为基础的抽象人本主义，亦超越了忽视实践批判而局限于外在伦理批判的空想社会主义；既理性把握旧唯物主义所无法把握的人类实践之道德价值，亦深刻领悟空想社会主义所无法领悟的道德理想之实践本性。历史唯物主义的道德实践精神与传统道德实践观所理解的道德实践观念也有着实质区别：前者的价值主体是无产阶级和人民大众，而后者的价值主体则是割裂了人的自然性和社会性的虚幻的"理性人"或"道德人"；前者的理论基础是科学的唯物主义历史观，而后者的理论基础则是与实践经验无涉的绝对"道德命令"或人内心的道德自律。人类哲学发展史上曾出现过诸多理论体系，但像历史唯物主义这样代表全世界劳动人民的根本利益，把崇高的道德理想与全世界无产阶级和劳动人民的革命实践高度统一起来、具有"超时空"道义价值的学说，史无前例。正如列宁所言："只有马克思的哲学唯物主义，才给无产阶级指明了如何摆脱一切被压迫阶级至今深受其害的精神奴役的出路。"[2] 历史唯物主义在指导无产阶级革命实践的过程中不断发展和完善，其越是科学，就越能转化为激发无产阶级为争取自身和人类解放、实现共产主义而奋起斗争的巨大道义力量，就越能为践行共

---

[1]　参见陈先达：《马克思和马克思主义》，北京：中国人民大学出版社 2006 年版，第 3 页。

[2]　《列宁选集》（第 2 卷），北京：人民出版社 1995 年版，第 314 页。

产主义道德理想夯实理论基础。①

综上论，历史唯物主义在无产阶级革命实践中谋求共产主义道德理想之必然实现，既赋予了共产主义道德理想以深邃的实践本性，亦赋予无产阶级革命实践以深厚的道德价值，彰显出鲜明的道德实践精神。在历史唯物主义理论视阈中，共产主义既是一种道德理想，也是一种科学理论体系、一种人性化社会制度，更是一场变革旧世界并创造新世界的"现实的运动"、一场无产阶级的革命实践活动。历史唯物主义自觉摒弃了从抽象人性论或纯粹伦理原则中引出共产主义道德理想并游离革命实践来诉求理想实现的空想理论和思辨逻辑，既完成了人类实践观的历史性变革，亦完成了人类道德领域的革命性嬗变。

第二节　道德乌托邦：道德理想与实践本性之悲剧性对抗

"乌托邦"一词源自 1516 年托马斯·莫尔（St. Thomas More）所著《关于最完美的国家制度和乌托邦新岛的既有益又有趣金书》（注：以下简称《乌托邦》）。莫尔作为空想共产主义的先驱，在这部著述中参照柏拉图的《理想国》，运用对话形式，借用航海家希斯拉德对乌托邦岛的描述，以天才的想象描绘了乌托邦的政治制度——民主选举制度，设想了乌托邦的朴素而完美的社会制度——全体社会成员共同生产、共同消费、按需分配、消灭财产私有、实行财产公有的共产主义制度，为世人描绘了一个至善至美的"人间

---

① 陈先达：《马克思和马克思主义》，北京：中国人民大学出版社 2006 年版，第 269 页。

天堂"，对后世产生了极其深远的影响。此后，乌托邦逐渐演变为一种纯粹幻想的理想状态，即完美却无法实现的"应然"状态。

1880 年，恩格斯《社会主义从空想到科学的发展》一书出版。这部著述着重论述了社会主义如何从空想发展到科学这一核心问题，深刻分析了空想社会主义特别是 19 世纪英法空想社会主义产生和发展的历史过程及其理论局限和阶级局限，集中阐释了科学社会主义产生的思想根源。此书的出版使乌托邦成为"空想社会主义"的代名词，并成为与科学社会主义截然对立的概念。至 20 世纪，乌托邦作为一种哲学术语，其内涵和外延得以拓展和深化。西方马克思主义第一代主要代表人物恩斯特·布洛赫（Ernst Bloch）改变了人们长期以来拘泥于空想层面对乌托邦意义的狭隘理解，认为乌托邦表达出人类对未来社会的美好意向和道德诉求，而乌托邦精神则表征出人类追寻美好未来的"向善""择善"和"行善"的精神，由此赋予乌托邦以深刻的道德内涵和深厚的道德价值。在中国，自严复将"乌托邦"译为中文后，乌托邦成为一种专门术语，表达了一种超越既定社会现实的"理想"。

道德乌托邦为人类社会于"绝望的时代"开启了"希望的时代"之美好愿景，对于推动社会发展具有重要的精神价值。但是，其又不可规避地陷入道德理想与实践本性之悲剧性对抗的理论苑囿，具有浓厚的道德理想主义精神特质。

一、道德乌托邦对于人类超越"实然"、追寻"应然"的精神价值

乌托邦作为一种道德理想建构，总是指向美好的道德理想，内蕴深厚的道德价值，因而，我们通常也称之为道德乌托邦。乌托邦之兴起源于现实社会的深重苦难及人们在凡尘俗世中因无法建立超

验的上帝之城和缥缈的彼岸世界而产生的失望情绪。这种苦难和失望，激发身处"绝望的时代"的思想家们秉持"向善"的理性精神，抨击"实然"的现实社会，擘画"应然"的美好愿景，渴求在此岸世界中建立现世的"人间天堂"。这些进行道德理想建构的思想家们也由此成为乌托邦主义者。在人类社会发展史上，道德乌托邦作为一种批判理论和道德诉求，其本真价值不在于其能否实现所预设的终极旨归，而在于其能够激励人们在"实然"和"应然"之间始终保持一种清醒认知和必要张力，能够警醒人们在非合理性社会现实面前始终坚守一种批判精神和超越意识。从这一意义而言，当人们心灵深处的乌托邦精神处于"压抑"或"静默"状态时，人类社会往往会出现某种程度的"思想停滞"；而当乌托邦精神被激活时，人类社会即获得了批判现实和超越现实的精神动力。尽管乌托邦理想在人类历史上从未实现过，但其对于非合理性社会现实的理论批判和试图超越"实然"、诉求"应然"的道德构想，却为身处"绝望的时代"的人们带来了生活希望和思想光亮，为激励人们遵循自己的道德理想改造现实世界提供了思想指引和价值引领。

　　正是源于道德乌托邦所内蕴的美好诉求与道德价值，一直以来，包括马克思和恩格斯在内的众多思想家皆对乌托邦予以高度评价。恩格斯曾在致考茨基的书信中高度赞扬了托马斯·莫尔的乌托邦在反对私有制、倡导共产主义等方面的历史贡献，指出："关于你的《莫尔》一书，我在给腊韦的信中写了如下意见。'考茨基的《托·莫尔》对各新教国家的，特别是对英国的文艺复兴时期的论述，总的说来是正确的，而且有很多独到之处。在对当时历史条件的这种总的论述的背景上，托·莫尔个人是作为自己时代之子出现的。'"[①] 马克思和恩格斯在《共产党宣言》中赞扬了 19 世纪英法

---

① 《马克思恩格斯全集》（第 38 卷），北京：人民出版社 1972 年版，第 79 页。

空想社会主义，认为"它们提供了启发工人意识的极为宝贵的材料"①。19 世纪英法空想社会主义对马克思主义创始人提出消灭私有制、实现人人平等的科学社会主义理论产生了重要影响，也由此成为马克思主义的三大直接理论来源之一。哈贝马斯（Jürgen Habermas）赋予"乌托邦"以积极意义，认为"乌托邦蕴含着希望，体现了对一个与现存完全不同的向往，为开辟未来提供了精神动力"②。莫里斯·迈斯纳指出："历史的动力（而且的确是一种历史的必然动力），不是乌托邦的实现，而是对它的奋力追求。正像韦伯曾经指出的：'人们必须一再为不可能的东西而奋斗，否则它就不可能达到可能的东西了。'也正像卡尔·曼海姆（Karl Mannheim）所警告的那样：'如果抛弃了乌托邦，人类社会将会失去塑造历史的愿望，从而也会失去理解它的能力'。"③乔·奥·赫茨勒（Thomas More）认为，"乌托邦思想家是新思想的源泉，正如许多重要作家所证实的那样，可能也是现代共产主义和社会主义哲学以及以之作为基础的有关运动之奠基人。"④拉塞尔·雅各比（Russell Jacoby）则指出："一个丧失了乌托邦渴望的世界是绝望的，无论是对个体或对社会来说，没有乌托邦理想就像旅行中没有指南针。"⑤在上述思想家的思想场域中，乌托邦精神在激励社会成员批判社会现实、采取积极行动以完善社会制度等方面，具有极其重要的历史作用。

---

① 《马克思恩格斯全集》（第 4 卷），北京：人民出版社 1958 年版，第 501 页。

② 李小科：《"现实的乌托邦"释义》，载《开放时代》，2003 年第 4 期，第34 页。

③ 〔美〕莫里斯·迈斯纳：《马克思主义、毛泽东主义与乌托邦主义》，张宁，陈铭康译，北京：中国人民大学出版社 2005 年版，第 2 页。

④ 〔美〕乔·奥·赫茨勒：《乌托邦思想史》，张兆麟等译，北京：商务印书馆 1990 年版，第 286 页。

⑤ 〔美〕拉塞尔·雅各比：《不完美的图像：反乌托邦时代的乌托邦思想》，姚建彬译，北京：新星出版社 2007 年版，前言。

"天若有情天亦老，人间正道是沧桑"。无论哪一种社会形态，若缺失了"向善""择善"和"行善"的精神和能力，其运行必然偏离"人间正道"。道德乌托邦作为一种至善社会理想，是人类社会对积淀于思想深层的社会愿景之理论描绘和道德预设，不仅为社会发展指明了前进方向，亦为处于现实苦难的人们开启了道德愿景，使其不致深陷于行为困惑或信念迷茫；作为一种美好道德诉求，符合人类追寻社会完善、人生价值和生活意义的价值旨归；作为一种社会预警机制，是对非正义、非公平的社会现实之警醒和批判，具有一定的道德纠偏功能。任何社会所能容纳的现实苦难皆有一定限度，当社会"实然"状态逾越社会成员的心理道德防线或政治伦理底线时，社会成员及其代言人就会试图超越"实然"，道德乌托邦即会应运而生。道德乌托邦激发人们正视现实生活中的苦难和不幸，并以超越"实然"的道德憧憬来批判并变革社会，以实现"应然"诉求。一个社会若缺失了乌托邦精神，则意味着其"向善"精神的缺失，无助于激发人们内心深处渴望推动社会发展的精神动力。从这一意义而言，道德乌托邦并非人类思想史上可有可无的一种"思想插曲"，而是人类对道德诉求的一种"浓墨重彩"的理性表达与道德建构。

二、道德乌托邦的精神特质——道德理想主义

道德乌托邦虽然提出了超越社会"实然"状态、走向美好"应然"理想的道德诉求，并对现实世界的"实然"状态进行了深刻的道德批判，却囿于实践迷途，始终没能找寻到通往"应然"道德理想的现实化路径，根本无法实现。道德诉求与实践本性之"悲剧性对抗"所衍生出的道德理想主义，成为道德乌托邦的"与生俱来"且"始终在场"的精神特质。对于乌托邦脱离实践本性的精神特质，

马克思和恩格斯曾多次予以批判。马克思在《〈黑格尔法哲学批判〉导言》中阐释德国发展前景时指出："对德国来说，彻底的革命、普遍的人的解放，不是乌托邦式的梦想，相反，局部的纯政治的革命，毫不触犯大厦支柱的革命，才是乌托邦式的梦想。"① 他认为，采用局部政治革命和改良主义的方法无法从根本上解决德国问题，只有诉诸革命实践，采用整体革命的方法才能挽救德国命运。马克思在《1848 年至 1850 年的法兰西阶级斗争》中划清了革命的、实践的社会主义与诸种游离于实践的伪社会主义的原则界限，揭露了"空论的社会主义"即伪社会主义的实质，指出："这种乌托邦，这种空论的社会主义，想使全部运动都服从于运动的一个阶段，用个别学究的头脑活动来代替共同的社会生产，而主要是幻想借助小小的花招和巨大的感伤情怀来消除阶级的革命斗争及其必要性；这种空论的社会主义实质上只是把现代社会理想化，描绘出一幅没有阴暗面的现代社会的图画，并且不顾这个社会的现实而力求实现自己的理想。"② 马克思和恩格斯在《宣言》中明确指出，对于"批判的空想的社会主义和共产主义"而言，"阶级斗争越发展和越具有确定的形式，这种超乎阶级斗争的幻想，这种反对阶级斗争的幻想，就越失去任何实践意义和任何理论根据。"③ "批判的空想的社会主义和共产主义"游离革命实践，"忿怒地反对工人的一切政治运动"，"他们还在梦想用试验办法实现自己的社会空想……为了建造这一切空中楼阁，他们就不得不去央求资产阶级放软心肠，解囊施舍。"④ 恩格斯在《社会主义从空想到科学的发展》中指出，空想社会主义所设计的"这种新的社会制度"脱离了社会实践和经济基础，"是一

① 《马克思恩格斯文集》（第 1 卷），北京：人民出版社 2009 年版，第 14 页。
② 《马克思恩格斯文集》（第 2 卷），北京：人民出版社 2009 年版，第 166 页。
③ 《马克思恩格斯选集》（第 1 卷），北京：人民出版社 1995 年版，第 304 页。
④ 《马克思恩格斯全集》（第 4 卷），北京：人民出版社 1958 年版，第 502 页。

开始就注定要成为空想的，它愈是制定得详细周密，就愈是要陷入纯粹的幻想。"① 恩格斯在《宣言》1890 年德文版中又强调，他和马克思曾经批判的"伊加利亚"就是一种远离革命实践的"共产主义制度的乌托邦幻想国"②。后来，列宁也批判道："空想社会主义没有能够指出真正的出路。它既不会阐明资本主义制度下雇佣奴隶制的本质，又不会发现资本主义发展的规律，也不会找到能够成为新社会创造者的社会力量……"③ 哲学是时代精神的精华，道德是人类精神生活的核心。哲学需要关注道德、道德研究和人类道德诉求。真正的哲学家无不关心人类疾苦，并从美好的道德愿景出发从事理论研究，以期实现预设的美好理想。但是，谋求人类利益与幸福的道德诉求如果游离于实践，不扎根于现实土壤，则永远只是一种无法实现的"彼岸"诉求。道德乌托邦作为一种纯粹的理论诉求而禁锢于人们的头脑，其在人类实践发展历程中必然走向"窒息"，犹如海市蜃楼，美丽却虚幻。

纵观古今中外道德乌托邦发展历程，无论是中国古代"大同社会"，抑或西方社会从柏拉图《理想国》、托马斯·莫尔《乌托邦》、康帕内拉《太阳城》到摩莱里《自然法典》和维拉斯《塞瓦兰人的历史》，再到德国古典哲学思辨理想中的"真正的社会主义""绝对的社会主义""空想平均共产主义"和西方近代启蒙思潮的乌托邦思想，直至 19 世纪英法空想社会主义，其道德构想虽具一定的道德价值，却皆因游离于实践而具有浓厚的人文主义色彩和浪漫主义情怀。道德乌托邦就其本质而言是批判性而非实践性的、启示性而非革命性的。其以"浪漫性"消解"现实性"，以"启示性"遮蔽"革命性"，以"批判性"消融"实践性"，不满

---

① 《马克思恩格斯选集》（第 3 卷），北京：人民出版社 1995 年版，第 724 页。

② 《马克思恩格斯文集》（第 2 卷），北京：人民出版社 2009 年版，第 64 页。

③ 《列宁选集》（第 2 卷），北京：人民出版社 1995 年版，第 313 页。

于现实却又无补于现实，成为"至善""至美"，却非"至真"的道德诉求，可望而不可及。

当多数人依然沉浸于对未来社会的乌托邦憧憬之际，马克思、恩格斯和一些思想家们已认识到乌托邦主义的浪漫性和空想性，并对其进行了深刻批判，反乌托邦主义逐渐形成并盛行。但是，乌托邦主义、乌托邦情结和乌托邦精神在西方马克思主义那里依然得以"复活"与"复兴"。如法兰克福学派在探寻社会变革道路时总是深陷于思想领域，将希望寄托于无产阶级道德观念的觉醒和人的感性解放。他们试图将无产阶级革命转换为以强化无产阶级意识为主旨的"观念革命""意识形态革命"及"大众文化批判"，以期现实地批判并改造"物化"和"异化"盛行的资本主义社会。当他们诉诸意识、心理或价值的变革来试图改变社会现实时，却遗忘了意识、心理或价值本身都是由社会现实决定的。他们在对资本主义进行批判的过程中，割裂了道德批判与经济批判、历史批判、实践批判的内在统一性，虽然深化了道德批判的深度，却摒弃了其他批判的维度，尤其是消解了实践批判和实践精神。法兰克福学派虽然对未来充满着美妙幻想，却无法认识到实践力量在超越既定现实、实现道德理想中的决定性作用。其批判理论虽然蕴含着一定的人文精神和道德价值，但实际上高悬着一个超验的、至善的道德价值预设，是一种理想主义救世情怀的激进表达，终是由抗议现实而沦为躲避现实、远离实践的现代乌托邦呓语。马尔库塞作为法兰克福学派左翼代表人物，曾毫不隐讳地指出：法兰克福学派的社会批判理论"并不拥有在现在与未来之间架设桥梁的概念"①，因而，它对审美之境的关注内蕴一种"绝望的因素，即逃避到一个虚构的世界，仅仅在

---

① 〔美〕赫伯特·马尔库塞：《单向度的人：发达工业社会意识形态研究》，刘继译，上海：译文出版社1989年版，第231页。

一个想象的王国中，去克服和变革现存条件"①。马尔库塞本人也具有浓厚的乌托邦情结。1967 年，他在西柏林发表的《乌托邦的终结》演讲中直接将社会主义归结为乌托邦，指出："我们必须面对这样的可能性，即通过社会主义的道路只能从科学转向乌托邦，并非是从乌托邦到科学。"② 詹姆逊（Fredric Jameson）在《单一的现代性：论当下的本体论》一书中针对西方理论界现代性话语的蔓延和滥用，指出"我们目前真正须要以乌托邦精神完全替代现代性论题"③。恩斯特·布洛赫的"希望哲学"和"乌托邦"理论则强调，幻想、乌托邦主义是马克思主义的必要维度，只有激发出"潜伏"于人类心灵深处的乌托邦精神才能拯救人类。恩斯特·布洛赫指出，只有回到魏特林、巴德尔和托尔斯泰心目中"爱的乌托邦"的精神世界中，回到陀思妥耶夫斯基"宗教理想主义"意义上的生活状态，新生活才能被充分理解，并被赋予道德合理性和社会合法性。④ 他在表述马克思主义与其他意识形态的区别时，将马克思主义界定为关于天国的真正意识形态，指出：马克思主义正是通过不断克服自身意识形态的局限性，而永葆自我批判精神，它是一种旨在革命的乌托邦⑤，并试图通过自己的"实践的乌托邦"来赓续被他称之为

---

① 〔美〕赫伯特·马尔库塞：《审美之维》，李小兵译，北京：生活·读书·新知三联书店 1989 年版，第 207 页。

② 〔美〕赫伯特·马尔库塞：《乌托邦的终结》，见上海社会科学院哲学研究所外国哲学研究室编：《法兰克福学派论著选辑》（上卷），北京：商务印书馆 1998 年版，第 595 页。

③ Fredric Jameson, *A Singular Modernity*: *Essay on the Ontology of the Present* (Verso, 2002), p.215.

④ 参见 Ernst Blaoch, *The Spirit of Utopia*, Standford University Press, 2000, p.244。

⑤ 参见 Ernst Blaoch. *the Spirit of Utopia*, trans. Anthorny Nassar, Meridian, 2000, p. 246. 转引自张双利：《在乌托邦与意识形态的张力中理解马克思主义哲学》，载《江西社会科学》，2004 年第 3 期，第 46 页。

"具体的乌托邦"的马克思主义。西方马克思主义认为，我们所处的时代是一个"焦虑的时代""冷漠的时代"，甚至"绝望的时代"，必须启用乌托邦精神以拯救处于功利主义、自由主义和后现代主义的社会现实，为人类创造美好未来提供思想指引。他们对乌托邦之道德价值的探讨、对传统乌托邦的理论局限和阶级局限的批判，对于推动乌托邦理论的发展具有积极意义。然而，他们游离于实践之外，否认在经济和政治领域推进革命的可能性，而是将革命的方式寄望于文化的救赎，热衷于"大众文化批判"，因而其乌托邦理论依然无法规避一般道德乌托邦的精神特质——道德理想与实践本性之"悲剧性对抗"的道德理想主义，始终未能找寻到通往理想社会形态的现实化路径，只能在自洽性的理论世界中获得内心慰藉，寻求精神富足。

即使在当代西方社会，仍不乏道德乌托邦的言论和思想。一些哲学家、伦理学家和社会理论家依据对资本主义现代性分裂及其导致的社会问题之理论批判，始终秉持对现代性的理性追问和对乌托邦的道德追寻，打破了人们"沉浸于对现代性的仰望"的现实境遇。这种追问与追寻突显出现代性分裂和社会道德诉求之间的现实张力，彰显出现代人寻求"实然"和"应然"之理性和解的历史使命感。现代资本主义发展过程中形成的各种乌托邦思想，皆表征出对现代性分裂的一种抗议和呐喊。现代人被充斥于社会生活各领域的物质文明所"物化""奴化"和"异化"，重建精神家园的热情和动力日趋式微。在这种人类生存与发展的困境中，恩斯特·布洛赫看到人类正在走向死亡，指出："新近的反动的浪漫主义……只能使西方的文明衰退为动物性的麻木不仁和无宗教的销声匿迹……凋落的蓓蕾、凋落的花朵，对于今天来说是文明的衰落，是这样一个巨大的舰队，它只能把对历史的不断流逝的悲观记载作为唯一的目的，但对欧洲来说，却只有即将来临的永恒的死亡。"① 一些当代思想家据此认为，要走出这场文明危机，拯救欧洲命运，就须唤醒"沉睡"于人们内心深处的乌托邦精神。当代著名伦理学家麦金太尔对处于道德危机的资本主义社会进行了深刻的道义谴责，强调要摆脱道德危机、拯救资本主义社会，就应恢复自启蒙运动以来被拒斥的亚里士多德德性伦理学中的美德传统。在此，麦金太尔强调德性追问，试图用道德完善替代道德实践作为拯救现代西方社会的有效路径。他的理论与法兰克福学派一样，关注的仅是批判而非实践，终是流于乌托邦式的道德幻想。艾森斯塔特（S. N. Eisenstadt）更是明确提出了重构乌托邦理想的企盼："从现代性方案的文化意识形态方面来看，把不同的合理性合并起来的倾向最主要地体现于启蒙主义理性至上的原则。这一原则把价值理想或实质理性统摄于以技术统治为特征的工具理性之下，或者把他统摄于一种总体化的道德乌托邦理想之下。"② 如果说，历史唯物主义创立前，空想社会主义基于道德视角批判资本主义并论证社会主义还具有一定的道德价值和革命意义的话，那么其创立后，依旧复归空想社会主义的言论和思想，则是一种理论上的倒退和实践上的反动。

道德乌托邦既承载着人类对于美好未来的精神追寻和道德向往，亦呈现出典型的道德理想主义精神特质——道德理想与实践本性之"悲剧性对抗"。道德理想建构和道德诉求预设本身对于社会而言具有重要的道德价值。因而，道德乌托邦之思想失误并不在于其对道德原则的诉诸或对道德理想的建构，亦不在于其究竟预设了何种道德诉求，而在于其一方面将理论体系中的道德理想无限拔高，并将

---

① Ernst Blaoch, *The Spirit of Utopia*, trans. Anthony nassar, Meridian, 2000, p.2.

② 〔美〕莫里斯·迈斯纳：《马克思主义、毛泽东主义与乌托邦主义》，张宁、陈铭康译，北京：中国人民大学出版社 2005 年版，第 23 页。

道德理想视为人类社会唯一的、至上的诉求，另一方面将道德理想凌驾于人类社会和人类实践，以道德理想消融实践本性，即游离于实践本性而企盼道德理想的必然实现，由此呈现出道德理想与实践本性之"悲剧性对抗"。鉴于此，道德乌托邦理论视阈中的道德理想成为"飘在云端"的海市蜃楼，美妙亦缥缈。道德乌托邦虽然在特定时期和特定社会能使世人产生强烈心灵震撼，能为社会发展指明前进方向、构筑思想灯塔，但是，其终归"昙花一现"，无法为尘世的人们带来任何"现世的幸福"。

第三节　历史唯物主义何以超越道德乌托邦？

在马克思主义理论研究中，马克思主义一直以来被某些人诘难为道德乌托邦，马克思更是被归入乌托邦主义者之列。

卡尔·波普尔就曾把柏拉图、黑格尔和马克思的理论都看作是一种乌托邦主义。他指出，马克思只是反对对非合理性社会现实作纯粹的道德批判，却没有否认人类道德理想存在的价值合理性。究竟是什么使马克思看不清道德未来主义形式下的危险因素？波普尔指认，这就是建立于历史决定论基础上的乌托邦主义。弗朗西斯·福山的"历史终结论"认为，马克思主义作为一种"乌托邦观念"在现代社会已经死亡，人类历史正在"现代性"道德的凯旋中走向"终结"。吕贝尔则断言，马克思是乌托邦主义者中最乌托邦的人，因为他仅仅从乌托邦层面关注推翻现实社会，却很少关心未来社会。在东欧剧变、苏联解体后，一些西方学者对社会主义的科学性提出了质疑，进而断言，马克思解放全人类的理论就是一种"现代乌托邦"。如美国著名马克思主义学者莫里斯·迈斯纳在《马克思主义、毛泽东主义与乌托邦主义》一书中就对现代西方学者赋予马克思主义以"乌托邦"称呼的确切内涵进行了界定:"马克思正是通过把道德上可向往的东西同似乎有理由证明为历史必然的东西联系起来,马克思才使得乌托邦主义成为现代历史中一股异常强大的力量,从而不仅没有破坏而且强化了乌托邦主义。"[1] 柯拉柯夫斯基则割裂了马克思的理论与实践之内在统一性,抛弃了马克思主义道德理想的现实内容和实践根基,提出"马克思主义是我们这个世纪最大的幻想"及马克思主义在世界范围内遭到衰败[2]的谬论。卡尔·曼海姆在《意识形态和乌托邦》中,把历史上的乌托邦心态划分为再洗礼派的纵情狂欢的千禧年主义、自由主义—人道主义观念、保守主义的观念和社会主义—共产主义的乌托邦等形式,并把马克思主义看作是历史上乌托邦心态的一种类型。[3] 西方马克思主义者弗雷德里克·詹姆逊把乌托邦精神视为马克思主义的精华,指出:"乌托邦"赋予马克思主义以生命活力,若将"乌托邦"从马克思主义中抽离,马克思主义将失去生命力。上述观点对历史唯物主义的道德理想与实践本性作二元分立,将马克思视为乌托邦主义者,将马克思主义视为乌托邦主义或包含乌托邦元素,其既具有理论上的非正当性,亦具有实践上的危害性。

客观而论,就道德乌托邦对非合理性社会现实的道德义愤和对理想社会的道德诉求而言,马克思主义创始人对其持有肯定态度。从某种意义而言,历史唯物主义理论视阈中的道德理想与乌托邦精神确有某种程度的相似性。其一,两者都深刻批判并试图超越既定的非合理性社会现实,都对社会现实秉持着强烈的否定性、批判性

---

① 〔美〕莫里斯·迈斯纳:《马克思主义、毛泽东主义与乌托邦主义》,张宁、陈铭康译,北京:中国人民大学出版社 2005 年版,第 9 页。

② L. Kolakowski. Main Currents of Marxism, Vol. Ⅲ, W.W.Norton & Co, 2008, p.523.

③ 参见〔德〕卡尔·曼海姆:《意识形态与乌托邦》,北京:华夏出版社 2001 年版,第 250 页。

和超越性的态度。其二，两者的最终目标都是实现人的发展。历史唯物主义科学揭示出历史发展规律，并对共产主义实现的必然性、必要性和重要性作出了理论论证，但是，其价值旨归却不在于揭示历史发展规律或完成理论论证本身，而是旨在改变旧世界，完善人的生存和发展状态，创建一个合乎人性、合乎道德的新世界，这与乌托邦精神具有一定的契合性。马克思和恩格斯也曾高度评价以 19 世纪英法空想社会主义为代表的乌托邦主义对资本主义制度的道德批判和对人类发展前景的天才设想，明确指出："使我们感到高兴的，倒是处处突破幻想的外壳而显露出来的天才的思想萌芽和天才的思想。"① 恩格斯指出，19 世纪英法空想社会主义是马克思主义的当然的理论来源。列宁在《马克思主义的三个来源和三个组成部分》中也指出，19 世纪英法空想社会主义三大代表人物的学说是马克思主义的三大来源之一，是 19 世纪中期马克思主义产生的必备理论前提。然而，仅仅据此断言马克思主义是一种道德乌托邦，却是对它的误读甚至污蔑，是无视其内蕴的道德实践精神而得出的必然性逻辑结论。

马克思主义究竟是"乌托邦的回归"抑或"反乌托邦"？要正确回答这一问题，实质上就是要正确回答"历史唯物主义何以超越道德乌托邦？"我们需回归历史唯物主义，基于历史唯物主义的道德实践精神来考察并剖析马克思主义的道德理想建构与道德乌托邦有何实质区别。

历史唯物主义基于对道德乌托邦的道德价值与实践缺失之双重特质的审慎考量，并非全然否定而是积极扬弃乌托邦精神：一方面，肯定并汲取了道德乌托邦试图超越既定现实、诉求美好愿景的道德价值；另一方面，立足于唯物主义的历史观、道德观和实践观，在

---

① 《马克思恩格斯选集》（第 3 卷），北京：人民出版社 1995 年版，第 724 页。

道德理想建构之哲学基础和现实渊源、道德理想之实现路径及道德理想之精神特质三个层面上皆与道德乌托邦有着本质区别。其实现了道德理想与实践本性之生成性统一，既是科学的历史观与哲学学说，亦是科学的道德实践哲学，内蕴深邃的道德实践精神。在历史唯物主义理论视域中，道德理想不再是抽象的乌托邦式幻想，而是建立于实践基础之上的具体的、现实的、科学的道德构想。历史唯物主义的道德实践精神既具道德合理性与道德必然性，亦具现实可操作性与可实现性，由此实现了对道德乌托邦的历史性超越。

一、道德理想建构之哲学基础和现实渊源的历史性超越

道德乌托邦视阈中的道德理想建构是以唯心主义的历史观和道德观为哲学基础。这就决定了其不是从现实社会"实然"的发展状态引出对未来社会"应然"的道德诉求，而是基于纯粹理性或完美人性，通过主观理论演绎或道德逻辑推论来预设未来社会美好方案，并把这些方案视为"永恒正义"或"永恒道德"加以顶礼尊崇，据此向民众提出抽象的、普遍的道德要求。此种道德理想建构虽对现实社会的道德非合理性进行了深入考察和深刻批判，却没有走向人类历史的深处，没有深入到社会的经济结构、生产结构和经济制度的深层对社会"实然"状态进行深刻的经济批判或实践批判，在理论上和实践上都局限于抽象的外在伦理批判。因而，其不仅无法理性把握非合理性社会现实产生的经济必然性和历史必然性，亦无法找寻到超越"实然"、通往"应然"的现实化路径。

在道德乌托邦视阈中，道德理想建构的现实渊源不是社会现实，而是异化了的现实世界。其过分关注对"超现实"却又"异化于"现实的"应然"理想制度进行主观的理论描绘，具有浓厚的唯心主

义色彩，陷入了道德理想主义或道德至上主义的理论桎梏。有学者指出："柏拉图的国家必须是一个这样的国家，即是所有国家的一个典型或模式。只对现存国家进行描述性说明是无法达到他的目的，而且只给出功利主义的论证也无法证明哲学家享有统治权是正当的，'理想国'所处理的主题就是作为一种类型或一种典型的国家所具有的一般本性，至于现实的国家是否符合这个典型国家的标准则是一个次要的问题。"① 以柏拉图为代表的乌托邦思想家们游离于社会"实然"状态并依据异化了的现实世界进行道德理想建构的尝试，也是历史上一切道德乌托邦的一般特征。这种完全超越现实、无法"证实"或"证伪"的道德理想，不仅在哲学基础上是唯心主义的，而且缺失了现实渊源。因而，道德乌托邦的道德理想不是消弭现实弊端、通往理想社会的可行方案，终是沦为"飘在云端"的幻想。

与道德乌托邦不同，历史唯物主义理论视阈中的道德理想建构是以唯物主义的历史观和道德观为哲学基础。这就决定了其诉求的道德理想源自现实、批判现实并试图超越现实。"现实的个人"和"现实的世界"始终是历史唯物主义视阈下的道德理想建构之现实渊源。有学者提出："马克思以前的哲学在关注现实的理念上是不彻底的。他们以批判开始，往往又以非批判终结。它们提供的仅仅是一种解释世界的模式，而难以达到改造世界的目的。再者，它们作为关注现实的方式注定从革命的先导蜕变为对现存进行辩护的意识形态。"② 马克思主义创始人以严谨思维直面社会现实，以科学精神探析历史发展规律，特别是资本主义经济运行规律，以"唯物"视角客观分析现实社会一切非合理性观念和反人道化行为得以衍生的物

---

① 〔美〕乔治·霍兰·萨拜因：《政治学说史》（上册），北京：商务印书馆1986年版，第73页。

② 吕世荣、周宏：《唯物史观的返本开新》，北京：人民出版社2006年版，第1页。

质基础和经济根源，在此基础上正确揭示出历史发展必然趋势，合理诉求道德理想——共产主义。基于此，他们与乌托邦思想家们将道德理想视为"永恒道德"的做法有着实质区别。对此，列宁作出高度评价："共产主义是从资本主义中产生出来的，它是历史地从资本主义中发展出来的，它是资本主义所产生的那种社会力量发生作用的结果。马克思丝毫不想制造乌托邦，不想凭空猜测无法知道的事情。马克思提出共产主义的问题，正像一个自然科学家已经知道某一新的生物变种是怎样产生以及朝着哪个方向演变才提出该生物变种的发展问题一样。"①

历史唯物主义作为批判资本主义的哲学学说，不是基于抽象的道德意识、超验的道德原则或完美的人性诉求来预设道德理想，亦未把道德理想看作超越资本主义现实和具体历史阶段的"不食人间烟火"的"应然"诉求，更未将道德理想视为"永恒真理"或"永恒道德"。其视阈下的道德理论建构不是游离于现实世界的纯粹"应然"的理论诉求，而是在理性回归资本主义私有制和异化劳动所导致的人的片面化和畸形化发展、"物的价值"增值和"人的价值"贬值成正比等资本主义"实然"现状后而得出的必然性结论，是资本主义内部诸种矛盾和现实力量相互作用的必然性产物。在历史唯物主义理论视阈中，道德理想是在社会现实中产生和发展，并诉诸人类实践予以实现的科学的、开放的道德诉求；道德理想实现过程是扎根于现实又指向未来的真实运动，"这个运动的条件是由现有的前提产生的"②。

综上述，历史唯物主义视阈下的道德理想建构具有科学的哲学基础和深刻的现实渊源。其既未沦为道德意识形态的附庸，亦未落

---

① 《列宁选集》（第3卷），北京：人民出版社1995年版，第186—187页。
② 《马克思恩格斯全集》（第3卷），北京：人民出版社1960年版，第40页。

入道德理想主义的苑囿，而是自觉摈弃了道德乌托邦在道德理想建构上的"伪真理性"与"伪永恒性"，实现了对道德乌托邦的历史性超越。

二、道德理想之实现路径的历史性超越

在如何实现道德理想的路径抉择上，道德乌托邦或诉诸道德的至善和人性的完美以构建一个至善的理想社会，如以柏拉图为代表的传统乌托邦思想即是如此；或诉诸统治者的内心怜悯、社会贤达的道德良知或局部的社会试验、社会改良，如19世纪英法空想社会主义。柏拉图曾指出："把人类存在的官能的和个人的一面看作是达到真正的认识和完善的道德的障碍，而不是实现一个理想的手段。"[①] 他排斥人的实践活动对于实现道德理想的根本价值，试图通过"哲学王"精神来实现心目中的道德理想。19世纪英法空想社会主义虽然以辛辣讽刺的笔调批判了资本主义社会的自由竞争、资本至上、利己主义和贪婪本性等原罪，却害怕人民群众、惧怕革命实践，而是企盼胸怀道德良知的资产阶级贤达以经济资助等方式来帮助其实现预设的和谐社会诉求。如，傅立叶曾在报纸上刊登出一封求助信，希望有社会贤达愿意与他商榷建立"法郎吉"社会事宜。可是，直到傅立叶临终时，也没有一位社会贤达愿意资助他建立"法朗吉"社会。这些乌托邦主义者或具有乌托邦情结的空想社会主义者虽然以饱满的热情和超越现实的使命感宣布与旧时代决裂，决意扫除社会诟病，却因游离实践之外而始终未能探寻到实现道德理想的正确路径。

---

① 〔德〕爱德华·策勒尔：《古希腊哲学史纲》，翁绍军译，济南：山东人民出版社1992年版，第153—154页。

在道德乌托邦之外，德国思辨哲学或诉诸凌驾于人类意志之上的"绝对精神"来实现社会发展目标，如黑格尔和老年黑格尔派；或诉诸"观念运动"和"头脑革命"来实现对现实社会的道德救赎，如青年黑格尔派。而西方近代伦理学和资产阶级人道主义则诉诸抽象的人性论或纯粹的道德理性来实现心目中的人道主义理想或道德企盼。上述道德诉求与道德乌托邦殊途同归，皆因道德价值有余而实践本性缺失，终是沦为可望而不可即的"浪漫的空想"，自觉或不自觉地带有乌托邦精神的烙印。道德乌托邦虽然确立了"应然"的道德理想，但因游离人类实践，其憧憬的理想或诉求在现实社会中没有科学依据和现实可操作性，只能在脱离"实然"的"应然"中徘徊，在游离"实践"的"理念"中踌躇，终是沦为彼岸世界的"无果之花"。

与道德乌托邦游离人类实践的道德理想实现路径完全不同，马克思主义创始人立足于历史唯物主义立场，特别强调道德理想的实践根基与实践本性。如前述，无论从马克思主义创始人对德国唯心主义思辨哲学和旧唯物主义哲学的批判来看，还是从他们对空想社会主义的批判来看，都表明他们始终关注理想与实践的辩证关系。马克思和恩格斯既非远离实践而一味宣扬道德理想的抽象布道者，亦非远离道德理想的盲目实践家，而是始终以人类实践为基础，以道德理想为己任的道德实践家。马克思指出，人类不仅要从理论上把握世界，还需要"对世界的、艺术的、宗教的实践—精神的把握"①，道德的特殊性就在于以"实践—精神"的方式把握现实世界。依马克思和恩格斯之见，不仅作为社会意识形态的"道德"范畴要以实践精神的方式把握现实世界，而且人类社会的道德理想也需以实践精神的方式予以实现，以达到变革世界的目的。马克思明

① 《马克思恩格斯全集》（第 12 卷），北京：人民出版社 1962 年版，第 752 页。

确指出："思想根本不能实现什么东西，为了实现思想，就要有使用实践力量的人"①，"人应该在实践中证明自己思维的真理性……关于离开实践的思维是否具有现实性的争论，是一个纯粹经院哲学的问题。"② 他从"社会生活在本质上是实践的"③ 这一根本立场出发，批判性考察资本主义社会现实。对此，有学者指出："马克思认为，理论的批判只能在理性的法庭上对现存事物进行审判，并对社会变革起到启蒙和武器的作用，而物质的力量只能用物质的力量来摧毁。理论批判只有落实到实践之中并实行之，才能彻底发挥作用，二者的统一才是真正的马克思的哲学批判。理论批判中不仅有批判、否定，更重要的是重构，在批判旧世界中发现新世界，在对现存事物的否定中探讨事物发展的方向和条件。"④ 在马克思和恩格斯的思想场域中，如果无法深刻把握实践在历史发展进程中的根本作用，游离实践精神来对社会理想作主观的"思想"建构，那么，这种社会理想必然沦为无法实现的道德乌托邦，终将落入纯粹的意识形态窠臼。

马克思坚决反对"用关于正义、自由、平等和博爱的女神的现代神话来代替它的唯物主义基础"⑤，不再虚构脱离实践进程的道德乌托邦，而是运用历史唯物论和历史辩证法，始终关注人类的现实生活和现实实践，强调："思辨终止的地方，即在现实生活面前，正是描述人们的实践活动和实际发展过程的真正实证的科学开始的地

① 《马克思恩格斯全集》（第 2 卷），北京：人民出版社 1957 年版，第 152 页。

② 《马克思恩格斯全集》（第 3 卷），北京：人民出版社 1960 年版，第 7 页。

③ 《马克思恩格斯全集》（第 3 卷），北京：人民出版社 1960 年版，第 5 页。

④ 吕世荣、周宏：《唯物史观的返本开新》，北京：人民出版社 2006 年版，第 5 页。

⑤ 《马克思恩格斯全集》（第 34 卷），北京：人民出版社 1972 年版，第 281 页。

方。"① 马克思还坚决拒斥那种把解放运动看成是人性迷失的意识之自我觉醒的唯心主义观点，明确指出："从工人阶级运动成为现实运动的时候，各种幻想的乌托邦消逝了……起来代替乌托邦的，是对运动的历史条件的真正理解以及工人阶级的战斗组织的日益积聚力量。"② 恩格斯也坚决反对各种脱离历史基础和实践根基的"永恒真理""永恒正义"和"永恒道德"③。无论马克思抑或恩格斯，都从未脱离现实的历史过程和现实的人类实践去抽象地谈论或建构道德理想。在马克思主义创始人的实践思维中，道德理想虽然美好，能赋予人们以美好的生活希望和强大的精神动力，但若不付诸实践，就会成为永远停留于"头脑"和精神慰藉层面的道德乌托邦；若要超越非合理性社会现实，实现人类美好愿景，就需将道德理想付诸人类的生产实践、生存实践和革命实践。

基于对实践的历史考察与审慎考量，马克思和恩格斯创立的历史唯物主义自觉摒弃纯粹的道义谴责，坚决拒斥浪漫的道德建构，强烈反对向人们提出抽象的道德要求，而是着力将道德理想建立于人类物质生产实践、无产阶级生存实践和无产阶级革命实践之三位一体的人类总体性实践的基础之上。其一方面通过批判性考察资本主义社会现实，从反人道的社会现实中引出合乎历史发展规律、合乎道德发展规律的美好诉求；另一方面辩证地审视道德理想与实践本性之辩证关系，在人类总体性实践中实际地谋求两者之内在融通，将其预设的道德理想——人类现实需要之合理满足、人类理想化生存状态之道德构建和共产主义道德理想之必然实现，真正建立于人类总体性实践的基础之上，使其成为以实践为现实根基和现实化路径的道德理想，彰显出科学的道德实践精神。正是基于这种道德实

① 《马克思恩格斯全集》（第3卷），北京：人民出版社1960年版，第30—31页。

② 《马克思恩格斯全集》（第17卷），北京：人民出版社1963年版，第604页。

③ 《马克思恩格斯全集》（第20卷），北京：人民出版社1971年版，第98页。

践精神，建立于历史唯物主义基础之上的共产主义理想既是道德理想，亦是科学理论，而非任何一种道德乌托邦。对此，列宁曾作出高度评价："马克思的全部理论，就是运用最彻底、最完整、最周密、内容最丰富的发展论去考察现代资本主义。自然，他也就要运用这个理论去考察资本主义的即将到来的崩溃和未来共产主义的未来的发展。"① 今天，如何对待马克思批判理论的实践性，已经构成了众多话语体系沉默不宣的理论语境，诸如"微观政治""话语实践"和"历史终结"等。有学者认为，在如此众多的话语喧嚣中，唯独马克思理论的"实践性"显得突出而坚硬。② 陈先达先生也指出："马克思主义学说是科学，绝不是说马克思主义揭示的规律可以没有人的参与而自动起作用。相反它必须有这种学说的信仰者为之奋斗，为之实践，马克思主义学说的理想才有可能实现。"③

历史唯物主义的道德实践精神表征出其不仅高姿态弥补了传统形而上学理论框架中理论与实践、主体与客体之二元对立的理论缺憾，亦历史性弥合了道德乌托邦视阈中价值世界与事实世界、应然理想与实然状态、道德诉求与实践本性之二元分裂的理论鸿沟，在实践领域实现了对道德乌托邦之实现路径的历史性超越。这种超越是实质层面和根本意义上的一种超越，突破了道德乌托邦视阈中道德理想与实践本性之二元分立的"悲剧性对抗"，完成了唯物性的、实践性的与科学性的道德理想建构，实现了道德理想与实践本性之"生成性统一"和"历史性交融"，由此完成了对道德乌托邦之实现路径的"辩证性反叛"与"历史性升华"。

---

① 《列宁选集》（第 3 卷），北京：人民出版社 1995 年版，第 186 页。
② 罗骞：《马克思批判理论的几个基本特征——从与现代性和后现代性理论比较的视角来看》，载《教学与研究》，2009 年第 5 期，第 49 页。
③ 陈先达：《做坚定的马克思主义理论工作者》，载《光明日报》，2016 年 3 月 2日，第 1 版。

三、道德理想之精神特质的历史性超越

基于历史唯物主义与道德乌托邦在道德理想建构之哲学基础和现实渊源、道德诉求之实现路径上的实质区别，我们不难理解：道德乌托邦有着"与生俱来"的精神特质——道德理想主义，是一种以唯心主义的历史观和道德观为哲学基础，以人文主义的道德批判为根本方法，以非革命性和非实践性为实现方式而形成的道德学说。其本质上是一种既具典型的人文主义特征，亦具浓厚的浪漫主义情怀的道德理论形态。其之所以是"空想"，并非因为其提出的道德构想本身具有道德非合理性，相反，其道德构想表达出对非合理性社会现实的批判性和超越性，对激发人们超越既定现实、开辟美好未来具有较高的道德价值。其"空想性"主要是源于其道德构想严重缺失了实践根基，在现实生活中具有不可操作性。其对社会现实的批判仅仅停留于道德批判层面，不能精准把握社会发展的历史动态性和客观规律性，不满于现实却又无益于改造现实。其在道德理想建构上沉湎思想领域或抽象王国来解释世界、描绘蓝图，既远离社会现实，亦游离人类实践，始终未能找寻到道德理想的现实化路径。基于此，道德乌托邦犹如"幻影"般的海市蜃楼，美好却缥缈，具有浓厚的人文性、浪漫性和空想性，凸显出鲜明的精神特质——道德理想主义。这种精神特质虽具一定的道德价值，却裹挟着"消解实践本性"的理论局限性和"根本无法实现"的历史缺憾性。

与道德乌托邦不同，历史唯物主义将道德理想置于科学的唯物主义历史观的基础之上、现实世界的视阈之中和人类实践的根基之上，强调诉诸人类实践来践行道德理想，深刻彰显出其精神特质——科学性、现实性和实践性之三位一体。马克思在《第179号

"科伦日报"社论》中强调，哲学不应成为远离世界的遐想，"因为任何真正的哲学都是自己时代精神的精华，……哲学不仅从内部即就其内容来说，而且从外部即就其表现来说，都要和自己时代的现实世界接触并相互作用。"[1] 在《〈黑格尔法哲学批判〉导言》中，马克思曾基于批判"纯政治的革命"视角使用过"乌托邦"一词。他说："对德国来说，彻底的革命、全人类的解放并不是乌托邦式的空想。只有部分的纯政治的革命，毫不触及大厦支柱的革命，才是乌托邦式的空想。"[2] 马克思认为，哲学要关注社会现实，实现人类理想的根本方式是彻底的革命实践，游离于实践的理想或诉求皆是一种乌托邦。基于此，他和恩格斯创立的历史唯物主义关注现实世界，关注人类实践。历史唯物主义不仅基于唯物主义历史观提出道德理想，而且基于唯物主义实践观引导人们以实践方式追寻并践行道德理想。马克思和恩格斯毕生致力于"使现存世界革命化"的事业，这决定了他们的道德研究不可能是学院式的，而是与资本主义现实紧密联系的；他们的道德诉求也不可能是乌托邦式的，而是具有"直接实践意义"的。历史唯物主义并非全盘否定道德乌托邦，而是继承了道德乌托邦对现实社会的道德批判精神和对理想社会的道德追求精神，并在此基础上探寻到通往理想社会的现实化路径，由此实现了对道德乌托邦之空想性的历史性扬弃。正如有学者所言："马克思不是完全抛弃乌托邦，而是把人类历史上乌托邦设计所凝结的道德信念与终极关怀建基于人们的现实的实践活动中，从而消解乌托邦理想的空想性而将其超越现实的乌托邦精神保留下来。"[3] 历史唯物主义理论视阈中的道德理想不再是虚幻的"道德魅影"，而是

---

[1]　《马克思恩格斯全集》（第 1 卷），北京：人民出版社 1956 年版，第 121 页。

[2]　《马克思恩格斯选集》（第 1 卷），北京：人民出版社 2012 年版，第 12 页。

[3]　张彭松、王雪冬：《乌托邦与历史的终结——马克思理论视角的历史反思与批判》，载《北京工业大学学报》（社会科学版），2006 年第 1 期，第 47 页。

既内蕴深刻的道德合理性与道德必然性，亦内蕴深邃的现实性和实践性，由此成为人类思想史上迄今为止最为科学的道德理想。

历史唯物主义是在人类实践中形成和发展起来的以物质力量、道德力量、精神力量和实践力量之四位一体统一为理论特质的科学的历史观，亦是科学的道德实践哲学。其虽然对反人道的资本主义社会进行了激情的道德批判，却没有停留于道德批判层面，没有为批判而批判，而是适时地将道德批判升华至道德实践的高度，完成了道德实践精神的理论生成和实践自觉，实现了对道德乌托邦及其空想性的历史性超越。也正是基于此，恩格斯在《社会主义从空想到科学的发展》中指出："这两个伟大的发现——唯物主义历史观和通过剩余价值揭破资本主义生产的秘密，都应当归功于马克思。由于这些发现，社会主义已经变成了科学"①，列宁也指出："马克思没有丝毫的空想主义，就是说，他没有虚构和幻想'新'社会。相反，他反从旧社会诞生新社会的过程、从前者进到后者的过渡方式，作为一个自然历史过程来研究。"② 在道德实践精神方面，不仅道德乌托邦和历史唯物主义创立前的哲学理论无法与历史唯物主义相企及，而且西方马克思主义、当代西方各种马克思主义研究学派等"马克思后的马克思主义"也难以企及之。陈先达先生指出："马克思主义是治河换水，治水救鱼，只有水好，鱼才能成活；宗教是救鱼的，水有没有污染是否适合养鱼，这不是宗教的任务……但社会不可能通过逐个改造人心而得到根本改造。只有变革社会，建立一个共同富裕的公平正义的社会，人才真正有安身立命之处"③，即马克思主义旨在通过实践变革旧世界，创建新世界。

---

① 《马克思恩格斯全集》（第 19 卷），北京：人民出版社 1963 年版，第 227 页。
② 《列宁选集》（第 3 卷），北京：人民出版社 1995 年版，第 152—153 页。
③ 陈先达：《做坚定的马克思主义理论工作者》，载《光明日报》，2016 年 3 月 2 日，第 1 期。

　　综上述，道德乌托邦呈现出道德诉求与实践本性之"悲剧性对抗"，而历史唯物主义则实现了两者之"历史性交融"，深刻彰显出科学性、现实性和实践性三位一体的精神特质，由此实现了对道德乌托邦之精神特质——道德理想主义的历史性超越。

第四章 历史唯物主义的终极关怀诉求：合道德性与科学性

在纷繁复杂的人类社会中，历史的"剧作者"和"剧中人"——人①，始终处于诉求个性自由与受制于社会约束、诉求自我发展与受制于外界环境束缚等诸多矛盾之中。上述矛盾衍生出"人从何处来，往何处去？"的终极哲学追问。这一追问既是对人的生命之最高意义的追问，亦是对人的生命之价值皈依即"终极关怀"的追问。"终极关怀"或曰"终极关切"，其最初是由德裔美国基督教哲学家和神学家保罗·蒂里希（Paul Tillich）提出。蒂里希指出："人最终关切的，是自己的存在及意义。'生，还是死'这个问题，在这个意义上是一个终极的、无条件的、整体的和无限的关切的问题。……人终极地关怀着那么一种东西，它超越了一切初级的必然和偶然，决定着人终极的命运。"② 胡塞尔（Edmund Gustav Albrecht Husserl）在《欧洲科学危机和超验现象学》一书中也提及："人类的真正存在只是作为指向终极目的的存在而存在，而且如果它确实

---

① 参见《马克思恩格斯全集》（第 4 卷），北京：人民出版社 1958 年版，第 149 页。

② 何光沪：《蒂里希选集》（上卷），上海：三联书店 1999 年版，第 14—15 页。

能实现，也只有通过哲学才能实现。"① 无论是中国传统哲学，抑或西方传统哲学和宗教，虽未明确提出"终极关怀"概念，但其哲学理论中却都蕴含着丰富而深刻的终极关怀思想。

　　历史唯物主义之创立实现了哲学发展史上的革命性变革。那么，历史唯物主义是否包含一般哲学所具有的终极关怀思想？历史唯物主义若包含终极关怀诉求，我们又需厘清下述问题：1. 历史唯物主义的终极关怀诉求指向什么？2. 其提出过程的道德必然性和基本内涵的道德合理性是什么？3. 其与西方传统哲学和宗教视阈中终极关怀的实质区别又是什么？对于上述问题的正确回答和深刻把握，既有重要的理论意义，亦有深远的当代观照意义。

第一节　历史唯物主义的终极关怀诉求：
人的自由全面发展

　　长期以来，国内外学界对历史唯物主义有着各种指责或误读，或断言其只是纯粹地研究历史发展规律，而忽视对历史主体"人"的研究，特别是缺乏对个人的研究；或指认其旨在研究历史观、经济学、实践论和认识论等"唯物"的内容，而缺乏对人性、人道主义和道德范畴等方面的道德研究，等等。上述解读误区的衍生，说明历史唯物主义的内在维度和深层精神尚需不断予以开掘、阐发和论证，亦表明历史唯物主义的研究视阈仍需不断拓展和深化。上述解读误区没有深刻把握一个客观存在的道德价值事实，即历史唯物主义究竟是为了解决何种问题、秉持何种历史使命而创立？对此问

---

① 〔德〕胡塞尔：《欧洲科学危机和超验现象学》，王炳文译，北京：商务印书馆2001年版，第28页。

题的正确回答和深刻领会，既是深入研究历史唯物主义的终极关怀诉求之根本所在，亦是深刻把握历史唯物主义的道德维度之理论切入点。

一、人的自由全面发展：历史唯物主义客观存在的道德维度

马克思和恩格斯在创立历史唯物主义后，即走向人类历史的深处，深入研究历史发展规律及其发展趋势，自觉摒弃对彼岸世界的幻想，理性诉求对此岸世界的变革。这是否意味着历史唯物主义只关注"唯物"的研究方法和研究内容，而遗失了对人之生存和发展问题的反思和观照？是否意味着历史唯物主义缺失了对人的终极关怀诉求？在国内外学界，不少学者对此问题持有中立甚至否定的回答。一些西方学者谴责马克思在创立历史唯物主义后，即背离了青年时期的道德理想和人道主义信念而成为"唯物"的"经济学家"，认为这是马克思"对青年时代理想的背叛"。按照这种观点，似乎青年马克思"作了解决人的存在问题的极大尝试"①，以后放弃了这一难以胜任的任务，把研究局限于严肃的经济学研究和纯粹的历史发展规律研究。国内也有研究者认为，历史唯物主义虽是一种科学的历史发展规律体系和社会发展理论建构，却缺乏对人之命运、生存和发展问题的终极思考，其在道德价值立场上是中立的。正如有学者所指出："国内外学术界普遍认为，马克思坚决拒斥形而上学，拒斥彼岸世界的存在，把注意力全部集中在对人的现实生存境况的关注中，对异化的现实世界进行猛烈的批判，突出强调现实世界的改造，因此，马克思不考虑人的终极关怀问题。应该说，对人的终极

---

① 参见陈先达：《马克思和马克思主义》，北京：中国人民大学出版社 2006 年版，第 174 页。

关怀作为形而上学核心问题确实不是马克思和历史唯物主义讨论的主要问题。"① 一直以来，国内外学界普遍认为，历史唯物主义没有考虑人的终极关怀问题，缺乏超越性的终极关怀维度，其本质上是一种"道德中立"的、纯粹科学的哲学学说。此种观点实属误读。

客观而论，马克思和恩格斯的确没有明确提出"终极关怀"概念。然而，我们潜心回归历史唯物主义经典文本的本真语境，深入剖析历史唯物主义的基本原理和基本观点，深刻反思两位革命导师创立历史唯物主义的初心使命与价值归宿，即能深刻感悟到：历史唯物主义虽是揭示历史发展规律的哲学学说，但揭示历史发展规律本身却并非其终极目标，而诉求人的自由全面发展才是其历史使命和道德旨归。

人的自由全面发展作为一种终极关怀诉求，既是一种至真至善的"现实的人道主义"，亦是历史唯物主义的道德维度之重要理论呈现。历史唯物主义内蕴终极关怀诉求，这既是一个客观存在的文本事实和理论事实，亦是一个客观存在的道德事实和价值事实。人的自由全面发展不仅是人类解放的至高道德境界，而且是马克思和恩格斯用毕生的学术实践与革命实践为之踔厉奋发的终极道德目标。马克思、恩格斯在创立历史唯物主义后，从未放弃对人的终极关怀诉求，而是始终关注无产阶级现实生存境遇，深刻批判资本主义异化现实，强烈诉求此岸世界之革命性变革，坚决反对沉湎彼岸世界幻想的道德乌托邦，始终强调以实践的方式实现人的自由全面发展。正如马克思当初只是拒斥形而上学之抽象性、先验性的思维方式而没有拒斥形而上学本身一样，历史唯物主义只是摒弃传统终极关怀之抽象性、思辨性的理论局限而没有摒弃终极关怀本身。深切的终

---

① 邓晓臻：《历史唯物主义的"终极关怀"思想》，载《理论与现代化》，2005 年第 6 期，第 17 页。

极关怀诉求——人的自由全面发展，是历史唯物主义始终不渝的道德诉求。对此，有学者指出："马克思以及历史唯物主义不仅没有抛弃人的终极关怀这个主题，相反，通过对实践和社会历史领域的探讨揭示了人的最高价值在于历史，在于推动'自由个性'的历史生成，人的终极归宿在于成为'自由个性'的历史生成的有机组成部分。"①

历史唯物主义不仅在纷繁复杂的历史发展过程中梳理出一条正确理解人类社会发展的基本线索，科学揭示出历史发展规律，而且通过对资本主义的经济批判、道德批判、历史批判和实践批判及对共产主义的道德合理性论证，为我们指明了人类社会的终极关怀诉求——人的自由全面发展。正如《宣言》所宣告的，"代替那存在着各种阶级以及阶级对立的资产阶级旧社会的，将是一个以各个人自由发展为一切人自由发展的条件的联合体。"② "马克思一生奋斗的目标就是无产阶级和全人类的解放，马克思主义的最高命题就是人的自由而全面的发展"③，人的全面发展学说是马克思主义的最高命题和根本价值，为人类社会的发展描绘了终极的景象。④ 终极关怀诉求犹如一条红线，贯穿于历史唯物主义创立和发展过程的始终。在历史唯物主义理论视阈中，人的自由全面发展理论所展示的宏大背景及其根本内涵即在于：在历史发展过程中，人的发展、自然的发展、社会的发展与历史的发展必然会实现四位一体的历史性交

---

① 邓晓臻：《历史唯物主义的"终极关怀"思想》，载《理论与现代化》，2005 年第 6 期，第 17 页。

② 《马克思恩格斯全集》（第 4 卷），北京：人民出版社 1958 年版，第 491 页。

③ 张圣华：《〈马克思传〉：从"天上"回到"人间"——杨耕教授谈马克思》，载《中国教育报》，2006 年 7 月 27 日，第 5 版。

④ 参见俞可平：《人的全面发展：马克思主义的最高命题和根本价值》，载《马克思主义与现实》，2001 年第 5 期，第 28 页。

融——共产主义。

历史唯物主义创立后，马克思主义创始人无论是把研究重心从人的问题转向历史发展规律，还是把研究对象从人道主义转向政治经济学，抑或把研究内容从无产阶级命运关怀转向欧洲革命和东方社会发展道路，人的自由全面发展这一主题都从未游离于他们的理论视野和历史唯物主义的理论视阈之外，其始终是两位革命导师毕生的执着诉求与历史使命。依他们之见，人的自由全面发展意味着每个人都能自由、完整、充分而和谐地发展，即每个人在经济、政治、文化、社会和生态等领域的诸种需求都能得到充分满足，在体力和智力、物质和精神、道德和文化等方面的诸种潜都能得到全面发展，人的个性能够在过去全部历史基础上发展为一种具体而完美的"自由个性"。柯尔施（Korsch Karl）曾给予马克思和恩格斯的自由概念以高度评价："共产主义的自由概念的这个定义的确已经远远超出康德的绝对命令。"①

马克思主义创始人毕生的社会历史研究和革命实践活动都洋溢着对无产阶级解放和人类解放之深切诉求，昭示出对人的自由全面发展之终极关怀。人的自由全面发展诉求一直激发着马克思和恩格斯从事理论研究的热情和信念，引领着他们投入实践斗争的方向和使命。两位革命导师聚焦人的自由全面发展诉求，深入到资本主义社会的政治领域、经济领域、社会领域、思想文化领域和生态领域，对资本主义社会进行深刻的道德批判、经济批判、历史批判和实践批判，最终基于生存论意义和制度伦理层面提出"自由人联合体"和"共产主义"的概念和理想。他们毕生的理论研究和实践斗争旨在构建一种以"人类"为中心，以"实践"为木体，以"人的自由

---

① 〔德〕柯尔施：《马克思主义和哲学》，王南湜、荣新海译，重庆：重庆出版社1989年版，第11页。

全面发展"为终极关怀的科学理论，为无产阶级革命实践提供理论指导。就人的自由全面发展诉求而言，历史唯物主义既是科学的历史哲学和实践哲学，亦是"大写"的道德哲学。

综上述，历史唯物主义在其创立和发展过程中始终没有游离于终极关怀诉求——人的自由全面发展之外。终极关怀诉求是历史唯物主义理论视阈中客观存在的道德维度。其作为资本主义诸种矛盾和异化现象之"历史性和解"的必然产物，既是历史唯物主义的道德旨归和马克思主义的价值主题，亦是人类社会发展的道德皈依。

二、人的自由全面发展之理论生成

历史唯物主义创立前，马克思主义创始人已开始初步探赜人的自由与发展问题。历史唯物主义创立前后，人的自由全面发展理论历经了一个从理论雏形到理论生成，再到理论完善的历史性发展过程。回归历史唯物主义经典文本的原初语境并认真研读之，我们会发现：无论是在标志历史唯物主义诞生的前夜——《神圣家族》中，还是在历史唯物主义理论雏形——《提纲》中；无论是在标志历史唯物主义诞生的《形态》中，还是在表征其趋于成熟的《宣言》中，抑或是在标志"唯物主义历史观已经不是假设，而是科学地证明了的原理"[1] 的《资本论》中，马克思主义创始人对终极关怀诉求——人的自由全面发展，皆有不同程度的理论阐释。这种理论阐释日臻成熟，人的自由全面发展理论也最终得以理论生成。

历史唯物主义创立前，马克思和恩格斯在《神圣家族》中，在"人类解放"思想的基础上提出"真正人类的发展"这一概念，指出："在直接的物质生产领域中，某物品是否应当生产的问题即物品

---

[1] 《列宁选集》（第 1 卷），北京：人民出版社 1995 年版，第 10 页。

的价值问题的解决，本质上取决于生产该物品所需要的劳动时间。因为社会是否有时间来实现真正人类的发展，就是以这种时间的多寡为转移的。"① 他们还聚焦人的"自由"与"发展"两个问题，揭示了自由实现的社会条件和人的"真正的天性"发展所需要的社会环境，指出："既然从唯物主义意义上来说人是不自由的，就是说，既然人不是由于有逃避某种事物的消极力量，而是由于有表现本身的真正个性的积极力量才得到自由，……既然人天生就是社会的生物，那他就只有在社会中才能发展自己的真正的天性，而对于他的天性的力量的判断，也不应当以单个个人的力量为准绳，而应当以整个社会的力量为准绳。"② 在《神圣家族》中，两位革命导师不仅阐明人的发展取决于教育和外部环境，而且指明无产阶级既是解放自身，亦是解放全人类的根本力量。在《詹姆斯·穆勒〈政治经济学原理〉一书摘要》中，马克思指出："我的劳动是自由的生命表现，因此是生活的乐趣"③，进一步揭示出劳动的自由本质。在《关于现代国家的著作的计划草稿》中，马克思明确提出"个人自由和公共权力""自由、平等和统一"④ 等概念和命题，对人的自由发展之诉求鲜明可见。在《提纲》中，马克思批判了费尔巴哈的抽象人本主义哲学，对人的本质作出科学界定，为他后来提出人的社会关系全面发展学说奠定了理论基础。恩格斯 1845 年于《在爱北斐特的演说》中也明确提出："每一个人都无可争辩地有权全面发展自己的才能。"⑤ 上述理论思考和理论观点为历史唯物主义的终极关怀诉求之理论生成积淀了重要理论基础。

---

① 《马克思恩格斯全集》（第 2 卷），北京：人民出版社 1957 年版，第 62 页。

② 《马克思恩格斯全集》（第 2 卷），北京：人民出版社 1957 年版，第 167 页。

③ 《马克思恩格斯全集》（第 42 卷），北京：人民出版社 1979 年版，第 38 页。

④ 《马克思恩格斯全集》（第 42 卷），北京：人民出版社 1979 年版，第 238 页。

⑤ 《马克思恩格斯全集》（第 2 卷），北京：人民出版社 1957 年版，第 614 页。

　　经过前期的理论酝酿和理论积淀，在标志历史唯物主义诞生的《形态》中，历史唯物主义的终极关怀诉求初具理论雏形。马克思和恩格斯在《形态》中，从唯物主义历史观出发，以人的自由全面发展为人类社会发展的终极道德目标，提出了"个人的全面发展""全面发展的个人"和"个人独创的和自由的发展"等概念。他们生动描绘出共产主义社会中人的自由全面发展之美好愿景："在共产主义社会里，任何人都没有特定的活动范围，每个人都可以在任何部门内发展，社会调节着整个生产，因而使我有可能随我自己的心愿今天干这事，明天干那事，上午打猎，下午捕鱼，傍晚从事畜牧，晚饭后从事批判，但并不因此就使我成为一个猎人、渔夫、牧人或批判者。"① 他们还指出："个人的全面发展，只有到了外部世界对个人才能的实际发展所起的推动作用为个人本身所驾驭的时候，才不再是理想、职责等等，这也正是共产主义者所向往的。"② 在他们看来，人的自由全面发展既是人的发展之内在要求，亦是社会发展之必然抉择；使每个人都获得自由全面发展的共产主义社会，才是最理想的社会形态。两位革命导师在《形态》中还分析了实现人的自由全面发展之社会条件，揭示出生产力发展对于人的自由全面发展之必要性和重要性，指出："人们每次都不是在他们关于人的理想所决定和所容许的范围之内，而是在现有的生产力所决定和所容许的范围之内取得自由的。"③ 即从一般意义而言，生产力发展程度决定人的自由实现程度。在此基础上，《形态》最终提出了变革资本主义制度，建立一个能使"个人"获得"全面发展其才能"和"个人自由"的"真实的集体"④ 的道德诉求，并指明了实现共产主义和

① 《马克思恩格斯全集》（第3卷），北京：人民出版社1960年版，第37页。
② 《马克思恩格斯全集》（第3卷），北京：人民出版社1960年版，第330页。
③ 《马克思恩格斯全集》（第3卷），北京：人民出版社1960年版，第507页。
④ 《马克思恩格斯全集》（第3卷），北京：人民出版社1960年版，第84页。

人的自由全面发展之根本路径——无产阶级革命实践。

《形态》之后，经过马克思和恩格斯进一步的理论反思和理论阐释，历史唯物主义的终极关怀诉求最终在《宣言》中得以理论生成。恩格斯在 1847 年《共产主义信条草案》中回答"共产主义的目的是什么？"这一问题时指明："把社会组织成这样：使社会的每一个成员都能完全自由地发展和发挥他的全部才能和力量，并且不会因此而危及这个社会的基本条件。"① 在之后的《共产主义原理》中，恩格斯进一步指出："根据共产主义原则组织起来的社会，将使自己的成员能够全面地发挥他们各方面的才能，而同时各个不同的阶级也就必然消失。"② 他还分析了影响人的自由全面发展之制度因素，指出："大工业及其所引起的生产无限扩大的可能性，使人们能够建立这样一种社会制度，在这种社会制度下，一切生活必需品都将生产得很多，使每一个社会成员都能够完全自由地发展和发挥他的全部力量和才能。"③ 恩格斯设想通过教育消除人的片面化发展，因为"教育可使年轻人很快就能够熟悉整个生产系统，……教育就会使他们摆脱现代这种分工为每个人造成的片面性"④。在《哲学的贫困》中，马克思也阐明了实现人的自由全面发展之基本条件———一切专门发展的停止，强调"当一切专门发展一旦停止，个人对普遍性的要求以及全面发展的趋势就开始显露出来"⑤。在《经济学手稿（1861—1863 年）》中，马克思第一次阐明了社会分工与生产机构内部分工的异同，并第一次基于生产机构内部分工的视角探析了人

① 《马克思恩格斯全集》（第 42 卷），北京：人民出版社 1979 年版，第 373 页。
② 《马克思恩格斯全集》（第 4 卷），北京：人民出版社 1958 年版，第 370—371 页。
③ 《马克思恩格斯全集》（第 4 卷），北京：人民出版社 1958 年版，第 364 页。
④ 《马克思恩格斯全集》（第 4 卷），北京：人民出版社 1958 年版，第 370 页。
⑤ 《马克思恩格斯全集》（第 4 卷），北京：人民出版社 1958 年版，第 172 页。

的片面发展之深刻经济根源——资本主义生产。他深刻批判道，资本主义生产旨在创造最大化社会财富，"且只有把劳动能力变成片面的和非人的东西，才能达到这种目的。"① 经过上述理论探讨，在《宣言》中，马克思和恩格斯在构想未来社会时，明确把"每个人的自由发展成为一切人自由发展的条件"② 作为共产主义社会的根本特征。对此，有学者指出："在《共产党宣言》中，马克思恩格斯以唯物史观为理论基础，为人的自由全面发展提出了最基本的思路及其方法论原则，设计了一整套实现人的自由全面发展的方案。"③《宣言》的发表标志着人的自由全面发展诉求之正式提出，至此，历史唯物主义的终极关怀诉求得以理论生成。

在《宣言》之后，随着马克思、恩格斯对人的自由全面发展问题的深入研究，历史唯物主义的终极关怀诉求日臻完善。在《〈政治经济学批判〉（1857—1858 年草稿）》中，马克思把人的理想化生存状态描述为"建立在个人全面发展和他们共同的社会生产能力成为他们的社会财富这一基础上的自由个性"④，并指出，"全面发展的个人……不是自然的产物，而是历史的产物。"⑤ 在此，马克思明确了人的理想化生存状态——"全面发展"和"自由个性"得以生成的生存状态。在《资本论》中，马克思对人的自由全面发展之理论内涵、发展阶段及其实现路径都进行了更为深入的理论探讨和系统阐释，强调共产主义是"以每个人的全面而自由的发展为基本原

---

① 《马克思恩格斯全集》（第 48 卷），北京：人民出版社 1985 年版，第 42 页。

② 《马克思恩格斯选集》（第 1 卷），北京：人民出版社 2012 年版，第 7 页。

③ 万光侠：《思想政治教育的人学基础》，北京：人民出版社 2006 年版，第 460 页。

④ 《马克思恩格斯全集》（第 46 卷上），北京：人民出版社 1979 年版，第 104 页。

⑤ 《马克思恩格斯全集》（第 46 卷上），北京：人民出版社 1979 年版，第 108 页。

则的社会形式"①，是标志人类彻底解放、摆脱必然王国的自由王国，指出："在这个必然王国的彼岸，作为目的本身的人类能力的发展，真正的自由王国，就开始了。"② 至此，人的自由全面发展理论达到成熟和完善。

马克思晚年在《路易斯·亨·摩尔根〈古代社会〉一书摘要》中聚焦未来社会人的自由发展问题，摘录了摩尔根《古代社会》的一段话："人类的智慧在自己的创造物面前感到迷惘而不知所措了。然而，总有一天，人类的理智一定会强健到能够支配财富……单纯追求财富不是人类的最终的命运……社会的瓦解，即将成为以财富为唯一的最终目的的那个历程的终结，……这（即更高级的社会制度）将是古代氏族的自由、平等和博爱的复活，但却是在更高级形式上的复活。"③ 这表明，马克思晚年依然对人类命运秉持着深厚的道德关怀，依然对人类发展坚守着深切的终极关怀，依然对人类前途胸怀着炽烈的美好憧憬。马克思具有强烈的历史意识和广博的世界眼界，还提出了在历史发展的十字路口上俄国社会发展可能跨越资本主义"卡夫丁峡谷"和东方社会发展道路抉择等理论设想，表明他对人类命运和社会发展的探讨已经超越了西欧范围，着眼于在包括东方社会的世界范围内反思和探寻人类解放和发展的范围、条件和道路等问题，彰显出他对社会形态的跳跃发展、社会制度的文明转型和人类社会的前途命运之观照具有"超时空"的人类道义价值。这既是马克思基于伟大的人类道德情感而作出的理性抉择，亦是他对毕生的终极关切诉求而作出的理论升华。

---

① 《马克思恩格斯全集》（第 23 卷），北京：人民出版社 1972 年版，第 649 页。
② 《马克思恩格斯全集》（第 25 卷下），北京：人民出版社 1974 年版，第 927 页。
③ 《马克思恩格斯全集》（第 45 卷），北京：人民出版社 1985 年版，第 397—398 页。

马克思逝世后，恩格斯晚年在很多场合都进一步强调，人的自由全面发展是马克思主义的核心价值命题和人类社会的终极道德目标。在《社会主义从空想到科学的发展》中，恩格斯对未来社会人的自由发展状态作出了生动描述：在共产主义社会，"人终于成为自己的社会结合的主人，从而也成为自然界的主人，成为自己本身的主人——自由的人"①。在预测未来社会特征时，恩格斯指出，共产主义就是要努力"保证一切社会成员有富足的和一天比一天充裕的物质生活，而且还可能保证他们的体力和脑力获得充分的自由的发展和运用"②。1894年1月，意大利社会党人朱·卡内帕请求恩格斯为《新纪元》题词，希望他用最简洁的语言概述社会主义精神，以区别于但丁对旧时代的概括——"一些人统治，另一些人受苦难"，恩格斯明确回答："除了从《共产党宣言》中摘出下列一段话外，我再也找不出合适的了：代替那存在着阶级和阶级对立的资产阶级旧社会的，将是这样一个联合体，在那里，每个人的自由发展是一切人自由发展的条件。"③

第二节　历史唯物主义的终极关怀诉求之提出过程的道德必然性

马克思主义创始人为何提出终极关怀诉求——人的自由全面发展？追根溯源，人的自由全面发展之提出过程表征出"合规律性"与"合道德性"之自觉统一。其"合规律性"，是指人的自由全面发展之提出过程不是源于马克思和恩格斯一时的理论兴趣或情感冲

---

① 《马克思恩格斯全集》（第19卷），北京：人民出版社1963年版，第247页。
② 《马克思恩格斯全集》（第19卷），北京：人民出版社1963年版，第244页。
③ 《马克思恩格斯全集》（第39卷），北京：人民出版社1974年版，第189页。

动，而是人类遵循历史发展规律以推动自身发展的必然抉择，具有深邃的历史必然性。其"合道德性"，主要呈现于两个方面：一是人的自由全面发展之提出过程具有深邃的道德必然性，二是人的自由全面发展之基本内涵内蕴深刻的道德合理性。

一、基于工人的片面发展和自由沦丧

人的自由全面发展是马克思主义创始人基于对资本主义社会中工人的片面化、畸形化发展和自由沦丧等反人道现实的道德批判而提出的必然性道德诉求，是一种至真至善的"现实的人道主义"。

马克思主义创始人走向人类历史的深处，转向社会历史研究并揭示历史发展规律，创立了历史唯物主义。这一理论创造活动不是源于他们纯粹的理论兴趣或一时的情感冲动，不是为了创立某个哲学学派或历史流派以使自己功成名就，亦不是通过纯粹地揭示历史发展规律来确立一种客观解释世界或合理论证历史的历史解释原则，而是因为他们深刻认识到：资本主义制度特别是资本主义生产方式使工人陷入了片面化、畸形化发展和自由沦丧的痛苦深渊，具有极端反人道性。基于此，他们潜心创立科学理论以指导无产阶级革命实践，旨在变革反人道的资本主义制度，把工人从受奴役的异化劳动中彻底解放出来，实现人的自由全面发展。

（一）马克思主义创始人对工人的片面化、畸形化发展之道德批判

在历史唯物主义理论视阈中，全面发展是指人以一种全面的方式全面占有自己的本质。而在资本主义社会中，工人却失去了人的本质——"自由的自觉的活动"① 和"人之为人"的尊严，工人的

---

① 《马克思恩格斯全集》（第 42 卷），北京：人民出版社 1979 年版，第 96 页。

全面异化成为一种普遍性存在，工人的片面化、畸形化发展成为他们唯一的"实然"发展状态。马克思在《詹姆斯·穆勒〈政治经济学原理〉一书摘要》中不再拘泥于人的肉体层面谈及人的发展问题，而是上升到精神层面，强烈谴责资本主义生产方式造成了工人的肉体与精神之双重畸形发展，指出："这种分工使人成为高度抽象的存在物，成为旋床等等，直至变成精神上和肉体上畸形的人。"① 在《英国工人阶级状况》中，恩格斯也激烈批判了资本主义制度所造成的工人畸形发展现状，指出："这种制度的后果很快就显露出来了：委员们报告他们遇到过大批的畸形者，而这些人之所以畸形完全是由于工作时间过长"②，"除了所有这些疾病和畸形，工人还会成为残废。机器上的工作常常酿成许多相当严重的不幸事件，结果还使得工人暂时地或永久地失去工作能力"③。恩格斯还指出，关于工人畸形发展的大量现实材料"使人们不得不严肃地考虑下面这件事实，这就是，仅仅为了一个阶级的利益，竟有这么多的人成为畸形者和残废者，竟有这么多的勤劳的工人在替资产阶级服务的时候因资产阶级的过失而遭遇不幸，从而陷入穷困和饥饿的厄运"④。恩格斯还批判了宗教对儿童全面发展的严重制约，痛斥道："结果是，宗教，……从童年时期起就培养起教派的仇恨和狂热的偏执，而一切智力的、精神的和道德的发展却被可耻地忽视了。"⑤ 在《手稿》中，马克思从异化劳动出发，考察了资本主义社会中工人的片面化、畸形化发展问题及其衍生的现实根基——社会分工和异化劳动。马克思斥责："分工使工人越来越片面化和从属化；分工不仅导致人的

① 《马克思恩格斯全集》（第 42 卷），北京：人民出版社 1979 年版，第 29 页。

② 《马克思恩格斯全集》（第 2 卷），北京：人民出版社 1957 年版，第 438 页。

③ 《马克思恩格斯全集》（第 2 卷），北京：人民出版社 1957 年版，第 450 页。

④ 《马克思恩格斯全集》（第 2 卷），北京：人民出版社 1957 年版，第 452 页。

⑤ 《马克思恩格斯全集》（第 2 卷），北京：人民出版社 1957 年版，第 396 页。

竞争，而且导致机器的竞争"①，"劳动创造了美，但是使工人变成畸形"②。在 1845 年《评弗里德里希·李斯特的著作〈政治经济学的国民体系〉》中，马克思谴责异化劳动使资本能够占有工人的发展能力，成为私有财产的基础，指出："借助于工资可以确定，他的活动不是他的人的生命的自由表现，而无宁说是把他的力量售卖给资本，把他的片面发展的能力让渡（售卖）给资本，……'劳动'是私有财产的活生生的基础，作为创造私有财产的源泉的私有财产。"③

在标志历史唯物主义诞生的《形态》中，马克思和恩格斯在批判圣麦克斯的"善良意志"时指出，个人需要的满足及其发展程度"不决定于意识，而决定于存在"④，而作为客观存在的资本主义社会对于工人而言，只能提供"使他只能牺牲其他一切特性而单方面地发展某一种特性"⑤ 的生活条件，因而"这个人就不能超出单方面的、畸形的发展。任何道德说教在这里都不能有所帮助"⑥。在他们的道德理性视阈中，"满足需要、发展天资、对自己的爱等等乃是'生命的自然的、合理的表现'"，但是，"'在现代社会里'，生命的这些合理的、自然的表现毕竟'常常受到压抑'，并且'通常只是因此而变坏，变为反常现象、畸形状态、利己主义、罪恶等等'"⑦。在《工资》这篇手稿中，马克思批判了生产力发展所导致

① 《马克思恩格斯全集》（第 42 卷），北京：人民出版社 1979 年版，第 53 页。

② 《马克思恩格斯全集》（第 42 卷），北京：人民出版社 1979 年版，第 93 页。

③ 《马克思恩格斯全集》（第 42 卷），北京：人民出版社 1979 年版，第 254 页。

④ 《马克思恩格斯全集》（第 3 卷），北京：人民出版社 1960 年版，第 295 页。

⑤ 《马克思恩格斯全集》（第 3 卷），北京：人民出版社 1960 年版，第 295、296 页。

⑥ 《马克思恩格斯全集》（第 3 卷），北京：人民出版社 1960 年版，第 295、296 页。

⑦ 《马克思恩格斯全集》（第 3 卷），北京：人民出版社 1960 年版，第 562 页。

的反人道后果，指出："工人成为愈来愈片面的生产力，它要以尽可能少的时间生产尽可能多的东西。"① 在《经济学手稿（1861—1863年）》中，马克思谴责资产阶级和无产阶级"一方的人的能力的发展是以另一方的发展受到限制为基础的"②，他认为"社会是由于构成社会物质基础的劳动群众得不到发展而发展的"③，批判资本主义社会是以牺牲劳动群众的全面发展为代价而发展起来的。马克思还强烈谴责："工厂制度包括父母出卖自己的子女在内；与此同时，产生了工人在身体上和精神上的发展在萌芽时期即在童年时期就被破坏的情况"④，并痛斥："只有资本主义生产才第一次把物质生产过程变成科学在生产中的应用，——变成运用于实践的科学，——但是，这只是通过使工人从属于资本，只是通过压制工人本身的智力和专业的发展来实现的。"⑤

马克思在《资本论》中更是深刻揭露：资本主义工场手工业、异化劳动和社会分工是导致工人异化的决定性因素，并批判大机器把工人分解得支离破碎，造成工人的畸形发展。他激情痛斥："在简单协作中，资本家在单个工人面前代表社会劳动体的统一和意志，工场手工业使工人畸形发展，变成局部工人，大工业则把科学作为一种独立的生产能力与劳动分离开来，并迫使它为资本服务"⑥，"某种智力上和身体上的畸形化，甚至同整个社会的分工也是分不开的"⑦。马克思还强烈批判，资本主义社会中一切提高生产力的方法

① 《马克思恩格斯全集》（第 6 卷），北京：人民出版社 1961 年版，第 642 页。
② 《马克思恩格斯全集》（第 47 卷），北京：人民出版社 1979 年版，第 215 页。
③ 《马克思恩格斯全集》（第 47 卷），北京：人民出版社 1979 年版，第 216 页。
④ 《马克思恩格斯全集》（第 47 卷），北京：人民出版社 1979 年版，第 530 页。
⑤ 《马克思恩格斯全集》（第 47 卷），北京：人民出版社 1979 年版，第 576 页。
⑥ 《马克思恩格斯全集》（第 23 卷），北京：人民出版社 1972 年版，第 400 页。
⑦ 《马克思恩格斯全集》（第 23 卷），北京：人民出版社 1972 年版，第 402 页。

和手段都具有反人道性——以工人的畸形发展为沉重代价，指出：
"在资本主义体系内部，一切提高社会劳动生产力的方法都是靠牺牲
工人个人来实现的；一切发展生产的手段都变成统治和剥削生产者
的手段，都使工人畸形发展，成为局部的人，把工人贬低为机器的
附属品"①，"劳动能力只需要得到片面的发展，并且这种发展的生
产费用部分地说不需要资本家耗费分文：工人的熟练程度会通过职
能本身发展起来，而且分工越使它片面发展，它就发展得越迅
速"②。在《资本论》中，马克思还引用穆勒的观点，谴责资产阶级
是遏制工人全面发展的罪魁祸首，认为在资产阶级的阶级视阈下，
"工人阶级必须代表不发展，好让其他阶级能够代表人类的发展。"③

正是基于对工人的片面化、畸形化发展这一反人道现实之全面
考察和道德批判，马克思和恩格斯深刻感悟到人的全面发展之必要
性和重要性。这种理性认知为他们后来提出人的自由全面发展诉求
奠定了现实根基。

（二）马克思主义创始人对工人的自由沦丧之道德批判

马克思主义创始人在历史唯物主义创立前后的不同历史时期，
对资本主义社会压制工人的自由发展，制造工人的自由沦丧这一反
人道现实也进行了犀利的道德批判，并在道德批判中深刻认识到人
的自由发展之必要性和重要性。

在历史唯物主义理论视阈中，自由发展是指人能够成为自由的
人，按照自己的意念自由地进行自我支配、自我发展、自我创新和
自我完善，即"人终于成为自己的社会结合的主人，从而也成为自

---

① 《马克思恩格斯全集》（第 23 卷），北京：人民出版社 1972 年版，第 708 页。
② 《马克思恩格斯全集》（第 25 卷上），北京：人民出版社 1974 年版，第 335 页。
③ 《马克思恩格斯全集》（第 26 卷下），北京：人民出版社 1974 年版，第 102—
103 页。

然界的主人，成为自己本身的主人——自由的人"①。然而，在资本主义社会中，工人的"自由时间"被超负荷的剩余劳动所剥夺，工人的自由发展被无情的资产阶级所压制，工人沦为资产阶级最大化攫取剩余价值的"活工具"，处于严重的被奴役和自由沦丧的发展状态。马克思主义创始人对这种反人道现象进行了淋漓尽致的道德批判。早在《莱茵报》时期，马克思就聚焦自由主题，猛烈抨击了普鲁士政府遏制人民出版自由的反人道行径。在《德国的对外政策》和《德国的对外政策和布拉格最近发生的事件》等文章中，马克思和恩格斯始终坚持民族之间的真正自由和互助友爱，认为支持被压迫人民的民族解放斗争不但是为德国的过去赎罪的方法，而且是保证德国人民将来成为自由民主的民族的必要条件。② 他们谴责道，德国如果不去实施压迫其他民族的卑鄙行为，"受德国奴役的各族人民也早就获得了自由发展的正常条件"③。当然，这一时期马克思谈论的自由主要还是关涉政治学意义上的自由。

在《手稿》及其后的历史唯物主义文本中，马克思主义创始人提出的自由概念在内涵与外延上更为现实而深刻，其既非指向认识论意义上的自由，亦非指向政治学意义上的自由，而是指向生存论意义上的自由。④ 马克思在《手稿》中开始基于人类生存论的视角批判工人的自由沦丧，并基于人的本质探讨自由问题，认为人的本质就是"自由的自觉的活动"⑤，而作为扬弃了异化劳动且"真正解

---

① 《马克思恩格斯全集》（第 19 卷），北京：人民出版社 1963 年版，第 247 页。

② 《马克思恩格斯全集》（第 5 卷），北京：人民出版社 1958 年版，第 XVIII 页。

③ 《马克思恩格斯全集》（第 5 卷），北京：人民出版社 1958 年版，第 178 页。

④ 参见王金福：《对马克思关于实现人的自由全面发展理论的再思考》，载《南京政治学院学报》，2010 年第 5 期，第 4 页。

⑤ 《马克思恩格斯全集》（第 42 卷），北京：人民出版社 1979 年版，第 96 页。

决"了自由与必然之矛盾的共产主义，则是"对人的本质的真正占有"①，能使人获得真正的自由发展。马克思还痛斥了异化劳动对工人自由的剥夺，指出："他们越想多挣几个钱，他们就越不得不牺牲自己的时间，并且完全放弃一切自由来替贪婪者从事奴隶劳动。这就缩短了工人的寿命"②，"结果，人（工人）只有在运用自己的动物机能——吃、喝、性行为，至多还有居住、修饰等等的时候，才觉得自己是自由活动，而在运用人的机能时，却觉得自己不过是动物。"③ 马克思认为，在异化劳动状态下，"如果人把自身的活动看作一种不自由的活动，那么，他是把这种活动看作替他人服务的、受他人支配的、处于他人的强迫和压制之下的活动"④，"因为共同活动本身不是自愿地而是自然形成的，所以这种社会力量在这些个人看来就不是他们自身的联合力量，而是某种异己的、在他们之外的强制力量。"⑤ 基于此，工人与奴役他们的资本家及整个社会之间处于根本对立状态，工人"实然"的劳动状态与"应然"的类本质之间也处于全面异化状态，他们不可能获得真正的自由。在《神圣家族》中，马克思和恩格斯对无产阶级"非人的生存的现实"和资本主义全面否定无产阶级"人类本性"的做法进行了激情的道义谴责，指出："无产阶级在这种异化中则感到自己是被毁灭的，并在其中看到自己的无力和非人的生存的现实。这个阶级，用黑格尔的话来说，就是在被唾弃的状况下对这种状况的愤慨，这个阶级之所以必然产生这种愤慨，是由于它的人类本性和它那种公开地、断然地、

---

① 《马克思恩格斯全集》（第 42 卷），北京：人民出版社 1979 年版，第 120 页。

② 《马克思恩格斯全集》（第 42 卷），北京：人民出版社 1979 年版，第 51 页。

③ 《马克思恩格斯全集》（第 42 卷），北京：人民出版社 1979 年版，第 94 页。

④ 《马克思恩格斯全集》（第 42 卷），北京：人民出版社 1979 年版，第 99 页。

⑤ 《马克思恩格斯选集》（第 1 卷），北京：人民出版社 1995 年版，第 85—86 页。

全面地否定这种本性的生活状况相矛盾。"①

马克思强调，自由不是纯粹自我决定的自由，而要以无产阶级革命实践为现实基础。他指出："无产者，为了实现自己的个性，就应当消灭他们迄今面临的生存条件，消灭这个同时也是整个迄今为止的社会的生存条件，即消灭劳动。"② 在马克思看来，无产阶级只有通过革命实践消灭异化劳动，实现共产主义，才能消除"实然"的劳动状态和"应然"的类本质之二元分立，追寻到现实化的自由。而这种共产主义正是"存在和本质、对象化和自我确证、自由和必然、个体和类之间的斗争的真正解决"③，能使人实现肉体自由与精神自由、经济自由与文化自由、个体自由与社会自由的内在统一，从必然王国进入自由王国，获得真正的自由发展。马克思和恩格斯还指明，"真正的自由"不可能在纯粹的意识形态中实现，而是需要一定的物质条件，"世俗社会主义的第一个原理就否认纯理论领域内的解放，认为这是幻想，为了真正的自由它除了要求唯心的'意志'外，还要求完全能感触得到的物质的条件。"④ 依他们之见，世俗社会主义视阈中"真正的自由"既要实现"意志的自由"，亦要得到"物质的条件"。在此，两位革命导师赋予了自由以现实的物质根基，使西方传统哲学史上陷入唯心主义桎梏的自由获得了"唯物"的内容。

马克思认为，资本主义生产劳动就是剥夺人之自由的劳动，就是创造私有财产的劳动。他在 1845 年《评弗里德里希·李斯特的著作〈政治经济学的国民体系〉》中批判了资本主义生产劳动的本质，指出："谈论自由的、人的、社会的劳动，谈论没有私有财产的

① 《马克思恩格斯全集》（第 2 卷），北京：人民出版社 1957 年版，第 44 页。

② 《马克思恩格斯选集》（第 1 卷），北京：人民出版社 1995 年版，第 121 页。

③ 《马克思恩格斯全集》（第 42 卷），北京：人民出版社 1979 年版，第 120 页。

④ 《马克思恩格斯全集》（第 2 卷），北京：人民出版社 1957 年版，第 121 页。

劳动，是一种最大的误解。'劳动'，按其本质来说，是非自由的、非人的、非社会的、被私有财产所决定的并且创造私有财产的活动。"① 在《经济学手稿（1861—1863 年）》中，马克思又批判道，资本主义生产为包括资产阶级在内的"不劳动阶级"制造了"自由时间"，却剥夺了工人的"自由时间"，从而消解了工人自由发展的基本前提。他指出："剩余产品把时间游离出来，给不劳动阶级提供了发展其他能力的自由支配的时间。因此，在一方产生剩余劳动时间，同时在另一方产生自由时间。整个人类的发展，就其超出对人的自然存在直接需要的发展来说，无非是对这种自由时间的运用，并且整个人类发展的前提就是把这种自由时间的运用作为必要的基础"②，"这些剩余劳动时间不仅创造他们物质存在的基础，而且同时创造他们的自由时间，创造他们的发展的范围"③，却无情窒息了工人的"自由时间"，由此也无限萎缩了工人的精神发展空间，因为"社会的自由时间是以通过强制劳动吸收工人的时间为基础的，这样，工人就丧失了精神发展所必需的空间，因为时间就是这种空间"④。马克思在这部手稿中还引用威·舒耳茨在 1843 年苏黎世版《生产运动》中的观点，批判了包括工人在内的广大人民的自由沦丧，强调人民应获得精神享受的余暇，"为了使人民在精神方面更自由地发展，他们不应当再做自己的身体需求的奴隶和肉体的奴仆。所以，他们首先要有用于精神活动和精神享受的余暇。"⑤ 然而，在资本主义社会中，人民不可能获得这种余暇，不可能获得肉体、精神或其他方面自由发展的时间和空间。在《资本论》中，马克

① 《马克思恩格斯全集》（第 42 卷），北京：人民出版社 1979 年版，第 254 页。
② 《马克思恩格斯全集》（第 47 卷），北京：人民出版社 1979 年版，第 216 页。
③ 《马克思恩格斯全集》（第 47 卷），北京：人民出版社 1979 年版，第 217 页。
④ 《马克思恩格斯全集》（第 47 卷），北京：人民出版社 1979 年版，第 344 页。
⑤ 《马克思恩格斯全集》（第 47 卷），北京：人民出版社 1979 年版，第 601 页。

思深刻批判了工人的自由沦丧，痛斥道："首先，不言而喻，工人终生不外就是劳动力，因此他的全部可供支配的时间，按照自然和法律，都是劳动时间，也就是说，应当用于资本的自行增殖。至于个人受教育的时间，发展智力的时间，履行社会职能的时间，进行社交活动的时间，自由运用体力和智力的时间，以至于星期日的休息时间（即使是在信守安息日的国家里），——这全都是废话！"① 他指出："自由王国只是在必需和外在目的规定要做的劳动终止的地方开始；因而按照事物的本性来说，它存在于真正物质生产领域的彼岸。"② 在历史唯物主义理论视阈中，人类有两种生存状态——异化状态和自由状态。从前者到后者是一种质的飞跃，即从"必然王国"到"自由王国"的飞跃，"必然王国"是人类生存的异化状态，而"自由王国"则是人类生存的自由自觉的状态。③ 这种自由自觉的状态是人的发展之最高境界，也是人的自由全面发展之题中应有之义。

正是基于对工人的自由沦丧这一反人道现实之审慎考量和道德批判，马克思主义创始人深刻把握到实现人的自由发展之必要性和重要性。这种理性认知为他们后来提出人的自由全面发展诉求积淀了现实经验。

综上述，历史唯物主义的终极关怀诉求是马克思主义创始人基于对工人的片面发展和自由沦丧之道德批判而提出的必然性道德诉求，其提出过程具有深邃的道德必然性。马克思主义创始人对工人的片面化、畸形化发展和自由沦丧进行了客观分析和道德批判，深刻领悟到实现人的自由全面发展之必要性和重要性，逐步提出并形

---

① 《马克思恩格斯全集》（第 23 卷），北京：人民出版社 1972 年版，第 294 页。

② 《马克思恩格斯全集》（第 25 卷下），北京：人民出版社 1974 年版，第 926 页。

③ 王金福：《对马克思关于实现人的自由全面发展理论的再思考》，载《南京政治学院学报》，2010 年第 5 期，第 6 页。

成了人的自由全面发展理论。马克思和恩格斯在历史唯物主义创立前后的不同历史时期，经过潜心的理论酝酿和道德运思，从《手稿》提出"一切感觉和特性的彻底解放"①"人的本质的复归"到《神圣家族》提出"自由""发展""真正人类的发展"和"真正的天性"，再到《形态》提出"全面发展"和《宣言》提出"自由发展"，最终至《资本论》正式提出人的"全面而自由的发展"，人的自由全面发展理论由此历史性地理论生成并日臻完善。人的自由全面发展作为历史唯物主义的终极关怀诉求，旨在超越人的"实然"发展状态而达至人的"应然"发展状态，其既是自由伦理观的基本内涵，亦是发展伦理观的题中应有之义。历史唯物主义开显出终极关怀的道德光辉，"根据唯物史观，道德本就是人类文明实践历史进程中的精神性成就，道德精神的生长过程只有在人类自身走向自由的实践进程中才能被理解。"② 马克思和恩格斯毕生都在"为一切被奴役阶级的基本需要及其满足呐喊，为被奴役的无产阶级的自由、解放而斗争"③。依他们之见，要消灭人的片面化、畸形化发展和自由沦丧的"实然"状态，就需"在批判旧世界中发现新世界"④，就需诉诸无产阶级革命实践以彻底推翻资本主义制度，创建一个"每个人的自由发展是一切人的自由发展的条件"⑤ 的人性化社会——共产主义社会。

① 《马克思恩格斯全集》（第42卷），北京：人民出版社1979年版，第124页。
② 高兆明：《历史视野中的道德：马恩道德哲学思想解读——从〈共产党宣言〉的一段话谈起》，载《马克思主义研究》，2015年第10期，第102页。
③ 高兆明：《历史视野中的道德：马恩道德哲学思想解读——从〈共产党宣言〉的一段话谈起》，载《马克思主义研究》，2015年第10期，第102页。
④ 《马克思恩格斯全集》（第1卷），北京：人民出版社1956年版，第416页。
⑤ 《马克思恩格斯选集》（第1卷），北京：人民出版社2012年版，第7页。

二、基于人道主义研究经验

历史唯物主义创立前，马克思的人道主义研究为他和恩格斯后来提出人的自由全面发展诉求积淀了重要道德经验。历史唯物主义创立后，人的自由全面发展理论在马克思和恩格斯的理论研究和实践斗争中历史性地理论生成并日臻成熟，实现了从唯心到唯物之深刻嬗变。

历史唯物主义创立前，马克思关注人道主义研究，包括对人的利益实现、人的本质实现、人类解放及人的自由和发展等问题的初步探赜。这种人道主义研究虽然具有鲜明的唯心主义色彩，却为马克思和恩格斯后来提出人的自由全面发展诉求积淀了一定的道德理论基础和道德研究经验。青年时代的马克思深受黑格尔思辨哲学的"自由精神"之深刻影响。早在《莱茵报》时期，马克思就开始维护"政治上和社会上备受压迫的贫苦群众的利益"[1]，这种为劳苦大众谋利益的思想为他后来提出人的自由全面发展诉求奠定了情感基础。马克思早年对人类解放问题也有初步研究。他在《德法年鉴》上发表的《论犹太人问题》和《〈黑格尔法哲学批判〉导言》已着手探讨人类解放问题。在《论犹太人问题》中，马克思通过对犹太人解放问题的研究，探讨了政治解放和人类解放的关系，提出了社会主义革命问题。他指出，从社会发展来看，"政治解放当然是一个进步"[2]，但这种解放是不彻底的。在资产阶级政治革命中，资产阶级打着全体人类利益的旗号，实际上解放的不是全人类而是他们自己。由于看到了政治解放的局限性，马克思指出："政治解放本身还

---

[1] 《马克思恩格斯全集》（第1卷），北京：人民出版社1956年版，第141—142页。

[2] 《马克思恩格斯全集》（第1卷），北京：人民出版社1956年版，第429页。

不是人类解放"①，因为"政治解放并不是彻底的没有矛盾的人类解放的方法"②。他把政治解放与人类解放联系起来，以人类解放统领政治解放，提出了"人类解放"的伟大口号，从而把对无产阶级的阶级关怀升华至对人类的终极关怀之崇高境界。马克思指出，只有人类解放才是真正的解放，人类解放要彻底消灭人类自我异化的极端表现，"推翻那些使人成为受屈辱、被奴役、被遗弃和被蔑视的东西的一切关系"③。在《〈黑格尔法哲学批判〉导言》中，马克思更是道德激昂地宣告：解放就是要实现一个"人的高度的革命"④，这一革命依赖于一种彻底的、"能够抓住事物的根本"⑤的理论，而"人的根本就是人本身"⑥，因而，人类解放就是"以宣布人是人的最高本质这个理论为立足点的解放"⑦。他在探索如何完成"人类解放"的任务时，阐述了革命实践与哲学理论的关系，明确指出："批判的武器当然不能代替武器的批判，物质力量只能用物质力量来摧毁"⑧，把哲学斗争与革命斗争、理论与实践结合起来。在马克思看来，哲学只有把无产阶级当作自己的物质武器，才能在革命斗争中发挥积极的历史作用；而无产阶级只有以哲学为精神武器，才能完成人类解放的历史使命。《〈黑格尔法哲学批判〉导言》不仅提出人类解放问题，而且第一次阐述了人类解放与无产阶级的关系，指出无产阶级是实现社会主义和人类解放的物质力量，并阐明了市民社

① 《马克思恩格斯全集》（第 1 卷），北京：人民出版社 1956 年版，第 435 页。
② 《马克思恩格斯全集》（第 1 卷），北京：人民出版社 1956 年版，第 426 页。
③ 《马克思恩格斯全集》（第 1 卷），北京：人民出版社 1956 年版，第 460—461 页。
④ 《马克思恩格斯全集》（第 1 卷），北京：人民出版社 1956 年版，第 460 页。
⑤ 《马克思恩格斯全集》（第 1 卷），北京：人民出版社 1956 年版，第 460 页。
⑥ 《马克思恩格斯全集》（第 1 卷），北京：人民出版社 1956 年版，第 459 页。
⑦ 《马克思恩格斯选集》（第 1 卷），北京：人民出版社 1995 年版，第 16 页。
⑧ 《马克思恩格斯全集》（第 1 卷），北京：人民出版社 1956 年版，第 460 页。

会与国家对立的根源及克服这种矛盾的根本途径。依马克思之见，人类解放的至高境界就是人的自由全面发展。人类解放的提出为马克思后来提出终极关怀诉求奠定了重要理论基础。

人道主义研究在《手稿》中具有更为集中而鲜明的理论呈现。在《手稿》中，马克思从批判异化劳动出发，在人道主义视阈中探讨了人的解放、本质和自由等问题。正如有学者所指出："1843—1844 年，马克思的思想处于'费尔巴哈派'阶段，在人本主义的视野中考察了人的自由全面发展，这一理论集中表现在《1844 年经济学哲学手稿》中。"① 马克思特别重视人的解放问题，指出："私有财产的扬弃，是人的一切感觉和特性的彻底解放。"② 在他看来，无产者只有通过革命斗争才能实现工人解放和人类解放，而工人解放本身就包含着人类解放，"社会从私有财产等等的解放，从奴役制的解放，是通过工人解放这种政治形式表现出来，而且这里不仅涉及工人的解放，因为工人解放包含全人类的解放。"③ 马克思还基于"人的本质"视角对人的发展目标提出了美好愿景，指出："共产主义是私有财产即人的自我异化的积极的扬弃，因而是通过人并且为了人而对人的本质的真正占有；因此，它是人向自身、向社会的（即人的）人的复归"④，"人以一种全面的方式，也就是说，作为一个完整的人，占有自己的全面的本质"⑤，无神论、共产主义"才是人的本质的现实的生成，是人的本质对人来说真正的实现"⑥。在

---

① 王金福：《对马克思关于实现人的自由全面发展理论的再思考》，载《南京政治学院学报》，2010 年第 5 期，第 6 页。

② 《马克思恩格斯全集》（第 42 卷），北京：人民出版社 1979 年版，第 124 页。

③ 《马克思恩格斯全集》（第 42 卷），北京：人民出版社 1979 年版，第 101 页。

④ 《马克思恩格斯全集》（第 42 卷），北京：人民出版社 1979 年版，第 120 页。

⑤ 《马克思恩格斯全集》（第 42 卷），北京：人民出版社 1979 年版，第 123 页。

⑥ 《马克思恩格斯全集》（第 42 卷），北京：人民出版社 1979 年版，第 175 页。

《莱茵报》时期关注人的政治自由的基础上，马克思在《手稿》中进一步关注人的生存自由和发展自由问题，指出："人是类存在物，不仅因为人在实践上和理论上都把类——自身的类以及其他物的类——当作自己的对象；而且因为——这只是同一件事情的另一种说法——人把自身当作现有的、有生命的类来对待，当作普遍的因而也是自由的存在物来对待"①，"一个种的全部特性、种的类特性就在于生命活动的性质，而人的类特性恰恰就是自由的自觉的活动。"② 他还指出："这种共产主义，……是存在和本质、对象化和自我确证、自由和必然、个体和类之间的斗争的真正解决。"③ 依马克思之见，共产主义能使人以一种全面方式占有自己的全面的本质；在共产主义社会中，私有制、阶级和国家已经消亡，个体和"类"、人和自然之间的冲突已经消除，自由和必然之间的矛盾真正解决；共产主义能"创造着具有人的本质的这种全部丰富性的人，创造着具有丰富的、全面而深刻的感觉的人"④，因而，共产主义能使人获得真正的自由全面发展。恩格斯在 1844 年批判普鲁士国家遏制报刊的正义性和自由时也指出："没有关系，尽管他们有地牢和刺刀，自由还是会胜利的"⑤，坚定了自由必胜的信念。人的自由全面发展理论虽然是在《形态》中得以理论生成，"个人的全面发展"等概念也是在其中首次提出，但是，马克思在《手稿》中立足于人道主义价值立场对人的解放、本质和自由等问题的探讨，表征出他开始走出启蒙思潮和黑格尔思辨哲学的理论场域，从理性思辨逐步走向现

---

① 《马克思恩格斯全集》（第 42 卷），北京：人民出版社 1979 年版，第 95 页。

② 《马克思恩格斯全集》（第 42 卷），北京：人民出版社 1979 年版，第 96 页。

③ 《马克思恩格斯全集》（第 42 卷），北京：人民出版社 1979 年版，第 120 页。

④ 《马克思恩格斯全集》（第 42 卷），北京：人民出版社 1979 年版，第 126 页。

⑤ 《马克思恩格斯全集》（第 42 卷），北京：人民出版社 1979 年版，第 189—190 页。

实世界。此时，马克思哲学思想对"解放"和"自由"等问题的探讨开始从"沉默"走向"凸显"，从"隐性"走向"显性"。这为后来历史唯物主义理论视阈中人的自由全面发展理论之提出、形成和发展奠定了重要理论基础。

历史唯物主义创立前，马克思在《手稿》等早期文本中聚焦人道主义研究，并在人道主义视阈中探讨人的自由和发展问题，而历史发展规律和政治经济学研究此时尚处于"蛰伏"状态。后来，在以《形态》《宣言》和《资本论》为代表的历史唯物主义经典文本中，马克思和恩格斯转向历史发展规律和政治经济学研究，除了在论述社会发展目标时谈及人的理想化发展状态外，的确少有对人之命运及其发展问题的明确表述。基于此，西方学界包括国内一些研究者认为，历史唯物主义只是构建了一种揭示历史发展规律和社会发展趋势的纯粹的科学理论，而不考虑人的终极关怀问题。此种观点是一种误读。我们认真研读历史唯物主义经典文本，深刻把握历史唯物主义创立使命，不难理解：马克思早期更关注人道主义研究，而在历史唯物主义创立后更关注历史发展规律和政治经济学研究，这只是研究重点之转向而非研究主旨之嬗变，并不意味着马克思放弃了人道主义研究，也不意味着他终止了对人的自由和发展问题的研究，而只是表明他完成了对资产阶级人道主义之历史观的摒弃和价值观的承接，将人道主义研究包括人的自由和发展问题的研究建立于科学的唯物主义历史观的基础之上。我们不能拘泥于马克思前后期研究重点的转向，而是要跨越时间限度，追寻其人道主义思想的道德运思理路和整体发展脉络。从马克思的思想发展历程来看，探询人的自由和发展等人道主义问题，不仅是青年马克思思想演进的致思理路，也是他毕生始终不渝的道德诉求。在此，我们需区分历史唯物主义创立前后所形成的两种关于人的自由全面发展理论：

人本主义的理论和历史唯物主义的理论。[①] 马克思早期的人道主义研究与后来的理论研究之间不是彼此"断裂"甚至"绝缘"的。历史唯物主义的终极关怀诉求正是对马克思早期人道主义研究的批判性继承和创造性转化，后者为前者的历史性生成积淀了重要道德经验。

马克思在《形态》及其后的历史唯物主义经典文本中，之所以将理论研究重点转向对历史发展规律的深入研究和政治经济学的系统阐释，是因为他深知上述两种研究对于实现人的自由全面发展之重大意义。他对社会历史的认识、对资本主义的批判和对历史发展规律的揭示，旨在为人的自由全面发展提供科学依据并创造条件。事实上，马克思的成功之处正在于他深刻把握到解决人的生存、自由和发展问题需要现实基础，因而放弃了思辨哲学，不屑于空洞的道德说教，不屑于把人的自由全面发展诉求置于公平、正义、自由和良心等纯粹道德范畴的基础上，而是将其置于客观的经济现实基础之上。在他看来，一个道德化的社会，其制度必然是道德化的制度，而要建立道德化的制度，首先就须研究历史发展规律。历史唯物主义通过科学揭示历史发展规律，特别是资本主义产生、发展和灭亡的规律，前瞻到资本主义必然灭亡和共产主义必然胜利的历史趋势，并旨在通过无产阶级革命实践来探索终极关怀实现的必然性、可能性与现实性，从而最终把人从受奴役、受压迫的社会关系中彻底解放出来，真正实现"人之为人"的尊严和价值，使人获得自由全面的发展。

正是在历史唯物主义创立后，逻辑与现实的统一、理论与实践的融合促使马克思彻底摒弃了传统思想家们在人道主义研究上的抽象性和思辨性。马克思不再从人的"存在"和"类本质"相分离的

---

① 参见王金福：《对马克思关于实现人的自由全面发展理论的再思考》，载《南京政治学院学报》，2010年第5期，第4页。

视角理解人的异化状态，不再从"人的本质的复归"层面憧憬人的自由全面发展，而是把劳动的异化和人的异化理解为人类历史条件所决定的一种必经生存状态，理解为"迄今为止历史发展的主要因素之一"①，并在此基础上找寻到了实现人的自由全面发展之理论切入点（揭示历史发展规律）与现实路径（以无产阶级革命实践深刻批判并彻底摧毁现存制度）。这就把人的自由和发展问题的研究从抽象的人道主义视阈中救赎出来，使其建立于唯物主义历史观的基础之上，重返社会现实，从而具备了合历史性与合现实性之内在统一、合规律性与合道德性之自觉统一的理论样态，实现了从唯心到唯物之深刻嬗变。

三、基于"为人"的道德旨趣

马克思和恩格斯反对所谓的"道德中立"论，反对隐藏或削弱自己学说的道义性，毫不掩饰自己的理论研究所要追求的"为人"的道德旨趣，并对其进行了毕生的道德践行。马克思曾说过："科学绝不是一种自私自利的享乐。有幸能致力于科学研究的人，首先应该拿自己的学识为人类服务。"② 恩格斯也强调："科学越是毫无顾忌和大公无私，它就越符合工人的利益和愿望。"③ 马克思主义创始人始终秉持"为人"的道德旨趣，密切关注无产阶级和全人类的生存和发展境遇。这成为他们提出终极关怀诉求的内在道德动因。

马克思自少年时代起，就对人类幸福和社会进步怀有深切的关切之情。他在中学毕业论文《青年在选择职业时的考虑》中，明确

---

① 《马克思恩格斯选集》（第1卷），北京：人民出版社1995年版，第85页。

② 中央编译局：《摩尔和将军——回忆马克思恩格斯》，北京：人民出版社1973年版，第88页。

③ 《马克思恩格斯选集》（第4卷），北京：人民出版社1995年版，第254页。

提出青年人要按照人类幸福和自身完美的要求来选择职业，指出："如果我们选择了最能为人类福利而劳动的职业，那么，重担就不能把我们压倒，因为这是为大家而献身；那时我们所感到的就不是可怜的、有限的、自私的乐趣，我们的幸福将属于千百万人。"① 这种立志为全人类谋求利益和幸福的"为人"的道德情愫，在马克思的思想发展历程中逐步地生长、发展并成熟，经过长期的历史沉淀和理论凝练，从超验走向经验，从感性走向理性，从抽象走向科学，从唯心走向唯物，最终升华为历史唯物主义的终极关怀诉求——人的自由全面发展。

马克思认为，人是历史的"剧作者"，亦是历史的"剧中人"②，具有自我改造、自我发展和自我完善的能力，人的发展必然带动历史的发展和社会的进步。基于此，历史的发展实质上就是以人的发展为内在条件和价值动因的历史演进过程。正是基于人是历史发展的实践主体和价值主体这一深刻认识，马克思进一步认识到，人的自由全面发展既是历史发展和社会进步的必然趋势，也是人的自由自觉的本性之价值呈现。这种认识对他后来和恩格斯一起提出人的自由全面发展诉求发挥了思想引领作用。恩格斯在评价马克思时强调："马克思首先是一个革命家。他毕生的真正使命，就是以这种或那种方式参加推翻资本主义社会及其所建立的国家设施的事业，参加现代无产阶级的解放事业。"③ 恩格斯在 1845 年致马克思的信中，对于他和马克思在理论研究中秉持的"为人"的道德旨趣也做出了明确表述："目前首先需要我们做的，就是写出几本较大的著作，以便给许许多多非常愿意干但自己又干不好的一知半解的人以一个必

---

① 《马克思恩格斯全集》（第 40 卷），北京：人民出版社 1982 年版，第 7 页。

② 参见《马克思恩格斯全集》（第 4 卷），北京：人民出版社 1958 年版，第 149 页。

③ 《马克思恩格斯选集》（第 3 卷），北京：人民出版社 1995 年版，第 777 页。

要的支点。"① 在此，恩格斯开诚地揭示出他和马克思的历史使命：为许许多多人的实践活动提供正确理论指导。

马克思主义创始人始终秉持着为无产阶级和全人类谋求利益的"为人"的道德旨趣，这使他们自觉坚守着如下价值评判标准：一个合理而道德的社会，应是有利于人的自由全面发展的社会；一切有悖于人的自由全面发展的社会，必然是不道德甚至反道德的社会；是否有助于实现人的自由全面发展，是衡量一种社会制度是否道德的根本标志。在他们的理论场域中，资本主义社会是一个使人处于片面化甚至畸形化发展状态、制造"单向度的人"的社会，因而是一个反人道的社会。然而，资产阶级统治者及其御用思想家却高举着伪善的人道主义幌子，极力掩饰资本主义社会中劳动的异化、人的异化和人的片面化发展等客观事实。马克思以铁一般的事实，揭露了资产阶级所鼓吹的"自由、平等、博爱"口号之伪善性，强调真正道德的社会应是一个能实现每个人的自由全面发展的社会。恩格斯则指出，人类道德的历史演进是一个从"阶级的道德"向"真正人的道德"的转化过程②。"真正人的道德"本质上就是共产主义道德。这种道德之终极目标指向就是建立一种无阶级、无奴役的道德，把人从资本主义制度下被束缚的异化状态中救赎出来，使人从片面化、畸形化的发展境遇向自由全面发展的理想状态不断演进。

马克思主义创始人创立历史唯物主义，不仅要从纷繁复杂的历史事实中梳理并揭示出历史发展规律，而且旨在确立一种判断历史现象是非善恶的道德价值标准。在人类思想发展史上，人本主义、功利主义、美德论、义务论和契约论等构成了西方思想界关于道德价值判断的基本类型。而马克思和恩格斯在历史唯物主义中试图表

---

① 《马克思恩格斯全集》（第 27 卷），北京：人民出版社 1972 年版，第 18 页。
② 《马克思恩格斯全集》（第 20 卷），北京：人民出版社 1971 年版，第 103 页。

达一种不同于以往的道德评判标准，这个标准既不是人本和美德，亦不是功利、义务或契约，而是一种拓展了的人的理性实践——无产阶级革命实践。① 这种道德价值标准在理论本质上是"为人"的，在实现路径上是"直接实践性"的。而这种理性实践之道德旨归就是以无产阶级革命实践为基础的人的自由全面发展之实现。马克思和恩格斯毕生高擎着"为人"的道德旨趣，这使他们最终提出了人的自由全面发展这一人类社会发展的终极价值目标。"重视人，关心人的前途和命运，关注人的个性的全面发展，一切为了人的解放和人的幸福，构成了马克思哲学价值目标的根本内容"②，其也成为历史唯物主义的终极关怀指向。正如孙正聿先生所指出："马克思的哲学，就是指引人们超越人的依赖关系和以物的依赖性为基础的人的独立性，实现以个人全面发展为基础的自由个性的哲学，也就是争取人类解放的哲学。"③

马克思主义创始人始终秉持"为人"的道德旨趣，这是他们能够提出人的自由全面发展诉求的深刻道德动因。我们需据此理解终极关怀诉求之提出过程的道德必然性。正如有研究者所指出的，"马克思任何时候都没有离开过'人'这个主题，研究现实的人与现实的环境之间的关系，研究现实的人的活动规律，研究现实的人的命运和前途，可以说是马克思毕生的事业。"④ 正是基于这种"为人"的道德旨趣，马克思和恩格斯所创立的历史唯物主义不是纯粹揭示历

---

① 参见高兆明：《马克思的唯物史观与道德观三问》，载《道德与文明》，2007 年第 3 期，第 11—14 页。

② 吴倬、赵丽：《论马克思哲学革命的价值目标》，载《清华大学学报》，2005 年第 1 期，第 6—12 页。

③ 孙正聿：《简明哲学通论》，北京：高等教育出版社 2000 年版，第 145 页。

④ 韩安贵：《略论马克思关于人与自然的价值关系的思想》，载《学术研究》，2001 年第 3 期，第 35 页。

史发展规律而无视人之生存和发展的"道德中立"或"价值无涉"的哲学学说，而是在其基本原理、基本观点、基本立场、基本精神和价值目标中皆饱含着对人的自由和发展问题之深切关注，其既是"大写"的历史观和方法论，亦是"大写"的伦理学和价值论。

第三节 历史唯物主义的终极关怀诉求之基本内涵的道德合理性

人的自由全面发展之实现过程既是一个漫长的历史生成过程，亦是一个漫长的道德实现过程。说其是道德实现过程，是因为其实现过程不仅意味着资本奴役劳动、人统治人和物支配人的世界之彻底消亡，亦表征出对"彼岸世界"之道德解构与对"此岸世界"之道德重构，"最终指明了人类的双重胜利：对阶级统治的胜利和对异化畸变的胜利"[①]，故而内蕴深刻的道德内涵和深厚的道德价值。这一道德实现过程也开显出历史唯物主义的终极关怀诉求之基本内涵的道德合理性，即人的自由全面发展既是道德人格至善境界，亦是幸福评价历史圭臬。

一、人的自由全面发展：道德人格至善境界

在历史唯物主义理论视阈中，人既是历史主体，亦是道德主体；人作为历史主体，是历史实践主体和历史价值主体之内在统一；人作为道德主体，是道德实践主体和道德价值主体之内在统一。从伦

---

① 〔美〕R.L.海尔布隆纳：《马克思主义：赞成和反对》，北京：中国社会科学院情报研究所1982年版，第47页。

理学视阈而言，人的自由全面发展彰显出人的道德人格至善境界。这种至善境界既是人的自由全面发展之基本内涵，亦是人的自由全面发展之道德合理性的题中应有之义，且与人的自由全面发展呈现出共生共在的关系。

人在自我发展过程中，一方面，如若缺失了对道德人格至善境界之追寻，就无所谓真正意义上的发展，遑论自由全面发展。因为，与追求至善相联系，道德人格的功能是提升而非约束，追求道德人格的完善往往成为激励个体不断奋斗，从而不断提升自我境界的强大力量①，能够激励道德主体不断实现自我发展的自由性和全面性。另一方面，践行人的自由全面发展诉求则是达至道德人格至善境界之根本路径。作为道德主体的人，通过自由全面发展方可摆脱被奴役、被异化的状态，实现道德自由和精神自由、身心发展和全面发展。黑格尔在《精神现象学》中曾以思辨方式揭示：人类自由精神走向完满境地必须经历一个极为漫长而复杂的历史过程，人格完善亦是艰苦的历史过程。② 道德人格走向至善境界必然是一个漫长的历史过程，而人的自由全面发展之实现则标志着人的"实然"发展状态与"应然"发展状态之自觉统一，表征出人向自然的人、本质的人和人道的人之全面复归，这正是道德人格至善境界的终极呈现。

从道德层面而论，人的自由全面发展具体呈现为人的道德关系、道德个性和道德实践能力之三位一体的自由全面发展，这种发展是道德人格至善境界之重要呈现。

首先，人的自由全面发展在道德层面彰显出人的道德关系之自由全面发展。

---

① 郭广银等：《伦理新论》，北京：人民出版社 2004 年版，第 594 页。

② 高兆明：《历史视野中的道德：马恩道德哲学思想解读——从〈共产党宣言〉的一段话谈起》，载《马克思主义研究》，2015 年第 10 期，第 100 页。

马克思在《提纲》中明确指出："人的本质并不是单个人所固有的抽象物，实际上，它是一切社会关系的总和。"① 社会关系包括政治关系、经济关系、法律关系、文化关系和道德关系等诸多关系。其中，道德关系是指人们遵循一定的道德观念和道德原则而形成和发展起来的，并通过自身的道德实践行为所表现出来的一种重要的社会关系。依马克思主义创始人之见，人的道德关系主要包括：人与人的道德关系、人与社会的道德关系、人与自然的道德关系。人的道德关系之自由全面发展既是人的自由全面发展之基本内涵，亦是道德人格至善境界之重要呈现。

就人与人的道德关系而言，人在自由受到遏制、发展受到束缚的社会状态下，人与人的道德关系也必然处于"异化"状态。此时，人不仅无法实现自由全面发展，而且极易陷入片面的、畸形的发展状态。在马克思和恩格斯生活的资本主义时代，由于资产阶级的剥削和大机器所造成的人的片面化、畸形化发展，"使人和人之间除了赤裸裸的利害关系即冷酷无情的'现金交易'之外，再也找不到任何别的联系了。它把高尚激昂的宗教虔诚、义侠的血性、庸人的温情，一概淹没在利己主义打算的冷水之中。"② 资本主义社会中人与人的道德关系被"赤裸裸的利害关系"所替代，这种道德关系不仅在内容上是贫瘠的、单向度的，而且在本质上是非道德甚至反道德的。被压抑的人性、被遏制的自由及被束缚的发展，使整个社会陷入物质化、伪善化的道德关系境遇。在这种异化的道德关系中，人与人之间处于相互利用、彼此冷漠的功利性关系，彼此都把对方视为实现自己利益的手段或工具。此时，人的自由个性无法得到合理张扬，整个社会衍生出道德相对主义或道德虚无主义，物质主义、

---

① 《马克思恩格斯全集》（第3卷），北京：人民出版社1960年版，第5页。
② 《马克思恩格斯全集》（第4卷），北京：人民出版社1958年版，第468页。

个人主义、利己主义和拜金主义等道德观、价值观不断蔓延并长期居于资本主义主流道德价值体系的地位。在历史唯物主义理论视阈中，实现了人的自由全面发展的共产主义社会不会出现"每个人都竭力把他人作为实现自己目的之手段"这种功利化的道德关系，不会出现"劳动为富人生产了奇迹般的东西，但是为工人生产了赤贫"① 这种剥削性的道德关系，也不会出现"每个人都千方百计在别人身上唤起某种新的需要，以便迫使他作出新的牺牲"② 这种反人道的道德关系。人的自由全面发展意味着每个人都能自觉遵循社会道德规范和道德价值标准来规约和调整自己的道德行为；都能积极反思自己的实践行为和发展状态对他人的影响；都能自觉把自身利益与他人利益、社会利益统一起来，而不是将自身幸福置于他人痛苦之上，由此，人与人的道德关系也走向了自由全面发展状态——健康互惠、全面和谐的理想化状态。

就人与社会的道德关系来看，历史唯物主义既传承了费尔巴哈人本主义哲学关于"人首先是有生命的客体存在"这一人本主义观点，亦超越了其游离于社会关系和社会实践之外来考察人之生存与发展问题的感性化和直观性特征，注重将人置于具体的历史条件和现实的社会关系中予以全面考察。马克思指出："人在积极实现自己本质的过程中创造、生产人的社会关系、社会本质"③，"某个集体的个人所结成的、受他们反对另一个阶级的那种共同利益所制约的社会关系，总是构成这样一种集体，只是由于他们还处在本阶级的生存条件下才隶属于这个集体；他们不是作为个人而是作为阶级的成员处于这种社会关系中的。"④ 在历史唯物主义理论视阈中，人总

---

① 《马克思恩格斯全集》（第 42 卷），北京：人民出版社 1979 年版，第 93 页。

② 《马克思恩格斯全集》（第 42 卷），北京：人民出版社 1979 年版，第 132 页。

③ 《马克思恩格斯全集》（第 42 卷），北京：人民出版社 1979 年版，第 24 页。

④ 《马克思恩格斯选集》（第 4 卷），北京：人民出版社 1995 年版，第 121 页。

是处于一定社会关系之中，人与社会之间必然衍生出包括道德关系在内的诸种社会关系。人与社会的道德关系具体表现为：一方面，人是社会关系的人，"社会关系实际上决定着一个人能够发展到什么程度"①，因而，社会应真正把人置于历史主体和道德主体的地位，给予人以自由的发展空间和良好的发展条件，真正实现"人之为人"；另一方面，人作为历史主体和道德主体，既要顺应历史发展规律，亦要遵循道德发展规律，即要充分发挥自身道德价值以推动社会道德进步。"如果我生在一个孤岛上，孑然一身，我的生活中就没有什么罪恶和道德了"②，即脱离任何社会关系的人无所谓道德可言。但是，处于一定社会关系的人必然要遵循社会道德规范，使自己的实践行为符合社会秩序，因为，"道德的普遍目的就是在社会联系中建立起一种秩序"③。

历史唯物主义强调，人的自由全面发展能使人获得充分的"自由时间"。这种"自由时间"是对工人异化了的"劳动时间"的历史性扬弃，其"不论是闲暇时间还是从事较高级活动的时间"④，都是"个人得到充分发展的时间"⑤，可以培育人的一切属性，使人成为具有丰富的属性和联系的人。人的全面发展是人的本质力量的全面发展，具体而言，就是人的能力的充分发挥和发展，人的社会关系的多彩与和谐及人的个性的丰富和完满四个方面的有机统一。⑥ 在

---

① 《马克思恩格斯全集》（第 3 卷），北京：人民出版社 1960 年版，第 295 页。

② 周辅成：《西方伦理学名著选辑》（上卷），北京：商务印书馆 1987 年版，第 55 页。

③ 洪谦：《逻辑经验主义》（下卷），北京：商务印书馆 1989 年版，第 643 页。

④ 《马克思恩格斯全集》（第 46 卷下），北京：人民出版社 1980 年版，第 225—226 页。

⑤ 《马克思恩格斯全集》（第 46 卷下），北京：人民出版社 1980 年版，第 225 页。

⑥ 参见陶富源：《终极关怀论——人的哲学之悟》，合肥：安徽大学出版社 2004 年版，第 501—504 页。

历史唯物主义理论视阈下，人与社会的道德关系越全面和丰富，人的自由全面发展的程度就越高，而一个人能发展到的程度又会反向影响人与社会的道德关系发展程度；人的自由全面发展是人的本质呈现，表明人的社会实践能力高度提升，人已经摆脱物的统治和人的奴役而成为真正意义上的社会主人。此时，人不仅能自由支配社会财富和社会生产，而且能自觉遵循道德规范和道德原则以塑造自由、平等、和谐的社会关系，并以社会主导性的道德价值观念和道德评价标准来规约或评价自己与他人的社会行为，合乎德性地促进自身与社会的道德关系之自由全面发展。基于此，人与社会之间即构建起一种本真意义上的道德关系。

就人与自然的道德关系而论，自然是人类赖以生存和发展的物质基础，人与自然的道德关系亦由此成为人的诸种道德关系中最根本的关系。马克思指出，资本主义生产虽然创造了比过去一切世代都丰富得多的物质财富，但其在"资本至上"逻辑的支配下，不仅导致了人的片面化发展，也造成了自然的严重破坏。恩格斯早在1839年《乌培河谷来信》中就批判了资本主义生产方式所造成的生态危机。在《英国工人阶级状况》和《自然辩证法》等文本中，恩格斯对人类过度开发自然、肆意破坏自然的行为予以强烈谴责。他列举了美索不达米亚、希腊、小亚细亚及意大利等地为提高生产力而破坏生态，之后又受到自然界惩罚的事例，指出："我们不要过分陶醉于我们人类对自然界的胜利，对于每一次这样的胜利，自然界都对我们进行报复。"① 马克思在《资本论》中斥责道，由于工厂不断增多，"在伦敦，……就连工人阶级中处境较好的那部分人以及小店主和其他下层中产阶级分子，也越来越陷入这种可诅咒的恶劣的

① 《马克思恩格斯全集》（第20卷），北京：人民出版社1971年版，第519页。

居住环境中了。"① 在马克思主义创始人的理论视阈中，人的自由、尊严、潜能及其本质力量只有在改造自然的过程中才能得到充分展现。然而，人在没有进入自由王国而依然徘徊于必然王国之际，不仅无法自由全面地发展自我，也无法充分认识并自由支配自然规律以合理开发自然，只会将自然视为实现自己欲望和利益的工具，从而粗暴地、功利地对待自然。在资本主义社会中，资产阶级的贪婪本性和人的畸形化发展，必然强化人类在对待自然问题上的人类中心主义和功利主义倾向，从而导致人与自然的道德关系之严重扭曲。此时，人与自然的道德关系就处于"人主宰自然"和"自然惩罚人"的非道德甚至反道德的状态，人类开发和利用自然的诸多实践自觉或不自觉地违背了生态道德，导致诸种"人化自然"的"非人化"发展。

而在人的自由全面发展的"人类历史"中，人类由必然王国进入自由王国。此时，人类就能充分认识并自由支配自然规律，秉持"天人合一"理念平等对待自然，遵循科学原则与道德原则内在统一的生态道德合理开发自然，从而规避了两个极端——自然中心主义与人类中心主义。基于此，人与自然之间就能建立一种本真意义上的道德关系。正如马克思在《手稿》中所言："这种共产主义，作为完成了的自然主义，等于人道主义，而作为完成了的人道主义，等于自然主义，它是人和自然界之间、人与人之间的矛盾的真正解决，是存在和本质、对象化和自然确证、自由和必然、个体和类之间的斗争的真正解决。"② 恩格斯也指出："自由不在于幻想中摆脱自然规律而独立，而在于认识这些规律，从而有计划地使用自然规律为一定的目的服务。"③ 他还热情洋溢地阐明了从必然王国向自由

---

① 《马克思恩格斯全集》（第 23 卷），北京：人民出版社 1972 年版，第 723 页。

② 《马克思恩格斯全集》（第 42 卷），北京：人民出版社 1979 年版，第 120 页。

③ 《马克思恩格斯选集》（第 3 卷），北京：人民出版社 1995 年版，第 455 页。

王国飞跃的本质，即"人们第一次成为自然界的自觉的和真正的主人"①，能够自由运用自然规律，并与自然和谐共存，"人们周围的、至今统治着人们的生活条件，现在却受到人们的支配和控制，人们第一次成为自然界的自觉的和真正的主人，因为他们已经成为自己的社会结合的主人了。……人们自己的社会结合一直是作为自然界和历史强加于他们的东西而同他们相对立的，现在则变成他们自己的自由行动了。……这是人类从必然王国进入自由王国的飞跃。"②马克思在《资本论》中进一步强调："这个领域内的自由只能是：社会化的人，联合起来的生产者，将合理地调节他们和自然之间的物质变换，把它置于他们的共同控制之下，而不让它作为盲目的力量来统治自己；靠消耗最小的力量，在最无愧于和最适合于他们的人类本性的条件下来进行这种物质变换。"③马克思主义创始人认为，人的自由全面发展能使人从必然王国进入自由王国，真正成为自然的主人；能使人自由支配自然规律，并自觉秉持对自然的道德关切，以人与自然之和谐共生为道德己任，自由而合理地开发自然。总之，在历史唯物主义理论视阈中，人与自然的道德关系在实现了人的自由全面发展的共产主义社会中，较之于资本主义社会而言，必然从激烈性对抗转向历史性和解，必然从全面异化状态转向全面和谐状态，从而实现自然主义与人道主义的自觉统一，人类将"在最无愧于和最适合于他们的人类本性的条件下"进行"他们和自然之间的物质变换"④。

---

① 《马克思恩格斯全集》（第 19 卷），北京：人民出版社 1963 年版，第 245 页。

② 《马克思恩格斯全集》（第 19 卷），北京：人民出版社 1963 年版，第 245 页。

③ 《马克思恩格斯全集》（第 25 卷下），北京：人民出版社 1974 年版，第 926—927 页。

④ 《马克思恩格斯全集》（第 25 卷下），北京：人民出版社 1974 年版，第 926—927 页。

其次，人的自由全面发展在道德层面昭显出人的道德个性之自由全面发展。

人类发展史既是一部经济发展史，亦是一部道德发展史，需要人类探寻至善、成就自由，使自身的道德个性获得自由全面发展。人的自由全面发展意味着理想人格的实现，而个性或人格乃是品德的上位概念。① 人类只有摆脱必然王国而进入自由王国，真正步入自由全面发展的理想化状态后，才能享受"纯粹"的自由，完善自己的个性并使之发展为"自由个性"。这种"自由个性"包括自由的政治个性、自由的道德个性和自由的文化个性等。所谓道德个性，是指作为道德主体的人所具有的一种本质性、稳定性的道德心理特征。马克思和恩格斯在《形态》中指出："只有自然的东西才是真正的东西，而真正的东西才是道德的东西。"② 自由的道德个性是指人在道德生活领域能真正顺应自然、顺应社会、顺应人性地形成和发展自己的个性，并能合乎情理地、自由地张扬自己的个性的一种道德心理特征。这种自由的道德个性因遵循自然规律、社会规律和人性特征，我们可以将其称为马克思所言的"自然的东西"和"真正的东西"，也即"道德的东西"。

人的道德个性是由道德动机、道德目的、道德理想、道德信念、道德需要、道德意志、道德情感、道德兴趣和道德评价等诸多要素构建而成的复杂而系统的道德心理特征。人在片面化、畸形化的发展状态下，上述要素不仅被最大化地予以遏制，而且处于相互分裂甚至彼此抵牾的状态，人的道德个性不可能实现自由全面发展。如在资本主义社会中，工人的道德需要、道德意志和道德兴趣等被资本主义制度和资产阶级最大限度地予以压制，他

---

① 参见王海明：《伦理学原理》，北京：北京大学出版社 2001 年版，第 349 页。

② 《马克思恩格斯全集》（第 3 卷），北京：人民出版社 1960 年版，第 545 页。

们的道德个性无法自由释放，也无法全面发展。而在人的自由全面发展过程中，人在道德知识的认知、道德情感的培育、道德需要的完善和道德规范的践行等方面的能力都会得到全面性的、实质性的发展，从而使上述诸要素构建而成的人的道德个性也能得到自由全面发展，人也由此成为本真意义上的"道德人"。马克思认为，道德的基础是人类精神的自律。而道德自律又是道德个性的一个基本内涵。当人实现了自由全面发展之时，人在现实的道德生活中就能自主、自觉而自由地驾驭自己与他人、自然、社会之间的道德关系，就能自主、自觉而自由地支配社自然、社会等外部世界与道德、精神等内部世界，从而不断升华自身道德人格，不断获取自身道德自由，充分实现道德自律和道德他律之自觉统一，达至"从心所欲而不逾矩"的自由的道德境界。而这种自由的道德境界正是人的道德个性之自由全面发展所应达至的通达境界，亦是道德人格至善境界的题中应有之义。

再次，人的自由全面发展在道德层面凸显出人的道德实践能力之自由全面发展。

人的道德实践能力之自由全面发展是道德人格至善境界之实践表征。在历史唯物主义理论视阈中，实现人的自由全面发展须要坚持历史发展与主体选择相结合、理论逻辑与实践生成相统一的原则。其中，"实践生成"指向人的生产实践能力、社会实践能力和道德实践能力之三位一体的综合实践能力的自由全面发展。道德实践能力包含道德主体的道德思维、道德观察、道德判断、道德选择、道德评价、道德决定和道德践行等诸种能力。人只有在自由全面发展的过程中，才能不断拓展并深化自己与他人、自然、社会之间的道德交往活动，提升自身的道德思维、道德观察和道德践行等诸种能力并形成丰富的道德关系，最终提升自己的道德实践能力。马克思特别重视实践的力量，指出："全部社会生活在本质上是实践的。"①
此处的实践主要包括经济、政治、文化、社会和生态等方面的实践，
而道德实践正是文化实践的重要内容。人的自由全面发展能使人在
实践层面摆脱和超越各种内在和外在因素的制约，从而使包括道德
实践能力在内的综合实践能力得到自由全面发展。故而，人的自由
全面发展过程内蕴人的道德实践能力之自由全面发展过程。马克思
和恩格斯指出："'自由活动'——在共产主义者看来这是'完整的
主体'的从全部才能的自由发展中产生的创造性的生活表现"②，
"工人们在自己的共产主义的宣传中说，任何人的职责、使命、任务
就是全面地发展自己的一切能力，其中也包括思维的能力"③，也
即，人的自由全面发展表征出包括道德实践能力在内的人的全部才
能和全部能力的自由全面发展。实现人的自由全面发展，既要顺应
历史发展规律和历史发展趋势，亦要顺应道德发展规律和道德发展
趋势，并在此基础上全面提升道德主体的道德实践能力。人的自由
全面发展还坚持尊重历史发展规律与发挥历史主体的主观能动性内
在统一的原则，从而使包括道德实践能力在内的人的综合能力的自
由全面发展过程既具合规律性又具合目的性，既具合历史性亦具合
道德性。

在历史唯物主义理论视阈中，人的解放有三个维度，即自然解
放、社会解放和精神解放。有研究者指出："首先，解放出现在人与
自然的关系上。这里的自由，是人类理性在外部世界中的完全实现，
是对人类潜能的理解以及对自然需要的限制，也是对人类事务的和
谐安排。其次，解放发生在人类社会范围内。这当然是马克思最为

---

① 《马克思恩格斯全集》（第3卷），北京：人民出版社1960年版，第8页。
② 《马克思恩格斯全集》（第3卷），北京：人民出版社1960年版，第248页。
③ 《马克思恩格斯全集》（第3卷），北京：人民出版社1960年版，第330页。

显眼的一面……社会的解放尤其意味着消除特定社会团体或当代'阶级'之间的冲突，以及终结部分团体对另外一些团体的压迫、剥削……人类解放的第三个维度是精神解放。这一点也许最难理解，或者最容易被低估，但对马克思而言，它却是整个解放的关键，是另外两个维度及其宏伟巅峰的知识基础和前提。它的本质是对人这一物种的道德自由和自足的全面理解——而且是有意识的经验——即懂得理性的人类在自然及社会关系中是如此这般的自由、自创和自决，同时认识到整个宇宙没有一个外来的超越者。"① 依马克思和恩格斯之见，道德解放之最高境界即是精神解放，其本质就是个人获得"道德自由"，获得"如此般的自由、自创和自决"，从而能在更高阶段上回归"纯人类道德生活关系"，能"自由地独立地创造建立在纯人类道德生活关系基础上的新世界"②。这个新世界就是"每个人的自由发展是一切人的自由发展的条件"③ 的共产主义社会，也即"真正的自由王国"和"真正人的道德"的世界。在这样的社会形态中，作为历史主体、实践主体和道德主体的人必然会实现道德实践能力的自由全面发展，而这正是道德人格至善境界——人的自由全面发展之重要内涵。

二、人的自由全面发展：幸福评价历史圭臬

幸福既是人类古老而常新的概念，亦是人类亘古永恒的话题，其是同人生的目的、价值、意义及人的生存状态、发展境遇、理想

① 〔英〕伯尔基：《马克思主义的起源》，伍庆、王文杨译，上海：华东师范大学出版社 2007 年版，第 7—8 页。
② 《马克思恩格斯全集》（第 3 卷），北京：人民出版社 1960 年版，第 650 页。
③ 《马克思恩格斯选集》（第 1 卷），北京：人民出版社 2012 年版，第 7 页。

诉求密切联系的道德范畴。从伦理学视阈来看，幸福是指人们在一定的社会生活实践中因自己的生命意义和自我价值的实现、理想目标的接近或实现而感悟和体验到的一种内心满足感，亦是一种特殊的道德满足感。

早在 1835 年，17 岁的马克思在《青年在选择职业时的考虑》中就写道："在选择职业时，我们应该遵循的主要指针是人类的幸福和我们自身的完善……人们只有为同时代人的完美、为他们的幸福而工作，才能使自己也达到完美。"① 这种为全人类谋求幸福的理念不仅是马克思毕生的道德诉求，亦贯穿于历史唯物主义创立和发展过程的始终。恩格斯指出，"每个人都追求幸福"，这是"无须加以证明的"原理，"是颠扑不破的原则"②。约翰·格雷指出："幸福——人类一切企求的最终目的。"③ 追寻幸福是人类的天性，亦是古往今来、古今中外哲学或宗教的理论研究之价值主题，更是历史唯物主义理论视阈中终极关怀的道德合理性之深刻映现。

（一）西方传统哲学和宗教视阈中幸福评价历史圭臬之唯心主义色彩

何谓幸福？我们应秉持何种幸福评价历史圭臬？历史唯物主义创立前，西方传统哲学和宗教对上述问题众说纷纭，莫衷一是。他们基于不同维度，对评价幸福的历史准则、历史依据作出诸种探讨和界说，由此也衍生出多元化的幸福评价历史圭臬。

在古希腊哲学中，苏格拉底提出"德性论"命题，强调"德性

---

① 《马克思恩格斯全集》（第 40 卷），北京：人民出版社 1982 年版，第 7 页。

② 《马克思恩格斯全集》（第 42 卷），北京：人民出版社 1979 年版，第 373—374 页。

③ 〔英〕约翰·格雷：《人类幸福论》，张草纫译，北京：商务印书馆 1963 年版，第 10 页。

即幸福"。而柏拉图则提出"幸福论"命题，强调"幸福即德性"。两者虽然在幸福与德性何为第一性（幸福派生德性抑或德性派生幸福）的问题上有着不同理解，但最终殊途同归，皆认为：德性与幸福是辩证统一的；"善的理念"是经验世界的最高德性，而使人获得幸福也是至上的善；人们只有具备"善的理念"并据此实施善的言行，才能获取真正的幸福。亚里士多德在幸福观上秉承了"德性论"相关观点，把幸福视为人生最高目标，强调幸福源自人的自然禀赋和本性，因而，"一个人要是没有丝毫勇气，丝毫节制，丝毫正义，丝毫智慧，世人绝不称他为有幸福之人"①，真正的幸福"是他的合于他自身的德性的实现活动"②。在他的伦理精神视阈中，德性实现程度即为幸福评价历史圭臬，一个人的德性与幸福呈正相关，德性越高则幸福感越强。伊壁鸠鲁提出"快乐是幸福生活的起点和终点"，认为伦理学就是"达到幸福的科学"，并且"把身体的健康和灵魂的平静看成是幸福的极致"③。在此，"身体的健康"与"灵魂的平静"成为伊壁鸠鲁衡量幸福的历史圭臬。古希腊斯多葛派哲学和基督教伦理学则认为，幸福不在于感官快乐而在于精神超越和灵魂完善，感官快乐与物质财富只是人的身外之物，只有灵魂完善才能使人得到永恒快乐，灵魂完善也由此成为其倡导的幸福评价历史圭臬。有"基督教叔父"之称的塞涅卡更是反复强调："快乐不应是追求德性的目的，德性本身就是幸福。"④ 他和亚里士多德一样，将德性实现程度视为幸福实现程度的历史圭臬，具有鲜明的主观唯

① 〔古希腊〕亚里士多德：《政治学》，吴寿彭译，北京：商务印书馆 1997 年版，第 364 页。

② 〔古希腊〕亚里士多德：《尼各马可伦理学》，廖申白译，北京：商务印书馆 2003 年版，第 305 页。

③ 张志伟：《西方哲学史》，北京：中国人民大学出版社 2002 年版，第 148 页。

④ 唐凯麟：《西方伦理学名著提要》，南昌：江西人民出版社 2000 年版，第 81 页。

心主义色彩。

近代西方资产阶级哲学虽然质疑并批判宗教禁欲主义和蒙昧主义，使幸福从天国重返人间，但其或将幸福预设为在抽象世界中才能实现的目标，或将幸福理解为人的"自爱"天性，由此陷入了历史唯心主义的泥潭。近代西方资产阶级感性主义幸福观信奉自古希腊哲学传承而来的快乐主义幸福观。其猛烈批判宗教禁欲主义把幸福理解为完全排斥感觉快乐的谬论，但其又走向另一极端，即把幸福等同于快乐，并把感官快乐视为人类一切幸福的源泉，寻求肉体享受和感官愉悦。如卢梭等法国启蒙思想家认为，人的"自爱"天性使人追求自我幸福，并使人们相互联系且产生"他爱"，感官快乐是幸福的基本内涵。卢梭强调："超过能力的欲望"是产生痛苦的原因，能力与欲望相匹配的人就是绝对幸福的人。霍尔巴赫指出："幸福就是持继的享乐，或者是相继而来的享乐，或者是愉快的感觉"，"金钱不过是幸福的标志"①。洛克则宣称，"趋乐避苦"是人类追寻快乐的重要方式，"极度的幸福就是我们所能享受的最大的快乐"②。上述幸福观注重人的感官体验和物质享受，容易滋长利己主义、享乐主义和物质主义。与近代西方资产阶级感性主义幸福观相对应，近代西方资产阶级理性主义幸福观则秉承了源于古希腊哲学的理性主义幸福观，关注人的精神快乐，崇尚人的理性生活，极力贬抑感官、感觉、感受和感性对于创造幸福的作用。其将追求感观快乐视为对幸福的亵渎，主张人应时刻保持对自身的"灵魂拷问"与"德性追问"，将个体私欲和感官享受迁移至德性生活和理性生活，通过抑制欲望的方式理性地追求道德的完善或精神的完满，由此获取真

① 〔法〕霍尔巴赫：《霍尔巴赫选集》（上卷）（俄文版），北京：商务印书馆1999年版，第14页。

② 罗国杰、宋希仁：《西方伦理思想史》（上卷），北京：中国人民大学出版社1985年版，第91页。

正的幸福。近代西方资产阶级哲学虽然使幸福从天国返回人间，但其将个人的主观感受或道德的完善视为幸福评价尺度，具有严重的理论缺憾和阶级局限。其幸福评价圭臬陷入了历史唯心主义的理论桎梏，其幸福诉求也终是沦为抽象而伪善的道德布施。其高擎"人人幸福"的旗帜，然而，资本主义私有制和异化劳动所创造的只是资产阶级的"宫殿"和幸福，掩饰的却是无产阶级的赤贫和苦难，"富有和贫穷的对立并没有在普遍幸福中得到解决，反而……更加尖锐化了。"①

在 19 世纪的德国，幸福问题几乎成为所有德国古典哲学家倾力探讨的重要问题，他们都试图以自己的方式研究并阐释幸福问题。但是，在康德和黑格尔等诸多哲学家那里，幸福问题的研究自觉或不自觉地落入纯粹的意识形态领域，幸福显性或隐性地被界定为游离于现实世界的"抽象的个人"在绝对精神或理念世界中衍生的一种观念或意念上的体验，具有鲜明的唯心主义色彩。德国古典哲学终结者费尔巴哈恢复了唯物主义权威，在幸福观上提出"道德只知道同志式的共同幸福"②，强调个人幸福与社会幸福的内在统一，认为追求幸福的愿望只有在满足他人幸福时才能实现，这具有一定的价值合理性。但是，费尔巴哈又认为，"追求幸福是人的本性"，"生命本身就是幸福"，"幸福只是某一生物的健康的正常的状态"③，片面强调生命在生理意义上对于实现幸福之必要性，而忽视了生命在社会意义上对于享受幸福之重要性。恩格斯在《路德维希·费尔巴哈和德国古典哲学的终结》中谈及费尔巴哈的道德研究时，对其

---

① 《马克思恩格斯全集》（第 3 卷），北京：人民出版社 1960 年版，第 54 页。

② 〔德〕路德维希·费尔巴哈：《费尔巴哈哲学著作选集》（上卷），荣震华等译，北京：商务印书馆 1984 年版，第 575 页。

③ 〔德〕路德维希·费尔巴哈：《费尔巴哈哲学著作选集》（上卷），荣震华等译，北京：商务印书馆 1984 年版，第 536 页。

幸福观进行了修正，指出：按照费尔巴哈的说法，"追求幸福的欲望是人生下来就有的，因而应当成为一切道德的基础。但是追求幸福的欲望受到双重的矫正。第一，受到我们的行为的自然后果的矫正：酒醉之后，必定头痛；放荡成习，必生疾病。第二，受到我们的行为的社会后果的矫正：要是我们不尊重他人追求幸福的同样的欲望，那末他们就会反抗，妨碍我们自己追求幸福的欲望。由此可见：我们要满足我们的这种欲望，就必须能够正确地估量我们的行为的后果，同时还必须承认他人的相应的欲望的平等权利。"① 在费尔巴哈那里，人的"健康的正常的状态"就是幸福实现的客观标志，亦是评价幸福的历史圭臬。他没有看到幸福的社会意义，仅仅基于生物学意义和自然本性对幸福内涵的理解是偏狭的。费尔巴哈还宣扬超阶级、超时空的"爱的宗教"，认为只有这种"爱的宗教"才能消除人类苦难，使人过上幸福生活，而没有看到人类实践对于幸福实现之根本意义，由此消解了幸福之实践本性。故而，费尔巴哈人本学伦理学视阈中的幸福观在自然观上是唯物的，在历史观上却是唯心的。恩格斯曾批判费尔巴哈唯物主义是"半截子唯物主义"。事实上，费尔巴哈幸福观也是一种"半截子幸福观"。

欧洲中世纪宗教幸福观强调美德和智慧在人类幸福中的核心地位，具有一定的道德合理性。但是，其认为人类开启尘世幸福的唯一密码肇始于"热爱上帝"，在幸福评价历史圭臬上具有浓厚的宗教神学色彩。"天主教圣人"奥古斯丁（Augustine of Hippo）笃信，世人通过世俗努力无法获取圆满幸福，只有信仰上帝、依托全智全能的上帝才能获致永恒的、终极的幸福。他在《论真宗教》中指出："只有真正的宗教才能开辟达致美好、幸福生活的道路"②，"谁拥有

---

① 《马克思恩格斯全集》（第 21 卷），北京：人民出版社 1965 年版，第 331 页。

② 转引自张荣：《奥古斯丁的基督教幸福观辨正》，载《哲学研究》，2003 年第 5 期，第 77 页。

一个恩典的上帝，谁就是幸福之人。"① 与奥古斯丁不同的是，"神学界之王"托马斯·阿奎那（Thomas Aquinas）既高扬天国幸福，亦肯定尘世幸福，并强调后者是通往前者的阶梯。但是，阿奎那又认为，人凭借理智德性和道德德性在现世获致的尘世幸福实际上是一种不完满的幸福；只有皈依上帝，凭借上帝的恩典和神学德性才能在来世获得完满的幸福——看见上帝的本质；上帝对于一个尘世的人是否恩典及恩典多少，是评价这个人是否幸福及在多大程度上幸福的至上圭臬。在基督教神学家们的宗教情结中，"寻求上帝就是对至福的羡慕，找到上帝就是得到幸福本身"②，人的幸福不是呈现为对财富、荣誉、欲望和权力的拥有，而是呈现为对上帝的热爱与追求；"爱上帝"即是"爱自己"；只有"爱上帝"，才能在超越人生的历程中获得精神上的永福。宗教幸福观将上帝视为人类幸福之唯一的、至上的来源，要求尘世的人甘于沉寂，历今世之苦，守繁华之外，以待来世修得极乐世界，迎来彼岸花开。宗教强调幸福是神的赠礼，将现世幸福的意义空间延展至虚幻的上帝之城，以"教谕性"消融"批判性"，以"彼岸性"遮蔽"此岸性"，由此消解了幸福的"尘世"意义，使幸福沦为"彼岸世界"的价值诉求，美妙却缥缈。

综上论，西方传统哲学和宗教视阈中的幸福观虽从不同视角反映了人们对于幸福的理解和追求，蕴含着丰富的人本主义思想，具有一定的合道德性，却也裹挟着诸多历史局限、理论局限和阶级局限。其游离于"现实的社会"和"现实的个人"之外，从抽象人性论或凌驾于人类意志之上的上帝"旨意"出发，或把幸福与道德的

① 转引自张荣：《奥古斯丁的基督教幸福观辨正》，载《哲学研究》，2003 年第 5 期，第 80 页。

② 〔英〕柯普斯登：《论基督教会的德性》，庄雅棠译，台北：黎明文化事业公司 1988 年版，第 114 页。

至善紧密联系，或从抽象的精神属性去界说幸福，或把幸福理解为上帝的恩典，其共同特征是把评价人类幸福的历史圭臬置于人的主观意志、哲学思辨或上帝的基础之上，呈现出鲜明的主观唯心主义或客观唯心主义色彩。近代唯物主义哲学尽管开始关注个人幸福和社会幸福的统一，但是，由于其不了解人的社会属性，而单纯从生物学视角或人的自然本性谈论幸福，在某种程度上助长了个人主义和利己主义的滋生，如费尔巴哈幸福观就是一种"完全的合理利己主义"。由于历史局限和阶级局限，上述幸福观在幸福评价历史圭臬上皆具历史唯心主义的精神特质，其幸福诉求终是流于虚幻的道德呓语，无法为现实的人寻求现实的幸福提供科学指引。而历史唯物主义幸福观与上述幸福观在幸福评价历史圭臬上有着实质区别。

（二）历史唯物主义视阈中幸福评价历史圭臬——人的自由全面发展

评价人类幸福的历史圭臬究竟是什么？

若以人的主观感受为历史圭臬来评价幸福，即会产生诸种不同的幸福感受，由此亦衍生出多元化甚至截然相反的幸福观。恩格斯在《英国状况——评托马斯卡莱尔的"过去和现在"》一文中就曾批判过这种感官的幸福，指出："另外还有一种更坏的享乐主义福音，它使政府无所事事，使人不做一点正事，使他们心甘情愿地丢掉人的本性，而去一味追求'幸福'，只想吃得好，喝的好；它把丑恶的物质享受提到了至高无上的地位，毁掉了一切精神内容。"① 资产阶级的所谓幸福归根到底就是追求人的感官快乐。这种快乐容易致使人为追求自己的主观幸福感受而损害他人的个体幸福或社会的整体幸福，不仅以牺牲多数人的幸福为代价，而且使人在追逐享乐

---

① 《马克思恩格斯全集》（第 1 卷），北京：人民出版社 1956 年版，第 636 页。

的物质旋涡中遭遇严重的精神危机，迷失自我。在历史唯物主义理论视阈中，"那些为大多数人带来幸福的人是最幸福的人"①，实现了自由全面发展的人也是最幸福的人；追寻感官快乐的人易被商品拜物教和物质主义所奴役，易在物欲纵横的社会中感受到精神的匮乏和生命的虚无；以人的主观感受为幸福评价历史圭臬，极易诱发个人主义、利己主义、物质主义和享乐主义。

若以道德的完善为历史圭臬来评价幸福，又易导致道德与幸福二元分立，排斥有利于幸福实现的正当物质利益，甚至产生禁欲主义、伪善道德或道德至上主义。这无论对于道德完善抑或幸福实现都是一种窒碍。社会学家往往以人们对物质生活质量的整体性满意度作为幸福评价历史圭臬，即把人的主观幸福感受与物质生活质量及其他相关物质条件统一起来。这虽然为评价幸福提供了客观依据，有其价值合理性，但是，由于其倾向于将物质财富的增长、物质生活的充裕等客观物质条件作为激发人的幸福感之主要依据，易诱发如下问题：物质财富增长是否必然给人带来真正幸福？物质财富的增长虽然是物质生活质量提升的基本前提和幸福实现的必要条件，却不是幸福实现的充要条件，其在很多时候并不必然带给人们精神上的愉悦或心理上的满足。资本主义世界的物质文明和精神文明之反向发展、物质财富增长与幸福实现程度之二律背反的"幸福悖论"现象屡见不鲜。而且，由物质享受衍生的幸福感也是有限度、难持久的，一旦因物质满足而产生的短暂幸福感消失之后，随之而来的就是比"物质的贫困"更为可怕的"精神的贫困"。

总之，无论是以人的主观感受、道德的完善还是以物质财富的增长为幸福评价历史圭臬，皆有失历史性、客观性与科学性。

---

① 《马克思恩格斯全集》（第40卷），北京：人民出版社1982年版，第7页。

　　幸福评价必然有其客观的历史圭臬，方可引领人们理性地追求之。历史唯物主义指明了人的自由全面发展与人类幸福之内在的、必然的联系，将人的自由全面发展确立为评价人类幸福的历史圭臬。在其理论视阈中，人的自由全面发展之现实指向即为：人彻底摆脱了一切剥削、奴役和异化，彻底摆脱了生理和心理、物质和精神的束缚及自然、社会和自身的各种枷锁，形成了全面而丰富的社会关系，实现了多样化发展需求，人与人、人与自然及人与社会的关系达到全面和谐的状态，人类从"必然王国"进入"自由王国"。马克思主义创始人认为，人的自由全面发展是人类幸福的至高境界，其实现程度应成为评价幸福实现程度的历史准则和客观尺度。他们在辩证唯物主义和历史唯物主义的基础上，从人的现实生活境遇出发，通过对资本主义社会中人的非自由境遇和片面化、畸形化发展状态的道德批判，从扬弃人的异化和劳动异化的视角谈论人的自由全面发展，并在对人的自由全面发展之理论阐释中确立了历史唯物主义幸福观，从而克服了西方传统哲学和宗教在幸福之内涵界定及其评价圭臬上的历史局限和现实缺憾、理论局限和实践危害，为人类科学把握并理性追求幸福指明了正确方向。在历史唯物主义幸福观视阈中，单纯的物质满足和主观的感官享受不能真实反映人的幸福实现程度；人的自由全面发展与人的幸福呈现出同频共振的正相关系，是评价幸福的历史圭臬。

　　人的自由全面发展作为历史唯物主义幸福观的道德旨归和幸福评价历史圭臬，是马克思主义创始人基于对资本主义社会中人的被奴役、非自由境遇和片面化、畸形化发展状态进行道德批判而得出的必然性结论。马克思对人的自由与幸福之关系的思考可追溯至中学时代。他在中学作文《奥古斯都的元首政治应不应当算是罗马国家较幸福的时代》中就指出："如果一个时代的风尚、自由和优异性受到了损害或者被破坏了……那么这个时代就不可能称为幸福时代。"① 此时的马克思已关注到自由实现对于幸福获致的重要性。而少年时代就萌发于胸的这一观点，在他以后的理论研究和革命实践中从未被放弃，而是日臻成熟。在《莱茵报》时期，马克思即以人的自由精神为思想武器，批判了现实生活中人的非自由状态，特别是对普鲁士政府禁止出版自由的行径进行了激情批判，认为这是导致人的非幸福状态的重要因素。在《德法年鉴》时期，马克思认为，资本主义政治解放所带来的形式化自由和虚假自由是导致人的幸福沦丧之重要因素。马克思指出，资产阶级市民社会通过政治革命把人从封建专制的人身依附和基督教蒙昧主义的精神枷锁中解放出来，并从哲学上确立了"人就是目的本身""人就是人的最高本质"的人道主义原则。然而，资产阶级政治解放只是把"宗教从公法领域驱逐到私法领域中去"②，以"理性的信仰"取代了"神的信仰"，其并没有彻底摧毁宗教枷锁。资产阶级市民社会的政治自由虽然消灭了封建特权和人身依附关系，但其本身并非人的真正自由，只是个体"单子的自由""占有私有财产的自由"③。这种自由并没有使人摆脱财产，而是使资产者获得占有财产的自由；并没有使人获得经济自由，而是使资产者拥有追逐利益、剥削他人劳动成果的自由。其所实现的"人权"也只是市民社会个体成员的利己主义特权，"在这些权利中，人绝对不是类存在物"④。马克思在《〈黑格尔法哲学批判〉导言》指出，资产阶级政治解放带来的并非完全是福音，因为市民社会与国家的分离在本质上意味人的本质的"二重化"，即

① 《马克思恩格斯全集》（第40卷），北京：人民出版社1982年版，第825页。

② 《马克思恩格斯全集》（第1卷），北京：人民出版社2002年版，第174页。

③ 《马克思恩格斯全集》（第1卷），北京：人民出版社2002年版，第185页。

④ 《马克思恩格斯全集》（第1卷），北京：人民出版社2002年版，第185页。

人的完整存在被分裂、被异化，人不得不承受着自身被"撕裂"的痛苦，无幸福感可言。要彻底消除人的生存二重化，使人获得幸福，就不能诉诸资产阶级政治革命，而必须诉诸更高层次的"彻底的革命""人民革命"，使人获得真正幸福。恩格斯在《英国工人阶级状况》中指出："到处都可以看到人的精神和肉体在逐渐地无休止地受到摧残"①，在这种精神和肉体都不可能自由发展而是受到摧残的状态下，"英国工人在他们所处的那种状况下是不会感到幸福的；在这种状况下，无论是个人或是整个阶级都不可能像人一样地生活、感觉和思想。"②

在《手稿》中，马克思不再拘泥于抽象的道德批判，而是着手将道德批判与经济批判内在统一，着力批判资本主义私有制和异化劳动，并理性认识到：资本主义异化劳动所导致的工人的非自由境遇和片面化、畸形化发展状态是致使工人幸福沦丧的决定性因素。他指出，在异化劳动中，"如果劳动产品不属于工人，并作为一种异己的力量同工人相对立，那么，这只能是由于产品属于工人之外的另一个人。如果工人的活动对他本身来说是一种痛苦，那么，这种活动就必然给另一个人带来享受和欢乐。"③ 在马克思看来，异化劳动是对人的自由自觉活动的背离，其表现为工人同自己的劳动产品相异化。在这种劳动状态下，工人不是感到幸福，而是蒙受了巨大的痛苦和不幸。马克思从人的本质理论和异化劳动出发，通过阐释异化的积极扬弃和人的本质复归而引出人的自由全面发展与幸福的关系。他指出："人的类特性恰恰就是自由的自觉的活动"④，人只

---

① 《马克思恩格斯全集》（第 2 卷），北京：人民出版社 1957 年版，第 499 页。
② 《马克思恩格斯全集》（第 2 卷），北京：人民出版社 1957 年版，第 500 页。
③ 《马克思恩格斯全集》（第 42 卷），北京：人民出版社 1979 年版，第 99 页。
④ 《马克思恩格斯全集》（第 42 卷），北京：人民出版社 1979 年版，第 96 页。

有回归类特性才能获得幸福，因此必须消除资本主义社会中与人的类特性相对立的异化劳动，使劳动真正成为"自由的自觉的活动"，人的幸福即会从"异化的幸福"转向"真实的幸福"。

马克思和恩格斯在《手稿》之后的历史唯物主义经典文本中进一步揭示，人的自由全面发展之沦丧是对人类幸福的一种消融。他们在《神圣家族》中指出："市民社会的奴隶制恰恰在表面上看来是最大的自由，因为它似乎是个人独立的完备形式"①，但实际只是把个体抽象化为孤立的、自私自利的形式个体，其"反而成了个人的完备的奴隶制和人性的直接对立物"②，使人失去了自由，由此亦失去了幸福。依他们之见，资产阶级政治解放实质上仅是建构了一种更为残酷和隐蔽的奴役性的生产方式和经济结构，使劳动者"非人化"，使人性沦丧为物性，其伪善的自由旗号和解放宣言遮蔽了无产阶级在现实中的自由沦丧和畸形化发展境遇。在这样的政治解放中，人根本没有任何幸福可言，只有无尽的痛苦。他们认为，自由就是幸福，但这种自由是一种现实的自由，而非观念的自由。对此，他们在《神圣家族》中指出："有人在向群众的、物质的犹太人宣扬基督教关于精神自由、理论自由和这样一种唯灵论自由的教义，——这种自由认为自己即使在束缚中也是自由的，这种自由觉得自己很幸福，即使这种幸福仅仅存在于'观念中'，而且这种自由只会受到一切群众存在的排挤。"③ 在他们看来，观念的自由不是幸福的真实呈现，只会受到群众的排挤。马克思谴责资产阶级只是"空泛地臆造一切阶级的协调和幸福的制度"④。马克思在《经济学

---

① 《马克思恩格斯全集》（第2卷），北京：人民出版社1957年版，第149页。
② 《马克思恩格斯全集》（第2卷），北京：人民出版社1957年版，第149页。
③ 《马克思恩格斯全集》（第2卷），北京：人民出版社1957年版，第120页。
④ 《马克思恩格斯全集》（第8卷），北京：人民出版社1965年版，第166页。

手稿（1861—1863 年）》中还引用马尔萨斯的话来批判资本主义科技进步所导致的工人不幸状态，指出："工人看到一个接一个的机器发明，似乎可以指望明显地降低手工劳动的量，但是，尽管这些发明仿佛是保证所有的人富裕、空闲和幸福的手段，工人们却看到，社会大部分人的劳动并没有减少，而他们的生活条件如果不是变得更坏，那也没有什么重大改善。"① 依马克思之见，资本主义科技进步为资产阶级创造了财富和幸福，却使工人阶级没有空闲去自由生活、自由发展，丧失了幸福。马克思在这部手稿中还引用了亨·施托尔希的话："社会在人口、工业和教育方面的进步，始终是靠牺牲广大人民群众的健康、才能以及智力的发展而得来的……大多数人的个人幸福因少数个人的幸福而牺牲了……"② 在这里，马克思已认识到广大人民群众的发展权利与他们的幸福实现之必然联系。后来，恩格斯在《家庭、私有制和国家的起源》中也指出："在这个时代中，任何进步同时也是相对的退步，一些人的幸福和发展是通过另一些人的痛苦和受压抑而实现的。"③ 恩格斯还批判了资本主义社会因阻碍人的发展而导致人的幸福泯灭的"极为悲惨的情景"，指出："谈到儿童发育受到阻碍，他们被折磨得难以生存，谈到离开了厨房和幼儿的妇女的情况，谈到整代的人在为不治之疾所折磨，谈到无数的人牺牲了生命，谈到在整个国家人们的幸福都已破灭，……"④ 马克思在《资本论》中更是激情痛斥：资本主义生产关系使人处于片面化甚至畸形化发展状态，"这种生产关系把工人变

---

① 《马克思恩格斯全集》（第 48 卷），北京：人民出版社 1985 年版，第 492—493 页。

② 《马克思恩格斯全集》（第 47 卷），北京：人民出版社 1979 年版，第 609 页。

③ 《马克思恩格斯全集》（第 21 卷），北京：人民出版社 1965 年版，第 78 页。

④ 《马克思恩格斯全集》（第 7 卷），北京：人民出版社 1959 年版，第 270 页。

成资本增殖的直接手段。所以，成为生产工人不是一种幸福，而是一种不幸"①。

依马克思主义创始人之见，资本主义社会中多数人的自由全面发展之沦丧导致了他们的幸福之沦丧，却为少数人制造了幸福；而少数人在罪恶的资本拜物教和浮华的物质主义奴役下"享受"的所谓幸福，也只是一种"虚假的幸福"。这是一种极具道德非合理性的现实境遇。资本主义制度不仅使人无法获得发展权利，甚至丧失了基本的生存权利，导致"无数的人牺牲了生命"②。在这样的社会制度下，人的发展是一种异化的发展，人成为单向度的人，与幸福渐行渐远，甚至没有丝毫幸福感可言。要改变此种现实境遇，就必须消灭人剥削人、人压迫人的资本主义制度，建立一种实现每个人的自由全面发展的"自由人联合体"，使人从"抽象的幸福"走向"真实的幸福"，从"天国的幸福"走向"人间的幸福"，从"彼岸的幸福"走向"此岸的幸福"。

历史唯物主义缘何将人的自由全面发展确立为人类的幸福评价历史圭臬？

其一，人的自由全面发展意味着人的诸种物质需要和精神需要皆能予以充分满足，而这种满足能使人真实地体验幸福。马克思认为，在任何情况下，人都是有需要的，"需要即他们的本性"③，"在社会主义的前提下，人的需要的丰富性，从而某种新的生产方式和某种新的生产对象具有何等的意义：人的本质力量的新的证明和人的本质的新的充实"④。在人的自由全面发展状态下，"生活资料、

---

① 《马克思恩格斯全集》（第 23 卷），北京：人民出版社 1972 年版，第 556 页。
② 《马克思恩格斯全集》（第 7 卷），北京：人民出版社 1959 年版，第 270 页。
③ 《马克思恩格斯全集》（第 3 卷），北京：人民出版社 1960 年版，第 514 页。
④ 《马克思恩格斯全集》（第 42 卷），北京：人民出版社 1979 年版，第 132 页。

享受资料、发展和表现一切体力和智力所需的资料，都将同等地、愈益充分地交归社会全体成员支配"①，全体社会成员能在充分享用各种物质和精神的资料中真实地体验幸福。恩格斯于 1845 年在《在爱北斐特的演说》中声明："为所有的人创造生活条件，以便每个人都能自由地发展他的人的本性，按照人的关系和他的邻居相处，不必担心别人会用暴力来破坏他的幸福。"② 他在 1847 年《共产主义信条草案》中又指出："只有在机器和其他发明有可能向全体社会成员展示出获得全面教育和幸福生活的前景时，共产主义才出现。"③可见，马克思和恩格斯对于人的幸福实现有一个深刻认识，即在人的自由全面发展状态下，人能够全面占有各种资料和发展条件，充分满足自己的物质需要和精神需要，而这种需要的丰富性及其满足是"人的本质力量的新的证明"④，是人的幸福的一种确证。而且，需要的满足能为人充分展示各种才能和潜能创造必要物质条件，使人在实现主体价值的过程中获得自我满足感，而这种自我满足感是幸福感的题中应有之义。

其二，人的发展程度与人的幸福程度呈正相关系，即人的发展程度愈高，幸福感愈强。马克思在《资本论》中曾援引被他称之为"诚实的和头脑清晰的"英国人曼德维尔关于幸福的阐述："要使社会幸福，使人民自己满足于可怜的处境，就必须使大多数人既无知又贫困。知识会使我们产生更大和更多的愿望，而人的愿望越少，他的需要也就越容易满足"，因而，"有节制的生活和不断的劳动，对于穷人来说，是通向物质幸福的道路，而对于国家来说，是通向

---

① 《马克思恩格斯全集》（第 22 卷），北京：人民出版社 1965 年版，第 243 页。
② 《马克思恩格斯全集》（第 2 卷），北京：人民出版社 1957 年版，第 626 页。
③ 《马克思恩格斯全集》（第 42 卷），北京：人民出版社 1979 年版，第 378 页。
④ 《马克思恩格斯全集》（第 42 卷），北京：人民出版社 1979 年版，第 132 页。

富裕的道路。"① 马克思引用这段话旨在说明：人的发展程度决定着人的幸福程度，人的发展程度愈低，其所要求的幸福标准也愈低，仅仅满足于物质幸福，而较强的幸福感只有在人的较高发展状态中才能获得。在共产主义社会中，人们进入"自由全面发展"的理想化发展状态，人的幸福程度也由此达到至高境界。马克思在《1857—1858 年经济学手稿》中立足于历史唯物主义，对人类文明社会以来依次更替的三大社会形态作出了经典描述。他认为，在前资本主义阶段以"人的依赖"关系为特征的"自然共同体"中，生产力水平极其低下，人与人相互依赖，人缺乏独立、自由活动的能力与条件，人们无法企及自由全面发展的理想状态，其对幸福的追求只局限于物质生存资料的满足。如果这时人感到幸福的话，这只是一种最低程度的、狭隘的生存幸福，而并非一种广义的全面幸福。在资本主义阶段以"物的依赖"关系为特征的"经济共同体"中，生产力水平空前提升，物质财富极大丰富，人们由此获得了一定的独立、自由地活动的能力与条件。但是，这一阶段，由于资本主义社会呈现出一幅"异化"和"物化"的图景，人难以从"物的依赖"关系中解放出来，而是陷入片面化甚至畸形化发展的状态。马克思指出，工人失去了自由全面发展的基本条件，无法占有自己创造的生产关系；工人所处的集体是一种"虚幻的共同体"，在这种集体中，工人得不到任何真正的幸福；少数人的所谓幸福是以多数人的幸福沦丧为代价的，"劳动者在劳动中不是肯定自己，而是否定自己，不是感到幸福，而是感到不幸，不是自由地发挥自己的体力和智力，而是使自己的肉体受折磨，精神遭摧残。"② 资本主义阶段的人在异化劳动和物质主义的奴役下，陷入片面化、畸形化的发展状

① 马克思：《资本论》（第 1 卷），北京：人民出版社 2004 年版，第 710 页。
② 《马克思恩格斯全集》（第 42 卷），北京：人民出版社 1979 年版，第 93 页。

态，成为单向度的人，无所谓幸福可言，即便感到幸福，这种幸福也只是"虚假的幸福""片面的幸福"和"异化的幸福"，而非"真实的幸福"。可见，无论是在"人的依赖"关系为特征的前资本主义阶段，还是在"物的依赖"关系为特征的资本主义阶段，都无法实现人的自由全面发展，真正的幸福始终与人们"擦肩而过""无缘邂逅"。正是通过对以往不同历史发展阶段中人的自由全面发展与幸福的辩证关系进行考察与分析，马克思深刻认识到：若不能实现人的自由全面发展，人的幸福就始终处于悬设状态，已经获得的幸福也不是真正意义上的幸福。处于第二大社会形态中的资本主义异化劳动，只能使人丧失幸福，其在人类历史上"只是一种暂时的低级的形式，它注定要让位于带着兴奋愉快心情自愿进行的联合劳动"①。在马克思主义创始人看来，在人类社会第三阶段，即"建立在个人全面发展和他们共同的社会生产能力成为他们的社会财富这一基础上的自由个性"阶段，整个社会的物质财富和精神财富极大丰富，人摆脱了来自"人"和"物"的双重羁绊，摆脱了个体局限性和"虚幻的共同体"的奴役，创造了全面而丰富的社会关系，最终形成了"真实的集体"。马克思指出，"在真实的集体的条件下，各个个人在自己的联合中并通过这种联合获得自由"②，这种自由是一种至高境界的自由，必然带给人们高度的幸福感。

其三，人的自由全面发展表征出人能按照自己的意愿自由劳动、自由生活，这本身就是一种"至善"的幸福。马克思指出，在资本主义社会中，劳动是一种生存性劳动而非"自由的自觉的活动"③，人在这种劳动中片面发展，自由沦丧，没有幸福可言。而在共产主

---

① 《马克思恩格斯选集》（第 2 卷），北京：人民出版社 1995 年版，第 605—606 页。

② 《马克思恩格斯选集》（第 1 卷），北京：人民出版社 1995 年版，第 119 页。

③ 《马克思恩格斯全集》（第 42 卷），北京：人民出版社 1979 年版，第 96 页。

义社会中，劳动对于人不再是一种痛苦和折磨，而是"恢复它的本来面目，成为一种享受"①，"我的劳动是自由的生命表现，因此是生活的乐趣"②。此时的劳动"给每一个人提供全面发展和表现自己全部的即体力和脑力的机会"，"生产劳动就不再是奴役人的手段，而成了解放人的手段，因此，生产劳动就从一种负担变成一种快乐"③，劳动和幸福的二元分立状态由此消失，每个人都在自由劳动中走向自由全面发展，从劳动中获得了"真实的幸福"。对此，有学者提出："在这里，马克思实际上提出了一个伦理学方面的原创性新观点：如果劳动是合乎人性的、自由的，它就是人的幸福的存在方式。"④ 而且，在共产主义社会中，每个人在自由全面发展的过程中，可以按照主观意愿和兴趣爱好自由选择自己的生活时空和生活方式，过上马克思所描述的那种自由生活，即"在共产主义社会里，任何人都没有特定的活动范围，每个人都可以在任何部门内发展，社会调节着整个生产，因而使我有可能随我自己的心愿今天干这事，明天干那事，上午打猎，下午捕鱼，傍晚从事畜牧，晚饭后从事批判，但并不因此就使我成为一个猎人、渔夫、牧人或批判者。"⑤ 这种自由生活就是一种"可能生活"，而"可能生活"本身就意味着一种幸福。尽可能去实现各种"可能生活"就是人的目的论的行为原则，就是目的论意义上的道德原则，是幸福生活的一个最基本条件。⑥

① 《马克思恩格斯全集》（第1卷），北京：人民出版社1995年版，第578页。
② 《马克思恩格斯全集》（第42卷），北京：人民出版社1979年版，第38页。
③ 《马克思恩格斯文集》（第9卷），北京：人民出版社2009年版，第30—31页。
④ 张盾：《马克思哲学革命中的伦理学问题》，载《哲学研究》，2004年第5期，第5页。
⑤ 《马克思恩格斯全集》（第3卷），北京：人民出版社1960年版，第37页。
⑥ 赵汀阳：《论可能生活》，北京：生活·读书·新知三联书店1994年版，第116页。

在历史唯物主义理论视阈中，人成为社会的主人、自然的主人和自己的主人，生活选择空间极大拓展，能够在自己创造的自由空间中过上自由选择的"可能生活"，这正是人人发展、普遍幸福的理想状态。

其四，人的自由全面发展能塑造出人的"自由个性"，而"自由个性"本身就意味着幸福。人在自由全面发展过程中塑造出的"自由个性"是人的个性发展之最高境界。布伦克特（George Brenkert）在其论著《马克思的自由伦理学》中指出，马克思批判资本主义是一个缺乏自由、制造奴役的社会，其对资本主义的批判始终融汇着一种自由伦理观。马克思的自由观比资产阶级自由观的理论内涵更为丰富、具体，且具有浓厚的现实性和人性化特征。资产阶级所宣扬的自由具有极为强烈的政治性（仅仅诉求资产阶级的自由）和虚伪性，是游离于无产阶级生存境遇的"空幻的自由"。马克思所倡导的自由与资产阶级所宣扬的自由有着实质区别。前者没有社会强制性、政治强制性和道德强制性，是指个人在与他人、社会和自然的和谐关系中自由全面地发展自我的自由，这种自由能塑造出一种既合历史亦合道德、具有终极意义的"自由个性"。在历史唯物主义理论视阈中，"自由个性"意味着人能够自由地表达、自由地活动、自由地选择、自由地生活，这本身就是一种幸福。对此，费尔巴哈指出："在主动之中，人感到自由、不羁、幸福……"① 弗洛姆（Erich Fromm）也指出："也许我们注意到，也许我们还未注意到：世界上最使我们感到羞耻的莫过于不能表现我们自身，最使我们感到骄傲和幸福的也莫大于想、说和做我们自己要想、要说、要做的

---

① 〔德〕路德维希·费尔巴哈：《费尔巴哈哲学著作选集》（下卷），荣震华等译，北京：商务印书馆1984年版，第258页。

事。"① 人的自由全面发展塑造出人的"自由个性"，这种"自由个性"既强调个体之间的多样性和差异性，亦强调个体之间的共在性和统一性，能够使人以一种合乎道德的方式自由地发挥潜能、自由地张扬个性，自由地"想、说和做我们自己要想、要说、要做的事"②，自由地培养兴趣，自由地展示人的本质力量，并在自由自觉的状态中追求个人价值和社会价值，由此必然使人能够创造幸福并感受幸福。

（三）历史唯物主义与其他理论学派的幸福评价历史圭臬之实质区别

关于人类幸福问题，无论是历史唯物主义，抑或西方传统哲学和宗教，都以自己的方式对其进行了理论阐释，都认识到幸福在人类现实生活中的重要地位，都对人类幸福给予了执着诉求。其视阈中的幸福观都内蕴着丰富的人本主义情怀和深厚的人文关怀意蕴。但是，在评价人类幸福的历史圭臬上，历史唯物主义与其他理论派别却有着实质区别。

在论及历史唯物主义与其他理论派别的幸福评价历史圭臬之实质区别之前，我们首先须厘清两者所指向的幸福主体与幸福评价主体之实质区别。在历史唯物主义幸福观视阈中，幸福主体与幸福评价主体是二位一体的，都是"现实的个人"。而在西方传统哲学和宗教的幸福观视阈中，幸福主体与幸福评价主体是二元分立的，幸福主体是抽象的个人或虚幻的上帝。如伊壁鸠鲁幸福观所指向的幸福主体就是上帝。马克思在《关于伊壁鸠鲁哲学的笔记》中指出：

---

① 〔美〕埃里希·弗洛姆：《逃避自由》，陈学明译，北京：工人出版社 1987 年版，第 339 页。

② 〔美〕埃里希·弗洛姆：《逃避自由》，陈学明译，北京：工人出版社 1987 年版，第 339 页。

"在伊壁鸠鲁看来，哲人本身就处在那种不稳定的状态，即'快乐'的规定之中。只有上帝才是'幸福'，才是那独立自在的虚无的纯粹平静，才完全没有任何规定性，——因此与哲人不同，上帝不是居住在世界之内，而是在世界之外。"[1] 在西方传统哲学和宗教的幸福观视阈中，幸福评价主体或是这些哲学家、伦理学家或宗教学家本身，或是全能的上帝。如欧洲中世纪宗教幸福观就强调，如果上帝认为人类是幸福的，人类即是幸福的。

在历史唯物主义与其他理论派别的幸福观视阈中，幸福评价历史圭臬也具有实质区别。如前述，历史唯物主义创立前，在西方传统哲学视阈中，幸福评价历史圭臬或是德性，或是先验、超验的内在体验，或是人的感官快乐，或是道德的完善，皆陷入了历史唯心主义的理论苑囿。历史唯物主义将实践视为幸福实现的根本路径，将道德视为幸福实现的必要前提，将物质幸福与精神幸福、个人幸福与社会幸福的统一视为幸福的基本内涵，将人的理想化发展境界——人的自由全面发展视为幸福评价历史圭臬。其真正回归"现实的个人""现实的社会"和"人的现实的发展状态"，强调人的自由全面发展实现程度表征出人的幸福实现程度，从而使幸福评价历史圭臬由思辨回归现实，由唯心转向唯物，赋予幸福评价历史圭臬以鲜明的唯物主义特征。基于此，历史唯物主义实现了对黑格尔哲学中封闭于"绝对精神"领域亦游离于人类实践的纯粹理性幸福和伊壁鸠鲁哲学中具有现实偶然性的实践幸福的高姿态扬弃，亦实现了对近代唯物主义哲学基于人的自然本性所理解的生物学幸福、资产阶级感性主义幸福观所青睐的感官幸福和资产阶级理性主义幸福观所信奉的"道德的完善"的历史性超越。历史唯物主义从人的自由全面发展视角理解"至善"，也超越了西方道德哲学视阈中"至

---

[1] 《马克思恩格斯全集》（第40卷），北京：人民出版社1982年版，第74页。

善"范畴的思辨性和形而上学性。在西方道德哲学视阈中，"至善"既是对道德本体论的探求，亦是西方本体论哲学的缩影，其包含着幸福诉求。但这种幸福诉求只是停留于表象性的道德层面，而未上升至实质性的现实层面。历史唯物主义幸福观立足于科学的唯物主义历史观，依据历史发展规律，拒斥作为西方本体论哲学缩影的"至善"范畴，而是将人的自由全面发展视为"至善"，从而将西方本体论哲学视阈中"至善"的内涵和外延由纯粹思辨延展至社会现实。其真正开启了对现实世界中人的自由全面发展之诉求和现实生活意义之探求，由此揭开了哲学本体论的神秘面纱，使"至善"所内蕴的诉求人类幸福的一面在现实生活世界中得以彰显。[①] 历史唯物主义幸福观还反对把"社会"从各个"具体的人"中抽象出来，并同"具体的人"相对立，也反对把任何类型的"幸福"模式强加给任何人。相反，其鼓励每个人按照自己的生活方式、劳动方式和发展方式去实现自身的自由全面发展，并在自由全面发展过程中创造和享受现实的、具体的幸福。

在幸福评价历史圭臬的理解上，历史唯物主义幸福观与宗教幸福观也有本质区别。后者沉湎"来世天堂"的幻想，认为尘世的人所历经的今世苦难是获致来世幸福的主要依据，宣扬人要以达观而超然的态度甘于接受今世劫苦，更要"热爱上帝"，因为这是创造来世幸福的必然路径。对于宗教所宣扬的天国和幸福，马克思批判道："废除作为人民幻想的幸福的宗教，也就是要实现人民的现实的幸福。要求抛弃关于自己处境的幻想，也就是需要抛弃那需要幻想的处境"[②]，"宗教里的苦难既是现实苦难的表现，又是对这种现实苦

---

① 参见戴景平：《至善：生活意义的最高追求》，载《长白学刊》，2008年第2期，第13—16页。

② 《马克思恩格斯全集》（第1卷），北京：人民出版社1956年版，第453页。

难的抗议"，"宗教是人民的鸦片"①。历史唯物主义对人类幸福的考量并非像宗教那样热衷于对"彼岸世界"的企盼，而是立足于对"此岸世界"的反思和变革，将幸福实现的历史时空从追寻"永久与完美的和平"的上帝之城转向现实世界，将幸福评价主体从"至上的善"的代表——虚幻上帝转向"烟火人间"的世人，将幸福诉求从来世幸福转向现世幸福，将幸福评价历史圭臬从上帝的恩典程度转向"现实的个人"在现实世界中自由全面发展的实现程度。在此基础上，历史唯物主义还探赜了如何实现人的自由全面发展这一问题，不仅找寻到了人的自由全面发展之现实化路径——无产阶级革命实践，亦探寻到了实现人的自由全面发展的理想社会形态——共产主义，由此超越了宗教视阈中幸福评价历史圭臬的虚幻性与彼岸性，由天国重返人间，建构起历史唯物主义幸福观和科学的幸福评价历史圭臬。

历史唯物主义与西方伦理学对于幸福评价历史圭臬的界定也有本质区别。麦金太尔曾指出，马克思的"自由人联合体"设想是空洞的，其蕴含的对人性和人的幸福之关怀最终又退回到某种康德主义或功利主义的形式中去，"抽象的道德原则和功利事实上就是马克思主义者所诉诸的'联合'原则"②。这一观点不仅是对"自由人联合体"内蕴的制度伦理精神之误读，亦是对历史唯物主义幸福观的曲解。"自由人联合体"设想是一种典型的制度伦理精神，其旨在构建人人自由、人人发展、普遍幸福的社会形态，其对人类幸福的关怀是务实的而非抽象的。而西方伦理学却将幸福关怀彻底抽象化，只探究主体的内心体验是否道德或幸福，而根本不考虑现实的人在

---

① 《马克思恩格斯文集》（第1卷），北京：人民出版社2009年版，第11页。

② 〔美〕阿拉斯代尔·麦金太尔：《德性之后》，北京：中国社会科学出版社1995年版，第328页。转引自张盾：《马克思哲学革命中的伦理学问题》，载《哲学研究》，2004年第5期，第9页。

特定生存状态下是否道德或幸福；只从理论上探讨人的理想化生存状态，即善良和幸福的概念化状态，而根本不关心现实的人所遭遇的种种不幸、罪恶和苦难。与之相反，马克思所理解的人类理想化生存状态，决不是先验主体关于道德原则的某种"想法"，而是现实中人的特定生存方式是否真正合乎人性，何种社会制度安排可以保证合乎人性的生存方式成为可能。[①] 马克思认为，这种制度安排就是"自由人联合体"。"自由人联合体"诉求人的自由全面发展，其所指向的幸福评价历史圭臬与西方学院伦理学所设想的历史圭臬——主体内心状态是否幸福，有着实质性区别。前者所指向的幸福主体——人，是活生生的、具体的"现实的个人"，其实现手段包括私有制的废除、自由人联合体的建立和生产力的发展，也具有现实性；后者则从纯粹的道德原则出发，聚焦抽象的人，并游离于使人获得幸福的现实手段，期盼作为主体的"道德人"能在抽象的伦理学意义上通过内心良知、幸福感养成和道德自律达到一定的道德境界，从而在内心道德体验中获得所谓的幸福，这种幸福虽具一定的人文性，却陷入了浓厚的思辨性和空想性，犹如空中楼阁，终是美丽幻影。"自由人联合体"消解了西方伦理学对于幸福评价历史圭臬的主观性、抽象化理解的倾向，赋予幸福评价历史圭臬以最深刻、最真实的含义。基于此，我们不难理解，麦金太尔提出的"抽象的道德原则和功利事实上就是马克思主义者所诉诸的'联合'原则"的观点是一种误读，马克思的幸福概念显然超越了传统伦理学中义务论与功利主义的对立，而达到了一种对人的生活目标的全新理解。[②]

综上论，在历史唯物主义理论视阈中，人的自由全面发展与人

---

① 参见张盾：《马克思哲学革命中的伦理学问题》，载《哲学研究》，2004 年第 5 期，第 4 页。

② 参见张盾：《马克思哲学革命中的伦理学问题》，载《哲学研究》，2004 年第 5 期，第 5 页。

的幸福具有共生性和共在性，前者是后者的逻辑基点和必然前提，而后者则是前者的道德旨归和历史圭臬。马克思主义创始人认为，只有对现存的一切社会制度和思想文化作深刻的揭露和批判，"在批判旧世界中发现新世界"①，最终建立一个"每个人的自由发展是一切人的自由发展的条件"②的"自由人联合体"，才能使人真正从"片面的人"成长为"完整的人"，从"畸形的发展"走向"全面的发展"，从被奴役、非自由的"必然王国"进入自由全面发展的"自由王国"，从而获得真实的幸福。马克思主义创始人对于幸福的研究和阐释，是在批判和继承历史上的各种幸福观，并综合考察"社会关系及其历史发展"的基础之上的理性思考。马克思和恩格斯把人的幸福诉求从"彼岸世界"转移到"此岸世界"即社会现实之中，庄严宣告：必须"实现人民的现实的幸福"③，实现了幸福观的历史唯物主义回归，从而完成了对陷入唯心主义桎梏的传统幸福观之历史性超越。

在此还须强调，在历史唯物主义理论视阈中，人的自由全面发展之终极性不是指向某个集团、阶级或国度，而是超越了阶级和国界，指向作为历史主体的全人类，诉求"不分性别和种族的全人类的解放"④和"每个人的自由全面发展"，因为，"共产主义是全人类的事业，《宣言》的命题本身要求从全人类的角度去理解每个人的自由发展"⑤。基于此，人的自由全面发展不是一般意义上的道德关怀和价值关切，而是体现着马克思主义对全人类的"终极"道德关

---

① 《马克思恩格斯全集》（第 1 卷），北京：人民出版社 1956 年版，第 416 页。
② 《马克思恩格斯选集》（第 1 卷），北京：人民出版社 2012 年版，第 7 页。
③ 《马克思恩格斯全集》（第 1 卷），北京：人民出版社 1956 年版，第 453 页。
④ 《马克思恩格斯全集》（第 19 卷），北京：人民出版社 1963 年版，第 264 页。
⑤ 叶汝贤：《每个人的自由发展是一切人的自由发展的条件——〈共产党宣言〉关于未来社会的核心命题》，载《中国社会科学》，2006 年第 3 期，第 9 页。

怀和"终极"价值关切，具有"超时空"的历史价值和道德意义。这种终极性深刻表征出：人的自由全面发展之"合道德性"并非一般意义上的"合道德性"，而是一种终极意义上的"合道德性"，其既是历史唯物主义的道德旨归，亦是人类社会发展的价值皈依。

第四节　历史唯物主义的终极关怀诉求之科学性：基于与西方传统哲学和宗教比较

终极关怀本质上是对人的一种终极意义的道德关怀和价值关切。历史唯物主义与西方传统哲学和宗教在终极关怀的历史依据、现实张力和阶级观照上皆有着本质区别。这种本质区别赋予历史唯物主义理论视阈中的终极关怀以深邃的科学性，使其成为合道德性与科学性之内在统一的道德价值诉求。

西方传统哲学和宗教为探寻人类终极关怀——道德的完善、精神家园的回归、灵魂的永恒归属或彼岸世界的幸福，付出了巨大努力，并形成了系统化、理论化的终极关怀观。其理论视阈中的终极关怀虽然以各自方式对人之生存境遇和未来命运进行了一定程度的道德观照，具有一定的道德合理性，却有失科学性。西方传统哲学视阈中的终极关怀通过人类理性的自我确证来寻求关涉人类自身和宇宙世界的知识，探索人生的意义与价值，其终极关怀虽具"理性"关怀的特征，但这种"理性"仅是一种抽象理性而非科学理性。西方宗教视阈中的终极关怀则以信仰为根基，以上帝为依托，呈现为对虚无缥缈的彼岸世界的幻想和对"灵魂救赎"的企盼，其本质是一种"非理性"的人类关怀方式，无法指明终极关怀的现实化路径。缺乏科学理性的终极关怀，即使能给人带来一时的思想洗礼或心灵震撼，却无法改变"现实的个人"之生存境遇和"现实的世界"之既定存在，无法为人带来"现世的"幸福，其终究只是禁锢于纯粹理念之中的道德幻想，只是永远无法抵达彼岸世界的心灵之光。概言之，西方传统哲学和宗教理论视阈中的终极关怀虽然表达出对人类的道德关怀和价值关怀，却以抽象的人类理性为终极价值归宿，或以超越尘世的上帝为至上精神依托，最终沦为抽象思辨的道德价值悬设或"不食人间烟火"的彼岸幻想，流于道德乌托邦，不满于现实却又无补于现实，不可能指引此岸世界的人走向真正的"终极"。基于此，其理论视阈中的终极关怀虽有一定的合道德性，却消解了科学性。

历史唯物主义虽然没有构建起西方学院范式的伦理学体系，但就其理论视阈中的终极关怀诉求——人的自由全面发展所生发的道义承诺而言，其表征出对人类"大善"和"至善"的道德关切，内蕴着传统终极关怀所无法企及的道义感和道德力量。然而，长期以来，传统教科书和哲学研究热衷于从本体论、认识论、实践论和方法论等科学视角来理解马克思哲学的革命性变革，而没有基于价值论视角来把握马克思哲学的革命性变革，从而遮蔽了历史唯物主义的终极关怀。事实上，历史唯物主义的终极关怀诉求之确立也是马克思哲学的革命性变革之重要内容。历史唯物主义自诞生之日起，就批判性继承了西方传统哲学和宗教的人本主义人文关怀传统特别是终极关怀思想，并以深厚的历史感、深邃的现实性和深切的阶级观照精神匡正了传统终极关怀的历史迷途、现实缺憾和阶级冷漠，赋予人的自由全面发展以历史层面、现实层面和阶级层面之三位一体的全面考察与客观分析。基于此，人的自由全面发展既具有哲学终极关怀所具有的一般特征——对人类深切的道德关怀和对现实的超越性，亦与其他哲学终极关怀有着实质区别——实现了终极关怀与历史关怀、现实关怀、阶级关怀之自觉统一，形成了独特而科学的理论特质——历史性、现实性和阶级性，由此彰显出深邃的科学性，成为合道德性与科学性之内在统一的、人类本真意义上的终极关怀诉求。

一、终极关怀与历史关怀之自觉统一：历史唯物主义的终极关怀之逻辑基点

历史唯物主义理论视阈中的终极关怀——人的自由全面发展，既具有合道德性，亦具有合历史规律性；既凸显人的自我发展过程，亦与历史发展过程具有共生性和共在性；既需要人类自身的主观努力，亦需要充分利用客观的既定历史条件。基于此，历史唯物主义理论视阈中的终极关怀既是人类发展的道德旨归，亦是历史发展的必然抉择，具有深邃的历史必然性与历史合理性，实现了终极关怀与历史关怀之自觉统一。

在西方传统哲学和宗教视阈下，终极关怀与历史关怀是二元分立的。西方传统哲学热衷于从主体、自我和理念中找寻一种普遍的、本质的人性特征，并以此作为道德原则之合理性与合法性的形而上基础，进而从人的抽象理性或内在本性中寻求终极关怀的客观依据及其实现路径。而其设定的抽象理性或内在本性具有先在于历史的先验性，游离于历史发展规律和历史发展过程之外，据此而预设的终极关怀——人的精神皈依，缺失了历史维度，沦为一种悬置于无限的理念世界或精神世界之上的自我理念、道德自律或"绝对精神"的"超历史"的封闭运动。如柏拉图认为，人的感官所认知的世界只是一个"流变"的物质世界，而人的理性所把握的理念世界才是更具真实性和价值性的世界，终极关怀的使命就是使人的灵魂回归真实的理念世界。其观点无视历史因素在终极关怀实现中的客观作用，是一种形而上的观点。相对于柏拉图而言，康德虽然否定了理性追寻超验世界的可能性，却没有否认超验世界本身。在康德那里，

感性世界仅仅被界定为主体的认识对象，而终极关怀只能通过个人"心中的道德律"在实践理性的自律中才能实现。事实上，人的终极归宿既不是抽象的理念世界，亦不是个人内心的道德法则及其展现的"超时空"的无限精神世界，而是指向客观存在的现实世界，而经验世界是现实世界的重要组成。然而，无论柏拉图抑或康德的终极关怀，都回避了人的经验世界，将"超历史"的超验世界作为终极关怀的时空归置。这种超验世界虽然肯定了人的理性或道德自律，却消融了历史本身，失却了历史维度。康德提出的超验世界和"自然的意图"在黑格尔那里则转化为"绝对精神"。无论康德抑或黑格尔，在谈及终极关怀时都未能触及历史发展规律。黑格尔认为，实现终极关怀需要诉诸世界的本原——"绝对精神"。在他看来，"绝对精神"的运动本质是一场封闭的整体运动，在这场运动中，"理念是中心，同时也是边缘，是光明的泉源，在它的一切发展里并不走出它自身，而只是内在并现于它自身。"[①] 在此，"绝对精神"走不出自身的封闭运动，其引发的整体运动实质是一种"超历史"的绝对观念的自我运动，不可能实现对此岸世界的人之终极关怀。

西方传统哲学在探寻终极关怀及其实现的过程中，漠视甚至无视历史因素，试图通过人的理性思维和内心道德法则对超验世界的把握或"绝对精神"的自我运动来实现终极关怀，其视阈下的终极关怀消解了历史维度，沦为一种游离于历史规律、历史过程的"超历史"的道德价值诉求。这里需指出，当代西方人本主义哲学虽然将人的抽象理性和超验世界转换至生命存在和内在体验，用生存意志、权力意志取代了传统哲学的主体、自我、理性和"绝对精神"，试图通过人的生命存在和内在体验来探寻终极关怀及其实现，但他

---

① 〔德〕黑格尔：《哲学史讲演录》（第 1 卷），北京：商务印书馆 1996 年版，第 23 页。

们在这种主观探寻中发现更多的是叔本华式的悲剧人生或海德格尔式的沉沦人生，其终极关怀依然游离于历史之外，只是一种悬设于"真空"之上的人类道德关怀。

　　宗教视阈下的终极关怀同样缺失历史维度，游离于历史关怀之外。宗教对于个人、社会和历史的发展缺乏科学认识，以空泛的"灵魂"为终极关怀的价值载体，把人的终极归宿交给永恒的、至善的上帝和缥缈的彼岸世界。在宗教视阈下，上帝作为一种至善的"全在"，呈现为一种超越人类社会的神秘力量，使人的自我力量走向异化与沦丧；上帝作为永恒的"全在"，表现为一种先于历史而存在的绝对真理，不具有历史这样的经验性存在。① 宗教不是将终极关怀置于客观的历史发展规律、历史发展过程和历史发展条件的基础之上，不是在历史时空中通过遵循历史发展规律、顺应历史必然性的方式来寻求终极关怀的实现，而是企盼通过"超历史"的上帝对人类施行"灵魂救赎"的方式来自发地实现终极关怀，使人走向终极归宿——彼岸世界的幸福。西方宗教是用非此即彼（上帝存在则历史泯灭）的分裂性思维模式看待历史，用主观臆想的上帝之城消弭客观存在的既定历史，使终极关怀与历史进程呈现出"激进式断裂"。其视阈下的终极关怀是一种失却历史根基的、可望而不可及的道德价值诉求，既游离于历史之外，亦消融了历史本身的客观性存在。

　　基于历史视角而论，无论是西方传统哲学还是宗教，皆游离于历史发展规律、历史发展过程和历史发展条件之外而抽象地谈论终极关怀。其视阈下的终极关怀不是以历史为根基，而是蜷缩于人类理性或上帝庇护之中，以理性或神性为依据，或是对形而上学之渴慕，或是对彼岸世界的灵光之追寻，犹如海市蜃楼，在为人们带来

---

① 参见邓晓臻：《历史唯物主义的"终极关怀"思想》，载《理论与现代化》，2005 年第 6 期，第 22 页。

短暂的美好憧憬或心灵震撼之后，最终归于泯灭。这种终极关怀由于缺乏历史关怀的底蕴，只是一种纯粹的主观价值企盼或虚幻的道德乌托邦，不可能实现人类关怀的"终极性"，也不可能给世人带来本真意义上的道德关怀和精神关切。

历史唯物主义理论视阈中的终极关怀内蕴深邃的历史必然性与历史合理性，其终极关怀与历史关怀实现了自觉统一，完成了对西方传统哲学和宗教的终极关怀之"历史解构"与"历史重构"。

其一，在历史唯物主义理论视阈中，终极关怀实现过程受制于历史发展规律，是合道德性与合历史规律性的辩证统一过程。

在历史唯物主义理论视阈中，人是历史的"剧中人"，亦是历史的"剧作者"① ——历史发展的历史主体、实践主体和价值主体，历史发展规律不是外在于人的，而是内在于人的自我发展过程、物质生产实践过程和历史发展过程。基于此，历史唯物主义理论视阈中的终极关怀——人的自由全面发展，不是建立于自由、平等、博爱或公正、良知等道德范畴之上的纯粹主观的道德诉求或抽象空洞的道德呐喊，而是隐含于遵循历史发展规律的发展实践之中；不是依据上帝或抽象的人类理性的乌托邦建构，而是顺应历史发展规律而提出的"合历史规律性"亦"合道德性"的人类发展目标，具有科学的历史依据与可实现性的历史归宿。其与西方传统哲学和宗教视阈下缺失了历史维度的终极关怀有着本质区别。无论是依托神圣的上帝还是抽象的人类理性，都不可能真正实现世界大同或此岸世界的终极关怀。要合理解决"终极关怀何以可能"的问题，须以历史发展规律为理论基础，并诉诸无产阶级认识世界和改造世界的革命实践。马克思主义创始人通过动态考察历史发展过程、客观分析

---

① 参见《马克思恩格斯全集》（第 4 卷），北京：人民出版社 1958 年版，第 149 页。

资本主义经济事实及科学揭示历史发展规律，正确预见到资本主义必然灭亡和共产主义必然胜利的历史趋势，深刻认识到建立人的自由全面发展的共产主义社会之历史必然性，并强调人的发展只有遵循历史发展规律，并在现实的历史发展过程中才能走向真正的"终极"——人的自由全面发展，从而实现了对西方传统哲学和宗教视阈下终极关怀的"超历史"性、浪漫性与空想性之历史性超越。

历史唯物主义是历史之谜的科学解答。在历史唯物主义理论视阈中，历史虽然是一去不复返的，在发展方向上具有一维性，即不可逆性，但历史不是冷冰冰的，而是温情的、有温度的。历史唯物主义穿越历史的时空，关注历史的跃迁，将终极关怀置于历史发展宏观背景和历史事实宏大叙事的基础之上，理性地看待历史发展过程和历史发展规律，倡导在遵循历史发展规律的基础上、在历史发展的可能空间中，选择并追寻终极关怀即人类理想化发展状态——人的自由全面发展。历史唯物主义不仅从未摒弃终极关怀这一价值主题，而且将终极关怀置于历史发展规律的基础之上，运用科学实证方法揭示出历史发展的客观规律性，又运用价值分析方法揭示出遵循历史发展规律对于实现人的自由全面发展之根本意义，确证了终极关怀实现过程就是合历史规律性与合道德性的辩证统一过程，既赋予历史发展规律以终极关怀这一道德诉求，亦赋予终极关怀以历史发展规律这一历史根基。基于此，其视阈下的终极关怀不再是抽象悬置的道德诉求，而是内蕴深邃的历史必然性与历史合理性，既是推动人类自我发展的"求善"过程，亦是遵循历史发展规律的"求真"过程，由此实现了道德理性与历史理性之内在统一。这也是历史唯物主义的终极关怀与历史关怀之自觉统一的重要理论呈现。

其二，在历史唯物主义理论视阈中，终极关怀实现过程是生活于特定历史时代的人具体展开的自我发展过程，其与历史发展过程具有"动态"的共生性和共在性。

历史唯物主义的终极关怀——人的自由全面发展，其实现过程既不是人类理性或"绝对精神"的"超历史"的发展过程，亦不是神性对人性的"灵魂救赎"的过程；既不能简单归结为抽象的道德完善过程，亦不能纯粹还原为自我意识的逻辑演绎过程，而是生活于特定历史时代的人具体展开的自我发展过程。这一过程既是人类发展的必然抉择，亦是历史发展的必然趋势，其历史发展过程具有与"动态"的共生性和共在性。马克思和恩格斯强调，人是"现实的历史的人"①，是"全面发展的个人……不是自然的产物，而是历史的产物"②。人的自由全面发展过程总是以遵循历史发展规律、顺应历史发展趋势为必要前提，自觉融入历史发展过程，"人们的社会历史始终只是他们个体发展的历史"③，"先前的历史发展使这种全面的发展，即不以旧有的尺度来衡量的人类全部力量的全面发展成为目的本身。在此，人不是在某一种规定性上再生产自己，而是生产出他的全面性；不是力求保留在某种已经变成的东西上，而是处在变易的绝对运动之中。"④ 在历史唯物主义理论视阈中，人的自由全面发展既不是对人的某种"非历史"本质的诉求，亦不是对人的某种"超历史"本质的企盼，而是呈现为人在社会实践中不断完善自我、逐步复归"人的本质"的历史生成过程。这种复归不是抽象的先验存在或神秘的上帝旨意，而是一种"自由的自觉的活动"⑤，是人从必然王国走向自由王国的历史演进，而这种历史演进与历史发展过程一起"动态"地擘画着历史发展的宏大背景。正如有学者所言："这里，终极归宿不仅是人在实现个人价值、社会价值和历史

---

① 《马克思恩格斯全集》（第 3 卷），北京：人民出版社 1960 年版，第 48 页。

② 《马克思恩格斯全集》（第 46 卷上），北京：人民出版社 1979 年版，第 108 页。

③ 《马克思恩格斯全集》（第 27 卷），北京：人民出版社 1972 年版，第 478 页。

④ 《马克思恩格斯全集》（第 46 卷上），北京：人民出版社 1979 年版，第 486 页。

⑤ 《马克思恩格斯全集》（第 42 卷），北京：人民出版社 1979 年版，第 96 页。

价值的过程中获得价值满足这样的主观体验，也是'自由个性'的历史生成过程的经验存在。"①

马克思在《政治经济学批判（1857—1858 年草稿）》中基于人的自由全面发展视角提出历史发展"三阶段"论，即"人的依赖关系"阶段、"以物的依赖性为基础的人的独立性"阶段和人的"自由个性"阶段，将实现了人的自由全面发展的"自由个性"阶段视为历史发展最高阶段，并强调人的自由全面发展过程总是"动态"地融入历史发展过程。恩格斯也指出："自由是在于根据对自然界的必然性的认识来支配我们自己和外部自然；因此它必然是历史发展的产物。"② 人的自由全面发展是人的解放之最高境界，而人的解放和自由全面发展过程也是推动世界历史形成的决定性因素。正如马克思和恩格斯所言，"'解放'是一种历史活动，不是思想活动，'解放'是由历史的关系，是由工业状况、商业状况、农业状况、交往状况促成的"③，"全部历史是为了使'人'成为感性意识的对象和使'人作为人'的需要成为自然的、感性的需要而做准备的发展史"④，最终，"每一个单独的个人的解放程度是与历史完全转变为世界历史的程度一致的。"⑤ 马克思看到，"只有随着生产力的这种普遍发展，人们之间的普遍交往才能建立起来……最后，狭隘地域性的个人为世界历史性的、真正普遍的个人所代替。"⑥ 在历史唯物

---

① 邓晓臻：《历史唯物主义的"终极关怀"思想》，载《理论与现代化》，2005 年第 6 期，第 21 页。

② 《马克思恩格斯全集》（第 20 卷），北京：人民出版社 1971 年版，第 125—126 页。

③ 《马克思恩格斯全集》（第 42 卷），北京：人民出版社 1979 年版，第 368 页。

④ 《马克思恩格斯全集》（第 42 卷），北京：人民出版社 1979 年版，第 128 页。

⑤ 《马克思恩格斯全集》（第 3 卷），北京：人民出版社 1960 年版，第 42 页。

⑥ 《马克思恩格斯全集》（第 3 卷），北京：人民出版社 1960 年版，第 39 页。

主义理论视阈中，整个世界历史无非是人类本性不断改变的历史，无非是人的自由个性和丰富的全面性不断生成的历史，人的自由全面发展进程与世界历史形成也具有共生性。综上述，人的自由全面发展不是"静态"的思维演绎过程，而是在"动态"的历史发展过程之中完成其历史演进。

　　终极关怀的历史依据是什么？西方传统哲学和宗教与历史唯物主义对于此问题的理解有着本质区别。前者把人的终极归宿或交给游离于历史之外的人的内在道德本性或客观的"绝对精神"，或交给先于历史而在的"全在"——上帝，其理论视阈下的终极关怀缺失了历史关怀。而在历史唯物主义理论视阈下，终极关怀的历史依据即在于：人的自由全面发展过程与历史发展过程具有共生性和共在性。对此，有学者指出："历史唯物主义对人的终极关怀不仅仅表现在对'现实的个人'异化的批判和对'自由个性'的诉求上，这种终极关怀把人的价值和终极归宿不是交给上帝（宗教），不是交给内心的道德法则（康德），不是交给绝对精神（黑格尔），也不是像当代西方人本主义那样交给个人的内在体验，而是交给历史。"[1] 历史唯物主义强调，历史发展若排斥人的自由全面发展，就难以获致实质性进步，人类幸福也会处于价值悬设状态，历史的价值即在于：客观的历史发展进程融汇着人的自我发展历史，人的自我发展程度是衡量历史发展程度的客观圭臬，人的自我发展过程与历史发展过程具有辩证统一性。正如有学者所言："历史的生成与人的全面发展的统一，或者说把人的全面发展放在历史变化演进的过程中来揭示或透显，是马克思历史唯物主义所揭示的根本价值立场，也是马克

---

[1]　邓晓臻：《历史唯物主义的"终极关怀"思想》，载《理论与现代化》，2005 年第 6 期，第 20 页。

思伦理思想的特质表现的内在根据。"① 游离于人的自由全面发展来谈论历史发展，历史就会被纷繁复杂的表象所湮没，历史本应有的人文精神和道德价值必然被消解，人类文明发展也将迷失方向。

在历史唯物主义理论视阈中，历史发展和社会进步之终极目标不在于铸造一个凌驾于人的发展之上的缥缈的理想国或虚无的上帝之城，而在于实现人的自由全面发展；人的自由全面发展过程与历史发展过程具有"动态"的共生性和共在性，两者将在"历史的时空"中趋于融合和统一；历史发展将会向人道化的历史——人的自由全面发展历史不断演进，从而实现"受动"的历史——历史本身的发展与"主动"的历史——人自身的发展之历史性交会。

其三，在历史唯物主义理论视阈中，人的自由全面发展需要充分利用既定的客观历史条件，具有合历史条件性。

马克思认为，人既是历史的"剧作者"，亦是历史的"剧中人"②，"对于各个个人来说，出发点总是他们自己，当然是在一定历史条件和关系中的个人，而不是思想家们所理解的'纯粹的'个人。"③ 人类推动历史发展和自我发展的主体性活动虽有一定的目的性、选择性和创造性，但总是在历史传承下来的各种历史条件中从事活动。人的解放和自由全面发展作为人类的重要活动和终极目标，也需要在充分利用既定的客观历史条件的过程中才能得以实现。马克思和恩格斯指出："历史的每一阶段都遇到有一定的物质结果、一定数量的生产力的总和，人和自然以及人与人之间在历史上形成的

---

① 李培超、苏玲：《历史唯物主义理论视阈中的伦理突破——论马克思伦理思想的特质》，载《湖南师范大学社会科学学报》，2008 年第 6 期，第 37 页。

② 参见《马克思恩格斯全集》（第 4 卷），北京：人民出版社 1958 年版，第149 页。

③ 《马克思恩格斯全集》（第 3 卷），北京：人民出版社 1960 年版，第 86 页。

关系,都遇到有前一代传给后一代的大量的生产力、资金和环境"①,"个人对一定关系和一定活动方式的依赖恰恰是由物质生产和物质交往决定的",这些既定的客观历史条件规定着"新的一代的生活条件",又"使他得到一定的发展和具有特殊的性质"②。他们强调,"个人的这种发展是在历史上前后相继的等级和阶级的共同的生存条件下产生的"③,"单个人的历史决不能脱离他以前的或同时代的个人的历史,而是由这种历史决定的。"④ 也即,人的自我发展的历史过程受制于各种历史条件。基于此,人的自我发展之最高境界——人的自由全面发展的实现过程,也必然依赖于先前各个历史时代所积淀而成的"总体性"客观历史条件,由此昭示出历史唯物主义理论视阈中的终极关怀之鲜明的合历史条件性。

在历史唯物主义理论视阈中,人对自身自由全面发展的理性认知、道德建构、价值认同及其实践自觉,都须建立于特定时代的历史发展水平之上,而人实现自由全面发展的历史视阈也无法超越现实社会既定的客观历史条件所能提供的范围和所能达至的水平。马克思主义创始人在解释世界的哲学范式中重新回归"历史的时空",强调:"人们自己创造自己的历史,但是他们并不是随心所欲地创造,并不是在他们自己选定的条件下创造,而是在直接碰到的、既定的、从过去继承下来的条件下创造"⑤,"在将来某个特定的时刻应该做些什么,应该马上做些什么,这当然完全取决于人们将不得

① 《马克思恩格斯全集》(第 3 卷),北京:人民出版社 2002 年版,第 42—43 页。

② 《马克思恩格斯全集》(第 3 卷),北京:人民出版社 1960 年版,第 43 页。

③ 《马克思恩格斯全集》(第 3 卷),北京:人民出版社 1960 年版,第 85 页。

④ 《马克思恩格斯全集》(第 3 卷),北京:人民出版社 1960 年版,第 515 页。

⑤ 《马克思恩格斯选集》(第 1 卷),北京:人民出版社 1995 年版,第 585 页。

不在其中活动的那个既定的历史环境"①。也即，每一个人和每一代人都必须在既定的历史环境、历史条件及其构筑的可能性历史发展空间中创造世界和创造历史，并在此基础上不断发展自我、完善自我，最终实现自身的自由全面发展。历史唯物主义的终极关怀之合历史条件性，既是历史唯物主义的终极关怀与历史关怀之自觉统一的重要理论呈现，亦表征出其终极关怀的终极价值性与合历史条件性、道德价值论与历史本体论之具体的、历史的统一。

二、终极关怀与现实关怀之内在契合：历史唯物主义的终极关怀之现实转向

哲学视阈中的现实关怀，是指哲学需要给予现实世界以深切关注和深刻反思，包括关注和反思现实世界的人和人的现实世界，在此基础上，积极探寻终极关怀的现实化路径。哲学终极关怀既不能流连徘徊于人类历史"已经怎样"的追溯性道德回眸层面，亦不能一味沉湎未来社会"应当怎样"的应然性道德诉求层面，而是要密切关注现实世界"究竟怎样"的实然性道德事实层面，认真反思"当下"，并致力于探寻具有现实可操作性的问题解决路径，倾力实现终极关怀与现实关怀之内在契合，为终极关怀提供现实观照，充分发挥现实关怀的现实张力。游离于现实关怀，终极关怀必然沦为抽象的道德价值悬设或缥缈的道德乌托邦。终极关怀只有关注"当下"，才能被赋予现实内容和真实意义，获致其存在的合现实性，从而弥合终极价值与当下事实之二元分立。终极关怀也只有诉诸现实的人和现实的实践，才能使人走向本真意义的终极归宿——人的自

---

① 《马克思恩格斯全集》（第 4 卷），北京：人民出版社 1958 年版，第 421—422 页。

由全面发展，为人提供真正的安身立命之本和永恒的价值归属。

历史唯物主义创立前，无论是西方传统哲学抑或宗教，皆游离于"现实的个人"与"个人的现实"探寻所谓的终极关怀，试图为有限的人类社会找寻无限的精神寄托。其理论视阈中的终极关怀忽视、漠视甚至无视现实世界在终极关怀实现过程中的现实意义和当下价值，由此缺失了现实关怀的维度，终是沦为虚幻的道德呓语，不可能使人的发展走向真正的终极归宿。在西方传统哲学走向终结之际，历史唯物主义作为一种科学的哲学学说"理性出场"并"始终在场"。马克思和恩格斯生活于富有哲学思辨传统的德国，但他们一开始就反对那种逃避现实世界、醉心于自我直观的思辨哲学。他们认为，哲学应该直面现实、直面生活、直面人民，着力开辟一条实然亦不乏应然、世俗亦不乏神圣的终极关怀之路。这条道路即是回归现实世界，将终极关怀的逻辑基点和实现路径定位于现实世界。基于此，他们所创立的历史唯物主义是一种"现实关怀"优位的哲学学说，其理论视阈中的终极关怀——人的自由全面发展，不是凌驾于现实关怀的道德价值诉求，而是源于现实生活，始终秉持对"现实的个人"和"个人的现实"之现实观照。历史唯物主义将现实关怀视为终极关怀的必经阶段，着力于探寻变革现实世界、实现人的自由全面发展的现实化路径，致力于为终极关怀培育现实土壤。与西方传统哲学和宗教视阈中的终极关怀相比较，历史唯物主义实现了终极关怀与现实关怀之内在契合，完成了终极关怀之现实转向。

（一）历史唯物主义与西方传统哲学和宗教在终极关怀的价值主体上有别

在终极关怀的价值主体上，历史唯物主义关注"现实的个人"，而西方传统哲学和宗教却指向"抽象的个人"或"虚幻的人类"。关注"现实的个人"和现实的人类社会，是历史唯物主义的终极关怀与现实关怀之内在契合的重要呈现。

西方传统哲学虽然内蕴着西方传统文化所秉持的人文精神和理性主义特质，但又具有以人文精神凌驾于科学与现实之上的浓厚思辨性。其立足于抽象的、思辨的人本主义思维模式考察现实世界的人，探讨"人"的永恒本质。在其理论视阈中，终极关怀的价值主体是游离于人的现实世界和现实生活之外的"抽象的个人"。

在西方传统哲学视阈中，终极关怀的价值主体指向"人"，肯定了人的主体性思维与主观能动性，突破了"神"的禁锢，而具有"去神秘化"的感性色彩，呈现出从"天上"到"人间"、从"神性"到"人性"的历史变迁。但是，从古希腊哲学家巴门尼德的"人是能思想的存在物"、普罗泰戈拉的"人是万物的尺度"、柏拉图的"灵魂说"和亚里士多德的"人是有理性的动物"，到近代哲学家笛卡尔的"我思故我在"、莱布尼茨的"前定和谐"，再到德国古典哲学家康德的"人是目的"、黑格尔的"人类集体"和费尔巴哈的"人类个体"，西方传统哲学视阈中的"人"始终是远离现实世界的抽象的人，而非具体的、现实的人。他们的"人"被悬置于现实生活之外的抽象的理念本体世界，是经由思辨形而上学的逻辑演绎凝练而成的"抽象的个人"或"无人身的理性"。如柏拉图的"灵魂说"认为，人是肉体和灵魂的偶然统一体，人的灵魂高居于先天的理念世界之中，"那时它追随神，无视我们现在称做存在的东西，只昂首于真正的存在"[1]。这种"极端二元论"的人性观强调，灵魂与肉体在人那里只是偶然的结合，灵魂统治并驾驭肉体，而肉体只是人实现灵魂摆渡、使灵魂走向正义和理性的载体而已。在柏拉图的终极关怀——"理想国"中，作为价值主体的"人"是人性与神性的统一体，并以神性驾驭人性，人的现实性由此被遮蔽直至消解。文艺复兴时期的哲学家们则肯定人的价值和尊严，关注人的

---

[1]　苗田力：《古希腊哲学》，北京：中国人民大学出版社1989年版，第284页。

世俗社会。他们"首先认识和揭示了丰满的、完整的人性而取得了一项尤为伟大的成就"①，确立了人在现实世界中的根本地位，使人的地位空前上升。然而，他们对"人"的理解依然笼罩着神学色彩。近代哲学家笛卡尔高呼"我思故我在"，表征出他开始重视人的主体性思维。但他又指出："我是一个实体，这个实体的全部本质或本性只是思想。"② 在此，"我"只是一个有限性存在，而至高的"上帝"或抽象的"思想"才是"我"和万事万物得以存在和发展的根本依据。基于此，笛卡尔终极关怀的价值主体——"人"不是感性实践的人，而是游离于"物质实体"之外的抽象概念。黑格尔哲学视阈中终极关怀的价值主体则是"人类集体"，但这种"人类集体"是由"抽象的个人"所组成。黑格尔把人的有限存在、自由的存在都理解为"自我意识"的存在，而这种"自我意识"又匍匐于"绝对精神"的领地。这就将人演绎成"抽象的个人"，将人的终极关怀托付给凌驾于人的主观意志之上的神秘力量——"绝对精神"，现实的人由此被剥夺了在历史发展中的实践主体和价值主体地位，黑格尔哲学的终极关怀也由此呈现出乌托邦性质。费尔巴哈的人本主义哲学虽然使"人"回归现实生活，但他仅从直观、感性的生物学意义上理解人，而根本不了解人的社会属性与实践本性，这就在很大程度上消解了其哲学视阈中"人"的现实性。对此，马克思指出：费尔巴哈"撇开历史的进程，孤立地观察宗教感情，并假定出一种抽象的——孤立的——人类个体"，"所以，他只能把人的本质理解为'类'，理解为一种内在的、无声的、把许多个人纯粹自然地联系

---

① 〔瑞〕布克哈特：《意大利文艺复兴时期的文化》，北京：商务印书馆 1979 年版，第 302 页。

② 北京大学哲学系外国哲学史教研编译：《西方哲学原著选读》（上），北京：商务印书馆 1981 年版，第 369 页。

起来的共同性。"①

概言之，西方传统哲学以抽象解构现实，以先验或超验对抗经验，以理性消解感性，把先验的"终极本体"——"理念存在"作为宇宙万物的本源，其本体论范式中的"人"也就无法逃脱终极本体的束缚，只是游离于"现实本体"（生活世界）之外的、永恒不变的"抽象的个人"。其关注人的永恒的先验本质而无视人的现实生存和发展境遇，由此淡化直至消解了人在现实世界中的历史性、现实性和阶级性。在西方传统哲学知性逻辑的统摄下，具有丰富社会关系和感性实践的人蜕变为"一元性的存在"，"知性逻辑犹如一个吞噬一切的巨大黑洞，把丰富多彩的'人的存在'简化还原为一元性的存在，要求人生命的全部内容都统统服从惟一的实体化本体的安排"②。这种"抽象的个人"是"现实的个人"在观念上的一种异化，遮蔽了人的历史性与现实性，消解了人的自然性与社会性，消融了人的价值性与实践性，使"人"成为适用于各个历史时代的抽象存在物。西方传统哲学在终极关怀的价值主体上缺失对"现实的个人"之当下关照，陷入了"人学空场"的思辨哲学困境，其视阈中的终极关怀与现实关怀呈现出二元分立。

无独有偶。西方宗教作为终极关怀的非理性表达形式，其宣扬的终极关怀也缺失了现实关怀的维度。在其视阈中，终极关怀的价值主体指向"虚幻的人类"，这种人类是凌驾于"现实的个人"之上、没有现实根基的"非社会形式"的人，是"飘在云端"的、"不食人间烟火"的人。在宗教视阈中，人把全能和神圣赋予上帝，却将自己视为卑微与罪过的化身，"宗教是人与自己的分裂，它放了一个上帝在自己的对面，把其当作与自己相对立的存在者。上帝并

---

① 《马克思恩格斯全集》（第3卷），北京：人民出版社1960年版，第5页。

② 贺来：《辩证法与人的存在——对辩证法理论基础的再思考》，载《哲学研究》，2002年第6期，第32页。

不就是人所是，人也并不就是上帝所是。上帝是无限的存在者，而人是有限的存在者。上帝是完善的，而人是非完善的。上帝是永恒的，而人是暂时的。上帝是全能的，而人是无能的。上帝是神圣的，而人是罪恶的。上帝与人是这样的两个极端，上帝是完全的积极者，是一切实在性的总和，而人则是完全的消极者，是一切虚无性的总和。"① 马克思指出，在宗教中，人与上帝的关系本质上不过是现实中人与人的关系之异化，其致命缺陷在于将人生的幸福诉求与超越生死的终极企盼寄托于根本不存在的来世和天国，并将人仅仅当作上帝和神灵实现其目标的材料或工具。在基督教的政治民主体制中，人不过是"无教养的非社会表现形式的人"②。宗教以"虚幻的人类"为终极关怀的价值主体，从根本上否定了人在此岸世界中的真实存在及其主观能动性，漠视了人的历史主体和价值主体地位，"人"变成受上帝统治的"虚幻的人类"或"人格神"，"人"的形象转变为异化了的神圣形象，人的客观存在及其实践本性由此被遮蔽。

历史唯物主义对西方传统哲学和宗教视阈中终极关怀的价值主体进行了彻底解构和理性重构，颠覆了西方传统哲学对"人"的思辨形而上学的理解，并把宗教视阈中"虚幻的人类"从"神性"和彼岸世界中"救赎"出来，把"人"还原为生活于现实世界和具体历史环境中的活生生的人，还原为"一切社会关系的总和"，从而使终极关怀的价值主体从"抽象的个人"转向"现实的个人"，从天国回归人间，从虚幻的理性王国重返现实的生活世界，赋予"人"以鲜活的社会属性。哲学在"尚未把握人的真实本体以前，总免不

---

① 〔德〕路德维希·费尔巴哈：《费尔巴哈哲学著作选集》（下卷），荣震华等译，北京：商务印书馆1984年版，第60页。

② 《马克思恩格斯全集》（第3卷），北京：人民出版社2002年版，第179页。

了去追求人的幻化的本质，即通向神学"①，而历史唯物主义作为一种把握了人的真实本体的哲学学说，把"人"从各种"理性""精神"和"神性"的奴役中"解放"出来，恢复了人的"真实本体"。这正是历史唯物主义的现实关怀所呈现的理论旨趣。

在历史唯物主义理论视阈中，终极关怀的价值主体是"苍生大众"，其不仅在宏观上指向整个人类，亦在微观上具体指向每一"现实的个人"。马克思和恩格斯反对古希腊哲学仅重视人类理性而漠视人本身的片面化倾向，亦反对近代哲学特别是德国古典哲学基于人类理性对人与世界之关系的抽象化解读。马克思在《手稿》中强调人是现实的存在物，指出："人们——不是抽象概念，而是作为现实的、活生生的、特殊的个人——就是这种存在物。这些个人是怎样的，这种社会联系本身就是怎样的"②，"人是一个特殊的个体，并且正是他的特殊性使他成为一个个体，成为一个现实的、单个的社会存在物"③。他还指出："人不是抽象的蛰居于世界之外的存在物，人就是人的世界。"④马克思和恩格斯在《神圣家族》中强调历史主体是现实的人，认为"创造这一切、拥有这一切并为这一切而斗争的，不是'历史'，而正是人，现实的、活生生的人。"⑤马克思在《提纲》中又强调："旧唯物主义的立脚点是'市民'社会；新唯物主义的立脚点则是人类社会或社会化了的人类。"⑥而在第一次完整表述历史唯物主义的《形态》中，他们强调历史的前提就是"现实的个人"，指出："这是一些现实的个人，是他们的活动和他们的物

①　高清海：《传统哲学到现代哲学》，长春：吉林人民出版社1997年版，第96页。
②　《马克思恩格斯全集》（第42卷），北京：人民出版社1979年版，第25页。
③　《马克思恩格斯全集》（第42卷），北京：人民出版社1979年版，第123页。
④　《马克思恩格斯选集》（第1卷），北京：人民出版社2012年版，第1页。
⑤　《马克思恩格斯全集》（第2卷），北京：人民出版社1957年版，第118页。
⑥　《马克思恩格斯全集》（第3卷），北京：人民出版社1960年版，第5—6页。

质生活条件，包括他们得到的现成的和由他们自己的活动所创造出来的物质生活条件"，"人是人类全部活动和全部人类关系的基础。"① 在这里，"现实的个人"作为历史主体和终极关怀的价值主体，既不同于西方传统哲学所指向的"抽象的个人"，亦有别于宗教所指向的"虚幻的人类"。其不是抽象的、孤立的人而是处于现实交往之中的人，不是一些人而是每一个人，因为在马克思主义创始人看来，"一个人的发展取决于和他直接或间接进行交往的其他一切人的发展……"②，"要不是每一个人都得到解放，社会本身也不能得到解放。"③ 马克思和恩格斯在《形态》中还客观分析了分工发展所导致的三种所有制形式，明确指出："经验的观察在任何情况下都应当根据经验来揭示社会结构和政治结构同生产的联系，而不应当带有任何神秘和思辨的色彩。社会结构和国家经常是从一定个人的生活过程中产生的。但这里所说的个人不是他们自己或别人想像中的那种个人，而是现实中的个人，也就是说，这些个人是从事活动的，进行物质生产的，因而是在一定的物质的、不受他们任意支配的界限、前提和条件下能动地表现自己的。"④ 他们也明确了自己理论研究的出发点："我们的出发点是从事实际活动的人，而且从他们的现实生活过程中我们还可以揭示出这一生活过程在意识形态上的反射和回声的发展。"⑤ 在历史唯物主义创立和发展过程中，两位革命导师多次强调"现实的个人"，并将"现实的个人"作为终极关怀的价值主体，不仅使哲学观察世界的视角发生了革命性变革，亦使以往哲学视阈中终极关怀的价值主体发生了实质性嬗变。

① 《马克思恩格斯全集》（第3卷），北京：人民出版社1960年版，第23页。
② 《马克思恩格斯全集》（第3卷），北京：人民出版社1960年版，第85页。
③ 《马克思恩格斯全集》（第20卷），北京：人民出版社1971年版，第318页。
④ 《马克思恩格斯全集》（第3卷），北京：人民出版社1960年版，第29页。
⑤ 《马克思恩格斯全集》（第3卷），北京：人民出版社1960年版，第30页。

　　针对黑格尔把人等同于自我意识而对人所作的抽象化和形式化理解，马克思批判道："因为黑格尔把人和自我意识等同起来，所以人的异化了的对象，人的异化了的、本质的现实性，不外就是异化的意识，就是异化的思想，是异化的抽象的因而无内容的和非现实的表现，即否定。因此，外化的扬弃也不外是对这种无内容的抽象所作的抽象的、无内容的扬弃，即否定的否定。"① 黑格尔不仅将"人"定位于"异化的意识"，而且把终极关怀的价值主体界定为这种等同于"异化的意识"的"人"所组成的"人类集体"。马克思并不否认集体在终极关怀实现过程中的重大作用，而是积极肯定了这种作用，指出："只有在集体中，个人才能获得全面发展其才能的手段，也就是说，只有在集体中才可能有个人自由"②，"在真实的集体的条件下，各个个人在自己的联合中并通过这种联合获得自由。"③ 但是，马克思反对黑格尔所宣扬的"虚幻的集体"，认为这种集体由"抽象的个人"所组成，而且"对于被支配的阶级来说，它不仅是完全虚构的集体，而且是新的桎梏。"④ 马克思认为，集体的实质是对"现实的个人"之共性的一种概括，只有"现实的个人"才是最具体、最真实的社会存在；舍去"现实的个人"，集体只是一个没有实际内容的躯壳。在他看来，无论集体多么重要，其终归是由"现实的个人"所组成，而黑格尔哲学视阈中的"人类集体"在直观意义上是由"抽象的个人"所构成的集体，在终极意义上是凌驾于现实之上的"绝对精神"，其高扬人的整体理性，却无限弱化直至消解了"现实的个人"在历史发展中的主体性、能动性和创造性，使人只能祈求"绝对精神"的护佑以期待终极关怀的降临。

① 《马克思恩格斯全集》（第 42 卷），北京：人民出版社 1979 年版，第 176 页。
② 《马克思恩格斯全集》（第 3 卷），北京：人民出版社 1960 年版，第 84 页。
③ 《马克思恩格斯全集》（第 3 卷），北京：人民出版社 1960 年版，第 84 页。
④ 《马克思恩格斯全集》（第 3 卷），北京：人民出版社 1960 年版，第 84 页。

恩格斯在致马克思的信中也深刻揭露了黑格尔在人的理解上的思辨性质，指出："只要'人'的基础不是经验的人，那末他始终是一个虚幻的形象。简言之，如果要使我们的思想，尤其是要使我们的'人'成为某种真实的东西，我们就必须从经验主义和唯物主义出发；我们必须从个别物中引伸出普遍物，而不要从本身中或者象黑格尔那样从虚无中去引伸。"① 在终极关怀的价值主体上，马克思和恩格斯以"现实的个人"和"真实的集体"取代了黑格尔哲学源于"绝对精神"的"人类集体"。针对费尔巴哈人本主义哲学视阈中缺乏社会属性和实践本性、只具有生物学意义和"宗教感情"的人，马克思又指出："费尔巴哈没有看到，'宗教感情'本身是社会的产物，而他所分析的抽象的个人，实际上是属于一定的社会形式的。"② 在马克思看来，"人的本质并不是单个人所固有的抽象物，实际上，它是一切社会关系的总和。"③ 恩格斯也指出："费尔巴哈的'人'是从上帝引伸出来的，费尔巴哈从上帝进到'人'，这样，他的'人'无疑还戴着抽象概念的神学光轮。"④ 费尔巴哈终极关怀视阈中的"人"因执迷于"宗教感情"，最终蜕化为戴着"神学光轮"的"宗教人"，"他本应以对人的终极关怀来解构以神为本的终极关怀。但是，他又把人类的历史说成是一部宗教史。这样一来，他的'人'最终成为了一个'宗教人'。费尔巴哈人本主义哲学对人的终极关怀最后也就还原为对'宗教人'的终极关怀。"⑤ 如何对费尔巴哈哲学中沉湎"宗教感情"迷途的"人"进行理论救赎？马

① 《马克思恩格斯全集》（第27卷），北京：人民出版社1972年版，第13页。

② 《马克思恩格斯全集》（第3卷），北京：人民出版社1960年版，第5页。

③ 《马克思恩格斯全集》（第3卷），北京：人民出版社1960年版，第5页。

④ 《马克思恩格斯全集》（第27卷），北京：人民出版社1972年版，第13页。

⑤ 谭培文：《中国传统文化以人为终极关怀的当代价值研究》，载《伦理学研究》，2007年第1期，第8页。

克思将费尔巴哈指向的"抽象的个人"转向"现实的个人"。正如恩格斯所言："费尔巴哈所没有走的一步，必定会有人走的。对抽象人的崇拜，即费尔巴哈的新宗教的核心，必定会由关于现实的人及其历史发展的科学来代替。"①

马克思和恩格斯密切关注并深刻批判资本主义社会中人的异化与苦难，深切感悟到"现实的个人"之悲惨境遇。基于此，他们的终极关怀所指向的价值主体，不再是一般意义上的抽象的人类共同体，亦不是游离于现实生活之外的"抽象的个人"或"虚幻的人类"，而是真实存在的"现实的个人"。也正是基于此，两位革命导师毕生的理论研究和实践探索就是旨在建立一个"每个人的自由发展是一切人的自由发展的条件"②的"自由人联合体"。历史唯物主义自创立之日起，就注重从现实的社会生活、社会关系和社会实践中理解人及人的自由全面发展。在历史唯物主义理论视阈中，人"不是某种处在幻想的与世隔绝、离群索居状态的人，而是处在一定条件下进行的、现实的、可以通过经验观察到的发展过程中的人"③，不再是栖居于抽象的理性王国或虚幻的彼岸世界的人，而是生活于现实的感性世界之中，具有丰富的物质需求和精神需求的人。"现实的个人"由此成为历史唯物主义乃至整个马克思主义哲学的研究主题，亦是其理论视阈中终极关怀的价值主体。这就从根本上颠覆了西方传统哲学和宗教视阈中对终极关怀的价值主体之抽象设定和思辨演绎，把"抽象的个人"和"虚幻的人类"湮没于"历史尘埃"，不仅有力驳斥了那些断言历史唯物主义存在"人学空场"的谬论，而且在终极关怀的价值主体之理论定位和实践研究上开创了一种以"现实的个人"为核心的科学的哲学研究范式。

---

① 《马克思恩格斯选集》（第4卷），北京：人民出版社1995年版，第241页。

② 《马克思恩格斯选集》（第1卷），北京：人民出版社2012年版，第7页。

③ 《马克思恩格斯全集》（第3卷），北京：人民出版社1960年版，第30页。

（二）历史唯物主义与西方传统哲学和宗教在终极关怀的对象世界上不同

在终极关怀的对象世界上，历史唯物主义关注人的生活世界，而西方传统哲学关切的却是先验或超验的理念世界，宗教关切的则是虚幻的彼岸世界。

西方传统哲学从追问"世界的本原是什么"开始，试图寻求变动不居的现象世界背后永恒不变的本体世界——先验或超验的理念世界，并将这个理念世界视为终极关怀的对象世界，而遗忘了人的现实世界。其视阈中的终极关怀与现实关怀"无缘邂逅"，只是"孤独"地徘徊于"终极本体世界"而不可自拔，无法企及真实的现实世界。自柏拉图在《理想国》中对理想国——"至善"城邦的企盼开始，这种先验的理念世界逐步形成并发展为西方传统哲学视阈中终极关怀的对象世界。柏拉图认为，"至善"城邦是人在对先验的理念世界的回忆中逐步实现的，只有先验的理念世界才是真实的，而流变的"可见世界"只是对理念世界的"模糊"反映，是不真实的、不可把握的。柏拉图的终极企盼由此沦为一种远离现实世界的道德乌托邦。其后，亚里士多德哲学中"逻辑世界"与"经验世界"的冲突、笛卡尔哲学中"物质实体"与"精神实体"的对立，都是柏拉图"世界二重化"理论的继承和发展。他们都强调，先验的"逻辑世界"与"精神实体"对于实现哲学最高目的即终极关怀具有决定性作用，而忽视了现实的"经验世界"和"物质实体"在终极关怀实现过程中的基础性作用。

在康德那里，终极关怀集中体现为自由。康德颠覆了知识与对象的关系，将理性划为"理论理性"与"实践理性"，并强调后者对于前者的优先地位，期望以道德自律的方式实现其终极关怀——至高的自由境界。康德试图使终极关怀从先验的理念世界回归现实世界，却始终排斥"经验理性"而诉诸"纯粹理性"来实现所谓的自由，并在"物自体"与"物本体"之间划出一条不可逾越的"鸿沟"，即认为人永远不可能通过"现象世界"把握"本体世界"，这使他始终没有探寻到感性的生活世界通往至高的自由境界之现实化路径。康德在《实践理性批判》中指出："自由的概念对于一切经验论者都是绊脚石，但对于批判的道德学家也是开启最崇高的实践原理的钥匙……"① 这一观点表明：真正的自由存在于"经验世界"的彼岸，人在现实世界中只能获得一种有限的自由。可见，康德的终极关怀游离于现实世界，只是对自由的一种"意念的幻想"。

黑格尔以超越个体理性和历史理性的神秘"绝对精神"驱走了宗教中居于最高统治地位的上帝，试图实现自觉理性与真实事物的和解，正如他在《小逻辑》中所言："哲学的最高目的就在于确认思想与经验的一致，并达到自觉的理性与存在于事物中的理性的和解，亦即达到理性与现实的和解。"② 然而，黑格尔只是囿于纯粹的思维领域以寻求自觉理性与真实事物的和解，并解决终极关怀与现实世界的矛盾，而一进入现实领域，他却认为"理性是世界的灵魂，理性居住于世界之中，理性构成了世界内在的、固有的、深邃的本性，即理性是世界的共性"③，依然陶醉于"理性王国"中不可自拔，以绝对的"真"统摄彼岸世界的"善"，而没有触及到人的此岸世界和非神圣形象中的自我异化。这就使他所追求的终极关怀——"至善"的伦理世界，始终与现实世界"擦肩而过"，只能在以"绝对精神"为核心而形成的封闭的思维逻辑演绎和自我意识

---

① 〔德〕康德：《实践理性批判》，邓晓芒译，北京：人民出版社 2007 年版，第 7 页。转引自薛俊强：《马克思对施蒂纳"自由主义"批判的批判——再论"每个人的自由发展是一切自由发展的条件》，载《西南大学学报》，2008 年第 5 期，第 92 页。

② 〔德〕黑格尔：《小逻辑》，贺麟译，北京：商务印书馆 1980 年版，第 43 页。

③ 〔德〕黑格尔：《小逻辑》，贺麟译，北京：商务印书馆 1980 年版，第 80 页。

运动的"精神王国"中徘徊和挣扎。

西方传统哲学虽然提出了"可见世界""经验世界"和"物质实体"等"唯物"的概念，其终极本体研究范式也在一定程度上冲破了宗教的束缚，包含着从"神圣性"向"世俗性"的转向，但是，其界定了现实世界之外的终极本体——超验的理念世界，并拘泥于纯粹的意识形态领域对终极关怀之实现过程进行理论上的逻辑演绎，如柏拉图的"至善"城邦之实现过程、黑格尔"绝对精神"之封闭运动。这就使其最终游离于现实维度之外去追寻超越生活世界的理念本体世界，在终极关怀诉求上走向了思辨形而上学的"不归路"。

概言之，西方传统哲学热衷于从万物本原中抽象出游离于现实世界之外而独立存在的先验的理念世界，并将这个理念世界作为终极关怀的本体世界和对象世界，以超现实的理念人生消融现实的生活世界，而没能正确认识生活世界在终极关怀中的始源性地位。其试图从超验世界出发为人们寻求安身立命之本的做法，必然陷入历史唯心主义的理论苑囿。

西方宗教视阈中的终极关怀以虚幻的彼岸世界为终极关怀的对象世界，其把生死托付给上帝，使生命屈从于神灵，希冀在上帝、神灵的庇佑下使人获得彼岸世界的灵光。这种终极关怀所臆想的彼岸世界是一个只有信仰、没有自由，只有上帝、没有自我，只有顺从、没有批判的虚幻的天国。西方宗教视阈中的终极关怀虽然描述了人的异化和苦难，却把社会兴衰、人类苦难与自然灾异联系起来，并将这种异化和苦难归结为上帝或神灵对尘世的惩罚，试图用虚幻的彼岸世界消融真实的此岸世界，以消弭生死、有无之矛盾，其根本无法使此岸世界的人找到栖身之所而得以安身立命，反而使人在走向终极关怀之际失去精神家园，陷入精神危机、人性危机和道德危机的痛苦深渊。马克思指出，在现代政治国家中，宗教意识和神学意识"没有政治意义和世俗目的"①，只关注虚幻的彼岸世界。宗教意识可能在信念或信仰的层面上成为伦理精神的终极依归，但其以信仰为根基，以上帝为最后的精神寄托，是一种非理性的价值关怀形式。其与历史唯物主义考察生活世界的出发点是根本相悖的，本质上是一种对现实世界的歪曲的、虚幻的反映。宗教企盼死后的天堂、来世的幸福和缥缈的永恒，"那些崇拜被基督教真理所摧毁的神灵的人，不是为了今生而崇拜，而是为了来世。"② 宗教视阈中的终极关怀宣扬前世今世、来世来生，其使人沉湎来世天堂的幻想，而不是对今世天堂的创造，西方基督教和中国禅宗皆是如此。总之，宗教视阈中的终极关怀无视人的生活世界，渴求人性与神性在彼岸世界中的完美统一，终是沦为虚幻性和无根性的价值企盼，与现实关怀相悖离。

历史唯物主义在终极关怀的对象世界上完全不同于西方传统哲学和宗教。其自觉摒弃了抽象的本体世界——超验的理念世界和上帝主宰的彼岸世界，不仅关注"现实的个人"，亦关注"个人的现实"，即人的生活世界，内在地秉持着对生活意义的自觉意识。"生活世界"是胡塞尔在其著作《欧洲科学的危机与超越论的现象学》中提出的一个概念，其包含两层含义：作为经验实在的客观生活世界和作为纯粹先验现象的主观生活世界。此后，"生活世界"理论成为 20 世纪西方学界探讨的重要话题。维特根斯坦的"生活形式"、海德格尔的"日常共在世界"、哈贝马斯的"交往世界"和罗蒂的"以族为中心的人群共同体的生活世界"，构成了生活世界理论的重要内容。历史唯物主义虽然没有明确提出"生活世界"概念，但其

① 《马克思恩格斯全集》（第 1 卷），北京：人民出版社 1956 年版，第 434 页。

② 奥古斯丁：《上帝之城》（上卷），王晓朝译，香港：道凤书社 2003 年版，第 253 页。

理性回归资本主义现实，全面考察和分析无产阶级的生存和发展现状，以本真的"生活世界"为终极关怀的对象世界，并据此认识到人的自由全面发展之必要性、可能性及其现实化路径，深刻昭示出对终极关怀的对象世界之现实转向。

马克思自青年时代起就关注生活世界并终其一生。他曾写道："康德和费希特在太空飞翔，对未知世界在黑暗中探索；而我只求深入全面地领悟在地面上遇到的日常事物。"① 马克思和恩格斯在《形态》中批判道，在黑格尔那里，"婚姻、家庭、国家、自力所得、市民秩序、财产等等已被看作是'神的和神圣的东西'，已被看作是'宗教的东西'了"，"作为世俗化了的神圣性或神圣化了的世俗生活的道德被描写成精神统治世界的最高形式和最后形式"②。在他们看来，黑格尔模糊了生活世界与宗教世界的界限，甚至用宗教世界、精神世界代替生活世界，从而消解了哲学观照现实的本真精神。黑格尔之后，无论是青年黑格尔派，还是老年黑格尔派，都只是抓住黑格尔哲学体系中的某一方面来反对整个黑格尔哲学体系，"这些哲学家没有一个想到要提出关于德国哲学和德国现实之间的联系问题，关于他们所作的批判和他们自身的物质环境之间的联系问题。"③ 19世纪的德国哲学，多是醉心于自我直观和理性思辨。对此，马克思和恩格斯指出："德国哲学从天上降到地上；和它完全相反，这里我们是从地上升到天上……不是意识决定生活，而是生活决定意识"④，"思辨终止的地方，即在现实生活面前，正是描述人们的实

---

① 《马克思恩格斯全集》（第40卷），北京：人民出版社1982年版，第651—652页。

② 《马克思恩格斯全集》（第3卷），北京：人民出版社1960年版，第189页。

③ 《马克思恩格斯全集》（第3卷），北京：人民出版社1960年版，第23页。

④ 《马克思恩格斯全集》（第3卷），北京：人民出版社1960年版，第30页。

践活动和实际发展过程的真正实证的科学开始的地方。"① 依两位革命导师之见，感性的生活世界才是人的唯一真实的世界，哲学唯有把终极关怀研究聚焦于生活世界，特别是人的现实生存和发展境遇，才能突显出科学性与价值性。基于此，他们在历史唯物主义理论视阈中理性重构起哲学终极关怀与人的生活世界之内在的逻辑关系，使终极关怀与现实关怀实现了内在契合。

历史唯物主义消融了西方传统哲学视阈中凌驾于生活世界之上的"终极本体"——先验或超验的理念世界，颠覆了其视阈中抽象化的终极关怀。马克思和恩格斯认为，从柏拉图到黑格尔，西方传统哲学的形而上思想发展到了可能的极限，其理论视阈中的终极关怀始终与人的本质和生活世界相异化，仅仅关切藏匿于生活世界背后的先验的理念世界，并断言这个理念世界才是终极关怀的终极本体和时空归宿，其最终蜕变为对先验或超验世界的虚幻想象。无论是古希腊哲学还是近代哲学，都以抽象的实体化概念和人类理性来规定生活世界，致使终极关怀与生活世界相分裂，使哲学最终归属于两个对立的世界：纯粹的客观世界和超验的理念世界。西方传统哲学视阈中的终极关怀蔑视人的生活世界和实践，消融了生活世界在终极关怀中的始源性地位，使生活世界始终处于"蛰伏"状态，不仅无法使人抵达幸福的彼岸，反而在意念上奴役和支配人自身。这种形而上的终极关怀由于缺失现实关怀的维度，最终沦为柏拉图式的"理想国"、黑格尔式的"绝对精神"或海德格尔式的"诗意的栖居"，只能在"超时空"的理念世界中使世人获得暂时的心灵慰藉，却无法为世人创造现世的幸福。而历史唯物主义真正使终极关怀从天上回归人间——人的生活世界，从彼岸世界走向此岸世界，

---

① 《马克思恩格斯全集》（第3卷），北京：人民出版社1960年版，第30—31页。

并以生活世界为终极关怀的对象世界，实现了终极关怀与现实关怀之内在契合。马克思和恩格斯指出："个人的全面发展，只有到了外部世界对个人才能的实际发展所起的推动作用为个人本身所驾驭的时候，才不再是理想、职责等等。"① 也即，终极关怀——人的自由全面发展，只有到了人能够驾驭自己的外部世界即生活世界的时候方可实现。马克思还指出："个人的全面性不是想象的或设想的全面性，而是他的现实关系和观念关系的全面性。"② 历史唯物主义扎根于生活世界的土壤，并确立了生活世界在终极关怀中的始源性地位，但又未停留于此，而是始终以批判性眼光审视和批判生活世界。马克思和恩格斯在《手稿》《形态》和《资本论》等历史唯物主义文本中，全面考察和分析资本主义生活世界，深刻批判反人道的资本主义现实，深切关注无产阶级的生存和发展境遇，运用大量现实材料客观描述无产阶级的极端贫困化状态，痛斥了无产阶级的片面化、畸形化发展和自由沦丧，内蕴深刻的"生活世界"意蕴，并据此探寻超越既定的生活世界、实现终极关怀——人的自由全面发展的道德必然性及其现实化路径。基于此，历史唯物主义在终极关怀的对象世界上发生了深刻嬗变，对西方传统哲学和宗教视阈中的终极关怀进行了颠覆性重构。

历史唯物主义也颠覆了西方宗教视阈中的终极关怀远离生活世界、沉湎彼岸世界和上帝之城的道德致思理路。马克思深刻批判了宗教蔑视人的现实苦难的做法，指出："宗教里的苦难既是现实苦难的表现，又是对这种现实苦难的抗议。宗教是被压迫生灵的叹息，是无情世界的感情，正像它是没有精神的制度的精神一样。"③ 在马

---

① 《马克思恩格斯全集》（第 3 卷），北京：人民出版社 1960 年版，第 330 页。
② 《马克思恩格斯全集》（第 46 卷下），北京：人民出版社 1980 年版，第 36 页。
③ 《马克思恩格斯全集》（第 1 卷），北京：人民出版社 1956 年版，第 453 页。

克思看来，宗教自诞生之日起就充满幻想和欺骗，其本质是一种伪善道德和虚假意识。在宗教中，介于上帝和人之间的"神人变得比上帝更重要；圣徒比耶稣更重要；牧师比圣徒更重要"[1]，因此，在现实世界中，不是宗教创造人类，而是人类创造宗教。马克思的宗教批判本质上就是对被宗教所神化和异化的生活世界的批判，旨在揭穿人的非神圣形象中的自我异化和虚假的道德意识。陈先达先生在论及马克思主义与宗教对于生活世界的不同态度时指出："马克思主义是救世的，是改造社会的，是认识世界和改造世界的学说；而宗教是救心的，宗教信仰是自救自赎的。宗教不企图改变世界，改变社会，而是各人回归自己的内心世界，改变自我。马克思主义解决的是社会不公问题，而宗教解决的是个人灵魂失衡问题。"[2] 马克思和恩格斯认为，"宗教本身既无本质也无王国。在宗教中，人们把自己的经验世界变成一种只是在思想中的、想像中的本质，这个本质作为某种异物与人们对立着。"[3] 列宁评价道，马克思眼中的宗教与生活世界是二元分立的，宗教是与马克思主义相对立的意识形态，"马克思主义始终认为现代所有的宗教和教会、各式各样的宗教团体，都是资产阶级反动派用来捍卫剥削制度、麻醉工人阶级的机构，我们应当同宗教做斗争……这是马克思主义的起码原则。"[4] 宗教宣扬的彼岸世界永远无法为人提供永恒的心灵港湾。终极关怀只能在与人的此岸世界即生活世界的内在契合中才能彰显其科学性，使人走向真正的终极归宿。

---

[1] 《马克思恩格斯全集》（第 30 卷），北京：人民出版社 1995 年版，第 293 页。

[2] 陈先达：《做坚定的马克思主义理论工作者》，载《光明日报》，2016 年 3 月 2 日，第 1 版。

[3] 《马克思恩格斯全集》（第 3 卷），北京：人民出版社 1960 年版，第 170 页。

[4] 〔苏〕列宁：《社会主义和宗教》，北京：人民出版社 1999 年版，第 9 页。

历史唯物主义完全否定了宗教所幻想的那个与生活世界相分离的虚幻的上帝之城和缥缈的彼岸世界。正如马克思所言："真理的彼岸世界消逝以后，历史的任务就是确立此岸世界的真理。人的自我异化的神圣形象被揭穿以后，揭露具有非神圣形象的自我异化，就成了为历史服务的哲学的迫切任务。"[1] 恩格斯对于宗教的"去现实化""去生活化"的虚无主义色彩有过精辟论断："一切宗教都不过是支配着人们日常生活的外部力量在人们头脑中的幻想的反映，在这种反映中，人间的力量采取了超人间的力量的形式。"[2] 历史唯物主义理论视阈中的终极关怀具有现实性和超越性之内在统一的理论特质。历史唯物主义虽然否定了宗教的上帝，却并没有消解终极关怀的超越性维度，而是以生活世界消融彼岸世界，以无产阶级革命实践消解上帝的超人间力量，以人的自由全面发展取代"灵魂救赎"，诉求一种超越人的片面化、畸形化发展现状的理想化发展境界——人的自由全面发展，并使其成为最高的价值之善。立足于生活世界，始终是历史唯物主义诉求并追寻终极关怀的出发点。但是，历史唯物主义没有简单滞留于当下，为当下而当下，即没有沉湎现实关怀，而是把对生活世界的现实关怀看作人的发展过程中的"量变"，把终极关怀视为人的发展过程中的"质变"，从现实关怀中引出人的生活世界必然被超越的客观依据，并最终引出终极关怀——人的自由全面发展，因而其理论视阈中的终极关怀既源自现实关怀，亦超越现实关怀。宗教视阈中的终极关怀只具有超越性，而消解了现实性，与宗教不同，历史唯物主义理论视阈中的终极关怀既具有深切的超越性，亦内蕴深厚的现实性，其理性回归人的生活世界，实现了对宗教游离于生活世界而奢谈终极关怀的抽象性和虚幻性之

---

[1] 《马克思恩格斯选集》（第 1 卷），北京：人民出版社 1995 年版，第 2 页。
[2] 《马克思恩格斯全集》（第 20 卷），北京：人民出版社 1971 年版，第 431 页。

高姿态扬弃。蒂利希指出："马克思用意识形态这个观念去补充费尔巴哈对宗教的批判。他说，费尔巴哈批判宗教在原则上是成功的，但是他的分析不是建立在社会学的分析上。马克思说，一个超验东西的完满性或天堂的完满性，或不死灵魂的圆满性的宗教象征体系，不仅是每个人的希望，而且是统治阶级的发明，以便阻止人们在现世生活中去寻求满足。"① 人的自由全面发展作为一种终极关怀，不是从全能的上帝或抽象的道德原则出发的先验概念，亦非遥不可及的天国幻想，而是根据生活世界，特别是人的现实生存和发展境遇提出的经验概念、"唯物"概念，其内在的基本内容、基本精神和价值目标都根植于特定时代的生活世界，即世俗的此岸世界，在特定的时代语境中有着特定的现实内涵，具有强烈的现实性。历史唯物主义的终极关怀真正切入人的生活世界，与"个人的现实"自觉统一，由此实现了对宗教视阈中的终极关怀之历史性"祛魅"。

综上述，在历史唯物主义理论视阈中，一方面，其终极关怀以本真的"生活世界"为对象世界，在秉持终极价值的同时，将终极关怀建立于生活世界的基础之上，并将对生活世界的现实关怀作为实现终极关怀的必要前提；另一方面，其关注生活世界并不意味其消融了终极关怀，而是以终极关怀为现实关怀的终极价值指引，为现实关怀指明了方向。历史唯物主义对生活世界的现实关怀基于两个维度而展开：一是基于人道主义，对反人道的资本主义生活世界进行了深刻的道德批判；二是将无产阶级在生活世界中的苦难境遇作为现实世界必然被超越的客观依据，从中探寻实现终极关怀的历史必然性和道德合理性。其理论视阈下的终极关怀并非马克思主义创始人罔顾现实、闭门造车而得出的抽象性结论，而是他们从对生

---

① 〔美〕保罗·蒂利希：《基督教思想史》，尹大贻译，香港：香港道风汉语基督教研究所 2000 年版，第 603 页。

活世界的现实关怀中引出的必然性结论。从终极关怀回归现实关怀，弥合了终极本体与生活世界之二元分裂，超越了终极价值与当下事实之二元分立，表征出历史唯物主义对西方传统哲学之思辨关切的历史性扬弃和对宗教之天国承诺的现实性超越。

（三）历史唯物主义与西方传统哲学和宗教在终极关怀的实现路径上相异

在终极关怀的实现路径上，在终极关怀的实现路径上，西方传统哲学游离于实践本性，诉诸抽象化路径——抽象的人类理性或"绝对精神"的绝对运动，以实现终极关怀——至善道德和至上自由，具有浓厚的思辨形而上学性。宗教诉诸神化的路径——上帝对人类的"灵魂救赎"，以实现终极关怀——彼岸世界的幸福，具有荒谬性和无根性。而历史唯物主义则诉诸现实化的路径——重视对人的物质关怀、发展生产力、诉诸物质生产实践和无产阶级革命实践，以实现终极关怀——人的自由全面发展。

在西方传统哲学视阈中，从古希腊哲学到近代西方哲学，包括以康德和黑格尔为代表的德国古典哲学，其视阈中的终极关怀都集中体现为对"世界的本原"——本体世界的不懈追求。他们的研究对象历经了从物质本原到先验的理念本体之转化，并最终将"理念世界"确定为终极的本体世界，在此基础上，他们热衷于诉诸抽象的人类理性之封闭的自我运动或至上的上帝对人类的"灵魂救赎"等抽象化或神化的路径以实现对人的终极关怀。这就注定其视阈中的终极关怀犹如昙花一现的心灵之光，在给人以短暂的心灵慰藉之后，很快就消失于思想的地平线上。

古希腊哲学时期，苏格拉底提出"美德即知识"，试图通过持续地寻求知识和"爱智慧"来获得对本体世界的终极解释，并由此达至主体世界和客体世界的和解，使人在获得知识即美德的过程中走向"终极"——"罗各斯"。柏拉图试图通过"灵魂回忆"来净化并提升人的灵魂，构筑一条现实世界通往理念世界的通道，由此使人获得终极的"至善"，使人的灵魂不至于被囚禁于尘世的"洞穴"。亚里士多德提出"神学目的论"，认为人具有实践美德、政治美德等诸多美德，但最高的美德则是"静观"和"沉思"。沉思是最高的美德、最高的幸福，也是最高的目的。① 在亚里士多德看来，最高的美德不仅是宇宙的终极目标，也是最高神即"理性神"，这种"理性神"的自由意志不仅能够创造世界，而且能够使人的灵魂安放于永恒的理念世界之中。至近代西方哲学时期，笛卡尔以人的理性原则消融了神学的"纠缠"，试图通过人的主体性思维来获得知识的确证性，实现对人的终极关怀；契约论者主张通过社会契约的方式来实现终极关怀——社会公正和政治自由；斯宾诺莎伦理学强调，人要通过熟谙神性即"知神"和不断提升自我理性认知能力的路径来实现终极关怀——自由和"至善"；功利主义者则试图通过以个人利益构建社会利益的基础这一方式谋求最大化的个人利益，以期实现终极关怀——最大多数人的最大幸福。在这里，无论是诉诸主体性思维、社会契约，还是诉诸"知神"、最大化的个人利益的路径，都表明，"近代哲学的知识论潜移默化地蕴含着一种动力，这就是借助于世俗的力量对神圣性的存在加以涤荡，而这个涤荡的过程就是逐渐把神圣的东西拉入到世俗化的还原过程。"② 以笛卡尔为代表的近代西方哲学，以理性对抗神性，以人性取缔上帝，以感性世界消融天国世界，开启了诉诸人类理性进行自我救赎的终极关怀实现路径。然而，其在终极关怀实现路径的思考和抉择上虽然摆脱了神学的禁锢，却又因赋予人类理性以至高权威并以理性驾驭现实，而不

---

① 参见邓晓芒：《古希腊罗马哲学讲演录三》，载《西南政法大学学报》，2007年第3期，第11页。

② 陆杰荣：《西方哲学演进的逻辑与哲学面对"事情"本身的诸种方式》，载《思想战线》，2010年第1期，第60页。

可规避地裹挟着游离人的现实和实践的抽象化理论特质。在近代西方哲学中，德国古典哲学的集大成者黑格尔宣扬"绝对精神"式的终极关怀，强调终极关怀实现路径即在于个人对阶级和国家的"隶属"和无条件服从，而国家的终极价值源于"绝对精神"。黑格尔试图通过"绝对精神"在封闭的"理念世界"中的不断生长、演绎和发展并最终回归"绝对精神"的原点这一路径，实现所谓的终极关怀——"绝对精神"的完满。然而，这种"绝对精神"本质上是一种凌驾于人类意志之上的客观精神，消解了现实性。诉诸这种"绝对精神"的封闭而完满的自我运动以实现终极关怀的路径，注定只是一种游离于人的现实和实践之外、与现实关怀"无缘"的抽象化路径。马克思认为，这种抽象化路径使黑格尔的终极关怀只存在于虚幻的彼岸世界，黑格尔哲学"不过是变成思想的并且通过思维加以阐明的宗教"[1]。费尔巴哈试图克服宗教异化，他猛烈批判神学，却又极力宣扬并诉诸"爱的宗教"来解救人类苦难，使人类走向终极归宿——幸福生活。然而，这种"爱的宗教"只是凌驾于人类意志之上的、普遍而抽象的人类之爱，其本质是一种新的"无神的宗教"。综上论，从古希腊哲学到近代西方哲学的整个西方传统哲学，其视阈中的终极关怀实现路径都具有思辨形而上学的性质，陷入了唯心主义历史观的理论桎梏。

近代西方宗教热衷于诉诸神化的路径以实现终极关怀。近代西方宗教特别是中世纪基督教，劝诫人们弃绝尘世，逃避现实生活，并通过信仰上帝以寻求神灵的救赎和庇护，实现灵魂与肉体的分离、神性与人性的统一，使灵魂升入神圣的本体世界——永恒的天国，从而在超验的、"超人间"的彼岸世界中获得永生，走向"终极"。当然，这种"终极"只是一种虚无的终极。如奥古斯丁就认为，幸

---

① 《马克思恩格斯全集》（第3卷），北京：人民出版社2002年版，第314页。

福是人类的终极目标，但此目标不能在"虚幻"的尘世生活中实现，任何有限的存在物和外在的"善"都不能使人获得永恒的幸福，只有上帝才是"真实"的，因而，幸福只能通过全智全能的上帝的恩典才能实现，"谁拥有一个恩典的上帝，谁就是幸福之人。"① 宗教为满足人们追求永恒幸福的需要，对人的此岸世界与彼岸世界进行二元分立，并抽象地设定一种"终极实体"，"尽管这个终极实体在各个宗教传统中都极难定义，但是这些宗教传统的信奉者和追随者们全都根据这一终极的背景来限定、或约束自己的生活，并努力地照这种方式生活，以此扬长克短，不断完善自己。"② 基督教神学第一次将形而上学与终极关怀融汇贯通，试图通过"上帝—信仰—救赎"的路径来实现终极世界观的"一种根本的转变过程"——从烦恼的现实生活达至完善的生存境界。③ 宗教没有深入到社会经济制度和生产方式的内部去探寻人的异化与苦难得以衍生的经济根源，而是诉诸上帝、神灵等超人类、超历史和超现实的客观力量来解释人类受苦受难的原因，并据此实现对人类的救赎，寻求人性与神性的和解。这是宗教试图实现终极关怀的至上路径。这一路径使世俗世界与彼岸世界相悖离，无法找寻到颠覆现存制度、解脱人类苦难的现实化路径，无法使人抵达宗教所预设的终极归宿——幸福的彼岸世界。

综上论，西方传统哲学和宗教诉诸抽象化或神化的路径以实现终极关怀的道德价值诉求，在现实世界的"时空"中必然被无限搁置，沦为美好亦空幻的道德乌托邦。

---

① 转引自张荣：《奥古斯丁的基督教幸福观辨正》，载《哲学研究》，2003 年第 5 期，第 80 页。

② 〔美〕斯特伦：《人与神：宗教生活的理解》，金泽、何其敏译，上海：上海人民出版社 1991 年版，第 2 页。

③ 参见张志刚：《宗教学是什么》，北京：北京大学出版社 2002 年版，第 261 页。

历史唯物主义使终极关怀在现实关怀中"尘埃落定",不仅从理论层面上研究终极关怀,亦从现实层面上追寻终极关怀,即在现实世界中具体地探讨终极关怀的现实化路径。在历史唯物主义理论视阈中,终极关怀的实现既需要超越现实的勇气和力量,又需要现实的物质基础;既需要遵循历史发展规律,又需要诉诸对人的物质关怀、发展生产力和人类实践等现实化路径。历史唯物主义的终极关怀实现路径彰显出深刻的现实维度,不仅是对西方传统哲学诉诸人类理性之封闭的自我运动以实现终极关怀的抽象化路径之高姿态扬弃,亦是对宗教诉诸至上的上帝指引下的人类"灵魂救赎"和"灵魂转世"以实现终极关怀的神化路径之历史性超越。

其一,历史唯物主义理论视阈中终极关怀实现之必要前提——重视对人的物质关怀。

哲学对人的终极关怀在本质上呈现为对人的精神关怀,旨在重建精神家园。历史唯物主义理论视阈中的终极关怀诉求——人的自由全面发展,虽然也具有深切的精神关怀特征,但是,其并不强求人回到箪食瓢饮的春秋古巷或禁欲主义的神学时代以达至一种纯粹精神层面的"超物质"的精神境界,或达至一种"不食人间烟火"的"超人间"的精神境界,而是强调:人的自由全面发展之实现需要以充裕的物质生活条件为现实基础,首先就要关注人的物质生活,诉诸对人的物质关怀。

马克思和恩格斯在《形态》中基于人类生存论的视角,阐明了人类生存和发展的物质基础,表达出对人的物质关怀。他们指出:"我们首先应当确定一切人类生存的第一个前提,也就是一切历史的第一个前提,这个前提是:人们为了能够'创造历史',必须能够生活。但是为了生活,首先就需要衣、食、住以及其他东西。因此第一个历史活动就是生产满足这些需要的资料，即生产物质生活本身。"① 在马克思主义创始人的理论视阈中，人首先是感性的生命存在，因而物质关怀必须关注人的生命存在所需要的各种物质生活条件，包括衣、食、住、行等物质生活需求的满足，这不仅是实现终极关怀的必要前提，也是现实关怀的基本内容。基于此，他们创立的历史唯物主义重视对人的物质关怀，把远离现实生活的终极关怀由象牙塔带入到饮食男女的日常生活，使终极关怀并非纯粹地指向"终极"精神，也指向与人的生存和发展息息相关的、近在眼前的"吃喝住穿"等"在世之在"。

马克思指出："当人们还不能使自己的吃喝住穿在质和量方面得到充分保证的时候，人们就根本不能获得解放"②，"把这些慷慨的愿望写在纸上并不等于全部都做到了，真正的任务是把这些自由的思想变为物质的和理智的，变为社会的设施。"③ 依马克思之见，人的解放和发展都必须依赖于"社会的设施"。恩格斯在《英国工人阶级状况》中痛斥道，资本主义生产污染了空气，城市垃圾、被污染的生活用水和流行病严重损害了工人的身心健康，"一个生活在上述条件下并且连最必须的生活资料都如此缺乏的阶级，是不能够保持健康，不能够活得很长，这是不言而喻的。"④ 在此，恩格斯揭露出在物质关怀缺失的资本主义社会中人的基本生存都无法保障，遑论人的自由全面发展。1887 年，恩格斯在对英国北方社会主义联盟纲领进行修正时还指出："我们的目的是要建立社会主义制度，这种制度将给所有的人提供健康而有益的工作，给所有的人提供充裕的

---

① 《马克思恩格斯全集》（第 3 卷），北京：人民出版社 1960 年版，第 31 页。

② 《马克思恩格斯全集》（第 42 卷），北京：人民出版社 1979 年版，第 368 页。

③ 《马克思恩格斯全集》（第 42 卷），北京：人民出版社 1979 年版，第 315 页。

④ 《马克思恩格斯全集》（第 2 卷），北京：人民出版社 1957 年版，第 380 页。

物质生活和闲暇时间，给所有的人提供真正的充分的自由"①，既强调了社会主义制度重视对人的物质关怀，亦指明了社会主义制度对于实现人的"真正的充分的自由"之必要性。

历史唯物主义没有把人的物质关怀简单停留于空洞呐喊或思想层面，而是强调通过物质性的社会设施建设、吃喝住穿等物质需求的充分保障、健康有益的工作提供和充裕的物质生活条件创造等方式，为人的自由全面发展提供现实的、具体的物质关怀。马克思和恩格斯认为，一个人若缺乏充分的生活条件和必要的物质关怀，"如果这个人的生活条件使他只能牺牲其他一切特性而单方面地发挥某一种特性，如果生活条件只提供给他发展这一特性的材料和时间，那么这个人就不能超出单方面、畸形的发展。"② 历史唯物主义深深扎根于人的现实生活和社会实践，反对因漠视人的物质关怀而导致的人的片面化、畸形化发展，始终强调人的物质关怀这一必要前提，致力于为人的自由全面发展提供优越的物质生活条件，尽可能满足人的物质生活需求。

其二，历史唯物主义理论视阈中终极关怀实现之物质根基——发展生产力。

历史唯物主义深入到人类社会的本质层面——生产力层面，诉诸生产力的高度发展为人的自由全面发展夯实物质根基。马克思指出："自我异化的扬弃同自我异化走的是一条道路。"③ 也即，生产力发展带来工业发展和分工发展，导致人的积极性、主动性和创造性受到压抑和摧残，由此出现与终极关怀相背离的人的自我异化——人的片面化、畸形化发展，而自我异化的扬弃也必须通过发

---

① 《马克思恩格斯全集》（第21卷），北京：人民出版社1965年版，第570页。
② 《马克思恩格斯全集》（第3卷），北京：人民出版社1960年版，第295—296页。
③ 《马克思恩格斯全集》（第42卷），北京：人民出版社1979年版，第117页。

展生产力、创造物质财富的路径才能得以缓解或解决。马克思和恩格斯特别重视发展生产力的现实意义，指出如果没有生产力的这种发展，"那就只会有贫穷的普遍化；而在极端贫困的情况下，就必须重新开始争取必需品的斗争，也就是说，全部陈腐的东西又要死灰复燃。"① 依据他们对生产力的道德价值之理解，生产力就是人的本质力量之重要呈现，发展生产力的过程与实现人的自由全面发展的过程并非二元分立而是内在统一，前者为后者创造丰富的物质财富，奠定坚实的物质根基。

在历史唯物主义理论视阈中，生产力发展对于实现人的自由全面发展具有必要性和重要性，其不仅影响人的自由状态，亦影响人的发展之丰富性和全面性。对此，马克思和恩格斯在《形态》中指出："人们每次都不是在他们关于人的理想所决定和所容许的范围之内，而是在现有的生产力所决定和所容许的范围之内取得自由的"②，即从一般意义而言，生产力的发展程度决定人的自由实现程度。"只要生产的规模还没有达到不仅可以满足所有人的需要，而且还有剩余产品去增加社会资本和进一步发展生产力，就总会有支配社会生产力的统治阶级和贫穷的被压迫阶级"③，这时，人的自由全面发展就是一种奢谈，甚至空谈。马克思在《政治经济学批判（1857—1858 年草稿）》中进一步阐明了发展生产力对于实现人的自由全面发展之必要性："全面发展的个人……不是自然的产物，而是历史的产物。要使这种个性成为可能，能力的发展就要达到一定的程度和全面性，这正是以建立在交换价值基础上的生产为前提

① 《马克思恩格斯全集》（第 3 卷），北京：人民出版社 1960 年版，第 39 页。
② 《马克思恩格斯全集》（第 3 卷），北京：人民出版社 1960 年版，第 507 页。
③ 《马克思恩格斯选集》（第 1 卷），北京：人民出版社 1995 年版，第 238 页。

的。"① 他还指出："个人的全面性不是想像的或设想的全面性，而是他的现实关系和观念关系的全面性。……要达到这点，首先必须使生产力的充分发展成为生产条件，不是使一定的生产条件表现为生产力发展的界限。"② 依马克思之见，生产力只有发展到必须消灭私有制和分工才能使其继续发展这样一种"普遍的程度"，个人的全面发展才成为可能。在任何一种社会形态中，只有推动生产力的高度发展，"才能为一个更高级的、以每个人的全面而自由的发展为基本原则的社会形式创造现实基础。"③ 列宁也强调，生产是为了人，而不是相反。一个社会只有大力发展生产力，为人的发展提供丰富的物质生活资料和良好的物质文化条件，才能使人的发展从以"人的依赖关系"为基础的野蛮发展状态和以"物的依赖关系"为基础的片面发展状态升华至以"自由个性"为基础的自由全面发展状态。

马克思和恩格斯对以高度发达的生产力为基础的共产主义与人的自由全面发展之间的关系胸怀美好憧憬。恩格斯在《共产主义原理》中曾指出，在共产主义社会中，"大工业及其所引起的生产无限扩大的可能性，使人们能够建立这样一种社会制度，在这种社会制度下，一切生活必需品都将生产得很多，使每一个社会成员都能够完全自由地发展和发挥他的全部力量和才能。"④ 他后来又指出："人类的生产在一定的阶段上会达到这样的高度：能够不仅生产生活必需品，而且生产奢侈品"⑤，从而为人的自由全面发展提供丰富的物质产品。马克思和恩格斯在《形态》中揭示："在共产主义社会

---

① 《马克思恩格斯全集》（第 46 卷上），北京：人民出版社 1979 年版，第 108—109 页。

② 《马克思恩格斯全集》（第 30 卷），北京：人民出版社 1995 年版，第 541 页。

③ 《马克思恩格斯选集》（第 3 卷），北京：人民出版社 1995 年版，第 525 页。

④ 《马克思恩格斯全集》（第 4 卷），北京：人民出版社 1958 年版，第 364 页。

⑤ 《马克思恩格斯全集》（第 34 卷），北京：人民出版社 1972 年版，第 163 页。

中，即在个人的独创的和自由的发展不再是一句空话的唯一的社会
中，这种发展正是取决于个人间的联系，而这种个人间的联系则表
现在下列三个方面，即经济前提，一切人的自由发展的必要的团结
一致以及在现有生产力基础上的个人的共同活动方式。"① 正是基于
发展生产力对于人的自由全面发展之必要性的深刻把握，《宣言》开
宗明义地宣称："无产阶级夺取政权后要大力发展生产力，尽量增加
生产的总量。"② 之后，马克思在《哥达纲领批判》中依据生产力发
展的不同水平及其形成的不同分配形式来划分共产主义两个发展阶
段，而这两个发展阶段又表征出人的自由全面发展之实现程度的不
同，因而，生产力发展水平决定了人的自由全面发展之实现程度。
马克思晚年在《给〈祖国纪事〉杂志编辑部的信》中谈及生产力发
展对于人的自由全面发展之重要性时，重申了他先前的观点，指出：
"我把生产的历史趋势归结成这样：它'本身以主宰着自然界变化的
必然性产生出它自身的否定'；它本身已经创造出一种新的经济制度
的因素，它同时给社会劳动生产力和一切个体生产者的全面发展以
极大的推动"③，并把共产主义称为"在保证社会劳动生产力极高度
发展的同时又保证人类最全面的发展的这样一种经济形态"④。

　　纵观之，历史唯物主义没有囿于并停留于影响人的发展程度的
表象原因，而是深刻认识到从根本上制约人的生存方式、生产现状
和发展程度的症结——生产力。其始终立足于生产力这一人类社会
的本质层面，强调从生产力发展与人的自由全面发展之相互作用的
视角来提升人的发展程度，推动人的发展进程。它强调，一个社会
需要倾力发展生产力，并保证社会生产在根本方向上顺应人的自由

① 《马克思恩格斯全集》（第3卷），北京：人民出版社1960年版，第516页。
② 《马克思恩格斯全集》（第4卷），北京：人民出版社1958年版，第272页。
③ 《马克思恩格斯全集》（第19卷），北京：人民出版社1963年版，第130页。
④ 《马克思恩格斯全集》（第19卷），北京：人民出版社1963年版，第130页。

全面发展之要求和目标。这不仅为终极关怀提供了一条具有现实可操作性的现实化路径，亦使历史唯物主义的终极关怀真正从"终极"走向"现实"。

其三，历史唯物主义理论视阈中终极关怀实现之实践路向——诉诸物质生产实践和无产阶级革命实践。

历史唯物主义理论视阈中的终极关怀并非仅仅呈现于理论或观念之中，更是呈现于具体的人类实践之中，其特别重视实践对于变革旧世界、实现终极关怀的重大意义，从而赋予终极关怀以深邃的实践本性，为实现人的自由全面发展指明了正确的实践路向。马克思指出："哲学家们只是用不同的方式解释世界，而问题在于改变世界"[①]，"全部社会生活在本质上是实践的。凡是把理论引到神秘主义方面去的神秘东西，都能在人的实践中以及对这个实践的理解中得到合理的解决。"[②] 历史唯物主义诉诸人类实践以实现人的自由全面发展，但是，其指向的实践与西方传统哲学和宗教视阈中的实践又有着实质区别。

在西方传统哲学中，古希腊哲学热衷于从纯粹的伦理学意义来理解实践，将实践定位于人类"道德实践"，如亚里士多德在《尼可马可伦理学》中将实践界定为人类诉求幸福和至善的道德活动，康德将实践设定为人类遵循道德律令以获致意志自由的道德行动。由于近代自然科学的兴起，以笛卡尔和斯宾诺莎为代表的西方近代哲学将实践归结于人类"科学实践"。德国古典哲学把古希腊哲学和先前的近代西方哲学崇尚人类理性的理论特质发展到了可能的极限，将实践界定为人类"理性实践"。西方传统哲学把实践理解为"道德实践""科学实践"，抑或"理性实践"，没有真正把握实践的本

---

① 《马克思恩格斯全集》（第3卷），北京：人民出版社1960年版，第6页。
② 《马克思恩格斯全集》（第3卷），北京：人民出版社1960年版，第8页。

质——变革世界的活动。马克思和恩格斯对西方传统哲学特别是德国古典哲学的实践观之历史局限性和理论局限性进行了深刻批判。马克思曾批判了费尔巴哈将实践理解为"卑污的犹太人活动的表现形式"① 的观点，指出："从前的一切唯物主义——包括费尔巴哈的唯物主义……结果竟是这样，和唯物主义相反，能动的方面却被唯心主义发展了，但只是抽象地发展了，因为唯心主义当然是不知道真正现实的、感性的活动的。"② 针对黑格尔的实践观，马克思和恩格斯又批判道，黑格尔的实践——人类的行动，"它的内容也只能是形式的、抽掉了一切内容而产生的内容"③。西方宗教则把实践理解为上帝指引下的人类"灵魂救赎"和"灵魂转世"活动。针对宗教蔑视人类生产实践和革命实践的谬误，马克思深刻批判道："自从在世俗家庭中发现了神圣家族的秘密之后，世俗家庭本身就应当在理论上受到批判，并在实践中受到革命改造。"④

马克思和恩格斯运用历史唯物主义，深刻批判了上述实践观的唯心主义性质或神学色彩，创立了一种全新的实践哲学，还原了实践的本真意义——变革世界的活动，并指明："哲学家们只是用不同的方式解释世界，而问题在于改变世界。"⑤ 基于这种认识，历史唯物主义将终极关怀的根本性实现路径定位于人类实践，主要指向人类创造性生产实践和无产阶级革命实践。

马克思和恩格斯在《形态》中谈及人类生产实践的历史意义时指明："我们首先应当确定一切人类生存的第一个前提，也就是一切历史的第一个前提，这个前提是：人们为了能够'创造历史'，必须

---

① 《马克思恩格斯全集》（第 3 卷），北京：人民出版社 1960 年版，第 3 页。
② 《马克思恩格斯全集》（第 3 卷），北京：人民出版社 1960 年版，第 3 页。
③ 《马克思恩格斯全集》（第 42 卷），北京：人民出版社 1979 年版，第 176 页。
④ 《马克思恩格斯全集》（第 3 卷），北京：人民出版社 1960 年版，第 4 页。
⑤ 《马克思恩格斯全集》（第 3 卷），北京：人民出版社 1960 年版，第 6 页。

能够生活。但是为了生活，首先就需要衣、食、住以及其他东西。因此第一个历史活动就是生产满足这些需要的资料，即生产物质生活本身。"[1] 在他们看来，生产实践创造了人类生存和发展所需要的一切生活资料、物质财富和物质条件，"这种活动、这种连续不断的感性劳动和创造、这种生产，正是整个现存的感性世界的基础。"[2] 异化的扬弃、"自由个性"的生成和人的全面发展，不仅要依据对社会现实的批判、生产力的发展和自由精神的倡导，还需诉诸工具理性和价值理性相统一的人类创造性生产实践。

马克思认为，作为历史主体的人正是在创造性生产实践中才得以生存和发展，"整个所谓世界历史不外是人通过人的劳动而诞生的过程"[3]。依马克思之见，生产实践达到何种水平，人的自由全面发展就会相应处于何种状态，"个人是什么样的，这取决于他们进行生产的物质条件"[4]，"他们是什么样的，这同他们的生产是一致的——既和他们生产什么一致，又和他们怎样生产一致。"[5] 人的自由全面发展之本体和秘密深藏于创造性生产实践。马克思指出，创造性生产实践内在地生成了人的自然存在、社会存在和意识存在等方面的丰富特性，不仅推动了生产力的发展，而且拓展了人的生存领域，完善了人的生活世界，提升了人征服外界环境的能力，因而，其既是改造客观物质世界的实践，亦是改造人类主观世界的实践。创造性生产实践能够创造出丰富的物质财富和精神财富，生成"人化自然"，为推动人的自由全面发展提供了各种物质的、精神的资料和可能的发展空间。其还有力推动了工业的发展，而"工业的历史和工

---

① 《马克思恩格斯全集》（第3卷），北京：人民出版社1960年版，第31页。

② 《马克思恩格斯选集》（第1卷），北京：人民出版社1995年版，第77页。

③ 《马克思恩格斯全集》（第42卷），北京：人民出版社1979年版，第131页。

④ 《马克思恩格斯选集》（第1卷），北京：人民出版社1995年版，第68页。

⑤ 《马克思恩格斯全集》（第3卷），北京：人民出版社1960年版，第24页。

业的已经产生的对象性的存在是一本已开了的关于人的本质力量的书"①，能够使人在创造人类历史、改变自然环境的过程中不断摆脱自然力量的束缚，逐步提升自己的本质力量，促成人的"自由个性"之生成。在创造性生产实践中，"人不是在某一种规定性上再生产自己，而是生产出他的全面性"②。而在马克思主义创始人所憧憬的共产主义生产实践中，人的自由全面发展将得到最充分的保障，此时，"生产劳动给每一个人提供全面发展和表现自己全部能力的即体能的和智能的机会，这样，生产劳动就不再是奴役人的手段，而成了解放人的手段，因此，生产劳动就从一种负担变成一种快乐"③，"通过社会生产，不仅可能保证一切社会成员有富足的和一天比一天充裕的物质生活，而且还可能保证他们的体力和智力获得充分的自由的发展和运用"④。在《资本论》中，马克思更是精辟地指出："自由王国只是在由必需和外在目的规定要做的劳动终止的地方才开始；因而按照事物的本性来说，它存在于真正物质生产领域的彼岸。"⑤在此，马克思对物质生产实践在人类从必然王国进入自由王国过程中的重要性予以高度肯定。

概言之，在历史唯物主义理论视阈中，人类创造性生产实践的历史性发展一方面必然推动整个社会生产的进步，为人的自由全面发展创造丰富的物质财富，奠定坚实的物质基础；另一方面必然使人在生产实践中不断摆脱自然力量的制约，并超越各种内在和外在因素的束缚，促成人的个性的历史性丰富和人的发展的全面性，最终生成人的"自由个性"，使人从必然王国走向自由王国。

① 《马克思恩格斯全集》（第42卷），北京：人民出版社1979年版，第127页。
② 《马克思恩格斯全集》（第46卷上），北京：人民出版社1979年版，第486页。
③ 《马克思恩格斯文集》（第9卷），北京：人民出版社2009年版，第30—31页。
④ 《马克思恩格斯全集》（第19卷），北京：人民出版社1963年版，第244页。
⑤ 《马克思恩格斯全集》（第25卷下），北京：人民出版社1974年版，第926页。

诉诸无产阶级革命实践以实现人的自由全面发展，是历史唯物主义的终极关怀诉求所指向的根本性实践路向。历史唯物主义揭示出人的"自由个性"必然生成的历史必然性和道德必然性。科学社会主义理论、阶级斗争理论和无产阶级革命学说等，均不过是为了揭示在特定历史境遇中达到"自由"这一理想境地的具体途径。①那么，如何生成人的"自由个性"？如何实现人的自由全面发展？马克思和恩格斯强调："全部问题都在于使现存世界革命化，实际地反对和改变事物的现状"②，如果只热衷于把"人"从词句的统治下解放出来，"那么，'人'的'解放'并没前进一步；只有在现实的世界中并使用现实的手段才能实现真正的解放。"③ 这一"现实的手段"正是无产阶级革命实践。在历史唯物主义理论视阈中，要真正实现人的自由全面发展，就必须诉诸现实的无产阶级革命实践来改变人压迫人、人奴役人的社会关系和社会现实。历史唯物主义不再使人沉湎乌托邦式的宗教幻想或道德企盼，而是把终极关怀扎根于无产阶级的生活世界与革命实践之中，激励无产阶级和劳苦大众通过革命实践来超越"需要幻想的处境"，颠覆反人道的生活世界，争取现世的幸福，创造人间的天堂，最终实现自身的解放和自由全面发展。正如马克思所言："废除作为人民幻想的幸福的宗教，也就是要实现人民的现实的幸福。要求抛弃关于自己处境的幻想，也就是需要抛弃那需要幻想的处境。"④ 在这里，"马克思……既不是像基督教那样把自由理解为来自上帝的意志，也不是像康德那样把自由理解为理性存在者为自身颁布的'道德律令'，而是把自由的实现建

---

① 高兆明：《历史视野中的道德：马恩道德哲学思想解读——从〈共产党宣言〉的一段话谈起》，载《马克思主义研究》，2015 第 10 期，第 97 页。

② 《马克思恩格斯全集》（第 3 卷），北京：人民出版社 1960 年版，第 48 页。

③ 《马克思恩格斯全集》（第 3 卷），北京：人民出版社 1960 年版，第 368 页。

④ 《马克思恩格斯全集》（第 1 卷），北京：人民出版社 1956 年版，第 453 页。

立在对现实社会矛盾运动规律的正确基础上，并通过实践的力量来完成。"①

　　历史唯物主义将终极关怀与无产阶级革命实践紧密联系，并将无产阶级革命实践作为"现实的个人"变革"个人的现实"，实现人的自由全面发展之根本路径。在历史唯物主义理论视阈中，终极关怀既不是对形而下的本体论世界的抽象思辨，亦不是对形而上的理念世界或彼岸世界的主观臆想，而是立足于人的生活世界即世俗的此岸世界，力求通过对生活世界的深刻批判及其实践变革，实现对生活世界的颠覆和超越，创建一种能够实现人的自由全面发展的新生活世界。马克思指出："资产阶级的'信仰自由'不过是容忍各种各样的宗教信仰自由而已，而工人党却力求把信仰从宗教的妖术中解放出来。"② 这种解放的根本路径即在于：诉诸无产阶级革命实践以改变人的片面化、畸形化发展和自由沦丧状态，实现人的自由全面发展。马克思和恩格斯鞭辟入里地指出："无产者，为了保住自己的个性，就应当消灭他们至今所面临的生存条件，消灭这个同时也是整个旧社会生存的条件，即消灭劳动。因此……他们应当推翻国家，使自己作为个性的个人确立下来。"③ 在此，"个性"是指"自由个性"，其只有通过诉诸无产阶级革命实践以扬弃人的异化状态、建立一个"以各个人自由发展为一切人自由发展的条件的联合体"④ 这一路径才能最终形成。无产阶级革命实践旨在建立的"联合体"是一种"真实的共同体"，"在真实的集体的条件下，各个个

①　李成旺：《追寻自由的三种途径：启示·理性·实践》，载《哲学研究》，2013年第 4 期，第 24 页。

②　转引自张世英：《论黑格尔的精神哲学》，上海：上海人民出版社 1986 年版，第 273 页。

③　《马克思恩格斯全集》（第 3 卷），北京：人民出版社 1960 年版，第 87 页。

④　《马克思恩格斯全集》（第 4 卷），北京：人民出版社 1958 年版，第 491 页。

人在自己的联合中并通过这种联合获得自由"①。马克思和恩格斯指出："这里谈的是一定历史发展阶段上的个人，而决不是任何偶然的个人，至于不可避免的共产主义革命就更不用说了，因为它本身就是个人自由发展的共同条件。"② 在他们的实践观视阈中，无产阶级革命实践是创立共产主义、实现人的自由全面发展之根本路径，"不可避免的共产主义革命"本身就是"个人自由发展的共同条件"；以人的自由全面发展为基本特征的共产主义，只有在无产阶级革命实践的基础上才具有现实性和必然性。历史唯物主义以"实践至上"原则取代西方传统哲学的"思维至上"原则和宗教神学的"上帝至上"原则，并以实践性消解了西方传统哲学视阈下的"主—客"二元分立，特别是以无产阶级革命实践为根本路径来探寻人的自由全面发展之路，从而开启了一条革命性的、实践性的终极关怀实现路径。

历史唯物主义在扬弃西方传统哲学和宗教视阈中抽象化或神化的终极关怀实现路径的基础上，致力于诉诸物质关怀、发展生产力和人类实践等现实化路径以实现其终极关怀诉求——人的自由全面发展，由此实现了人类思想史上终极关怀实现路径之深刻嬗变，赋予了终极关怀以深厚的现实关怀意蕴。这也是历史唯物主义的终极关怀与现实关怀之内在契合的根本呈现。

综上论，历史唯物主义理论视阈中的终极关怀——人的自由全面发展，植根于"现实的个人"与"个人的现实"，即人的生活世界，以"现实的个人"为终极关怀的价值主体，以人的生活世界为终极关怀的对象世界，并在此基础上积极探寻终极关怀的现实化路径，内蕴深厚的现实关怀意蕴。其既超越了以"抽象的个人"为终

---

① 《马克思恩格斯全集》（第3卷），北京：人民出版社1960年版，第84页。
② 《马克思恩格斯全集》（第3卷），北京：人民出版社1960年版，第516页。

极关怀的价值主体，以理念世界为终极关怀的对象世界，以抽象的人类理性之封闭的自我运动为终极关怀实现路径的西方传统哲学视阈中终极关怀的思辨性，亦超越了以"虚幻的人类"为终极关怀的价值主体，以虚幻的彼岸世界为终极关怀的对象世界，以神圣的上帝指引下的人类"灵魂救赎"为终极关怀实现路径的宗教视阈中的终极关怀的虚幻性，实现了从终极关怀向现实关怀的回归。历史唯物主义既没有以终极关怀凌驾于现实关怀之上，亦没有以现实关怀消解终极关怀，而是实现了两者之内在契合。在历史唯物主义理论视阈中，人的自由全面发展不是理论演绎的产物或上帝的恩赐，而是一种从生活世界出发，通过批判社会现实、诉诸人类实践来变革现实和超越现实的发展过程，也是人类以现实的、批判的和实践的精神推动自我发展的必然结果；不是漠视甚至无视现实关怀的道德乌托邦，而是一种融入了现实关怀的科学的道德价值关怀，其具有人类历史上任何形式的终极关怀都无可比拟的现实性，堪称哲学发展史上终极关怀的"壮丽日出"。

三、终极关怀与阶级关怀之自为交融：历史唯物主义的终极关怀之阶级基础

无论是西方传统哲学，抑或宗教，都没有对特定时代的底层民众和革命阶级给予必要的道德关注与阶级关怀，亦没有找寻到那个时代能够实现终极关怀的实践主体和阶级力量。当然，他们也并不热衷于寻求这种阶级力量，而是致力于在思辨演绎或神学信仰中找寻终极关怀的依托力量——抽象的人类理性或神圣的上帝。西方传统哲学视阈下的终极关怀以抽象的人类理性或"绝对精神"为依托力量，只能在理念世界的自我运动中踟蹰，只是一种悬设的道德价值目标。而西方宗教则将异化了的人——上帝或"人格神"视为主

宰世界的根本力量和实现终极关怀的最终依托，企盼至高无上的神祇对人类进行"灵魂救赎"，并将这种救赎视为终极关怀的唯一实现路径。这种试图以神"解放"人的企盼具有荒谬性和无根性，非但不能使人获得真正意义上的发展，反而成为阻碍人的发展的精神枷锁。正如费尔巴哈所言，宗教是人类精神之梦。西方传统哲学和宗教视阈下的终极关怀不仅缺失了历史关怀和现实关怀，亦在热衷于"理性关怀"或"神性崇拜"的过程中消融了阶级关怀，始终没有找寻到特定时代下能够真正代表历史发展和人类进步的实践主体和阶级力量。这也注定其理论视阈下的终极关怀最终走向道德乌托邦，不可能真正实现对人的道德关切。

历史唯物主义始终立足于阶级关怀的立场，深刻批判了西方传统哲学和宗教视阈下的终极关怀无视阶级关怀的阶级冷漠。其不仅密切关注无产阶级的现实处境和未来命运，而且正确认识到无产阶级是实现阶级解放、人类解放和人的自由全面发展的实践主体和阶级力量。正如列宁所言："马克思学说中的主要一点，就是阐明了无产阶级作为社会主义创造者的世界历史作用。"[1] 历史唯物主义使阶级关怀升华至终极关怀的历史高度，亦使终极关怀置于阶级关怀的基础之上，由此实现了两者之自为交融。

一方面，历史唯物主义从阶级关怀引出终极关怀——人的自由全面发展，使阶级关怀升华至终极关怀的历史高度。

人的自由全面发展不是马克思和恩格斯出于一时的情感冲动或理论兴趣而提出的，而是他们基于对无产阶级的阶级关怀而提出的道德价值目标。马克思主义创始人毕生都对无产阶级胸怀深厚的阶级情感，对无产阶级的生活世界秉持深切的道德关注。阿尔都塞在《弗洛伊德与马克思》一文中曾指出，马克思拨开意识形态的迷雾后

---

[1] 《列宁专题文集（论马克思主义）》，北京：人民出版社 2009 年版，第 61 页。

所发现的最大现实不是其他，而正是无产阶级。从阶级关怀的立场出发，马克思和恩格斯对无产阶级的生存和发展境遇进行了淋漓尽致的揭露和批判。马克思在《手稿》中指出："不言而喻，国民经济学把无产者，即既无资本又无地租，只靠劳动而且是片面的、抽象的劳动为生的人，仅仅当作工人来考察，因此，它才会提出这样一个论点：工人完全和一匹马一样，只应得到维持劳动所必需的东西"①，"工人的产品越完美，工人自己越畸形……"② 马克思和恩格斯在《神圣家族》中对无产阶级的全面异化及由此引发的自由沦丧进行了深刻的道义谴责："无产阶级在这种异化中则感到自己是被毁灭的，并在其中看到自己的无力和非人的生存的现实。这个阶级，用黑格尔的话来说，就是在被唾弃的状况下对这种状况的愤慨，这个阶级之所以必然产生这种愤慨，是由于它的人类本性和它那种公开地、断然地、全面地否定这种本性的生活状况相矛盾。"③ 两位革命导师在《形态》中进一步批判道："个人就是受分工支配的，分工使他变成片面的人，使他畸形发展，使他受到限制。"④ 马克思在《资本论》中更是痛斥："机器劳动极度地损害了神经系统，同时它又压抑肌肉的多方面运动，侵吞身体和精神上的一切自由活动"⑤，"工场手工业把工人变成畸形物，它压抑工人的多种多样的生产志趣和生产才能，人为地培植工人片面的技巧，这正象在拉普拉塔各州人们为了得到牲畜的皮或油而屠宰整只牲畜一样。"⑥

马克思和恩格斯密切关注无产阶级的生存和发展境遇，对无产

---

① 《马克思恩格斯全集》（第 42 卷），北京：人民出版社 1979 年版，第 56 页。
② 《马克思恩格斯全集》（第 42 卷），北京：人民出版社 1979 年版，第 92 页。
③ 《马克思恩格斯全集》（第 2 卷），北京：人民出版社 1957 年版，第 44 页。
④ 《马克思恩格斯全集》（第 3 卷），北京：人民出版社 1960 年版，第 514 页。
⑤ 《马克思恩格斯全集》（第 23 卷），北京：人民出版社 1972 年版，第 463 页。
⑥ 《马克思恩格斯全集》（第 23 卷），北京：人民出版社 1972 年版，第 399 页。

阶级给予深切的阶级关怀。依他们之见，"为了看到并理解阶级社会在制造着什么，就必须站在无产阶级的理论立场上"①。但是，他们没有简单停留于阶级关怀的层面，而是从阶级关怀中深刻感悟到无产阶级的畸形化发展和自由沦丧之反人道性，敏锐洞悉到人的理想化发展状态——人的自由全面发展之必要性、可能性和重要性。经过审慎的实践反思和理论酝酿，马克思和恩格斯在《宣言》中庄严宣告："代替那存在着各种阶级以及阶级对立的资产阶级旧社会的，将是一个以各个人自由发展为一切人自由发展的条件的联合体。"②在《资本论》中，马克思进一步指明，共产主义是"以每个人的全面而自由的发展为基本原则的社会形式"③。至此，历史唯物主义从阶级关怀中引出人的自由全面发展诉求。这种诉求在历史唯物主义的创立和发展过程中日臻完善，最终发展为历史唯物主义理论视阈中人类发展的道德旨归和历史发展的价值皈依，并成为历史唯物主义对人类始终秉持的终极关怀。由此，历史唯物主义把对无产阶级的阶级关怀升华至对全人类的终极关怀的道德境界和历史高度，为阶级关怀提供了"终极的"价值引领。

另一方面，历史唯物主义将无产阶级的阶级解放视为实现人的自由全面发展之阶级基础，使终极关怀置于阶级关怀的基础之上。

西方传统哲学和宗教始终未找寻到特定时代能够实现终极关怀的实践主体和阶级力量。19世纪以欧文、傅立叶和圣西门为代表的英法空想社会主义亦是如此，其虽然"提供了启发工人意识的极为宝贵的材料"④，也提出了自己的终极关怀诉求——建立没有剥削和

---

① A Louis Althusser, *Writings on Psychoanalysis*: *Freud and Lacan*, New York: Columbia University Press, 1996, p.111.

② 《马克思恩格斯全集》（第4卷），北京：人民出版社1958年版，第491页。

③ 《马克思恩格斯全集》（第23卷），北京：人民出版社1972年版，第649页。

④ 《马克思恩格斯全集》（第4卷），北京：人民出版社1958年版，第501页。

压迫、人人平等的社会主义社会，但是，"他们没有看出无产阶级方面的任何历史首创作用，没有看出无产阶级所特有的任何政治运动"①，没有找寻到那个时代能够变革旧世界、创立新世界的阶级力量——无产阶级，更没有认识到无产阶级的阶级解放对于建立社会主义社会、实现人的自由全面发展的重大意义。正如恩格斯所言："所有这三个人有一个共同点：他们都不是作为当时已经历史地产生的无产阶级的利益的代表出现的。他们和启蒙学者一样，并不是想解放一个阶级，而是想解放全人类。"② 英法空想社会主义的理论局限性使其视阈下的终极关怀虽然具有浓厚的人文性和道义性，却无法摆脱浪漫性和空想性的理论桎梏。与西方传统哲学、宗教和空想社会主义都不同，历史唯物主义立足于阶级关怀的立场，全面考察并客观分析了资本主义两大阶级——无产阶级和资产阶级的基本矛盾，提出了"两个必然"和"无产阶级是资产阶级的掘墓人"等观点，科学揭示出实现终极关怀的历史主体、价值主体和实践主体——无产阶级，赋予终极关怀以坚实的阶级基础。

马克思和恩格斯在找寻到变革旧世界、实现终极关怀的阶级力量的基础上，进一步深刻认识到：无产阶级的阶级解放对于实现人类解放和人的自由全面发展具有深刻的必要性和重要性。早在《〈黑格尔法哲学批判〉导言》中，马克思就明确提出："哲学把无产阶级当作自己的物质武器"③。针对德国人的解放诉求，马克思又指出："这个解放的头脑是哲学，它的心脏是无产阶级。"④ 马克思在《手稿》中还指出："社会从私有财产等等的解放、从奴役制的解放，是通过工人解放这种政治形式表现出来的，而且这里不仅涉及

---

① 《马克思恩格斯全集》（第 4 卷），北京：人民出版社 1958 年版，第 500 页。
② 《马克思恩格斯全集》（第 19 卷），北京：人民出版社 1963 年版，第 207 页。
③ 《马克思恩格斯全集》（第 1 卷），北京：人民出版社 1956 年版，第 467 页。
④ 《马克思恩格斯全集》（第 1 卷），北京：人民出版社 1956 年版，第 467 页。

工人的解放，因为工人的解放包含全人类的解放……"① 在《哲学的贫困》中，马克思确认了无产阶级的阶级解放对于建立新社会、实现人的发展之必要性，提出"被压迫阶级的解放必然意味着新社会的建立"②。恩格斯也强调："完成这一解放世界的事业，是现代无产阶级的历史使命"③，"共产主义是关于无产阶级解放的条件的学说"④。恩格斯"说明了无产阶级不只是一个受苦的阶级；说明了正是它所处的特殊的经济地位，无可遏制地推动它的前进，使它去争取本身的解放，而战斗着的无产阶级是能够自己帮助自己的。"⑤在历史唯物主义理论视阈中，无产阶级的阶级解放不仅是扬弃私有财产和消灭异化劳动的基本前提，亦包含着人类解放的道德旨趣；无产阶级的非人化处境决定了他们必然以超越任何阶级的"现实的、实践的态度"来承担解放自身和全人类、为每个人的自由全面发展创造条件的历史使命，实现了终极关怀与阶级关怀之自为交融。

在历史唯物主义理论视阈下，无产阶级的阶级解放和人类解放完全一致：人类解放只有通过无产阶级解放才能实现，而无产阶级只有解放全人类才能最终解放自己。过去，我们只强调阶级解放，把人类解放的历史任务放逐到遥远的未来，这是对历史唯物主义解放观的曲解。但是，历史唯物主义理论视阈下的人类解放并非历史发展的最高目标，人的自由全面发展才是历史发展的终极目标，亦是人类解放的最高境界。历史唯物主义强调，无产阶级革命是变革现实世界、实现人的自由全面发展所必然要采取的一种符合时代要求的特殊斗争形式。作为最广大、最贫困群体的

① 《马克思恩格斯全集》（第 42 卷），北京：人民出版社 1979 年版，第 101 页。
② 《马克思恩格斯全集》（第 4 卷），北京：人民出版社 1958 年版，第 197 页。
③ 《马克思恩格斯全集》（第 19 卷），北京：人民出版社 1963 年版，第 247 页。
④ 《马克思恩格斯全集》（第 4 卷），北京：人民出版社 1958 年版，第 357 页。
⑤ 《列宁全集》（第 2 卷），北京：人民出版社 1984 年版，第 7 页。

无产阶级，他们自身的经济解放、政治解放、社会解放、文化解放及其身心解放所构成的阶级解放，是重建合道德性的人类生存和发展模式的必要手段。正是基于此，历史唯物主义始终关注无产阶级的阶级解放，并指明这种阶级解放不仅是实现人类解放之根本路径，亦是实现人的自由全面发展之阶级基础，从而将终极关怀置于阶级关怀的基础之上。①

综上述，从阶级视角而言，历史唯物主义始终关注无产阶级的生存和发展境遇及其阶级解放，突显出强烈的阶级关怀；从道德视角而论，历史唯物主义始终诉求通过无产阶级的阶级解放来实现全人类解放和人的自由全面发展，呈现出深切的终极关怀。历史唯物主义既从阶级关怀中引出阶级关怀，使阶级关怀升华至终极关怀的历史高度，亦将无产阶级的阶级解放视为实现人的自由全面发展之阶级基础，使终极关怀置于阶级关怀的基础之上。基于此，其视阈下的终极关怀既具有终极性，亦具有阶级性，彰显出人类道德旨归与阶级情感之历史性契合，实现了终极关怀与阶级关怀之自为性交融。

---

① 参见参见余京华：《马克思唯物史观的道德维度及其当代观照》，安徽大学博士论文，2010 年。

第五章 历史唯物主义道德观：人类道德领域的革命性变革

马克思和恩格斯的历史观和道德观如何实现从唯心主义向唯物主义的动态性转化？唯物主义历史观与唯物主义道德观如何最终在历史唯物主义理论视阈中实现历史性统一，从而最终形成历史唯物主义道德观？历史唯物主义道德观的基本内涵与理论特质是什么？本章试图回归历史唯物主义经典文本的原初理论语境和马克思主义创始人的原创话语体系，对历史唯物主义道德观作深入的理论沉思和系统的理论研究，以期对上述问题作出较为客观的回答。

系统梳理马克思和恩格斯的道德致思理路，深入剖析历史唯物主义道德观之形成与发展历程，深刻领悟历史唯物主义道德观之基本内涵和理论特质，在理论上有助于我们准确把握历史唯物主义的道德维度之深层内涵；在实践上有助于我们充分发挥历史唯物主义道德观在新时代中国的道德引领作用。

第一节　历史唯物主义是否包含道德观？

何谓道德观？《伦理百科辞典》认为，道德观是对社会道德现象和道德关系的整体认识和系统看法。《伦理学大辞典》认为，道德观是指对道德的认识和观点。《世界伦理道德辞典》则认为，道德观是对道德的总的看法、观点和态度。上述文献基于不同视角对道德观涵义的阐释虽有区别，但也有其共性，即道德观是关于道德的起源、本质及其发展规律的根本观点。

历史唯物主义是否包含道德观？对此问题，国内外学界总体上存在着两种直接对立的观点。

一种观点认为，历史唯物主义的理论主旨是进行社会历史研究，并揭示人类社会发展规律，其没有专门研究道德问题，根本不包含道德思想和道德观。如艾伦·伍德在《马克思对正义的批判》一文中就指出，马克思的思想中根本不存在有关正义的道德观，马克思的思想是一种与道德无关的非道德论。[1] 不少西方学者与伍德的观点相近，认为马克思只强调社会发展的历史性和具体性，因此其理论不包含道德理论，或者没有前后一致的理论，或者即使存在前后一致的理论，这个理论也仅仅是一种道德怀疑论或相对主义。[2] 另有西方学者认为，青年马克思的思想闪耀着道德与人道主义的光辉，但至历史唯物主义创立之后，马克思形成了研究社会问题的科学的世

---

[1]　Allen Wood. "The Marxian Critique of Justice", *Philosophy and Public Affairs*, Vol.1, No.3, Spring, 1972, pp.245-280.

[2]　Eugene Kamemnka. *Marxism and Ethics*, New York: St.Martin's, 1969. 转引自吕梁山：《从自我决定到自我实现：阿罗诺维奇对马克思道德观的阐释》，载《马克思主义研究》，2013年第5期，第101页。

界观和方法论，此时，他仅仅满足于业已形成的一般哲学方法论，不再具体地研究道德，而至晚年《人类学笔记》之际，他又回归了早期的道德研究立场。这种认识产生于19世纪末期，代表人物有詹姆士、胡克、罗斯托、伍德和福山等人，他们肯定马克思青年和晚年时期的著述和研究关注道德，包含一定的道德观，但否认历史唯物主义包含道德立场和道德观。总之，在伍德等上述学者看来，历史唯物主义理论视阈中的历史观只承认生产力、生产关系、生产劳动和科学技术等经济因素在社会发展中的决定性作用，而否认思想观念、伦理道德等意识形态因素在其中的作用，因而，历史唯物主义是一种注重社会发展的规律性和必然性、"道德中立"的纯粹"历史科学"。

与上述观点直接对立的另一种观点则认为，马克思和恩格斯运用历史唯物主义研究全部人类历史和社会形态，并始终自觉地从人类历史发展中揭示道德的起源、发展和本质等问题，形成了关于道德的基本理论。这种观点肯定历史唯物主义具有非常丰富的道德思想，包含科学的道德观。我们知道，在历史唯物主义文本中，马克思和恩格斯关于道德的论述不是零散的、感性的，而是全面的、系统的。有学者从《马克思恩格斯全集》中找出论述道德问题的内容共有286处，约30万字①。宋希仁编著的《马克思恩格斯道德哲学研究》对马克思主义道德哲学思想进行了系统的梳理和总结，对其道德运思理路、基本内容及其现实意义进行了详尽的阐释，并对如何正确评析马克思主义道德哲学研究中的重点、难点和热点问题予以了回应。有学者认为，"历史视野中的道德观内在地承认道德价值的客观普遍性、坚持道德价值标准的确定性，唯物史观中的道德哲

---

① 参见何良安：《论道德理论在马克思思想体系中的地位》，载《伦理学研究》，2007第1期，第81页。

学思想深刻揭示了人类文明演进的价值方向。"① 还有研究者指出，"唯物史观的产生不仅使马克思的哲学思想从唯心主义转变到唯物主义，从人道主义达到科学社会主义和共产主义新阶段，而且也给道德哲学思想的发展史增添了新的内容，给人类观察和分析道德现象提供了科学的观点和方法。"②

历史唯物主义创立后，马克思确实从青年时期的道德研究转向社会历史研究，这是否意味着他不再关注道德和道德研究？是否意味着作为一种科学历史观的历史唯物主义拒斥了道德观？我们认真研读历史唯物主义经典文本，深入剖析历史唯物主义基本原理，系统把握历史唯物主义关于道德的论述，不难发现：历史唯物主义虽然是揭示历史发展规律的历史哲学而非独立的伦理道德体系，却并未消解道德观。马克思和恩格斯生前虽然没有像康德、黑格尔及西方学院伦理学那样撰写出专门的伦理学专著，但是，这并不意味着道德观在历史唯物主义中的必然"空场"。历史唯物主义创立后，马克思的道德运思理路实现了从唯心主义向唯物主义之重大转向，走出以往哲学家诉诸抽象道德原则从事道德研究的理论局限和历史局限，将道德研究置于唯物主义历史观的基础之上。马克思和恩格斯以唯物主义历史观为理论基础，从物质生产实践和现实经济关系出发考察道德的起源、发展、本质和作用等问题，深刻批判资产阶级道德观为私有制"辩护"的伪善性和反动性，并批判性继承了历史上基督教神学道德观、康德自律论伦理观、黑格尔唯心主义道德观、费尔巴哈抽象人本主义道德观及杜林（Eugen Dühring）先验唯心主义道德观等道德哲学流派的思想，最终揭示出道德的物质根源、

---

① 高兆明：《历史视野中的道德：马恩道德哲学思想解读——从〈共产党宣言〉的一段话谈起》，载《马克思主义研究》，2015 年第 10 期，第 96—97 页。

② 赵家祥：《马克思历史进步评价尺度理论的历史考察》，载《贵州师范大学学报》（社会科学版），2010 年第 6 期，第 166 页。

利益基础、历史性和阶级性，使道德观从唯心走向唯物，从抽象走向科学，完成了道德观的历史唯物主义建构，创立了科学的道德观——历史唯物主义道德观。马克思主义道德观从严格意义和本质层面而言，就是历史唯物主义道德观。

历史唯物主义道德观是指历史唯物主义对道德的起源、发展、本质、作用、特征及其发展规律的基本观点。其是马克思和恩格斯以唯物主义历史观为立论基础，以唯物主义的历史辩证法为立论方法，在对西方传统道德观和资产阶级道德观进行批判性继承和创造性发展的过程中建构而成的道德观。其建立于唯物主义历史观的基础之上，为道德研究提供了科学的理论根基，实现了人类道德观领域的革命性变革与道德观的实质性嬗变。对此，有学者指出："在伦理学的发展过程中，曾经有两次大的变革，一次是道德观念从神学中解放出来，使人们的行为准则由神的支配变为由人自己支配。这就是17、18世纪资产阶级上升时期，对封建阶级的宗教的'天启论'和禁欲主义的道德观的大变革。但是，这次大的变革终因时代的限制，没有使伦理学成为科学，仍然局限于资产阶级唯心主义和形而上学范围内，伦理学的基本原理仍然建立在各种假说和臆测的基础上。另一次大的变革就是马克思主义道德观的出现，由于唯物主义辩证法在历史领域的运用，道德的科学实质才被揭示出来。这就是使伦理学的理论基础，由唯心主义形而上学的抽象'人性论'变为科学的历史唯物论。由此伦理学便由各种假说或臆测所连缀成的道德哲学变为真正的道德科学，成为无产阶级解放斗争的思想武器。这次变革为伦理科学的发展奠定了真正的科学基础。"[①] 客观而论，历史唯物主义不仅实现了科学的世界观与科学的方法论之共时性统一，亦实现了科学的历史观与科学的道德观之历史性统一。游

---

① 李奇：《道德科学初学集》，上海：上海人民出版社1979年版，第11页。

离于历史唯物主义之外，我们不仅无法深刻理解历史唯物主义本身的道德维度，亦无法全面把握马克思主义道德理论。正如有学者所言："马克思的历史唯物主义是一个'艺术整体'，其伦理思想则是这个'艺术整体'的重要内容。要理解马克思伦理思想的特质及其在伦理思想史上所产生的变革意义，就必须在历史唯物主义的视域中进行反思和关照。"[1]

历史唯物主义完成了对历史唯心主义道德观和资产阶级道德观之解构，在唯物主义历史观的基础上重构起历史唯物主义道德观。历史唯物主义道德观具有立论基础的唯物性、立论方法的辩证性和立论原则的科学性，其本质是在唯物主义历史观与唯物主义道德观之历史性统一的基础上构建而成的科学的道德观，使道德从虚幻的彼岸世界回归现实的此岸世界。

历史唯物主义道德观既是历史唯物主义的道德维度之重要理论呈现，亦是马克思主义道德理论之题中应有之义。关于历史唯物主义道德观中生态道德理观、正义观等基本内容，学界已有研究，本章对此不作探讨，而是主要基于宏观性、整体性视角探赜历史唯物主义道德观如何形成及其理论特质。

第二节　唯物主义历史观与唯物主义
道德观之历史性统一

长期以来，学界多强调历史唯物主义是科学的历史观，而忽视了对其理论视阈中的道德观进行深入探赜。我们认真梳理并深刻剖

---

[1]　李培超、苏玲：《历史唯物主义视域下的伦理突破——论马克思伦理思想的特质》，载《湖南师范大学社会科学学报》，2008年第6期，第32页。

析历史唯物主义创立与发展史，不难发现：基于历史观和道德观的视角而言，历史唯物主义的形成和发展过程就是马克思和恩格斯对自己哲学思想视阈中的历史观与道德观进行批判性把握和创造性整合的过程，亦是他们的历史观与道德观从唯心向唯物逐步转变，最终实现科学的历史观（唯物主义历史观）与科学的道德观（唯物主义道德观）之历史性统一的发展过程。在此，我们需理性把握：就历史观"接纳"道德观这一点而言，并不能把历史唯物主义与历史唯心主义区别开来，因为包括黑格尔哲学在内的历史唯心主义也有自己的道德观。但是，历史唯物主义作为一种科学的历史观，其在"接纳"道德观的过程中所形成的历史唯物主义道德观，与历史唯心主义道德观和旧唯物主义道德观皆有实质区别。历史唯物主义道德观将道德观建立于唯物主义历史观的理论基础之上，以历史性话语方式和动态性实践精神直面道德研究的深层主题，赋予了道德观以"唯物"的理论基础和科学的理论内涵。

马克思的历史观和道德观如何实现从唯心主义向唯物主义的动态性转化？唯物主义历史观与唯物主义道德观如何在历史唯物主义理论视阈中最终实现历史性统一？历史唯物主义创立前，特别是《手稿》写作之前，马克思在历史观上曾先后受到近代启蒙思潮、康德哲学、费希特哲学、黑格尔哲学和青年黑格尔派思辨哲学的影响，表现出鲜明的唯心主义色彩，形成了唯心主义历史观。在这种唯心主义历史观的影响下，马克思的道德观也烙印上较为浓厚的唯心主义色彩，形成了唯心主义道德观。后来，马克思在历史观上与唯心史观分道扬镳，转向费尔巴哈人本主义哲学。至《手稿》创立之际，马克思深受费尔巴哈人本主义哲学的影响，在历史观与道德观上都表征出从唯心主义向唯物主义的历史性转折，形成了人本主义历史观和人本主义道德观。经过《神圣家族》和《提纲》的理论传承，至《形态》完成、历史唯物主义创立之际，马克思和恩格斯开始将道德研究建立于历史唯物主义的理论基础之上，确立了历史唯物主义道德观，并由此实现了人类道德领域的革命性变革。历史唯物主义的形成过程实际上也是马克思和恩格斯的历史观与道德观从唯心主义向唯物主义转变的历史性的动态生成过程。历史唯物主义创立后，科学的历史观（唯物主义历史观）与科学的道德观（唯物主义道德观）在历史唯物主义理论视阈中实现了历史性统一。

一、从马克思中学时代到《德法年鉴》时期：唯心主义历史观与唯心主义道德观之自发性契合

从中学时代到《德法年鉴》时期，马克思的历史观总体上属于唯心主义历史观。在唯心主义历史观的支配下，马克思的道德观也处于唯心主义道德观的理论场域，历经了基督教神学道德观和理性主义道德观两个阶段。这一时期，唯心主义历史观与唯心主义道德观在马克思哲学思想发展过程中实现了自发性契合。

中学时代是马克思的客观唯心主义历史观与基督教神学道德观实现自发性契合的阶段。马克思青少年时代生活于有着浓厚基督教文化氛围的德国。在家庭、学校和社会的潜移默化的影响和熏陶下，马克思深受基督教神学的影响，在历史观上具有鲜明的客观唯心主义倾向。在这种历史观的影响下，马克思逐渐形成了基督教神学道德观，其核心理念即为：人信奉基督和神是道德的唯一根源。中学时代的马克思在关于基督教的论述中，把道德视为人对神和基督的"神圣之爱"，认为这种"爱"是超功利的、超时空的"绝对之爱"。此时，马克思的基督教神学道德观集中呈现于他写作的《论宗教问题的作文》一文之中。马克思写道："我们的心、理性、历史、基督的道都响亮而令人信服地告诉我们，和基督一致是绝对必要的，没有这种一致我们就不能达到自己的目的，没有这种一致我们就会被

上帝抛弃，而只有上帝才能拯救我们"①，"一切道德的行为都是出于对基督的爱、出于对神的爱，正是出于这种纯洁的根源，道德才摆脱了一切世俗的东西而成为真正神圣的东西……同时也变得更为温和和更近人情。"② 此时，马克思特别强调道德是人神一致的基础和根源，将"人类幸福和自身完美"视为最高道德，将人对神的"纯洁之爱"视为道德的纯洁根源，比较明确地表达出具有鲜明的基督教神学色彩的基督教神学道德观。在中学毕业论文《青年在选择职业时的考虑》中，马克思已不再片面强调人通过对神和基督的爱来获致道德，而是较为理性地认识到：人应通过充分发挥自己的主观能动性使自身发展与人类幸福内在统一，从而实现自我价值，获得更高的道德和幸福。为此，马克思呼吁青年人要按照自己的人生理想选择职业。他在文中写道："历史承认那些为共同目标劳动因而自己变得高尚的人是伟大人物；经验赞美那些为大多数人带来幸福的人是最幸福的人"，"如果我们选择了最能为人类福利而劳动的职业，那么，重担就不能把我们压倒，因为这是为大家而献身；那时我们所感到的就不是可怜的、有限的、自私的乐趣，我们的幸福将属于千百万人，我们的事业将默默地、但是永恒发挥作用地存在下去，而面对我们的骨灰，高尚的人们将洒下热泪。"③ 但是，他又发现，人们并不总是能随心所欲地选择自己喜欢的职业，因为各种客观因素都会对人的选择产生影响。这表明，马克思此时的道德观虽然带有浓厚的唯心主义色彩，却并未完全沿袭基督教神学道德观仅仅从神的意志出发来论证人的存在状态和幸福与否这一神性逻辑进路，而是开始认识到客观环境对人的自身发展与道德实现的影响，这是一种处于"静默"状态的"朦胧"的唯物主义思想因素。总体

---

① 《马克思恩格斯全集》（第 40 卷），北京：人民出版社 1982 年版，第 820 页。
② 《马克思恩格斯全集》（第 40 卷），北京：人民出版社 1982 年版，第 820 页。
③ 《马克思恩格斯全集》（第 40 卷），北京：人民出版社 1982 年版，第 7 页。

而论，在中学时代，马克思在历史观和道德观上实现了客观唯心主义历史观与基督教神学道德观之自发性契合。

　　从柏林大学到《德法年鉴》时期，马克思的唯心主义历史观与以"自由理性"为特征的理性主义道德观实现了自发性契合。进入柏林大学后，马克思转向对斯宾诺莎、康德、费希特和黑格尔哲学的推崇，并受到其哲学视阈中理性主义思想的影响，开始走出基督教神学的神性苑囿。这一时期，马克思对基督教神学道德观生发了质疑甚至批判，将创造人类并把火种带到人间的普罗米修斯视为人间楷模。他在博士论文序言中写道："普罗米修斯承认道：'老实说，我痛恨所有的神'，这是哲学的自白，它自己的格言，借以表示它反对一切天上的和地上的神，这些神不承认人的自我意识具有最高的神性。不应该有任何神同人的自我意识相并列。"① 这表明，马克思不再从神那里而是从人的自我意识中探寻道德的根源。他推崇斯宾诺莎、康德和费希特哲学，称他们为"道德领域内的思想巨人"，并以其哲学理性主义中的理想主义为批判武器，从"应然"的理想出发批判"实然"的缺憾，用理性主义统摄现实世界，试图建立一个庞大的法哲学体系。每当面临现实与理想、事实与价值的矛盾时，马克思总是奏响理想主义的最强音。此时，马克思在历史观上逐步从之前受基督教神学影响的客观唯心主义历史观转向高度重视"自我意识"作用的主观唯心主义历史观，在道德观上也开始从"自我意识"出发探讨道德的起源，并在康德主观唯心主义自律论伦理观和费希特伦理道德思想等道德观的影响下，对"自我意识"中的"自由理性"在道德实现过程中的历史作用进行了一定程度的理性反思与道德审视，最终摆脱了基督教神学道德观的理论桎梏，形成了

---

① 《马克思恩格斯全集》（第40卷），北京：人民出版社1982年版，第189—190页。

激进的理性主义道德观。

　　然而，也正是在这一时期，马克思发现了现实生活中到处呈现出"现有的东西和应有的东西之间完全对立"①，开始意识到康德哲学和费希特哲学的理论局限和历史局限。他指出："康德和费希特在太空飞翔，对未知世界在黑暗中探索；而我只求深入全面地领悟在地面上遇到的日常事物。"② 于是，1837 年下半年，马克思逐步从康德哲学和费希特哲学转向黑格尔哲学。他在 1837 年 11 月《给父亲的信》中写道："我从理想主义，——顺便提一提，我曾拿它同康德和费希特的理想主义比较，并从其中吸取营养，——转而向现实本身去寻求思想。"③ 马克思在大学时期出于对哲学的强烈兴趣，加入了青年黑格尔派。当他发现康德哲学和费希特哲学的理论缺憾后，便开始接受黑格尔哲学。黑格尔哲学虽然与康德哲学、费希特哲学一样，也具有鲜明的理性主义色彩，其在道德观上仍属于理性主义道德观，但两者的理性主义道德观却存在很大区别。前者是聚焦"绝对精神"的理性主义道德观，主张道德是主观意志和客观意志内在统一的精神实体，提出"主观性的善和客观的、自在自为地存在的善的统一"④；而后者则是以"意志自由"为特征的理性主义道德观，宣扬一种超越现实的、纯粹主观的理想主义，游离于社会现实谈论道德。马克思倾向于黑格尔哲学的理性主义道德观。马克思的博士论文《德谟克利特的自然哲学和伊壁鸠鲁的自然哲学的差别》及为准备这篇博士论文而撰写的《关于伊壁鸠鲁哲学的笔记》都表明，他当时已站在黑格尔哲学的理性主义立场上反对一切宗教神学，

① 《马克思恩格斯全集》（第 40 卷），北京：人民出版社 1982 年版，第 10 页。
② 《马克思恩格斯全集》（第 40 卷），北京：人民出版社 1982 年版，第 651—652 页。
③ 《马克思恩格斯全集》（第 40 卷），北京：人民出版社 1982 年版，第 15 页。
④ 〔德〕黑格尔：《法哲学原理》，北京：商务印书馆 1961 年版，第 162 页。

探讨道德问题，进一步发展了自己的理性主义道德观。所不同的是，黑格尔哲学是一种客观唯心主义哲学，而马克思在相关文章特别是博士论文中高度评价"自我意识"在现实社会中的地位和作用，在历史观上属于主观唯心主义历史观。马克思对伊壁鸠鲁把伦理学建立于对天体现象研究的自然哲学基础上的做法之肯定，以及他提出"世界的哲学化"和"哲学的世界化"的观点，又表明他的理性主义更关注现实世界，这与黑格尔哲学中的理性主义具有一定的理论分歧。总体而言，在柏林大学和博士论文时期，马克思在历史观上形成了以"自我意识"为中心的唯心主义历史观，在道德观上则在康德、费希特及黑格尔等人理性主义的影响下，形成了以"自由理性"为基础的理性主义道德观，由此实现了唯心主义历史观与理性主义道德观之自发性契合。这种理论境遇一直延续至《莱茵报》和《德法年鉴》时期。

　　《莱茵报》时期，马克思的历史观总体上仍属于唯心主义历史观。在这种历史观的影响下，马克思在道德观上虽已开始尝试性探讨物质利益与道德、法的关系，但总体上依然是以人的自由精神、自由理性为思想武器批判现实社会的诸种非道德或反道德现象，并阐述对于道德的理解。基于此，马克思此时的道德观依然属于理性主义道德观的理论范畴。这一时期，理想与现实的矛盾使马克思"第一次遇到要对所谓物质利益发表意见的难事"①，感到思辨的理性批判在现实面前显得苍白无力。这促使他开始关注道德与利益的关系问题，更为深入地了解处于社会底层的劳动人民之疾苦，并决心为他们的利益关切而斗争。从诸多"令人苦恼的疑问"中，马克思逐渐意识到：现实世界与道德、理性之间存在着令人痛苦的二元分裂，现实世界并不总是遵循启蒙思想家和理性主义哲学家所推崇

---

① 《马克思恩格斯全集》（第 13 卷），北京：人民出版社 1962 年版，第 7 页。

的自由理性来运行，道德也不总是以抽象的普遍理性法则的形式来表现自身并发挥作用；被康德视为"主体意志自我规定"的道德和黑格尔所主张的"伦理的自由"在现实世界中并无发挥作用的舞台，因此，一味诉诸自由理性或个体的道德自律，贫困者的生活状态并不会改变。马克思指出："在研究国家生活现象时，很容易走入歧途，即忽视各种关系的客观本性，而用当事人的意志来解释一切。但是存在着这样一些关系，这些关系决定私人和个别政权代表者的行动，而且就像呼吸一样地不以他们为转移。只要我们一开始就站在这种客观立场上，我们就不会忽此忽彼地去寻找善意或恶意，而会在初看起来似乎只有人在活动的地方看到客观关系的作用。"[1] 马克思在 1842 年撰写的《第六届莱茵省议会的辩论》中第一次提及"历史观察者"和"历史观点"等概念。这一时期，马克思的历史观出现了唯物主义思想萌芽，只是这种思想萌芽尚处于"沉默"和"隐性"状态，而唯心主义历史观仍是其历史观的主导因素。在道德观上，马克思对普鲁士的道德和法游离于现实之外的抽象性进行了深刻批判，指出："普鲁士法是建立在理性的抽象上的，这种理性的抽象本身是无内容的，它把自然的、法的和道德的内容看作外在的、没有内在规律性的实体"[2]，其道德观的唯物主义倾向初见端倪。

　　然而，总体而论，马克思在《莱茵报》时期的历史观和道德观皆具有唯心主义色彩。这主要表现为：他以人的自由精神、自由理性为思想武器批判现实社会的不自由和不平等。马克思认为，"自由确实是人所固有的东西，连自由的反对者在反对实现自由的同时也实现着自由"，"自由是人类精神的特权。"[3] 在他看来，普遍自由是人的本性，世界上没有一种动物尤其是带有理性的生物是带着镣铐

----

① 《马克思恩格斯全集》（第 1 卷），北京：人民出版社 1956 年版，第 216 页。

② 《马克思恩格斯全集》（第 40 卷），北京：人民出版社 1982 年版，第 310 页。

③ 《马克思恩格斯全集》（第 1 卷），北京：人民出版社 1956 年版，第 63 页。

出生的。此时，马克思对自由的强调本身虽具合理性，但以自由理性为思想武器批判现实社会中非自由的"实然"状态，却是一种典型的主观唯心主义历史观。在这种历史观的影响下，马克思的道德观也没有走出主观唯心主义的历史窠臼。此时，马克思对于书报检查令的批判、出版自由的辩护、贫困农民利益的辩护、离婚法草案、省议会的辩论、自由主义反对派的失误和共产主义的论证等系列檄文，对旧制度和旧道德发出猛烈抨击，对封建贵族和资产阶级的伪自由、伪法律和伪道德予以深刻揭露。马克思认为，这些旧道德把道德的基础由"人类精神的自律"变成统治阶级和宗教教义的他律，从而导致"作为这个世界（它受自己的规律支配）的原则的道德正在消失，而代替本质的却是外表的现象、警察的尊严和传统的礼仪"①。上述檄文表征出马克思的道德观正在逐步形成。但是，此时的道德观依然隶属于唯心主义道德观。如在《评普鲁士最近的书报检查令》一文中，马克思猛烈抨击普鲁士政府排斥斯宾诺沙、康德和费希特等"道德思想领域中的巨人"的做法，批判基督教立法者把道德只看成宗教的附属物而不承认道德本身的独立性，指出："道德的基础是人类精神的自律，而宗教的基础则是人类精神的他律"②。依马克思之见，道德的基本要求起源于理性的自律性而非他律性，个体需要关注自身的"伦理理性"——真正的、理性的自由意志，而不是关注经验的或先验的、超验的普遍意志。上述观点表明，马克思在道德观上进一步与宗教神学道德观划清了界限，开始将道德视为一个独立的、自律的、不受宗教奴役的思想范畴，认识到人们选择道德的基础在于人的自律精神，这种思想认识有其合理性。但是，马克思主张从人的自身中寻找道德基础的观点，却是一

---

① 《马克思恩格斯全集》（第 1 卷），北京：人民出版社 1995 年版，第 119 页。

② 《马克思恩格斯全集》（第 1 卷），北京：人民出版社 1956 年版，第 15 页。

种典型的主观唯心主义道德观。马克思在论述道德的一般本质时还指出："道德是一种本身神圣的独立范畴"①，将理性和道德看成是现实不可违背的最高原则，这也具有鲜明的唯心主义色彩。在《关于林木盗窃法的辩论》中，马克思对农民捡树枝是否合法这一问题提出自己的观点，认为风把树枝刮落"是自然力的偶然性，这种自然力夺取了私有制永远也不会自愿放手的东西"，并指出："在自然力的这一作用中，贫民感到一种仁慈的、比人类力量还有人道的力量。"② 在这里，马克思站在劳苦大众的立场上，借用自然力来论证农民捡树枝的道德合理性与社会合法性，暗示了自然力的道义性，又是一种客观唯心主义道德立场。在德国"第一个社会主义刊物"——《德法年鉴》时期，马克思在历史观上虽然提出了一些包含历史唯物主义思想萌芽的理论观点，但主要还是诉诸自由理性来实现变革世界、维护底层民众利益，其历史观总体上依然属于唯心主义历史观。以这种历史观为基础，马克思此时的道德观依然是理性主义道德观，依然囿于唯心主义道德观的理论视阈。

纵观中学时代至《德法年鉴》时期马克思的历史观和道德观之发展历程，当时的马克思仍是一位唯心主义者，在历史观上尚未完成从唯心主义历史观向唯物主义历史观的理论转变，在道德观上亦未超越德国理性主义道德观的理论视阈。但是，在《莱茵报》特别是《德法年鉴》时期，马克思的历史观已包含着唯物主义思想萌芽。由于马克思的理论创造活动与政治、经济等社会问题密切相关，他开始关注并着手研究物质利益和客观的社会经济关系，并通过对黑格尔法哲学的批判性分析来反思黑格尔哲学仅仅固守"解释世界"逻辑的理论缺憾。马克思意识到家庭和市民社会决定国家，从而颠

---

① 《马克思恩格斯全集》（第 1 卷），北京：人民出版社 1956 年版，第 15 页。
② 《马克思恩格斯全集》（第 1 卷），北京：人民出版社 1956 年版，第 147 页。

倒了黑格尔关于市民社会与国家关系的思想，并最终在《黑格尔法哲学批判》和《〈黑格尔法哲学批判〉导言》中与黑格尔分道扬镳，较为彻底地批判了黑格尔法治学思想和德国思辨哲学的神秘主义特征，把黑格尔哲学中被颠倒的逻辑观念和现实事物的关系重新颠倒过来，提出了"确立此岸世界的真理""把对天国的批判变成对尘世的批判"等命题及"市民社会""人民革命"等具有唯物主义性质的概念。在《论犹太人问题》中，马克思深刻批判了政治解放的阶级局限性，阐明了政治解放与宗教解放、人类解放的内在关系，认识到必须诉诸无产阶级即"武器的批判"以实现人类解放。可见，马克思这一时期的历史观已呈现出唯物主义思想萌芽。当然，此时的唯物主义还是一种人本主义的唯物主义，而非彻底的"新唯物主义"或实践唯物主义，也非辩证唯物主义或历史唯物主义。《莱茵报》和《德法年鉴》时期的唯物主义思想萌芽为马克思后来从唯心主义历史观转向唯物主义历史观，并深入到社会经济现实探赜各种道德问题提供了尝试性理论探索，成为马克思的历史观与道德观发生唯物主义转向的新生长点。

二、《1844 年经济学哲学手稿》时期：马克思的历史观与道德观从唯心主义向唯物主义之历史性转折

18 世纪末 19 世纪初，由康德创立、黑格尔集大成的德国古典哲学在德国思想领域一直处于统治地位，其具有鲜明的唯心主义色彩和思辨性质。19 世纪 30 年代左右，费尔巴哈高擎唯物主义旗帜，深刻批判了德国古典哲学的集大成者——黑格尔的唯心主义哲学体系，颠覆了德国古典哲学在人们心目中的理论形象和现实地位，使唯物主义登上了德国哲学的宝座。费尔巴哈哲学的理性出场突显出唯物主义的理论权威。费尔巴哈作为历史唯物主义诞生前杰出的唯物主

义哲学家，对青年马克思和恩格斯的影响比黑格尔以后的任何哲学家都要深刻。然而，费尔巴哈虽然在自然观上是唯物主义的，在历史观上却陷入了唯心主义的历史窠臼，是一位"半截子唯物主义"哲学家，其历史观是典型的人本主义历史观。费尔巴哈的人本主义历史观及在其影响下形成的人本主义道德观，对马克思的历史观与道德观之形成和发展产生了深刻影响。

《手稿》正是在上述理论影响下写成的一部探索性著述。在《手稿》中，马克思的历史观与道德观虽然总体上呈现出鲜明的人本主义理论特质，属于人本主义历史观与人本主义道德观的理论范畴，但是，两者皆已呈现出从唯心主义向唯物主义的历史性转折。

（一）《手稿》中马克思的历史观与道德观总体上呈现出鲜明的人本主义理论特质

在历史观上，马克思主要运用理想化的"类本质"——人的"自由的自觉的活动"[①] 批判异化劳动，将历史理解为抽象的"人的本质"之自我实现历史，总体上带有费尔巴哈人本主义历史观的思想烙印。与此相应，在道德观上，马克思以人本主义历史观为基础批判资本主义社会的经济非正当性与道德非合理性，并阐释相关道德问题，形成了人本主义道德观。

在《手稿》中，马克思的历史观存在着两种截然相反的逻辑进路：以抽象的"人的本质"为出发点的唯心主义的人本主义"思辨逻辑"和以经济事实为出发点的唯物主义的"科学逻辑"，而人本主义"思辨逻辑"居于主导地位。

《手稿》中历史观的真正出发点是抽象的、理想化的"人的本质"。马克思从抽象的"人的本质"出发来解释社会历史现象，批判"现实的人"的异化状态，将历史理解为抽象的"人的本质"之

---

① 《马克思恩格斯全集》（第 42 卷），北京：人民出版社 1979 年版，第 96 页。

自我实现的历史，将共产主义解释为"人的本质的复归"。这种以"应然"批判"实然"的历史观，带有清晰的人本学理论预设的印记。对此，张一兵教授在《回到马克思》一书中指出，《手稿》中马克思历史观的主导性理论逻辑就是用"应有"批判"现有"的抽象人本学思辨逻辑，这种逻辑毫无疑问是唯心史观逻辑；马克思在《手稿》中是"以人的社会类本质——理想化的自主性劳动活动为价值悬设，即人类存在应有的本真状态，以此认证资产阶级私有财产的非人性，并提出要扬弃劳动异化，消灭私有制，复归于人的本质之共产主义理想生存状态。"①

　　《手稿》以抽象化、理想化的"类特性"即人的"自由的自觉的活动"② 批判异化劳动。马克思认为，理想化的"类特性"就是人的"自由的自觉的活动"，而私有制条件下现实的、具体的劳动——异化劳动，却把人的"自己的本质变成仅仅维持自己生存的手段"③，他由此得出结论：现实劳动都是异化劳动。而且，《手稿》中的"劳动"总体而言是自然范畴而非社会范畴，是价值范畴而非历史范畴，其是对理想化的劳动的一种主观性理论预设，而非是对现实劳动的一种客观性事实描述，具有鲜明的费尔巴哈人本主义历史观的色彩。孙伯鍨先生在《探索者道路的探索》中明确指出："由于受费尔巴哈人本主义的影响，马克思的异化劳动理论的基本特征就在于：用真正的人的类本质来和现实的人的存在相对立，用作为人的本质力量之表现的劳动来和异化劳动相对立。因此在这里，

---

① 　张一兵：《回到马克思——经济学语境中的哲学话语》，江苏人民出版社 1999 年版，第 25 页。转引自林峰：《〈1844 年经济学—哲学手稿〉历史观出发点新探——"抽象人本学出发点"质疑》，载《社会科学研究》，2007 年第 1 期，第 132 页。

② 　《马克思恩格斯全集》（第 42 卷），北京：人民出版社 1979 年版，第 96 页。

③ 　《马克思恩格斯全集》（第 4 卷），北京：人民出版社 1958 年版，第 96 页。

无论是对人或人的劳动的看法，都必然带有抽象的形而上学的性质。"① 张一兵教授也指出："从本质上看劳动异化理论还是一种深层的隐性唯心主义历史观，因为异化理论并没有跳出传统的历史人学目的论。"②

概言之，《手稿》以抽象的"人的本质"来阐发共产主义的必然性历史实现，以理想化的人的"类特性"批判包括异化劳动在内的资本主义经济现实。这种历史观实质上并未突破人本主义"思辨逻辑"的历史运思理路。基于此，《手稿》中马克思的历史观虽然包含着以经济事实为出发点的唯物主义的"科学逻辑"，但这种"科学逻辑"居于弱势地位，而人本主义"思辨逻辑"则居于强势地位。对此，施德福教授指出："《手稿》在马克思主义世界观特别是唯物史观形成中的作用是不能低估的，但也应看到，它还不是成熟的马克思主义著作"③，《手稿》"作为说明历史的基本理论和方法还没有摆脱人的本质的异化和复归的人本主义模式。在这里，作为出发点的人的本质即'自由自觉的活动'，仍然带有抽象的、理想化的性质，而现实的劳动被归结为异化劳动，是人的本质的丧失，共产主义则是对私有财产即人的自我异化的积极扬弃，是人的本质的复归。这离从物质生产实践出发说明社会历史的唯物史观，显然还存在一定的差距。"④ 此时，马克思的历史观总体上依然是一种人本主义历史观，属于唯心主义历史观的理论范畴。

---

① 孙伯鍨：《探索者道路的探索：青年马克思恩格斯哲学思想研究》，南京：南京大学出版社 2002 年版，第 165 页。

② 张一兵：《马克思〈1844 年经济学哲学手稿〉文本结构研究》，载《宁夏社会科学》，1999 年第 4 期，第 13 页。

③ 黄楠森：《马克思主义哲学史》，北京：高等教育出版社 1998 年版，第 51 页。

④ 黄楠森：《马克思主义哲学史》，北京：高等教育出版社 1998 年版，第 51 页。

在人本主义历史观的影响下，马克思从人本论视角考察生产、消费等经济活动和宗教、法、道德等意识形态的内在关系，形成了人本主义道德观。马克思把宗教、法和道德等意识形态都视为"生产的特殊方式"，认为"宗教、家庭、国家、法、道德、科学、艺术等等，都不过是生产的一些特殊的方式，并且受生产的普遍规律的支配"①。这表明，马克思已开始从生产层面来考察道德的起源，已认识到道德受"生产的普遍规律"支配，将道德发展与生产活动联系起来，从而使自己的道德观具有某种程度上的唯物主义性质。但是，马克思虽然将宗教、法和道德都视为生产的特殊方式，却没有把生产和消费等经济活动看作社会历史领域中第一性的物质关系，也没有把宗教、法和道德等看作第二性的精神关系，在历史观上还没有区分物质生产和精神生产之实质性区别。与此相应，他在道德观上也没有揭示出道德的意识形态本质。② 马克思把经过理论预设的人的"类本质"和道德的"类生活"机制视为考察道德形成和发展的立论之本，并以人的"类本质"为立论基础来批判资本主义私有制和异化劳动的反人道性，谴责资产阶级古典政治经济学和国民经济学视阈中的道德的伪善性，揭露商品道德、货币道德、资本道德和拜物教道德等资本主义道德的丑恶和堕落。马克思还将人道主义作为分析资本主义经济制度、经济现象和经济事实的哲学基础和道德依据，据此提出道德应符合人的类本质、人道主义和自然主义的统一等伦理学观点，并提出相应的道德目标：使劳动者从异化劳动中彻底解放出来，以实现劳动者与劳动成品、劳动过程、人的类本质之自觉统一。基于此，马克思的道德观带有鲜明的人本学理论色

---

① 《马克思恩格斯全集》（第 42 卷），北京：人民出版社 1979 年版，第 121 页。

② 参见金可溪：《马克思的马克思主义道德观的形成》，载《道德与文明》，2001年第 2 期，第 18 页。

彩，总体上仍是一种人本主义道德观。这种道德观虽然包含一定的唯物主义思想萌芽，却具有不成熟性，正处于唯心主义向唯物主义的历史转型。

（二）《手稿》中马克思的历史观与道德观也呈现出从唯心主义向唯物主义的历史性转折

在《手稿》中，马克思的历史观孕育着唯物主义思想萌芽，蕴涵着对"历史之谜"的唯物主义解答，正处于从唯心主义向唯物主义的历史性转折。与这种转折中的历史观相适应，马克思在道德观上通过批判国民经济学和初步研究资本主义经济事实来揭露资本主义道德现象，并阐释相关道德问题，也呈现出从唯心主义向唯物主义的历史转向。基于此，《手稿》中马克思的历史观与道德观不能被简单还原为纯粹的人本主义历史观与人本主义道德观。

马克思在《手稿》时期积极投身现实斗争，着手研究国民经济学和资本主义经济事实。这推动他逐步秉持一种以经济事实为出发点的"科学逻辑"来考察历史发展过程，特别是资本主义经济发展过程，对历史之维作出了一定程度上的既唯物亦辩证的理解。因而，《手稿》呈现的历史观虽然总体上属于人本主义历史观，却又孕育着唯物主义思想萌芽，这是费尔巴哈人本主义历史观所无法企及的。认真研读《手稿》，我们发现，"马克思在这里第一次试图从唯物主义和共产主义的立场出发，对资本主义经济制度和资产阶级经济学进行批判性考察，对自己的新的哲学、经济学观点和共产主义思想作综合的阐述。这是马克思主义科学世界观形成阶段的一部重要著作。"①

---

① 《马克思恩格斯全集》（第 42 卷），北京：人民出版社 1979 年版，第 II 页。

在《手稿》中，马克思的历史观所孕育的唯物主义思想萌芽主要呈现于三个方面。

其一，《手稿》第一次较为系统地研究了经济学。

马克思在《莱茵报》和《德法年鉴》时期初步开辟的尚处于"沉默"状态的唯物主义历史观萌芽思想的基础上赓续自己的理论探索，在《手稿》中第一次较为系统地研究了经济学。马克思指出："我用不着向熟悉国民经济学的读者保证，我的结论是通过完全经验的以对国民经济学进行认真的批判研究为基础的分析得出的"①，"我们是从国民经济学的各个前提出发的"②。他开始"从当前的经济事实出发"③ 批判资本主义的反人道性和资产阶级的伪善道德，而不是像费尔巴哈那样单纯从抽象的"人的本质"出发来批判之，并批判了资产阶级国民经济学的阶级局限和理论局限，在一定程度上剖析了资本主义经济制度的内部结构，对经济学问题作出了一定程度上的唯物主义的解释。

《手稿》的核心概念是"异化劳动"概念。马克思运用异化劳动来解剖资本主义经济关系和生产劳动，将异化劳动看作现实经济关系演变的产物，进一步认识到经济关系在推动社会发展中的历史作用，由此突破了德国古典哲学视阈中异化理论的思辨传统。《手稿》较之于马克思之前的《〈黑格尔法哲学批判〉导言》而言，更为自觉而深刻地批判了黑格尔的唯心主义哲学体系，在历史观上提出了生产的普遍规律、私有制和异化劳动等接近历史唯物主义的经济学概念，也开始尝试运用"生产的特殊方式"和"生产的普遍规律"来说明道德的起源、发展和实质等问题。马克思还分析了共产主义运动与消灭私有财产的关系，指出："不难看到，整个革命运动

---

① 《马克思恩格斯全集》（第 42 卷），北京：人民出版社 1979 年版，第 45 页。
② 《马克思恩格斯全集》（第 42 卷），北京：人民出版社 1979 年版，第 89 页。
③ 《马克思恩格斯全集》（第 42 卷），北京：人民出版社 1979 年版，第 90 页。

必然在私有财产的运动中，即在经济中，为自己既找到经验的基础，也找到理论的基础"①，"要消灭现实的私有财产，则必须有现实的共产主义行动。"② 在这里，马克思已经意识到共产主义行动对于消灭私有财产的决定性作用，这是后来形成的无产阶级革命实践理论的原初形态。马克思还提出了唯物主义历史观的雏形概念——货币、资本、分工、交换和地租等经济学概念。

《手稿》的上述经济学研究成果开创了从纯粹的道德视角辐射至经济视阈的理论滥觞，由此也开启了从唯心主义历史观向唯物主义历史观的历史性转折。其不仅是马克思的历史观从唯心主义转向唯物主义的重要理论呈现，亦为唯物主义历史观的形成奠定了一定的理论基础。对此，前苏联学者列·尼·巴日特诺夫在评价《手稿》时指出，马克思"在《手稿》中第一次根据对政治经济学的认真批判，为他往后在阐发自己的世界观方面所做的工作奠定了唯物主义的基础，制定了他后来许多宏伟理论工作计划"③。张一兵教授也指出，在《手稿》中，"第一部分站在'国民经济学立场上'的观点，如果从研究方法上看恰恰是社会唯物主义的……"④

其二，《手稿》初步构建起"劳动实践观"的理论构架。

马克思在《手稿》中以经济学研究为理论切入点，以劳动实践为理论突破口，力求说明世界历史的发展过程，强调"整个所谓世界历史不外是人通过人的劳动而诞生的过程，是自然界对人说来的

---

① 《马克思恩格斯全集》（第 42 卷），北京：人民出版社 1979 年版，第 120—121 页。

② 《马克思恩格斯全集》（第 42 卷），北京：人民出版社 1979 年版，第 140 页。

③ 〔苏〕列·尼·巴日特诺夫：《哲学中革命变革的起源》，刘丕坤译，北京：中国社会科学出版社 1981 年版，第 130 页。

④ 张一兵：《回到马克思——经济学语境下的哲学话语》，南京：江苏人民出版社 2003 年版，第 28 页。

生成过程"①。在此，劳动实践作为实践基本形式进入马克思的理论视野，并成为马克思阐释人类历史的本质特征和生成过程的根本出发点。马克思认为实践既是人类感性的对象性活动亦是人类有意识的社会性活动，论述了劳动实践这种人类生命活动对于创造物质财富和精神财富的历史作用、对于推动人类文明和历史进步的重大意义，为解开"历史之谜"提供了"唯物"的解释路径。

马克思充分肯定黑格尔"把劳动看做人的本质，看作人的自我确证的本质"② 这一理论观点，但反对黑格尔仅仅关注劳动的积极性和抽象性，而无视劳动的消极性和具体性的理论缺憾。此时，他已经有了"全部人的活动迄今都是劳动"③ 这一思想认识，并开始立足于劳动实践来思考人类自身发展和历史发展的根本动力问题。马克思认为，劳动实践是人类生活的本质内容，"生产生活本来就是类生活"，"人的类特性恰恰就是自由的自觉的活动"④。也即，人的"类生活"的本质内容就是劳动实践，即生产实践，而人的"类特性"正是在劳动实践中展示出来的"自由的自觉的活动"。依马克思之见，劳动实践作为人类与自然、社会相沟通的中介方式，既推动着"天然自然"向"人化自然"的赓续演进，也推动着人类与自然、社会的和谐发展。在"如何实现人与自然的统一"问题上，《手稿》既摒弃了黑格尔的逻辑思辨运动视阈中抽象化了的人与自然的统一性理论所裹挟的唯心主义性质，亦克服了费尔巴哈的感性直观意义上的人与自然的统一性理论所具有的机械唯物主义特征，而是基于劳动实践的视角来反思人与自然的辩证统一问题，并解释人类史和自然史的发展动力问题。这为后来历史唯物主义实践观的理

---

① 《马克思恩格斯全集》（第 42 卷），北京：人民出版社 1979 年版，第 131 页。
② 《马克思恩格斯全集》（第 42 卷），北京：人民出版社 1979 年版，第 163 页。
③ 《马克思恩格斯全集》（第 42 卷），北京：人民出版社 1979 年版，第 127 页。
④ 《马克思恩格斯全集》（第 42 卷），北京：人民出版社 1979 年版，第 96 页。

论建构奠定了重要基础。马克思还指明了人类生产与动物生产的实质区别，即"动物的生产是片面的，而人的生产是全面的；动物只是在直接的肉体需要的支配下生产，而人甚至不受肉体需要的支配也进行生产，并且只有不受这种需要的支配时才进行真正的生产；动物只生产自身，而人再生产整个自然界"①。后来，历史唯物主义对劳动实践的本质之界定，正是发端于此时的理论探索。

马克思在《手稿》中开始尝试性地依据劳动实践来阐释私有财产的产生、发展和消亡，解释人的异化和异化的扬弃，批判资本主义经济现实，并据此预见到共产主义的必然实现，初步阐释了历史发展的根本动力问题，初步构建起"劳动实践观"的理论构架。这种劳动实践观是其后《提纲》中马克思实践观的理论雏形，两者共同构成了马克思实践观的内篇和外篇。有研究者指出："《手稿》历史观的理论实质就在于，它是以劳动实践活动为根本出发点、核心观点和思想主线的唯物主义历史观。由于第一次引入了劳动实践观点，《手稿》历史观在马克思主义哲学史上第一次达到了唯物史观的思想高度。"② 马克思和恩格斯后来所阐发的历史唯物主义实践观，正是发轫于《手稿》中劳动实践观的思想雏形和理论基因。劳动实践观是我们理解《手稿》中马克思的历史观发生唯物主义转向的关键因素。

其三，《手稿》孕育着辩证法，包含着历史唯物主义方法论的萌芽。

在《手稿》中，马克思汲取了费尔巴哈的积极成果，立足于唯物主义立场，对黑格尔哲学进行了深刻批判，特别是批判分析了作

---

① 《马克思恩格斯全集》（第 42 卷），北京：人民出版社 1979 年版，第 97 页。

② 林峰：《〈1844 年经济学—哲学手稿〉历史观出发点新探——"抽象人本学出发点"质疑》，载《社会科学研究》，2007 年第 1 期，第 136 页。

为"黑格尔哲学的真正诞生地和秘密"① 的《精神现象学》，揭示出《精神现象学》的伟大成果在于它在阐述异化的各种形式时提供了"推动原则和创造原则的否定性的辩证法"②，对黑格尔的辩证法予以了一定程度上的理论认同。马克思认为，"费尔巴哈是唯一对黑格尔辩证法采取严肃的、批判的态度的人"③。但是，马克思又指出，黑格尔不能运用他的辩证法揭示资本主义社会内在矛盾并预见到资本主义灭亡的历史必然性，因而，"同当代批判的神学家相反，我认为，本著作的最后一章，即对黑格尔的辩证法和整个哲学的剖析，是完全必要的"④。马克思认识到黑格尔的辩证法之唯心主义性质，并对其进行了初步的批判性重构，形成了唯物主义辩证法的原初形态。

《手稿》所体现的辩证法主要呈现为马克思对劳动、私有财产和资产阶级国民经济学的辩证分析。马克思看到了《精神现象学》中的"劳动辩证法"，并指出，"黑格尔的《现象学》及其最后成果——作为推动原则和创造原则的否定性的辩证法——的伟大之处首先在于，黑格尔把人的自我产生看作一个过程，把对象化看作失去对象，看作外化和这种外化的扬弃；因而，他抓住了劳动的本质，把对象性的人、现实的因而是真正的人理解为他自己的劳动的结果。"⑤ 但是，马克思又认识到黑格尔的劳动辩证法之片面性和局限性，批判道，黑格尔"只看到劳动的积极的方面，而没有看到它的

① 《马克思恩格斯全集》（第 42 卷），北京：人民出版社 1979 年版，第 159 页。
② 《马克思恩格斯全集》（第 42 卷），北京：人民出版社 1979 年版，第 163 页。
③ 《马克思恩格斯全集》（第 42 卷），北京：人民出版社 1979 年版，第 157 页。
④ 《马克思恩格斯全集》（第 42 卷），北京：人民出版社 1979 年版，第 46 页。
⑤ 《马克思恩格斯全集》（第 42 卷），北京：人民出版社 1979 年版，第 163 页。

消极的方面"①，"黑格尔惟一知道并承认的劳动是抽象的精神的劳动"②。马克思对劳动的积极性和消极性进行了双重考量和辩证评价，既充分肯定了劳动对于人类自身发展和世界历史发展的决定作用，亦深刻批判了资本主义异化劳动带给工人的深重灾难，这一点前已有述。通过对劳动的辩证分析，马克思对黑格尔"劳动辩证法"的思辨性质行了扬弃。马克思还运用辩证法初步分析了资本主义私有财产的矛盾运动，既指明了私有财产存在的历史必然性，亦批判了私有财产的历史局限，指出要从"思想上的私有财产在道德观念中的扬弃"③ 和共产主义运动两个方面来废除私有财产。在此基础上，马克思还对私有财产扬弃与共产主义实现的关系、工人与异化劳动的关系、资本与劳动的关系、劳动对于工人和资本家的不同意义及私有制与异化劳动的关系等方面进行了辩证批判。此外，马克思对资产阶级国民经济学也进行了辩证评价，既肯定了亚当·斯密和李嘉图（David Ricardo）等人的历史功绩，又批判了他们在研究方法上的形而上学性和价值立场上的"道德中立"性，谴责他们把无产者"仅仅当作工人来考察"④、"把工人变成没有感觉和没有需要的存在物"⑤ 的冷漠态度，以及他们为资本主义制度辩护而无视无产者生存和发展权利的历史局限和阶级局限、理论缺憾和现实危害。

概言之，《手稿》在研究方法上孕育着较为丰富的辩证法思想，包含着历史唯物主义方法论的萌芽，突显出唯物主义辩证法的原初形态，为其后唯物主义辩证法的最终形成奠定了重要的方法论基础。

---

① 《马克思恩格斯全集》（第 42 卷），北京：人民出版社 1979 年版，第 163 页。

② 《马克思恩格斯全集》（第 42 卷），北京：人民出版社 1979 年版，第 163 页。

③ 《马克思恩格斯全集》（第 42 卷），北京：人民出版社 1979 年版，第 173 页。

④ 《马克思恩格斯全集》（第 42 卷），北京：人民出版社 1979 年版，第 56 页。

⑤ 《马克思恩格斯全集》（第 42 卷），北京：人民出版社 1979 年版，第 134 页。

　　纵观上述三个方面，马克思在《手稿》中已开始探索式地运用包括经济事实、经济学概念和劳动实践在内的社会存在来说明社会意识，运用异化劳动和私有财产来揭示阶级对抗的经济根源和共产主义实现的历史必然性，运用劳动实践来解释历史发展的根本动力，并运用辩证法对相关问题进行了辩证分析，从而初步形成了一个以经济学研究为理论基础、以劳动实践观为基本内容、以辩证法为基本研究方法的理论体系，表征出马克思的历史观从唯心主义向唯物主义的历史性转折。可以说，《手稿》不仅是科学的世界观和方法论的发源地，亦是"新唯物主义"的"真正诞生地和秘密"。

　　与《手稿》中马克思的历史观从唯心主义向唯物主义的历史性转折相适应，在道德观上，马克思开始从这种具有唯物主义思想萌芽的历史观出发来阐发各种道德问题，从而使自己的道德观也超越了费尔巴哈抽象人本主义道德观的理论桎梏，呈现出从唯心主义向唯物主义的历史性转折。

　　在《手稿》中，马克思的道德观从唯心主义向唯物主义的历史性转折主要呈现为：马克思开始从经济学研究出发考察并阐释道德起源、道德发展规律、道德与国民经济学的内在关系、统治阶级道德，特别是资产阶级道德的本质等道德领域基本问题。马克思第一次运用物质生产规律来说明道德的起源，指出："宗教、家庭、国家、法、道德、科学、艺术等等，都不过是生产的一些特殊的方式，并且受生产的普遍规律的支配。"[1] 在此，马克思把道德视为生产的特殊方式，并受生产的普遍规律所支配，这表明他已开始从生产角度来考察道德的起源。上述论断虽然尚未升华至"经济基础与上层建筑的辩证统一"的历史高度，但已包含着《形态》所提出的"社会经济状况决定道德"这一历史唯物主义道德观的理论雏形。马克

---

[1]　《马克思恩格斯全集》（第 42 卷），北京：人民出版社 1979 年版，第 121 页。

思还通过考察国民经济学与道德的内在关系来阐明经济规律与道德规律的内在统一性，这也突显出历史唯物主义道德观的思想萌芽。他指出："我该更相信谁呢？国民经济学还是道德？国民经济学的道德是谋生、劳动和节约、节制，但是国民经济学答应满足我的需要。——道德的国民经济学就是富有道德心、德行等等；每一个领域都用不同的和相反的尺度来衡量我：道德用一种尺度，而国民经济学又用另一种尺度。"① 在这里，马克思既以道德视界来考量经济，又以经济视角来审视道德，认为"国民经济学的道德"与"道德的国民经济学"看似矛盾，但国民经济学与道德实质上是内在统一的。依马克思之见，道德分为真实道德与伪善道德，而国民经济学经常以伪善道德的面貌出场，看似与道德对立，实则还是从反面表现着道德规律。对此，马克思批评了米歇尔·舍伐利埃责备李嘉图撇开道德的做法，指出，既然资本主义经济制度本身就具有道德非合理性，就无需用道德的语言为其粉饰，"李嘉图使国民经济学用自己的语言说话。如果这种语言不合乎道德，那么这不是李嘉图的过错。"② 马克思进而指出："当米歇尔·舍伐利埃讲道德的时候，他撇开了国民经济学；而当他研究国民经济学的时候，他又必然实际上撇开了道德。"③ 在马克思看来，责备李嘉图的舍伐利埃将国民经济学与道德人为地二元对立，恰恰说明他对于国民经济学规律与道德规律之内在统一性的无知。事实上，国民经济学无论是以真实道德还是伪善道德的面貌出现，都从正面或反面，自觉或不自觉地以自己的方式表现着道德规律，"国民经济学和道德之间的对立本身不过是一种假象，它既是对立，同时又不是对立。国民经济学不过

① 《马克思恩格斯全集》（第 42 卷），北京：人民出版社 1979 年版，第 137 页。
② 《马克思恩格斯全集》（第 42 卷），北京：人民出版社 1979 年版，第 137 页。
③ 《马克思恩格斯全集》（第 42 卷），北京：人民出版社 1979 年版，第 137 页。

是以自己的方式表现着道德规律。"① 上述观点包含着道德等意识形态受到经济规律的支配、道德规律要服从和反映经济规律的要求等具有唯物主义萌芽性质的道德观。马克思在《手稿》中还从资本主义社会的商品拜物教、货币拜物教和资本拜物教这一经济批判视角出发，谴责货币是"个性的普遍颠倒"②，批判"货币也是作为这种颠倒黑白的力量出现的。它把坚贞变成背叛，把爱变成恨，把恨变成爱，把德行变成恶行，把恶行变成德行，把奴隶变成主人，把主人变成奴隶，把愚蠢变成明智，把明智变成愚蠢"③，揭露了资产阶级货币道德、资本道德的罪恶，既突显出道德批判与经济批判初步契合的理论特征，亦表征出马克思道德观的唯物主义倾向。

在《手稿》中，马克思还关注道德规律和道德原则的具体性和历史性，反对"超历史"的道德规律和先验的、抽象的道德原则。这主要表现于马克思对黑格尔唯心主义道德观的批判。黑格尔在《精神现象学》中指出："扬弃了的自然界等于主观精神，扬弃了的主观精神等于伦理的客观精神，扬弃了的伦理精神等于艺术，等等。"④ 马克思认为，在黑格尔法哲学中，道德是以"扬弃了的私人权利等于道德，扬弃了的道德等于家庭，扬弃了的家庭等于市民社会"⑤ 这种思辨逻辑的方式出场，这种道德出场方式本质上呈现为纯粹"绝对精神"的逻辑演绎，消解了道德与国家、市民社会之间的内在关系。马克思和恩格斯后来在《形态》中又进一步对黑格尔唯心主义道德观进行了深刻批判，指出在黑格尔那里，"作为世俗化了的神圣性或神圣化了的世俗生活的道德被描写成精神统治世界的

---

① 《马克思恩格斯全集》（第 42 卷），北京：人民出版社 1979 年版，第 137 页。

② 《马克思恩格斯全集》（第 42 卷），北京：人民出版社 1979 年版，第 155 页。

③ 《马克思恩格斯全集》（第 42 卷），北京：人民出版社 1979 年版，第 155 页。

④ 《马克思恩格斯全集》（第 42 卷），北京：人民出版社 1979 年版，第 173 页。

⑤ 《马克思恩格斯全集》（第 42 卷），北京：人民出版社 1979 年版，第 172 页。

最高形式和最后形式……"①马克思在《手稿》中摒弃了黑格尔哲学视阈中思辨性的道德出场方式，没有游离于社会经济活动对道德进行思辨的理论演绎或抽象的道德架构之外，而是认识到道德与国家、法、市民社会之间的内在关系。他指出："在现实中，私人权利、道德、家庭、市民社会、国家等等依然存在着，它们只是变成了环节，变成了人的存在和存在方式，这些存在方式不能孤立地发挥作用，而是互相消融，互相产生等等。它们是运动的环节"②，并且在政治经济学的理论视阈中具体展开对"国民经济学同国家、法、道德、市民生活等等的关系"③的深入分析。在此，马克思初步运用接近历史唯物主义的雏形思想，对黑格尔把道德的起源单向度地理解为纯粹的精神发展史或思辨的逻辑演绎史的做法进行了深刻批判与理论救赎，对国民经济学与道德的内在关系及道德与国家、市民社会的内在关系等问题进行了一定程度的理论阐释，在道德观上孕育了历史唯物主义道德观的思想萌芽。

综上论，在《手稿》中，马克思的历史观与道德观从唯心主义向唯物主义的理论转型是一个客观存在的文本事实和理论事实，其为唯物主义历史观与唯物主义道德观在《形态》中的最终形成及其辩证统一提供了理论咨鉴，奠定了理论基础。此时，马克思的历史观和道德观虽然总体上依然立足于唯心主义的人本主义"思辨逻辑"，而非唯物主义的"科学逻辑"，依然属于人本主义历史观与人本主义道德观的理论范畴，并未最终确立唯物主义历史观与唯物主义道德观，但是，《手稿》所孕育的唯物主义思想萌芽作为马克思哲学思想创新的历史起点和逻辑基点，又立足于新的理论高度引导和支撑着马克思哲学思想由早期的人本主义立论基础自觉转向后期的

---

① 《马克思恩格斯全集》（第 3 卷），北京：人民出版社 1960 年版，第 189 页。
② 《马克思恩格斯全集》（第 42 卷），北京：人民出版社 1979 年版，第 172 页。
③ 《马克思恩格斯全集》（第 42 卷），北京：人民出版社 1979 年版，第 45 页。

历史唯物主义立论基础，这正是《手稿》的理论价值所在。正如阿尔都塞评价马克思《手稿》时所言："离马克思最远的马克思恰恰是离马克思最近的马克思，即最接近转变的那个马克思。"[①] 杨耕先生在《马克思主义历史观研究》中对马克思不同时期的著述进行了系统而深入的研究，立体化地解读了《手稿》的重要范畴、内在矛盾和理论价值，肯定了这部著作通往唯物主义历史观的必然性。《手稿》中初步形成的关于道德的起源，道德与国家、法的内在关系及道德与国民经济学的内在关系等理论观点，形成了马克思早期道德视阈中的元哲学理念，为马克思后来运用社会存在和社会意识之辩证关系原理探赜道德的起源和发展等问题提供了原初形态的道德元哲学叙事方法，并成为历史唯物主义道德观的原发思想元素。马克思在《手稿》中的道德观是我们梳理马克思道德运思理路、探赜历史唯物主义道德观及研究马克思主义伦理学思想时无法规避的重要内容。

三、《德意志意识形态》时期：唯物主义历史观与唯物主义道德观之共时性统一

《手稿》之后，经过《神圣家族》和《提纲》的理论传承，至《形态》完成、历史唯物主义创立之际，马克思和恩格斯着力将道德研究建立于唯物主义历史观的基础之上，对道德的起源、本质、作用及其发展规律等问题进行了系统阐释，完成了道德观之历史唯物主义建构，确立起历史唯物主义道德观。至此，唯物主义历史观与唯物主义道德观在历史唯物主义理论视阈中实现了动态的共时性统一。

---

① 〔法〕路易·阿尔都塞：《保卫马克思》，顾良译，北京：商务印书馆2009年版，第150页。

马克思和恩格斯在 1844 年合著的《神圣家族》中第一次提及"历史观"概念，指出黑格尔的历史观"不过是关于精神和物质、上帝和世界相对立的基督教德意志教条的思辨表现"，"黑格尔历史观的前提是抽象的或绝对的精神……人类的历史变成了抽象的东西的历史，因而对现实的人说来，也就是变成了人类的彼岸精神的历史。"[①] 他们通过对黑格尔客观唯心主义哲学，特别是裹挟于其中的"绝对精神"和青年黑格尔派思辨哲学，特别是裹挟于其中的"自我意识"的深入剖析，深刻批判了唯心史观，自觉清算了自己与黑格尔哲学、青年黑格尔派在思想上的因缘纠葛，"唯物"地解决了思维和存在的关系问题。其中，某些历史观点的阐释已经接近历史唯物主义。如《神圣家族》第六章"绝对的批判的批判或布鲁诺先生所体现的批判的批判"中"对法国唯物主义的批判的战斗"这一内容，凝聚着两位革命导师对法国唯物主义研究的理论成果。在《路德维希·费尔巴哈和德国古典哲学的终结》中，恩格斯肯定了《神圣家族》对于推动历史唯物主义创立的理论意义："超出费尔巴哈而进一步发展费尔巴哈观点的工作，是由马克思于 1845 年在'神圣家族'中开始的。"[②]"辩证唯物主义和历史唯物主义的许多重要原理都在'神圣家族'一书中得到了阐述。"[③]《神圣家族》及其后的《提纲》和《形态》的创作，标志着马克思、恩格斯与青年黑格尔派的思想因缘到此终结。[④]《神圣家族》作为"历史唯物主义形成的前夜"的代表性著作，在历史观上已远远超越了费尔巴哈的人本主义历史观，初步阐明了物质生产是历史的发源地、人民群众创造历

① 《马克思恩格斯全集》（第 2 卷），北京：人民出版社 1957 年版，第 108 页。
② 《马克思恩格斯全集》（第 21 卷），北京：人民出版社 1965 年版，第 334 页。
③ 《马克思恩格斯全集》（第 2 卷），北京：人民出版社 1957 年版，第 VII 页。
④ 聂锦芳：《一段思想因缘的解构——〈神圣家族〉的文本学解读》，载《学术研究》，2007 年第 2 期，第 47 页。

史、阶级斗争、经济利益及无产阶级的世界历史使命等逐步接近唯物主义历史观的理论观点。从这种历史观出发，马克思和恩格斯的道德观也逐步趋向历史唯物主义道德观。

马克思和恩格斯在《神圣家族》中，以接近唯物主义历史观的观点为理论基础来阐释道德问题，形成了这一阶段的道德观。此时的道德观是历史唯物主义道德观的理论雏形。

首先，马克思和恩格斯在道德观上深刻批判了以布鲁诺·鲍威尔为代表的青年黑格尔派所宣扬的虚幻道德，阐释了道德的利益基础。鲍威尔等人把人性归结为"自我意识"，以"自我意识"和"抽象的人"代替"社会意识"和"现实的人"，游离于社会现实之外而试图在纯粹的思想领域求得人的解放，并将人的解放等同于精神解放，无视道德的物质根源和利益基础，推崇抽象的道德救赎。马克思和恩格斯从"利益决定思想"这一接近唯物主义历史观的理论观点出发，深刻批判了鲍威尔等人的自我意识理论及在此基础上建立起来的道德观，并指出，群众的实际利益决定思想进程，"'思想'一旦离开'利益'，就一定会使自己出丑"[1]，游离于合理物质利益之外的道德呐喊和道德说教是抽象而空洞的，荒谬而不可信，虚幻而不真实。这里的"思想"实际上就是包括道德在内的社会意识形态。他们指出，鲍威尔等人无视群众的现实利益，并指责群众"精神空虚"，但自己却"不去研究精神的空虚、思想惰性、表面性和自满的来源，而在这些品质中寻出精神、进步的对立物，并从道德上加以侮辱"[2]。在马克思和恩格斯的理论视阈中，要理解群众运动中"人的高尚性"，"就必须知道英法两国工人对科学的向往、对知识的渴望、他们的道德力量和他们对自己发展的不倦的要求。"[3]

---

[1] 《马克思恩格斯全集》（第2卷），北京：人民出版社1957年版，第103页。

[2] 《马克思恩格斯全集》（第2卷），北京：人民出版社1957年版，第107页。

[3] 《马克思恩格斯全集》（第2卷），北京：人民出版社1957年版，第103页。

马克思和恩格斯以接近唯物主义历史观的观点为理论依据，指出现实的人、人的现实需要和现实的利益关系在鲍威尔等思辨哲学家的道德世界中皆处于"缺席"状态，批判思辨哲学家的道德是以独立而超然的逻辑演绎方式在理论上展开自己的运动轨迹，终是落入唯心主义道德观的理论窠臼。依马克思和恩格斯之见，道德不是存在于"真空"的虚幻观念，而是现实的人从现实的物质利益出发，在现实的物质生产实践中形成的社会意识形态；道德不是与现实生活彼此"绝缘"，而是根植于现实生活内容和物质利益基础。

其次，马克思和恩格斯在道德观上着重考察并研究以爱尔维修为代表的法国唯物主义道德观，并在批判性继承的基础上提出自己的新道德观。他们首先肯定了爱尔维修关于"道德与利益统一存在的合理性""个人利益和社会利益相结合"等唯物主义道德观的合理思想，同时引证了爱尔维修的道德论点："感性的印象和自私的欲望、享乐和正确理解的个人利益，是整个道德的基础"①，并批判道："既然正确理解的利益是整个道德的基础，那就必须使个别人的私人利益符合于全人类的利益。"② 在马克思主义创始人的道德视阈中，爱尔维修提出的"公共利益"是代表资产阶级整体利益的"特殊利益"，具有狭隘性和阶级性；而真正的利益应是超越阶级性、代表全人类利益的"普遍利益"。对于爱尔维修提出的"人是客观的存在"的观点，他们指出，爱尔维修强调的是"一般的、抽象的人"的道德属性，而人的社会性应是"真正合乎人性的东西"。爱尔维修和霍尔巴赫等为代表的功利主义者运用唯物主义感觉论去说明人的本性，把人的一切精神活动包括道德意识都简单还原为人的肉体感受性，进而把道德建立于个人自爱自保的功利基础之上。马

---

① 《马克思恩格斯全集》（第 2 卷），北京：人民出版社 1957 年版，第 165—166 页。

② 《马克思恩格斯全集》（第 2 卷），北京：人民出版社 1957 年版，第 167 页。

克思和恩格斯对这种功利主义进行了深刻批判，指出：以爱尔维修为代表的法国唯物主义把道德建立于个人利益基础之上的观点，只是代表了资产阶级的利益和愿望。依他们之见，法国唯物主义道德观虽然包含一定的合理因素，却也裹挟着唯心主义糟粕。爱尔维修等人把机械唯物主义运用于社会生活和道德生活，把道德理论建立于机械唯物主义和抽象人性论的基础之上，得出了"一切人的本性都是利己自私的"这一片面结论，具有唯意志论式的和道德修炼式的理论特质，带有浓厚的永恒道德论色彩。

马克思和恩格斯在《神圣家族》中已开始尝试从阶级对立、经济利益等接近唯物主义历史观的观点出发论证"利益决定道德"的观点，这在道德观上为开辟历史唯物主义道德观的理论场域迈出了关键一步。他们在《神圣家族》中强调道德的利益基础，认为只有"现实的人"才能成为道德主体，"利益"决定"思想"。对此，有学者指出："把现实的利益作为道德的基础，充分体现了马克思和恩格斯伦理思想的基本特质，也与一切以虚幻的理论预设作为道德的前提或出发点的思辨道德体系划清了界限。"① 虽然说，《神圣家族》中的道德观尚未发展至历史唯物主义道德观的理论高度，但是，其通过批判鲍威尔等人的抽象道德观和爱尔维修的唯物主义道德观，强调了道德的利益基础，较为系统地阐明了道德与利益的关系，并提出了"全人类的利益"这一概念，这些都包含着历史唯物主义道德观的思想萌芽。客观而论，《神圣家族》在马克思主义伦理思想发展史上具有重要意义。正如有学者所言，在《神圣家族》中，"马克思和恩格斯通过对鲍威尔等人抽象道德观的批判，对道德的现实利益基础的强调，对无产阶级历史使命的阐发都涉及了马克思和恩

---

① 李培超：《〈神圣家族〉的伦理思想探析》，载《伦理学研究》，2010 年第 9 期，第 4—5 页。

格斯关于伦理道德问题的一些主要观点，因而可以说，《家族》是体现马克思和恩格斯伦理思想的非常重要的著作，也可以说，《家族》确立了马克思和恩格斯伦理思想范式的初步形态。"① 概言之，《神圣家族》所呈现的道德观，回归了现实生活，阐明了利益和道德的关系，恢复了人性的具体性和丰富性，由此确立起历史唯物主义道德观的理论雏形，实现了"正在形成中的唯物主义历史观"与"正在形成中的唯物主义道德观"之初步契合。

《神圣家族》之后，经过进一步的理论探讨，马克思完成了被誉为"历史唯物主义的雏形"的经典文本——《提纲》。《提纲》言简意赅，思想深刻，被恩格斯称为"包含着新世界观的天才萌芽的第一个文件"②，是马克思主义哲学的纲领性文件之一。马克思早年深受黑格尔唯心主义哲学的影响，后来又在费尔巴哈人本主义的影响下转向唯物主义。但是，他逐渐意识到费尔巴哈无视社会实践、抽象谈论"人的本质"的人本主义历史观和鼓吹"爱的宗教"的道德观所裹挟的理论缺憾。基于此，马克思在《提纲》中第一次从根本上批判了以费尔巴哈为代表的以往一切旧唯物主义的理论弊端——"不了解'革命的''实践批判的'活动的意义"③，自觉清算了费尔巴哈人本主义历史观的影响，并以社会实践为基础，第一次阐明了"新历史观"（历史唯物主义）的基本观点——实践观点，强调社会实践在认识世界和改造世界中的决定性作用，并把实践观引入认识论。马克思指出："社会生活在本质上是实践的。凡是把理论导致神秘主义方面去的神秘东西，都能在人的实践中以及对这个实践的理解中得到合理的解决"，"从前的一切唯物主义（包括费尔巴哈

① 李培超：《〈神圣家族〉的伦理思想探析》，载《伦理学研究》，2010 年第 9 期，第 7 页。

② 《马克思恩格斯全集》（第 3 卷），北京：人民出版社 1960 年版，第Ⅷ页。

③ 《马克思恩格斯全集》（第 3 卷），北京：人民出版社 1960 年版，第 5 页。

的唯物主义）的主要缺点是：对事物、现实、感性，只是从客体的或者直观的形式去理解，而不是把它们当作感性的人的活动，当作实践去理解，不是从主观方面去理解。所以，和唯物主义相反，能动的方面却被唯心主义抽象地发展了，当然，唯心主义是不知道真正现实的、感性的活动的。"① 可以说，《提纲》最大的理论贡献即在于提出了"实践"观点，并对人的本质和社会的本质进行了现实性理解与"实践"层面的阐释。马克思和恩格斯在《神圣家族》和《提纲》中所阐释的接近历史唯物主义的历史观，成为历史唯物主义的理论雏形。这种历史观作为"正在形成中的唯物主义历史观"，为"正在形成中的唯物主义道德观"确立了理论前提，并与其实现了初步契合。

　　如果说，《神圣家族》和《提纲》所呈现的历史观与道德观还是"正在形成中的唯物主义历史观"与"正在形成中的唯物主义道德观"及两者之初步契合，那么，经过《神圣家族》和《提纲》的理论传承，至马克思和恩格斯合著的《形态》完成之际，历史唯物主义真正得以创生。对于《形态》是历史唯物主义诞生的标志这一说法，国内外很多学者都给予了肯定。苏联学者巴加图利亚对此进行了中肯分析："能够根据许多特征将《德意志意识形态》同马克思、恩格斯以前的全部著作相区别。在这里，很多东西是第一次确立或论述的。"② 的确，《形态》第一次提出"唯物主义历史观"和"现实的个人"等概念，第一次表述物质资料生产方式是全部人类历史的第一个活动，第一次阐明生产力和生产关系的辩证关系，第一次揭示阶级和阶级斗争理论的特点，等等。巴加图利亚还指出，"在《形态》中，马克思恩格斯第一次全面深入地分析了对历史的唯物主

---

① 《马克思恩格斯全集》（第3卷），北京：人民出版社1960年版，第6页。

② 中共中央马克思恩格斯列宁斯大林著作编译局：《马列主义研究资料》（总第31期），北京：人民出版社1984年版，第56页。

义理解，即历史唯物主义。"① 黄楠森教授指出，"马克思和恩格斯在创立马克思主义时就表明过自己的观点。他们在《德意志意识形态》中就说到过他们的哲学是唯物主义历史观，并且提出了它的理论体系。"② 还有学者提出，"众所周知，在《德意志意识形态》中，马克思和恩格斯通过对黑格尔左派哲学等黑格尔以后的哲学形式以及流行于德国的'真正社会主义'的批判，'清算了自己以前的哲学信仰'，通过共同表达他们的见解与德国哲学意识形态见解的对立，首次正面、系统地阐明了历史唯物主义的基本原理。"③ 随着《形态》的完成和历史唯物主义的创立，科学的历史观得以确立，而以此为理论基础的科学的道德观——历史唯物主义道德观也真正形成。基于此，唯物主义历史观与唯物主义道德观在历史唯物主义理论视阈中实现了共时性统一。

《形态》作为"标志历史唯物主义的诞生"的标志性著作，在历史观上基本完成了对黑格尔唯心主义哲学和费尔巴哈人本主义哲学的批判，并自觉清算了青年黑格尔派及历史上各种哲学流派的意识形态理论，第一次比较系统而完整地阐释了唯物主义历史观，把受神秘主义奴役最重、距离历史最远的德意志意识形态救赎出来并使其回归现实。"马克思和恩格斯当时由于创立关于自然和社会的发展规律的真正科学而完成的伟大革命变革，在这一著作中得到了鲜

---

① 〔苏〕巴加图利亚：《〈德意志意识形态〉第一章手稿的结构和内容》，见韩立新主编：《新版〈德意志意识形态〉研究》，北京：中国人民大学出版社 2008 年版，第 31 页。

② 黄楠森：《更完整严密构建马克思主义哲学体系的必要性与可行性》，载《北京大学学报》，2007 年第 6 期，第 5—7 页。

③ 邹广文、李成旺：《历史唯物主义中"历史"概念的双重内涵》，载《清华大学学报》，2007 年第 6 期，第 82—88 页。

明的表现"①，正如马克思和恩格斯自己声称的那样，《形态》这部
著作应该"使群众具有和迄今为止的德国科学直接相反的政治经济
学的观点"②，"我们有责任科学地论证我们的观点，但同时我们必
须使欧洲无产阶级首先使德国无产阶级确信我们的观点的正确。"③

　　马克思和恩格斯在《形态》序言中即开宗明义地批判道："人
们迄今总是为自己造出关于自己本身、关于自己是何物或应当成为
何物的种种虚假观念。……我们要把他们从幻想、观念、教条和想
像的存在物中解放出来，使他们不再在这些东西的枷锁下呻吟喘息。
我们要起来反抗这种思想的统治"④，并指出，"这些天真的幼稚的
空想构成现代青年黑格尔哲学的核心"⑤。他们认为，青年黑格尔派
自我意识哲学是一种典型的唯心主义历史观，自己的任务就是要将
其从唯心主义思想的统治下救赎出来，并完成对这种历史观的实质
性改造，而这种改造的理论成果就是历史唯物主义。在《形态》中，
"马克思和恩格斯在制定自己的唯物主义世界观时，把批判的锋芒首
先指向黑格尔的客观唯心主义和青年黑格尔派的主观唯心主义。马
克思和恩格斯在反对唯心主义的斗争中，捍卫了费尔巴哈唯物主义
哲学的基本核心，同时也深刻地揭示了费尔巴哈唯物主义的不彻底
性、局限性和形而上学性。"⑥ 他们把黑格尔的历史观归结为"唯心
主义历史观"，反复提到"历史观""历史的动力"等概念和命题，
还特别说明了自己所创立的唯物主义历史观与唯心主义历史观之实

---

① 《马克思恩格斯全集》（第 3 卷），北京：人民出版社 1960 年版，第 IX 页。

② 《马克思恩格斯全集》（第 3 卷），北京：人民出版社 1960 年版，第 XI 页。

③ 《马克思恩格斯文选》（两卷集，中文版第 2 卷），莫斯科：外国文书籍出版局 1965 年版，第 342 页。

④ 《马克思恩格斯全集》（第 3 卷），北京：人民出版社 1960 年版，第 15 页。

⑤ 《马克思恩格斯全集》（第 3 卷），北京：人民出版社 1960 年版，第 15 页。

⑥ 《马克思恩格斯全集》（第 3 卷），北京：人民出版社 1960 年版，第 VIII 页。

质性区别："这种历史观和唯心主义历史观不同，它不是在时代中寻找某种范畴，而是始终站在现实历史的基础上，不是从观念出发来解释实践，而是从物质实践出发来解释观念的东西"①，并指出："德国哲学从天上降到地上；和它完全相反，这里我们是从地上升到天上，……我们的出发点是从事实际活动的人，而且从他们的现实生活过程中我们还可以揭示出这一生活过程在意识形态上的反射和回声的发展。"②对于历史的运动过程，马克思和恩格斯在批判费尔巴哈的"半截子唯物主义"时指出："历史向世界历史的转变，不是'自我意识'、宇宙精神或者某个形而上学怪影的某种抽象行为，而是纯粹物质的、可以通过经验确定的事实，每一个过着实际生活的、需要吃、喝、穿的个人都可以证明这一事实"③，他们将唯物主义彻底贯穿于社会历史领域，认为真正的"历史"不是神秘的宇宙精神的抽象运动，也不是人的纯粹的思想观念运动，而是基于人的物质生产和物质生活的一种历史本身的自觉生成过程，将唯物主义彻底贯穿于社会历史领域，这是对费尔巴哈的人本主义历史观的扬弃和超越。

在《形态》中，两位革命导师从一般唯物主义出发批判黑格尔的唯心主义历史观，又从黑格尔历史辩证法的合理内核出发批判直观唯物主义和人本主义历史观，并把唯物主义彻底运用于社会历史领域，从而将一般唯物主义升华至辩证唯物主义的高度，将唯心辩证法升华至唯物辩证法的高度，将唯物主义自然观升华至唯物主义历史观的高度。在此基础上，马克思和恩格斯立足于唯物主义历史观和唯物主义的历史辩证法，系统考察历史发展的宏大背景，深入研究"物质生产实践""现实的个人"和"人们的现实生活过程"

① 《马克思恩格斯全集》（第3卷），北京：人民出版社1960年版，第43页。
② 《马克思恩格斯全集》（第3卷），北京：人民出版社1960年版，第30页。
③ 《马克思恩格斯全集》（第3卷），北京：人民出版社1960年版，第52页。

等人类社会的微观领域，对之前提出的一系列接近历史唯物主义的基本观点进行了理论上的梳理和修正、概括和总结，在哲学发展史上"第一次提出了社会经济形态这一对马克思主义的政治经济学非常重要的概念"，第一次提出了无产阶级夺取政权的任务，第一次科学揭示了人类历史发展规律，第一次比较系统而完整地阐释了唯物主义历史观，"阐明了一系列马克思主义政治经济学的极重要的基本原理"[1]。《形态》蕴含的唯物主义历史观基本观点主要包括：社会存在与社会意识的辩证关系；生产力和生产关系、经济基础与上层建筑之间的基本矛盾是推动一切社会发展的根本动力；阶级斗争是阶级社会发展的直接动力；人民群众是历史的创造者；"物质生活的生产方式制约着整个社会生活、政治生活和精神生活的过程"[2]；从"现实的个人"和现实的物质生产活动出发来解释历史发展，等等。基于此，历史唯物主义并非西方某些学者所误读的那样是经济一元论或历史决定论，而是彰显出唯物主义历史观与唯物主义的历史辩证法之自觉统一，内蕴深邃的"合规律性"与"合逻辑性"，其创立实现了哲学思想发展史上最伟大的革命性变革。

伴随着唯物主义历史观的创立，马克思和恩格斯在《形态》中开始将道德研究自觉地置于唯物主义历史观的理论基础之上，着力从物质生产实践和社会经济状况出发考察道德的起源、发展和本质等问题，深刻批判了"从施特劳斯到施蒂纳的整个德国哲学批判"及其理论视阈中的唯心主义道德观，使之前确立的道德观进一步系统化、理论化和科学化，由此在创立唯物主义历史观的同时，亦共时性地确立起科学的道德观——历史唯物主义道德观。

---

① 《马克思恩格斯全集》（第3卷），北京：人民出版社1960年版，第XI页。
② 《马克思恩格斯全集》（第13卷），北京：人民出版社1962年版，第526页。

　　道德的起源或根源问题是伦理学的元问题，该问题实质上就是要回答"道德的基础归根到底是什么"的问题。纵观历史上各伦理学派对于该问题的不同回答，大致可梳理为五种观点：从人性预设立论，把预设的抽象人性论作为道德的立论基础；从理性立论，把具有普遍性的理性法则视为道德的立论基础；从人的自然属性立论，认为人的"感性需要"和"生理本能"是道德的立论基础；从思想立论，认为道德衍生于纯粹的逻辑思辨或理论演绎；从超验的神秘力量立论，认为道德源自凌驾于人之上的上帝或神意，是一种"天赋神授"的神圣律法。上述观点虽然对道德的起源问题莫衷一是，却有着共同本质，即否认道德的客观物质基础，皆陷入了历史唯心主义的泥沼。马克思和恩格斯在《形态》中立足于社会存在决定社会意识这一历史唯物主义基本原理，深刻阐释唯物主义历史观的理论特征，并在此基础上从"直接生活的物质生产"和"市民社会"出发探讨道德的起源，指出："这种历史观就在于：从直接生活的物质生产出发来考察现实的生产过程，并把与该生产方式相联系的、它所产生的交往形式，即各个不同阶段上的市民社会，理解为整个历史的基础；然后必须在国家生活的范围内描述市民社会的活动，同时从市民社会出发来阐明各种不同的理论产物和意识形式，如宗教、哲学、道德，等等，并在这个基础上追溯它们产生的过程。"①在他们看来，宗教、哲学和道德都属于社会意识形态，都是社会物质生产的反映，因此，人们不仅要从"直接生活的物质生产"及其产生的交往形式——"市民社会"出发来理解整个历史的基础，而且要依据"直接生活的物质生产"和"市民社会"来追溯道德等社会意识形态的起源。在此，马克思和恩格斯基于唯物主义历史观对道德问题进行研究和阐释，在道德发展史上第一次立足于现实的物

---

① 《马克思恩格斯全集》（第 3 卷），北京：人民出版社 1960 年版，第 42—43 页。

质生产实践和物质生活来揭示道德的起源、本质和发展。在历史唯物主义理论视阈中，道德的产生既不能从上帝或人的主观意志中找寻源头，亦不能从游离于社会生活之外的抽象人性论或永恒真理论中探寻根源，而只能从现实的社会经济关系和物质生活条件中溯源；道德本质上是由经济基础决定的社会意识形态，并随着经济关系的变化而变化，深刻彰显出其道德观的唯物主义特征。

关于道德的历史作用，思想史上存在着"道德决定论"和"非道德主义"两种极端理论：前者片面夸大道德对于人类社会发展的影响作用，直至将这种影响作用无限拔高至决定作用的高度，陷入了道德至上主义的理论桎梏；后者则根本否认道德的历史作用，认为"弱肉强食"是自然界和人类社会发展的客观规律，而道德在这种客观规律面前显得苍白无力，由此陷入了道德相对主义或道德虚无主义的理论苑囿。在《形态》中，马克思和恩格斯从社会存在与社会意识的相互作用这一历史唯物主义基本原理出发，自觉摒弃了上述两种根本对立的观点，既肯定了道德对于经济基础的反作用和对于历史发展的重大影响作用，又阐明了道德在历史发展中不起最终决定作用，指明"历史过程中的决定性因素归根到底是现实生活中的生产和再生产"①。马克思在批判施蒂纳以道德观念形态（利己主义）的演变来虚构人类历史发展时，也曾指出："历史并不是作为'产生于精神的精神'消融于'自我意识'中，历史的每一阶段都遇到有一定的物质结果、一定数量的生产力总和，人和自然以及人与人之间在历史上所形成的关系，都遇到有前一代传给后一代的大量生产力、资金和环境"②，即人们不能完全从道德等"精神"出发来解释历史的生成与发展，而要从生产力、社会关系和客观环境等

① 《马克思恩格斯选集》（第 4 卷），北京：人民出版社 1995 年版，第 477 页。
② 《马克思恩格斯全集》（第 3 卷），北京：人民出版社 2002 年版，第 43 页。

"唯物"的因素出发来考察历史的发展历程。这就对道德等社会意识形态的历史作用做出了科学定位，即道德对于历史发展的作用既非"虚无的"，亦非"决定性的"，而是具有阻碍或推动的双重影响作用。这一科学定位既超越了无限拔高道德之历史作用的道德至上主义，亦扬弃了无视道德之历史作用的道德虚无主义。马克思和恩格斯在历史变革、社会发展的宏观背景之下和物质生产实践的现实根基之上，深入探讨道德的起源、本质、作用及其发展规律等诸种问题，从而确立起科学的道德研究范式、道德研究方法和道德基本观点，使科学的历史观——唯物主义历史观与科学的道德观——唯物主义道德观，在历史唯物主义理论视阈中实现了共时性统一。

马克思和恩格斯在《形态》中还通过批判施蒂纳和整个德国哲学的唯心主义道德观来阐释自己的唯物主义道德观。施蒂纳主张意识和观念创造历史，其理论主旨在于无限拔高作为意识和观念创造者的哲学家和思想家统治历史、统治世界的历史作用，而整个德国哲学当时也是"从意识开始"[1]来探讨道德问题，其道德观皆具有鲜明的主观唯心主义色彩。对此，两位革命导师以唯物主义历史观为理论基础，对施蒂纳和整个德国哲学的唯心主义道德观进行了深刻批判："施蒂纳就把关于思辨观念统治历史的思辨看法变成了关于思辨哲学家本身统治历史的看法。施蒂纳迄今所持的历史观——观念的统治——在'教阶制'中变成目前实际存在着的关系，变成思辨思想家对世界的统治"[2]，"德国哲学是从意识开始，因此，就不得不以道德哲学告终，于是各色英雄好汉都在道德哲学中为了真正的道德而各显神通。费尔巴哈为了人而爱人，圣布鲁诺爱人，因为人'值得'爱（'维干德'第173页），而圣桑乔爱'每一个人'，

---

① 《马克思恩格斯全集》（第3卷），北京：人民出版社1960年版，第424页。
② 《马克思恩格斯全集》（第3卷），北京：人民出版社1960年版，第135页。

他是用利己主义的意识去爱的，因为他高兴这样做（'圣书'第387页）。"[1] 马克思和恩格斯还运用唯物主义历史观，从经济维度揭示出资产阶级享乐道德的形式及其后果："虽然贵族在实践中根本没有放弃享乐，而资产阶级甚至使享乐采取了正式的经济形式——穷奢极侈的形式"[2]，"每一个时代的个人的享乐同阶级关系以及产生这些关系的、这些个人所处的生产条件和交往条件的联系，迄今为止还和人们的现实生活内容脱离的并且和这种内容相矛盾的享乐形式的局限性……所有这一切当然都只有在可能对现存制度的生产条件和交往条件进行批判的时候，也就是在资产阶级和无产阶级之间的对立产生了共产主义观点和社会主义观点的时候，才被揭露。这就对任何一种道德，无论是禁欲主义的道德或者享乐道德，宣判死刑"[3]，并揭示出资产阶级道德产生的物质条件，即"资产阶级道德就是资产者对其存在条件的这种关系的普遍形式之一"[4]。依他们之见，道德具有阶级性，包括禁欲主义道德和享乐道德在内的资产阶级道德的产生和发展有其必要存在条件，因而单纯的精神批判不足以使其消亡，只有推翻现存的资本主义物质条件及其生产关系和交往条件，才能促其解体。他们在批判施蒂纳热衷于道德说教的同时，阐明了共产主义道德的务实性："共产主义者根本不进行任何道德说教，施蒂纳却大量地进行道德的说教。共产主义者不向人们提出道德上的要求，例如你们应该彼此互爱呀，不要做利己主义者呀等等；相反，他们清楚地知道，无论利己主义还是自我牺牲，都是一定条

---

① 《马克思恩格斯全集》（第3卷），北京：人民出版社1960年版，第424页。

② 《马克思恩格斯全集》（第3卷），北京：人民出版社1960年版，第489—490页。

③ 《马克思恩格斯全集》（第3卷），北京：人民出版社1960年版，第490页。

④ 《马克思恩格斯全集》（第3卷），北京：人民出版社1960年版，第196页。

件下个人自我实现的一种必要形式。"① 可见，在历史唯物主义理论视阈中，无产阶级道德、共产主义道德或"真正人的道德"不是抽象的道德说教，而是尊重个人在一定条件下完成合理的自我实现，关切每个人的自由全面发展，关注人性化社会制度的构建，具有强烈的务实性。

《形态》的完成是历史唯物主义诞生的标志，既标志着唯物主义历史观的创立，亦标志着历史唯物主义道德观的形成。马克思和恩格斯在《形态》中没有进行空洞的道德说教和抽象的道德研究，而是依据历史唯物主义方法论研究全部历史，并在此基础上致力分析和精准把握道德赖以生存的客观物质基础；不是用道德的方法分析历史，而是用历史的方法分析道德，认为道德不是先于人类而存在的先验的或超验的自然现象，而是随着人们的物质生产实践和现实社会经济关系而不断变化、发展的历史现象，具有客观性、具体性、历史性和现实性。至此，唯物主义历史观与唯物主义道德观在历史唯物主义理论视阈中完成了动态的共时性统一。这也表征出历史唯物主义作为一种科学的历史观和历史哲学，实现了"合规律性"与"合道德性"之生成性统一。

历史唯物主义创立前，西方哲学特别是传统伦理学在道德观构建上受制于唯心史观的思想统治，强调道德是一种"超历史"的普遍性原则或人的内心信念，陷入了唯心主义的理论桎梏，始终没能建构起科学的道德观。在马克思和恩格斯生活的时代，西方思想舞台上活跃着的经验主义、理性主义、情感主义和进化论伦理学等诸多伦理学派别，尽管切入伦理道德问题的视角有诸多差异，道德致思理路和价值目标也有一定差别，但是，其在基本的逻辑起点上却表现出明显的相似性，即在遮蔽和抽离人的现实性的基础上，从抽

---

① 《马克思恩格斯全集》（第 3 卷），北京：人民出版社 1960 年版，第 275 页。

象或虚构的人性出发来构造所谓的伦理谱系或道德观念，其道德观具有浓厚的经院化和思辨性的色彩。历史发展证明，在唯心史观的基础上不可能构建起科学的道德观。历史唯物主义创立后，马克思和恩格斯以唯物主义历史观为理论基础，构建起科学的道德观。阿罗诺维奇曾对马克思的"新的道德观"做出评价："从定义上来讲，如果道德等同于康德的道德观念，即道德命令一定是独立于人的利益和人作为自然和社会动物所追求的目标，那么马克思将不会与道德有任何关系。但康德的道德观念本身在这点上也是存在问题的，马克思从青年时代就给自己设定了这样的使命，克服康德在应然和实然之间的二元论，因此，从这里以及马克思的著述中我们看到，马克思规划的核心并不是脱离道德，而是走向一种新的道德观。"① 这种"新的道德观"正是以唯物主义历史观为理论基础构建而成的历史唯物主义道德观。

历史唯物主义创立后，第一次将唯心史观驱逐出历史领域，并彻底结束了唯心史观对道德领域的思想统治，不仅使唯物史观在历史领域"理性出场"并"始终在场"，而且使道德从天上重返人间、从虚幻回归现实。对此，有学者指出："在马克思主义诞生以前的思想家们，从来不曾对道德做出科学的解释，尽管在哲学上很早就有唯物主义同唯心主义的两军对战，但是在道德观方面，无论是过去的唯心主义哲学家还是马克思主义以前的唯物主义哲学家，却统统不能跳出历史唯心主义的陷阱。……自从马克思和恩格斯创立了辩证唯物主义和历史唯物主义以后，什么是道德的问题，才得到了科学的解释。"② 历史唯物主义确立起科学的道德立场、道德思维模式

---

① Hilliard Aronovitch. "Marxian Morality", *Canadian Journal of Philosophy*, Vol. 10, No. 3, September, 1980. 转引自吕梁山：《从自我决定到自我实现：阿罗诺维奇对马克思道德观的阐释》，载《马克思主义研究》，2013 年第 5 期，第 102 页。

② 周原冰：《道德问题论集》，上海：上海人民出版社 1980 年版，第 4 页。

和道德研究方法，为人们提供了一种崭新的解释和解决伦理道德问题的方法和原则，实现了道德领域的革命性变革。对此，宋希仁先生指出："马克思和恩格斯则另辟蹊径，他们在长期研究资本主义社会经济、政治和文化的历史发展和现实问题的基础上，运用历史唯物主义观点和方法，从个人意识和社会意识的统一过程中揭示作为社会意识形式的道德的本质及其发展规律，阐发了社会道德哲学。"① 还有研究者评价曰："由于唯物主义辩证法在历史领域的运用，道德的科学实质才被揭示出来。这就是伦理学的理论基础，由唯心主义形而上学的抽象'人性论'变为科学的历史唯物论。由此伦理学便由各种假说或臆测所连缀成的道德哲学变为真正的道德科学，成为无产阶级解放斗争的思想武器。这次变革为伦理科学的发展奠定了真正的科学基础。"② 只有历史唯物主义才拨开了历史发展的层层迷雾，提供了认识和考察人类社会和历史发展的基本线索，实现了社会历史观领域的革命性变革，由此也奠定了道德研究的理论基础——唯物主义历史观，完成了道德观的历史唯物主义建构，确立起科学的历史唯物主义道德观。

四、《德意志意识形态》之后：唯物主义历史观与唯物主义道德观之自觉性交融

《德意志意识形态》虽然首次真正以唯物主义历史观与唯物主义道德观之共时性统一的理论状态呈现于人们的视野，却并非作为两者统一的"终极"状态而存在。唯物主义历史观与唯物主义道德观在《形态》之后的历史唯物主义发展时期实现了"更为自觉"的理

---

① 宋希仁：《马克思恩格斯道德哲学研究》，北京：中国社会科学出版社 2012 年版，第 177 页。

② 李奇：《道德科学初学集》，上海：上海人民出版社 1979 年版，第 11 页。

论交融。以历史唯物论和历史辩证法为理论基础的唯物主义道德观及其科学的道德研究方法，一以贯之地贯穿于《共产党宣言》《政治经济学批判》各部手稿、《反杜林论》《资本论》《历史学笔记》《家庭、私有制和国家的起源》和《路德维希·费尔巴哈和德国古典哲学的终结》等成熟时期的历史唯物主义经典文本，融汇于历史唯物主义整体性发展历程。

马克思和恩格斯在标志马克思主义诞生的文本——《共产党宣言》中，对阶级斗争学说、社会基本矛盾运动、社会发展形态、世界历史观和无产阶级历史使命等唯物主义历史观进行了更为系统而深刻的理论阐述。列宁对《共产党宣言》所内蕴的唯物主义历史观曾作出高度评价，指出："这部著作以天才的透彻而鲜明的语言描述了新的世界观，即把社会生活领域也包括在内的彻底的唯物主义、作为最全面最深刻的发展学说的辩证法、以及关于阶级斗争和共产主义新社会创造者无产阶级肩负的世界历史性的革命使命的理论。"[1] 两位革命导师在《共产党宣言》中更为自觉地立足于唯物主义历史观，强调道德作为一种社会意识形态，其形成和发展由社会物质条件所决定，并随着经济的发展而变化，具有历史性和现实性。在此基础之上，他们运用历史唯物论和历史辩证法，既充分肯定资产阶级道德取代封建宗法道德的历史进步性，亦猛烈抨击资产阶级道德的罪恶本质，痛斥其"用公开的、无耻的、直接的、冷酷的剥削代替了由宗教幻想和政治幻想掩蔽着的剥削"[2]，谴责其"使人和人之间除了赤裸裸的利害关系即冷酷无情的'现金交易'之外，再也找不到任何别的联系了"[3]。在此，他们彻底批判资本主义金钱道德与利益道德的原罪，揭示出资本主义道德观的历史过渡性和历史

---

① 《列宁选集》（第2卷），北京：人民出版社1995年版，第416页。

② 《马克思恩格斯全集》（第4卷），北京：人民出版社1958年版，第468页。

③ 《马克思恩格斯全集》（第4卷），北京：人民出版社1958年版，第468页。

暂时性，并在唯物主义历史观的基础上真正确立起无产阶级道德观和共产主义道德观，使唯物主义历史观与唯物主义道德观进一步融合。在标志"唯物主义历史观已经不是假设，而是科学地证明了的原理"[①] 的《资本论》中，马克思运用实证研究和历史辩证等方法，客观分析了大量的资本主义经济事实和经济现象，科学揭示了资本主义经济运行规律，深刻揭露了资本家剥削工人的秘密——无偿占有工人创造的剩余价值，明确阐释了资本主义生产方式产生、发展及其必然灭亡的历史进程，从而使唯物主义历史观的基本内容、基本观点、基本立场和基本方法在科学性上进一步升华。与此相应，在这部"工人阶级的圣经"中，唯物主义道德观也更为自觉地建立于唯物主义历史观的基础之上。马克思把对资本主义社会的道德批判更为自觉地融入经济批判、历史批判、实践批判，以事实批判统摄道德批判，以资本逻辑映射道德逻辑，由此使道德研究更为自觉地建立于"唯物"的经济研究和历史研究的基础之上，拓展并深化了唯物主义历史观与唯物主义道德观之自觉性交融的广度与深度。马克思晚年的《历史学笔记》和《人类学笔记》是我们研究唯物主义历史观、唯物主义道德观和马克思史学理论的珍贵文献。马克思经过一生的理论探赜与理论积淀，在这两部笔记中立足于包括东方社会在内的世界范围，基于多样性视角，深入探寻历史发展规律和社会形态发展路径，对社会存在决定社会意识等唯物主义历史观的基本观点进行了更为深刻的理论阐释，并将对道德发展规律等问题的研究更为理性地置于唯物主义历史观的基础之上。

恩格斯在《反杜林论》《家庭、私有制和国家的起源》和《路德维希·费尔巴哈和德国古典哲学的终结》等著作中，以唯物主义历史观为理论基础，对他和马克思之前构建的历史唯物主义道德观

---

① 《列宁选集》（第 1 卷），北京：人民出版社 1995 年版，第 10 页。

进一步予以理论完善，使唯物主义历史观与唯物主义道德观在历史唯物主义理论视阈中的理论交融达至更高程度的理论自觉，为历史唯物主义道德观乃至整个人类社会道德观之历史性赓续和实质性发展做出了杰出的理论贡献。在《反杜林论》中，恩格斯从物质资料生产方式、社会经济状况和社会经济关系等历史唯物主义基本概念出发，在道德观上进一步揭示了道德的物质根源及其发展过程，明确指出，道德作为调节人们行为的规范，是社会关系特别是经济关系的产物，"人们自觉地或不自觉地，归根到底总是从他们阶级地位所依据的实际关系中——从他们进行生产和交换的经济关系中，吸取自己的道德观念"①，"我们断定，一切以往的道德论归根到底都是当时的社会经济状况的产物。"② 恩格斯在《反杜林论》第九章"道德和法。永恒真理"中还深刻揭露了杜林"永恒真理观"的形而上学性，进而批判杜林"永恒道德论"所裹挟的先验唯心主义实质，强调历史唯物主义拒绝把任何道德教条当成永恒不变的道德规律强加给人们的一切无理要求，阐明了道德的阶级性，指出："而社会直到现在还是在阶级对立中运动的，所以道德始终是阶级的道德……"③ 在这里，恩格斯以唯物主义历史观为理论基础，进一步阐明了决定道德的起源和发展的物质基础，驱除了笼罩于传统道德观视阈之上的唯心主义色彩和神秘主义光影，为进一步完善历史唯物主义道德观奠定了科学的理论基础。在《家庭、私有制和国家的起源》中，恩格斯通过研究史前各文化阶段和原始社会解体的历史过程，不仅在历史观上揭示了家庭的起源、演变和发展，以及国家的起源和本质、发展和消亡的历史规律等历史唯物主义基本观点，而且提出历史唯物主义是把握婚姻家庭道德观的哲学基础和基

① 《马克思恩格斯全集》（第20卷），北京：人民出版社1971年版，第102页。
② 《马克思恩格斯全集》（第20卷），北京：人民出版社1971年版，第103页。
③ 《马克思恩格斯全集》（第20卷），北京：人民出版社1971年版，第103页。

本依据，并以唯物主义历史观为理论基础，阐述了婚姻家庭道德观的演化历史及其发展规律，为唯物主义历史观与唯物主义道德观之更为自觉的理论交融提供了新的研究视阈。

恩格斯晚年在《路德维希·费尔巴哈和德国古典哲学的终结》中，把"唯物主义历史观"或"唯物的世界观"进一步具体化为"关于现实的人及其历史发展的科学"或"在劳动史中找到了理解全部社会史的锁钥的新派别"，名之曰"唯物史观"或"历史唯物主义"①，并以此为立论基础进一步阐发各种道德问题。在这部著作中，恩格斯从历史唯物主义基本原理出发，深刻批判了费尔巴哈道德观的形而上学性质与唯心主义色彩，指出费尔巴哈游离于现实之外的物质生产实践和经济关系且依据抽象的人性论和超阶级的"爱的宗教"而构建起来的道德论，看似"适用于一切时代、一切民族、一切情况"，实际上"费尔巴哈的道德论是和它的一切前驱者一样的，它是为一切时代、一切民族、一切情况而设计出来的；正因为如此，它在任何时候和任何地方都是不适用的，而在现实世界面前，是和康德的绝对命令一样软弱无力的"②。这也正是"费尔巴哈不能找到从他自己所极端憎恶的抽象王国通向活生生的现实世界的道路"③ 之根本原因。在此，恩格斯基于唯物主义历史观，对费尔巴哈充满人本主义色彩的"抽象道德观"进行了深刻的历史唯物主义批判。通过批判，恩格斯对陷入唯心主义历史观"迷途"的费尔巴哈道德论进行了自觉的理论救赎，并再度重申了他和马克思早年提出的"道德的物质利益基础"这一观点，使历史唯物主义道德观之立论基础的"唯物性"更为彰显。恩格斯晚年在致符·博尔吉乌斯

---

① 《马克思恩格斯选集》（第 4 卷），北京：人民出版社 1995 年版，第 691—692 页。

② 《马克思恩格斯全集》（第 21 卷），北京：人民出版社 1965 年版，第 333 页。

③ 《马克思恩格斯选集》（第 4 卷），北京：人民出版社 1995 年版，第 240 页。

等人的书信中不仅进一步阐发了经济与道德的辩证关系，还精辟分析了道德的发展规律，指出："我们所研究的领域愈是远离经济领域，愈是接近于纯粹抽象的思想领域，我们在它的发展中看到的偶然性就愈多，它的曲线就愈是曲折。如果您划出曲线的中轴线，您就会发觉，研究的时期愈长，研究的范围愈广，这个轴线就愈接近经济发展的轴线，就愈是跟后者平行而进。"① 恩格斯认为，道德的发展过程"是一个曲折的过程，但又有某一'中轴线'贯穿始终的，而这一'中轴线'归根到底是与作为经济运行轴线的经济必然性相接近的，甚至是与经济必然性平行而进的"②。在恩格斯看来，道德发展规律主要呈现为：道德发展始终聚焦经济发展这条"中轴线"而展开，道德必然性受制于经济必然性；对道德的研究越广泛、越深入，这一"中轴线"就愈接近于经济发展轴线甚至与其平行而进。经济作为一种社会存在，其与道德这种社会意识的内在关系正如恩格斯所言："人们的意识决定于人们的存在而不是相反……这个原理的最初结论就给一切唯心主义，甚至给最隐蔽的唯心主义当头一棒。"③ 恩格斯晚年历史唯物主义书信所强调的物质生产和经济基础在社会发展中起最终决定作用的"生产—经济最终决定论"、历史发展"合力论"和上层建筑对于经济基础的"反作用论"等历史唯物主义基本观点，既指明了道德对于经济的反作用，又强调了经济对于道德的最终决定作用，使唯物主义历史观与唯物主义道德观在历史唯物主义理论视阈中的理论交融进一步升华。

　　综上论，《形态》之后，在历史唯物主义不断发展与成熟的历程中，马克思和恩格斯在历史观上运用唯物主义历史观，研究各种社会形态产生和发展的物质条件和历史条件，研究全部人类历史发展

---

① 《马克思恩格斯全集》（第39卷上），北京：人民出版社1974年版，第200页。

② 罗国杰：《伦理学》，北京：人民出版社1989年版，第98页。

③ 《马克思恩格斯选集》（第2卷），北京：人民出版社1995年版，第39页。

进程，并据此进一步完善唯物主义道德观的系统理论，主要包括：更为深入地阐释道德的起源、本质和发展；更为深刻地阐发道德发展的客观规律性、历史继承性和相对独立性；更为"唯物"地阐明恋爱婚姻和家庭道德、商品经济道德、资本主义国家道德、市场经济道德、"阶级的道德"、"真正人的道德"及社会主义道德和共产主义道德，等等。由此既使历史唯物主义道德观达至更为自觉的"唯物"且"辩证"的理论高度，亦使唯物主义历史观与唯物主义道德观的理论交融成为一种"更为自觉"的"理论自觉"。

第三节　历史唯物主义道德观之理论特质

基于整体性视角研读历史唯物主义道德观的理论内涵及其发展历程，我们不难发现：历史唯物主义道德观在立论基础、立论方法和立论原则上皆具有不同于西方传统道德观、宗教道德观和资产阶级道德观等旧道德观的理论特质。历史唯物主义道德观之立论基础的唯物性、立论方法的辩证性和立论原则的科学性的三位一体统一，使其被赋予独特而科学的理论特质，实现了对旧道德观的解构与重构，完成了人类道德领域的革命性嬗变和历史性超越。

一、历史唯物主义道德观之立论基础的唯物性

历史唯物主义道德观始终秉持唯物主义历史观这一立论基础，客观考察道德的起源、形成、发展、内涵、本质及规律。其立论基础彰显出深邃的唯物性。

历史唯物主义道德观之立论基础使其在道德研究的主要内容、致思理路和逻辑论证上与西方传统的唯心主义道德观、人本主义道

德观、宗教道德观和资产阶级道德观有着实质性区别。后者否认道德的客观物质基础，漠视甚至无视道德与物质的辩证关系，或是从凌驾于人类主观意志之上的神意或"绝对精神"出发，或是从抽象的"人的本质"出发，或是从抽象的自我意识和精神的自我解放出发，或是从利己主义原则出发，追溯和探讨道德的起源、本质及其发展规律等问题，注重理论论证的逻辑自洽和体系建构的宏大完整，旨在构建一种普遍性的道德原则和抽象性的道德标准，全然不顾道德的物质基础，其立论基础具有典型的主观唯心主义或客观唯心主义性质，其立论方法具有鲜明的形而上学性和思辨性特征，其价值目标具有浓厚的抽象性和彼岸性色彩。他们将道德与物质二元分立，唯心地探讨道德的起源，片面地理解道德的本质，否认道德发展的历史必然性及其对社会发展的历史作用，把道德的"应该"或"正当"变成毫无实际内容的、失去物质根基的抽象道德冥想，在道德观上呈现出道德与物质的二律背反，不仅陷入唯心主义道德观的理论范围，亦陷入"道德至上主义"或"道德虚无主义"的双重桎梏。而马克思和恩格斯创立的历史唯物主义道德观以唯物主义历史观为立论基础，反对从各种理论预设出发探讨道德问题，强调从人们的物质生产、物质生活和物质利益出发研究道德的起源、本质和发展等问题，使道德从天上回归尘世、从主观回归客观、从唯心回归唯物，由此完成了对陷入唯心主义历史观"迷途"和形而上学方法论"歧途"的旧道德观之理论"救赎"。

历史唯物主义道德观以唯物主义历史观为立论基础，正确阐释了客观物质基础对于道德的决定作用。在历史唯物主义道德观视阈中，社会物质生活的内容决定道德的内容，道德随着社会经济关系的变革而发展；一切抽象的道德概念和繁杂的道德现象终需在现实的、具体的社会物质生活中找寻其根本性解释和终极性说明。这就对游离于物质之外而空谈道德，试图构建"普遍性""永恒性"道德原则的传统道德观之唯心主义立论基础进行了自觉扬弃。客观而论，任何道德都必然源于一定的物质根基，"道德理想绝不是有超验的根源的一种法典，不是生活以外的一种规则，不是一种先验的价值论，它永远不过是现实的一种反映，物质条件在观念上的表现而已。"① 在历史唯物主义道德观视阈中，道德并非与物质生产实践"绝缘"的、从人的头脑中主观自生或从上帝那里衍生出来的纯粹思想意识，而是从物质生产、物质生活和物质利益中衍生并发展起来的一种社会意识形态，不同的道德观念反映了不同时期的人们之社会经济状况、物质生活境遇及其物质利益关系。正如马克思和恩格斯所指出："思想、观念、意识的生产最初是直接与人们的物质活动，与人们的物质交往，与现实生活的语言交织在一起的。观念、思维、人们的精神交往在这里还是人们物质关系的直接产物。表现在某一民族的政治、法律、道德、宗教、形而上学等的语言中的精神生产也是这样"②，"观念的东西不外乎是移入人的头脑并在人的头脑中改造过的物质的东西而已"③，"占统治地位的思想不过是占统治地位的物质关系在观念上的表现，不过是表现为思想的占统治地位的物质关系"④。在此，两位革命导师从唯物主义历史观出发，将道德等精神生产视为物质关系的直接产物，将道德等观念的东西视为经过人的头脑改造过的物质的东西，反对道德的抽象性，强调道德的物质根源、物质内容及其具体性、历史性，深刻彰显出历史唯物主义道德观之立论基础的深邃唯物性。有学者指出，在马恩道德哲学思想的视阈下，道德的历史受制于人类的文明历史，"在本体

---

① 商务印书馆编辑部：《人道主义、人性论研究资料》（第 3 辑），丁象恭等译，北京：商务印书馆 1963 年版，第 114 页。

② 《马克思恩格斯全集》（第 3 卷），北京：人民出版社 1960 年版，第 29 页。

③ 《马克思恩格斯全集》（第 23 卷），北京：人民出版社 1972 年版，第 24 页。

④ 《马克思恩格斯全集》（第 3 卷），北京：人民出版社 1960 年版，第 52 页。

的意义上，不是道德决定历史，而是历史决定道德，是人类的文明历史决定道德精神的生长史。"① 马克思和恩格斯还从 "从事实际活动的人" 和 "与物质前提相联系的物质生活过程" 出发，揭示道德等社会意识形态的历史发展，指出："我们的出发点是从事实际活动的人，而且从他们的现实生活过程中我们还可以揭示出这一生活过程在意识形态上的反射和回声的发展。甚至人们头脑中模糊的东西也是他们可以通过经验来确定的、与物质前提相联系的物质生活过程的必然升华物。因此，道德、宗教、形而上学和其他意识形态，以及与它们相适应的意识形式便失去独立性的外观。它们没有历史，没有发展；那些发展着自己的物质生产和物质交往的人们，在改变自己的这个现实的同时也改变着自己的思维和思维的产物。"② 在他们看来，道德作为一种社会意识形态，其产生和发展过程都取决于人们的物质生产和物质交往，"物质生活的生产方式制约着整个社会生活、政治生活和精神生活的过程"③，不存在任何游离于客观物质基础之外的抽象或绝对的道德。

历史唯物主义道德观还从物质利益决定道德这一历史唯物主义基本观点出发，强调道德是人们的物质利益关系在意识形态领域的集中反射，反对把物质利益看成万恶之源的 "精神万能论" 和禁欲主义，充分肯定人的合理物质利益之道德正当性与社会合法性。道德与物质利益的关系问题既是一个理论问题，亦是一个现实问题。马克思和恩格斯曾指出："'思想'一旦离开'利益'，就一定会使

---

① 高兆明：《历史视野中的道德：马恩道德哲学思想解读——从〈共产党宣言〉的一段话谈起》，载《马克思主义研究》，2015 年第 10 期，第 102 页。

② 《马克思恩格斯文集》（第 1 卷），北京：人民出版社 2009 年版，第 525 页。

③ 《马克思恩格斯全集》（第 13 卷），北京：人民出版社 1962 年版，第 526 页。

自己出丑"①，"'精神'从一开始就很倒霉，法定要受物质的'纠缠'"②，强调道德的物质利益基础，尊重人的合理物质利益需求。他们在批判康德的抽象道义论时也指出："在康德那里，我们又发现了以现实的阶级利益为基础的法国自由主义在德国所采取的特有形式。不管是康德或德国市民（康德是他们的利益的粉饰者），都没有觉察到资产阶级的这些理论思想是以物质利益和由物质生产关系所决定的意志为基础的。因此，康德把这种理论的表达与它所表达的利益割裂开来，并把法国资产阶级意志的有物质动机的规定变为'自由意志'自在和自为的意志、人类意志的纯粹自我规定，从而就把这种意志变成纯粹思想上的概念规定和道德假设。"③ 恩格斯也曾批判了海因岑游离于物质利益而谈论道德的做法，指出："海因岑先生这里大概是指的下面这件事，共产主义者曾讥笑他的道德高尚的言论，嘲笑所有这些神圣高超的思想、高尚、正义、道德等等，而海因岑先生却认为这些是任何社会的基础。这个责难我们接受。尽管这位诚实人——海因岑先生感到道德上的义愤，共产主义者还是要继续嘲笑这些永恒的真理。而且共产主义者认定，这些永恒真理无论如何都不是基础，相反地，是它们自身形成时所处的那个社会的产物。"④ 依马克思主义创始人之见，道德源于人们的物质生产实践、物质生活实践和物质生产关系，而不是头脑中主观自生的抽象理性；物质利益既是道德产生的基础，亦规约着道德的性质，决定着道德观念、道德原则和道德规范的历史发展。而康德将两者割裂开来，抛开客观的物质世界和经验世界，热衷于在主观的先验世界中通过纯粹的理性思辨来找寻道德的起源，使道德变成人类意念之

---

① 《马克思恩格斯全集》（第 2 卷），北京：人民出版社 1957 年版，第 103 页。
② 《马克思恩格斯全集》（第 3 卷），北京：人民出版社 1960 年版，第 34 页。
③ 《马克思恩格斯全集》（第 3 卷），北京：人民出版社 1960 年版，第 213 页。
④ 《马克思恩格斯全集》（第 4 卷），北京：人民出版社 1958 年版，第 309 页。

中的"假设"或"预设"，由此陷入了唯理主义和理想主义的唯心主义苑囿。在《形态》中，马克思和恩格斯更是将"物质根源"的消逝视为"自我牺牲"和"利己主义"两种对立道德根本消失的必然前提，指出："共产主义者既不拿利己主义反对自我牺牲，也不拿自我牺牲来反对利己主义。理论上既不是从那种情感的形式，也不是从那种夸张的思想形式去领会这个对立，而是在于揭示这个对立的物质根源，随着物质根源的消失，这种对立自然就消失……"① 他们还运用唯物主义历史观揭示了以往纷呈繁杂的意识形态所掩盖的一个简单事实："不是意识决定生活，而是生活决定意识。"② 即宗教、法和道德等社会意识虽然是人类精神活动，却并非主观世界的逻辑演绎，而是客观世界的必然结果，其由现实生活内容所决定，具有鲜明的"唯物性"。

马克思和恩格斯正是运用唯物主义历史观，潜心研究人类历史发展和社会形态演进，致力探寻道德与物质的辩证关系，并在此基础上科学揭示出道德的起源、本质及其发展规律，以物质观和历史观统摄道德观，最终创立了历史唯物主义道德观，使道德从天上重返人间，从抽象回归具体，从思辨回归现实，由此恢复了道德的原初物质内涵，赋予了道德观之立论基础以深邃的唯物性。正如有学者所言："也正是基于这种革命和现实的道德观，马克思在《神圣家族》中明确地将唯物论称为'现实的人道主义的学说和共产主义的逻辑基础'；认为唯物论应该使人能够从中领会到真正合乎人性的东西，能认识到自己是人。"③ 历史唯物主义道德观从人们的物质生产、物质生活和物质利益出发，深入到现实物质世界和社会经济领

---

① 《马克思恩格斯全集》（第3卷），北京：人民出版社1960年版，第275页。
② 《马克思恩格斯全集》（第3卷），北京：人民出版社1960年版，第30页。
③ 张之沧：《马克思的道德观解析》，载《马克思主义研究》，2010年第9期，第55页。

域的深层来考察道德的历史演进，自觉摒弃了人类道德发展史上诸种复杂的历史表象、道德假象及其偶然因素，从繁杂的道德现象和漫长的道德发展历程中厘清了道德与物质的辩证关系及其客观发展逻辑，为道德研究提供了科学的唯物主义基础。

二、历史唯物主义道德观之立论方法的辩证性

历史唯物主义道德观始终秉持科学的立论方法——唯物主义的历史辩证法，对道德与经济之内在关系作辩证评析，对道德之历史作用作辩证理解，对各种旧道德观之理论特征作辩证考察，其立论方法昭显出深厚的辩证性，使道德研究方法从"抽象的思辨"回归"科学的辩证"。

其一，历史唯物主义道德观对道德与经济的内在关系之辩证评析。历史唯物主义道德观创立前，传统哲学家和伦理学家在对道德与经济之内在关系的把握上各执一端。他们或是肯定经济的决定性作用而无视道德对经济的反作用，将道德视为一种完全被动的意识形态，对马克思提出的物质生产和经济基础在社会发展中起最终决定作用这一"生产—经济最终决定论"观点作出绝对化、庸俗化的理解，将其篡改为"经济唯物主义""经济决定论"或"经济唯一论"，由此陷入机械唯物主义的理论桎梏，具有鲜明的形而上学色彩；或是断言道德对经济发展乃至历史发展起决定性作用，把道德变为无所不在、无所不能的道德神学，由此陷入道德决定论或道德至上主义的理论窠臼，具有浓郁的唯心主义色彩。马克思和恩格斯在《形态》《家庭、私有制和国家的起源》等著作及晚年书信中，从社会存在与社会意识的辩证关系这一历史唯物主义基本原理出发，对道德与经济的内在关系作出了辩证评析，创立并完善了历史唯物主义道德观。一方面，历史唯物主义道德观强调，道德是在一定经

济基础上产生的社会意识形态，具有人类精神的一般特征，其主要
内容、理论特征、功能作用及其发展演变都受社会经济关系的制约，
"人们自觉地或不自觉地，归根到底总是从他们阶级地位所依据的实
际关系中——从他们进行生产和交换的经济关系中，吸取自己的道
德观念"①，"一切以往的道德论归根到底都是当时的社会经济状况
的产物"②。历史唯物主义道德观强调经济对于道德的决定性作用，
与否认经济因素在历史发展中的决定性作用的唯心史观或二元论划
清了界限，突显出道德对于经济的工具意义和从属意义，突破了传
统道德本体论和"永恒道德论"片面强调道德之绝对性和永恒性的
理论局限和阶级局限。另一方面，历史唯物主义道德观又认为，道
德作为特殊的社会意识形态和思想上层建筑，并非单向度地受制于
经济，而是对经济发展具有能动的反作用。马克思和恩格斯认为，
"政治、法律、哲学、宗教、文学、艺术等的发展是以经济发展为基
础的。但是，它们又都互相影响并对经济基础发生影响。"③ 恩格斯
后来进一步指出："如果有人在这里加以歪曲，说经济因素是唯一决
定性的因素，那末他就是把这个命题变成毫无内容的、抽象的、荒
诞无稽的空话。"④ 历史唯物主义道德观对于道德与经济之辩证关系
的理论阐释，既消弭了唯心主义道德观将道德等精神力量视为社会
发展之决定性力量的唯心主义色彩，亦克服了片面强调"经济唯物
主义"和"经济决定论"的机械唯物主义只看到经济之决定性作
用，而无视道德之反作用的形而上学性质，实现了经济本体论和道
德价值论的辩证统一。

---

① 《马克思恩格斯全集》（第 20 卷），北京：人民出版社 1971 年版，第 102 页。
② 《马克思恩格斯全集》（第 20 卷），北京：人民出版社 1971 年版，第 103 页。
③ 《马克思恩格斯选集》（第 4 卷），北京：人民出版社 1995 年版，第 732 页。
④ 《马克思恩格斯文集》（第 10 卷），北京：人民出版社 2009 年版，第 591 页。

其二，历史唯物主义道德观对道德的历史作用之辩证理解。在人类道德发展史上，不同道德观对道德的历史作用有着不同理解。如，宗教道德观认为，道德源于上帝的"旨意"，是社会发展的决定性力量；黑格尔道德观认为，道德是"绝对精神"在思想领域内的一种完满的自我运动，能够推动历史进步。两者对道德之历史作用的理解皆具有道德至上主义色彩，皆无限拔高道德的积极作用。与此相反，另有一些西方传统哲学家认为道德对于社会发展具有破坏作用，或宣扬道德虚无主义、漠视甚至无视道德的历史作用。如尼采就认为，人们为了获得自由，应该消灭一切道德和道德传统。上述两种观点各执一端，皆具有简单化、绝对化的倾向。历史唯物主义道德观对道德之历史作用作出了辩证理解，认为道德对社会发展既非"决定性"亦非"虚无主义"，而是推动或阻碍之双重影响作用。一方面，其深刻批判了道德对于历史发展的阻碍作用。其批判宗教道德观、人本主义道德观的道德说教具有唯心主义色彩和空乏性，批判资产阶级道德"全都是资产阶级偏见，隐藏在这些偏见后面的全都是资产阶级利益"[1]，具有欺骗性和伪善性，只会助长资本"野蛮"生长，批判"法权的道德"助推了人的全面异化，使"作为这个世界（它受自己的规律支配）的原则的道德正在消失中，而代替本质的却是外表的现象、警察的礼貌和拘泥的礼仪"[2]，谴责上述道德阻碍了历史发展。另一方面，其强调道德对经济发展具有能动的反作用，必然会推动历史进步。马克思和恩格斯认为，以人类普遍利益为基础的"无产阶级的道德""解放的道德"或"真正人的道德"，具有革命性、正义性和进步性，是无产阶级争取自身解放和人类解放的思想武器。对此，恩格斯指出："现在代表着现状的变

---

[1] 《马克思恩格斯文集》（第2卷），北京：人民出版社2009年版，第42页。

[2] 《马克思恩格斯全集》（第1卷），北京：人民出版社1956年版，第15页。

革、代表着未来的那种道德，即无产阶级道德，肯定拥有最多的能够长久保持的因素。"① 历史唯物主义道德观对道德的历史作用之辩证理解，以唯物主义的历史辩证法消融了无限拔高道德的积极作用或片面夸大道德的消极作用的形而上学观点的片面性。

其三，历史唯物主义道德观对旧道德观的价值合理性与理论局限性之辩证考察。历史唯物主义道德观对于西方传统的唯心主义道德观、人本主义道德观、宗教道德观及资产阶级道德观等旧道德观的理论特征——价值合理性与理论局限性，作出了理性的辩证考察：既肯定了康德自律论道德观把人的理性、实践和价值引入道德观研究这一合理性做法，又深刻批判了其游离于具体的历史条件之外而抽象谈论道德、无视道德之具体性和历史性的唯心主义先验论观点；既肯定了黑格尔客观唯心主义道德观在道德研究方法上所秉持的辩证法，及其把道德置于人类历史发展过程予以研究的现实性特征，又自觉超越了其在历史观上的客观唯心主义性质；既肯定了费尔巴哈人本主义道德观高扬人的道德主体地位、实现道德的人本回归所具有的现实意义，又自觉摒弃了其立论基础上的人本主义历史观、研究方法上的形而上学方法论和实现路径上的"'爱'的宗教"；既肯定了宗教道德观救赎人的内心世界，教人向善、择善和行善的道德价值，亦历史性扬弃了其客观唯心主义性质、禁欲主义色彩和神秘主义特征；既肯定了资产阶级道德观倡导的积极进取、自由竞争的精神及其"自由、平等、博爱"口号在早期反对封建专制和封建宗法、推动经济发展中的历史作用，亦深刻批判了其利己性、欺骗性、伪善性和反动性，打破了资产阶级道德话语霸权。历史唯物主义道德观对旧道德观的理论特征之辩证考察，是其立论方法之辩证性的重要理论呈现。

---

① 《马克思恩格斯选集》（第 3 卷），北京：人民出版社 2012 年版，第 470 页。

综上论，历史唯物主义道德观立足于科学的唯物主义历史观，在道德研究上始终秉持唯物的解释原则和辩证的方法论。在其理论视阈中，道德不再是与神的意志或抽象的人性纠缠不清，而是与人们的物质生产、物质生活及物质利益因缘纠葛；不再是一种凌驾于人的主观意志之上的神意体现、纯粹的抽象理性或思辨的理论演绎，而是反映物质生活状况和现实经济关系的社会意识形态；道德具有相对独立性，对社会发展具有推动或阻碍的能动作用；道德之形成和发展的逻辑并非一帆风顺的线性逻辑，而是与经济发展交互作用、受制于物质生产实践、遵循"自然历史过程"的辩证逻辑和实践逻辑。历史唯物主义道德观反对把道德从物质生产实践和物质生活中抽离并独立出来，反对游离于客观物质根源和物质利益基础之外谈论道德问题，而是将诸种道德问题置于物质生产实践、物质生活条件的现实根基上作探讨，并辩证地研究经济与道德的关系等问题，由此昭示出：道德不是游离于物质生产实践之外的完全独立的思想实体，其起源、形成、发展及内涵、内容皆依赖于特定历史条件下既定的物质基础，具有强烈的物质制约性。基于此，我们需对道德作唯物的、辩证的理解和具体的、历史的分析。马克思和恩格斯始终立足于历史高度，在历史变革的宏观背景下，基于唯物主义历史观这一立论基础与唯物主义的历史辩证法这一立论方法从事道德研究，不仅赋予道德研究以科学的理论基础和宏观的历史视野，亦赋予道德研究以深邃的唯物性和深厚的辩证性，由此突破了以西方传统道德观为代表的旧道德观在道德研究上或唯心主义、或形而上学、或直观感性的研究误区，完成了对旧道德观之解构与重构，确立起历史唯物主义道德观，使道德研究规避了抽象的、永恒的道德呓语，从唯心走向唯物、从思辨走向辩证、从抽象走向科学。

三、历史唯物主义道德观之立论原则的科学性

历史唯物主义道德观始终秉持道德的现实性、批判性和实践性等立论原则，研究和阐释道德的起源、发展和本质等问题，表现出深刻的科学性。

（一）道德的现实性原则

纵观历史唯物主义道德观创立前的诸种旧道德观，多游离于道德的"实然"之外，而热衷于道德的"应然"，沦为缺失现实内容的、抽象而空洞的理论建构。康德自律论道德观认为，道德起源于人的理性本体界而非现实的现象世界，道德评判标准依据"绝对的道德律令"而非现实的人的现实生活，消解了道德的现实根基。黑格尔道德观试图运用辩证法描绘道德的现实运动，但其在"绝对精神"的封闭而完满的自我运动中演绎道德之产生和发展过程的论证逻辑，注定使道德游离于现实世界之外而陷入抽象的精神世界。以康德和黑格尔为代表的德国古典哲学在道德观上秉承古老的道德哲学传统，总是在"道德框架"内解释道德本身，从道德走向道德。这种在主观世界中"兜圈子"、对道德的起源和发展进行理论演绎和思维加工的做法，淡化甚至消弭了道德的现实性。青年黑格尔派将黑格尔的客观唯心主义历史观发展为以"自我意识"为核心的主观唯心主义历史观，并以这种历史观为理论基础，将现实的、具体的世界变成"绝对主体的自我活动"，在道德观上以思辨的道德教化消解人的现实需要和利益关系，从而构筑起一个与现实生活"绝缘"的道德世界。费尔巴哈则以"抽象的人"和"'爱'的宗教"为哲学基础构建自己的道德观，使道德成为游离于"现实的个人"和"现实的实践"、具有浓厚的人文性和浪漫性的人本主义道德。在宗

教道德观视阈中，道德源于至上神意而非现实社会，道德实现过程源于神灵的支配而非"现实的个人"的实践，道德由此从真实的"此岸世界"走向虚幻的"彼岸世界"。上述旧道德观的理论共性就是忽视、漠视甚至无视道德的现实性，对道德的起源、发展和本质等问题作出纯粹的思想预设和主观的理论演绎，而其"设想出来的美德及规范，充其量只具有理想的性质和力量，却往往缺少现实的根据和力量"①。他们从现实世界中抽离出纯粹的道德界域，就道德论道德，并据此构建起严密而完整的道德理论。这看似是对道德的"拥抱"，实则割裂了道德与现实之辩证关系，使道德走向"沉沦"。"他们对道德理论的陈述和演绎就变成了从思想到思想、从范畴到范畴，从问题到问题的单一转化或逻辑推论"②，他们的道德观终是沦为缺失"现实性"的理论建构或"意识的空话"。

认真梳理历史唯物主义道德观的形成和发展历程，深入研读其理论观点与基本精神，我们能够认识到：历史唯物主义道德观注重从现实的个人、现实生活、现实利益关系及现实生产实践出发探讨道德问题，彰显出道德的现实性原则。马克思和恩格斯在谈论具体道德现象时，主要方法是回归社会现实、回归现实的个人，也即《形态》所提及的，"从思辨的王国回到现实的王国中来，就会从人们设想什么回到人们实际是什么，从人们想象什么回到他们怎样行动并在一定条件下必须行动的问题上来。"③ 马克思和恩格斯反对旧道德观游离于现实之外"坐而论道"、就道德谈道德的形而上学性和抽象思辨性。他们在《形态》第一卷"一、费尔巴哈。唯物主义观

---

① 李德顺：《道德转型的足迹——对我国近 30 年若干伦理事件的评述》，载《江海学刊》，2010 年第 4 期，第 19 页。

② 李培超：《〈神圣家族〉的伦理思想探析》，载《伦理学研究》，2010 年第 9 期，第 7 页。

③ 《马克思恩格斯全集》（第 3 卷），北京：人民出版社 1960 年版，第 274 页。

点和唯心主义观点的对立"中"B. 意识形态的现实基础"的阐释中，明确将现实的交往和生产力，国家和法同所有制的关系等视为法和道德等意识形态的现实基础。他们在批判德国哲学家们的意识形态时指出："德国哲学家们在他们的黑格尔的思想世界中迷失了方向，他们反对思想、观念、想法的统治，而按照他们的观点，即按照黑格尔的幻想，思想、观念、想法一直是产生、规定和支配现实世界的。"① 在他们看来，道德作为一种社会意识形态，反映现实社会的"实然"状态，"意识在任何时候都只能是被意识到了的存在，而人们的存在就是他们的实际生活过程"，而旧道德观一味诉求道德理论阐释的圆通性和道德逻辑论证的自洽性，以理论预设和逻辑优先的原则来建构自己的道德观，以抽象的道德原则、普遍的道德规范或永恒的道德标准来裁剪现实生活，造成道德对现实生活的遮蔽②，使道德与现实生活二元分立，沦为缺失了生活内容和现实关切、具有"价值无涉"特质和"不食人间烟火"色彩的"纯而又纯"理论，淡化直至消解了道德本真的现实关怀和价值旨趣。

历史唯物主义道德观反对旧道德观游离于"现实"之外的道德致思理路和道德研究方法，反对从所谓的上帝"旨意"或人的主观意志中汲取道德理论构架的内容和灵感，注重从现实社会中凝练道德思想，从而恢复了道德的本真内涵，赋予道德以浓厚的现实性。在其视阈下，道德的现实性基于三个层面。首先，马克思和恩格斯理性认识到"现实的个人"在道德形成和发展中的主体作用。马克思主义创始人在《形态》中明确指出："任何人类历史的第一个前提无疑是有生命的个人的存在。"③ 恩格斯在批判费尔巴哈道德观的

① 《马克思恩格斯全集》（第 3 卷），北京：人民出版社 1960 年版，第 16 页。

② 参见李培超：《〈神圣家族〉的伦理思想探析》，载《伦理学研究》，2010 年第 9 期，第 1—7 页。

③ 《马克思恩格斯全集》（第 3 卷），北京：人民出版社 1960 年版，第 23 页。

"抽象人"时也指出："对抽象人的崇拜，即费尔巴哈的新宗教的核心，必定会由关于现实的人及其历史发展的科学来代替。"① 他们将"现实的个人"作为道德的出发点和生长点，肯定"现实的个人"是道德的形成、发展和践行过程中的主体力量，尊重"现实的个人"在历史发展中的实践主体地位和道德主体地位，由此突显出道德主体的现实性。其次，马克思和恩格斯深刻领悟到人们的现实生活与现实利益关系对于道德之基本内容的决定作用。在两位革命导师的道德观视阈中，人们头脑中的一切道德观念都是对现实生活与现实利益关系的集中反映。对此，有学者指出："马克思和恩格斯反对把伦理道德从现实生活独立出来而成为一个特殊的专门领域，……可以说，马克思恩格斯的伦理道德视阈是与现实生活和社会发展相重合的。"② 马克思和恩格斯认为，现实利益关系作为经济关系的反映，决定着道德的基本内容：资产阶级现实利益及其利益关系规约着资产阶级道德的主要内容，而无产阶级现实利益及其利益关系则决定着共产主义道德的基本内容，"'思想'一旦离开'利益'，就一定会使自己出丑。"③ 他们在《神圣家族》中曾引用霍尔巴赫的言论："真正的道德也像真正的政治一样，其目的是力求使人们能够为相互间的幸福而共同努力工作。凡是把我们的利益同我们同伴的利益分开的道德，都是虚伪的、无意义的、反常的道德。"④ 他们在《宣言》中又指出："共产党人始终代表着整个运动的利益。"⑤ 在他们的理论视阈中，不同的利益集团具有不同的道德意识，造成这种

① 《马克思恩格斯选集》（第4卷），北京：人民出版社1995年版，第241页。
② 李培超：《〈神圣家族〉的伦理思想探析》，载《伦理学研究》，2010年第9期，第7页。
③ 《马克思恩格斯全集》（第2卷），北京：人民出版社1957年版，第103页。
④ 《马克思恩格斯全集》（第2卷），北京：人民出版社1957年版，第170页。
⑤ 《马克思恩格斯全集》（第4卷），北京：人民出版社1958年版，第479页。

道德差别的根源即在于其现实利益关系的不同或对立。正如有学者所言："把现实的利益作为道德的基础，充分体现了马克思和恩格斯伦理思想的基本特质，也与一切以虚幻的理论预设作为道德的前提或出发点的思辨道德体系划清了界限。"①。再次，马克思和恩格斯科学揭示出道德的历史性、区域性和阶级性。两位革命导师准确把握不同历史时期、不同区域和不同阶级在现实的物质生产实践、生活实践和利益关系等方面的差异对于道德的基本内涵、评价标准及其历史发展的深刻影响，客观揭示出道德的历史性、区域性和阶级性。在历史唯物主义道德观视阈中，自由、平等、博爱和公平、正义、平等等道德范畴的基本内涵和评价标准总是历史的、具体的和阶级的；游离于具体的历史时代、历史背景、生活场域、现实情境或阶级现状之外，人们既无法精准把握任何道德范畴，亦无法真正确立科学的道德评价标准，更无法深刻领会道德的历史发展脉络。

历史唯物主义道德观深刻揭示出道德的"实然"与"应然"之辩证关系，既肯定道德的"实然"特征——源于现实社会，亦诉求道德的"应然"理想——超越现实社会。在历史唯物主义道德观视阈下，道德的"应然"理想并非无法实现的道德乌托邦，而是建立于唯物主义历史观的基础之上、诉诸无产阶级革命实践予以实现的科学的"应然"理想。而以宗教道德观为代表的旧道德观则片面强调道德的"应然"理想，而无视道德的"实然"特征。在其理论视阈中，道德不仅是以唯心主义的"应然"为立论基础，也以这种"应然"为价值皈依，道德据此或沦为彼岸世界中绝对的神意体现，或变成精神世界中纯粹的观念运动，与现实世界彻底"绝缘"。有研究者指出："如果一种'应然'只是出丁某些人的愿望，却没有自

---

① 李培超：《〈神圣家族〉的伦理思想探析》，载《伦理学研究》，2010 年第 9 期，第 4—5 页。

己的'实然'根据，它既不能从社会历史进程中找到自己的基础和依据，也不能从现实生活中获得对自己的足够支持，那么，这种'应然'就注定带有单纯理想主义的软弱性，甚至只是一套虚幻的理念。"① 在此，我们不难理解，从纯粹的"应然"出发来探讨道德问题的旧道德观，其诉求的"应然"苍白无力，只是"一套虚幻的理念"。历史唯物主义道德观基于"实然"探讨道德产生的根源，使道德从彼岸世界回归现实世界；又诉求"应然"为道德预设价值目标，由此揭示出道德的现实性与超越性，实现了道德的"实然"与"应然"之辩证统一。

（二）道德的批判性原则

马克思曾把自己的哲学称为"最先是真正批判的世界观"②。马克思主义以批判资本主义的面貌出现，批判的主要武器就是历史唯物主义。批判性是植根于历史唯物主义之中的一种深刻的反思模式，"马克思已经超越了纯粹的哲学并创立了一种全面的批判社会理论"③。批判精神也是历史唯物主义道德观"与生俱来"的基本精神。马克思和恩格斯运用唯物主义历史观和唯物主义的历史辩证法考察道德的起源、本质和发展等问题，并基于历史唯物主义道德观对陷入历史唯心主义的德国古典哲学道德观、宗教道德观和伪善的资产阶级道德观等旧道德观进行了批判性改造和创造性发展。历史唯物主义道德观实现了对旧道德观的批判和超越，是一种批判的道德观，彰显出道德的批判性原则。

---

① 李德顺：《道德转型的足迹——对我国近 30 年若干伦理事件的评述》，载《江海学刊》，2010 年第 4 期，第 19 页。

② 《马克思恩格斯全集》（第 3 卷），北京：人民出版社 1960 年版，第 261 页。

③ 〔南〕马尔科维奇、彼德洛维奇：《南斯拉夫"实践派"的历史与理论》，郑一明、曲跃厚译，重庆：重庆出版社 1994 年版，第 12 页。

马克思和恩格斯基于历史唯物主义道德观批判旧道德观，首先展开对以康德道德观和黑格尔道德观为代表的德国古典哲学唯心主义道德观的深刻批判。康德作为德国古典哲学开创者，在道德观上提出"善良意志论"和"道德实践"等理念，构建起严整的自律论道德观，架构起支撑西方现代社会基本价值的道德规律。"善良意志论"认为，人们应通过"实践理性"实现从"恶"向"善"之转变，由此推动人类历史发展。康德指出："一个人若不曾以纯粹而善良的意志的特征来润饰自己，却享受无止境的荣华，这样一个人的风貌决不能给一个公正而又理性的旁观者以愉悦的感觉。"[1] 康德将"良心"视作衡量内心道德感的法官和人的自在之善，强调"每一个人都有良心，并且每一个人都觉得她自己为某一内部的法官（检查官）所注视……这种力量……是生而有之的，即组织之于其存有中者"[2]。"善良意志论"虽具一定的合道德性，有助于激发人们"向善"和"行善"，但是，其又裹挟着唯心主义先验论的本质。对此，马克思和恩格斯在《形态》中批判道，康德的善良意志完全排除了经验因素，仅仅立足于解释世界的立场，而非改造世界的立场来看待实践，其实践哲学的目的是追求"至善"，"18 世纪德国的状况完全反映在康德的'实践理性批判'中。……但软弱无力的德国市民只有'善良意志'。康德只谈'善良意志'，哪怕这个善良意志毫无效果他也心安理得，他把这个善良意志的实现以及它与个人的需要和欲望之间的协调都推到彼岸世界。"[3] 他们指出，康德运用

---

① 〔德〕康德：《康德谈人性与道德》，石磊编译，北京：中国商业出版社 2011 年版，第 2 页。

② 〔德〕康德：《康德谈人性与道德》，石磊编译，北京：中国商业出版社 2011 年版，第 20 页。

③ 《马克思恩格斯全集》（第 3 卷），北京：人民出版社 1960 年版，第 211—212 页。

"善良意志"这一逻辑推理方法对道德所作的纯粹的理论演绎和思辨的理论构架，只能把道德从现实世界推向无法实现的彼岸世界，使其成为在理性王国中徘徊的"意识的空话"；康德强调"善良意志"对于道德演进的决定性作用，实质上是把道德法则视为自我意识中主观自生的思想，使道德完全独立于物质世界和经验世界，而蜕变为普遍的道德原则和形而上学的纯粹意志，由此既消解了道德的物质根基，亦遮蔽了道德的客观性。

康德的"道德实践"理念认为，人要理性地服从由自身设定的普遍道德法则，"全部道德概念都先天地坐落在理性之中，并且导源于理性，不但在高度的思辨是这样，最普遍的理性也是这样。"① 在康德看来，道德是人的一种与生俱来的义务，需要通过"实践理性"的方式来完成，即"要想有道德价值，一个行动必须是从义务而完成。……并不依靠行动的对象（目的）的实现，只依靠那'行动所由之而发生（而完成）'的'决意的原则'，而不愿涉及欲望的任何对象。"② 但是，康德所强调的"实践理性"，"并不要去供给一个直觉的对象，但作为实践理性，它只要去供给一个法则。"③ 马克思和恩格斯深刻批判了康德道德观，指出：道德义务具有社会属性，需要通过人们的道德实践才能完成，而康德所强调的道德义务是一种先验地存在于纯粹理性之中的"确定的实践利益"；康德把绝对命令视为善良意志必须服从的客观法则，把道德自律视为善良意志得以实现的唯一途径，把作为道德主体且须完成道德义务的人抽象化

---

① 〔德〕康德：《道德形而上学原理》，苗力田译，上海：上海世纪出版集团 2005 年版，第 29 页。

② 〔德〕康德：《康德谈人性与道德》，石磊编译，北京：中国商业出版社 2011 年版，第 25 页。

③ 〔德〕康德：《康德谈人性与道德》，石磊编译，北京：中国商业出版社 2011 年版，第 312.

为脱离社会关系的孤立的人，把具体的道德实践抽象化为纯粹的
"实践理性"，并试图依据"实践理性"完成道德义务，其道德观本
质上是一种主观唯心主义道德观。两位革命导师基于历史唯物主义
道德观对康德道德观所作的深刻批判，将康德的"道德"从唯心主
义历史观中"救赎"出来，使其建立于唯物主义历史观的基础之上。

　　黑格尔作为德国古典哲学集大成者，在道德观上继承和发展了
康德道德观，并以自由意志为出发点，构建起一个严密的客观唯心
主义道德观体系。黑格尔强调道德的永恒性和绝对性，认为道德的
本质不只是理性，更多地呈现为一种"绝对精神"。他揭示出康德形
而上学道德观的唯心主义性质，但与康德不同，他以具体的、社会
的道德取代了康德具有形式主义和个人主义色彩的道德，强调道德
产生的基础是自由意志。宋希仁先生指出：黑格尔认为，自由意志
就是抽象的法，其在个人内心的规定就是道德，因此，道德就是主
观意志的法；国家是家庭和市民社会的统一，是伦理理念的最高呈
现；只有远离奴役、拥有自由权利的个人才能拥有道德权利，而这
种道德权利要通过国家和法的保护才能实现。黑格尔将道德与法和
国家紧密结合，具有一定的价值合理性。但是，黑格尔道德观在内
容上是现实的，在方法上是辩证的，在形式上却是唯心的。马克思
和恩格斯基于历史唯物主义道德观对黑格尔客观唯心主义道德观进
行了理论上的批判和"救赎"。马克思指出，黑格尔国家观没有
"以这些抽象为前提的伦理生活，无非是这些虚幻东西的社会性"，
而"这些虚幻东西是这种伦理生活的从属环节"[1]。依马克思之见，
"道德是非国家的，国家是非道德的"[2]，不应使道德隶属于某个具
体国家，也不应以道德观统摄国家观，而应使道德与国家相互分离、

---

[1]　《马克思恩格斯全集》（第 3 卷），北京：人民出版社 2002 年版，第 134 页。
[2]　《马克思恩格斯全集》（第 3 卷），北京：人民出版社 2002 年版，第 135 页。

彼此独立，道德才能得到解放。

马克思和恩格斯指出，黑格尔运用辩证法理性认知到道德的社会历史发展，反对将道德原则普遍化，但是，"黑格尔所解释的道德是抽象主观性的虚幻存在"①，因此，他基于这种道德解释而构建的道德观也难以规避抽象和思辨；黑格尔没有认识到道德的客观物质基础，对道德作用的探讨也只是停留于精神层面，其道德观是建立于客观的"绝对精神"和自由理性的基础之上，而不是建立于物质生产实践和社会经济现实等客观物质基础或感性经验世界的基础之上，这不可避免地陷入了客观唯心主义的理论窠臼。在历史唯物主义道德观视阈中，经济基础决定道德等上层建筑，而黑格尔游离于客观物质基础之外探讨道德问题，必然走向唯心主义。历史唯物主义道德观在道德研究方法上对黑格尔的辩证法思想进行了批判性继承，同时将他的"道德"从客观唯心主义历史观的范围中"救赎"出来，使其建立于唯物主义历史观和唯物主义的历史辩证法的基础之上，实现了从唯心到唯物、从思辨到辩证之历史性嬗变。

费尔巴哈作为德国古典哲学终结者，其理性出场恢复了唯物主义在德国哲学领域的理论权威。马克思认为，在宗教道德观主导欧洲千年之后，费尔巴哈将道德从天国拉回人间，开始从"人"出发，而不是从"上帝"或"绝对精神"出发去研究道德，恢复了人的道德主体地位，实现了道德的人本主义回归。费尔巴哈还提出了一些具有唯物主义倾向的道德观点，诸如"德行和身体一样，需要饮食、衣服、阳光、空气和住居。……如果缺乏生活上的必需品，那么也就缺乏道德上的必要性，生活的基础也就是道德的基础"②，"德行

---

① 《马克思恩格斯全集》（第 3 卷），北京：人民出版社 2002 年版，第 134 页。
② 〔德〕路德维希·费尔巴哈：《费尔巴哈哲学著作选集》（上卷），荣震华等译，北京：商务印书馆 1984 年版，第 569—570 页。

是建立在良好的物质基础上的"①，等等，正确阐释了作为社会意识形态的道德与物质生活之间的关系。但是，费尔巴哈道德观没有摆脱主观唯心主义历史观的羁绊，其本质依然是一种具有唯心主义色彩的人本主义道德观。其唯心主义色彩主要根源于抽象的人性论。马克思和恩格斯基于历史唯物主义道德观对费尔巴哈道德观进行了深刻批判，指出：费尔巴哈对道德的理解是狭隘的，在自然属性上没有把人与动物区别开来，并将两性关系作为道德的基本关系；在社会属性上仅仅指向精神层面的关系，从人的幸福欲望和直观的感性经验出发来探讨道德的基础，认为"追求幸福的欲望是人生来就有的，因而应当是一切道德的基础"②。他们批判费尔巴哈立足于抽象的、自然的人的本性来研究道德，"就形式讲，他是实在论的，他把人作为出发点"③，"但是，关于这个人生活的世界却根本没有讲到，因而这个人始终是在宗教哲学中出现的那种抽象的人"④，强调"要从费尔巴哈的抽象的人转到现实的、活生生的人，就必须把这些人作为在历史中行动的人去考察。"⑤

　　费尔巴哈还提出超越阶级对立的、抽象的、普遍的"爱的宗教"，并试图诉诸这种泛道德化的"爱的宗教"来实现对社会现实的救赎和改造。对此，马克思和恩格斯批判道，在阶级利益根本对立的社会，根本不存在适合整个人类的所谓"爱"的普遍原则，这种游离于社会实践，特别是无产阶级革命实践之外的"泛爱主义"道德观对于拯救人类苍白无力，不可能彻底变革不合理的现实社会。

---

① 〔德〕路德维希·费尔巴哈：《费尔巴哈哲学著作选集》（上卷），荣震华等译，北京：商务印书馆1984年版，第570页。

② 《马克思恩格斯文集》（第4卷），北京：人民出版社2009年版，第291页。

③ 《马克思恩格斯文集》（第4卷），北京：人民出版社2009年版，第290页。

④ 《马克思恩格斯文集》（第4卷），北京：人民出版社2009年版，第290页。

⑤ 《马克思恩格斯文集》（第4卷），北京：人民出版社2009年版，第294页。

费尔巴哈"爱的宗教"实质上是要以"爱"的道德救赎社会，最终陷入了道德普遍主义和道德至上主义的理论桎梏。恩格斯还指出，费尔巴哈"爱"的道德原则看似"适用于一切时代、一切民族、一切情况"，实际上"它在任何时候和任何地方都是不适用的，而在现实世界面前，是和康德的绝对命令一样软弱无力的"①。在善与恶的问题上，费尔巴哈提出善恶"不变论"，认为：无论社会的经济、政治和文化如何发展，善与恶一旦形成，则会成为永恒不变的道德范畴；善就是绝对的善，恶也是绝对的恶；善与恶是根本对立的，没有相互转化的可能。善恶"不变论"在本体论上无视道德产生的物质基础，没有看到包括善恶在内的所有道德范畴、道德观念都会随着物质生产实践和物质生活内容的变迁而发生历史性变化；在方法论上游离于辩证法之外，陷入了历史唯心主义和形而上学的理论范围。

圄于唯心主义历史观与形而上学方法论之双重桎梏，费尔巴哈道德观最终沦为游离于唯物主义历史观与唯物主义的历史辩证法之外的人本主义道德观。恩格斯批判道："费尔巴哈的道德或者是以每一个人无疑地都有这些满足欲望的手段和对象为前提，或者只向每一个人提供无法应用的忠告，因而对于没有这些手段的人是一文不值的"②，"费尔巴哈的道德是完全适合于现代资本主义社会的，不管他自己多么不愿意或想不到是这样。"③ 依恩格斯之见，费尔巴哈伦理学同黑格尔伦理学相比，显得惊人的贫乏。马克思和恩格斯早年深受费尔巴哈道德观的影响，强调人的理性在道德发展中的重要作用，但最终与滑入历史唯心主义理论"迷途"的费尔巴哈人本主义道德观彻底划清了界限。他们肯定费尔巴哈确立唯物主义的理论意义，亦认同其道德观包含一些唯物主义因素，但对于费尔巴哈没

---

① 《马克思恩格斯全集》（第 21 卷），北京：人民出版社 1965 年版，第 333 页。

② 《马克思恩格斯文集》（第 4 卷），北京：人民出版社 2009 年版，第 591 页。

③ 《马克思恩格斯全集》（第 21 卷），北京：人民出版社 1965 年版，第 333 页。

有将"社会存在决定社会意识"贯穿于社会历史领域，尤其是道德研究领域的理论局限进行了批判。两位革命导师将道德置于具体的历史发展背景和社会经济状况之中，从物质生产实践和物质生活内容出发来考察道德，将费尔巴哈道德观中作为道德主体的"抽象的人"改造为"现实的人"，将费尔巴哈预设的道德实现路径——"爱的宗教"转变为无产阶级革命实践，将费尔巴哈的善恶"不变论"修正为善恶观念的具体性、阶级性和历史性，从而对陷入历史唯心主义理论"迷途"和形而上学方法论"苑囿"的费尔巴哈人本主义道德观进行了自觉的理论救赎，使费尔巴哈的"道德"重新置于唯物主义历史观与唯物主义的历史辩证法的基础之上，为道德观的历史唯物主义建构奠定了重要理论基础。

马克思主义创始人还基于历史唯物主义道德观批判了宗教道德观。历史唯物主义道德观创立前，以欧洲中世纪基督教神学道德观为代表的宗教道德观将道德研究依附于神学研究。在宗教道德观视阈下，上帝和神灵是道德律的创造者，人的德性是神赋予的，没有对神的爱和信仰，就没有道德。宗教道德观使道德从关于个人与社会的关系、阶级关系、利益关系及个人品性的探讨转向对神的探讨，强调道德来源于神意，强化神秘主义和禁欲主义，使道德从人间升到天上，从现实世界伸向彼岸世界。马克思和恩格斯以历史唯物主义道德观为批判武器，深刻批判了包括宗教道德观在内的诸种只谈"道德"而无视"历史"和"物质"的唯心主义道德观。早在《评普鲁士最近的书报检查令》中，马克思就强调："道地的基督教立法者不能承认道德是一种本身神圣的独立范畴，因为他们把道德的内在的普遍本质说成是宗教的一种附属物。独立的道德要侮辱宗教的普遍原则，宗教的特殊概念则和道德相抵触。"① 在马克思看来，宗

---

① 《马克思恩格斯全集》（第1卷），北京：人民出版社1956年版，第15页。

教根本不适用于道德领域，"道德的基础是人类精神的自律，而宗教的基础则是人类精神的他律。"① 道德本质上是"与人们的物质交往，与现实生活的语言交织在一起"② 的精神交往，宗教却是游离于现实生活之外的精神冥想。马克思和恩格斯在《形态》中批判施蒂纳为代表的整个德国哲学的宗教批判思想时指出："从施特劳斯到施蒂纳的整个德国哲学批判都局限于对宗教观念的批判。出发点是现实的宗教和真正的神学。至于什么是宗教意识，什么是宗教观念，后来下的定义各有不同。整个的进步在于：想像中占统治地位的、形而上学的、政治的、法律的、道德的以及其他的观念也被归入宗教观念或神学观念的领域；还在于政治的、法律的、道德的意识被宣布为宗教的或神学的意识，而政治的、法律的、道德的人，总而言之'一般人'，则被宣布为宗教的人。"③ 依他们之见，德国哲学的宗教批判没有真正明确宗教意识和宗教观念是什么，其视阈中的宗教批判"包含着神秘主义"④，最终导致"对法的迷信"和"对国家的迷信"⑤。

马克思和恩格斯对宗教道德观的批判是一种实质性批判。马克思曾批判道，宗教道德观将道德的意识"宣布为宗教的或神学的意识，而……道德的人，总而言之'一般人'，则被宣布为宗教的人"⑥，这不过是撇开人的物质生活条件来反对"词句"的道德陈词滥调。宗教是对人民的精神奴役，是"被压迫生灵的叹息，是无情世界的情感，正像它是无精神活力的制度的精神一样，宗教是人民

---

① 《马克思恩格斯全集》（第1卷），北京：人民出版社1956年版，第15页。
② 《马克思恩格斯全集》（第3卷），北京：人民出版社1960年版，第29页。
③ 《马克思恩格斯全集》（第3卷），北京：人民出版社1960年版，第21页。
④ 《马克思恩格斯全集》（第3卷），北京：人民出版社1960年版，第21页。
⑤ 《马克思恩格斯全集》（第3卷），北京：人民出版社1960年版，第22页。
⑥ 《马克思恩格斯全集》（第3卷），北京：人民出版社1960年版，第21页。

的鸦片"①。宗教道德和宗教精神作为维护国家统治制度的上层建筑和基本精神，扭曲人的本质，使人丧失"人之为人"的尊严和价值。要使人获得现实的幸福，就必须"废除作为人民的虚幻幸福的宗教"②。在历史唯物主义道德观视阈中，道德只有在此岸世界中才能出现、展现并实现。而宗教道德观却从天意或神意中寻求道德的根源，并试图在彼岸世界中构建一种虚幻而"圆满"的宏大道德体系，建立美好却缥缈的"人间天堂"，其注定以失败而告终。马克思和恩格斯基于历史唯物主义道德观，把对宗教道德观的批判转化为对苦难现实和彼岸世界的批判，以现实对抗神性，以此岸解构彼岸，对宗教道德观进行了神学的"祛魅"，使上帝远遁、神性消弭，恢复了道德观的物质内涵和现实内容。

　　批判伪善的资产阶级道德观，也是历史唯物主义道德观视阈下道德的批判性原则之题中应有之义。在历史唯物主义道德观视阈中，对资产阶级道德观的道德解构与对无产阶级道德观的道德重构是辩证统一的过程。资产阶级道德观既是人类剥削阶级道德观发展的最高阶段，亦是其终结阶段。马克思和恩格斯坚持辩证唯物主义与历史唯物主义相结合的原则，基于历史唯物主义道德观深刻批判了资产阶级道德观的阶级局限和历史局限、理论局限和实践局限，阐明了无产阶级道德观。他们批判资产阶级道德观将道德简单还原为个人私利的伪善性，谴责资产阶级道德观建立于资本主义生产关系基础之上，以极端利己主义和个人主义为根本原则，以金钱万能为基本准则。他们在《宣言》中指出，对于无产者而言，"法律、道德和宗教，在他看来全都是掩蔽资产阶级利益的资产阶级的偏见"③。资产阶级道德观推崇的道德是简单、利己的道德信条，而非科学的

---

① 《马克思恩格斯文集》（第 1 卷），北京：人民出版社 2009 年版，第 11 页。
② 《马克思恩格斯文集》（第 1 卷），北京：人民出版社 2009 年版，第 16 页。
③ 《马克思恩格斯全集》（第 4 卷），北京：人民出版社 1958 年版，第 477 页。

道德信念，其从道德概念而非社会现实中引出道德结论，其提出的自由、平等和博爱口号成为压迫和剥削无产阶级的道德掩饰，而其宣扬的"超阶级"的、"超历史"的永恒道德，更是被马克思和恩格斯扫入历史的尘埃。两位革命导师在《宣言》中明确指出："此外，还存在着一些永恒的真理，如自由、正义等等，这些真理是社会发展的一切阶段所共有的。但是，共产主义却要废除永恒的真理，它废除宗教、道德，而不是把它们革新；可见，共产主义是同过去的全部历史发展进程背道而驰的。"① 他们所创立的历史唯物主义道德观，抛弃了资产阶级道德观虚伪的人道主义和抽象的道德说教，确立起批判性、科学性与革命性之内在统一的无产阶级道德观，旨在通过经济发展和革命实践推动道德的进步和发展，真正构建起"无产阶级道德""共产主义道德"和"真正人的道德"。

批判精神是历史唯物主义道德观"与生俱来"的基本精神。马克思和恩格斯运用唯物主义历史观和唯物主义的历史辩证法，探讨道德的起源和发展、本质和作用等问题，并基于历史唯物主义道德观对具有唯心主义先验论特征的康德"自律论道德观"和"善良意志论"、建立于客观的"绝对精神"基础上的黑格尔客观唯心主义道德观、以抽象的人性论和普遍的"爱的宗教"为核心的费尔巴哈人本主义道德观、具有禁欲主义和神秘主义色彩的宗教道德观及以利己主义为基础的资产阶级道德观等旧道德观进行了批判性继承与创造性发展，在批判旧道德观中阐发新道德观，完成了系列理论任务，实现了对旧道德观的道德"祛魅"，为道德正本清源。其一，自觉批判旧道德观之立论基础、立论方法和立论内容。马克思和恩格斯自觉批判旧道德观在立论基础上的唯心主义观点和神秘主义色彩、立论方法上的形而上学性质及立论内容上的道德说教特征，将道德

---

① 《马克思恩格斯全集》（第4卷），北京：人民出版社1958年版，第489页。

观置于唯物主义历史观的立论基础与唯物主义的历史辩证法的立论方法上进行考察和研究，使道德回归现实生活，由此赋予道德观以深邃的唯物性、辩证性和现实性。其二，理性澄明道德与经济之辩证关系。马克思和恩格斯深刻批判了旧道德观漠视甚至无视经济与道德之辩证关系的形而上学思维模式，准确把握到道德与经济之辩证关系及两者发展的不平衡性，使道德与经济之辩证关系及道德的相对独立性在理论上得以清晰呈现。其三，正确定位道德之历史作用。马克思和恩格斯自觉摒弃旧道德观对道德作用的理解上所持有的"道德至上主义"或"道德决定论"等唯心主义观点。旧道德观片面夸大道德对经济发展乃至整个社会发展的决定性作用。而在历史唯物主义道德观视阈中，道德对经济的作用既非"决定性"亦非"虚无主义"，而是一种阻碍或推动的双重作用。这不仅消弭了旧道德观对道德作用的理解上所裹挟的唯心主义观点，亦超越了那种试图否定甚至取消道德作用的道德虚无主义观点之理论局限。其四，科学界定道德评价标准。马克思和恩格斯深刻批判旧道德观以道德的完善、人性的完美或神性的完满作为道德评价标准的思维模式，指出这种道德评价标准陷入了主观唯心主义或客观唯心主义的泥沼。

在历史唯物主义道德观视阈中，道德是随着物质生产实践和社会经济关系的变化而变化，道德形成基础的变动性消解了道德评价标准的唯一性和永恒性。历史唯物主义道德观立足于非道德主义或超道德主义的立场，基于社会发展视角科学界定道德评价标准，强调道德评价标准具有社会性和历史性，不存在普遍的、永恒的道德评价标准，从而克服了旧道德观的道德评价标准对道德客观主义与道德相对主义作二元分立的形而上学性。其通过对旧道德观的上述批判，赋予自身以鲜明的批判性特征。历史唯物主义道德观正是在批判旧道德观中日臻完善，形成了重要的立论原则——道德的批判性原则。其对落入纯粹的自我意识、神秘的"绝对精神"、抽象的人性论、虚幻的天国及利己主义窠臼的旧道德观进行了深刻的理论批判与自觉的理论救赎，使道德立足于现实的个人、现实的世界和现实的实践，从天上回归人间，从思辨回归现实。

（三）道德的实践性原则

"实践"概念和实践精神最初是从康德的实践理性演化而来。康德认为，纯粹理性主要包括理论理性和实践理性，"理论理性所着意的，主要在于认识对象直到认识先天的最高原理；实践理性则着意于规定意志，规定它最终的和完全的目的。"[①] 康德最早将实践理性等同于道德，认为知识与道德、理论与实践既分离亦统一。黑格尔继承了康德的实践理性思想，认为实践理性与实践精神具有一致性，实践理性具有双重内涵：从广义而言，实践理性并不局限于道德，而是一种广义的善；就狭义而论，实践理性即德性，是与社会现实和人的主观实践相联系的一种道德上的"善"，具有实践精神。康德和黑格尔关于实践理性的思想对于我们理解历史唯物主义道德观的实践性具有重要意义，两者之间也具有一定程度的思想传承性。但是，康德和黑格尔关于实践理性的思想立足于经验或先验，建立于唯心主义历史观的基础之上，而历史唯物主义道德观立足于实践，不仅建立于唯物主义历史观的基础之上，而且凸显出道德的实践性，实现了对实践理性的历史性超越。

马克思在《1857—1858年经济学手稿》中曾把人类把握世界的方式分为四种：理论的、艺术的、宗教的和实践精神的。他指出，人的思维着的头脑从哲学上掌握世界的方式"是不同于对世界的艺术的、宗教的、实践—精神的掌握的"[②]。马克思所说的"实践—精

---

① 〔德〕康德：《道德形而上学原理》，苗力田译，上海：上海人民出版社1986年版，第27页。

② 《马克思恩格斯全集》（第12卷），北京：人民出版社1962年版，第752页。

神"把握世界的方式，是指道德作为一种社会意识形态，以"实践
—精神"的方式关注并把握世界。道德的精神特质即是：作为道德
意识主体的人运用善恶观念认识现实存在的一种精神活动；作为道
德实践主体的人在实践活动中践行道德意识的一种精神活动。马克
思认为，实践是全部人类活动的基础和认识的源泉，人类只有通过
实践才能正确认识并深刻把握现实世界。在他的实践观视阈中，人
类通过道德把握世界时，不仅要以精神的、理论思维的方式去把握，
而且首先要以道德实践的方式去把握；道德是人类在实践基础上能
动地反映和改造客观世界的一种理论反映和实践呈现，道德之本性
即在于实践。对此，有学者评论："马克思正是在对旧道德的批判和
否定中，内在地设定和树立起一种全新的道德观。这就是在他看来，
道德的真谛和意义决不在于抽象的概念或伦理信条，而在于认知和
实践、革命和批判、变革和创新……"① 深刻理解"道德是以'实
践—精神'的方式把握世界"这一观点，对于我们把握道德的实践
性具有重要意义。

"实践"观点是历史唯物主义首要的和基本的观点。马克思指
出："全部社会生活在本质上是实践的。凡是把理论导致神秘主义方
面去的神秘东西，都能在人的实践中以及对这个实践的理解中得到
合理的解决。② 他认为，实践是检验真理的唯一标准，也是人类把握
世界的特殊方式，明确指出："思想根本不能实现什么东西，为了实
现思想，就要有使用实践力量的人"③，"对实践的唯物主义者，即
共产主义者来说，全部问题都在于使现存世界革命化"④。历史唯物

---

① 张之沧：《马克思的道德观解析》，载《马克思主义研究》，2010 年第 9 期，第
54 页。

② 《马克思恩格斯全集》（第 3 卷），北京：人民出版社 1960 年版，第 5 页。

③ 《马克思恩格斯全集》（第 2 卷），北京：人民出版社 1957 年版，第 152 页。

④ 《马克思恩格斯全集》（第 3 卷），北京：人民出版社 1960 年版，第 48 页。

主义是"实践的唯物主义"，实践是历史唯物主义分析和解决社会问题的出发点，亦是其探讨和研究道德之起源和发展问题的切入点。而旧唯物主义缺乏实践维度，其理论视阈中道德的实践性也由此被消解。马克思还批判了资产阶级学院伦理学在道德研究上的理论局限性——只注重伦理学体系的整体性构建和道德理论阐释的圆通性，并指出，其漠视道德的实践精神，其道德研究具有虚伪性和形式化特征。在马克思看来，道德是以"实践—精神"的方式反思、批判现存道德并探寻道德问题之解决路径，而漠视甚至无视道德之实践本性的资产阶级学院伦理学，实质上只是资产阶级粉饰现实社会的反人道性和伪善性的一种意识形态工具。在历史唯物主义道德观视阈中，道德不仅是以理论思维和意识形态的方式把握世界，而且首先是以"实践—精神"的方式把握世界。

在历史唯物主义道德观视阈中，道德的实践性与实践的道德性是辩证统一的。一方面，道德具有实践性——道德是实践着的道德。历史唯物主义道德观认为，一切道德规范、道德原则或道德理想只有建立于实践的基础之上，才有实现的可能性，才不会流于道德乌托邦或形式化道德的理论桎梏。另一方面，实践是道德的实践。马克思认为，无论是经济实践、政治实践抑或文化实践，任何一种真正意义上的人类实践都需要首先遵循道德，具有道德合理性。故而，实践是道德的实践。古希腊时期，苏格拉底就曾指出："只要一息尚存，我永远不停止哲学的实践"，而他所言的实践就是"要继续教导劝勉我所遇到的每一个人"[①] 这一伦理道德意义上的实践。在近代德国古典哲学中，康德也明确阐述了实践的伦理道德意义，把"实践"哲学称为"道德哲学"。马克思和恩格斯毕生的实践活动都在

---

① 〔古希腊〕亚里士多德：《形而上学》，吴寿彭译，北京：商务印书馆1981年版，第178页。

践行着人类道德规范，彰显出浓厚的人类道德情怀。依马克思之见，"革命的实践"实质上就是在破坏反人道的资本主义旧秩序和旧道德的基础上，重建一种合乎人性的、有利于人的解放和自由全面发展的新秩序和新道德，因而"革命的实践"具有双重意义——工具理性与道德价值。实践必须被赋予伦理道德意义，才能规避费尔巴哈所言的"卑污的犹太人活动的表现形式"①的理论桎梏，并弥补传统生产实践观囿于实践之本体论意义，而无视实践的道德意义、将实践仅仅归结为生产实践的理论缺憾。

综上述，历史唯物主义道德观不是"超历史"或"超阶级"的道德哲学。从历史唯物主义道德观的理论建构过程及马克思和恩格斯对道德的起源和发展、本质和功能的阐释中，我们能够把握到：历史唯物主义道德观是在道德理论与革命实践相统一的无产阶级革命实践中诉求人类解放和每个人的自由全面发展的实践道德观，具有鲜明的实践向度，彰显出道德的实践性。

还需指明，历史唯物主义道德观不仅具有立论基础的唯物性、立论方法的辩证性和立论原则的科学性，而且其价值旨归突显出深切的道义性——从"阶级的道德"到"真正人的道德"之历史演进。在其视阈下，人类历史就是从"非人的"历史向"真正人的"历史不断进化的历史，人类道德发展史则是从"阶级的道德"向"真正人的道德"不断演进的历史。经济决定道德，而阶级对立的存在则决定了"阶级的道德"产生的历史必然性，道德始终是"阶级的道德"。那么，历史唯物主义道德观的价值旨归是什么？人类道德会发生怎样的历史演进？"阶级的道德"如何才能彻底消亡？马克思和恩格斯立足于历史唯物主义，从纷繁复杂的道德发展历程中梳理并揭示出道德发展规律，并在此基础上明确提出道德的发展要历经

---

① 《马克思恩格斯全集》（第3卷），北京：人民出版社1960年版，第3页。

从"阶级的道德"到"真正人的道德"之历史演进，从而对上述问题作出了明确回答。他们深刻批判了"阶级的道德"之阶级局限性和理论局限性。他们所倡导的"真正人的道德"致力于为无产阶级和全人类谋求利益，旨在将资产阶级道德的极端利己主义性质转变为共产主义道德的无产阶级合理功利主义性质，将资产阶级道德维护资产阶级利益的阶级本质升华至共产主义道德维护无产阶级和全人类利益的阶级关怀和人类关怀的高度，从而深刻彰显出阶级性与人类性之辩证统一。由于阶级对立的客观存在，"阶级的道德"都具有利己主义性质和为剥削阶级服务的阶级本质，是对"真正人的道德"的亵渎。马克思和恩格斯在《形态》中批判资产阶级道德本质上是"虚假的意识形态"，其旨在表明：只有消灭和超越阶级对立，作为"虚假的意识形态"的"阶级的道德"才会彻底消失。恩格斯在《反杜林论》中指出："只有在不仅消灭了阶级对立，而且在实际生活中也忘却了这种对立的社会发展阶段上，超越阶级对立和超越对这种对立的回忆的、真正人的道德才成为可能"①，明确了"真正人的道德"之实现条件——消灭阶级。列宁指出，在阶级对立的社会，"只要人们还没有学会透过任何有关道德、宗教、政治和社会的言论、声明、诺言，揭示出这些或那些阶级的利益，那他们始终是而且会永远是政治上受人欺骗和自己欺骗自己的愚蠢的牺牲品。"② 依马克思主义创始人之见，要涤荡"阶级的道德"，就必须彻底消除阶级对立，使人成为"真正的人"，共建共享"真正人的道德"即"自由人的道德"。马克思主义创始人把共产主义社会称为"真正的社会"，把共产主义社会中的人看作"真正的人"，把共产主义道德视为"真正人的道德"，强调从"阶级的道德"到"真正

---

① 《马克思恩格斯全集》（第 20 卷），北京：人民出版社 1971 年版，第 103 页。
② 《列宁选集》（第 2 卷），北京：人民出版社 1995 年版，第 314 页。

人的道德"之历史演进的现实化路径是无产阶级革命运动。在他们看来，以空想社会主义的道德学说为代表的传统道德观仅仅停留于思想观念的层面，试图以精神批判消灭"阶级的道德"的做法，不过是某种意识形态的"幻想"和"幻影"，而共产主义道德不是道德乌托邦，而是建立于"实践的""革命的"唯物主义基础之上的、实现对"阶级的道德"之历史性超越的"真正人的道德"。共产党人旨在通过无产阶级革命运动来建构"真正人的道德"，因为，"无论为了使这种共产主义意识普遍地产生还是为了达到目的本身，都必须使人们普遍地发生变化，这种变化只有在实际运动中，在革命中才有可能实现；……只有在革命中才能抛掉自己身上的一切陈旧的肮脏东西，才能建立社会的新基础。"①

综上论，历史唯物主义道德观以唯物主义历史观为立论基础，强调道德的"唯物性"，即道德形成和发展的客观物质基础和物质制约性，其立论基础彰显深邃的唯物性；以唯物主义的历史辩证法为立论方法，对道德的历史作用、道德与经济的内在关系及旧道德观皆秉持辩证的批判，其立论方法昭显深厚的辩证性；以道德的现实性、批判性和实践性原则为立论原则，其立论原则展现深刻的科学性。在此基础上，历史唯物主义道德观还以"阶级的道德"到"真正人的道德"之历史演进为价值旨归，其价值旨归突显深切的道义性。基于此，历史唯物主义道德观科学揭示了经济基础与道德形成、道德意识与阶级利益、"阶级的道德"与"真正人的道德"等内在关系，在社会存在与社会意识之辩证统一的理论视阈中实现了道德的唯物性与价值性、工具性与方法性、理论性与实践性之自觉统一，弥合了西方传统道德哲学视阈中"经济本体论"与"道德价值论"之二元分立，实现了人类道德领域的革命性变革。

---

① 《马克思恩格斯全集》（第 3 卷），北京：人民出版社 1960 年版，第 78 页。

第六章　历史唯物主义与道德：当代西方学界研究的误区、成果与启示

　　历史唯物主义之创立标志着马克思批判理论的视角转向，即从先前基于"道德评价优先"的抽象的道德批判转向基于"历史评价优先"的科学的经济批判和历史批判。在此种转向中，历史唯物主义是否消解了道德？历史唯物主义究竟是肯定还是拒斥道德？当代西方学界对此问题的理论研究既有严重误区，亦包含一定的成果与启示。

　　在当代西方学界，多数马克思主义研究者和学者对历史唯物主义的科学维度与道德维度各执一端，还有极少数学者甚至将历史唯物主义的两个基本维度一并抛弃。上述研究误区扭曲或遮蔽了历史唯物主义及以其为哲学基石的马克思主义的本真理论形象。另有少数学者准确把握到历史唯物主义与道德的内在关系，并对此进行了较为客观的研究和阐释，如凯·尼尔森。尼尔森作为"马克思主义道德论"的代表人物，在其专著《马克思主义与道德观念——道德、意识形态与历史唯物主义》（注：以下简称《马克思主义与道德观念》）中以历史唯物主义文本为理论依据，在肯定历史唯物主义之科学维度的基础上较为客观地阐发了历史唯物主义的道德理论和道

德价值，为合理"解悖"马克思主义道德悖论作出了一定的理论贡献。

认真梳理并客观评述当代西方学界关于历史唯物主义与道德之内在关系的研究误区、成果与启示，不仅有助于拓展和深化历史唯物主义的道德维度研究，亦为合理"解悖"马克思主义道德悖论和推进马克思主义道德理论研究提供了可资借鉴的研究路径和方法。

第一节　在科学与道德的两极：当代西方学界的研究误区

历史唯物主义的动态生成过程包含着马克思思想中的科学维度与道德维度从理论分歧走向自觉统一的动态发展过程。科学维度与道德维度之生成性统一是历史唯物主义的本真理论精神。然而，当代西方学界在历史唯物主义研究中却存在着两种研究误区，即在历史唯物主义的科学与道德之两极各执一端。"马克思主义道德论"与"马克思主义反道德论"就是上述研究误区的典型代表。对此，我们须予以澄清，以期为历史唯物主义正本清源，为马克思主义道德理论研究提供正确方法。

一、"执着"历史唯物主义的科学维度而"遗忘"其道德维度

在当代西方学界，历史唯物主义研究中存在着一种研究误区，即"执着"历史唯物主义的科学维度而"遗忘"其道德维度。这种研究误区将马克思本人视为只注重科学理论研究的实证主义者或严

肃的经济分析学家，将历史唯物主义解读为一种科学揭示历史发展规律，并在非伦理道德视阈中批判资本主义、前瞻共产主义的哲学学说，进而将历史唯物主义及以其为哲学基石的马克思主义理论界定为"见物不见人"的、"道德中立"或"价值无涉"的理论体系，忽视、漠视甚至无视其内蕴的道德内涵、道德诉求、道德精神和道德价值。

事实上，自历史唯物主义创立以降，片面强调历史唯物主义的科学维度而否认其道德维度的研究倾向就一直存在。从考茨基、伯恩施坦和新康德主义，到后来的"两个马克思"论者、"存在主义的马克思主义"代表人物萨特和"结构主义的马克思主义"奠基人阿尔都塞，再到"科学主义的马克思主义"，直至当代西方学界的"马克思主义反道德论"者，皆对历史唯物主义与道德作人为的、僵硬的二元分立，漠视甚至无视历史唯物主义的道德维度。他们强调，历史唯物主义是一种"唯物"的经济学理论或严谨的历史发展规律体系，伦理道德在历史唯物主义之中是作为一种"消极地受物质生产方式的决定"的"虚假的意识形态"或"社会的保守力量"① 而遭到严厉批判的对象，因而，历史唯物主义之中根本没有道德、正义等意识形态范畴的立足之地。他们断言，历史唯物主义与道德绝对对立，马克思创立历史唯物主义后即抛弃了早期的人道主义信念而成为"唯物"的经济学家，如阿尔都塞。第一章对此已作阐释，此处不再赘述。现针对当代西方学界"马克思主义反道德论"的相关观点进行分析和评述。

当代西方学界"分析的马克思主义"学派在关于马克思主义与道德、正义之关系问题的大规模争论中，形成了"马克思主义道德

---

① 参见张霄、胡启勇：《马克思主义在伦理学上的"反道德论"问题——当代英美马克思主义伦理学研究中的一个主要问题》，载《南京社会科学》，2008 年第 6 期，第 43 页。

论"与"马克思主义反道德论"两种观点对立的派别。1972 年，美国斯坦福大学道德哲学教授艾伦·伍德发表了《马克思对正义的批判》一文，激起了一场关于"马克思与正义"问题的大规模论争。在这场论争中，罗伯特·塔克（Robert Charles Tucker）和艾伦·伍德通过对《资本论》等马克思主义著作的分析和研究，试图从马克思主义理论中提炼出被传统马克思主义和正统马克思主义所忽视的规范性理论资源，特别是回答了"马克思是否批判资本主义为非正义"这一问题，由此形成了"塔克—伍德命题"。"塔克—伍德命题"坚持认为，马克思在批判资本主义生产方式的过程中并未将资本主义视为非正义，而是强调与生产方式相适应的制度就是正义的，并且认为剥削是正义的。这一命题进而指出，马克思主义理论不包含道德内容和道德价值。塔克、伍德及其支持者的相关观点形成了"马克思主义反道德论"。在"马克思主义反道德论"的思想论域中，伦理道德在马克思那里是被视为"虚假的意识形态"而遭到批判的对象，不能成为马克思分析和批判资本主义社会的理论依据；马克思强调经济关系和阶级斗争决定道德，从而取消了"义务"。他们由此断言，马克思本人和马克思主义皆是反道德的。而以凯·尼尔森和胡萨米等为代表的"马克思主义道德论"者则指出，马克思的思想体系中具有某种规范性的道德价值规范；马克思赞成正义，且强调"剥削是资本主义最大的非正义"；伦理道德在马克思那里完全可以用来佐证社会主义和共产主义的价值优先性，并且往往是革命实现的必要条件，马克思的道德理论突显出"义务"。基于此，他们对马克思本人和马克思主义的道德思想和道德价值作出了肯定性评价。"马克思主义反道德论"与"马克思主义道德论"的理论研究及其研究方法虽有偏颇甚至错误之处，但也有一定的合理与可借鉴之处。

历史唯物主义究竟是赞成抑或拒斥道德、正义？以塔克、伍德和米勒（Richard Miller）等为代表的"马克思主义反道德论"者从历史唯物主义出发，对历史唯物主义是否内蕴道德、正义之维作出否定性回答。依"马克思主义反道德论"之见，历史唯物主义的创立标志着马克思对资本主义的批判实现了从"道德评价优先"到"历史评价优先"之深刻嬗变，马克思由此摒弃了早期所秉持的道德价值立场，不再进行道德研究，而是转向社会历史研究。他们据此认为，历史唯物主义是对历史事实、经验事实和经济事实作科学描述的科学理论，是一种作为历史科学的"综合理论"（艾伦·伍德语），但其在伦理学立场上却是"道德相对主义""非道德主义"，甚至"反道德主义"。他们从三个层面对历史唯物主义拒斥道德和正义进行了理论论证。

首先，道德和正义在历史唯物主义理论视阈中是受到马克思批判和拒斥的意识形态和思想观念。基于正义视角审视马克思对资本主义的批判，伍德算不上是一位开创性人物，但至少是一位奠定性人物。[1] 1972 年，伍德在《马克思对正义的批判》一文中声称，马克思对正义持有批判态度，因而，马克思的思想中根本不存在关于正义的道德观[2]，"在马克思的著作中找不到任何清楚地阐述积极的权利或正义思想的真正努力"[3]，正义在历史唯物主义理论视阈中几乎是一个"赘物"。伍德指出，马克思相信历史唯物主义框架（其中社会存在决定社会意识）必然推论出所有的道德，其中资产阶级

---

[1] 参见余文烈：《分析学派的马克思主义》，重庆：重庆出版社 1993 年版，第 166—168 页。

[2] 参见 Allen Wood, "The Marxian Critique of Justice", *Philosophy and Public Affairs*, Vol.1, No.3, Spring 1972, Blackwell Publishing, pp.244-282.

[3] Allen Wood, "Marxian Critique of Justice", *Karl Marx's Social and Political Thought: Critical Assessments* (Vol.1), Jessop, Bob [eds]. London: New York: Routledge, 1993, p.390.

的道德，都是某种意识形态的幻影。① 他还指出，马克思与尼采对于道德的理解极为相似：两者都是道德哲学家，都力求说明和论证道德准则或道德价值在人类社会发展中的重要意义，然而，两者却都在非道德的理论视阈中对"非道德的基本善"作出评判。依伍德之见，如果要追问马克思缘何批判资本主义，那么，马克思的批判不是为了追求道德、正义、公平等道德的基本善，而是在不关涉道德价值的那些事物的基础上谴责资本主义，由此追求自我实现、安全、舒适和自由等非道德的基本善，"马克思对资本主义的谴责通常是因为资本主义无法向人们提供以上所列举的非道德的善……很显然，他认为这些显而易见的非道德的善的价值是充分的，它远不同于我们用爱或是罪感去使任何有理性的人所信服的那些主张"②。他认为，那些试图从马克思的批判理论中重构"马克思正义思想"的学者，实际上只是将马克思的批判理论误读为马克思当年强烈批判的虚假的道德意识形态而已。伍德据此断言，历史唯物主义明确反对运用道德话语体系来批判资本主义，因为，道德话语体系会弱化、模糊原本科学的历史分析和经济分析；正义是受到历史唯物主义批判的对象，马克思并没有从正义视角来考察或批判资本主义；马克思的批判完全建立于对资本主义的历史评价和经济分析的基础之上，而绝非基于纯粹的正义立场。肖恩·塞耶斯（Sean Sayers）指出，如果将马克思的批判视为一种正义批判，那么，"这种对马克思主义的理解是十分荒唐的。因为马克思不仅曾非常明确地拒绝这种观点，更为重要的是，马克思全部方法中最重要的方法——历史的和唯物

---

① 参见刘宏勋：《马克思主义与道德——评艾伦·伍德〈卡尔·马克思〉》一书，载《国外理论动态》，2007 年第 1 期，第 62 页。

② Allen Wood, *Karl Marx*, Boston：Routledge & Kegan Paul, 1981, pp.126-128.

主义方法，与这种观点明显矛盾。"① 米勒则认为，马克思不仅批判正义，而且拒斥一切道德。他指出，作为解决政治问题之基础的道德应该是中立的，而马克思在政治问题上所主张的观点与选择这些基本制度所追求的东西格格不入，因而，马克思的思想作为一种政治理论与道德无涉。② 米勒据此断言，历史唯物主义反对从抽象的、普遍的和"超历史"的道德标准来评价过去并建构未来，其作为一种综合性历史科学，是一种"反道德论"。在"马克思与正义"的问题上，甚至作为"马克思主义道德论"代表人物的布坎南（A. E. Buchanan）也强调，马克思把关于正义和权利的论述斥为"过时的语言垃圾"和"意识形态的胡说"③，但与伍德等"马克思主义道德论"者不同的是，布坎南始终强调道德是马克思理论的核心和基础。斯坎伦在《工人的利益与无产阶级的伦理：马克思反道德论中的不和谐的曲调》中指出，马克思并不是把道德视为无产阶级革命的动机，而是把比道德范畴更为狭隘的"物质的自利"——"利己主义的功利主义"视为无产阶级革命的核心。在他看来，无产阶级利益和人类利益具有一致性，因此，无产阶级追求私利就足够了，不需要以道德为革命向导。④ 概言之，在"马克思主义反道德论"者看来，历史唯物主义是道德中立的综合性历史科学，道德、正义在它

---

① 〔加〕罗伯特·韦尔、凯·尼尔森：《分析马克思主义新论》，鲁克俭等译，北京：中国人民大学出版社 2002 年版，第 70 页。

② 参见王露璐、张霄：《20 世纪 70 年代以来英美马克思主义伦理学研究中的主要问题——从一场"马克思与正义"的争论谈起》，载《马克思主义研究》，2007 年第 12 期，第 98 页。

③ 〔美〕艾伦·布坎南：《马克思与正义》，林进平译，北京：人民出版社 2013 年版，第 75 页。

④ 参见张霄、胡启勇：《马克思主义在伦理学上的"反道德论"问题——当代英美马克思主义伦理学研究中的一个主要问题》，载《南京社会科学》，2008 年第 6 期，第 45 页。

那里是被视为"虚假的意识形态"或"社会的保守力量"①而遭到批判的对象，不能成为马克思分析和批判资本主义的理论依据；马克思拒绝使用"平等的权利""正义的分配"等道德术语，并将正义斥为具有重大阶级局限性和理论局限性的"陈词滥调"和"意识形态的遁词"②，从而最大化消解了道德、正义的历史作用，并由此消解了道德、正义本身。他们还从历史唯物主义文本中找出马克思批判"道德"的相关论述，如"共产主义者根本不进行道德说教"、要"同传统的观念实行最彻底的决裂"③，等等。然而，上述论断是马克思在资本主义特定历史语境下提出的，有其特定指向——为资本主义私有制的合法性与正当性作道德辩护的资产阶级道德及其意识形态。马克思批判这种"道德""全都是资产阶级偏见"，而且"隐藏在这些偏见后面的全都是资产阶级利益"④。基于此，马克思批判"道德"并不能说明马克思否认道德的客观性，更不能成为马克思是道德虚无主义者甚至反道德主义者的佐证。伍德等人脱离历史唯物主义文本的本源理论语境，抓住马克思相关论述的感性意思对马克思本人及历史唯物主义所作的理解是不全面的、非科学的。事实上，马克思从未做过任何元伦理上相对主义的论述，而是肯定道德的客观存在和历史作用，并将道德诉求和价值承诺贯穿于历史唯物主义创立和发展过程的始终，成为自己的"终生事业"。伍德等人错误地认为历史唯物主义对道德、正义持有批判态度甚至虚无主

①　参见张霄、胡启勇：《马克思主义在伦理学上的"反道德论"问题——当代英美马克思主义伦理学研究中的一个主要问题》，载《南京社会科学》，2008年第6期，第43页。

②　参见曹玉涛：《分析马克思主义的正义论述评》，载《哲学动态》，2008年第4期，第41页。

③　《马克思恩格斯全集》（第3卷），北京：人民出版社1960年版，第275页。

④　《马克思恩格斯文集》（第2卷），北京：人民出版社2009年版，第42页。

义态度，并据此推断马克思是一位"非道德主义者"甚至"反道德主义者"，这一观点具有片面性和臆断性。

其次，历史唯物主义并未立足于道德价值立场考察并批判资本主义社会，也没有认为资本主义制度是非正义制度。伍德指出，道德、正义在历史唯物主义那里并不占重要地位，"正义的实现本身并没有在马克思主义理论和马克思主义实践中发挥重要的作用"①。他进一步指出："当我们阅读马克思的《资本论》和其他著作中关于资本主义生产方式的描述时，所有的直觉都告诉我们，这些描述都是对非正义的社会制度的描述"，② 然而，"当我们深入阅读马克思和恩格斯的著作中关于资本主义是否正义的详细描述时，立刻会发现，他们的著作并没有提供资本主义正义与否的有力论证"，"我们甚至发现一些相当明确的论述，其主旨即为：就正义而论，不论资本主义对于马克思而言意味着什么，存在诸种缺陷的资本主义似乎并不是非正义的。"③ 伍德的观点实际上是将马克思对资本主义所作的深刻的道德批判误读为马克思对资本主义的道德辩护。罗伯特·塔克在《马克思主义革命观》中指出，马克思对资本主义的批判是基于资本主义生产方式，而非基于争取伦理道德上的公平。④ 他在《卡尔·马克思的哲学和神话》中又指出："'科学社会主义'如同其名称所暗示的那样……实质是一种科学理论体系。马克思主

① Allen Wood, "The Marxian Critique of Justice", *Philosophy and Public Affairs*, Vol.1, No.3, Spring 1972, Blackwell Publishing, p.245.

② Allen Wood, "The Marxian Critique of Justice", *Philosophy and Public Affairs*, Vol.1, No.3, Spring 1972, Blackwell Publishing, p.244.

③ Allen Wood, "The Marxian Critique of Justice", *Philosophy and Public Affairs*, Vol.1, No.3, Spring 1972, Blackwell Publishing, p.245.

④ 参见〔美〕罗伯特·查尔斯·塔克：《马克思主义革命观》，高岸起译，北京：人民出版社 2012 年版，第 30—65 页。

义……被认为不内含任何道德内容。"① 伍德和塔克等"马克思主义
反道德论"者指出，马克思的生产方式批判不是基于道义立场的道
德批判，因为，"马克思自己谴责资本主义的理由，包含在他关于资
本主义生产方式的历史起源、组织功能和未来趋势的综合理论中。
这一理论本身并非道德理论，也不包括任何诸如此类的特定道德原
则。"② 在"马克思主义反道德论"者的思想场域中，当从历史背景
和生产方式出发时，马克思从未悬设任何游离于资本主义生产方式
之外的道义立场，历史唯物主义将雇佣劳动受资本的剥削视为一种
公平和正义。为此，他们还提供了文本论据，即《资本论》等历史
唯物主义文本曾明确指出："只要与生产方式相适应，相一致，就是
正义的；只要与生产方式相矛盾，就是非正义的。"③ 他们认为，在
历史唯物主义理论视阈中，物质生产方式是人类社会发展的根本动力，
亦是评价某种社会制度正义与否的客观标准；正义的本质主要体现为
其符合现存生产方式的发展要求，若游离于生产方式之外谈论正义，
终是流于空洞的道德说教或意识形态幻想；资本主义剥削尽管意味着
"剩余价值""劳动异化"和"抢劫"等恶行，却是资本主义生产的实
质，与现存生产方式相适应，因而又是正义的。基于此，他们断言，
历史唯物主义只是对资本主义做出了纯粹的经济批判和历史分析，
而并未立足于道德价值立场考察或批判资本主义，亦没有提出资本
主义制度是非正义制度，故而，其不包含道德、正义之维。

　　再次，历史唯物主义否认共产主义是诉诸道德和正义原则的社
会形态。的确，马克思曾经提出，正义产生于特定的生产力和经济

① Robert C. Tucker, *Philosophy and Myth in Karl Marx*, Cambridge：Cambridge
University Press, 1972, p.12.
② 李惠斌、李义天主编：《马克思与正义理论》，北京：中国人民大学出版社 2010
年版，第 38 页。
③ 《马克思恩格斯全集》（第 25 卷上），北京：人民出版社 1974 年版，第 379 页。

发展，其不是一个永恒范畴，而是一个历史范畴。依马克思之见，阶级社会充斥着各种非正义和反正义的现象，因而，人们普遍要求正义，但这种正义具有鲜明的阶级性；而在共产主义社会中，生产力高度发达，物质财富极大丰富，"各得其所应得"的分配正义要求会因人们的需要之极大满足而失去存在的必要性，正义将成为"人类历史的遗迹"。据此，"马克思主义反道德论"者认为，历史唯物主义没有将共产主义视为一种诉诸道德和正义原则的社会形态，共产主义是一个无需刻意提出正义需求的、全面超越正义的社会，并指出，如果有人认为历史唯物主义秉持某种正义原则并将正义原则视为马克思所宣称的共产主义之基本原则的话，那么，这种正义原则充其量只是一种抽象概念或现代神话。如伍德就认为，在历史唯物主义理论视阈中，共产主义是一个全面超越正义的理想社会。① 甚至"马克思主义道德论"者布坎南也强调，马克思所预设的共产主义是对资产阶级关于权利的狭隘看法的全面超越，因而，它是一个超越了正义的社会②，"马克思认为共产主义社会将消除分配正义赖以存在的条件，因而，正义原则的运用在共产主义社会中将成为没必要。"③ 罗尔斯（John Bordley Rawls）也指出："完全的共产主义社会看起来在这种意义上是一种超越了正义的社会。"④ 总之，在"马克思主义反道德论"者甚至少数"马克思主义道德论"者看来，

① Allen Wood, "The Marxian Critique of Justice", *Karl Marx's Social and Political Thought*: *Critical Assessments*(Vol.1)[C]. Jessop, Bob[eds]. London; New York: Routledge, 1993, pp.244-282.

② Allen E. Buchanan, *Marx and justice*: *the radical critique of liberalism*, Publication info: London; Methuen, 1982, pp.169-171.

③ Allen E. Buchanan, *Marx and justice*: *the radical critique of liberalism*, Publication info: London; Methuen, 1982, p.159.

④ 〔美〕罗尔斯：《作为公平的正义——正义新论》，上海：三联书店 2002 年版，第 290 页。

马克思在历史唯物主义文本中明确否认共产主义诉诸道德、正义原则。"马克思主义反道德论"者由此推论：那种认为马克思是以共产主义正义观批判资本主义非正义性的观点，实际上是没有深入探析资本主义非正义性产生的经济根源，没有正确理解资产阶级正义观之阶级局限性和理论局限性，也没有深刻领悟历史唯物主义是在排除了正义的前提下对共产主义进行实质性建构，并预见到共产主义实现的必然性。"马克思主义反道德论"者没有准确把握到马克思拒斥只是具有阶级性的正义而非正义本身，没有深刻领会马克思批判正义的真正思想动机，因而，他们否认历史唯物主义包含正义思想。

基于上述理论论证，"马克思主义反道德论"者得出结论：道德和正义在历史唯物主义那里是受到批判的意识形态和思想观念，历史唯物主义拒斥道德和正义。他们认为，历史唯物主义不是基于纯粹的道德、正义立场批判资本主义，而是"审慎"地对待正义并拒斥正义①，这有其合理之处。因为，马克思在其思想成熟时期的历史唯物主义文本中的确拒斥并批判了道德和正义，这是不可罔顾的文本事实和理论事实。然而，"马克思主义反道德论"者没有进一步理解，历史唯物主义之所以批判道德、正义，是因为资本主义制度下的道德、正义具有重大的阶级局限、理论局限和实践危害，而且其强烈批判的只是抽象、空洞的道德、正义概念及某些人对道德、正义概念的历史唯心主义的误用和滥用，严厉拒斥的只是具有欺骗性和虚假性的资产阶级道德观和正义观，而非拒斥道德和正义本身。更为关键的是，正是在这种拒斥和批判的过程中，历史唯物主义将道德观建立于"实践的、历史的唯物主义"基础之上，完成了资产

---

① Allen Wood, "Marxian Critique of Justice", *Karl Marx's Social and Political Thought: Critical Assessments* (Vol.1), Jessop, Bob [eds]. London; New York: Routledge, 1993, p.390. 转引自林进平，徐俊忠：《历史唯物主义视野中的正义观——兼谈马克思何以拒斥、批判正义》，载《学术研究》，2005 年第 7 期，第 56—61 页。

阶级道德观的解构与无产阶级道德观的重构，使道德观获得了现实的历史根基，构建起"唯物"的道德观，从而高姿态扬弃了包括资产阶级道德观在内的一切旧道德观的阶级局限和理论局限。历史唯物主义拒斥并批判道德、正义这一客观事实的背后，隐含着马克思基于历史唯物主义立场对道德、正义之产生和嬗变过程的深刻认识：生产力发展水平和经济基础决定道德的发展和社会分配形式，而不是相反；推动历史发展的决定因素是物质生产实践，而非道德、正义；道德、正义是随着历史的发展而不断更新其内容和形式的历史范畴，而非一劳永逸的永恒范畴。事实上，马克思并非反对和批判一切道德、正义。例如，他在制定国际工人协会章程时就明确指出："加入协会的一切团体和个人，承认真理、正义和道德是他们彼此间和对一切人的关系的基础，而不分肤色、信仰或民族。"① 这深刻表征出：马克思肯定并赞同无产阶级所秉持的道德、正义立场，而非反对一切道德、正义。

然而，"马克思主义反道德论"者却武断地将马克思运用历史唯物主义对资产阶级的道德、正义观念所作的科学批判一厢情愿地误读为历史唯物主义拒斥一切道德观念，对道德、正义秉持虚无主义态度。他们否认历史唯物主义存在道德维度，断言"历史唯物主义与道德相互冲突，它要求一种马克思主义的道德虚无主义和某种形式的道德相对主义"，"他们认为，如果历史唯物主义是科学的，那么这就排除了某种跨历史的或跨生产方式而能被证明存在的道德原则，换句话说，世界上不存在可能被所有人或所有社会经济形态都会接受的道德原则。"② 历史唯物主义是马克思主义的理论基石。"马克思主义反道德论"者对历史唯物主义与道德、正义作二元分

---

① 《马克思恩格斯全集》（第16卷），北京：人民出版社1964年版，第16页。

② 符海平：《历史唯物主义何以能兼容道德——从凯·尼尔森的"马克思主义道德观念"谈起》，载《理论与现代化》，2015年第9期，第57页。

立，这就为消解马克思主义的道德维度并将马克思主义解读为"非道德主义"甚至"反道德主义"奠定了错误的理论根基。伍德作为"马克思主义反道德论"重要代表人物，与胡萨米为代表的部分"马克思主义道德论"者在探讨"马克思与正义"问题的研究路径上有所不同：前者多是从历史唯物主义的视角出发，在承认历史唯物主义的科学维度之理论前提下探讨"马克思与正义"问题，这有其合理性；后者则游离历史唯物主义而抽象地谈论马克思主义道德理论，强调马克思对资本主义的批判是基于正义和道德的立场，从而陷入历史唯心主义的理论桎梏。然而，遗憾的是，伍德等"马克思主义反道德论者"未能沿着此路径深入探讨下去，未能将历史唯物论和历史辩证法贯彻到底，而是对马克思在历史唯物主义文本中批判道德（注：作为意识形态的道德）的相关观点进行了断章取义的处理，因而，他们没有正确揭示出历史唯物主义与道德、正义的内在关系，而是最终得出"历史唯物主义和马克思主义不包含道德、正义观点"的片面结论，由此消解了历史唯物主义的道德维度。总体而论，"马克思主义反道德论"者没能对马克思主义理论作出整体性把握，其对马克思主义的研究构架和研究方法实质上是"非马克思主义"的，这就决定了他们无法深刻把握历史唯物主义的本真理论精神——科学维度与道德维度的生成性统一，亦无法深刻领悟马克思主义立足于全人类立场的道德精神和价值情怀。①

二、"游离"历史唯物主义的科学维度而"沉湎" 马克思主义道德理论

在当代西方学界，历史唯物主义研究中还存在着与前述研究误

---

① 参见余京华：《马克思唯物史观的道德维度及其当代观照》，安徽大学博士论文，2010 年。

区相对立的另一种误区，即"游离"历史唯物主义的科学维度而"沉湎"马克思主义道德理论。这种研究误区将马克思本人视为只注重阶级关怀和道德预言的道德哲学家，抽象化解读马克思的道德、正义和平等思想，使马克思主义道德理论被曲解为抽象道德论，甚至将历史唯物主义乃至整个马克思主义理论都归结为人道主义、新宗教或道德乌托邦。这种研究看似是对历史唯物主义的道德维度之认同与"亲近"，实则却是对它的曲解甚至阉割，是要在"道德的拥抱"中使马克思主义陷入"非科学化"的道德困境。从马克思主义与人道主义的"统一论""马克思主义伦理化"和"马克思主义宗教化"等思潮到卡尔·波普尔和路德·宾客莱（L.J.Binkley），再到西方"分析的马克思主义"学派中除凯·尼尔森之外的多数"马克思主义道德论"者，皆游离历史唯物主义的科学维度，仅仅基于纯粹的道德视角对马克思主义理论作一维化的研究和解读。在其解读模式下，马克思主义道德理论缺失了科学的历史根基——历史唯物主义，从科学的理论体系沦为抽象的道德价值体系。

马克思主义与人道主义的"统一论"是当代西方学界游离历史唯物主义的科学维度而抽象谈论马克思主义道德理论的一个重要理论呈现。20世纪30年代初，马克思的《手稿》于苏联全文发表后，一石激起千层浪。《手稿》发表后，一方面如第一章所述，某些西方马克思主义者和"西方马克思学"学者将历史唯物主义与人道主义绝对对立，赞扬《手稿》是马克思"成就的顶点"，充分展示了"隐藏在马克思社会主义思想后面的人道主义主题"，谴责历史唯物主义的创立是马克思后期对人道主义的背叛，暴露了马克思"创作能力的衰退和削弱"①。由此衍生了历史唯物主义与人道主义的"对

---

① 〔美〕E.弗洛姆等：《西方学者论〈1844年经济学—哲学手稿〉》，复旦大学哲学系现代西方哲学研究室编译，上海：复旦大学出版社1983年版，第2—3页。

立论"，如"两个马克思"论者；另一方面，又有一些学者抛弃历史唯物主义的科学维度，强调马克思主义与《手稿》中人道主义思想的一致性，并试图用青年马克思的人道主义来统一历史唯物主义乃至整个马克思主义理论，进而把《资本论》仅仅看作是《手稿》观点的"系统阐述而已"，由此形成了马克思主义与人道主义的"统一论"。"统一论"游离于马克思主义哲学基石——历史唯物主义的科学性之外，断言马克思主义的本质是人道主义，其本质是一种"马克思主义人道化"思潮。

马克思主义与人道主义的"统一论"把历史唯物主义视为只注重经济分析的纯粹的科学理论，断言其丧失了对人的热情，具有理论上的反人道主义，这无疑是对历史唯物主义的一种曲解。因为历史唯物主义以人的自由全面发展为道德旨归，内蕴"现实的人道主义"与科学的人道主义精神，是人类思想史上包括资产阶级人道主义在内的任何人道主义所无可比拟的。然而，历史唯物主义却不能等同或统一于人道主义。将历史唯物主义和整个马克思主义理论统一于人道主义的"统一论"观点，既是 20 世纪 30 年代某些西方马克思主义者的观点，亦是当代某些西方马克思主义者、"西方马克思学"学者和马克思主义研究者的常态化论调，是他们反对历史唯物主义及以其为哲学基石的马克思主义之科学性的惯用伎俩。

事实上，早在 19 世纪后半期，以李普曼、朗格和文德尔班为代表的新康德主义就把马克思主义特别是历史唯物主义伦理化，只强调其价值性，尤其是其伦理动机，而否认其科学性。他们认为历史唯物主义与社会主义理论是建立于阶级关怀和道德目标的基础上，否认其是从历史发展规律和科学理论知识中引申出来的真理体系。《手稿》的问世如巨石投水，掀起层层波澜。《手稿》发表的当年，法兰克福学派创始人之一、当代西方马克思主义最负盛名的代表人物马尔库塞，即发表了《论历史唯物主义的基础》，激烈批判"两个马克思"论，竭力论证《手稿》的人道主义思想既是马克思早期著作的核心思想，亦是马克思所有著作中一以贯之的价值主题，宣称"这些手稿使关于历史唯物主义的由来、本来含义以及整个'科学社会主义'理论的讨论置于新的基础之上"①，而这一"新的基础"正是人道主义。马尔库塞认为，在历史观上，"人"是"马克思进行批判和创立理论过程的真正基础"，也是马克思哲学思想的"中心论题"②；马克思的政治经济学批判、阶级斗争理论、实践唯物主义和历史唯物主义皆建立于《手稿》的人道主义哲学基础之上。

法兰克福学派的另一位代表人物弗洛姆，也力图将马克思主义哲学纳入西方人道主义体系，极力强调历史唯物主义与人道主义的一致性。弗洛姆反复强调，马克思哲学"来源于西方人道主义的哲学传统……这个传统的本质就是对人的关怀，对人的潜在才能得到实现的关怀。"③ 他在《马克思的历史唯物主义》一文中论述历史唯物主义的理论特质时强调，马克思同那种排除历史过程的抽象的自然科学唯物主义划清了界限，实现了人道主义和自然主义的综合，"马克思根本不赞同资产阶级的唯物主义，……他的哲学既不是唯心主义，也不是唯物主义，而是人道主义与自然主义的结合。"④ 在《马克思关于人的概念》中，弗洛姆又指出："与许多存在主义者思

① 〔美〕E. 弗洛姆等：《西方学者论〈1844 年经济学—哲学手稿〉》，复旦大学哲学系现代西方哲学研究室编译，上海：复旦大学出版社 1983 年版，第 69—70 页。

② 〔美〕赫伯特·马尔库塞：《论历史唯物主义的基础》，见中共中央马克思恩格斯列宁斯大林著作编译局马恩室编译：《〈1844 年经济学哲学手稿〉研究》，长沙：湖南人民出版社 1983 年版，第 327 页。

③ 〔美〕E. 弗洛姆等：《西方学者论〈1844 年经济学—哲学手稿〉》，复旦大学哲学系现代西方哲学研究室编译，上海：复旦大学出版社 1983 年版，第 15 页。

④ 〔美〕E. 弗洛姆：《马克思的历史唯物主义》，张文杰译，载《哲学译丛》，1979 第 3 期，第 27 页。

想一样，马克思的哲学也代表一种抗议，抗议人的异化，抗议人失去他自身，抗议人变为物"①，"这种抗议中充满着对人的信念，相信人能够自己解放自己，使自己的潜在才能得到实现的这种信念"②，"马克思的目标是使人在精神上得到解放，并使人摆脱经济决定论的枷锁，使人的完整的人性得到恢复。"③ 在弗洛姆看来，马克思的历史观是"把对历史的理解建立在人是'自己历史的创造者和行动者'这个事实的基础之上"，因而，为了区别于恩格斯的经济唯物主义，"可以把马克思的历史观叫做人类学的历史观"④。弗洛姆还明确指出："事实上，在《经济学—哲学手稿》中马克思所表达的关于人的基本的思想和在《资本论》中所表达的老年马克思的思想之间并没有发生根本的转变；马克思并没有……抛弃了他的早期观点。"⑤ 这里的"早期观点"正是指《手稿》中的人道主义思想。弗洛姆将历史唯物主义归入马克思早期人道主义体系，片面强调历史唯物主义及以其为核心内容的马克思主义哲学之人道主义特质，而抛弃了历史唯物主义的科学性。德国当代学者费切尔也指认，要把马克思早期著作视为后期著作的基础和关键，要用马克思早期著作中的人道主义哲学基础来统摄历史唯物主义、政治经济学批判

① 〔美〕E. 弗洛姆：《马克思关于人的概念》，涂纪亮译，载《世界哲学》，1979第 5 期，第 23 页。

② 〔美〕E. 弗洛姆：《马克思关于人的概念》，涂纪亮译，载《世界哲学》，1979第 5 期，第 23 页。

③ 〔美〕E. 弗洛姆：《马克思关于人的概念》，涂纪亮译，载《世界哲学》，1979第 5 期，第 26 页。

④ 〔美〕E. 弗洛姆：《马克思关于人的概念》，见俞吾金、陈学明著：《国外马克思主义哲学流派新编·西方马克思主义卷》（上册），上海：复旦大学出版社2002 年版，第 337 页。

⑤ 〔美〕E. 弗洛姆：《西方学者论〈1844 年经济学—哲学手稿〉》，复旦大学哲学系现代西方哲学研究室编译，上海：复旦大学出版社 1983 年版，第 78 页。

和科学社会主义学说。

总之，"统一论"认为，马克思在《手稿》中所传递的人道主义思想与中后期历史唯物主义文本，特别是《资本论》文本所表达的历史唯物主义思想之间并未发生根本性转变，历史唯物主义、科学社会主义的理论基础就是人道主义，历史唯物主义和整个马克思主义理论完全可以归结为人道主义。与西方"统一论"论调遥相呼应，国内某些研究者习惯于将我们过去实行的革命人道主义和当前实行的社会主义人道主义作为消弭历史唯物主义和人道主义之本质区别的论据。他们认为，将历史唯物主义与人道主义等同，符合社会主义人道主义建设的需要；若将两者二元分立，则无法解释我们提出的在历史唯物主义指导下进行社会主义人道主义建设的历史任务。此种观点严重歪曲了历史唯物主义与人道主义之本真的内在关系。

不可否认，历史唯物主义与人道主义有着非同寻常的特殊关系。历史唯物主义如"人间的普罗米修斯"警醒世人，并为人类的自由解放指明了正确方向，提供了消除人类的异化和苦难的现实路径，包含着有史以来最为科学的人道主义，却不能归结为人道主义。陈先达先生指出："不论把唯物主义历史观归结为人本主义，还是认为唯物主义历史观'排斥人''忽略人''反人道'，都是毫无根据的。"① "统一论"把历史唯物主义及以其为理论基石的马克思主义统一于人道主义，看似是对历史唯物主义的道德内涵的一种肯定与尊重，而实质上却以"抽象的人道"消解了历史唯物主义的科学性。其并非是对历史唯物主义的道德内涵之正确领悟，反而是对它的一种曲解、贬低和阉割，是要在人道主义"拥抱"中使历史唯物主义

---

① 陈先达：《马克思和马克思主义》，北京：中国人民大学出版社 2006 年版，第 170 页。

走向"窒息"。

"统一论"之所以将历史唯物主义乃至整个马克思主义理论统一于人道主义，有其因由缘起。

其一，忽视或回避历史唯物主义与人道主义之本质区别。历史唯物主义与人道主义都关注和研究"人"，但两者在研究的理论出发点、研究方法和价值目标上皆有本质区别。人道主义以"抽象的人"为理论出发点，采用"静止、片面、孤立"的形而上学方法考察"人"，这种"人"实质上是漠视阶级差别和个性差异的普遍的、永恒的、抽象的人。"统一论"没有继续探求"人"本身何以生成和发展的历史之谜，终是"不识庐山真面目"，对人的理解陷入"超历史""超阶级"的唯心主义泥潭。其人学研究的价值目标是鼓吹虚幻的"人类之爱"，试图消解无产阶级的反抗情绪，缓和阶级对立。而历史唯物主义以"现实的人"为理论出发点，采用"动态、全面、联系"的历史辩证法考察"人"，把对人的问题之研究置于"实践的、历史的唯物主义"的基础之上，对人的生成、发展和本质等问题作出了科学解答，实现了对人的科学认识。历史唯物主义无论是在唯物论研究、人学研究抑或道德研究上，价值目标都是为无产阶级解放、人类解放和人的自由全面发展提供科学理论依据。"统一论"却沉醉于人道主义的温柔陷阱，忽视甚至刻意回避历史唯物主义与人道主义之本质区别，其不可能准确把握历史唯物主义与人道主义之本真的内在关系。

其二，缺乏对马克思思想发展的整体性把握。我们只有对马克思思想发展历程作整体性把握，才能深刻领悟历史唯物主义对人道主义的历史性超越和辩证性扬弃，而非将历史唯物主义乃至整个马克思主义理论统一于人道主义。《手稿》受到费尔巴哈人本主义哲学的影响，使青年马克思的人道主义信念带有鲜明的抽象人本学的思想烙印，在历史观上陷入了唯心主义的理论桎梏。在《神圣家族》

中，马克思依然是作为费尔巴哈追随者的身份出现，所不同的是，他对费尔巴哈人本主义哲学的态度由《手稿》时期的高度赞扬而转变为一定条件下的维护，并在一定程度上看到了自己哲学立场与费尔巴哈哲学立场的联系和区别。在《提纲》中，马克思开始批判费尔巴哈人本主义哲学。在《形态》中，马克思和恩格斯不仅彻底清算了自己以前的哲学信仰，包括深刻批判了费尔巴哈人本主义哲学和青年黑格尔派"自我意识"学说等，而且科学揭示了社会存在对社会意识的决定性作用、生产力和生产关系的矛盾运动，明确提出了历史观的首要前提是现实的个人和他们的物质生产实践，系统阐述了人民群众在发动社会革命、推动历史发展中的决定性作用，科学论证了共产主义实现的历史条件性和历史必然性，第一次较为系统地阐述了历史唯物主义基本原理，标志着历史唯物主义的形成。与历史唯物主义的逐步形成相适应，从《手稿》到《神圣家族》和《提纲》，再到《形态》，马克思的人道主义思想也发生了实质性转变，即马克思开始把人道主义研究和人类解放等道德诉求建立于历史唯物主义的基础之上，使早期的人道主义信念、道德理想和道德研究获得了科学的理论基础和历史根基。而"统一论"缺乏对马克思思想发展的整体性把握，弱化直至消解历史唯物主义在马克思思想体系中的重要地位和价值，特别是漠视甚至无视历史唯物主义的科学性，而拘泥于用《手稿》的人道主义思想来解释和论证马克思思想成熟时期创立的历史唯物主义，从而使历史唯物主义乃至整个马克思主义理论"屈从"于马克思早期的人道主义信念，陷入了"历史唯物主义或马克思主义＝人道主义"的唯心主义苑囿。"统一论"实质上是否认马克思的人道主义思想在历史唯物主义创立前后发生革命性嬗变和实质性发展的庸俗进化论，其无法真正把握马克思的人道主义思想之深层内涵和精神特质。

其三，挽救西方社会危机的一种理论反映和理论产物。在整个

20 世纪，饱受两次世界大战创伤的西方民众要求"回归"人性、"回归"人道主义的呼声异乎寻常地强烈。与此相应，诸多西方学者力求从马克思哲学中去探寻解决西方社会的精神、文化、道德、生态以及社会危机的方法。① 而《手稿》的人道主义思想无疑给他们带来了精神震撼和思想启示，成为他们挽救社会危机的"救命稻草"。于是，在《手稿》发表后，"两个马克思"论无限拔高《手稿》中人道主义思想的价值性，强调历史唯物主义与人道主义之绝对对立，断言人道主义是马克思主义的内在本质，从而将马克思主义人道化。而"统一论"则将历史唯物主义等同于人道主义，进而将历史唯物主义乃至整个马克思主义理论的基础都归结为人道主义，从而也将马克思主义人道化。无论是"两个马克思"论抑或"统一论"，最终殊途同归，都走上了将马克思主义人道化的理论迷途。所不同的是，前者强调历史唯物主义是理论上的反人道主义，以凸显《手稿》的人道主义价值为理论基础而将马克思主义人道化；而后者则断言历史唯物主义就是一种人道主义。两种观点实质上既是西方学者力求在意识形态领域挽救社会危机的理论反映，亦是他们试图将历史唯物主义改造得适合资产阶级意识形态需要的理论产物。

事实上，历史唯物主义既非"两个马克思"论所言的那样与人道主义绝对对立，亦非"统一论"所言的那样与人道主义具有本质上的同一性，而是对人道主义的历史性继承、批判和超越。马克思和恩格斯创立的历史唯物主义没有摒弃人道主义，只是批判并超越了资产阶级人道主义和一切传统人道主义的唯心主义性质和形而上思辨，将人道主义建立于科学的历史观——唯物主义历史观的基础之上，由此赋予人道主义以现实性、科学性和唯物性。资产阶级人

---

① 参见郑忆石：《唯科学的西方马克思主义历史观评析》，载《厦门大学学报》，2003 年第 4 期，第 92—98 页。

道主义和一切传统人道主义所标榜的自由、平等和博爱、人的尊严和价值、人性关爱等观点，固然是一种人道关怀，但其丧失了对"现实的个人"之"现实的境遇"的理性反思和当下观照，因而，其充其量只是对人和人性的一种苍白无力的抽象之爱和美丽缥缈的虚幻允诺，无益于对现实社会之改造和超越。马克思和恩格斯基于理论和实践的双重维度，揭露和批判了资产阶级所宣扬的人道主义口号——"自由、平等、博爱"的道德虚伪性和阶级局限性，指出其"大写"的人字后面隐藏着"小写"的资产阶级利益，并将资产阶级人道主义在理论与实践上呈现出的矛盾称为"用以表达市民的利益的形式和这些利益本身之间的假象的矛盾"①。依两位革命导师之见，批判人道主义并非摈弃人道主义，而是要实现真正的人道主义。历史唯物主义的前提"是一些现实的个人，是他们的活动和他们的物质生活条件"②。历史唯物主义自诞生之日起，就以完整的、具体的、现实的人为出发点，以人的解放和自由全面发展为价值皈依，并指明了实现这一价值目标的阶级力量和现实化路径——无产阶级及其革命实践，内蕴着符合无产阶级和劳苦大众根本利益的"现实的人道主义"。他们强调，社会主义运动就是要实现"人道"的目标。马克思在 1872 年《论土地国有化》一文中明确指出："这就是十九世纪的伟大经济运动所追求的人道目标。"③ 两位革命导师毕生都没有抛弃人道主义，而是将人道主义建立于唯物主义历史观的基础之上，"实现了科学理性与人道主义的结合，也即成功地把人道主义的实现与社会发展的客观规律结合在一起"④，从而赋予人道

① 《马克思恩格斯全集》（第 3 卷），北京：人民出版社 1960 年版，第 213 页。

② 《马克思恩格斯全集》（第 3 卷），北京：人民出版社 1960 年版，第 23 页。

③ 《马克思恩格斯选集》（第 3 卷），北京：人民出版社 1995 年版，第 129 页。

④ 安启念：《新编马克思主义哲学发展史》，北京：中国人民大学出版社 2004 年版，第 44 页。

主义以科学的理论形态。也正如陈先达先生所言，马克思主义"批判抽象人道主义，决不是不要人道主义，而是要真正的可以实行的人道主义，而不是当傻瓜当懦夫永远被奴役的所谓人道主义"①。

历史唯物主义不仅完成了对传统人道主义之价值观上的自觉秉承和历史观上的深刻批判，亦完成了资产阶级人道主义之解构和马克思主义人道主义之重构，内蕴着迄今人类思想史上最真实、最科学的"现实的人道主义"，由此实现了人道尺度与历史尺度之内在统一、唯物主义历史观与人道主义价值观之自觉交融。这种"现实的人道主义"不仅同那种把人性奉为金科玉律的人道主义历史观迥然有别，同那种将道德原则视为历史唯物主义乃至整个马克思主义之理论基础的马克思主义伦理化思潮截然不同，而且同那种把马克思主义归结为人道主义的马克思主义人道化思潮也有实质区别。"统一论"与其说"发现"了马克思主义的人道主义精神，不如说是要用人道主义历史观去阉割历史唯物主义和整个马克思主义理论的科学性。在"统一论"的理论场域中，马克思主义的人道主义思想是将人的本质及其实现作为历史目标的人道主义历史观，而这种人道主义历史观正是马克思在成熟时期的历史唯物主义文本中所坚决摒弃的观点。

盛行于当代西方马克思主义研究领域的"马克思主义人道化""马克思主义伦理化""马克思主义宗教化"和"马克思主义乌托邦化"等社会思潮和解读模式有着共同的理论指向，即"游离"历史唯物主义的科学维度，而"沉湎"马克思主义道德理论。它们或将马克思主义解读为一种人道主义历史观，或将马克思主义视为纯粹的道德价值体系，或将马克思主义误读为反资本主义的新宗教或道德乌托邦，其结果，看似是要给予马克思主义以热情的"道德的拥

---

① 陈先达：《漫步遐思》，北京：中国人民大学出版 2006 年版，第 76 页。

抱"，实则是要在这种"拥抱"中使马克思主义从一种科学的理论体系沦为一种抽象的价值体系，从而"屏蔽"历史唯物主义的科学维度，乃至整个马克思主义理论的科学性，使马克思主义走向"窒息"。对此，真正的马克思主义学者和马克思主义研究者需要予以警醒，要敢于、善于，并乐于"涤荡"诸种笼罩于上述错误思潮的"思想迷雾"，深刻揭露这些思潮得以衍生的思想根源或政治图谋，理性认知这些思潮的理论非正当性与实践危害性，从而真正做到为马克思主义正本清源、守正创新。

自维科和赫尔德提出历史哲学问题以来，社会研究领域的总体趋势是否认客观的历史发展规律。马克思和恩格斯第一次从社会本身出发，科学揭示出历史发展的规律性和必然性，创立了历史唯物主义，提出了历史决定论。然而，长期以来，历史决定论受到诸多西方学者的种种误读和诘难，卡尔·波普尔就是其中的代表人物。波普尔反对马克思的历史理论，认为唯物主义历史观作为一种历史决定论是不能成立的。在他看来，不论是用科学的方法，抑或其他合理的方法都无法准确预测社会发展趋势。基于此，波普尔虽然承认马克思的历史观蕴含道德理论，却是在抛弃其科学性的前提下谈论其道德理论，由此不可规避地得出如下结论：隐藏于马克思历史观背后的道德理论是不科学的。波普尔对于马克思的道德批判理论进行了评述："马克思对资本主义的谴责根本就是一种道德谴责。这一制度受到谴责……是因为它通过迫使剥削者奴役被剥削者，而将这两种人的自由都被剥夺了……他憎恶资本主义不是因为它积累财富，而是由于它寡头垄断的特征……马克思憎恶这一制度是因为它与奴隶制度类似。"① 在波普尔看来，马克思的道德理论是一种历史

---

① 〔美〕R.G.佩弗：《马克思主义、道德与社会正义》，吕梁山、李旸、周洪军译，北京：高等教育出版社 2010 年版，第 177 页。

主义道德理论，这种道德理论"不是一个科学的判断，而是一种道德的冲动……他把自己的道德信仰隐藏在历史主义的阐释的背后。"① 波普尔还指出："某些历史决定论者实际上持这类观点，并发展为颇为连贯的（并且十分流行的）历史决定论的道德学说：道德上的善就是道德上的进步，这就是说，道德上的善是提前遵守将要到来的时期要采取的那类行为准则"，"这种历史决定论的道德学说，可以描述为'道德现代主义'或'道德未来主义'（它与美学现代主义或美学未来主义相对应）；它与历史决定论的反保守的态度颇为一致。"② 波普尔否认历史决定论的科学性，由此也否认建立于历史唯物主义基础上的马克思主义道德理论的科学性。他不仅消解了历史唯物主义的科学维度，也不可能把握历史唯物主义本身所蕴含的道德维度。波普尔甚至提出："《资本论》其实在很大程度上是一本有关社会伦理的著作"③。对此，凯·尼尔森指出，憎恶和谴责资本主义是一回事，而把针对它的谴责转化为一种道德谴责是另一回事。④ 波普尔认为，马克思主义不是一种科学判断，而是一种"道德的冲动"，把马克思主义转化为一种纯粹的道德谴责，存在着篡改马克思主义的倾向。基于此，波普尔对马克思主义道德理论的理解也是一种曲解。

当代西方哲学家路德·宾克莱也游离历史唯物主义的科学维度

① 〔英〕卡尔·波普尔：《开放社会及其敌人》（第 2 卷），陆衡、郑一明等译，北京：中国社会科学出版社 1999 年版，第 318—319 页。

② 〔英〕卡尔·波普尔：《历史决定论的贫困》，杜汝楫、邱仁宗译，上海：上海人民出版社 2009 年版，第 17 页。

③ Karl Popper, *The Open Society and Its Enemies*, vol.2(Princeton 1950, 1966), p.199. 转引自〔加〕凯·尼尔森：《马克思主义与道德观念——道德、意识形态与历史唯物主义》，李义天译，北京：人民出版社 2014 年版，第 166 页。

④ 参见〔加〕凯·尼尔森：《马克思主义与道德观念——道德、意识形态与历史唯物主义》，李义天译，北京：人民出版社 2014 年版，第 166 页。

而研究马克思主义道德理论，强调马克思主义是一种道德价值体系，而非一种科学理论体系。他在《理想的冲突》中指出，马克思的经济学理论已被凯恩斯所超越，而马克思关于阶级斗争的预言和关于共产主义必然取代资本主义的预言，都被证明是错误的，唯一留下的只是一种道德价值学说。[1] 在宾克莱看来，马克思作为经济学家和历史必然道路的预言家已被人们遗忘，"把马克思当作一个哲学家、预言家或一个新现世宗教的创始人，或者甚至当作一个'价值立法者'，我们就可以对马克思的重要性认识得更清楚一些"[2]。他认为，马克思对资本主义的谴责只是一种道德谴责，"浏览一下马克思著作也可以使人们认识到，他也反对他那个时代的工业社会做法，这个社会曾经把一项重视物的价值远胜于重视人的价值的道德准则强加在工人头上……马克思对小资产阶级道德的谴责便是对一种不人道的具体的道德准则的谴责。"[3] 宾客莱游离历史唯物主义的科学维度来谈论马克思的道德谴责，完全无视马克思对资本主义的道德批判是建立于经济批判和历史评价的基础之上的。因而，他所理解的马克思主义道德理论不是建立于历史唯物主义的基础之上，而只是一种纯粹的道德价值学说，这就消解了马克思主义道德理论的科学性。

在当代西方学界"分析的马克思主义"学派中，秉持"马克思主义道德论"立场的多数学者也游离历史唯物主义的科学维度，而抽象谈论马克思主义道德理论。以胡萨米、科亨（Gerald Allan Co-

---

① 参见陈先达：《马克思和马克思主义》，北京：中国人民大学出版社 2006 年版，第 50 页。

② 〔美〕L.J.宾克莱：《理想的冲突——西方社会中变化着的价值观念》，马元德译，北京：商务印书馆 1983 年版，第 96 页。

③ 〔美〕L.J.宾克莱：《理想的冲突——西方社会中变化着的价值观念》，马元德译，北京：商务印书馆 1983 年版，第 100 页。

hen）和布伦克特为代表的"马克思主义道德论"者，明确反对"马克思主义反道德论"的相关观点。他们认为，"马克思的思想中具有某种规范性的道德价值，它们是马克思谴责和批判资本主义社会的'必要武器'或'主要武器'。"① 他们对马克思主义的道德内涵和道德价值有着诸多肯定性论述，强调"马克思是赞成正义的"②，马克思的理论突显出道德的"义务"，马克思主义不存在道德空场。

"马克思主义道德论"者立足于道德、正义的立场审视马克思主义，开拓了马克思主义与道德、正义之间有效对话的思想论域。这对于准确把握马克思主义道德理论，提升马克思主义"道德话语权"，具有重要的理论意义；对于构建当代中国的正义观和平等观，推动中国特色社会主义道德文明建设，也具有一定的启示意义。然而，除了凯·尼尔森之外，多数"马克思主义道德论"者在解读马克思主义道德理论的过程中，却"潜伏"着严重的错误立场和理论缺憾，即游离历史唯物主义而抽象谈论马克思主义的道德、正义思想，忽视、漠视甚至无视马克思主义道德理论形成和发展的理论基础——历史唯物主义，认为马克思批判资本主义主要是基于纯粹的道德、正义立场而非历史唯物主义立场，从而深陷于历史唯心主义的理论苑囿。"马克思主义道德论"者胡萨米提出，马克思主义具有"分配正义的道德"。他指出，马克思的"正义"概念是一种分配性的正义原则，马克思通过正义原则谴责资本主义的"剥削""掠夺"

---

① 张霄、胡启勇：《马克思主义在伦理学上的"反道德论"问题——当代英美马克思主义伦理学研究中的一个主要问题》，载《南京社会科学》，2008 年第 6 期，第 43 页。

② Ziyad I. Husami, "Marx on Distributive Justice", Marshall Cohen, Thomas Nagel and Thomas Scanlon. eds. *Marx*, *Justice*, *and History*: *A Philosophy and Public Affairs Render*, Princeton University Press, 1980.

等非正义现象，但是，并不是每一种正义标准都内在于特定的生产方式之中，马克思主义的正义标准不是体现于资本主义生产方式之中，而是作为一般性的、普遍性的道德标准体现于马克思的"正义"概念之中。在胡萨米看来，马克思总是立足于无产阶级立场，并以共产主义正义观来批判资本主义。对此，"马克思主义反道德论"者伍德回应道，胡萨米关于马克思赞成正义的观点缺乏文本依据。伍德指出："当然，马克思确实在很多地方说资本剥削工人，而胡萨米由此宣称马克思认为所有的剥削都是不正义的。然而，他没有引用任何语段，而我知道没有语段他能引用——因为没有一个地方马克思说出了这样的话。"① 在伍德看来，马克思未曾说明自己是以共产主义正义观批判资本主义，而事实上，马克思也没有建构起如胡萨米所言的共产主义正义观。伍德据此批判道，当胡萨米指认马克思基于正义立场批判资本主义剥削为非正义时，他实际上只是将自己的正义立场赋予马克思的思想解读。伍德对胡萨米的批判虽有一定的合理性，但他提出马克思主义是"反道德论"的观点却是对马克思主义的严重误读。布坎南作为一位"马克思主义道德论"者，明确指出："有一点是重要且需强调的，即那些把对马克思主义的研究兴趣限制于道德问题的哲学家，若漠视正在迅速演进的理性抉择与制度分析理论的发展，必然是危险的。如此做就相当于忽视了马克思的一个重要思维，即一切值得反思的道德观念必然是非乌托邦式的。"② 布坎南虽然强调马克思主义研究不能将兴趣限制于纯粹的道德问题，但是，他在《马克思与正义》一书中又强调，马克思的理

---

① Allen Wood, "Marx on Right and Justice: a Reply to Husami", From *Karl Marx's social and political thought: critical assessments*, London; New York: Routledge, 1990, p.461.

② Allen E.Buchanan, "Marx, Morality and History: An Assessment of Recent Analytical Work on Marx", *Ethics*, Vol.98, No.1, 1987, pp.104-136.

论包含着正义思想，马克思主义伦理学是基于功利主义视角的伦理学。杰拉斯则认为，马克思使用了一种"超历史"的、"普遍"的正义原则，该原则体现为一种关注人的自由与自我实现的分配标准①。他将马克思的"正义的道德"仅仅理解为一种分配标准，不仅"窄化"了马克思"正义"原则的内涵与外延，而且没有把握马克思"正义"原则的唯物主义基础，将"正义"排斥于历史唯物主义理论视阈之外。纳塞尔在《马克思的伦理人类学》中基于伦理学意义，将马克思视为一位亚里士多德主义者，断言马克思的社会批判理论根植于西方人本主义传统，内蕴一种建立于规范人类学基础之上而非历史唯物主义基础之上的伦理道德要素。② 针对一些"马克思主义道德论"者将马克思主义解读为道德相对主义的做法，佩弗（R.G.Peffer）运用哲学的分析方法进行分析，并驳斥了上述做法，指出："无论马克思和恩格斯在元道德相对主义问题上被理解为采取何种立场，这并不会削弱他们对资本主义（以及对普遍的剥削性、压迫性、不人道的社会制度）实质性的道德批判，也不会削弱对社会主义和共产主义实质性的道德颂扬。"③ 佩弗虽然反对将马克思主义归结为道德相对主义，但是，佩弗本人也是一位典型的"马克思主义道德论"者。他从理论上着力论证马克思主义是与道德内在统一的理论，为马克思主义道德观的客观存在作辩护。在他看来，马克思主义道德观不同于道德相对主义，"虽然可能存在某些最终是

---

① 参见王露璐、张霄：《20世纪70年代以来英美马克思主义伦理学研究中的主要问题——从一场"马克思与正义"的争论谈起》，载《马克思主义研究》，2007年第12期，第99页。

② Alan G.Nasser."Marx's Ethical Anthropology", *Philosophy and Phenomenological Research*, Vol.35, No.4, 1975, pp.484-500.

③ 〔美〕R.G.佩弗：《马克思主义、道德与社会正义》，吕梁山、李旸、周洪军译，北京：高等教育出版社2010年版，第287页。

无可辩驳的元道德相对主义，但是这并不意味着我们经过深思熟虑的道德判断和原则是非理性的、主观的或武断的。对于我们的目的来说，更重要的也许是，所做出的分析将表明一个人接受马克思主义的经验性理论和评价性框架并不会使他在为自己的道德判断和原则作辩护时处于站不住脚的立场。"① 佩弗在《马克思主义、道德与社会正义》一书中指出，马克思追求自由、人类共同体与自我实现等"善"的价值，并将"每个人享有尊严"视为马克思道德理论的核心和终极目标，认为"马克思对只能被定性为道德'善'的'人之尊严'的关切"② 足以证明马克思主义包含道德观和道德理论。

不可否认，胡萨米等"马克思主义道德论"者对于马克思秉持正义、道德立场的肯定，突显出正义等道德原则在马克思思想体系中的重要地位和价值，深化了马克思主义道德理论研究。但是，他们基于纯粹的道德立场试图分析和澄清马克思正义理论或道德理论的良好初衷，在一定程度上却变成了对马克思主义的歪曲和篡改。的确，马克思赞成正义并拥有道德理论是一个客观存在的文本事实和价值事实，马克思对资本主义非正义和反人道的批判确实是饱含正义的道德批判，但这种道德批判却不是基于纯粹的道德立场，而是立足于历史唯物主义立场，基于客观的历史发展规律和对资本主义社会科学的经济批判和历史评价。马克思的资本主义批判是道德批判与经济批判、历史批判之内在统一的科学批判，而非纯粹的正义批判或道德批判。胡萨米等人游离历史唯物主义而抽象谈论马克思的正义、道德思想，将马克思的批判定位为基于道德立场的纯粹的正义批判或道德批判，既无视马克思正义理论或道德理论的历史

① 〔美〕R.G.佩弗：《马克思主义、道德与社会正义》，吕梁山、李旸、周洪军译，北京：高等教育出版社 2010 年版，第 269 页。

② R.G. Peffer, *Marxis*, *Morality*, *and Social Justice*, New Jersey: Princeton University Press, 1990, p.182.

唯物主义根基，亦无视历史唯物主义的科学性。基于此，他们对于马克思思想的所谓正义、道德的解读，是缺失理论基础的。由于未能深入思考并深刻把握历史唯物主义的精神内核与理论特质及正义、道德的历史唯物主义根基，胡萨米等人关于"马克思与正义""马克思与道德"的理论解读既缺乏理论说服力，亦缺失理论创新力。事实上，正义、道德本身就是历史唯物主义理论视阈中的基本概念和基本范畴，其在不同的社会发展阶段和历史条件下有着不同的内涵与外延。而胡萨米等人游离历史唯物主义，将马克思的正义、道德思想自觉或不自觉地转化为"超历史"的、"普遍"的正义、道德标准，这不是对马克思主义道德理论的正确把握，反而是对它的曲解。这种解读模式使他们无法深刻理解历史唯物主义与正义、道德之本真的内在关系，由此亦无法准确把握历史唯物主义的道德维度。

概言之，胡萨米等"马克思主义道德论"者在游离于历史唯物主义本体，且无视历史唯物主义的道德维度之理论前提下，基于纯粹的道德视角而抽象谈论马克思的道德、正义思想的做法，使他们对于马克思主义道德理论的理解陷入两种极端：或是一味地宣扬马克思如何赞成道德、正义，而无视道德、正义在历史唯物主义文本语境中因其理论局限和阶级局限而受到马克思严厉批判这一客观存在的文本事实和价值事实；或是错误地将马克思的资本主义批判简单还原为纯粹的正义批判或抽象的道德批判，而无视马克思对资本主义的经济批判和历史批判。基于此，马克思主义道德理论得以形成和发展的科学的理论基础和历史根基——历史唯物主义，被彻底消解了。由此，马克思被界定为一位道德预言家，而马克思主义道德理论则被解读为抽象道德论，历史唯物主义也被误读为与道德"无缘"的纯粹的历史科学、哲学学说或阶级斗争理论。

科亨和布伦克特作为"分析的马克思主义"学派中"马克思主

义道德论"的另两位代表人物，与胡萨米等人的研究方法有所不同。他们没有游离历史唯物主义本体，而是立足于历史唯物主义理论框架来探讨生产力、生产方式等历史唯物主义基本范畴与道德的内在关系，为我们研究历史唯物主义的道德维度提供了可行的研究路径和有益尝试，这一点是值得肯定的。然而，遗憾的是，他们却游离历史唯物主义的科学维度，试图从历史唯物主义理论体系中提炼出某种普遍性的道德规范或人类一般意义上的人道主义原则，这使他们对马克思主义道德理论的解读沦为一种偏离马克思主义或篡改马克思主义的"非马克思主义"的解读。这种解读模式对于马克思主义道德理论作出了一般意义上的抽象化理解，无法真正把握马克思主义道德理论的理论内涵与内在本质。

科亨作为"分析的马克思主义"学派领军人物，始终秉持"马克思主义道德论"立场。他侧重于运用分析哲学的方法为历史唯物主义作辩护，在《卡尔·马克思的历史理论——一个辩护》中公开宣称："我要为之辩护的是一种老式的历史唯物主义，一种传统的概念。按照这个理论，历史从根本上说是人类生产力的发展，社会形态的兴衰更迭促进或阻碍这种发展。"[①] 在这部著作及其他论著中，科亨运用分析哲学的方法，对历史唯物主义的生产力、生产关系和生产方式等基本范畴作出人道化的辩护。在这种辩护中，最具代表性的就是科亨的"发展命题"。科亨指出，马克思的历史理论中有两个主题：一是生产力选择什么样的生产关系与该种生产关系推动生产能力发展的程度相关；二是生产力总是在不断发展。[②] "发展命题"表征出：科亨注重基于道德的视角对历史唯物主义的生产力范

①〔英〕G.A.科亨：《卡尔·马克思的历史理论——一个辩护》，岳长龄译，重庆：重庆出版社1989年版，第178—179页。

②〔英〕G.A.科亨：《卡尔·马克思的历史理论——一个辩护》，岳长龄译，重庆：重庆出版社1989年版，第174—179页。

畴进行解读。一直以来，很多学者对马克思强调"生产力的首要性"持有反对意见。因为，在他们看来，这种强调意味着马克思把生产力视为凌驾于人之上或先定于人的存在和活动的一种"客观结构"，使生产力成为人类社会发展的唯一动力，并控制着人，最终淹没了人。他们指出，在马克思那里，生产力贬低了人性，违背了人道，表明马克思在历史方法上隐含着"非人主义"的巨大危险。不可否认，当马克思和恩格斯运用生产力和生产关系等历史唯物主义基本范畴描述社会有机体及其变化规律的时候，他们似乎关注的仅是社会而非个人。某些学者因而曲解历史唯物主义，认为历史唯物主义用社会生产力、经济决定论等客观因素吞没了作为历史主体的人，是"排斥人""忽略人"，甚至是"反人道"。科亨却提出相反的观点，指出无论在马克思的理论还是实践中，生产力的发展始终与人自身能力的发展保持一致，生产力的提升实际上就是人的劳动能力之提升[1]，就是"个体的自由活动方式"的进步，人的发展是生产力发展的目的。科亨还强调，有利的生产关系只是生产力发展的外部条件而非内在根源，生产力趋于发展的根本原因不在于社会结构，而是在于诸种与人性相关的物质事实，"它独立于社会结构，植根于人性和人的境遇这些根本性物质事实。"[2] 在科亨看来，这种与人性相关的物质事实主要体现为：人们通过提升生产力水平能够解决生活资料匮乏的问题。科亨强调，生产力的发展趋势是普遍的，生产力在人类整体性历史发展进程中存在着普遍的进步趋势；从《形态》到《资本论》，马克思曾反复强调法权关系是以特定的生产关系为前提，没有相应的经济权力和经济权利，就不能在经济上实现法权关

---

[1]　参见曲红梅：《历史唯物主义与道德——对马克思道德理论研究理路的探寻》，载《吉林大学社会科学学报》，2009 年第 2 期，第 105 页，

[2]　G.A.Cohen, *History, Labour and Freedom*: *The mes from Marx*, New York: oxford University Press, 1988, p.84.

系。在明确上述观点的基础上，科亨把生产关系界定为："人们对人和生产力的有效权力的关系，不是法律所有权的关系。"① 可见，科亨在一定程度上把握到历史唯物主义理论视阈中生产力与人性、道德的内在关系，对生产力的发展进行了道德化的阐释，赋予了历史唯物主义的生产力理论以价值论意义的解读。依科亨之见，马克思强调"生产力的首要性"并非是以生产力压制人、湮没人，而是旨在昭示出人自身的发展和进步，内蕴一定的人道主义价值。

科亨的功能性解释为我们研究历史唯物主义提供了一个重要视角，即把对历史唯物主义的解释与对人的理解联系起来。在科亨的思想场域中，生产力不再是一种外在于人的独立的、"道德中立"的力量；生产力发展与人的生存和发展息息相关，能有效解决人类物质资料匮乏问题，满足人类各种需要，改善人类生存状况；生产力本身在一定程度上突显出"为人"的道德价值取向。科亨并非像诸多西方学者那样对历史唯物主义进行"人学空场"式的"唯物"解释，而是揭示出生产力的人性化特征，肯定了历史唯物主义的生产力范畴与道德的内在关系。这正是他的理论研究中最具价值的部分。然而，科亨在肯定历史唯物主义之道德维度的同时，却摒弃了其科学维度。他明确指出，一种理论只有达到分析哲学的标准才能称之为科学，但囿于各种条件，马克思本人对历史唯物主义的表述还较为粗略，尚未达到分析哲学的标准。他还指出："生产力的发展趋势贯穿整个人类历史"这一命题作为历史唯物主义的最基本命题，在历史唯物主义经典文本和马克思晚年著述中均缺乏严谨论证，因而，马克思关于历史唯物主义的论述还不能称为严格意义上的现代科学。科亨的"发展命题"暗含着对历史唯物主义"超历史""超时空"

① 〔英〕G.A.科亨：《卡尔·马克思的历史理论——一个辩护》，岳长龄译，重庆：重庆出版社 1989 年版，第 66 页。

的解读，其实质是一种"非马克思主义"的误读。

科亨还指出，马克思的思想包含着以自然权利为道德基础的正义价值，正是以此出发，马克思才提出废除资本主义私有制的论断。也即，马克思颠覆私有制的思想是基于把人们共同占有生产资料看做一种自然（道德）权利，而不是以社会需要的合法性为基础。[①]科亨的这种解读虽然也认同马克思具有道德思想，却与他的"发展命题"一样，在很大程度上消弭了马克思道德思想的科学性。凯·尼尔森指出，在科亨那里，"马克思完全是在非相对主义的意义上将资本主义谴责为不正义的，而且，科亨进一步声称，这种道德批判应当是当代马克思主义理论的一个核心要素。"[②]科亨在历史唯物主义理论框架内谈论马克思道德思想，认同历史唯物主义的人性价值和道德内涵，这一点值得肯定。但是，他却漠视历史唯物主义的科学性，这又在很大程度上弱化了其对于历史唯物主义与道德之内在关系研究的理论价值，使其对马克思道德思想的研究陷入非科学性的理论误区。

布伦克特声称，马克思虽然不是道德哲学家，但拥有道德理论。他明确提出马克思的道德理论是马克思主义理论之重要内容，历史唯物主义就是马克思的"元伦理学"。布伦克特在《马克思的自由伦理学》一书中指出，历史唯物主义的现实基础不是生产力，而是生产力与生产关系相结合的生产方式，正义内在于特定的生产方式之中。他对生产方式构成要素进行了重新界定：科学技术、专业知

① 参见 G. A. Cohen. "Freedom, Justice and Capitalism", *New Left Review*, 126, 1981, pp.3-16. 转引自王露璐、张霄：《20世纪70年代以来英美马克思主义伦理学研究中的主要问题——从一场"马克思与正义"的争论谈起》，载《马克思主义研究》，2007年第12期，第99页。

② 〔加〕凯·尼尔森：《马克思主义与道德观念——道德、意识形态与历史唯物主义》，李义天译，北京：人民出版社2014年版，第272页。

识和工作培训等是生产方式重要元素；个人的道德结构和价值观在生产力发展中也发挥了重要作用，应被视为生产力组成要素。① 在此，布伦克特虽然肯定了历史唯物主义理论视阈中生产方式与道德具有内在联系，但是，他对生产方式的重新解释所导致的结果是："道德就成为生产方式的组成部分由社会意识转变成社会存在了"。② 布伦克特将作为社会意识形态的道德置于作为社会存在的生产方式中予以研究，以社会存在消融了社会意识，既对生产方式作出了道德化解读，亦对道德结构作出了本体化阐释；既对道德的内涵和生产方式的外延作出了非合理性的解构与重构，亦在很大程度上消解了历史唯物主义的科学维度，有着篡改历史唯物主义的思想倾向。布伦克特在此部著述中还强调，马克思对资本主义社会的道义谴责是以某种自由伦理观为基础，这种自由伦理观的"自由"概念与资产阶级的"自由"概念有着本质区别：前者表征出人类的解放和自由，是社会的、集体的和积极的概念；而后者则是政治的、个人的和消极的概念。③ 在他看来，马克思虽然反对道德主义、责任伦理学和资产阶级意识形态，却构建了一种建立于自由基础之上、诉求人的解放和自由的伦理观；马克思的自由概念既是本体论概念，亦是伦理学概念；马克思的自由伦理观既具有元伦理学基础，亦具有规范伦理学内涵；马克思主义道德理论是以自由为基础的理论和实践的内在统一。布伦克特将马克思主义归结为自由伦理观的研究方法虽然看到了马克思主义的自由诉求，但是，这种研究方法既无视马

---

① 参见 George G. Brenkert, *Marx's Ethics of Freedom*, London: Routledge & Kegan Paul, 1983, p.36.

② 参见曲红梅：《历史唯物主义与道德——对马克思道德理论研究理路的探寻》，载《吉林大学社会科学学报》，2009 年第 2 期，第 105 页。

③ 参见 G.G. Brenkert, *Marx's Ethics of Freedom*, Boston, Routledge & Kegan Paul, 1979, pp.155-158.

克思主义在自由诉求之外还有平等、正义等道德诉求的价值事实，萎缩了马克思主义道德理论的内涵与外延，亦无视马克思主义首先是科学体系的理论事实，消弭了马克思主义的科学维度。基于此，其研究方法在试图突显马克思自由思想的同时，却"窒息"了马克思主义的科学性，既具有理论上的非正当性，亦具有实践上的危害性。

马克思绝非一位反道德论者。道德理论既是马克思主义之重要内容，亦是历史唯物主义之基本维度。"马克思主义道德论"者基于道德、正义的视角对马克思主义的研究和解读，突显出道德、正义在马克思主义理论中的重要地位和价值，这在一定程度上深化了马克思主义道德理论研究。马克思对资本主义社会的非正义性和反人道性的批判确实是蕴含正义之维的道德批判。但是，这种道德批判却不是基于纯粹的道德立场或抽象的正义法则，而是基于历史唯物主义立场，即马克思立足于历史高度，通过对历史发展规律的科学揭示、对资本主义社会的历史评价和经济剖析，将道德批判自觉建立于经济批判和历史批判的基础之上，使早期基于"道德评价优先立场"的道德批判实现了从抽象到科学之深刻嬗变。基于此，历史唯物主义内蕴科学的道德批判之维。然而，除尼尔森之外的"马克思主义道德论"者的马克思主义道德理论研究却缺乏科学的历史辩证法和历史研究方法。他们或拘泥于科学与道德、历史与价值之二元对立的分裂性思维模式，游离历史唯物主义本体而抽象谈论马克思主义的道德、正义思想，在历史唯物主义与道德、正义之间划上一条不可逾越的"鸿沟"，如胡萨米等人；或在历史唯物主义理论框架内规避历史唯物主义的科学性，基于抽象的道德立场，试图从历史唯物主义中提炼出某种普遍性的道德原则和正义思想，以重构马克思主义道德理论，如科亨和布伦克特。上述"马克思主义道德论"

者的研究模式实质上都是对马克思主义道德理论之基本内涵、理论根基和内在本质的曲解和阉割，是抽象的、非科学的。由此，马克思主义被他们误读为抽象的道德价值体系或道德乌托邦式的劝世箴言，而非科学的道德价值体系。

综上论，西方学界在历史唯物主义研究中存在着一种普遍倾向，即对历史唯物主义的科学维度与道德维度作二元分立。当一些学者片面强调历史唯物主义的科学维度而忽视或否认其道德维度时，他们自然无法准确而深刻地把握历史唯物主义的道德内涵和道德价值，必然将历史唯物主义与道德绝对地对立，由此使历史唯物主义研究呈现出片面化和单向度的倾向。而当另一些学者游离历史唯物主义的科学维度，而片面强调其道德维度时，他们对其道德维度的解读又偏离了科学的理论基础，或陷入人道主义的解读模式，如"统一论"；或陷入非科学的解读模式，如卡尔·波普尔；或陷入有篡改历史唯物主义倾向的"非马克思主义"解读模式，如"马克思主义道德论"。其结果，他们既摒弃了历史唯物主义的科学维度，亦无法真正把握历史唯物主义的道德维度。更有甚者，极少数西方学者既无视历史唯物主义的科学性，亦否认其包含道德理论。

道德、正义本身就是历史唯物主义理论视阈中的基本概念和基本范畴。马克思对资本主义私有制的道德批判不是建立于人道、公平、正义等抽象道德原则的基础之上，而是建立于历史唯物主义的基础之上。正如陈先达先生所言："马克思和恩格斯无疑具有崇高的道德理想和高尚的道德品质，他们憎恨剥削制度，对无产者抱有最深厚的同情，但是马克思主义并不是由一些道德原则构成的。马克思主义反对道德化的批判。马克思主义对资本主义私有制的揭露、抨击和评价，对资本主义必然为社会主义所代替的论断，不是建立在人道、公平、正义、平等、博爱等抽象道德原则的基础上，而是以对社会发展规律和资本主义内在矛盾分析为依据。价值判断的真理性不在于它自身，而在于它是否以科学判断为基础，是否符合辩证唯物主义反映论的基本原则。"① 历史唯物主义创立后，马克思更多的是在历史唯物主义理论视阈中谈论道德，并从事道德研究，从而不仅赋予道德理论以科学的理论基础，亦赋予历史唯物主义以深厚的道德维度。规避历史唯物主义或游离历史唯物主义的科学维度抽象谈论马克思主义道德理论及其道德价值，必然会自觉或不自觉地把马克思主义的道德、正义思想转化为一种普遍的、"超历史"的道德、正义标准。这并不是对马克思主义道德理论的科学解读，反而是对它的曲解甚至阉割，是要在抽象的"道德的拥抱"中使马克思主义走向"窒息"，使马克思主义道德理论发生唯心主义逆转。

历史唯物主义是科学的历史观和历史哲学，科学维度与道德维度之生成性统一是历史唯物主义的本真理论精神。当代西方学界在历史唯物主义的科学与道德之两极各执一端的研究模式，使他们既无法真正理解历史唯物主义的道德维度，亦无法准确把握历史唯物主义的深层理论内涵和本真理论精神，更无法深刻领悟马克思主义道德理论的内在本质。当代西方学界的研究误区在苏联学界和我国学界也依然存在。鉴于此，历史唯物主义的道德维度迄今依然处于被遮蔽视界，该研究视阈依然处于薄弱状态。当前，我们在历史唯物主义研究过程中，应在自觉坚守历史唯物主义之科学维度的基础上，深入研究并论证其道德维度，以期恢复历史唯物主义的本真理论形象。

---

① 陈先达：《马克思和马克思主义》，北京：中国人民大学出版社 2006 年版，第104—105 页。

第二节　凯·尼尔森关于历史唯物主义
与道德的研究成果

　　如何看待当代西方学界关于"马克思主义是赞成还是反对道德"这场关涉马克思主义道德悖论的争论？马克思的资本主义批判是否基于纯粹的正义立场？如果马克思主义内蕴道德、正义思想，其道德、正义思想的理论基础是什么？要对上述问题作出客观回答，就需回归马克思主义经典原著，特别是历史唯物主义经典文本的本源理论语境和马克思主义创始人的原创话语体系，在充分肯定历史唯物主义之科学维度的基础上，认真研读马克思主义道德理论，特别是要将道德、正义等基本范畴置于历史唯物主义理论视阈中进行解读，以期深刻领悟历史唯物主义与道德、正义的本真关系。因为，马克思主义道德悖论的产生始终与学界对历史唯物主义与道德之内在关系的理解相互"纠缠"：若将历史唯物主义解读为与道德、正义"擦肩而过"的"道德中立"或"价值无涉"的"真"的理论，则会引发"马克思主义反道德论"之产生；若游离历史唯物主义本体而抽象谈论马克思主义道德理论，或在历史唯物主义理论框架内摒弃历史唯物主义的科学性，而试图探寻历史唯物主义乃至整个马克思主义理论的道德内涵，则会引发"马克思主义道德论"之衍生，马克思主义道德理论也极易被误读为普遍的、抽象的道德理论。

　　如前述，在当代西方学界，伍德等"马克思主义反道德论"者强调历史唯物主义是一种科学理论体系，只关注历史唯物主义的科学维度而否认其道德维度，认为马克思主义是一种"非道德主义"或"反道德主义"。道德理论是马克思主义的重要组成部分，马克思本人绝非是反道德的，而是具有伟大道德情怀的理论家和革命家。

基于此，胡萨米、科亨和布伦克特等"马克思主义道德论"者肯定马克思主义包含道德理论，具有一定的合理性。然而，"马克思主义道德论"的多数学者却忽视、否认甚至排斥历史唯物主义在马克思主义道德理论研究中的重要价值，在规避历史唯物主义的理论前提下抽象谈论马克思主义道德理论，从而既抛弃了马克思主义道德理论的理论基础和历史根基——历史唯物主义，亦忽视了对历史唯物主义本身内蕴的道德、正义和平等思想的探讨。基于此，他们对于马克思和马克思主义的道德理论之研究和解读是抽象的、非科学的，带有严重的"自解读"倾向，有着篡改马克思主义的思想倾向。

"马克思主义反道德论"所遗失的，是历史唯物主义的道德维度；"马克思主义道德论"所缺失的，是历史唯物主义的科学维度，两者皆没有准确把握历史唯物主义与道德的本真关系，没有深刻领悟历史唯物主义的道德之维。事实上，历史唯物主义与道德是内在统一的。历史唯物主义不仅是马克思主义道德理论的历史根基，而且其本身就内蕴深厚的道德维度。

加拿大著名马克思主义哲学家凯·尼尔森对历史唯物主义与道德的内在关系进行了较为客观的梳理和研究。尼尔森作为"马克思主义道德论"的"异军"式代表人物，在其专著《马克思主义与道德观念》中，以历史唯物主义经典文本为重要依据，以独特的思想睿智和对历史唯物主义较为深刻的把握，在一定程度上肯定了历史唯物主义在马克思主义理论体系中的价值和地位，并在肯定历史唯物主义之科学性的基础上，较为客观地论证了历史唯物主义与道德的内在统一，从而对马克思主义道德理论及其道德价值作出了正面的、积极的研究和解读。

尼尔森强调，历史唯物主义是肯定道德，而非消解道德。依尼尔森之见，尽管马克思本人没有构建起严格学术规范意义上的系统的道德理论体系，也没有专门阐释道德的专著或文本，然而，马克思的思想体系是富含道德价值的，道德在历史唯物主义乃至马克思主义理论体系中具有重要的地位和价值，道德、正义是历史唯物主义的基本范畴。他还强调，肯定历史唯物主义包含道德理论并不影响历史唯物主义的科学性，即便是马克思和恩格斯对经济现象的分析，也有着自己特定的道德价值取向。尼尔森的理论研究既是对"马克思主义反道德论"的一种超越，亦是对"马克思主义道德论"其他学者的一种扬弃，其既对马克思主义道德理论研究具有重要的理论价值，亦对现实观照具有一定的咨鉴意义。

一、道德：历史唯物主义的基本范畴

尼尔森在《马克思主义与道德观念》中较为完整地、系统地阐明了自己关于"马克思主义道德论"的观点。但是，与"马克思主义道德论"其他学者所不同，他不是在规避历史唯物主义的理论前提下抽象谈论马克思主义道德理论，而是立足于历史唯物主义立场探讨"历史唯物主义与道德""马克思主义与道德"等问题。尼尔森将道德视为历史唯物主义理论框架中的基本范畴，较为客观地探讨了历史唯物主义与道德的本真关系。尼尔森指出："《马克思主义与道德观念》意欲说明，始终如一的马克思主义者在规范性的马克思主义观念的范围内关于道德应该说明什么。这包括他们要谈及道德的功能，他们所能公正做出的道德评论的程度，以及关于自由、平等、正义和整个社会共同体的正义"①，"卡尔·马克思——和绝大多数追随他的马克思主义者——反对一切道德说教。马克思主义者们站在乌托邦社会主义的对立面，致力于将社会主义置于一个科

---

① Kai Nielsen, *Marxism and The Moral Point of View*: *Morality*, *Ideology*, *and Historical Materialism*, Colorado: Westview Press, 1989, p.1.

学立足点上，强调对科学但却不道德的资本主义进行批判的重要
性。"① 在尼尔森看来，马克思主义者是将道德作为一种意识形态来
看待；马克思和马克思主义者的著作更多的是充满道德判断——对
资本主义的道德谴责；马克思或马克思主义者都没有彻底变革"道
德基础"，亦没有否认道德有一个理性的基础或特征，相反，马克思
主义为我们提供的道德功能的社会学解释及道德说教的批判是基于
道德重要性的论证，但它本身并没有进行道德说教或继续寻求理性
的道德基础。② 尼尔森对马克思、马克思主义及马克思主义者是否持
有道德立场问题给予了正面的、积极的肯定，并指出，尽管马克思
经常批判资产阶级的所谓"永恒道德观"，而且始终没有明确阐述自
己关于无产阶级的道德原则，但是，马克思在运用历史唯物主义批
判资本主义现实时，却表现出强烈的道德愤慨，足以表明他持有某
种道德立场。总体而言，尼尔森是立足于"马克思主义道德论"立
场研究历史唯物主义与道德的内在关系，正如他自己所言："基本
上，我站在科亨、杰拉斯和埃尔斯特的马克思主义道德论立场上而
反对塔克尔、伍德和米勒等人的马克思主义反道德论立场，对于后
者，我已经在一些细节上对他们的论述进行了批判"③，"我最终将
站在马克思主义道德论的一边。"④

---

① Kai Nielsen, *Marxism and The Moral Point of View*: *Morality*, *Ideology*, *and Historical Materialism*, Colorado: Westview Press, 1989, p.1.

② Kai Nielsen, *Marxism and The Moral Point of View*: *Morality*, *Ideology*, *and Historical Materialism*, Colorado: Westview Press, 1989, p.2.

③ Kai Nielsen, *Marxism and The Moral Point of View*: *Morality*, *Ideology*, *and Historical Materialism*, Colorado: Westview Press, 1989, p.2.

④ Kai Nielsen, *Marxism and The Moral Point of View*: *Morality*, *Ideology*, *and Historical Materialism*, Colorado: Westview Press, 1989, p.3.

　　然而，尼尔森对于马克思主义道德理论的研究视角和理论观点
又与"马克思主义道德论"其他学者有重大差异。后者或游离历史
唯物主义本体，或在历史唯物主义理论框架内摒弃历史唯物主义的
科学性，抽象谈论马克思主义道德理论，强调马克思的资本主义批
判是基于道德、正义立场，而非历史唯物主义立场，既漠视历史唯
物主义在马克思主义道德理论中的基础地位，亦忽视对历史唯物主
义本身所内蕴的道德维度之研究和把握，不可避免陷入历史唯心主
义窠臼和思辨形而上学方法。就马克思主义道德理论的历史根
基——历史唯物主义而论，拒绝历史唯物主义的基本原理、基本观
点和辩证法等要素，必然无法正确而全面地审视马克思思想和马克
思主义的道德内涵和道德价值。事实上，尼尔森已经意识到，不论
是"马克思主义反道德论"，抑或"马克思主义道德论"，"两种观
点都容易导致歪曲的理解"，而且"不论'道德论'指的是什么，
一开始就意识到马克思主义道德论与马克思主义反道德论都是片面
性观点，这是重要的"[1]。按照尼尔森的研究思路和研究方法，"马
克思主义道德论"的片面性，即在于他们规避历史唯物主义本体或
历史唯物主义的科学性而抽象谈论马克思的道德思想或马克思主义
道德理论。基于此，尼尔森独辟蹊径，从另一视角探讨马克思主义
与道德的内在关系，这正是历史唯物主义视角。

　　尼尔森在历史唯物主义理论框架中探讨马克思主义的道德范畴
和道德观点，并对历史唯物主义与道德的内在关系作出了正面的、
积极的肯定，强调马克思主义道德观念就是历史唯物主义理论视阈
中的基本范畴和基本概念。尼尔森指出："虽然我在实质性观点上更
接近马克思主义道德论，但是，在方法论上，我更接近将道德理性

---

① Kai Nielsen, *Marxism and The Moral Point of View*: *Morality*, *Ideology*, *and Historical Materialism*, Colorado: Westview Press, 1989, p.3.

主义搁置一旁因而具有更多历史主义特征的马克思主义反道德论的精神。"① 他所提及的这种方法论正是历史唯物主义方法论。他进而指出："马克思的学生最终可能会认为历史唯物主义削弱道德，这是可以理解的"，但是，"我认为这是一个错误"，因为在马克思的理论视野中，"关于一些道德要求能被客观论证这一观点是能够与对历史唯物主义的绝对接受相一致的"②。在尼尔森看来，马克思主义道德理论不仅以历史唯物主义为理论基础，而且其本身就是历史唯物主义的重要内容，因而，历史唯物主义与道德并非相互抵牾，而是内在统一的。

尼尔森在《马克思主义与道德观念》第七章"如果历史唯物主义正确，道德是否会动摇？"中指出，历史唯物主义看似反对、拒斥道德，但事实上，它不仅没有削弱道德，反而为既定社会的道德评价提供了一个合理基础，"那种认为如果历史唯物主义是正确的，我们将无法对社会做出道德评价或将失去关于社会应该成为什么的道德理想的那种观点，明显是错误的"③，"历史唯物主义并没有创造一种使道德观成为不可能的概念桎梏。"④ 尼尔森认为，历史唯物主义与道德并非互不相容，而是与道德的客观性相一致，"我们的任务就在于，尽力弄清楚历史唯物主义与道德的客观性是否属于彼此相

---

① Kai Nielsen, *Marxism and The Moral Point of View*: *Morality*, *Ideology*, *and Historical Materialism*, Colorado: Westview Press, 1989, p.228.

② Kai Nielsen, *Marxism and The Moral Point of View*: *Morality*, *Ideology*, *and Historical Materialism*, Colorado: Westview Press, 1989, p.4.

③ Kai Nielsen, *Marxism and The Moral Point of View*: *Morality*, *Ideology*, *and Historical Materialism*, Colorado: Westview Press, 1989, p.152.

④ Kai Nielsen, *Marxism and The Moral Point of View*: *Morality*, *Ideology*, *and Historical Materialism*, Colorado: Westview Press, 1989, p.152.

容的概念。"① 他还引用威廉姆·H·肖（William H. Shaw）的观点，指出："历史唯物主义理论和马克思对资本主义的分析致使人们肯定某种道德承诺，而不是放弃价值判断。"② 尼尔森在第七章最后总结道："我们最终发现，历史唯物主义并没有使道德发生动摇。"③ 针对伍德提出的"马克思作为一位道德的批判者和反对者，并非仅是批判虚伪的道德观念，而是批判所有的道德"④ 这一观点，尼尔森在第十一章"马克思主义和道德观"中，开篇即针锋相对地指出，马克思并非拒绝道德本身，而只是抛弃了"道德主义"，并批判了充斥于阶级社会之中作为统治阶级意识形态的虚假道德，因为，这些虚假的道德概念在现实社会中只是为统治阶级利益辩护，而马克思是将自己的道德观与无产阶级的阶级利益等社会历史事实紧密联系。

尼尔森指出，马克思认为资本主义制度是一种已经失去其历史作用的反人性制度，注定要被真正人性化的社会主义制度所取代，因此，在马克思那里，具有明显的对资本主义的消极评价和对社会主义的积极评价两个方面，这两种评价始终伴随着马克思对道德说教的批判及对那种把道德仅仅视为一种意识形态的观点的拒斥，⑤ 但是，"马克思主义者在强调道德是一种意识形态时，坚持批判（从一

---

① 〔加〕凯·尼尔森：《马克思主义与道德观念——道德、意识形态与历史唯物主义》，李义天译，北京：人民出版社 2014 年版，第 168 页。

② Kai Nielsen, *Marxism and The Moral Point of View*：*Morality*，*Ideology*，*and Historical Materialism*，Colorado：Westview Press，1989，pp.140–141.

③ Kai Nielsen, *Marxism and The Moral Point of View*：*Morality*，*Ideology*，*and Historical Materialism*，Colorado：Westview Press，1989，p.152.

④ 参见 Allen Wood,"Marx Immoralism", Chavance.ed. *Marxen Perspective*, Editions de l'Ecole des Hautes Etudes en Sciences Sociales,1985，pp.682–683.

⑤ 参见 Kai Nielsen, *Marxism and The Moral Point of View*：*Morality*，*Ideology*，*and Historical Materialism*，Colorado：Westview Press，1989，p.2.

种道德的观点）资本主义而捍卫社会主义"，① 因而，在马克思那里，存在着一种关于道德论述的明显的矛盾和张力。这种矛盾和张力引发了"分析的马克思主义"学派关于"马克思与正义"问题的大规模争论：一些学者根据马克思著作中存在着对道德这种意识形态的批判，推断马克思是一位"非道德主义者"，甚至"反道德主义者"，另一些学者则试图从马克思思想中提炼出某种具有普遍性的道德规范。尼尔森在《马克思主义与道德观念》中明确指出，此书的基本要旨就是提供一种缓解这一矛盾的看法和理解，以表明这种矛盾存在的合理性。他从马克思主义原著入手，以历史唯物主义为理论切入点，寻求对这种矛盾的合理解决，指出："我在不同的章节，以不同的视角和不同的侧重点来论述历史唯物主义和道德。我试图阐明历史唯物主义究竟是什么，我要明确地论证，即使历史唯物主义是一种关于时代性的社会变革的正确观点，它也并没有削弱道德的客观性这一信条。"②

依尼尔森之见，历史唯物主义既是一种包含客观的事实陈述和科学的历史发展规律阐释的历史科学，亦是一种饱含鲜明的道德立场的价值体系。尼尔森以历史唯物主义文本中"奴隶"一词为例，论证了历史唯物主义是经验事实与道德力量的辩证统一。他指出，在马克思看来，如果一个人所拥有的唯一所属物就是他的劳动能力，那么，在所有的社会和文化条件下，他必然使自己成为其他拥有劳动物质条件的人的"奴隶"③，故而，"奴隶"作为资本主义社会中

---

① Kai Nielsen, *Marxism and The Moral Point of View: Morality, Ideology, and Historical Materialism*, Colorado: Westview Press, 1989, p.3.

② Kai Nielsen, *Marxism and The Moral Point of View: Morality, Ideology, and Historical Materialism*, Colorado: Westview Press, 1989, p.4.

③ 参见 Kai Nielsen, *Marxism and The Moral Point of View: Morality, Ideology, and Historical Materialism*, Colorado: Westview Press, 1989, p.62.

反映其非正义或反正义的术语，是从一方拥有生产资料而另一方仅拥有劳动能力的经验事实中产生的，其显然不是纯粹的道德概念，而是历史唯物主义理论视阈中一个关涉经验事实的范畴。他进一步指出，尽管马克思清楚地表明自己在使用"奴隶"一词时，是从非物质视角出发而做出的一种道德判断，但事实上，马克思同时也做出了一种经验事实论述，"如果马克思对社会的经验分析是正确的，那么，'奴隶'的使用并没有使马克思的论述仅具有情绪性特征甚至仅具有某种主观倾向性"①，"奴隶"同时也是一个关涉经验事实的"真"的论述。尼尔森还以马克思在《哥达纲领批判》中提出的"社会祸害"概念为例，认为这一概念虽然内蕴鲜明的情感暗示性，但它也是一个经验描述，因为它对于未来将会发生什么进行了一种预测，即如果工人阶级被漠视及其贫困状态正如马克思所预言的那样，如果恩格斯关于曼彻斯特工人阶级生活状态的描述从某种层面而言是正确的，如果生产力的发展使贫困、堕落和非人化生活状态成为不必要，那么，"社会祸害"概念就不仅具有道德意蕴，而且倾向于对社会形势做出了一种经验描述。他进一步指出，马克思的正义论述"显然是马克思的整体性社会理论的重要组成部分，而且与他的革命斗争理论非常一致，但显然又是既具有经验事实性又具明显的道德力量的论述"②。尼尔森最后指出，《哥达纲领批判》提出的"社会祸害"和"奴隶"等词汇都是历史唯物主义理论视阈中的道德范畴，其清楚地表明"马克思进行了一系列既具经验事实性又

---

① Kai Nielsen, *Marxism and The Moral Point of View*: *Morality, Ideology, and Historical Materialism*, Colorado: Westview Press, 1989, p.62.

② Kai Nielsen, *Marxism and The Moral Point of View*: *Morality, Ideology, and Historical Materialism*, Colorado: Westview Press, 1989, p.62.

具有明显的道德力量的论述"①。

总之，依尼尔森之见，马克思是从道德的社会本质和社会功能出发来理解"道德"，作为社会意识形态的"道德"建立于历史唯物主义基础之上，马克思主义道德观念本质上就是历史唯物主义理论视阈中的基本范畴和基本维度。

二、历史唯物主义：马克思的道德评判之理论依据

尼尔森在其专著《马克思主义与道德观念》第四章"马克思、恩格斯和列宁的正义观：《哥达纲领批判》"中，开篇即对马克思是否具有道德立场的问题作出肯定性回答，指出："马克思的确叙述了一些关于正义、平等的方面和难以解释且具有暗示性的未来共产主义社会的特征。"② 在第十二章"马克思主义及其对正义的辩护"中，他又指出："我从所有方面都认为，马克思，作为一位所有时代的伟大批判者，尽管强调资本主义的巨大生产力，但他对资本主义使人非人化，对资本主义作为一种剥削、压迫人类的残酷社会制度也进行了谴责。"③ 在确认马克思持有某种道德立场后，尼尔森又指出，马克思正是依据历史唯物主义正确回答了道德评判的客观标准和理论依据。他认为，在历史唯物主义理论视阈中，对历史事实、经济事实和经验事实的"实然"陈述与作为道德价值评判标准的

① Kai Nielsen, *Marxism and The Moral Point of View：Morality, Ideology, and Historical Materialism*, Colorado：Westview Press, 1989, p.62.

② Kai Nielsen, *Marxism and The Moral Point of View：Morality, Ideology, and Historical Materialism*, Colorado：Westview Press, 1989, p.61.

③ Kai Nielsen, *Marxism and The Moral Point of View：Morality, Ideology, and Historical Materialism*, Colorado：Westview Press, 1989, p.275.

"应然"诉求之间并非互不相容，而是具有内在统一性；马克思对资本主义的批判过程既非单纯的"实然"描述，亦非纯粹的"应然"诉求，而是依据历史唯物主义方法论对资本主义进行客观的事实陈述与主观的道德价值判断相统一的总体性过程。① 在尼尔森看来，历史唯物主义能够对正义等道德事实提供理性评价，正如他在《马克思主义与道德观念》导言中所指出："我还将论证，历史唯物主义提供了一种能够同语境主义的客观主义相兼容的有关道德的社会学描述，这种客观主义允许人们对整个社会结构的正义性进行理性评价，其中就包括资本主义和社会主义的正义性。"②

依尼尔森之见，马克思强调必须立足于特定社会发展阶段的生产力发展水平及由此决定的经济发展水平，具体地、历史地分析道德的产生和嬗变，并在此基础上对某一社会形态或事物的道德状况作出客观的道德评价，在马克思那里，"一种道德——确切地说，在一个既定社会的现实道德——将具有某种与生产方式的特殊发展阶段相一致的特征。任何一个社会所普遍持有的那种道德观点总是深刻地受到那个社会的生产方式和统治阶级意志的决定。"③ 尼尔森还分别引用《哥达纲领》和《哥达纲领批判》中爱森纳赫派和马克思的观点予以说明。爱森纳赫派主张在分配领域实现平等，但马克思运用历史唯物主义方法质问："什么是'公平的'分配呢？"，"难道资产者不是断言今天的分配是'公平的'吗？难道它事实上不是在现今的生产方式基础上唯一'公平的'分配吗？难道经济关系是由

---

① 参见傅强：《平等、正义与历史唯物主义——凯·尼尔森对马克思正义观的阐释》，载《理论探讨》，2008 年第 6 期，第 50 页。

② 〔加〕凯·尼尔森：《马克思主义与道德观念——道德、意识形态与历史唯物主义》，李义天译，北京：人民出版社 2014 年版，第 2 页。

③ Kai Nielsen, *Marxism and The Moral Point of View*: *Morality*, *Ideology*, *and Historical Materialism*, Colorado: Westview Press, 1989, p.1.

法权概念来调节，而不是相反地由经济关系产生出的法权关系
吗？"① 基于此，尼尔森认为，在马克思那里，仅仅诉诸纯粹的分配
公平是无法真正实现社会公平的，经济关系才是判断一个社会公平
与否的客观依据，平等始终是生产力发展及其所决定的生产关系和
经济关系的现实反映。的确，在马克思看来，"什么东西你们认为是
公道的和公平的，这与问题毫无关系。问题在于在一定的生产制度
下什么东西是必要的和不可避免的。"② 尼尔森据此指出："历史唯
物主义使我们理解，人们之所以逐渐拥有他们所拥有的这些道德信
念，是因为他们所处社会的独特的生产关系使然。"③ 在此，尼尔森
准确把握到，马克思正是依据生产力和生产关系等历史唯物主义基
本范畴，对道德形成和发展的根源、过程及其评价等问题作出了科
学解答。

尼尔森明确指出，马克思认为在社会主义运动中包括武装分子
在内的人民群众关于正义与否不仅有着各种概念和信仰，而且他们
随着时代的发展而不断改变自己的道德观念，以期使这些道德观念
能够生效。马克思在《资本论》中运用自己的唯物主义方法论作出
一个论断，即要在一个既定时间内对正义或非正义作出正确评判，
就必须以当时的经济关系发展水平作为评判标准。④ 对此，尼尔森还
举例加以论证，"如果我们在时间 T 判断 A 是正义的或公平的，如果
我们认为某种事物从根本上来说是合理的，那么，我们必须意指事
物的关联性，即相对于生产关系 Z 而言，我们判定 A 是正义或非正

---

① 《马克思恩格斯全集》（第 19 卷），北京：人民出版社 1963 年版，第 18—19 页。
② 《马克思恩格斯选集》（第 2 卷），北京：人民出版社 1995 年版，第 76 页。
③ 〔加〕凯·尼尔森：《马克思主义与道德观念——道德、意识形态与历史唯物主义》，李义天译，北京：人民出版社 2014 年版，第 174 页。
④ 参加 Kai Nielsen, *Marxism and The Moral Point of View: Morality, Ideology, and Historical Materialism*, Colorado: Westview Press, 1989, p.63.

义。如果我们要做出有根据的、合理的判断，那么，我们对于人类学时代上生活于塔斯马尼亚岛，依靠原始打猎和采集生活，生活条件处于极其低下状态的土著居民的食物分配的正义性所作的判断，应该与我们对当代瑞士的分配正义性所作的评判是不同的。我们不能对两种社会形态进行同等程度的正义评价。这绝非（道德）相对主义形式，而是一种与道德的客观性相一致的历史情境论。"① 这种历史情境论"源于对处于社会生活中强势地位的物质条件及经济组织的认同。我们只能立足于特定的环境，甚至在一个特定社会所处的特定时代内，才能对正义或非正义作出正确的（道德）评价"②。在尼尔森看来，"历史唯物主义明确承诺一种语境主义，而不是相对主义或主观主义。它并不排斥关于道德进步的信念。"③

在尼尔森看来，马克思进行正义评判的理论依据就是历史唯物主义，"正义原则依赖于生产方式"④。他在《马克思主义与道德观念》中还写道："在我的语境主义中，我虽然必须诉诸道德公理以及不断改变的环境，但是，那些占支配地位的正义原则却依赖于生产方式，它们并不是什么相对或主观的原则。"⑤ 依尼尔森之见，如果脱离具体的历史背景，游离现实的生产关系和物质条件来抽象谈论正义原则，就会流入马克思当年所批判的抽象的、"永恒"的正义观

---

① Kai Nielsen, *Marxism and The Moral Point of View*: *Morality*, *Ideology*, *and Historical Materialism*, Colorado: Westview Press, 1989, pp.63-64.

② Kai Nielsen, *Marxism and The Moral Point of View*: *Morality*, *Ideology*, *and Historical Materialism*, Colorado: Westview Press, 1989, p.64.

③ 〔加〕凯·尼尔森：《马克思主义与道德观念——道德、意识形态与历史唯物主义》，李义天译，北京：人民出版社 2014 年版，第 49 页。

④ 〔加〕凯·尼尔森：《马克思主义与道德观念——道德、意识形态与历史唯物主义》，李义天译，北京：人民出版社 2014 年版，第 17 页。

⑤ 〔加〕凯·尼尔森：《马克思主义与道德观念——道德、意识形态与历史唯物主义》，李义天译，北京：人民出版社 2014 年版，第 18 页。

的唯心主义窠臼。尼尔森由此得出结论：从根本上说，马克思正是依据历史唯物主义正确回答了道德评判的客观标准问题；历史唯物主义是马克思评价一种社会制度正义与否的客观标准，亦是马克思进行道德评判的理论依据。这种观点与"马克思主义道德论"其他学者游离历史唯物主义本体或规避历史唯物主义的科学性而抽象谈论马克思主义道德理论的观点有重大差异。

三、阶级分析法：马克思阐发正义、平等之实现路径的根本方法

在尼尔森的思想场域中，历史唯物主义的阶级分析法是马克思阐发正义、平等思想的根本方法。他指出，马克思不仅在正义、平等思想的产生、嬗变及其道德评价等问题上运用了阶级分析法，而且在关涉正义、平等如何实现的路径问题上也从未游离历史唯物主义，而是运用其阶级分析法阐明了正义、平等的现实化路径——物质生产实践和无产阶级革命实践，即政治、经济、社会和法律上的全面的正义、平等之完全的、彻底的实现，都必然依赖于生产力之高度发展和阶级之彻底消亡。

依尼尔森之见，马克思关于社会科学的论述并非"价值无涉"或"道德中立"的，而是把握到了道德与社会的内在联系。他在《马克思主义与道德观念》中指出，事实上，马克思不仅描述了一种不可避免的事实，即共产主义初级阶段必然产生于资本主义，而且指明，在共产主义初级阶段，工人的"平等权利仍然被限制在一个资产阶级的框框里"[1]。他进而指出，马克思明确反对拉萨尔派在党纲中宣称的关于"一切人的平等权利"和"不折不扣的劳动所得"

---

① 《马克思恩格斯全集》（第19卷），北京：人民出版社1963年版，第21页。

等模糊言论，也明确反对其宣称的通过"自由国家"这一合法途径来"消除一切社会的和政治的不平等"这一非确定性语句，认为这种含糊的、非确定性的言论应该从工人党的纲领中被剔除，并被"消灭一切阶级差别"取代作为党的奋斗目标。马克思主张通过阶级斗争而达到无阶级状态，认为工人阶级的纲领应向工人阐明：工人的激烈争论及其反抗斗争，其目的是使自身从阶级社会中解放出来，因为"随着阶级差别的消灭，一切由这些差别产生的社会的和政治的不平等也自行消失。"① 在尼尔森看来，虽然马克思关于消灭阶级的论述从各方面而言都具有一定的模糊性，但是，马克思通过这一论述意欲说明，真正令人烦恼且在道德上令人反感的不平等问题产生于社会的阶级分化，只有阶级社会完全消亡时，诸种不平等才可随之消失。②

尼尔森在《马克思主义与道德观念》第三章"恩格斯论道德与道德的理论化"中指出："对于平等问题，恩格斯在《反杜林论》中有着更为详细的、相似性的阐述，我们了解恩格斯的观点是非常重要的，因为，恩格斯关于道德的论述比马克思已经给出的论述更为广泛和系统。"③ 恩格斯指出，在不同场合和不同时间，人们对平等的具体要求不尽相同。当资产阶级在现代社会发展为一个阶级时，他就使另一个阶级——无产阶级随之产生。两个阶级都要求平等，但资产阶级要求消灭阶级特权，而无产阶级则要求"平等应当不仅是表面的，不仅在国家的领域中实行，它还应当是实际的，还应当

---

① 《马克思恩格斯全集》（第 19 卷），北京：人民出版社 1963 年版，第 28 页。

② 参见 Kai Nielsen, *Marxism and The Moral Point of View*：*Morality, Ideology, and Historical Materialism*, Colorado：Westview Press, 1989, p.71.

③ Kai Nielsen, *Marxism and The Moral Point of View*：*Morality, Ideology, and Historical Materialism*, Colorado：Westview Press, 1989, p.71.

在社会的、经济的领域中实行"①，并要求"消灭阶级本身"②。于是，恩格斯在《给奥·倍倍尔的信》和《反杜林论》中分别得出如下结论："用'消除一切社会的和政治的不平等'来代替'消灭一切阶级差别'，这也是很成问题的。在国和国、省和省，甚至地方和地方之间总会有生活条件方面的某种不平等存在，这种不平等可以减少到最低限度，但是永远不可能完全消除"③，"平等的要求在无产阶级口中有双重的意义。或者它是对极端的社会不平等，对富人和穷人之间、主人和奴隶之间、骄奢淫逸者和饥饿者之间的对立的自发的反应……或者它是从对资产阶级平等要求的反应中产生的，它从这种平等要求中吸取了或多或少正确的、可以进一步发展的要求，成了用资本家本身的主张发动工人起来反对资本家的鼓动手段……在上述两种情况下，无产阶级平等要求的实际内容都是消灭阶级的要求。任何超出这个范围的平等要求，都必然要流于荒谬。"④ 据此，尼尔森认为，恩格斯比马克思所阐述的平等思想更为详尽而充分，但与马克思的引证是一致的，因而具有马克思主义平等立场的特征。⑤ 他指出，我们在此所能发现的极其重要的方面即为，恩格斯将阶级社会的消亡视为共产主义者实现平等需求的关键和核心；恩格斯认为在平等问题上有意义且道德上应获得支持的做法即为，平等不是要求消除一切人类差别的需求，绝对平等不论能否实现，它在道德上都会令人不可思议，平等应是消除阶级差别的需求。依尼尔森之见，上述观点就是我们在恩格斯的文章中能够发

---

① 《马克思恩格斯全集》（第 20 卷），北京：人民出版社 1971 年版，第 116 页。

② 《马克思恩格斯选集》（第 3 卷），北京：人民出版社 1995 年版，第 447 页。

③ 《马克思恩格斯全集》（第 19 卷），北京：人民出版社 1963 年版，第 8 页。

④ 《马克思恩格斯全集》（第 20 卷），北京：人民出版社 1971 年版，第 117 页。

⑤ 参见 Kai Nielsen, *Marxism and The Moral Point of View: Morality, Ideology, and Historical Materialism*, Colorado: Westview Press, 1989, p.1.

现的最为关键的内容；如果恩格斯的上述主张能被人们适当地予以关注，那么对平等主义的诸多无意义的批判将会避免。①

尼尔森认为，马克思和恩格斯比较深刻地意识到平等思想的经济基础，与其说他们要精心设计一个能够清楚地表达出来的平等原则，不如说他们真实地领悟到资产阶级对于平等观念的真正含义的理解。也即，在马克思和恩格斯看来，若从工人阶级的立场出发来看待平等实现问题，资产阶级必将会自食其言，很显然，资产阶级关于平等的承诺不可能实现，因为，在阶级社会中，如果经济上的不平等不可避免，那么，政治和社会中的不平等就必然存在。② 尼尔森在《马克思主义与道德观念》第十一章"阶级利益、正义和马克思主义"中，对伍德、米勒等人否认马克思基于阶级利益立场批判资本主义的观点作出激烈批判，强调马克思虽然对资本主义正义观之历史局限和阶级局限进行了深刻批判，却并未拒斥正义本身，而是在始终关注无产阶级利益实现的过程中彰显自己的正义诉求。

尼尔森运用历史唯物主义的阶级分析法，较为深刻地把握到历史唯物主义的阶级分析理论与实现正义、平等诉求的内在关系，并由此构建起自己的"激进平等主义"正义观，从而对罗尔斯正义论提出了切中要害的实质性批判。罗尔斯假定某种正当的不平等事实，承认资本主义阶级分化的必然性与不可根除性，认为只要适度关注包括无产阶级在内的广大弱势群体之利益需求，实行适度而非彻底的平等主义，就可在无需消灭阶级的前提下充分保证所有人的平等诉求之实现。在罗尔斯看来，一个正义的社会制度理应充分表达对

---

① 参见 Kai Nielsen, *Marxism and The Moral Point of View: Morality, Ideology, and Historical Materialism*, Colorado: Westview Press, 1989, p.72.

② 参见 Kai Nielsen, *Marxism and The Moral Point of View: Morality, Ideology, and Historical Materialism*, Colorado: Westview Press, 1989, pp.71-72.

个人无法选择或决定的自然因素或社会条件所造成的不平等的关注，并以优先规则和领域划分来调和自由与平等之间的矛盾和冲突。在政治哲学领域中，罗尔斯对平等问题的理性辩护可谓达至平等主义的极致。

尼尔森正是运用历史唯物主义的阶级分析法对罗尔斯正义论进行了深刻批判，有力驳斥了以罗尔斯为代表的新自由主义政治哲学。尼尔森指出，正义只是一种历史范畴，马克思正是运用社会历史理论特别是阶级理论而把握到正义的概念内涵、内在本质及其实现路径，而罗尔斯在构建正义原则并以此作为"阿基米德点"规划社会基本结构时，却漠视引发诸种不平等的深刻根源——阶级的客观存在，并错误地假定阶级存在是一切工业社会的必然特质和人类社会的永恒特征，断言具有阶级分化属性的资本主义社会只要在政策上对社会成员的经济差别予以适度调节就能成为秩序良好的正义社会，这种正义论与马克思的阶级理论完全相悖。罗尔斯认为，资本主义社会必然存在阶级分化；资本主义社会不同阶级的社会地位、经济状况和生活条件的差别具有道德正当性，是人们可以接受的，且不会影响社会正义的实现。尼尔森批判道，在存在阶级分化的新自由主义秩序下，承诺正义能够实现就是一个谎言，即便实现了正义，这种正义也只是一种形式化正义而非实质性正义；容忍阶级分化和阶级差别并将其视为一种正当，这本身就是一种罪恶。尼尔森还精辟地指出："正是由于阶级的存在，最骇人、极广泛的不平等和非正义才会出现并持续存在于我们的社会结构之中"[1]，剥削阶级的存在是阻止社会正义法则有效运行的根本原因。罗尔斯在以正义原则来规范社会基本结构并表达对弱势群体的关怀之际，终因缺乏"唯物"

---

[1]　Kai Nielsen, *Equality and Liberty: A Defense of Radical Egalitarianism*, New Jersey: Rowman & Allanheld, 1985, p.80.

的阶级分析法和对社会制度形成和发展之客观经济基础的深入探析，致使自己的正义论缺失了历史唯物主义根基，烙印上了鲜明的道德乌托邦色彩，在实践中难以有效推行。事实上，马克思和恩格斯皆主张只有消灭阶级才能实现彻底平等，他们明确指出："……无产阶级平等要求的实际内容就是必需消灭阶级的要求。任何超出这个范围的平等要求，都必然要流于荒谬。"① 尼尔森循此思路，提出必须消灭阶级，将平等定位于因阶级消亡而产生的彻底平等；强调一个完全平等的正义社会既是一个"无阶级"的社会，亦是一个"无阶层的社会"②，以同罗尔斯正义论相抗衡。尼尔森在历史唯物主义理论视阈中运用阶级分析法探寻正义问题，突破了资本主义政治解放的狭隘视域，深入到资本主义经济结构和阶级结构的内部探寻影响实质性平等实现程度的深刻根源——阶级的分化，从而有力回击了罗尔斯正义论的形式合理性之要害。

尼尔森由此得出结论：从根本上说，马克思是以历史唯物主义方法，特别是阶级分析法来阐明道德、正义的评价标准及其现实化路径，历史唯物主义内在地包含正义之维。他强调，如果无视阶级分析法、无视"阶级消灭"对于正义彻底实现的决定性作用，必然无法准确把握历史唯物主义的正义思想，亦无法科学审视马克思主义理论的道德内涵和道德价值。对此，有学者指出："依罗尔斯之见，阶级间的财富悬殊，只要予以量的调节，就可以保持在形式的层次上，这种形式不合理性是必需的。……尼尔森的学术功绩在于，顺承'消灭阶级'的马克思主义平等思想，彰昭唯物史观的实质合理性定见，直陈自自由主义的形式合理性之要害，严肃省察相对富足社会向无阶级社会过渡的现实可能性以及在分配上应当遵循的正

---

① 《马克思恩格斯全集》（第 19 卷），北京：人民出版社 1963 年版，第 117 页。

② Kai Nielsen, *Marxism and The Moral Point of View*: *Morality*, *Ideology*, *and Historical Materialism*, Colorado: Westview Press, 1989, p.289.

义原则。他使阶级平等、消灭阶级等等对许多人已显得陌生的论题，恢复了几分熟识感。"① 尼尔森运用阶级分析法建构自己的"激进平等主义"正义观，使正义观增添了鲜明的唯物主义色彩。

综上述，尼尔森关于"马克思主义与道德"关系的解读是在历史唯物主义理论视阈中展开的。他将马克思主义的道德观念作为历史唯物主义的道德范畴予以审视和研究，强调历史唯物主义本身就包含着道德理论——道德、正义和平等思想，指出历史唯物主义赋予了道德以科学的历史根基和"唯物"的理论基础。尼尔森从历史唯物主义出发对"历史唯物主义与道德""马克思主义与道德"的合理解释，是"马克思主义道德论"其他学者所无法企及的。因为，后者或是游离历史唯物主义本体而抽象谈论马克思主义道德理论，或是在历史唯物主义理论框架内摒弃历史唯物主义的科学性而探寻历史唯物主义的道德思想，致使马克思主义道德理论沦为"超时空""超阶级"的抽象道德论，其理论研究不可规避地落入历史唯心主义和形而上学的理论苑囿。而尼尔森与"马克思主义道德论"其他学者之重大差异即在于：他不是绕开历史唯物主义而抽象谈论马克思的道德、正义思想，而是在历史唯物主义理论视阈中，在肯定历史唯物主义的科学性的基础上，运用历史唯物主义方法较为客观地解读马克思主义道德理论，并将道德、正义和平等视为历史唯物主义的基本范畴，对历史唯物主义与道德的本真关系作出了正面的、积极的回应，从而超越了后者规避历史唯物主义而抽象化解读马克思主义道德理论的唯心主义倾向和思辨方法，为学界开启了一条立足于历史唯物主义立场来研究马克思主义道德理论的可取方法与可行路径。

事实上，历史唯物主义绝非"道德中立"或"价值无涉"的

---

① 朱士群：《尼尔森对罗尔斯〈正义论〉的批评》，载《当代世界与社会主义》，1995 年第 4 期，第 79—80 页。

"冷冰冰"的历史观或哲学学说。如前述，科学维度与道德维度在历史唯物主义视阈中实现了生成性统一和自觉性契合。历史唯物主义在科学化的"实然"描述中内蕴着平等、正义等道德化的"应然"诉求，道德维度本身就是历史唯物主义"与生俱来"且"始终在场"的基本维度。基于此，学界在对历史唯物主义与道德之关系的解读和研究上，应坚决反对两种错误倾向：一方面，不能将历史唯物主义批判、拒斥抽象的道德说教和"永恒"正义观等同于其对一切道德、正义观念都秉持虚无主义态度；另一方面，不能将马克思的资本主义批判简单还原为纯粹的道德控诉或正义批判，也不能游离历史唯物主义而将马克思主义道德理论解读为缺失历史根基和现实基础的抽象的道德理论，甚至将其视为"道德至上主义"或"道德乌托邦"，从而消解其科学性。马克思的道德批判本质上是基于历史唯物主义立场的科学的道德批判，而非基于纯粹的道德、正义立场的抽象的道德批判。马克思主义道德理论本质上则是建立于历史唯物主义基础之上的科学的道德理论，而非游离历史唯物主义的抽象的道德理论。当下，我们要立足于历史唯物主义立场，客观地解读历史唯物主义的道德维度，以期对马克思主义道德理论作出全面而科学的把握。

第三节　凯·尼尔森关于历史唯物主义 与道德的研究启示

尼尔森关于历史唯物主义与道德、正义、平等之内在关系的理论研究，不仅对于拓展和深化历史唯物主义的道德维度研究具有重要的理论意义，而且对于新时代中国特色社会主义正义、平等建设具有一定的咨鉴意义。

一、"解悖" 马克思主义道德悖论的有益尝试

尼尔森的理论研究为学界坚持历史唯物主义的科学维度与道德维度之统一性研究作出了一定的理论贡献，也是"解悖"马克思主义道德悖论的有益尝试。

如前述，一直以来，在历史唯物主义研究中，历史唯物主义或被视为一种与道德无涉的纯粹的科学理论体系，其科学维度被单向度地无限拔高；或与马克思主义一起被归结为人道主义、被解读为抽象道德论，其科学维度被弱化直至消弭。与此相应，马克思主义道德悖论得以衍生。基于此，如何正确理解历史唯物主义与道德之本真关系？如何准确把握历史唯物主义的科学维度与道德维度之内在关系？这就成为合理"解悖"马克思主义道德悖论的症结所在。

自 20 世纪 70 年代以来，西方学界的马克思主义道德理论研究进入了新的发展阶段，并呈现出一种新的理论转向，即一些西方学者开始对马克思主义道德悖论进行深刻剖析，并试图找寻解决这一悖论的有效路径，以期确立马克思主义道德理论的根源和基础。解决马克思主义道德悖论的基本前提是对这一悖论做出合理性解释。[1]在当代西方学界，一些学者从不同视角出发，为"解悖"马克思主义道德悖论作出了诸种尝试。如，有西方学者对马克思的理论持有"二分"观点，即把马克思的理论分为社会理论和社会主义理论，认为社会理论是一种"道德中立"或"价值无涉"的社会学说，而社会主义理论则是一种道德哲学，两种理论在马克思思想体系中是截

---

[1] 参见曲红梅：《从历史的观点看——一种对马克思道德理论的解读》，吉林：吉林大学，2008 年。

然不同且逻辑上互相独立的两个方面。① 但是，这种"二分"法并不科学。因为，马克思主义理论事实上是由马克思主义哲学、马克思主义政治经济学和科学社会主义三个部分构成的体系完整的科学理论，且各个部分互为补充、相互融合，根本不存在截然不同甚至逻辑上相互独立的部分。道德维度是作为一种价值底蕴融汇贯穿于整个马克思主义理论的，因而，关于社会理论是"道德中立"的学说，而社会主义理论是道德哲学的说法，是缺乏文本依据的。"马克思主义道德论"代表人物史蒂文·卢克斯（Steven Lukes）把马克思的道德思想界定为"法权的道德"和"解放的道德"。他认为，马克思憎恶并批判法权思想，毕生追寻的价值目标是人的解放和自由全面发展；马克思批判"法权的道德"而肯定"解放的道德"，"解放的道德"实质上是一种道德乌托邦。事实上，马克思的道德思想博大精深，包含道德批判理论、道德实践理论、终极关怀理论和历史唯物主义道德观等重要内容，而并非只有卢克斯所言的两种道德；马克思诉诸无产阶级革命实践，而非诉诸"法权的道德"来实现"解放的道德"，不会因批判"法权的道德"而导致"解放的道德"陷入乌托邦的道德困境。基于此，卢克斯的"二分法"道德解读模式具有诸多理论局限性，既未能全面概括马克思的道德思想，亦未能准确把握"解放的道德"之现实化路径，而他据此"解悖"马克思主义道德悖论的尝试，也是不合理的。"马克思主义反道德论"代表人物米勒也作出了"解悖"马克思主义道德悖论的尝试。米勒指出，马克思虽不是道德哲学家，但他详细分析了社会理论与道德的关系，并对日常生活中的平等、互助和友爱等道德范畴持赞成态度，

---

① 参见〔加〕罗伯特·韦尔、凯·尼尔森：《分析马克思主义新论》，鲁克俭等译，北京：中国人民大学出版社 2002 年版，第 68 页。转引自何良安：《论道德理论在马克思思想体系中的地位》，载《伦理学研究》，2007 年第 1 期，第79 页。

因而，马克思的哲学成功把握到"狭隘的自我利益与本然的道德自律之间一直被忽略的广大区域"①。他据此推断，马克思的哲学是"正派的"和"人道的"；而马克思对政治中的道德则持批判态度，因而，就政治方面而言，马克思又是反道德的。上述学者依据"二分"观点，试图把马克思的理论划分为科学理论与道德理论，并据此为合理解释马克思主义道德悖论作出自己的尝试。他们的尝试虽具一定的理论价值性，却又裹挟着理论局限性，即没有在历史唯物主义理论视阈中研究马克思主义道德理论，而是将历史唯物主义与马克思的道德思想作二元分立。如此，他们不仅消解了马克思主义道德理论的理论根基——历史唯物主义，而且致使从马克思主义理论中抽离出的科学理论与道德理论互不相容，成为彼此"绝缘"的独立部分。他们的研究方法和思路无法从根本上"解悖"马克思主义道德悖论。

值得注意的是，在当代西方学界，有学者独辟蹊径，基于历史唯物主义视角解释历史唯物主义与道德在马克思主义理论中的兼容性和现实张力等问题，为合理"解悖"马克思主义道德悖论作出了有益尝试。事实上，马克思思想体系中最为与众不同，也最为关键的部分就是历史唯物主义。②"解悖"马克思主义道德悖论之关键即在于：正确把握历史唯物主义的科学维度与道德维度之统一性问题。唯有如此，我们才能正确理解马克思主义道德理论的科学基础和马克思主义科学理论的道德底蕴，规避"马克思主义道德论"与"马克思主义反道德论"之二元分立。

---

① Miller R., *Marx and Morality*, New York：New York University Press, 1983, pp.3-4. 转引自曲红梅：《历史唯物主义与道德——对马克思道德理论研究理路的探寻》，载《吉林大学社会科学学报》，2009 年第 2 期，第 105 页。

② 参见曲红梅：《历史唯物主义与道德——对马克思道德理论研究理路的探寻》，载《吉林大学社会科学学报》，2009 年第 2 期，第 105 页。

尼尔森、科亨和布伦克特等"马克思主义道德论"者，正是从历史唯物主义出发，作出了"解悖"马克思主义道德悖论的理论尝试。然而，如前述，科亨和布伦克特虽然在一定程度上阐发了历史唯物主义理论视阈中生产力、生产方式与道德的内在关系，却是以否认历史唯物主义的科学性，甚至对历史唯物主义进行一定程度的理论篡改为前提的。他们试图从历史唯物主义中提炼出某种具有普遍意义的规范性道德，并以此为基础对马克思主义伦理学进行"道德重建"。可是，由于他们所提供的解释路径与理论图景并不具有正当性与合法性，因而，他们未能重构起科学的马克思主义伦理学，其理论构架从本质上说也是"非马克思主义"的。他们对于生产力、生产方式与道德之内在关系的理论阐释，只是为学界从历史唯物主义出发解决马克思主义道德悖论提供了一种可行的思考路径，而并未真正"解悖"马克思主义道德悖论。

相对于"马克思主义道德论"的多数学者无视马克思主义道德理论的历史根基和理论基础——历史唯物主义、游离历史唯物主义本体而抽象化解读马克思主义的道德、正义思想，或在历史唯物主义理论框架内摒弃历史唯物主义的科学性，而试图从历史唯物主义中提炼出某种普遍性道德原则以重构马克思主义道德理论的研究方法而言，尼尔森的研究方法是较为科学的、可取的。尼尔森没有规避历史唯物主义，而是在历史唯物主义理论视阈中从论证历史唯物主义的科学性质与道德理论之内在统一的视角出发，试图对马克思主义道德悖论作出合理"解悖"。他既认同了历史唯物主义在马克思主义理论体系中的重要地位和价值，亦在一定程度上肯定了历史唯物主义的科学性，指出历史唯物主义是关于客观事实的一种"真"的经验陈述，强调马克思对资本主义社会的批判和分析主要是依据历史唯物主义。在此基础上，尼尔森将马克思主义道德理论置于历史唯物主义理论框架中，认真探讨了历史唯物主义与道德、正义、平等的内在关系。在他看来，马克思的道德评价立足于客观性经验论述的基础之上，马克思正面论述的道德、正义范畴就是历史唯物主义理论视阈中的基本范畴，这些范畴既是科学的、唯物的，亦是我们应当秉持的。尼尔森克服了"马克思主义道德论"的其他学者规避历史唯物主义而抽象化解读或重构马克思主义道德理论的形而上观点和思辨方法，较为客观地阐发了历史唯物主义与道德的本真关系。他的研究确立了一个有价值的研究视角，为学界坚持历史唯物主义的科学维度与道德维度之统一性研究作出了一定的理论贡献，亦为学界深化马克思主义道德理论研究提供了一种可资借鉴的研究思路和研究方法。

尼尔森的研究成果表明：从历史唯物主义出发来论证历史唯物主义与道德的本真关系，并据此研究马克思主义道德理论的研究思路和研究方法，是合理"解悖"马克思主义道德悖论的有益尝试。因为，历史唯物主义是马克思主义的理论基石和重要内容，注重历史唯物主义的道德维度研究，论证历史唯物主义的科学维度与道德维度之内在统一，必然能为论证马克思主义的科学维度与道德维度之内在统一提供重要的理论依据，使我们明确：马克思主义道德理论建立于科学的历史唯物主义基础之上，科学维度与道德维度在马克思主义之中并非二元分立，而是二位一体的辩证统一。这就为"解悖"马克思主义道德悖论提供了合理解释。然而，"马克思主义道德论"与"马克思主义反道德论"却在历史唯物主义的科学与道德之两极各执一端，因而无法准确把握历史唯物主义与道德的本真关系。尼尔森既超越了"马克思主义反道德论"否认历史唯物主义之道德维度的片面观点，亦走出了"马克思主义道德论"忽视历史唯物主义之科学维度而仅仅基于纯粹的道德立场来抽象化理解马克思主义道德理论的思辨方法。在此，需要说明的是，尼尔森的理论研究也只是为历史唯物主义的道德维度研究和马克思主义道德理论研究提供了一个可资借鉴的研究方向、研究路径和研究方法。在其理论研究中，一些问题只是被提及或发现，而真正的解决仍有待进一步的深入探讨与系统研究。

二、为马克思主义道德理论研究提供了正确方法论——历史唯物主义方法论

尼尔森强调，马克思主要是依据历史唯物主义方法论来阐述自己的道德理论。他在马克思主义道德理论研究中也秉承了历史唯物主义方法论，主要包括阶级分析法、历史辩证法、历史—社会分析法与经济—社会分析法。

如前述，尼尔森运用历史唯物主义的阶级分析法，将平等、正义等基本的道德概念和道德范畴置于历史唯物主义理论框架中进行研究，并诉求正义、平等之彻底实现。他认为，在马克思的理论视野中，正义、平等和一切道德原则皆为社会历史现象，具有深邃的历史过程性和历史必然性，最终必将随着阶级的消亡而得以彻底的实现。当前，我们在马克思主义道德理论研究中，也应在这个意义上理解马克思对资本主义非正义、非平等的道德批判与对共产主义正义、平等的道德诉求，准确把握阶级的存在和阶级的消亡对于道德衍生和发展的历史作用，深刻领悟阶级分析法对于研究马克思主义道德理论的重要地位和价值。尼尔森还运用历史辩证法开展理论研究，既在一定程度上肯定了历史唯物主义的科学性，亦较为深入地把握到历史唯物主义内蕴的道德、正义思想。尼尔森的这一研究方法启示我们，在马克思主义道德理论研究中应自觉秉持历史辩证法，坚持历史唯物主义的科学维度与道德维度之辩证统一性研究，坚持马克思主义的科学性与价值性之辩证统一性研究，坚持历史唯物主义对资本主义社会的道德批判、历史批判与经济批判之辩证统

一性研究，坚持历史唯物主义的终极关怀与历史关怀、现实关怀、阶级关怀之辩证统一性研究，等等，以期不断拓展和深化马克思主义理论研究的广度与深度，不断提升马克思主义理论研究的科学性与辩证性。

尼尔森还运用历史唯物主义的历史—社会分析法与经济—社会分析法，既理性认知到历史唯物主义对资本主义社会的历史评价和经济剖析，又将历史唯物主义作为一种道德社会学进行解读，强调历史唯物主义是马克思主义道德观念的历史根基。这种研究方法对于马克思主义道德理论研究也具有重要的理论意义和现实意义。当前，我们在马克思主义道德理论研究中要根据历史—社会分析法与经济—社会分析法，理性还原马克思主义理论视阈中文明与野蛮并存的资本主义历史形象、人的价值之贬值与物的价值之增值共在的资本主义经济现状，从而深刻把握马克思主义何以对资本主义社会作出道德批判、历史评价和经济剖析之内在统一的总体性评价，如何以历史批判和经济批判统摄道德批判，如何以道德实践精神消弭道德理想与实践本性之二元分立。在此基础上，我们就能更为深刻地领悟马克思主义道德理论的科学性，并顺承马克思的社会分析法，深刻把握资本主义社会发展现状，科学定位资本主义社会发展性质，理性前瞻资本主义社会发展趋势。

历史唯物主义创立前，道德研究上的思辨形而上方法是将抽象理念或绝对精神视为道德领域的独立主体，并从先验的或超验的道德理性出发来理解经验的社会现实和具体的历史发展，进而断言社会现实和历史发展都必须合乎道德理性的需要，由此陷入了历史唯心主义的理论苑囿。历史唯物主义创立后，永恒道德观和永恒正义观都无一幸免地落入历史唯物主义的审视与批判之中，马克思正面使用的道德、正义概念就是历史唯物主义理论视阈中的基本概念。

抽象的道德说教与思辨的思维方法无法正确阐释社会的道德变迁，其自身也必然成为历史唯物主义批判的对象，并被历史唯物主义方法论所取代。尼尔森遵循历史唯物主义方法论从事马克思主义道德理论研究的思路和方法启示我们：只有正确运用历史唯物主义方法论，才能对历史唯物主义的道德维度作出科学解读而非抽象化解读，并基于科学解读的层面不断拓展和深化马克思主义道德理论研究，才不会误入历史唯心主义的理论桎梏。

三、对新时代中国特色社会主义正义、平等建设之咨鉴意义

尼尔森关于马克思与正义问题的理论研究及其成果，对新时代中国特色社会主义正义、平等建设具有一定的理论启示和咨鉴意义。

尼尔森顺承马克思"消灭阶级"的思路，认为阶级的消灭是实现彻底的正义、平等之先决条件，而阶级的消灭本身是一个漫长的历史过程，因而，平等的实现也必然是一个漫长的历史过程。我们应以此为思想借鉴，在构建新时代中国特色社会主义正义观与平等观、诉求正义和平等实现的过程中，不能急于求成，不能因现实社会依然存在某些不平等现象而否定我们为诉求正义、平等付出的巨大努力，更不能因此否定社会主义制度本身的优越性，而是应当放眼长远，理性认知到正义、平等之彻底实现是一个漫长的历史过程，深刻把握到任何超越社会发展阶段的正义、平等要求皆是理论空谈或意识形态幻想。正义、平等之彻底实现具有价值合理性与历史必然性，但是，正义、平等之实现过程却具有历史条件性、历史过程性与历史漫长性。对此，尼尔森引用了恩格斯的观点，指出："平等的观念，无论以资产阶级的形式出现，还是以无产阶级的形式出现，本身都是一种历史的产物，这一观念的形成，需要一定的历史关系，

而这种历史关系本身又以长期的已往的历史为前提。"① 在新时代中国，正义、平等建设已取得实质进步和重大成就，但其完全的、彻底的实现仍是一个价值目标而非既定的客观事实，仍需历经一个长期的发展过程。我们一方面要充分认识到新时代中国特色社会正义、平等之彻底实现的长期性与复杂性，另一方面要自觉树立与改革开放和社会主义市场经济相适应的正义观和平等观，积极营造人人平等、公平正义的社会舆情和社会氛围，并在政治、经济、社会、文化和生态等各领域的正义、平等建设中多措并举、多维发力，为最终实现马克思主义创始人所倡导的理论正义与实践正义之内在统一、形式平等与事实平等之辩证统一夯实基础。

尼尔森还强调，按照历史唯物主义观点，正义、平等是建立于生产力发展基础之上的道德范畴，其随着生产力的发展而发展，其实现程度与生产力发展水平呈现出正相关系。他指出："转向强调最大化——生产力的明显增长——这在一个拥有充分发达的生产力从而能够创造出巨大社会财富的社会里是很有意义的，但是，也只有在这样的社会里，需要原则才能实施。"② 经济落后往往是导致社会不平等、分配非正义等问题的经济根源。马克思和恩格斯在《形态》中曾指出，生产力的这种发展"之所以是绝对必需的实际前提，还因为如果没有这种发展，那就只会有贫穷的普遍化；而在极端贫困的情况下，就必须重新开始争取必需品的斗争，也就是说，全部陈腐的东西又要死灰复燃。"③ 今天，我们在推进新时代中国特色社会主义正义、平等建设的过程中，要保障正义、平等在人民群众中最

---

① 《马克思恩格斯全集》（第 20 卷），北京：人民出版社 1971 年版，第 670 页。

② 〔加〕凯·尼尔森：《马克思主义与道德观念——道德、意识形态与历史唯物主义》，李义天译，北京：人民出版社 2014 年版，第 348 页。

③ 《马克思恩格斯全集》（第 3 卷），北京：人民出版社 1960 年版，第 39 页。

大程度地得以实现，使人民群众真正成为正义、平等建设的实践主体和价值主体，真正实现对正义建设成果与平等发展红利的共建共享，就需立足于当前特定的发展阶段和现实国情，把握新发展阶段，贯彻新发展理念，构建新发展格局，推动高质量发展，倾力发展社会生产力，致力创造充裕的物质财富和精神文化财富，以期为彻底实现正义、平等奠定雄厚的物质基础，提供强大的精神动力，切实走出一条具有新时代中国特色、中国风格和中国气派的社会主义正义、平等之路。

尼尔森对罗尔斯正义论的有力驳斥与批判还启示我们：西方资产阶级正义理论具有理论局限和阶级局限，我们需要对其去糟取精。西方资产阶级正义理论在理论层面上往往具有思辨性质或乌托邦色彩，在实践层面上又因资本主义客观存在的"资本至上"逻辑而难以有效推行，没有现实可操作性。鉴于此，我们在构建新时代中国特色社会主义正义观、平等观之际，应自觉秉持"中体西用"思想。我们首先须立足于本国国情，以马克思主义为理论指导，纵观中国道德思想发展的历史经纬，以中华优秀传统道德文化为历史根基，以中国革命红色道德文化为现实渊源，以新时代中国特色社会主义道德文化为基本内容，并在此基础上辩证汲取西方资产阶级正义理论的优秀成果与合理因素，从而积极构建新时代中国特色社会主义正义观、平等观。在此过程中，我们需要理性认知西方资产阶级正义理论的局限性，绝不能将其理论价值和实践价值无限拔高[①]，更不能对其良莠不分，采取"拿来主义"。即使对于西方资产阶级正义理论的优秀成果，我们也不能照搬照抄，而是要将其与新时代中国国情，特别是生产力发展水平和经济发展现状自觉结合，进而对其进

---

① 参见傅强：《平等、正义和历史唯物主义——凯·尼尔森对马克思正义观的阐释》，载《理论探讨》，2008年第6期，第49—52页。

行批判性改造和创造性整合，以期为构建新时代中国特色社会主义正义观、平等观发挥正确的、合理的咨鉴意义。

尼尔森从历史唯物主义出发构建正义观、平等观的研究方法，对我们推进正义、平等建设也有一定的咨鉴意义。在新时代中国，我们要真正实现正义和平等，构建社会主义和谐社会，就需以历史唯物主义为理论指导。只有遵循历史唯物主义所揭示的历史发展规律和历史发展趋势，并按照历史唯物主义方法论科学定位正义和平等的基本内涵，准确定性正义和平等的重要原则，深刻把握正义和平等的内在本质，理性前瞻正义和平等的实现路径，我们才能精准把握人民群众的正义、平等需求和多样化利益需求，从而采取积极举措激励和调动人民群众为实现正义、平等而踔厉奋发的热情和信念。今天，我们在对具体的社会现象、社会舆情和社会实践进行正义评价时，也需以历史唯物主义为理论指南，即要像马克思和恩格斯那样，将生产力发展水平及其决定的生产关系和经济关系作为评价正义的客观标准，而不能采取任何形式的道德相对主义或主观主义的评判标准。正如尼尔森所言，在历史唯物主义理论框架内，正义原则依赖于生产方式，"它们并不是什么相对或主观的原则"①。以历史唯物主义为理论指导，我们不仅能对诸种社会现实作出客观的正义评价，而且在运用正义尺度反思或观照新时代中国特色社会主义正义观、平等观构建时，既不会落入历史唯心主义的理论苑囿，亦不会误入悖离正义、平等原则的实践迷途。

---

① 〔加〕凯·尼尔森：《马克思主义与道德观念——道德、意识形态与历史唯物主义》，李义天译，北京：人民出版社 2014 年版，第 18 页。

主要参考文献

马克思主义经典文献

1. 《马克思恩格斯全集》（中文第一版第 1—50 卷），北京：人民出版社 1956—1986 年版。

2. 《马克思恩格斯选集》（中文第二、三版第 1—4 卷），北京：人民出版社 1995、2012 年版。

3. 《马克思恩格斯文集》（第 1—10 卷），北京：人民出版社 2009 年版。

4. 〔德〕马克思：《资本论》（第 1—3 卷），北京：人民出版社 2004 年版。

5. 〔德〕马克思：《1844 年经济学—哲学手稿》，刘丕坤译，北京：人民出版社 1979 年版。

6. 《列宁选集》（中文第二版第 1—4 卷），北京：人民出版社 1995 年版。

7. 《毛泽东选集》（第 1—4 卷），北京：人民出版社 1991 年版。

8. 《毛泽东文集》（第 1—8 卷），北京：人民出版社 1993、1996、1999 年版。

9.《邓小平文选》（第1—3卷），北京：人民出版社 1993、1994 年版。

10.《江泽民文选》（第1—3卷），北京：人民出版社 2006 年版。

11.《胡锦涛文选》（第1—3卷），北京：人民出版社 2016 年版。

12.《习近平谈治国理政》（第1—3卷），北京：人民出版社 2018、2017、2020 年版。

中文图书文献

1.〔德〕爱德华·伯恩施坦：《社会主义的历史和理论》，马元德译，北京：东方出版社 1989 年版。

2.〔法〕埃德加·莫林、安娜·布里吉特·凯恩：《地球祖国》，马胜利译，上海：三联书店 1997 年版。

3.〔印〕阿马蒂亚·森：《以自由来看待发展》，任颐等译，北京：中国人民大学出版社 2002 年版。

4. 安启念：《新编马克思主义哲学发展史》，北京：中国人民大学出版社 2004 年版。

5.〔德〕彼得·科斯洛夫斯基：《伦理经济学原理》，孙瑜译，北京：中国社会科学出版社 1997 年版。

6.〔美〕彼得·辛格：《实践伦理学》，刘辛译，北京：东方出版社 2005 年版。

7. 本书编写组：《科学发展观学习辅导读本》，北京：人民出版社 2013 年版。

8. 陈先达：《走向历史的深处——马克思历史观研究》，北京：中国人民大学出版社 2006 年版。

9. 陈先达：《马克思早期思想研究》，北京：中国人民大学出版社 2006 年版。

10. 陈先达：《马克思和马克思主义》，北京：中国人民大学出版社 2006 年版。

11. 〔美〕德尼·古莱：《发展伦理学》，高铦等译，北京：科学文献出版社 2003 年版。

12. 〔意〕丹瑞欧·康波斯塔：《道德哲学与社会伦理》，哈尔滨：黑龙江人民出版社 2005 年版。

13. 〔德〕路德维希·费尔巴哈：《费尔巴哈哲学著作选集》（上卷），荣震华等译，北京：商务印书馆 1984 年版。

14. 〔南〕普勒德拉格·弗兰尼茨基：《马克思主义史》（上下册），李嘉恩等译，北京：人民出版社 1986、1988 年版。

15. 〔法〕弗朗索瓦·佩鲁：《新发展观》，张宁等译，北京：华夏出版社 1987 年版。

16. 〔美〕威廉·K. 弗兰克纳：《善的求索》，沈阳：辽宁人民出版社 1987 年版。

17. 〔美〕弗吉利亚斯·弗姆：《道德百科全书》，戴杨毅、姚新中等译，长沙：湖南人民出版社 1988 年版。

18. 复旦大学哲学系现代西方哲学研究室编译：《西方学者论〈1844 年经济学—哲学手稿〉》，上海：复旦大学出版社 1984 年版。

19. 高国希：《道德哲学》，上海：复旦大学出版社 2005 年版。

20. 〔英〕G.A.科亨：《卡尔·马克思的历史理论——一个辩护》，重庆：重庆出版社 1989 年版。

21. 〔德〕黑格尔：《法哲学原理》，北京：商务印书馆 1961 年版。

22. 〔德〕黑格尔：《精神现象学》，北京：商务印书馆 1983 年版。

23. 〔美〕赫伯特·马尔库塞：《单向度的人：发达工业社会意识形态研究》，刘继译，上海：译文出版社 1989 年版。

24. 黄楠森：《马克思主义哲学史》，北京：高等教育出版社 1998 年版。

25. 何怀宏：《公平的正义——解读罗尔斯正义论》，济南：山东人民出版社 2002 年版。

26. 胡贤鑫：《〈资本论〉伦理思想研究》，武汉：湖北人民出版社 2006 年版。

27. 〔苏〕季塔连科：《马克思主义伦理学》，北京：中国人民大学出版社 1984 年版。

28. 〔德〕考茨基：《唯物主义历史观》（第 1 分册），（第 1 分册），《哲学研究》编辑部编，上海：上海人民出版社 1964 年版。

29. 〔德〕康德：《道德形而上学原理》，苗力田译，上海：上海人民出版社 1986 年版。

30. 〔德〕柯尔施：《马克思主义和哲学》，王南湜、荣新海译，重庆：重庆出版社 1989 年版。

31. 〔德〕康德：《康德谈人性与道德》，石磊编译，北京：中国商业出版社 2011 年版。

32. 〔英〕卡尔·波普尔：《历史决定论的贫困》，杜汝楫、邱仁宗译，北京：华夏出版社 1987 年版。

33. 〔英〕卡尔·波普尔：《开放社会及其敌人》（第 2 卷），陆衡、郑一明等译，北京：中国社会科学出版社 1999 年版。

34. 旷三平：《唯物史观前沿问题研究：现代哲学视域下的一种理论探索》，北京：中国社会科学出版社 2004 年版。

35. 〔加〕凯·尼尔森：《马克思主义与道德观念——道德、意识形态与历史唯物主义》，李义天译，北京：人民出版社 2014 年版。

36. 〔苏〕列·尼·巴日特诺夫：《哲学中革命变革的起源》，刘丕坤译，北京：中国社会科学出版社 1981 年版。

37. 〔美〕L.J.宾克莱：《理想的冲突——西方社会中变化着的价

值观念》，马元德译，北京：商务印书馆 1983 年版。

38.〔意〕安·拉布里奥拉：《关于历史唯物主义》，杨启燧译，北京：人民出版社 1984 年版。

39.〔加〕罗伯特·韦尔、凯·尼尔森：《分析马克思主义新论》，鲁克俭等译，北京：中国人民大学出版社 2002 年版。

40.〔法〕路易·阿尔都塞：《保卫马克思》，顾良译，北京：商务印书馆 2009 年版。

41. 厉以宁：《经济学的伦理问题》，北京：三联书店 1995 年版。

42. 刘福森：《西方文明的危机与发展伦理学》，南昌：江西教育出版社 2005 年版。

43. 吕世荣、周宏：《唯物史观的返本开新》，北京：人民出版社 2006 年版。

44. 李崇富、李建平：《科学发展观与历史唯物主义》，北京：人民出版社 2006 年版。

45. 罗骞：《论马克思的现代性批判及其当代意义》，上海：上海人民出版社 2007 年版。

46.〔美〕麦金太尔：《追寻美德——伦理理论研究》，宋继杰译，南京：译林出版社 2003 年版。

47.〔美〕莫里斯·迈斯纳：《马克思主义、毛泽东主义与乌托邦主义》，张宁、陈铭康译，北京：中国人民大学出版社 2005 年版。

48.〔美〕马尔库塞：《单向度的人》，刘继译，上海：上海译文出版社 2006 年版。

49. 人民日报社理论部：《深入学习习近平同志系列讲话精神》，北京：人民出版社 2013 年版。

50. 人民日报社理论部：《深入领会习近平总书记重要讲话精神》，北京：人民出版社 2014 年版。

51. 商务印书馆编辑部：《人道主义、人性论研究资料》（第 3

辑），丁象恭等译，北京：商务印书馆 1963 年版。

52. 孙伯鍨：《探索者道路的探索：青年马克思恩格斯哲学思想研究》，南京：南京大学出版社 2002 年版。

53. 宋希仁：《马克思恩格斯道德哲学研究》，北京：中国社会科学出版社 2012 年版。

54.〔英〕史蒂文·卢克斯：《马克思主义与道德》，袁聚录译，北京：高等教育出版社 2009 年版。

55. 陶富源：《终极关怀论：人的哲学之悟》，合肥：安徽大学出版社 2004 年版。

56. 万俊人：《现代西方伦理学史》，北京：北京大学出版社 1990 年版。

57. 吴家华：《理解恩格斯——恩格斯晚年历史观研究》，合肥：安徽大学出版社 2005 年版。

58. 徐亦让：《人道主义到唯物史观》，天津：天津人民出版社 1995 年版。

59.〔美〕约翰·罗尔斯：《正义论》，何怀宏等译，北京：中国社会科学出版社 1988 年版。

60. 余文烈：《分析学派的马克思主义》，重庆：重庆出版社 1993 年版。

61. 叶汝贤：《唯物史观前沿问题研究》，广州：广东人民出版社 2000 年版。

62. 俞吾金：《从康德到马克思——千年之交的沉思》，桂林：广西师范大学出版社 2004 年版。

63. 杨耕：《为马克思辩护：对马克思哲学的一种新解读》，北京：北京师范大学出版社 2006 年版。

64. 中央编译局马恩室：《〈1844 年经济学哲学手稿〉研究》，

长沙：湖南人民出版社 1983 年版。

65. 中央编译局：《马克思主义经典著作选读》，北京：人民出版社 1999 年版。

66. 张一兵：《回到马克思——经济学语境中的哲学话语》，南京：江苏人民出版社 2005 年版。

67. 张文喜：《马克思论"大写"的人》，北京：社会科学文献出版社 2004 年版。

68. 郑忆石：《马克思的哲学轨迹》，上海：华东师范大学出版社 2007 年版。

中文期刊文献

1. 陈先达：《论〈1844 经济学哲学手稿〉的科学因素和价值因素》，载《中国人民大学学报》，1987 年第 6 期。

2. 陈先达：《评西方"马克思学"的新发现》，载《中国社会科学》，1984 年第 1 期。

3. 陈新夏：《唯物史观价值维度的当代建构》，载《马克思主义研究》，2005 年第 3 期。

4. 邓晓臻：《论唯物史观实践精神与人本精神的统一》，载《湖北行政学院学报》，2005 年第 2 期。

5. 邓晓臻：《历史唯物主义的"终极关怀"思想》，载《理论与现代化》，2005 年第 6 期。

6. 戴景平：《至善：生活意义的最高追求》，载《长白学刊》，2008 年第 2 期。

7.〔美〕E. 弗洛姆：《马克思的历史唯物主义》，张文杰译，载《哲学译丛》，1979 年第 3 期。

8. 傅强：《平等、正义和历史唯物主义——凯·尼尔森对马克思正义观的阐释》，载《理论探讨》，2008 年第 6 期。

9. 龚群：《历史合理性与道德合理性：背反与统一》，载《中国人民大学学报》，1998 年第 4 期。

10. 高兆明：《马克思的唯物史观与道德观三问》，载《道德与文明》，2007 年第 3 期。

11. 高兆明：《历史视野中的道德：马恩道德哲学思想解读——从〈共产党宣言〉的一段话谈起》，载《马克思主义研究》，2015 年第 10 期。

12. 郝立新、李红专：《论唯物史观的实践精神》，载《马克思主义研究》，2004 年第 1 期。

13. 何中华：《马克思唯物史观新诠》，载《山东大学学报》，1993 年第 2 期。

14. 何良安：《论道德理论在马克思思想体系中的地位》，载《伦理学研究》，2007 年第 1 期。

15. 姜迎春：《马克思主义伦理学的正当性》，载《福建论坛》，2007 年第 7 期。

16.〔加〕凯·尼尔森：《正义之争：马克思主义的非道德主义与道德主义》，林进平、郭丽丽、梁灼婷译，载《马克思主义与现实》，2009 年第 6 期。

17. 梁涌、储凤娟：《马克思主义真理的伦理诉求》，载《浙江师范大学学报》，2002 年第 4 期。

18. 刘福森：《公平的历史尺度和人道尺度——历史唯物主义视野中的效率与公平》，载《人文杂志》，2001 年第 5 期。

19. 刘福森、史兰：《马克思伦理思想的性质和特征》，载《内蒙古民族大学学报》，2007 年第 1 期。

20. 刘宏勋：《马克思主义与道德——评艾伦·伍德〈卡尔·马克思〉一书》，载《国外理论动态》，2007 年第 1 期。

21. 李培超：《论马克思伦理思想的逻辑思路》，载《当代世界与社会主义》，2007 年第 4 期。

22. 李荣海：《历史唯物主义的解释原则及其世界观意义——与孙正聿先生商榷》，载《哲学研究》，2007 年第 8 期。

23. 李培超、苏玲：《历史唯物主义视域下的伦理突破——论马克思伦理思想的特质》，载《湖南师范大学社会科学学报》，2008 年第 6 期。

24. 李旸：《马克思剥削概念的道德内容——R.G.佩弗对马克思剥削概念的重构》，载《北京行政学院学报》，2009 年第 3 期。

25. 李佃来：《论历史唯物主义与政治哲学的内在会通》，载《中国人民大学学报》，2015 年第 1 期。

26. 林进平、徐俊忠：《历史唯物主义视野中的正义观——兼谈马克思何以拒斥、批判正义》，载《学术研究》，2005 年第 7 期。

27. 糜海波：《解读以人为本的道德内涵》，载《山西师大学报》，2007 年第 1 期。

28.〔英〕N. 杰拉斯：《关于马克思和正义的争论》，姜海波译，载《马克思主义与现实》，2009 年第 6 期。

29. 曲红梅：《历史唯物主义与道德——对马克思道德理论研究理路的探寻》，载《吉林大学社会科学学报》，2009 年第 2 期。

30. 任帅军：《马克思道德观意蕴及其启示》，载《伦理学研究》，2014 年第 1 期。

31. 孙伯鍨：《唯物主义和实事求是——为纪念恩格斯逝世 100 周而作》，载《江苏社会科学》，1995 年第 4 期。

32. 孙正聿：《历史的唯物主义与马克思主义的世界观》，载《哲学研究》，2007 年第 3 期。

33. 孙正聿：《历史唯物主义的真实意义》，载《哲学研究》，2007 年第 9 期。

34. 肖恩·塞耶斯：《马克思主义与道德》，贺来、刘富胜译，载《哲学研究》，2007 年第 9 期。

35.〔波〕亚当·沙夫：《马克思主义在今天的意义》，载《马克思主义杂志》，1996 年第 3 期。

36. 王金福：《两种意义上的历史概念与两种意义上的历史唯物主义》，载《东南学术》，2000 年第 1 期。

37. 王南湜：《我们可以在何种意义上谈论历史规律与人的能动作用》，载《学术月刊》，2006 年第 5 期。

38. 俞吾金：《在实践中丰富马克思关于个人的全面发展的理论》，载《理论界》，2001 年第 1 期。

39. 俞吾金：《从"道德评价优先"到"历史评价优先"——马克思异化理论发展中的视角转化》，载《中国社会科学》，2003 年第 2 期。

40. 俞可平：《人的全面发展：马克思主义的最高命题和根本价值》，载《马克思主义与现实》，2001 年第 5 期。

41. 杨耕：《马克思研究中的三个重大议题》，载《中国社会科学》，2007 年第 5 期。

42. 朱士群：《尼尔森对罗尔斯正义论的批评》，载《当代世界与社会主义》，1995 年第 4 期。

43. 张岱年：《试论新时代的道德规范建设》，载《道德与文明》，1992 年第 3 期。

44. 张一兵：《〈1844 经济学—哲学手稿〉中的多重话语结构》，载《南京大学学报》，1998 年第 1 期。

45. 张之沧：《马克思的道德观解析》，载《马克思主义研究》，2010 年第 9 期。

英文图书文献

1. Allen E. Buchanan, *Marx and justice*: *the Radical Critique of Lib-*

eralism, London: Methuen, 1982.

2. Allen Wood, *Karl Marx*, Boston, Routledge & Kegan Paul, 1981.

3. Alasdair Macintyre, *A Short History of Ethics*, London, Routledge & Kegan Paul, 1967.

4. Allen Wood, *Marx Immoralism*, Chavance(ed). Marxen Perspective, Editions de l'Ecole des Haute Etudes en Sciences Sociales, 1985.

5. Berlin, Isaiah, *Karl Marx: His Life and Environment*, Oxford University Press, 1969.

6. Bob Jessop, *Karl Marx's Social and Political Thought: Critical Assessments*(Vol.1), London; New York; Routledge, 1993.

7. Bardhan, Pranab K. and Roemer, John E, *Market Socialism: The Current Debate*, Oxford University Press, 1993.

8. Bottomore, Tom, *Modern Interpretations of Marx*, Basil Blackwell, 1983.

9. Bottomore, Tom, *A Dictionary of Marxist Thought*, Oxford: Basil Blackwell Pub. Ltd, 1983.

10. Elster, Jon, *An Introduction to Karl Marx*, Cambridge University Press, 1986.

11. Eugene Kamenka, *The Ethical Foundations of Marxism*, London: Routledge and Kegan Paul, 1962.

12. Fromm, Erich, *Social Humanism: An International Symposium*, Anchor Books, 1966.

13. George G. Brenkert, *Marx's Ethics of Freedom*, London: Routledge & Kegan Paul, 1983.

14. Georg Lukacs, *History and Class Consciousness*, London: Merlin Press, 1971.

15. Gavin Kitchingand Nigel Pleasants, *Marx and Wittgenstein:*

Knowledge, *Morality and Politics*, London；New York：Routledge，2002.

16. Carver，Terrell，*The Cambridge Companion to Marx*，Cambridge University Press，1991.

17. Gouldner，Alvin，*Two Marxism：Contradiction and Anomalies in The Development of Theory*，Oxford University Press，1980.

18. G. H. R. Parkison，*Marx and Marxism*，Cambridge University Press，1982.

19. J. R. Pennock & J. W. Chapman，*Marxism*，New York University Press，1983.

20. John E. Roemer，*Analytical Marxism*，Cambridge University Press，1986.

21. Kai Nielsen，*Marxism and The Moral Point of View：Morality，Ideology，and Historical Materialism*，Colorado：Westview Press，1989.

22. Kai Nielsen，*Equality and Liberty：A defense of Radical Egalitarianism*，Totowa：Rowman and Allanheld，1985.

23. Lawrence Wilde，*Marxism'sEthical Thinkers*，Houndmills，Basingstoke，Hampshire；New York：Palgrave，2001.

24. Lawrence Wilde，*Ethical Marxism and Its Radical Critics*，London，MacMillan Press，1998.

25. L. Kolakowski，*Main Currents of Marxism*，W. W. Norton & Co，2008.

26. McLellan，David，*Marx before Marxism*，Penguin Books，1972.

27. Marshall Cohen，Thomas Nagel，and Thomas Scanlon，*Marx，Justice and History：A Philosophy and PublicAffairs Reader*，Princeton University Press，1980.

28. Markovic，Mihailo，*The Contemporary Marx：Essays on Humanist Communism*，Spokesman Books，1974.

29. Malley, Joseph and Davis, Richard, *Marx's Early Political Writings*, Cambridge University Press, 1994.

30. Miller R, *Marx and Morality*, New York: New York University Press, 1983.

31. R. Tucker, *Philosophy and Myth in Karl Marx*, England: Cambridge University Press, 1961.

32. R. G. Peffer, *Marxism, Morality and Social Justice*, Princeton: Princeton University Press, 1990.

33. Richard W. Miller, *AnalyzingMarx: Morality, Power, and History*, Princeton: Princeton University Press, 1984.

34. Richard W. Miller, *Marx and Morality*, New York: New York University Press, 1983.

35. Steven Lukes, *Marxism and Morality*, Oxord University Press, 1985.

36. Sher, Gerson, *Marxist Humanism and Praxis*, Prometheus Books, 1978.

37. Thompson, Edward, *The Poverty of Theory and Other Essays*, Merlin Press, 1978.

38. Wolff, Jonathan, *Why Read Marx Today*, Oxford University Press, 2002.

英文期刊文献

1. Allen Wood, "The Marxian Critique of Justice", *Philosophy and Public Affairs*, Vol.1, No.3, 1972.

2. Allen Wood, "Marx on Right a nd Justice: A Replyto Husami", *Philosophy and Public Affairs*, Vol.8, No.3, Spring, 1979.

3. Allen E. Buchanan, "Marx, Morality and History: An Assessment

of Recent Analytical Work on Marx", *Ethics*, Vol. 98, No. 1, October 1987.

4. Alan G. Nasser, "Marx's Ethical Anthropology", *Philosophy and Phenomenological Research*, Vol.25, No.4, 1975.

5. David McLellan, "Then and Now: Marx and Marxism", *Political Studies*, Vol.47, No.5, December 1999.

6. D. P. H. Allen, "The Utilitarianism of Marx and Engels", *American Philosophical Quarterly*, Vol.10, No.3, July 1973.

7. Donald van de Veer, "Marx's View of Justice", *Philosophy and Phenomenological Research*, Vol.33, No.3. March, 1973.

8. Fabien Tarrit, "A Brief History, Scope, and Peculiarities of 'Analytical Marxism", *Review of Radical Political Economics*, 2006.

9. G. A. Cohen, "Review of Allen W. Wood: Karl Marx", *Mind*, Vol.92, No.367, 1983.

10. G. A. Cohen, Freedom, Justice and Capitalism, *New Left Review*, 126, 1981.

11. George G. Brenkert, "Freedom and Private Property", *Philosophy and Public Affairs*, Vol.8, No.2, Winter 1979.

12. Hook, Sidney, "Historical Determinism and Political Fiat in Soviet Communism", *Proceedings of the American Philosophical Society*, Vol.99, No.1, 1955.

13. Kai Nielsen, "Marx and Moral Ideology", *African Philosophical Inquiry* 1, No.1, January 1987.

14. Kai Nielsen, "Arguing about Justice: Marxist Immoralism and Marxist Moralism", *Philosophy and Public Affairs*, Vol. 17, No. 3 Summer, 1988.

15. Kamenka, Eugene, "The Primitive Ethic of Karl Marx", *Austral-*

ian Journal of Philosophy, Vol.35, No.2, 1975.

16. Lawrence Crocker, "Marx's concept of exploitation", *Social Theory and Practice*, 1972.

17. McCarthy, George, "Marx's Social Ethics and the Critique of Traditional Morality", *Studies in Soviet Thought*, Vol.29, No.3, 1985.

18. Mills, C. Wright. "Ideology in Marx and Engels", *Philosophical Forum*, Vol.16, No.4, 1985.

19. Norman Geras, "Bringing Marx to Justice: An Addendum and Rejoinder", *New Left Review*, 195, 1992.

20. Norman Geras, "The Controversy about Marx and Justice", *New Left Review*, 150, 1985.

21. R. G. Peffer, "Morality and the Marxist Concept of Ideology", *Canadian Journal of Philosophy*, Supplementary Volume, 7, 1981.

22. S. Sayers, "Why Work? Marx and Human Nature", *Science & Society*, Vol.71. No.1, 2005.

23. S. Sayers, "Analytical Marxism and Morality", *Canadian Journal of Philosophy*, Supplementary Vol.15, 1989.

24. Somerville, John, "Marxist Ethics, Determinism, and Freedom", *Philosophy and Phenomenological Research*, Vol. 28, No. 1, 1967.

25. Wolff, Richard and Cullenberg, Stephen, "Marxism and Post-Marxism", *Social Text*, No.15, 1986.

26. Ziyad I. Husami, "Marx on Distributive Justice", *Philosophy and Public Affairs*, Vol.8, No.1, Autumn. 1978.

后　记

　　《历史唯物主义的道德沉思》终于要面世了，既欣喜亦忐忑。这本专著是我们在国家社科基金项目（历史唯物主义的道德维度及其当代观照研究：12CZX006）最终成果的基础上，共同倾心修改、打磨而成。

　　我们在书中较为系统地阐释了历史唯物主义所内蕴的深厚的道德内涵，即辩证性、科学性与革命性之三位一体的道德批判范式、超越道德乌托邦的道德实践精神、"合道德性"与"科学性"之自觉统一的终极关怀诉求、"唯物"亦"辩证"的历史唯物主义道德观等，由此揭示出历史唯物主义的"真"与"善"之生成性统一的哲学本质。

　　余京华完成了对国社基金项目最终成果第一、二、三章修撰工作，完成字数共计 20 万；唐莉完成了第四、五、六章修撰工作，完成字数共计 15 万。在专著修撰过程中，我们两人进行了深入的思想交流与理论商榷，共同历经了"成长"过程中的点点滴滴，共同感受了写作瓶颈期的焦虑和写作顺境期的喜乐等跌宕起伏的心路历程。"岁月不居，时节如流。"忆往昔写作历程，不胜感慨。

　　值本书付梓之际，特别感谢中央编译出版社的大力支持，感谢合肥工业大学马克思主义学院对本书出版的支持与资助！感谢恩师吴家华教授的潜心指导，以及朱士群教授、吴学琴教授和任凯教授的悉心点拨！对书中引用的学术界相关作者的成果，在此一并致谢！

　　本书作为一部"未完成的完成"，希望能为历史唯物主义研究提供一些可资借鉴的研究思路、视角和方法，很多问题还有待进一步拓展和深化。作者希冀，本书能够引发学界对历史唯物主义道德内蕴和道德价值更为广泛和深刻的思考和研究！

　　本书尚有许多不足之处，敬请学界专家和读者批评雅正！

余京华　唐　莉

2022 年 6 月于合肥书斋